大埔年鉴

DABU YEARBOOK

2019

大埔年鉴编纂委员会 编

方志出版社
Publishing House of Local Records

图书在版编目（CIP）数据

大埔年鉴. 2019/大埔年鉴编纂委员会编. ——北京：方志出版社，2019.10

ISBN 978-7-5144-3993-9

Ⅰ. ①大… Ⅱ. ①大… Ⅲ. ①大埔县—2019—年鉴
Ⅳ. ①Z526.54

中国版本图书馆CIP数据核字（2019）第285842号

大埔年鉴（2019）

编　　者：大埔年鉴编纂委员会

责任编辑：刘方圆

出 版 者：方志出版社

地址　北京市朝阳区潘家园东里9号（国家方志馆4层）

邮编　100021

网址　http://www.fzph.org

发　　行：方志出版社图书经销中心

电话（010）67110500

经　　销：各地新华书店

印　　刷：梅州程江彩色印刷厂有限公司

开　　本：787×1092　1/16

印　　张：26.75

字　　数：637千字

版　　次：2019年10月第1版　2019年10月第1次印刷

印　　数：0001～1000册

ISBN 978-7-5144-3993-9　**定价**：180.00元

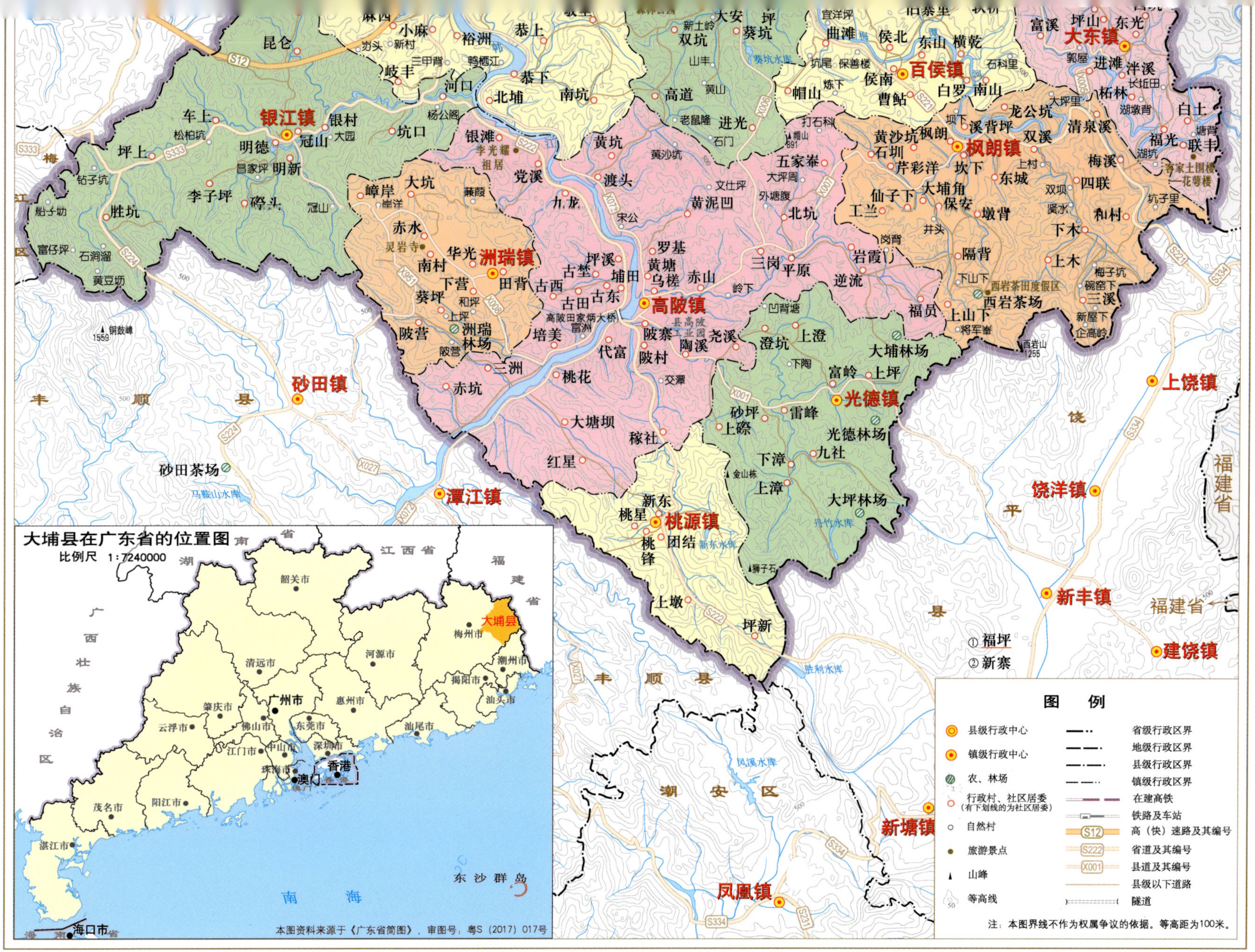

比例尺1：252000　本图资料截止时间为2015年12月　审图号：粤S（2018）08-004号

编 辑 说 明

一、《大埔年鉴》旨在全面、系统、准确地反映大埔县自然、政治、经济、文化、社会等方面的基本情况，供各级领导、有关单位及社会各界人士了解和研究大埔参考使用，为编修地方史志积累史料，为推动大埔经济社会发展服务。

二、《大埔年鉴（2019）》以马克思列宁主义、毛泽东思想、邓小平理论、"三个代表"重要思想、科学发展观、习近平新时代中国特色社会主义思想为指导，坚持辩证唯物主义和历史唯物主义的立场、观点和方法，着重记载2018年大埔县基本情况。正文内容采用分类编辑法。设篇目、类目、分目、条目四个结构层次，以条目为表现内容的基本形式。为方便阅读，篇目和分目一级的标题配以花边底纹，条目一级的标题统一用黑体字加【 】号表示，并设置了书眉。全书设特辑、大事记、概况、政治、经济、教科文卫体、社会生活、镇场简况、人物、附录等10篇，共61个类目，144个分目。

三、《大埔年鉴（2019）》内容在2018年基础上作了一些调整。"大事记"篇增设"2018年大埔十大新闻"类目；"政治"篇"大埔县人民政府"类目增设"县政府办公室工作"分目；"经济"篇"财政·税务"类目取消"国税""地税"分目，新设"税务"分目；"经济"篇"金融"类目增设"中国银行股份有限公司梅州大埔支行"分目；"教科文卫体"篇"文化·艺术"类目增设"三河坝战役红色文化"分目；"人物"篇增设"大埔县荣誉市民"类目；将"社会生活"篇"统计资料"类目移到"附录"篇中。

四、《大埔年鉴》资料、稿件由大埔县辖区内有关单位提供。该书所用的统计数字，原则上采用县统计局的《大埔县统计年鉴》的统计数字，有些数字亦采用部门的数据。由于统计口径不一，个别数字可能不尽一致，使用时应以县统计局提供的《大埔县统计年鉴》的数字为准。

五、《大埔年鉴》设副科级以上供稿单位负责人名录。

六、《大埔年鉴》的编辑出版工作得到全县各级领导及各有关单位、个人的鼎力支持和协助，在此诚表谢意。该书在编印中的粗疏、错漏之处，敬请指正。

大埔年鉴编纂委员会

顾　　问：朱汉东

主　　任：熊锋松

副主任：杨自强　饶凌云

成　　员：张越志　何凯涛　罗同兴　张回里
黄庆清　陈培先　汪德欢　何晋江
刘永东　曾令根

大埔年鉴编辑部

主　　编：熊锋松

执行主编：曾令根

副 主 编：黄万海　肖继海

责任编辑：张建新　黄万海　肖继海　连法全　黄万溪

校　　对：黄文姬　蓝蔼芝　郭永泉

封面题字：蓝炽崧

县歌与县花（红山茶）

大埔县县歌

1=C 4/4

坚定 豪迈 每分钟116拍

蔡国华 词

罗奕欢 曲

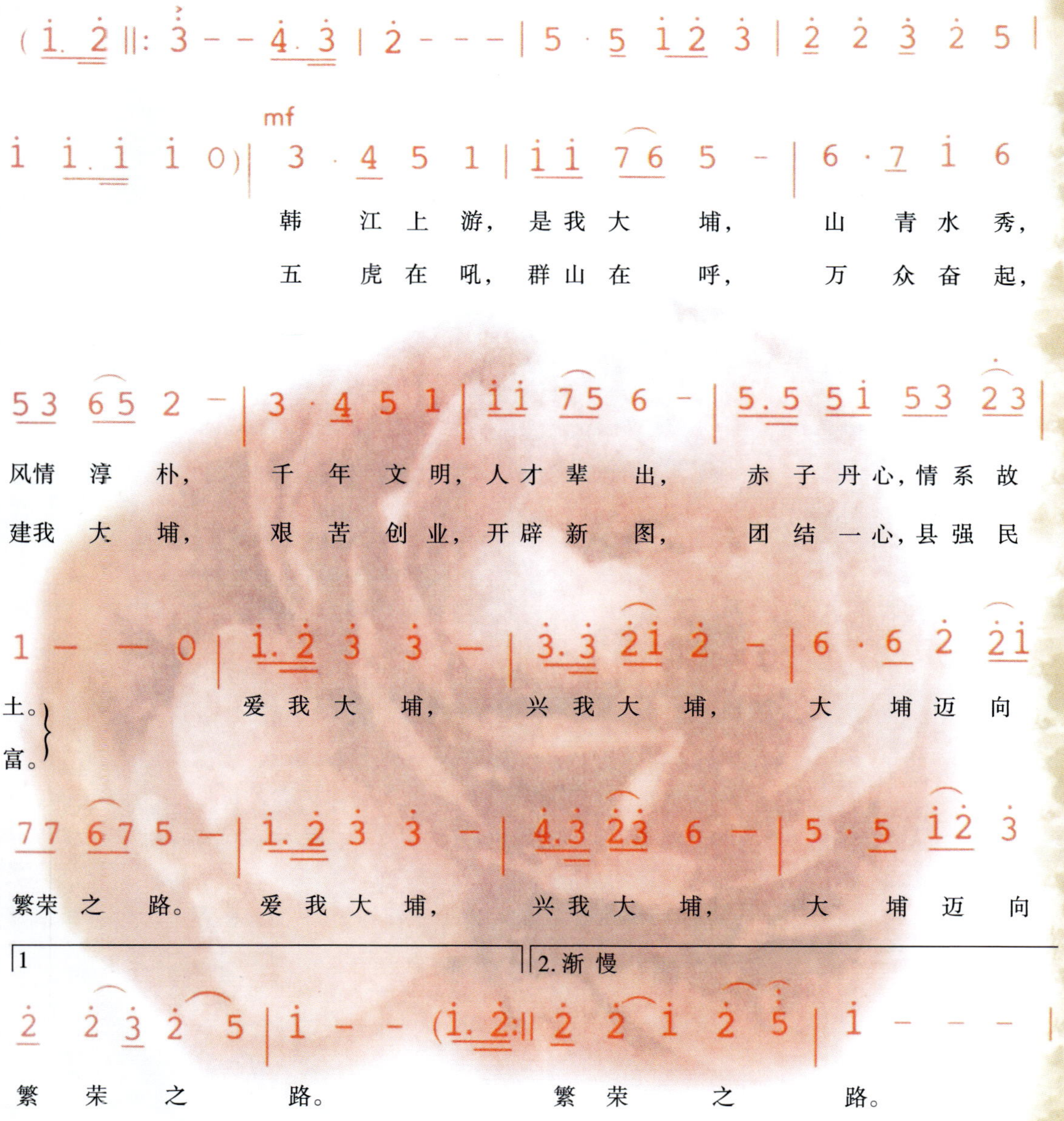

大埔县旅游交通示意图

至龙岩
至永定县城
梅坎铁路
甜竹生态旅游区
丰溪森林旅游度假区
至龙岩
青电库区
石上盘“龙”
至永定下洋
至梅县、蕉岭
江畔人家休闲度假区
青溪
茶阳
茶阳骑楼群、父子进士牌坊
茶阳出入口
西河
汀江
梅龙高速
张弼士故居旅游区
飞天马茶文化产业园
至梅县
至梅县
梅江
三河坝旅游区
三河出入口
三河
万福寺宗教文化旅游区
大麻出入口
大麻
湖寮
泰安楼客家文化旅游产业园
梅潭河
坪山梯田旅游区
大东
双髻山省级森林公园
双髻山蜜柚公园
何如璋故居
百侯
百侯名镇旅游区
银江
至梅州
韩江
枫朗
花萼楼
田家炳祖居
瑞山生态旅游度假区
李光耀祖居旅游区
南方工委旧址
至饶平、潮州
高陂
洲瑞
富大陶瓷工业旅游区
西岩茶乡度假村
光德
至饶平
启明寺、横屏山、乌子石
至饶平、潮州
桃源
至饶平、潮州
图例
旅游景区
镇级单位
高速公路口
普通公路
高速公路
江河道
铁　路
泰安楼客家文化旅游产业园（AAAA）
坪山梯田旅游区（AAA）
父子进士牌坊
（全国重点文物保护单位）
三河坝战役纪念园（AAA）
张弼士故居旅游区（AAA）
江畔人家休闲度假区（AAA）
富大陶瓷工业旅游区（AAA）
中国歷史文化名镇——百侯
百侯出百侯
山水美山水
百侯名镇旅游区（AAAA）

领导关怀

2018年11月12—15日，省政协主席王荣（前排左三）率省政协调研组到大埔县开展“推进我省乡村振兴战略落实”专题民主监督调研。图为考察大埔县政协委员工作室（县政协办提供）

2018年5月26日，省委常委、常务副省长林少春（前排右二）到大埔县检查韩江流域防汛备汛及河长制工作推进情况。图为到韩江高陂水利枢纽工程建设现场调研（县移民局提供）

领导关怀

2018年12月20日，副省长许瑞生（左一）到韩江高陂水利枢纽工程调研（县侨联提供）

2018年7月3日，副省长叶贞琴（右四）到大埔县调研农业、水利工作。图为到韩江高陂水利枢纽工程建设现场调研（高陂镇提供）

领导关怀

2018年11月27日，水利部副部长蒋旭光（左三）到韩江高陂水利枢纽工程项目现场调研（县侨联提供）

2018年11月12—15日，省政协副主席邓海光（前排右二）到大埔县调研乡村振兴战略落实情况。图为到大埔县博物馆参观调研（刘招迎摄）

领导关怀

2018年10月26日，省军区政委、少将王守信（右四）到大埔县人民武装部检查工作（刘招迎摄）

2018年11月24日，科技部党组成员、科技日报社社长李平（右一）一行到大埔县调研县级融媒体中心建设和科技宣传服务地方创新发展等工作。图为到县广播电视台调研（县侨联提供）

领导关怀

2018年8月2日，103岁老红军、广东省原副省长范希贤（前排中）一行到桃源镇考察革命老区发展情况（桃源镇提供）

2018年6月11日，全国政协常委、中国老区建设促进会会长、北京军区原副政委兼纪委书记、中将王健（前排中）到大埔县三河坝战役纪念园及西河镇省级新农村示范区建设现场参观。图为在三河坝战役纪念园参观（刘招迎摄）

领导关怀

2018年1月7日，市委书记谭君铁（左三）到大麻镇大留村调研新时期精准扶贫工作（大麻镇提供）

2018年11月21日，市委书记陈敏（右三）到高陂镇广东富大陶瓷文化发展股份有限公司调研（高陂镇提供）

领导关怀

2018年10月9日，市委副书记、代市长张爱军（前排左三）到大埔县调研韩江高陂水利枢纽工程建设（县移民局提供）

2018年8月14日，市政协主席陈建青（右三）带领市政协调研组到大埔县调研督办重点提案落实和乡村振兴战略实施情况。图为到大潮高速公路建设现场调研（丘振兴摄）

重要会议

2018年1月9日，中国共产党大埔县第十二届委员会第四次全体会议在县科技信息大楼一楼会议室召开（刘招迎摄）

2018年7月17日，中国共产党大埔县第十二届委员会第五次全体会议在县科技信息大楼一楼会议室召开（刘招迎摄）

重要会议

2018年1月11日，大埔县第十五届人民代表大会第三次会议在县科技信息大楼一楼会议室召开（县人大办提供）

2018年1月10日，大埔县政协第十四届委员会第三次会议在县科技信息大楼一楼会议室召开（县政协办提供）

重要会议

2018年2月6日，中国共产党大埔县第十二届纪律检查委员会第三次全体会议在县科技信息大楼一楼会议室召开（县纪委办提供）

2018年1月7日，广东乡村振兴座谈会在大埔县城举行，主题为“乡村振兴广东行动”（县委办提供）

重要会议

2018年6月29日，大埔县2018年广东扶贫济困日活动动员表彰大会暨教育基金捐款仪式在县科技信息大楼一楼会议室举行（县委办提供）

2018年10月28日，大埔县招商大会在大埔县城召开（县侨联提供）

重要会议

2018年12月17日，大埔县第三次全国国土调查工作动员会在县科技信息大楼二楼会议室召开（县国土资源局提供）

2018年12月28日，大埔县各镇（场）落实基层党建三年行动计划互看互比互学评议会在县委、县政府二楼会议室召开（县委组织部提供）

重要会议

2018年5月12日，广东省大埔县招商旅游宣传推介会在福建省厦门国际会议展览中心5楼多功能厅召开（县委宣传部提供）

2018年6月1日，全省农产品加工系统工作会议在大埔县召开（黄慧摄）

2018年8月10日，全市农业暨省级现代农业产业园工作推进会在大埔县召开（黄慧摄）

招商大会

大埔县招商大会在县城举行

2018年10月27—28日，主题为“凝聚客商力量，化育时代英才，助推乡村振兴，共谋绿色发展”的梅州大埔招商大会在大埔县举行。28日上午，大埔县招商大会在县科技信息大楼一楼会场召开，市委书记陈敏，海南省军区原副政委、少将黄声云，省港澳办巡视员叶维园，市领导杜敏琪、刘棕会、陈晓建、蓝伟东、温向芳、张文广，以及300多名海内外嘉宾和大埔籍乡亲参加。会上，为对大埔教育等公益事业作出重大贡献的乡贤颁奖授荣；为第八批大埔县荣誉市民授荣；同时举行15项的招商签约仪式，计划投资总额56.1亿元，投资涉及文化旅游、生态健康、现代农业、绿色低碳新型工业、特色小镇建设、总部经济等领域。活动期间，大埔县还举办振兴发展和外出乡贤创业成果展、实施乡村振兴战略研讨会、三河坝战役精神研讨会暨三河坝干部学院客座教授聘任仪式、中央红色交通线学术研讨会等活动。（图片由县侨联提供）

▲县长熊锋松主持大会

◀招商大会会场

招商大会

市委书记陈敏讲话

县委书记朱汉东讲话

外出干部代表、少将黄声云讲话

国内嘉宾代表邓振龙讲话

海外乡亲代表何谦诚讲话

港澳台同胞代表田庆先讲话

上市企业家代表涂善忠讲话

招商大会

为“大埔县荣誉市民”颁发荣誉证书

市委书记陈敏为邓振龙颁发“功勋奖”

颁发“特别贡献奖”和“突出贡献奖”

招商项目签约

乡村振兴战略研讨会会场

三河坝战役精神研讨会暨三河坝干部学院客座教授聘任仪式会场

中央红色交通线学术研讨会会场

招商大会协商会议

招商大会

文艺晚会节目表演

首届“中国农民丰收节”

广东（梅州）庆祝首届“中国农民丰收节”大埔分会场活动取得成功

2018年9月11—12日，在大埔县泰安楼、双髻山蜜柚公园两个分会场举办的“广东（梅州）庆祝首届“中国农民丰收节”大埔分会场活动”圆满落下帷幕。据了解，大埔县分会场围绕“乐丰收、享丰收”的主题，结合该县丰富的农产品、非物质文化遗产等特色，展示客家人“打开山门、敞开围龙”的好客之风，营造强农富农、和谐喜庆的浓厚氛围。（图/崇德影像　文/县广播电视台）

丰收节大埔分会场——泰安楼

美丽的大埔姑娘盛装展示大埔青花瓷

游走在泰安楼的鲤鱼灯舞

首届“中国农民丰收节”

参加“丰收宴”的长寿老人

丰收节大埔分会场——蜜柚公园

大埔蜜柚开摘啦

激动人心的采摘时刻

热火朝天的挑担比赛

重要活动

2018年1月23日，由中国文化遗产保护研究院、中国文化遗产保护研究院齐氏文化发展委员会共同主办的全国青少年儿童爱国歌曲巡回演唱会在大埔县翰林剧场举办启动仪式

（县委宣传部提供）

2018年2月8日，中央电视台中文国际频道大型纪录片《记住乡愁》栏目组到大埔县百侯古镇拍摄，并于3月20日晚在CCTV4《记住乡愁》栏目播出第54集《百侯镇·崇文尚学》

（百侯镇提供）

2018年4月29日，以“追随红军足迹·重走南粤古驿道”为主题的2018中国旅游日徒步活动启动仪式在大埔县三河坝战役纪念园举行

（县委宣传部提供）

重要活动

2018年5月5日，由华南农业大学、梅州市农业局、大埔县人民政府主办的“华南农业大学新农村发展研究院特色产业示范基地”揭牌仪式在百侯镇侯北村广东华农互联科技有限公司举行（百侯镇提供）

2018年8月16日，三河坝干部学院正式挂牌运作，县委书记朱汉东与县委常委、组织部部长陈军营为三河坝干部学院揭牌（刘招迎摄）

2018年5月25—26日，在大埔县小吃文化城举办首届“闻香识大埔人文客家游——2018中国·大埔美食旅游文化节”（县旅游局提供）

重要活动

2018年6月23日，大埔县在西河镇国家AAA级张弼士故居旅游景区召开“讲好广东地标品牌故事助推精准扶贫乡村振兴”主题活动启动（县委办提供）

2018年6月23日，不忘初心一路前行——纪念“八一”起义军三河坝战役青少年爱国歌曲专场演唱会由开国将军后代合唱团成员在田家炳实验中学艺术楼举行（县委宣传部提供）

2018年7月11日，大埔县各界人士在实验中学举行“大埔县人民深情怀念田家炳老先生”追思会（县侨联提供）

重要活动

2018年7月20日，海珠大埔对口帮扶特色产品展销中心在广州市海珠区“印象大埔”商贸城挂牌成立（县园区办提供）

2018年8月12日，大埔县首家高陂镇银滩村全体村民享有股份的梅州大埔银滩实业股份有限公司在该村村委揭牌成立（梁新唐摄）

2018年10月15日，市妇联、澳鼎健康产业集团广东广西分公司在枫朗镇广德小学举行“春蕾助学·澳鼎圆梦”贫困儿童救助公益活动捐助仪式（县妇联提供）

重要活动

2018年10月15日，唱响新时代·迈向新征程——2018大埔县“迎新年·颂党恩·展新貌”大合唱活动启动仪式在县城文化中心翰林剧场举行（县委办提供）

2018年10月25日，大埔县人民法院邀请10名人大代表、政协委员旁听庭审（县法院提供）

2018年11月22日，大埔县人民检察院首次对不起诉案件进行公开宣告（县检察院提供）

重要活动

2018年11月28日，由大埔县人民政府、梅州市人力资源和社会保障局、梅州市广播电视台共同主办的“大埔县实施‘客家菜师傅’工程助推乡村振兴系列活动”启动仪式在大埔小吃文化城举行（县人社局提供）

2018年12月17—18日，国际自然医学会中国总部主任、森下世界长寿乡调查团秘书长王智墨（中）带领世界长寿乡调查团专家组一行，到大埔县考察“世界长寿乡”创建工作（丘振兴摄）

重要活动

2018年12月18日，三河坝战役纪念园红色主题邮局在该纪念园服务中心正式揭牌开业（张利娜摄）

2018年12月18日，在广州海珠（大埔）产业转移工业园内举行大埔县发源发展有限公司首条生产线竣工运行仪式（园区办提供）

重要活动

大埔县监察委员会揭牌（县纪委办提供）

2018年7月20日，大埔县税务局挂牌成立（县税务局提供）

2018年10月18日，中国银行股份有限公司梅州大埔支行开业揭牌（中行大埔支行提供）

大埔新貌

大埔县大麻（国控）水质自动监测站外貌（县环保局提供）

亮丽的莒溪河莒村段（湖寮镇提供）

2018年8月31日，韩江高陂水利枢纽船闸首次通航（大埔海事处提供）

新建成的大埔县肉类联合加工厂外貌（县食品公司提供）

大埔新貌

◀ 2018年12月31日，大埔供电局建成投产的充电桩（谢新宇摄）

▶ 提升改造后的公厕（县城综局提供）

▼ 2018年11月30日，110千伏茶阳翰林变电站建成投产（饶雨晨摄）

大埔新貌

提升改造后的万川路（县城综局提供）

提升改造后的文化广场（县城综局提供）

目 录

特 辑

大 事 记

概 况

政 治

经　济

教科文卫体

社 会 生 活

镇场简况

人　　物

附　　录

封面照片：首届“中国农民丰收节”梅州大埔蜜柚公园分会场庆祝活动（杨开城摄）

特辑

广东省地方志工作条例

（2018年5月31日广东省第十三届人民代表大会常务委员会第三次会议通过）

第一条　为了传承发展中华优秀传统文化，弘扬社会主义核心价值观，加强对地方志工作的组织、管理，发挥地方志在促进经济社会发展中的作用，根据国务院《地方志工作条例》及有关法律、法规，结合本省实际，制定本条例。

第二条　广东省行政区域内志书、年鉴及地方史的组织编纂、管理与开发利用工作，适用本条例。

本条例所称志书包括地方志书、部门志、行业志、专题志等。

本条例所称年鉴包括地方综合年鉴、部门年鉴、行业年鉴等。

第三条　地方志工作应当坚持依法治志、存真求实、确保质量的原则。

第四条　县级以上人民政府应当加强对本行政区域地方志工作的领导，将地方志工作纳入本级国民经济和社会发展规划，地方志工作所需经费列入本级财政预算。

县级以上人民政府制定本行政区域的地方志工作规划，并报上一级人民政府地方志工作机构备案。

第五条　县级以上人民政府地方志工作机构主管本行政区域的地方志工作，履行以下职责：

（一）组织、指导、检查和督促地方志工作；

（二）拟订地方志工作规划和编纂方案；

（三）组织编纂志书、年鉴、地方史和其他相关地方志文献；

（四）征集、整理、保存志书、年鉴、地方史及其他相关地方志文献和资料，组织开展资料年报工作，组织整理旧志；

（五）组织开展地情调查研究和资源开发利用，开展地方志信息化建设，为社会提供服务；

（六）组织开展地方志业务培训、理论研究、宣传教育和对外交流；

（七）法律、法规规定的其他职责。

乡镇人民政府、街道办事处应当由专人负责地方志工作，有条件的可以指定机构负责地方志工作。

第六条　承担地方志工作任务的国家机关、社会团体、企业事业组织，应当按照所在地人民政府地方志工作规划开展地方志工作，确定机构和人员，接受地方志工作机构的业务指导和监督检查，并对其管理单位的地方志工作进行组织协调与督促检查。

第七条　县级以上人民政府地方志工作机构应当加强地方志宣传教育，增强全社会读志用志意识。

鼓励国家机关、社会团体、企业事业组织开展地方志文化活动。

第八条　县级以上人民政府地方志工作机构应当建立地方志专家库、人才库，吸收专家学者和熟悉地情的社会公众参与地方志工作。

鼓励公民、法人和其他组织参与地方志工作，所在地人民政府地方志工作机构应当给予指导。

第九条 以县级以上行政区域名称冠名的地方志书、地方综合年鉴，由本级人民政府地方志工作机构组织编纂；以乡镇、街道名称冠名的地方志书、地方综合年鉴，由所在乡镇人民政府、街道办事处组织编纂。其他组织和个人不得自行编纂。

从事村志、部门志、行业志、专题志等志书，以及部门年鉴、行业年鉴等年鉴和地方史编纂活动的，应当接受所在地人民政府地方志工作机构的指导。

第十条 编纂地方志应当加强调查研究，全面、客观地记述本行政区域自然、政治、经济、文化和社会的历史与现状，做到观点正确、资料可靠、体例严谨。

第十一条 地方志编纂人员应当恪尽职守，忠于史实，保守秘密，具备相应的专业知识。

编纂志书、年鉴、地方史应当根据需要吸收有关方面的专家、学者参加。

地方志编纂工作涉及少数民族内容的，应当吸收该少数民族人员或者从事该少数民族工作的人员参加。

第十二条 以县级以上行政区域名称冠名的地方志书每二十年左右编修一次，公开出版。

以县级以上行政区域名称冠名的地方综合年鉴实行一年一鉴，公开出版。

第十三条 由县级以上人民政府地方志工作机构或者乡镇人民政府、街道办事处组织编纂的志书、年鉴、地方史，其内容和编纂过程应当公开听取公民、法人或者其他组织的意见、建议，并及时反馈采纳情况。

第十四条 县级以上人民政府地方志工作机构应当建立志书、年鉴、地方史编纂评议制度，组织有关部门、专家、学者参与评议。

第十五条 以县级以上行政区域名称冠名、列入规划的地方志书经审查验收，方可以公开出版。

以乡镇、街道名称冠名的地方志书，以及列入地方志工作规划的其他志书和地方史的审查验收，参照前款执行。

县级以上人民政府组织的志书、地方史审查验收机构应当对志书、地方史的内容进行审查。编纂单位应当按照审查验收机构提出的关系志书、地方史重大质量问题的意见组织修改。

审查验收的主体、程序等由省人民政府另行制定。

第十六条 以县级以上行政区域名称冠名的地方综合年鉴经同级人民政府或者其确定的地方志工作机构批准，方可以公开出版。

以乡镇、街道名称冠名的地方综合年鉴的出版，参照前款执行。

第十七条 志书、地方史、年鉴通过审查验收或者经过批准后，不得擅自修改。确有差错需要修改的，应当向编纂单位提出，经审查验收机构或者批准单位批准后方可实行，修改内容应当经审查验收机构或者批准单位审定。

第十八条 以乡镇、街道以上行政区域名称冠名的地方志书、地方综合年鉴，以及列入地方志工作规划的志书、年鉴、地方史，应当在出版后三个月内，由组织编纂单位将公开出版物和电子文本分别报送同级和上一级人民政府地方志工作机构备案。

通过审查验收或者经过批准公开出版的志书、地方史、年鉴，对于在其编纂过程中收集到的文字资料、图表、照片、音像资料、实物等以及形成的文稿，本级人民政府地方志工作机构应当依法移交本级国家档案馆或者方志馆保存、管理，不得损毁，个人不得据为己有或者出租、出让、转借。

第十九条 县级以上人民政府地方志工作机构可以向国家机关、社会团体、企业事业组织以及个人征集有关地方志资料，有关单位和个人应当提供支持，但涉及国家秘密、商业秘密和个人隐私以及不符合档案开放规定的除外。地方志资料所有人或者持有人不得故意提供虚假资料。

县级以上人民政府地方志工作机构应当建立本行政区域地方志资料年报制度。承担地方志工作任务的国家机关、社会团体、企业事业组织应当按照资料年报制度报送资料，不得无故拖延。

第二十条　县级以上人民政府地方志工作机构应当组织开展本行政区域内的地情调查，摸清基础地情。

地情调查应当吸收有关专家学者和高等院校、科研机构参与，确保地情调查成果的专业性和权威性。

鼓励公民、法人和其他组织参与调查研究，挖掘、整理相关文献资料，传播地方历史文化。

第二十一条　县级以上人民政府应当将地方志信息化建设纳入本级人民政府信息化建设规划，建立地方志全文数据库，完善地方志资源公共数据共享平台，应用现代信息技术进行分析研究和开发利用，为社会提供服务。

第二十二条　省、地级以上市人民政府应当建立方志馆，县级人民政府按照国家和省的规定建立方志馆。鼓励乡镇人民政府、街道办事处建立方志馆。

鼓励通过多元化的渠道筹集资金建立方志馆。

方志馆建设坚持以人为本、立足地情、突出特色、服务社会的原则，具备收藏保护、展览展示、编纂研究、专业咨询、信息服务、开发利用、宣传教育、业务培训、文化交流等功能。各级方志馆在建设实体方志馆的同时，应当建设数字方志馆。

方志馆应当建立服务公示制度，完善服务条件，健全服务规范，免费向公众开放。

鼓励公民、法人或者其他组织向方志馆捐赠文献、音像资料、实物等。

第二十三条　县级以上人民政府地方志工作机构应当组织和推动地方志资源开发利用，为培育和践行社会主义核心价值观提供丰富、优秀的精神文化产品，服务经济社会发展。

县级以上人民政府地方志工作机构应当积极开拓社会用志途径，依法保护志书、年鉴及地方史的著作权，将已出版的志书、年鉴及地方史在政府网站公布，定期汇总、公开本行政区域的方志馆目录，并通过电视、广播、报刊等向社会推广。

县级以上人民政府地方志工作机构应当建立地方志资源开发利用项目申报制度，公民、法人和其他组织可以依照有关规定申报项目。

鼓励和支持公民、法人和其他组织以影视作品及其他文学艺术创作形式，依法对公开的地方志资源进行开发利用。

第二十四条　县级以上人民政府地方志工作机构应当加强与香港、澳门和台湾地区以及国外的高等院校、科研机构、档案馆、博物馆、图书馆等单位的学术交流与合作，增强方志文化影响力。

鼓励高等院校、科研机构与县级以上人民政府地方志工作机构合作，开展地方志实务和理论研究，鼓励高等院校开设地方志专业或者课程。

第二十五条　县级以上人民政府及其地方志工作机构应当建立和完善地方志人才引进、培训、激励等制度，可以采取聘用、购买服务、项目合作、志愿服务等方式，建设专兼职相结合的地方志人才队伍。

从事地方志工作的专业技术人员可以依照国家规定参加专业技术职称评定。

第二十六条　县级以上人民政府地方志工作机构可以依照国家有关规定，对提供有关地方志资料的公民、法人或者其他组织给予报酬。

参与志书、年鉴、地方史编纂的人员依法享有署名权，并可以依照国家有关规定获得稿酬或者报酬。

第二十七条 县级以上人民政府可以按照国家有关规定，对在地方志工作中做出突出成绩和贡献的单位和个人，给予表彰和奖励。

第二十八条 单位和个人违反本条例第九条规定，擅自编纂出版以县级以上行政区域名称冠名和以乡镇、街道名称冠名的地方志书、地方综合年鉴的，由县级以上人民政府地方志工作机构提请本级人民政府出版行政主管部门依法查处。

地方志资料所有人或者持有人违反本条例第十九条规定，故意提供虚假资料的，由县级以上人民政府地方志工作机构提请本级人民政府或者有关部门责令纠正，并视情节追究有关责任。

第二十九条 地方志工作机构、承担地方志工作任务的单位及其工作人员有下列行为之一的，对直接负责的主管人员和其他直接责任人员依法给予处分：

（一）违反本条例第十五条第三款规定，拒不按照审查验收机构提出的关系志书、地方史重大质量问题意见组织修改的；

（二）违反本条例第十七条规定，志书、地方史、年鉴经审查验收或者批准后，擅自修改其内容的；

（三）违反本条例第十八条第二款规定，未将志书、年鉴、地方史编纂过程中收集的有关资料、实物及形成的文稿依法移交的，或者损毁的，或者个人据为己有、出租、出让、转借的。

（四）违反本条例第十九条第二款规定，无故拖延地方志资料报送的。

第三十条 违反本条例规定，未经审查验收、批准将志书、年鉴、地方史文稿交付出版，或者志书、年鉴、地方史存在违反宪法、法律、法规规定内容的，由上级人民政府或本级人民政府责令采取相应措施予以纠正，并视情节追究有关单位和个人的责任；构成犯罪的，依法追究刑事责任。

第三十一条 本省行政区域内志书、年鉴、地方史数字出版物的编纂、管理与开发利用，参照本条例执行。

第三十二条 本条例自 2018 年 7 月 1 日起施行。

广东省人民政府地方志办公室

粤志办发〔2018〕1号

关于印发《广东省年鉴质量评价办法》的通知

各地级以上市、县（市、区）地方志工作机构，省直、中直驻粤有关单位史志（年鉴）机构：

为全面提高广东省年鉴编纂出版质量，推动全省年鉴事业科学发展，我办根据《地方志工作条例》等国务院和省有关规定，在充分总结经验、广泛征求意见的基础上，制定了《广东省年鉴质量评价办法》。现印发给你们，请结合本地、本单位实际情况执行。

执行过程中，如有任何疑问，可直接与我办年鉴处联系反映（地址：广州市东风中路305号省政府大院10号楼10楼，邮编：510031，电话：020–83132871、83134510）

广东省人民政府地方志办公室

2018年2月8日

广东省年鉴质量评价办法

第一条　为全面提高广东省年鉴编纂出版质量，推动全省年鉴事业科学发展，根据《地方志工作条例》《地方综合年鉴编纂出版规定》等国务院和省有关规定，制定本办法。

第二条　广东省年鉴质量评价（以下简称年鉴质量评价）以马克思列宁主义、毛泽东思想、邓小平理论、“三个代表”重要思想、科学发展观、习近平新时代中国特色社会主义思想为指导，坚持辩证唯物主义和历史唯物主义，坚持存真求实、科学客观，坚持公平公正。

第三条　由省地方志办举办的年鉴质量评价每年一次，时间一般安排在每年4月份进行。

第四条　参加质量评价的年鉴必须在规定时间内公开出版。范围包括：以县级以上（含县级）行政区域名称冠名的地方综合年鉴，以及全省行政区域内的专业（部门、行业）年鉴、镇（乡、街）村年鉴。

第五条　年鉴质量评价采取交叉分组、关联回避办法进行。

第六条　年鉴质量评价重点以年鉴政治观点是否正确，框架设计是否科学，资料收录是否真实，内容记述是否准确，行文表述是否规范，编辑出版是否符合国家标准为主要内容。

第七条 年鉴质量评价采用百分制计分方法，分项评定分值。具体分项如下：

（一）框架是否覆盖全面、分类科学、层次清晰、领属得当、编排有序，各层次标题是否简洁、准确、规范。

（二）条目选题选材是否有效、新颖、准确、系统，信息含量是否较大，记述要素是否齐全。

（三）资料是否准确，内容是否真实、客观反映取得的成绩和存在的问题。

（四）是否突出反映党委政府中心工作、具有为现实服务的价值和存史的价值。

（五）框架、内容年度特点和地方特色是否突出。

（六）大事记、图片、表格、名录等表现形式是否配合得当、使用规范。

（七）是否使用记叙文、说明文等文体，文风朴实，记述流畅。

（八）语言文字、标点符号、数字、计量单位、术语使用等，是否符合国家标准及规范。

（九）是否具有完备的检索系统。

（十）版面信息容量是否较大、留白较少，装帧设计是否美观大方。

各分项具体分值和评分标准另行制定。

第八条 年鉴质量评价分为省市级年鉴、县（市、区）级年鉴、专业（部门、行业）年鉴、镇（乡、街）村年鉴四个系列，各系列分设一等、二等、三等三个等次。各等次评定数量分别不超出该系列年鉴总数的15%、15%、20%。

第九条 年鉴质量评价结果必须进行公示，最终结果作为全省年鉴通报表扬和向中国地方志指导小组办公室推荐广东省参评全国地方志优秀成果（年鉴类）的依据。

第十条 各地级以上市组织的年鉴质量评价活动参照此办法执行。

第十一条 本办法由广东省人民政府地方志办公室负责解释。

第十二条 本办法自公布之日起施行。

在县委十二届四次全会上的报告

——中共大埔县委书记朱汉东

（2018年1月9日）

现在，我受县委常委会委托，向全会作工作报告，请予审议。

一、2017年全县经济社会发展取得新进步

过去一年，县委高举中国特色社会主义伟大旗帜，深入贯彻党的十八大、十八届历次全会精神，认真学习贯彻党的十九大精神，以习近平新时代中国特色社会主义思想为指引，认真按照省委、市委的决策部署，坚定履行把方向、管大局、作决策、促落实等职能，团结带领全县各级党组织和广大党员干部，积极应对经济下行压力，在抓大事、谋要事上勇作为，在解难事、办实事上敢担当，推进全县经济社会持续向前发展。

党的十九大召开以来，县委认真按照中央和省委、市委的决定，紧扣“学懂弄通做实”的要求，把学习宣传贯彻党的十九大精神当作首要的政治任务，精心组织，周密安排，在全县迅速兴起学习宣传贯彻热潮。两个多月来，县委常委会先后组织县委理论中心组学习会和举办全县科级干部专题培训班、纪念“八一”起义军三河坝战役90周年、重温入党誓词等系列活动，出台持续深入学习宣传贯彻党的十九大精神的专门文件，深入开展大学习、大宣传、大培训、大调研活动，安排县党政领导牵头调研重大课题，成立宣讲团深入基层一线宣传解读，推动学习宣传贯彻工作往深里走、往实里抓，让贯彻落实习近平新时代中国特色社会主义思想，成为全县上下的共同意志、共同目标、共同行动。

一年来，县委常委会重点抓好如下工作。

（一）抓项目促投资，综合实力稳步提升　严格落实“五个一”和时间倒逼工作机制，以最强的领导、最大的力度、最硬的措施，全力以赴推进总投资421.37亿元、年度计划投资100.53亿元的88项重点项目建设，项目带动成效明显，促进了县域经济加快发展。预计全县生产总值90亿元，比增8%；规模以上工业增加值15.3亿元，比增12%；固定资产投资77.49亿元，比增30%；本级一般公共预算收入9.7亿元，比增1.06%。

（二）抓创新提效益，实体经济持续发展　一是工业经济逐步壮大。推动陶瓷产业技术改造、转型升级，全县陶瓷销售收入16亿元，税收1.09亿元。同时，积极发展电力产业，扩容优化电力设施，全县电力税收1.72亿元。二是现代农业有效发展。新种植蜜柚453.3公顷、茶叶233.3公顷；新培育省、市、县龙头企业27家，农民专业合作社26家，家庭农场38家；建立富硒农产品适度规模基地7个。农村土地确权登记颁证工作有序推进。三是全域旅游持续提升。成功举办百侯镇侯南古村落南粤古驿道定向大赛和纪念三河坝战役90周年等活动，特别是电影《建军大业》和电视剧《热血军旗》《血战三河坝》播放后，各地来三河坝开展革命传统教育的人（次）大幅增加，带动了旅游产业的加快发展。全县接待游客593.86万人次、旅游经济收入33.84亿元，分别比增10.38%和12.22%。

（三）抓交通修水利，发展后劲不断增强　一是着力构建现代交通网。大潮高速公路（含大漳支线）完成投资14.91亿元，全面完成472.8公顷征地任务，拆迁房屋180座，占总任务的82%；加快推进县城过境公路建设，动工建设湖寮至高陂连接线，完成农村公路硬底化43条（段）65千米。二是抓好民生水利工程建设。韩江高陂水利枢纽工程完成投资12.03亿元，完成征收土地769.11公顷，签订拆迁协议的房屋267座、拆除240座。推进西河、双溪2宗山区中小河流治理项目和43宗村村通自来水工程建设；加快县城山丰水库工程建设，动工改造城北城东供水管网，着力解决县城饮用水难问题。

（四）抓整治优环境，城乡面貌有新改观　一是着力推进新型城镇化。以创建国家卫生县城为抓手，强力推进城乡环境综合整治，深入开展整治"六乱"和打击"两违"行为，巩固提升文明城市水平。完成《大埔县城市总体规划》第二次修编等，加快推进县城城东等"三旧"改造和相关市政项目建设。抓好大麻、高陂、茶阳中心镇"六个一"项目建设，逐步形成"一主三附"发展格局。二是着力推进新农村示范村建设。完成57个省定贫困村社会主义新农村示范村建设规划设计，全面推进20户以上自然村"三清三拆三整治"；全力推进21个村新农村示范村创建工作，西河镇省级新农村示范片建设扎实推进，并取得初步成效。再次荣获"中国最美丽县"称号，成功创建广东阴那山国家森林公园。

（五）抓惠民促和谐，民生福祉持续增进　民生领域支出占一般公共预算支出的81.1%。办好十件重点民生实事，社会保障体系进一步完善。打好精准扶贫精准脱贫攻坚战，创新发展生产、转移就业、金融扶贫、商贸经营、资产收益和实施保障兜底等模式，实现3382人贫困人口脱贫。坚持教育优先发展，扎实推进创建省教育现代化先进县和国家级农村职业教育及成人教育示范县工作，城区学校扩容提质加快推进。抓好卫生强县创建工作，县人民医院改扩建工程感染科大楼已投入使用；推进县中医医院迁建、县妇幼保健院改扩建和县慢性病防治院门诊楼工程建设；扎实推进11个镇卫生院的迁建、改扩建工程；规范化建设232间公建民营村卫生站。深入推进"平安大埔"建设，严厉打击各种违法犯罪活动，社会治安持续稳定。全县安全生产形势稳定。

（六）抓党建强保障，从严治党全面推进　切实增强党建主业意识，严格落实各级党委（党组）管党治党主体责任，全面加强党的领导和党的建设。推进"两学一做"学习教育常态化制度化，引导全县党员干部进一步增强"四个意识"，坚决维护以习近平同志为核心的党中央权威。严格执行《关于新形势下党内政治生活的若干准则》和《中国共产党党内监督条例》，把严肃党内政治生活落实到基层组织中，严明党的政治纪律和政治规矩。认真落实新时期好干部标准，顺利完成村（社区）"两委"换届选举工作。强化干部日常管理监督，驻点联系群众制度全覆盖，软弱涣散基层党组织得到整顿转化。切实履行党委的主体责任和纪委的监督责任，认真落实党风廉政建设责任制和中央八项规定实施细则。成立县委巡察领导小组及办公室，组建4个巡察组，完成首轮6个县直单位和3个镇以及全县57个省定贫困村的专项巡察。加强党员领导干部"八小时以外"活动监督管理，引导干部严守政治纪律和政治规矩，干部作风持续改进。今年来，立案87件（含科级干部7件），给予党纪政纪处分85人。与此同时，加强对县人大、县政协的领导，充分发挥人大机关的作用，支持和监督“一府两院”依法履行职能，充分发挥政协民主协商等作用。巩固壮大最广泛的爱国统一战线，积极推进与工商联、无党派等界别人士合作共事，宗教、外事、台办等工作取得新成绩，工会、共青团、妇联、工商联等人民团体的桥梁纽带作用进一步增强，老干部作用得到较好发挥。党管武装工作有新的加强，双拥共建和国防后备力量建设有新的进步。

过去一年取得的成绩来之不易。这些成绩的取得是中央、省委、市委正确领导的结果，是全县人民共同努力的结果，是广大党员干部扎实工作的结果，是社会各界人士和海内外乡亲鼎力支持的结果。在此，我代表县委常委会，表示衷心的感谢和崇高敬意！

在看到成绩的同时，必须清醒地看到，我们的工作还存在许多不足。一是交通不发达现状仍未根本改变。县城到三个中心镇和镇与镇之间、旅游公路等级低，全县一级公路仅有县城至三河的11.3千米，比邻近的饶平县113千米少100多千米；大潮高速公路（含大漳支线）正在建设，缺少出省出海快捷通道，“对外大连通、对内大循环”格局仍未形成。二是满足人民日益增长的美好生活需要的工作任务艰巨。当前，人民群众在教育、就业、医疗、居住、养老等方面需求不断提高，但受地方财力等客观条件的限制，各项工作不可能齐头并进，民生短板不可能一下补齐，解决发展不平衡不充分问题和提高人民群众的民生福祉任重道远。三是拉动经济增长的大项目和骨干财源项目不多，房地产、建筑和消费市场发展速度放缓，特别是我县工业基础比较薄弱、新兴产业少，财税收入增长空间有限，收支矛盾仍然突出。四是当前及今后一段时期，我们仍将面对经济增长总量不大和经济结构不优的双重挑战；面对传统产业“独木难支”和新兴产业支撑不足的双重制约；面对民生保障整体水平不高和人民群众诉求更加多元的双重压力。五是一些党员干部一定程度还存在担当不足“不敢为”、动力不足“不作为”、能力不足“不想为”的现象，转变作风、提升能力有待进一步加强。这些问题都需要我们知难而进，负重奋进，在加快发展中加以解决。

二、深入学习领会习近平新时代中国特色社会主义经济思想，主动适应新时代新要求，把握事关大埔发展大局的重大问题

中国特色社会主义进入新时代，我们站在新的历史起点上。做好大埔工作，必须融入国家战略、全省、全市大局，谋实干好事关大埔发展的大事，确保沿着正确的方向坚定前行。

（一）坚定不移贯彻落实习近平新时代中国特色社会主义经济思想　习近平新时代中国特色社会主义经济思想，是中国特色社会主义政治经济学的最新成果，标志着党对经济发展规律认识达到了新高度。开创大埔发展新局，必须把这一思想作为长期坚持的科学理论指导和行动指南，深入贯彻落实到经济社会发展全过程各方面。

大埔经济发展不平衡不充分是最基本的县情、最突出的短板。我们应该怎么看、应该怎么干，都必须以习近平新时代中国特色社会主义经济思想为根本遵循，深刻领会核心要义，并始终做到“七个坚持”。要坚持加强党对经济工作的集中统一领导，不折不扣贯彻落实中央和省委、市委的决策部署，不断完善党委领导经济工作的体制机制，提高发展经济的专业化本领。要坚持以人民为中心的发展思想，坚定践行根本宗旨，经济工作要集中体现人民对美好生活的向往。要坚持适应把握引领经济发展新常态，坚定贯彻新发展理念，努力实现更高质量、更有效率、更加公平、更可持续的发展。要坚持使市场在资源配置中起决定性作用、更好发挥政府作用，坚决扫除经济发展的体制机制障碍，推进营商环境综合改革。要坚持适应我国经济发展主要矛盾变化完善宏观调控，深入推进供给侧结构性改革，以更好的供给满足人民群众升级变化的需求。要坚持问题导向部署经济发展新战略，进一步深化对县情的认识，积极破解发展不平衡不充分突出问题。要坚持正确工作策略和方法，稳中求进，保持战略定力，强化底线思维，把雷厉风行和久久为功结合起来，一步一个脚印向前迈进。

我们要结合大埔实际，重点把握好几个重大关系。一要正确处理稳和进的关系，在保持工作连续性的同时与时俱进开拓创新。稳是主基调，是大局，要保持发展耐心，着力守住风险、民生、环保等底线。在稳的前提下，要奋发有为，敢为人先，在改革创新、结构调整、动力转换等关键领域积极进取，把进的方向和目标聚焦到提高发展质量和效益上。二要正确处理市场作用和政府作用的关系，既要“有效”的市场，也要“有为”的政府。要不断提高市场化程度，推动市场配置资源效益最大化、效率最优化。要推进“放管服”改革，厘清政府和市场的边界，用好“看得见的手”和“看不见的手”。省委书记李希同志在省委十二届三次全会上强调，要着力构建亲清新型政商关系，“亲”则两利，“清”则两安。要坚决改变“要么勾肩搭背、要么背对背”的畸形政商关系，政府与企业要“打开前门”沟通对话，“摆上合面”解决问题，在公平法治的前提下正大光明地为企业和企业家服务，保护和调动企业家的积极性，弘扬优秀企业家精神，实现社会发展和企业家成长共赢。三要正确处理促发展和防风险的关系，凡事从坏处准备，努力争取最好结果。习近平总书记高度重视防风险工作，多次对防范化解社会稳定风险、金融风险、地方政府债务风险等提出明确要求。我们要充分认识防风险的极端重要性。尽管我县社会总体上比较稳定，但也有一些风险隐患，因征地拆迁、用工欠薪等引起的非正常上访等不稳定因素不同程度存在，互联网金融诈骗、非法集资时有发生等。我们要时刻绷紧风险防控这根弦，勇于担当，不回避问题，不掩盖问题，对风险隐患点要逐一清除，及时化解，防止发生不稳定事件，影响经济发展。

（二）坚定不移地贯彻高质量发展的根本要求 高质量发展，是保持经济持续健康发展的必然要求，是适应我国社会主要矛盾变化和全面建成小康社会、全面建设社会主义现代化国家的必然要求，是遵循经济规律发展的必然要求。我们要牢牢把握这一根本要求，推动全县经济发展从追求规模扩张转向追求质量提高。一要增强推动高质量发展的自觉性和坚定性。习近平总书记指出，高质量发展是保持经济持续健康发展的必然要求，是适应我国社会主要矛盾变化和全面建成小康社会、全面建设社会主义现代化国家的必然要求，是遵循经济规律发展的必然要求。我县经济总量小，产业结构比较单一，资源依赖程度较高，这对于大埔作为全国重点生态功能区来说，再走拼资源、拼土地、拼投入的发展老路，难以为继、不可持续。与此同时，国家和省、市的政策也不允许我们以牺牲生态环境为代价换取一时的发展。我们要坚定不移地走高质量发展之路，积极探索生态富民强县新路，努力做到美丽与发展共赢。二要树立符合高质量发展要求的正确政绩观。推动高质量发展，需要长期艰苦的探索，必须树立正确的政绩观，以“功成不必在我”的胸怀，不简单以生产总值增长率论英雄，更多地把注意力放在质量效益、

创新驱动、就业创业、民生福祉、生态环保等发展目标上，发挥自身的资源禀赋优势，多做打基础利长远的工作，在提高发展质量上下真功夫、实功夫、深功夫，一步一个脚印地把工作推向前进。三要明确推动高质量发展的努力方向。习近平总书记指出，高质量发展就是能够满足人民日益增长的美好生活需要的发展，是体现新发展理念的发展。我们要按照总书记的要求，把发展的路子走对走实走好，加快从“有没有”转向“好不好”的发展路子，坚持质量第一、效益优先，牢牢把握供给侧结构性改革主线，牢牢把握质量变革、效率变革、动力变革的基本路径，牢牢把握加快建设协调发展的产业体系这一着力点，牢牢把握构建社会主义市场经济体制这一制度保障，把现代经济体系建立起来，促进大埔转型升级、跨越发展。

（三）坚定不移走中国特色社会主义乡村振兴道路　乡村振兴战略，是党的十九大作出的重大部署，是习近平新时代中国特色社会主义思想的重要组成部分。一要把乡村振兴摆在全县工作重中之重的位置。农业强不强，农村美不美，农民富不富，决定着全面建成小康社会的成色和质量。我县作为山区农业县，农村发展不平衡不充分是我县最大的县情、最突出的短板。如果不抓紧改变这种局面，我们何谈落实以人民为中心的发展思想?何谈全面建成小康社会?全县上下一定要把实施乡村振兴战略放在突出位置，坚持农业农村优先发展，以更大的决心、更明确的目标、更加有力的举措，尽快补齐“三农”短板，让农业成为有奔头的产业，让农民成为有吸引力的职业，让农村成为安居乐业的美丽家园。二要科学谋划乡村振兴工作。要准确把握乡村振兴的总体要求和目标任务，实施乡村振兴战略，既是持久战，又是攻坚战。我们既要有打持久战的前瞻和定力，进行战略思路、系统谋划，不能走一步看一步；又要把长远战略分解为一个个阶段性安排，一年接着一年干，确保年年都有新气象、年年都有新变化。三要统筹乡村振兴和城市发展。要克服重城轻乡的倾向，解决好“三农”工作说起来重要、干起来次要、忙起来不要的问题。我们要统筹推进城市和乡村融合发展，加快形成工农互促、城乡互补、全面融合、共同繁荣的新型工农城乡关系，实现城市和乡村相得益彰。

三、坚持以习近平新时代中国特色社会主义思想为统领，开创决胜全面建成小康社会新局面

2018年是贯彻落实党的十九大精神的开局之年，是改革开放40周年，是决胜全面建成小康社会、实施“十三五”规划承上启下的关键一年。做好全年工作，尽管面临不少困难和挑战，但我们要看到当前发展的大好机遇和有利条件，增强加快发展信心和决心。当前及今后一个时期，国内外经济形势“稳中有进、稳中向好”基本态势没有改变；中央经济工作会议、中央农村工作会议和全国扶贫开发工作会议，对经济高质量发展、实施乡村振兴战略进行了全面部署，这些为我们争项目、争资金和发展生态经济，提供了大有可为的新机遇。同时，省委十二届三次全会提出，要深刻把握区域特点和发展条件的变化，改变粤东西北作为同类地区的思维定式，结合实施主体功能区战略，进一步明晰珠三角、东西两翼和粤北山区的发展定位，明确协调发展的努力方向；要牢牢把握粤北山区的生态发展定位，筑牢粤北生态屏障，以生态优先和绿色发展为引领，在高水平保护中实现高质量发展。这将为大埔实现高质量发展带来新的机遇。省委十二届三次全会强调，要进一步明晰省市财政权责，省级承担支出责任的事项不再要求市县配套，市县财政事权内的具体项目由市县确定，省级财政通过统一规范的转移支付和地方债券等对市县予以支持；健全生态保护补偿机制，加大省级财政对北部生态功能区、财力薄弱地区的转移支付力度，完善生态保护成效与资金分配挂钩的激励约束机制；健全党政领导班子和领导干部政绩考核评价体系，对沿海经济带和北部生态功能区实行差异化考核。这样我县作为国家重点生态功能区将得到更大的支持和更多的转移支付，就可以“轻装”上阵推动加快发展。市委市政府加快推进“一区两带六组团”科学发展格局，为加快发展注入了新的动力和活力。从我县来看，通过科学系统谋划和全县上下的扎扎实实干事，探索了新路子、迈出了新步子，大项目好项目有序推进；广大干部群众加快发展愿望强烈，干事创业精神状态好，内生动力明显增强。只要我们解放思想、站高望远，敢抢善抓、苦干实干，就一定能战胜发展中的各种困难，就一定能在你追我赶激烈竞争中有所作为，就一定能开创决胜全面建成小康社会新局面。

2018年工作的总体要求是：全面贯彻党的十九大精神，以习近平新时代中国特色社会主义思想为指导，认真贯彻中央经济工作会议和省委十二届三次全会、省委李希书记来梅调研讲话以及市委七届四次全会精神，统筹推进“五位一体”总体布局和“四个全面”战略布局，围绕加快建设“一区两带六组团”，以构建韩江（大埔）产业带为龙头，立足“生态立县、实业富县、文旅兴县”三个定位，突出经济发展提质增效和重点项目建设、机关作风建设“三大”抓手，做好“红色、绿色、古色”三篇文章，开拓进取，凝心聚力，奋力攻坚，推动生态富民强县，奋力开创决胜全面建成小康社会新局面。2018年的预期目标：全县生产总值增长7%以上，规模以上工业增加值增长10%以上，固定资产投资增长20%以上，本级一般公共预算收入增长1%以上。

（一）在经济发展提质增效上见行动求实效　牢牢把握高质量发展要求，坚持走生态富民强县之路，打好防范化解重大风险、精准脱贫、污染防治等“三大”攻坚战，实施创新驱动发展，大力发展实体经济，推进现代化基础设施建设，增强县域经济的创新力和竞争力。

1. 以交通水利建设为重点，突破制约发展瓶颈。一是强力推进交通公路建设。围绕“对外大连通、对内大循环”的总体思路，坚决打好交通建设这场硬仗，为破解发展不平衡不充分问题，为大埔追赶先进、缩小差距、提速经济发展铺设“康庄大道”。重点抓好大潮高速公路（含大漳支线）等出海出省公路建设，逐步形成对外大连通新格局。推进国道G235线三河至大麻段路面改造，加快县城至高陂、至枫朗连接线建设，规划建设县城至茶阳公路，构建以县城为中心的放射状现代交通路网；要抓好旅游公路、镇与镇之间的公路建设，逐步形成对内大循环新格局。要超前谋划、科学规划农村公路建设，切实按照习近平总书记对“四好农村路”建设的重要指示精神，把农村公路建好管好护好运营好，为广大农民致富奔小康、加快推进农业农村现代化提供更好保障。二是扎实推进民生水利建设。进一步抓好高陂水利枢纽工程建设征地拆迁工作，基本完成库区辖区内房屋搬迁，全面完成陂寨、乌槎、汶水塘移民安置点建设；抓好以山区中小河流治理、农村饮水村村通工程、山丰水库、县城供水管网改造、镇级污水处理厂建设等。

2. 以开发红色资源为引领，推动全域旅游发展。一要保护好利用好革命遗址。全县共有83处革命遗址，是梅州市红色资源最丰富的县。要增强“把红色资源利用好、把红色传统发扬好、把红色基因传承好”的使命感和责任担当，认真贯彻落实省委李希书记来梅调研强调“铭记光辉历史、传承红色基因”的指示精神，学习借鉴安徽金寨县、湖北红安县的好做法、好经验，进一步总结和提炼三河坝战役精神，以三河坝被省委党校、省行政学院定为教学基地为契机，努力争取上级支持，在三河坝建立我省首个立足广东、面向全国的三河坝干部教育学院，打造一个铭记光辉历史、传承红色基因、锤炼党性修养的重要载体。二要精心打造红色旅游经典线路。第一，抓住电影《建军大业》和电视剧《热血军旗》播放后，各地来三河坝开展革命传统教育的人（次）大幅增加，三河坝的知名度和影响力大幅提升的契机，精心打造“八一”起义军南下广东梅州、大埔红色旅游经典线路。第二，打造中央红色交通线红色旅游经典线路，主要把青溪镇多宝坑小站旧址、中央红色交通线纪念园、中转站和秘密仓库旧址等串联起来，讲好中央红色交通线故事。三要以红色带古色促绿色，推动全域旅游发展。以把三河坝战役在党史军史中的历史地位讲清楚、把三河坝战役的军事贡献讲清楚、把三河坝战役的核心人物讲清楚为切入点，编好大型话剧《血战三河坝》，讲好起义军辗转百侯杨氏学校（现百侯中心小学）、途经枫朗的故事，串联中共南方工委旧址、罗明故居，带旺百侯名镇旅游区和西岩山万亩茶文化旅游产业园；以青溪中央红色交通线带旺青溪库区、江畔人家生态休闲和茶阳千年古镇文化游，形成红古绿“三色”旅游互动互促的生动局面。同时，突出“旅游+”和“+旅游”并重，培育多元业态产品，力争 2018 年底前创建省全域旅游示范县。

3. 以推动质量变革为切入，推进实体经济发展。一要强化实体经济的吸引力和竞争力。坚持新发展理念，推进供给侧结构性改革，优化存量资源配置，实施创新驱动战略，推动实体经济又好又快发展；要注重防范化解金融债务风险，为经济高质量发展创造稳定有效的金融服务。二要推进产业园区扩能增效。加快广州海珠（大埔）产业园基础设施和园区公共服务平台建设，争取 8 个企业建成投产；把好准入关口，引进一批优质企业进园开工建设。推进县城工业小区建设，争取在 9 月底前完成首期土地平整工作，推进以产兴城、产城融合。三要加快发展新型工业化。着力推动电力产业发展，抓好高陂水利枢纽工程电站建设；坚持不懈抓好陶瓷产业，推动企业“上规、上亿、上市”，实现规模化、集约化发展；引导陶瓷企业由家族式管理向现代化管理转变，加快推动吉玉陶瓷股份有限公司等企业上市；引导企业加强与高等院校、科研院所产学研合作，推动陶瓷产业技术创新、转型升级；加快发展现代物流业，积极引进有实力、有经验的大型电子商务运营企业，实现出口和内销“两条腿”走路，不断拓宽销售渠道。四要全力抓好招商引资工作。深入实施“乡贤回乡投资兴业工程”，主动向外出乡贤推介家乡的优势资源、优惠政策、投资环境和招商项目，鼓励外出乡贤回归创业，实现人回乡、钱回流、厂回迁，重点做好博富能科技有限公司整厂回迁工作，不断做大做强新能源等新兴产业。五要构建韩江（大埔）产业带。以韩江为主轴，以三河红色旅游特色小镇、高陂陶艺特色小镇和大麻镇田园综合体为载体，辐射带动百侯、西河特色小镇建设，以旅游产业陶瓷产业、生态健康产业为支撑，做优水环境，做活水文化，做好水经济，努力打造经济新的增长点。

4. 以宜居特色精致为导向，加快推进新型城镇化。一是推进城区扩容提质。积极开展“多规合一”工作，解决各类规划自成体系、内容冲突、缺乏衔接等问题，严格执行规划报建审批及管理工作。推进茶阳中心镇总体规划的修编，完善枫朗等 6 个建制镇的总体规划修编和有关建制镇控制性详细规划的落实，以及《县域乡村建设规划》编制工作。抓好老城区市政道路、环城大道等改造提升，推进城东“三旧”改造和奥园广场等10多个亿元以上项目建设；加强县城环境综合整治，坚决打击“两违”行为，加强建筑工地管理，切实做到文明施工、环保施工，创建国家卫生县城。二要加快特色小镇建设。高陂镇要发挥“中国青花瓷之乡”的优势，科学规划、精心策划，坚持走差异化、规模化、特色化的道路，选准主攻方向，打造优势主导产业，培育骨干企业、引进龙头企业，促进产业集群发展，精心建设高陂陶艺小镇；并要推动产城一体、镇园融合发展，吸引镇域内和周边镇的企业向园区集聚，承接大中城市产业转移，辐射带动桃源、光德、洲瑞三镇发展。同时，三河镇要立足红色资源影响力大的优势，打造成为产业特色鲜明、要素集聚、宜居宜业、富有活力的红色文化旅游小镇。百侯、西河镇要因地制宜找准定位，分别打造历史文化小镇和农业特色小镇。

5. 以实施乡村振兴战略为关键，建设安居乐业的美丽家园。认真贯彻中央农村工作会议强调“省市县镇村”五级书记抓乡村振兴的精神，按照“产业兴旺、生态宜居、乡风文明、治理有效、生活富裕”的总要求，推动农业全面升级、农村全面进步、农民全面发展。

一是多元化发展现代农业。坚持质量兴农、绿色兴农，树立大农业观、大食物观，突出农业绿色化、优质化、特色化、品牌化，加快推进农业由增产导向转向提质导向，不断提高农业综合效益和竞争力。做大做强蜜柚和茶叶两大农业支柱产业，形成优势突出和特色鲜明的产业带；把蜜柚从数量扩张转移到质量提升和品牌建设上来，转移到加工增值上来，加快建设蜜柚精深加工及综合利用项目，提高蜜柚附加值。以市场为导向，以龙头企业为主体，打造一批规模大、效益好、品牌响、带动力强的现代农业示范园区，重点打造西岩山万亩茶文化旅游产业园，逐步形成以西岩山脉为主连接枫朗、高陂、西河等镇的茶叶生产基地。深入实施“企业品牌+区域品牌+长寿品牌”三位一体差异化农业品牌战略，规划建设一批绿色食品、健康食品、富硒食品等长寿食品基地；抓好农副产品的加工增值，建设大埔小吃产业孵化基地；争取新培育一批重点农业龙头企业和农民专业合作社、家庭农场。

二是坚决打好精准脱贫攻坚战。围绕脱真贫、真脱贫的目标，进一步强化党政一把手负总责的责任制，压实各级各单位、驻村工作组的帮扶责任，动员全社会力量，形成大扶贫工作格局。突出产业扶贫和就业扶贫两个重点，确保贫困人口长效脱贫；把激发贫困人口内生动力、增强发展能力作为根本举措，确保贫困户在“小康路上一个都不掉队”，确保2018年如期实现脱贫攻坚目标。

三是全力建设新农村示范村。持续推进农村人居环境综合整治，完善村庄规划，规范农民建房，从容有序建设；健全村民理事会和民事民治管理机制，推动自治、法治和德治相结合，深入挖掘、继承、创新优秀传统乡土文化，让有形的乡村文化留得住，让活态的乡土文化传下去，以客家优秀文化引领乡村治理，形成良好家风、培育文明乡风；全面完成57个省定贫困村新农村示范村的创建工作，努力实现农业强、农村美、农民富的目标。

6. 以生态文明建设为抓手，实现美丽与发展共赢。要认真贯彻省委李希书记来梅调研时强调，梅州要在生态富民强市上下大功夫、硬功夫、实功夫的指示精神，充分发挥我县生态优美的优势、大力发展生态产业，推动生态富民强县。同时，牢固树立“绿水青山就是金山银山”和保护也是发展的理念，切实加强生态文明建设，抓好生态环境保护，扎实推进河长制工作，不定时开展巡河和督导，保护好江河水质和集中饮用水源地，确保“河畅、水清、岸绿、景美”。同时，打好大气、水、土壤三大污染防治攻坚战，提高环境管理和执法水平，对该出手时要出手、该“亮剑”时要“亮剑”；积极推进采用PPP模式全面铺开镇级污水处理厂建设，力争到2018年底实现镇级污水处理厂设施全覆盖；加强养猪场污染监管工作，着力推进规模化畜禽养殖场污染集中整治和污水深度处理设施建设，确保天更蓝、山更绿、水更清。另外，深入推进“绿满梅州”大行动，以县城周边、重点景区、高速公路、省道干道沿线和江河两岸为重点，建设城市林荫大道、乡村绿道和景观林带；抓好碳汇林、生态景观林带、乡村绿化美化、森林进城围城等四大工程建设，狠抓森林防火工作，坚决打击非法占用林地行为，强化森林资源管理，提升森林质量，增强生态功能，营造更多亮丽宜人的绿色生态景观。

7. 以增进民生福祉为根本，让人民生活更加幸福美满。践行以人民为中心的发展思想，以造福人民为最大政绩，想群众之所想，急群众之所急，在发展中补齐民生短板。一是推动文化繁荣兴盛。培育和践行社会主义核心价值观，统筹抓好意识形态工作，旗帜鲜明反对和抵制各种错误观点。认真贯彻落实“建设广东文化高地”部署和要求，推动文化事业和文化产业发展，建设中国客家文化生态保护示范区，保护好、挖掘好、传承好客家文化和红色文化，力争将三河坝战役纪念碑等6处申报为国保单位。二是用心办好民生实事，坚持尽力而为、量力而行，精心实施十件重点民生实事，坚持就业与创业并举，推进创业带动就业。推进县人民医院二期工程建设，加快推进县中医医院迁建工程、县妇幼保健院改扩建工程、县慢病院新门诊楼建设，抓好高陂等镇卫生院建设，加快实施村卫生站规范化建设，确保2018年创建省卫生强县。继续抓好县城学校新建、改扩建工程，解决中小学“择校热”“大班额”等问题，确保2018年完成广东省教育现代化先进县督导验收；以召开第九届世界大埔同乡联谊会为契机，积极筹集教育发展基金，办好人民满意的教育。抓好社保扩面征缴，启动实施医保城乡一体化，不断完善社会保障体系。三是用力推进“平安大埔”建设。深化“平安大埔”建设，提高对违法犯罪活动的打击、防范、控制能力和突发事件应急处置能力、持续推进综治“中心+网格+信息化”建设，提高社会治理社会化、法治化、专业化水平。深入实施“七五”普法规划，构建完善公共法律服务体系。进一步提高源头预防和化解信访问题水平，依法及时就地解决群众合理诉求。全面落实“党政同责、一岗双责、齐抓共管、失职追责”的责任体系，确保不发生重大安全生产事故。

（二）在项目攻坚扩大投资上见行动求实效　集中精力抓好全县确定总投资429.7亿元、年度投资97.7亿元的95项重点项目建设。一是科学制定目标。要按照“量力而行、适度超前、加快发展”的原则，认真调查研究，制订可操作性强的项目建设年度计划和每月目标管理责任制，把项目的质量要求、资金投入及进度目标详细分解，落实到位、落实到人，强化计划目标动态管理。二是严格落实责任。增强工作的紧迫感和责任感，采取有力措施，争取项目更快建成、更早见效，努力完成年度投资计划。按照“五个一”的工作机制，坚持“谁主管，谁负责”的原则，做到县责任领导积极抓、责任单位具体抓、项目业主单位全面抓，落实好项目建设目标任务。重点项目责任单位或主管部门积极组织、督促项目业主扎实做好项目推进工作，协调解决存在的问题，落实年度工作计划，推进重点项目加快建设。三是加强督促检查。继续实行“每月一督查”制度，切实加强对目标责任制落实情况的监督，及时跟踪了解情况。县委督查室和各专项督查小组要做到真督善查，敢于碰硬，敢于指出存在问题，善于提出意见建议。对于存在的问题，责任县领导和责任单位及时抓好整改落实，对没有及时抓好整改落实的，将在全县进行通报批评。四是严明考核奖罚。对重点项目落实工作责任制情况进行考核，对重点项目目标任务进展缓慢的给予通报批评，追究有关部门责任人和责任领导的责任；对目标任务完成优秀的责任单位和责任领导，给予通报表彰，优先提拔重用。五是用长远发展眼光谋项目。深入研究国家产业政策、投资导向和市场环境，依托优势资源和现有产业基础，积极谋划、论证、储备一批大项目、好项目，力求数量上有新突破、质量上有新提高。

四、深入贯彻新时代党的建设总要求，坚定不移地推进全面从严治党

认真贯彻落实新时代党的建设总要求，强化管党治党政治责任，全面推进党的政治建设、思想建设、组织建设、作风建设、纪律建设，把制度建设贯穿其中，不断提高党的建设质量，把各级党组织锻造得更加坚强有力。

（一）从严抓好政治思想建设，始终不忘初心对党忠诚　牢固树立“四个意识”，坚决维护习近平总书记的核心地位，始终在思想上政治上行动上同以习近平同志为核心的党中央保持高度一致，更加坚定自觉地忠诚核心、拥戴核心、维护核心、捍卫核心。持续深入学习宣传贯彻党的十九大精神和《习近平谈治国理政》第二卷，扎实开展“不忘初心、牢记使命”主题教育，坚定不移用习近平新时代中国特色社会主义思想武装头脑，加强党性锻炼、坚定理想信念，认真执行新形势下党内政治生活的若干准则，完善和落实民主集中制各项制度。要严明党的政治纪律和政治规矩，教育党员干部牢记“五个必须”，杜绝“七个有之”，全面彻底肃清李嘉、万庆良等的流毒影响，坚决防止和反对宗派主义、圈子文化、码头文化。大力弘扬忠诚老实、公道正派、实事求是、清正廉洁等价值观，形成风清气正的良好政治生态。

（二）从严抓好干部队伍建设，坚持有为有位用人导向　严格按照新时期好干部标准，加强干部队伍建设。围绕大埔事业发展的需要用干部，坚持德才兼备、以德为先的用人原则，进一步完善“能力在一线培养、业绩在一线考核、用人在一线选拔”的干部选育机制，着重选拔在重点项目建设、征地拆迁、脱贫攻坚等工作中实绩突出、群众公认的干部，对有能力敢担当的干部给平台给位子，引导干部把功夫放到干事创业上。严格落实干部能上能下要求，建立完善容错纠错机制，进一步加大干部正向激励和关心厚爱；努力建设政治坚定、团结奋进、务实开拓、清正廉洁的坚强领导集体和忠诚担当、善谋实干、作风过硬、勤廉公信的党员干部队伍。

（三）从严抓好基层组织建设，筑牢脱贫奔康坚强堡垒　深入推进“三强三好”主题实践活动，认真实施《大埔县村干部规范化管理办法》和系列规范性文件精神，全面推行村干部“三化”管理制度。加强村干部后备队伍建设，继续选优用好村级后备干部队伍。规范两个联席会议制度落实，镇驻点领导全程参加驻点村两个联席会议，帮助健全议事决策规程，规范村务公开，对村级项目建设和重大支出全程监督，进一步完善村账镇管制度，确保工作落到实处。加强软弱涣散党组织的整顿转化，加大常态化督查考核力度，推动党建重点任务落地见效。

（四）从严抓好机关作风建设，汇聚加快发展正能量　把机关作风建设作为今年的一项重要工作，目的是解决部分干部中存在的落实执行不力、攻坚破难能力不强、服务效能较低等问题，促进各级干部敢于担当、敢于负责，更好地服务于大局、服务于发展，促进各级党组织执政能力和水平的提高。一是紧抓领导。好的作风是抓出来的，更是带出来的。从全局和战略高度，充分认识加强作风建设的极端重要性，切实解决“四风”问题。端正态度，敢于负责，敢于碰硬，敢于喊出向我看齐，一级带一级，真正做到以身作则、率先垂范。要切实解决“门好进、事难办”问题，不断提高办事效率，进一步密切党群、干群关系。二是勇于担当。敢于担当的精神和勇气，不以任何理由延误工作，不以任何借口服务缺位，勇敢地承担该担的责任，做好该做的工作，真正做到责任上身、工作上心。三是主动作为。主动去想办法，主动去解决问题，主动去推动工作；立足岗位、履行职责，干好自己的本职工作。

（五）从严抓好反腐倡廉建设，营造风清气正政治生态　认真贯彻落实中央八项规定实施细则，以更高标准更严要求持续整治“四风”突出问题，从一件一件小事抓起，一个节点一个节点坚守，以钉钉子精神推动中央八项规定精神落地生根、成风化俗。坚持以上率下，抓“关键少数”，从领导干部做起，以身作则、率先示范，坚决反对特权思想和特权现象，在管好自己的同时，严格要求配偶、子女和身边工作人员，树立新风正气，抵制歪风邪气。运用好监督执纪问责“四种形态”，强化日常监管、立足抓早抓小，发现干部苗头性倾向问题及时提醒，让“红脸出汗”“咬耳扯袖”成为常态。保持惩治腐败高压态势，坚持无禁区、全覆盖、零容忍，坚持重遏制、强高压、长震慑。认真落实中央关于国家监察体制改革的决策部署，牢牢把握改革正确方向，集中力量抓好转隶，选优配强领导班子，按期完成机构组建，确保人心稳定、队伍稳定、工作稳定，为我县监察委员会起步运行奠定坚实基础。

同志们，做好今年工作，意义重大、任务艰巨。习近平总书记在新年贺词中指出，党的十九大描绘了我国发展今后30多年的美好蓝图。九层之台，起于累土。要把这个蓝图变为现实，必须不驰于空想、不骛于虚声，一步一个脚印，踏踏实实干好工作。让我们更加紧密团结在以习近平同志为核心的党中央周围，高举习近平新时代中国特色社会主义思想伟大旗帜，在省委、市委的坚强领导下，开拓进取，凝心聚力，奋力攻坚，推动生态富民强县，开创决胜全面建成小康社会新局面，为实现“两个一百年”奋斗目标和中华民族伟大复兴的中国梦作出应有贡献！

▲201 年 11 月 6 日，县委书记朱汉东到湖寮双坑村传达学习习近平视察广东重要讲话精神（湖寮镇提供）

政府工作报告

——大埔县人民政府县长熊锋松在大埔县第十五届人民代表大会第三次会议上的报告

（2018年1月11日）

各位代表：

我代表县人民政府向大会报告工作，请予审议，请政协委员参议，请其他列席人员提出意见。

2017年工作回顾

一年来，县政府在市委、市政府和县委的正确领导下，在县人大及其常委会和县政协的监督支持下，深入学习贯彻党的十九大、习近平总书记系列重要讲话以及对广东工作的重要指示批示精神，按照中央和省、市以及县委的决策部署，围绕市加快建设“一区两带六组团”的要求，落实“两大振兴政策”，扭紧“三大抓手”，攻项目、优环境、兴产业、惠民生，全县经济社会保持平稳发展。预计全县生产总值90亿元，比增8%；固定资产投资77.49亿元，比增30%；社会消费品零售总额53.57亿元，比增9.2%；外贸出口总额1.95亿美元。本级一般公共预算收入9.7亿元、支出35.9亿元，分别比增1.06%和1.01%。

——发展环境实现新优化　全力以赴推进88项重点项目建设，全年累计完成投资88.35亿元。全力推进总投资124.37亿元、年度投资计划33.22亿元的23项交通基础设施项目建设，大潮高速公路（含大漳支线）全面动工建设，完成投资14.91亿元；县城过境公路建设加快推进；动工建设湖寮至高陂连接线；完成高陂镇产业园区道路、三河至五丰路面改造、梅溪至和村灾毁路面中修、西河镇东方至石涵联络线和桃源至食饭溪公路改建工程；抓好高陂赤山至留田过境公路、湖寮镇璜腾坑至高道联络线、枫朗至高陂路面改造以及大埔旅游产业公路建设，加快推进湖寮至枫朗公路改建、大麻至高陂旅游产业公路等规划建设。高陂水利枢纽工程全年完成投资12.03亿元，征地拆迁和6个移民安置点规划建设有效推进。投入5.16亿元，加快推进西河水和双溪水山区中小河流治理、村村通自来水工程、镇村污水处理设施、山丰水库等8项重点水利项目建设。投入1.55亿元，完成新建供电配网工程建设。推进信息基础设施建设，新增WiFi热点3000多个，新建190多个4G站点，完成248个行政村原中央苏区农村超高速无线局域网试点建设。

——实体经济取得新发展　预计工业总产值83.5亿元，规上工业增加值15.3亿元，分别比增7.9%和12%。培育发展电力、陶瓷两大主导产业，全年电力税收1.72亿元；陶瓷销售收入16亿元，税收1.09亿元。广州海珠（大埔）产业园建设加快推进，新入园企业达 17 家，其中已投产 9 家；开工建设首期 52.67 公顷的县城工业小区。推进产业转型升级，完成 12 家规上企业技术改造，新增机器人应用 10 台。新增规上企业 5 家、年产值超亿元企业 2 家，吉玉陶瓷“新三板”上市工作扎实推进。实施创新驱动战略，新增省市级工程技术研究开发中心 8 家、省级科技企业孵化器 1 家，专利申请量达 219 件。以第五届世界客商大会召开为契机，强力推进招商引资，全年引进项目 28 个，计划投资总额 91.73 亿元，其中投资额 10 亿元以上项目 2 个，总部经济项目 1 个。

——*文旅产业呈现新活力*　文化馆总分馆通过省级验收，新增省级非物质文化遗产 1 项、市级文物保护单位 5 处，7 人被定为市级非物质文化遗产项目代表性传承人，成功创建广东唯一的国家非遗保护观察点。坚持特色化引领，以推进韩江（大埔）客家文化旅游特色带建设为主线，打好红色文化、客家文化、农耕文化三张牌，抓好全域旅游发展规划和高陂水利枢纽工程库区旅游规划编制工作，促进全域旅游加快发展。成功举办纪念三河坝战役 90 周年、蜜柚名茶旅游节暨农村电商发展峰会等活动，大埔知名度进一步提升，被评为全省“旅游创新发展十强县（市）”，百侯镇被评为“广东省技术创新专业镇（旅游）”。新评定市级四星、三星农家乐各 1 家。大力发展小吃产业，新增大埔小吃品牌店 47 间。全县接待游客 593.86 万人次、旅游经济收入 33.84 亿元，分别比增 10.38% 和 12.22%。

——*现代农业迈出新步伐*　坚持现代化引领，以蜜柚、茶叶等产业为重点，抓好基地化建设、标准化生产、品牌化管理、市场化经营，推进农业持续发展。新种植蜜柚 453.3 公顷、茶叶 233.3 公顷；新培育省、市、县龙头企业 27 家，农民专业合作社 26 家，家庭农场 38 家；建立富硒产品适度规模基地 7 个，获得认证的无公害农产品 10 个、绿色食品 5 个。大埔再次被评为“全国重点产茶县”，被授予“中国最美茶乡”称号，中国·大埔乌龙茶博览馆建成投入使用。农村土地确权登记颁证工作有序推进，完成实测面积 1.53 万多公顷，颁证 9 万多本。建立村级土地流转服务组织 245 个，土地承包经营权流转逐步规范化。预计农业总产值 34.73 亿元，比增 4.4%。

——*人居环境得到新改善*　以创建全国卫生县城为抓手，打好美丽城乡建设攻坚战，不断优化人居环境。县城建成区绿化覆盖率达 43.88%，人均公园绿地面积 21.32 平方米。县城城东等“三旧”改造和龙湾国际等亿元以上项目建设加快推进，建筑弃土场项目建设扎实推进。完成 8 个建制镇的总体规划和 156 个行政村的村庄规划编制。抓好大麻、高陂、茶阳中心镇“六个一”项目建设，全年完成投资 3.1 亿元。完成 57 个省定贫困村社会主义新农村示范村建设规划设计，20 户以上自然村“三清三拆三整治”全面推进，21 个新农村示范村建设初具规模。西河镇省级新农村示范片建设扎实推进。强力推进城乡环境综合整治，深入开展“六乱”整治和打击“两违”行动。综合防治大气、水、土壤污染，全县水环境质量、饮用水源水质、城区环境空气质量全面达标。完成碳汇造林 993.3 公顷，新增 3 个镇级森林公园，森林覆盖率达 79.88%。大埔荣获“2017 中国最美丽县”“2017 中国深呼吸小城 100 佳”称号，成功创建广东阴那山国家森林公园，韩江成功入选全国 2017 年度“最美家乡河”。

——*民生福祉得到新增进*　全县 81.1% 财政支出用于民生领域。预计城乡居民人均可支配收入 16780 元，比增 9.2%。全力打好精准扶贫精准脱贫攻坚战，筹集扶贫资金 5.76 亿元，已投入 2 亿多元，3382 人贫困人口实现脱贫。十件民生实事目标任务基本完成：一是提高了城乡居民基本养老保险基础养老金、农村特困人员救助供养、孤儿基本生活最低养育、城乡医疗救助住院补助标准及城镇、农村低保人均补差水平，城乡低保对象基本医疗救助比例达到80%。二是提高了建档立卡贫困户子女生活费补助、免学费补助标准；基本建成110套（户）棚户区改造安置房；新增发放租赁补贴200户；完成农村危房改造1078户。三是提高了困难残疾人、生活补贴、重度残疾人护理补贴；新建9个、规范运行6个社区残疾人康园中心；新建艾滋病检测点16个；社区矫正中心规范化建设有序推进，全县社区服刑人员得到教育矫正。四是提高了医疗卫生保障项目标准；动工建设大埔县中医医院迁建工程；实施茶阳、三河、光德、高陂、西河、枫朗镇级卫生院迁（改扩）建工程；投资4200万元完成全县232间公建民营村卫生站规范化建设。五是提高了义务教育寄宿制公办学校公用经费补助标准并从农村扩大到城市；提高城乡义务教育家庭经济困难寄宿生生活费补助和农村边远学校教师生活补助标准；实施教育现代化装备项目。六是县城老城区市政道路、环城大道提升改造工程和农贸（含三鸟）批发市场建设按计划扎实推进；基本完成县城城北、城东片区4500米自来水管网改造工程；完成10个"文化驿站（台）"建设；新建28个"三多三促"农村文化俱乐部，兴建茶阳、大东镇等2个乡镇文体广场示范点。七是扶持创业357人，城镇新增就业2282人、失业人员再就业2166人；补贴参加技能晋升培训的劳动者989人；城镇登记失业率为2.4%。八是积极改善群众生产生活条件，43宗村村通自来水工程扎实推进；完成60千米新农村公路和精准扶贫村公路路面硬化改造；在全县农贸市场开展食用农产品快速检测；加大食品抽检力度，食品检验量提高至每年每千人1.5批次；推进食品安全追溯体系建设，全力推广婴幼儿配方乳粉、婴幼儿配方谷粉（米粉）、食用油、酒类追溯系统应用；推进1271.47公顷省级高标准基本农田和387.27公顷国家级农业综合开发高标准基本农田建设；提高了城镇独生子女父母计划生育奖励标准。九是加强环境治理，建设丰溪林场、西河镇等14个镇（场）20座污水处理设施及134千米的配套管网；农村生活垃圾有效处理率达到97.8%，县城生活垃圾无害化处理率达到100%。十是完成167.8千米农村公路安全生命防护工程；开展地质灾害详细调查，建立全县地质灾害信息系统；在山洪地质灾害易发区新建4个、升级改造5个自动气象站；完成县城城区、湖寮镇、高陂镇消防专项规划，县城城区消防栓建设进一步完善。

——社会事业取得新进步　坚持教育优先发展，省教育现代化先进县、国家级农村职业教育和成人教育示范县创建工作扎实推进，大埔三小综合楼和实验中学学生宿舍楼建成投入使用，投入5100多万元推进教育装备、校园网络提速等教育信息化基础设施建设，枫朗等6镇通过教育强镇复评验收。投入4.37亿元，加快创建省卫生强县，基本完成县人民医院改扩建一期工程，住院大楼春节前可投入使用；动工建设县中医医院迁建、县妇幼保健院改扩建和县慢性病防治院门诊楼工程；11间镇卫生院的迁建、改扩建工程扎实推进。深入推进"平安大埔""法治大埔"建设，圆满完成党的十九大、第五届世界客商大会等重大信访安保维稳任务。加强社会综合治理，大力推进综治"中心+网格化+信息化"建设，有效化解社会矛盾。坚守安全红线不动摇，安全生产形势持续稳定。"全面两孩"政策稳妥实施。粮食生产安全稳定。国防动员、人民防空、兵员征集和双拥等工作扎实推进。新闻出版、工会、妇女儿童、老龄、慈善等事业取得新进步，体育、物价、外事侨务、机构编制、人事人才、供销合作、住房公积金管理、打私、打假、应急、经协、档案、方志、宗教、气象等工作取得新成绩。

——*自身建设得到新加强*　自觉接受县人大常委会和县政协的监督，35 件县人大建议、42 件县政协提案全部办复。认真听取工商联、无党派人士及工青妇等人民团体意见。基本完成年初县政府向社会承诺的 229 项主要工作。修订出台县政府工作规则、“三重一大”集体决策制度。坚持在法治轨道上开展工作，全面推进政务公开，确保政府决策民主科学。加强规范性文件监督管理，清理文件 1418 件。全面推行县镇村“一门式一网式”政府服务模式，为群众提供高效快捷方便的服务。实行“一口受理、同步审批、限时办结、信息共享”并联审查审批制度，进一步精简审批流程和环节，促进项目审批提速提效。探索实施“马上办”改革，不断完善效能监察机制。政府热线服务功能进一步提升，有效解决群众各类诉求。“七五”普法工作扎实推进。严肃查处干部不作为、慢作为或乱作为的违法违纪行为，营造风清气正的政治生态。结合“两学一做”学习教育，深入开展党的十九大精神大学习、大培训。

各位代表，这些成绩的取得，是市委、市政府和县委坚强领导的结果，是县人大、县政协和社会各界监督支持的结果，是全县人民同心同德、团结拼搏的结果。在此，我代表县政府，向全县人民、全体人大代表和政协委员，向驻埔人民解放军、武警消防官兵和省市驻埔单位，向所有关心和支持大埔发展的海外侨胞、港澳台同胞和社会各界朋友，表示衷心的感谢并致以崇高的敬意！

但我们也清醒地认识到，我县经济社会发展中仍然存在不少困难和问题：经济总量小，财政基础薄弱，发展不平衡不充分；主导产业不突出、发展层次低，推进供给侧结构性改革任务艰巨；社会民生欠账比较多，医疗、教育、就业总体水平偏低；交通仍然不发达、到厦漳泉和汕潮揭等出省出海快捷通道仍未打通，县内公路等级比较低；少数政府工作人员责任意识、担当意识、服务意识有待增强，等等。我们将正视这些困难和问题，采取更加有力的举措加以解决。

2018 年工作安排

各位代表!2018 年是站在新的历史起点上、全面贯彻落实党的十九大精神的开局之年，发展的机遇和动力前所未有。党的十九大明确提出实施区域协调发展战略，加大力度支持革命老区加快发展，必将“量身定做”诸多利好政策，为我们加快振兴发展创造有利条件；省委十二届三次全会明确了粤北山区的生态发展定位，提出要以生态优先和绿色发展为引领，加大财政转移支付力度，提高基本公共服务均等化水平，在高水平保护中实现高质量发展；市委、市政府加快构建“一区两带六组团”科学发展格局深入实施，市委七届四次全会明确提出要坚持走生态富民强市新路子，极大地增强了我们加快发展的信心和决心。全县上下不断深化对县情的认识，聚焦发展不充分的产业、尚未有效利用的资源，发挥优势、挖掘潜能，发展思路更加清晰，发展定力更加坚实，广大干部群众干事创业热情和干劲将进一步激发。我们必须坚持以党的十九大精神为指引，坚持发展第一要务，凝聚全县上下的力量，敢于直面矛盾，打好扬长和补短的组合拳，务实重干，推动全县经济社会在新常态下加快实现振兴发展。

政府工作的总体要求：深入学习贯彻党的十九大精神，以习近平新时代中国特色社会主义思想为指导，认真贯彻落实中央经济工作会议和省委李希书记来梅调研重要讲话精神，按照省委省政府、市委市政府和县委的决策部署，坚持“五位一体”总体布局和“四个全面”战略布局，积极践行新发展理念，坚决打好决胜全面建成小康社会防范化解重大风险、精准脱贫、污染防治三大攻坚战，按照高质量发展的要求，围绕构建“一区两带六组团”发展新格局，以构建韩江（大埔）产业带为龙头，立足“生态立县、实业富县、文旅兴县”三个定位，突出经济发展提质增效和重点项目建设、机关作风建设三大抓手，做好“红色、绿色、古色”三篇文章，勇于担当、狠抓落实，推动生态富民强县，全力开创决胜全面建成小康社会新局面。

经济社会发展的主要预期目标：生产总值增长7%，本级一般公共预算收入增长1%，固定资产投资增长20%，社会消费品零售总额增长10%，外贸进出口总额增长5%，城乡居民人均收入实际增长与经济增长基本同步。重点抓好六个方面工作：

一、致力推进项目建设，全面激活发展引擎

坚持以项目建设为抓手，切实加大项目争取、推进和保障力度，持续扩大有效投资，为经济新发展夯实基础、创造条件。

全力抓好重点项目建设　全力以赴推进总投资429.7亿元、年度计划投资97.7亿元的95项重点项目建设。制订实施目标管理责任制，强化计划目标动态管理。继续实施“五个一”工作机制，及时协调解决好项目用地、资金、征地拆迁等问题。完善项目库建设，主动对接国家和省原中央苏区等政策，力争更多项目获得中央、省级专项资金和省四大政策性基金、广东原苏区绿色发展投资基金支持。注重防范化解金融债务风险，坚决打好防范化解重大风险攻坚战，把风险点逐一化解掉。规范PPP运营模式，鼓励引导民间资本参与市政、社会事业等重点项目建设。鼓励金融机构加大信贷支持，加快金融产品“增量拓面”，支持重点项目建设。依法依规推进政策性融资对接，探索发行政策性“项目债券”，鼓励发行企业债，全面激活民间资金，多渠道解决重点项目资金需求。

全力打好交通建设硬仗　围绕“对外大连通、对内大循环”的总体思路，抓好总投资130.2亿元、年度计划投资38.4亿元的24项交通基础设施项目建设，不断改善交通区位环境。完成县城过境公路、S221线长治至太宁段路面改造、湖寮镇璜腾坑至高道联络线、大麻镇中心大道、高陂水利枢纽工程库周道路改建、G235线三河至大麻段路面改造工程。抓好大潮高速公路（含大漳支线）、S221线湖寮至枫朗段公路改建、S222线银江坑口至高陂段公路改建、高陂赤山至留田段过境公路改建、湖寮至高陂二级公路改建、S227线枫朗至高陂段路面改造、大埔县旅游产业公路、双髻山公路、大麻至高陂旅游产业公路、大麻莲塘韩江大桥、洲瑞镇赤水至党溪段公路改建、S332线青溪汀江大桥至溪口段公路改建、西岩山至三溪产业公路等工程建设。按照习近平总书记对“四好农村路”建设的重要指示精神，建好管好护好运营好农村公路。积极跟进大丰华高速公路大埔至丰顺段项目，争取早日动工建设。

全力推进水利、信息等设施建设　加快高陂水利枢纽工程征地拆迁进度，基本完成库区五镇房屋搬迁，全面完成陂寨、乌槎、汶水塘移民安置点建设，确保无障碍施工。抓好总投资6.06亿元、年度计划投资3.74亿元的七大项水利工程建设。完成双坑水、恭洲水等2宗长18.2千米的山区中小河流治理项目建设。推进村村通自来水工程，建成山丰水库，抓好县城供水管网改造。完成镇村级污水处理设施建设。加快推进高陂防洪堤治理工程。投入6000万元，完成新建供电配网工程。完善通信基础设施，推进农村无线高速局域网建设，提升农村信息化水平。

二、致力发展实体经济，推动经济提质增效

牢牢把握高质量发展要求，变“绿水青山”为“金山银山”，把生态优势转化为经济优势，培育发展绿色生态现代产业，着力转变发展方式、优化经济结构、转换增长动力，在绿水青山中发展新型实体经济，推动实体经济实现绿色崛起。

大力发展新型工业　坚持“工业新城、生态园区”的理念，加快建设广州海珠（大埔）产业园，完善道路和管网、污水处理厂等配套工程，推进广州海珠（大埔）产业创新中心建设，争取发源等8个企业项目建成投产，新引进一批企业进园。加快推进县城工业小区建设,完成首期52.67公顷土地平整工程。全力帮助大埔电厂实现达产目标，抓好高陂水利枢纽工程电站建设，积极引资发展风电、光伏发电等新能源项目。支持和鼓励年产值5000万元以上的陶瓷企业通过联合、兼并等形式做大做强，形成陶瓷产业“龙头”。推进陶瓷产业供给侧结构性改革，引导企业主动适应市场需求，生产附加值大的陶瓷产品。引进有实力、有经验的大型电子商务运营企业，主动与阿里巴巴等电商巨头合作，做实陶瓷电子商务。强化落实省“实体经济十条”和创新发展“八大抓手”，鼓励企业推动新一轮技术改造。加快机器换人的步伐，逐步降低企业生产成本。加大扶持中小企业发展力度，实施重点企业规模与效益倍增计划，切实做好“育上规”“保规上”，新培育3—5家规上企业，力争吉玉陶瓷在“新三板”成功挂牌上市。以韩江为主轴，以三河红色旅游特色小镇、高陂陶艺特色小镇和大麻镇田园综合体为载体，辐射带动百侯、西河特色小镇建设，以旅游产业、陶瓷产业、生态健康产业为支撑，加快打造韩江（大埔）产业带。积极培育发展生物制药、稀土新材料、精密制造、电子信息、文化创意、健康休闲、食品养生等新兴产业，培育经济新的增长点。大力发展现代商贸物流业，加快县城物流园区规划建设，鼓励企业发展现代仓储物流配送业务。

大力发展现代农业　按照“产业兴旺、生态宜居、乡风文明、治理有效、生活富裕”的总要求，加快推进农业农村现代化。深化农业供给侧改革，顺应消费主流的需求，发展高端生态农业。加快建设大埔蜜柚产业化生产示范园区和西岩山万亩茶文化旅游产业园，抓好大埔蜜柚精深加工及综合利用项目建设，加快创建国家级出口蜜柚质量安全示范区。深入实施“企业品牌+区域品牌+长寿品牌”三位一体差异化农业品牌战略，加强与华南农业大学、省农科院等高等科研院校合作，规划建设一批富硒稻米、富硒茶叶、富硒水果等长寿食品基地，力争新认定茶叶、蜜柚等富硒农产品适度规模基地3个以上。大力发展南方草地畜牧业，建设1—2家肉牛肉羊规模养殖基地。深入挖掘石斛、金线莲、五指毛桃等林下作物的“健康、长寿”元素，特色化发展林下经济。坚持“农业+”促进产业融合发展，重点发展农业+旅游、农业+体验、农业+文化、农业+康养等，推动乡村旅游蓬勃发展，让农副产品变礼品、民房变客房、农区变景区，带动相关配套产业发展，扩大农村就业容量。培育壮大新型经营主体，培育省级重点农业龙头企业2家、市级5家，省级林业龙头企业2家、县级4家，新发展农民专业合作社20家、家庭农场10家以上。大力发展农产品电子商务，鼓励支持各类经营主体入驻“淘宝·特色中国·广东馆”、大客汇乡城品等电商平台，拓展农产品线上销售渠道。促进丘陵山区农业机械化提档加速发展，推进806.67公顷高标准基本农田和200公顷土地整治垦造水田项目建设。稳定粮食生产，确保粮食安全。

大力发展全域旅游　以韩江（大埔）客

家文化旅游特色带为抓手，以“红色文化、客家文化、农耕文化”为主题，推动旅游产业向深度和广度空间拓展，力争成功创建省全域旅游示范县。编制好大埔县全域旅游发展规划和高陂水利风景区总体规划。以红色文化引领全域旅游发展，保护好红色革命遗址，把“八一”起义军三河坝战役纪念园打造成传承红色基因、发展红色旅游的示范区，争取在三河坝建立我省首个立足广东、面向全国的三河坝干部教育学院。精心打造“八一”起义军南下广东梅州、大埔和中央红色交通线红色旅游经典线路，带旺百侯名镇旅游区、西岩山万亩茶文化旅游产业园、青溪库区、江畔人家生态休闲和茶阳千年古镇文化游，实现以红色促绿色带古色。抓好大东坪山梯田景区、西河镇省级新农村示范片、大麻镇六村联动美丽乡村等农旅项目建设，提升高陂富大陶瓷工业旅游区，促进一二三产有机融合发展。加快完善景区基础设施，倡导厕所革命，抓好智慧旅游建设，力争发展2—3家特色民宿、5家以上星级农家乐。突出“旅游+”和“+旅游”并重，加快培育多元业态产品。注重立体营销，加强宣传推介，进一步擦亮“客家香格里拉·文化大埔”品牌，力争全年接待游客645万人次、旅游经济收入37.24亿元，分别比增8.6%、10.05%。

大力推进招商引资　坚持招商项目数量与质量并重，围绕电力、陶瓷、农业和旅游等传统产业和金融服务、现代物流、电子商务等新业态，大力实施“乡贤回乡投资兴业工程”，强化精准招商，创新招商方式、拓展招商引资领域，着力引进一批带动能力强、产业链长的大项目和高端项目。全面构建亲、清新型政商关系，真心实意为投资者提供优质服务，力争全年招商引资80亿元、实际投入资金16亿元以上，新引进总部经济项目2个、计划投资总额10亿元以上的大项目2个以上，争取超额完成市下达的招商引资任务。

三、致力实施乡村振兴战略，推进城乡融合发展

坚持以新型城镇化引领和推动城乡统筹协调发展，以实施乡村振兴战略为关键，促进城乡一体化，推动城乡面貌换新颜。

加快新型城镇化进程　加快推进特色县城建设，抓好高陂、大麻、茶阳等中心镇“六个一”项目建设，加速形成“一主三附”发展格局。完善县城万川新城、黎家坪新区控制性详细规划，抓好茶阳中心镇和枫朗等6个建制镇总体规划修编工作，加快编制县域乡村建设规划，完成全县剩余66个行政村的村庄规划编制。完成县城老城区市政道路、环城大道等提升改造工程，推进西华新村、城西和城东“三旧”改造及奥园广场等10多个亿元以上项目建设。完成文化路、工农路等连接道路建设。打通内环东路，在路的两边分别规划建设菜市场和停车场。坚持产城融合，加强县城工业小区招商引资，争取有更多项目建成投产。坚持“房子是用来住的、不是用来炒的”定位，加强房地产调控，确保房地产市场稳定健康发展。借鉴江浙等地发展特色小镇的做法，创新发展模式，突出产业建镇，探索建设产业特而强、功能聚而合、形态精而美、机制活而新的特色小镇，重点把高陂镇打造成为陶艺特色小镇，把三河镇打造成为红色旅游特色小镇，把百侯镇打造成为历史文化特色小镇，把西河镇打造成为农业特色小镇。

加快美丽乡村建设　积极探索“一村一品”“一村一业”特色发展模式，加快大麻镇“六村联动”美丽乡村示范点和大东镇福光村新农村建设，完成西河镇省级新农村示范片和57个省定贫困村新农村示范村建设。全力抓好农村危房改造，进一步规范农村建房，加大传统村落保护开发力度，加快培育省级名镇名村，力争成功申报29个村为国家级传统村落。加快公共交通、供水、垃圾处理、消防等基础设施向农村延伸，推动教育、卫生、文化等公共资源向农村倾斜，促进城乡融合发展，引导和支持社会资本，开发农民参与度高、受益面广的休闲旅游项目。注重体现农耕特色，多种植乡土树种，保留乡土气息，把农村建设成为寄托乡愁的地方。推进农村土地制度和集体产权制度改革，稳定土地承包经营延续30年不变的农村基本经营制度，全面完成土地确权颁证任务。推行农村“三变”改革，确保农民从土地流转中获取收益。全面落实强农惠农富农政策，支持农村创业创新，拓宽增收渠道。

持续抓好城乡环境综合整治　推进城市管理综合执法体制改革，加快建设数字化城市管理中心。严厉打击“两违”，继续推进县城市容环境网格化管理，落实“门前三包”制度，以铁的手腕整治“六乱”，推进县城环境卫生市场化，深入开展爱国卫生运动，抓好传染病防治、病媒生物防制、公共场所卫生等工作，力争成功创建“国家卫生县城”。加强农村“四边”的“三清理六整治一美化”，确保年底完成90%的自然村环境综合整治任务，全面提升农村人居环境。全面推行城乡环境卫生管理一体化，进一步提高城乡的环境保洁水平和管理水平，实现生活垃圾无害化处理模式新突破。严格落实测评办法，加大问责力度，确保城乡环境综合整治取得实效。

四、致力生态文明建设，厚植绿色发展优势

正确处理发展与保护的关系，牢固树立“绿水青山就是金山银山”的发展理念，像对待生命一样对待生态环境，实行最严格的生态环境保护制度，让绿色扮美大埔。

强化生态环境建设　深入推进“绿满梅州”大行动，以县城周边、重点景区、高速公路、国省道沿线和江河两岸为重点，建设城市林荫大道、乡村绿道和景观林带。以梅州市创建节能减排财政政策综合示范城市为契机，积极开展创建节约型机关、绿色家庭、绿色学校、绿色社区和绿色交通等行动，确保全面完成单位GDP能耗、四项主要污染物减排目标。推进碳汇林、生态景观林带、乡村绿化美化、森林进城围城等四大工程建设，完成碳汇造林993.3公顷、森林抚育1.01万公顷，规划建设乡村绿化美化省、市级示范点各3个，抓好三河湿地公园和丰溪省级自然保护区总规修编工作。推进国家森林城市、广东省森林小镇创建工作。加快森林公园建设，重点抓好阴那山国家级森林公园、五虎山省级森林公园的建设管理。加强森林资源管护，抓好森林防火，保障绿色发展。

强化生态环境监管　全面落实生态环境保护“一岗双责”和联席会议制度，健全完善生态环境保护监管制度，加大生态环境保护执法和督查问责力度。实行国土空间开发保护制度，严格落实森林、绿地、河湖水系等生态保护红线管控，加强自然生态空间保护。认真落实领导干部任期生态文明建设责任制，全面推开领导干部自然资源资产离任审计。落实最严格的耕地保护制度，加快推进永久基本农田划定工作。加强大埔电厂、县城污水处理厂等国控污染源在线监测监管，确保污染物达标排放。严格落实项目准入条件，严把环境准入关。深入开展环境保护大检查活动，坚决制止和惩处破坏生态环境行为，奋力建设天蓝地绿水清气爽的美丽大埔。

强化生态环境治理　坚决打好污染防治攻坚战，加大大气、水、土壤等污染防治力度。抓好挥发性有机物污染控制、扬尘源污染控制和露天焚烧废弃物污染整治等，完成黄标车淘汰和锅炉整治任务，坚决关停不能稳定达标的“小散乱污”企业，确保空气质量达标。实施“水十条”和“南粤水更清”

"南粤河更美"行动计划，全面落实"河长制"，强化源头防治、污染治理、水生态修复和水质保护，严控河道采砂，确保水资源利用更加充分、水环境改善更加明显、水安全保障更加有力，实现河畅、水清、堤固、岸绿、景美的目标。实施最严格的水资源管理，切实增强全民节水意识，提高污水收集率、处理率和中水回收利用率，力争年底实现镇级污水处理厂设施全覆盖，全县城镇生活污水集中处理率达到95%以上。实行土壤环境分级分类管控，优先保护耕地土壤环境。推进废弃瓷土矿迹地污染治理与修复试点工作，加强县城污水处理厂污泥处理处置监管。

五、致力增进民生福祉，发展各项社会事业

坚持以人民为中心，始终把人民利益摆在至高无上的地位，解决好人民群众普遍关心的突出问题，不断满足人民日益增长的美好生活需要，让人民群众有更多的获得感。

办好十件民生实事　一是提高困难群众救助补助标准。城镇、农村低保对象最低生活保障人均补差水平分别从每月457元、206元提高到503元、228元。城镇特困人员基本生活标准按不低于当地最低生活保障标准的1.6倍、农村特困人员基本生活标准按不低于当地上年度农村居民人均可支配收入的60%，且不低于当地现行城乡特困人员基本生活标准确定。孤儿基本生活最低养育标准集中供养水平从每人每月1450元提高到1560元、分散供养水平从每人每月880元提高到950元。城乡低保对象和建档立卡贫困人口政策范围内基本医疗救助比例达到80%以上。困难残疾人生活补贴标准从每人每年1800元提高至1890元，重度残疾人护理补贴标准从每人每年2400元提高至2520元。二是扶持就业创业。实现城镇新增就业人数2200人、城镇失业人员再就业2100人，促进创业300人，劳动力技能晋升补贴800人，创业培训200人。城镇登记失业率控制在3.5%以内。实施"圆梦计划"，资助符合条件的在埔务工优秀新生代产业工人参加学历继续教育专、本科学习。三是提高边远地区学校教师生活补助。鼓励引导人才向边远贫困地区流动并长期从教，农村边远地区学校教师生活补助从每月人均不低于900元提高到不低于1000元。四是改善困难群众居住条件。完成市下达棚户区改造年度任务，发放租赁补贴100户。全面完成贫困户危房改造建设任务。完成410户贫困重度残疾人家庭无障碍改造。五是提升医疗卫生养老保障水平。将职工基本医疗保险基金年度累计最高支付限额从9万元提高至10万元，职工补充医疗保险年度累计最高支付限额从27万元提高至28万元。将职工医疗保险住院起付线一级医院从450元降低至200元、二级医院从600元降低至450元、三级医院从800元降低至650元；将城乡居民医疗保险住院起付线二级医院从500元降低至450元、三级医院从800元降低至650元。将城乡居民大病保险起付标准从1万元降为8000元、报销比例从70%提高为75%；城乡五保供养对象、建档立卡贫困人员起付标准从2000元下调至1000元，报销比例从80%提高至85%，不设年度最高支付限额。城乡居民养老保险基础养老金最低标准从每人每月120元提高至130元。扩大家庭医生签约服务人群，实现家庭医生签约服务覆盖率达30%以上、重点人群达60%以上。六是增加教育体育公共资源供给。镇中心以上学校全部实施校园网提速工程，实现光纤网络延伸入班，普通教室配备多媒体教学设备；教学点实现30%以上。推进大埔三小、家炳职校、大麻中小等学校新建、改扩建工程和高陂韩江水利枢纽工程安置区学校建设。动工建设下坜九年一贯制学校。建设城乡15分钟健身圈，为省定贫困村配建一套8件以上器材的健身路径。

七是巩固提升人居环境。全县 57 个省定贫困村基本建成新农村整洁村。实施 13 宗村村通自来水工程建设。完成削坡建房边坡整治 238 处。完成县城老城区市政综合提升改造和县城环城大道提升改造工程。按计划完成森林消防蓄水池和瞭望台建设。八是实施交通便民工程。新改建及路面改造国省道 82.59 千米，新改建县乡道 177.15 千米，改造国省道危桥 4 座、新建县乡道桥梁 4 座。推进 418 千米乡道安全防护设施建设，扩宽、改造 50 千米未通客车窄路基路面，完成 60 千米新农村公路硬底化建设。九是健全社会矛盾纠纷化解机制。支持镇人民调解委员会聘请专职人民调解员，实行“以案定补”制度，加强调节组织规范化建设，调解成功率不低于 97.5%，“民转刑”案件比 2017 年下降 10%。十是增加农民农业生产补助。对拥有耕地承包权的种地农民（含农场职工），按平均每亩不低于 85 元进行直接补贴。增加政策性农业保险保费补贴险种、扩大保险覆盖面、提高保障标准，其中水稻保险参保率达到 80% 以上，每亩每造保额从 400 元提高到 800 元。对全县 12.49 万公顷省级以上生态公益林，按规定提高每亩补偿标准。

坚决打赢精准脱贫攻坚战　围绕今年实现脱贫攻坚目标，切实履行主体责任、属地责任，注重扶贫同扶志、扶智相结合，采取超常规举措，拿出过硬办法，举全县之力推进脱贫攻坚，稳定实现扶贫对象“两不愁三保障一相当”，做到脱真贫、真脱贫。全面落实产业、就业和金融等扶贫措施，拓宽贫困户增收渠道。加强实用技术培训，促进贫困人口就业，鼓励有条件的农民自主创业，带动就业。抓好政策性兜底扶贫，实现应保尽保，确保不因贫辍学、防止因病致贫。管好用好专项扶贫资金，提高精准扶贫成效，努力实现“小康路上一个都不能掉队”。

办好人民满意教育　坚持把教育放在优先位置，加快教育现代化，确保顺利通过省教育现代化先进县督导验收。加快发展现代职业教育，成功创建国家级农村职业教育和成人教育示范县。大力实施营养改善计划，争取早日实现农村义务教育学生全覆盖。走质量强校之路，以办强国家级示范性高中虎山中学为重点，大力实施“一校一品”工程，推动普高教学质量和办学水平不断提升。加强师德师风建设，推进中小学校长职级制改革和基础教育学校公办教师“县管校聘”管理改革。重视特殊教育，建立完善贫困残疾学生特殊学习用品、教育训练等补助政策。支持民办教育开放教育发展，为全民学习、终身学习提供公共服务，努力让每个孩子都能享有公平而有质量的教育。

提升健康保障水平　认真实施健康中国战略，抓好县人民医院二期工程和县“120”急救指挥中心建设；加快推进县中医医院迁建工程、县妇幼保健计划生育服务中心、县慢病院新门诊楼建设，动工建设县精神卫生中心。加快镇卫生院标准化建设，动工建设高陂中心卫生院，完成光德、茶阳、西河镇卫生院迁建工程，实施青溪、大东、大麻、银江、洲瑞、桃源等 6 个镇卫生院后勤保障房工程建设。推进县镇一体化管理，实现县级医院对口支援镇级医院全覆盖。深化医药卫生体制改革，加强医疗卫生人才队伍建设，确保成功创建省卫生强县。创新监管方式，加大城乡食品药品安全监管力度，保障群众舌尖上的安全。

提升社会保障水平　深化养老保险制度改革，狠抓社保扩面征缴，扩大社保覆盖面，逐步实现全民参保。争取上级批复实施城乡居民大病第三次补偿赔付项目，进一步解决群众看病贵问题。加强社保基金风险防控，确保社保基金安全。完善统一的城乡居民基本医疗保险和大病保险制度，健全失业、工伤保险制度。完善社会救助、社会福利、慈

▲2018年1月11日，大埔县第十五届人民代表大会第三次会议在县科技信息大楼一楼会议室召开（县人大办提供）

善事业、优抚安置等制度，健全农村留守儿童和妇女、老年人关爱服务体系。注重医养结合，促进和规范养老机构发展。发展残疾人事业，加强残疾康复服务。坚持就业优先战略和积极就业政策，深入推进“大众创业、万众创新”。提高创业就业服务水平，落实鼓励创业的各项扶持政策。加大职业技能培训力度，推进“互联网+”人力资源服务模式。

统筹抓好其他各项事业　坚定文化自信，加强公共文化服务体系建设，丰富人民群众精神文化生活。推进文化驿站、农村文化俱乐部、基层综合性文化服务中心、乡镇文体广场示范点等项目建设。加强文化遗产保护传承，兴建9个非遗展示点，力争将泰安楼等6处申报为国家级文物保护单位，完成县级国家综合档案馆建设。加大矛盾纠纷排查化解力度，从源头上预防和减少社会矛盾。重视人民群众来信来访，不断完善信访机制，有效化解信访积案。强化应急管理，提高应急处置能力，有效应对各类突发事件。全面压实安全生产责任，强化重点行业领域安全生产攻坚。持续推进综治“中心+网格化+信息化”建设，深入推进全民禁毒工程，严厉打击各类违法犯罪，完善社会治安防控体系，完成出租屋“门禁+视频”系统建设，新建70个视频监控，建设更高水平的平安大埔、法治大埔。动工建设县气象综合探测基地迁建项目。统筹推动国防建设、人防、双拥、外事侨务、人口计生、对台、妇女儿童、宗教和政府法制、经协、机构编制、人事人才以及统计、方志、打私、打假等各项工作上新水平。

六、致力政府自身建设，打造人民满意政府

忠实履行宪法和法律赋予的神圣职责，不忘初心，牢记使命，始终把为人民服务作为政府工作的出发点，坚持依法行政、高效施政、廉洁从政，努力开创政府工作新局面。

全面建设担当政府　提升政治站位，坚持用习近平新时代中国特色社会主义思想武装头脑、指导实践、推动工作，切实增强“四个意识”，坚定“四个自信”，坚决维护以习近平同志为核心的党中央权威和集中统一领导。坚持主动作为、主动担当，发扬“钉钉子”精神，把各项决策部署落实到事，落实到人，落实到具体措施，落实到时间节点。严格落实“三个区分”，凝聚改革创新正能量。大力整治“为官不为”问题，坚决整肃庸政懒政怠政行为，健全督查问责机制和激励机制，弘扬正确的政绩观，确保各项决策和既定事项“马上就办、办就办好”。

全面建设法治政府　坚持把依法行政、依法办事的原则和要求贯穿于政府工作全过程。全面深化依法治县，深入推进“七五”普法。自觉接受人大法律监督、政协民主监督、新闻媒体和社会公众监督，认真落实人大决议，办理好人大议案、代表建议和政协提案。广泛听取工商联、无党派人士和各人民团体意见。坚持重大行政决策事项合法性审查和集体讨论相结合的决策机制，充分发挥政府法律顾问的作用，着力规范工作程序，促进政府工作制度化、规范化。

全面建设服务政府　深化“放管服”改革，完善“一门式一网式”政府服务模式，落实“多证合一”等改革，加快简政放权，提高行政效率。坚持“一线工作法”，主动到一线调度工作、到一线解决问题，以实际行动赢得人民群众的支持和信赖。扎实开展“不忘初心，牢记使命”主题教育，着力增强政府工作人员“八个本领”，提升为人民服务的素质和能力。以苏区精神为标杆，倡导“马上就办”，定一件做一件，办一件成一件，树立政府务实为民的良好形象。

全面建设廉洁政府　坚持全面从严治政，始终把纪律挺在前面，着力构建不敢腐的惩戒机制、不能腐的防范机制和不想腐的长效机制。落实党风廉政建设主体责任和“一岗双责”，自觉遵守两个《准则》和三个《条例》，严格执行中央八项规定和廉洁自律各项规定，持续整治“四风”，加大对土地出让开发、建设工程招投标、政府采购和国有资产管理等重点领域监管，加强行政监察、审计监督和财政监督，始终做到忠诚、干净、担当。

各位代表！新的目标激励人心，新的任务艰巨光荣，使命重在担当，实干成就辉煌。让我们在市委、市政府和县委的坚强领导下，不忘初心，奋勇向前，勇于攻坚克难，勇于担当作为，为开创决胜全面建成小康社会新局面而努力奋斗！

▲2018年6月29日，大埔县举行扶贫济困日暨教育基金捐赠仪式（县委办提供）

附：

名 词 解 释

1.“一区两带六组团”：2016年11月，梅州市第七次党代会提出加快构建“一区两带六组团”新格局，“一区”是指梅州中心城区；“两带”是指广东梅兴华丰产业集聚带和梅江韩江绿色健康文化旅游产业带；“六组团”是指依托兴宁、平远、蕉岭、大埔、丰顺、五华六个县域的资源禀赋和产业基础，以市区或县城为核心，以中心镇、专业镇为节点，以产业园区为载体，以交通、水利、信息、环保等基础设施为支撑，打造特色主导产业，以工哺农、以城带乡，促进县域经济特色化、组团式发展，城乡统筹发展。

2.两大振兴政策：指国家振兴赣闽粤原中央苏区和广东省促进粤东西北地区振兴发展两大政策。

3.“三大抓手”：指交通基础设施建设、产业园区扩能增效、中心城区扩容提质。

4.“新三板”：指全国中小企业股价转让系统，主要为创新型、创业型、成长型中小微企业服务，境内符合条件的股份公司可通过主办券商申请在该系统挂牌，公开转让股份，进行股权融资、债权融资、资产重组等。

5.“三旧改造”：对旧城镇、旧厂房、旧村庄的改造。

6.“六个一”：即一个可以落地的城镇规划、一片储备用地、一个有质量的住宅小区、一大批公共服务设施、一条商业街、一个政府服务节点。

7.“三清三拆三整治”：“三清”，即清理村巷道及生产工具、建筑材料乱堆乱放，清理房前屋后和村巷道杂草杂物、积存垃圾，清理沟渠池塘溪河淤泥、漂浮物和障碍物；“三拆”，即拆除危旧房、废弃猪牛栏及露天厕所茅房，拆除乱搭乱建、违章建筑，拆除非法违规商业广告、招牌等；“三整治”，即整治生活垃圾、生活污水、水体污染。

8.“六乱”：乱停放、乱摆卖、乱搭建、乱张贴、乱涂画、乱拉挂。

9. “两违”：指违法用地和违法建设。

10.“三多三促”：“三多”指多形态文化、多功能利用和多元化投资，“三促”指促进古民居保护、促进文化旅游和促进社会建设。

11.“三重一大”：指重大决策、重要干部任免奖惩、重大项目安排和大额度资金使用。

12.“两学一做”学习教育：学习中国共产党党章党规、学习习近平总书记系列重要讲话精神，做合格党员。

13.供给侧结构性改革：供给侧相对需求侧而言，包括生产要素投入、全要素生产率提高两个基本方面。供给侧结构性改革，是指从供给侧入手，针对经济结构性问题而推进的改革，更强调通过制度变革与完善，发挥企业和创业者作为市场主体的作用，扩大有效供给，形成高质量、多层次的供给体系，使供给结构更加适应需求结构。

14.“五位一体”总体布局：是指经济建设、政治建设、文化建设、社会建设、生态文明建设五位一体总体布局。

15.“四个全面”：即全面建成小康社会、全面深化改革、全面依法治国、全面从严治党。

16.“五个一”工作机制：即大埔县重点项目建设实行的“一个项目、一名领导、一套班子、一个方案、一抓到底”工作机制。

17.省四大政策性基金：指广东省基础设施投资基金、广东省创新创业基金、广东省产业发展基金、广东省农业供给侧结构性改革基金。

18.PPP：是 Public Private Partnership 的缩写，指在公共服务领域，政府采取竞争性方式选择具有投资、运营管理能力的社会资本，双方按照平等协商原则订立合同，由社会资本提供公共服务，政府依据公共服务绩效评价结果向社会资本支付对价。

19.省“实体经济十条”：指《广东省降低制造业企业成本支持实体经济发展的若干政策措施》，包括降低企业税收负担、降低企业用地成本、降低企业社会保险成本、降低企业用电成本、降低企业运输成本、降低企业融资成本、降低企业制度性交易成本、支持工业企业盘活土地资源提高利用率、支持培育制造业新兴支柱产业、支持企业开展技术改造十个方面。

20.创新发展“八大抓手”：《广东省实施创新驱动发展战略2017年工作要点》指出，要进一步推动高新技术企业培育、新型研发机构建设、企业技术改造、孵化育成体系建设、高水平大学建设、自主核心技术攻关、创新人才队伍建设、科技金融结合等“八大抓手”落实见效。

21.农村“三变”改革：指农村资源变资产、资金变股金、农民变股东改革。

22.农村“四边”：指村边、路边、水边、田边。

23.“三清理六整治一美化”：“三清理”指清理存量垃圾、卫生死角、乱堆乱放，“六整治”指整治生活垃圾、生活污水、禽畜养殖污染、水体污染、废弃旧房、乱搭乱建，“一美化”指美化村庄环境。

24.河长制：指政府主导、水务部门牵头、有关部门分工负责的河道长效管护机制，主要维持中小河流的自然形态，保护河流原有的生态系统，体现生态治河理念，确保发挥长久效益；改善并保护好中小河流的水质，保障好基层群众的饮水安全。

25.“两不愁三保障一相当”：即农村贫困人口不愁吃、不愁穿，义务教育、基本医疗和住房安全有保障，基本公共服务主要指标相当于全省平均水平。

26.“四个意识”：指政治意识、大局意识、核心意识、看齐意识。

27.“四个自信”：即中国特色社会主义道路自信、理论自信、制度自信、文化自信，由习近平总书记在庆祝中国共产党成立95周年大会上提出，是对党的十八大提出的中国特色社会主义“三个自信”的创造性拓展和完善。

28.“三个区分”：即要把因缺乏经验、先行先试出现的失误与明知故犯而违纪违法的行为区分开来，把国家尚无明确规定时的探索性试验与国家明令禁止后有法不依的行为区分开来，把为加快发展的无意过失与为谋取私利故意违纪违法的行为区分开来。

29.“八个本领”：党的十九大报告提出要增强八个方面的执政本领，包括政治领导本领、改革创新本领、科学发展本领、依法执政本领、群众工作本领、狠抓落实本领和驾驭风险本领。

30.两个《准则》和三个《条例》：指《中国共产党廉洁自律准则》《关于新形势下党内政治生活的若干准则》和《中国共产党纪律处分条例》《中国共产党问责条例》《中国共产党党内监督条例》。

31.“四风”：指形式主义、官僚主义、享乐主义和奢靡之风。

大事记

2018 年大埔十大新闻

1．保护生态环境、建设“美丽梅州 · 美好家园”，推动全县生态文明建设走在全市前列。

2．大爱无疆、恩情永存，大埔县举行追思会深情怀念田家炳博士。

3．大埔县庆祝首届“中国农民丰收节”。

4．广东乡村振兴座谈会在大埔县举行，立足省情农情、分阶段分步骤扎实推进广东乡村振兴。

5．韩江高陂水利枢纽一期船闸 10 月通航。

6．大埔县举行实施“客家菜师傅工程”，助推乡村振兴系列活动启动仪式。

7．广东 15 个省级现代农业产业园出炉，大埔县蜜柚产业园上榜。

8．大埔县召开招商大会，签约 15 个项目、筹措教育资金达 2.17 亿元。

9．大埔县举行“迎新年 · 颂党恩 · 展新貌”大合唱活动。

10．大埔县召开创建“世界长寿乡”工作动员会。

（大埔县电视台）

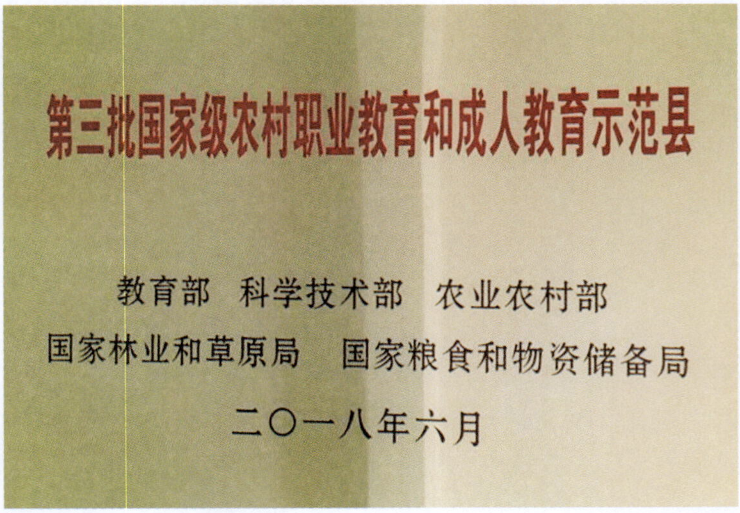

2018年大埔大事记

1月

2日，副县长刘辉堂率队到挂钩村青溪镇祝丰村调研社会主义新农村示范村建设工作。

是日，副县长刘辉堂率队到桃源镇开展春节慰问活动。

3日，县长熊锋松、副县长刘采峰率队到县城虎山路东风市场口、万川路、城北路延伸段、城北市场、城北路圆盘、晋昊大桥桥头、旧田村现场等地调研市政工程和县城主要街道绿化、亮化及供电、供水管网改造情况。

是日，市政协副主席、民盟梅州市委员会主委韩小林带领中国民主同盟梅州市委员会调研组到大埔县调研社会主义新农村示范村建设工作，县委常委、统战部部长张红梅，县政协副主席杨竹玲以及相关部门负责人陪同。

是日，省交通运输厅综合行政执法局局长郑顺潮带领省交通执法监督检查第八组到大埔县监督检查交通运输综合行政执法工作，副县长罗春达和市、县交通运输局等相关部门负责人陪同。

4日，市农业局局长刘玉涛一行到西河镇纯德村检查扶贫挂钩工作。

是日，刘胜先追悼会在县殡仪馆举行。副市长、市公安局党委书记、局长陈俊钦，县委书记朱汉东，县长熊锋松，县人大常委会主任黄建庭，县政协主席李礼醒，县委副书记、政法委书记李宏等市、县领导，全市公安部门各级代表，刘胜先生前同事、亲友等500多人到县殡仪馆送别因公牺牲的人民好警察刘胜先。

5日，市检察院党组成员、政治处主任李雪瑛率队到大埔县检察院开展2017年基层检察院“八化”建设考核工作。

是日，饶平县委常委罗希京带领考察团到大埔县考察红色旅游、乡村旅游、社会主义新农村建设等。

7日，广东乡村振兴座谈会在大埔县城举行，此次论坛的主题为“乡村振兴·广东行动”，座谈会由省委农办、南方报业传媒集团、市委、市政府联合主办，县委、县政府协办。来自农业部农村经济研究中心、国务院发展研究中心、省委党校、华南农业大学等机构和高校的“三农”专家学者通过实地调研，围绕广东全面实施乡村振兴战略相关问题展开讨论。省委农办主任陈祖煌，南方报业传媒集团党委书记、管委会主任刘红兵，市委书记谭君铁，市委副书记、政法委书记彭耀新，市委常委、秘书长余其豹，县委书记朱汉东，县长熊锋松等参加座谈会。

是日，市委书记谭君铁率队到大麻镇大留村调研新时期精准扶贫工作。

9日，中国共产党大埔县第十二届委员会第四次全体会议在县科技信息大楼一楼会场召开。

10—11日，政协大埔县第十四届委员会第三次会议在县委、县政府二楼会议室召开，大会选举黄伟胜为政协大埔县第十四届委员会副主席。

11—12 日，大埔县十五届人民代表大会第三次会议在县科技信息大楼一楼会场召开，大会依法选举县委常委、纪委书记廖若旦为大埔县监察委员会主任，县长熊锋松当选为梅州市第七届人大代表。

12—13 日，深圳市大埔商会、大埔县万福寺慈善功德会联合开展为期两天的第二届敬老助残慈善活动，为福利院、收养所、敬老院的孤寡老人及百岁老人送上慰问金和物品等。

12—15 日，县陶产办组织 15 家大埔陶瓷企业参加在上海市举办的“上海国际时尚消费品博览会”，县陶产办被 2018 上海国际时尚消费品博览会组委会评为“优秀布展奖”。

14 日，水利部珠江水利委员会水源局书记黄建强率核查组和省河长办有关人员到大埔县开展全面建立河长制中期评估核查。

15 日，大埔县高陂镇坪溪村气象自动站正式投入使用。

是日，市卫计局副局长刘水率专家组对大埔县村卫生站建设和流感防治工作进行督导检查。

是日，省督学、省第二师范学院培训处处长龚孝华带领省教师队伍建设实地督查组到大埔县督查教师队伍建设工作。

是日，国家林业局发文公布第三批国家林业重点龙头企业名单，广东卓粤集团旗下的梅州穗瑞农林发展有限公司成为大埔县首家国家林业重点龙头企业。

16 日，大埔县监察委员会正式挂牌成立。县委书记朱汉东，县长熊锋松，县人大常委会主任黄建庭，县委副书记、政法书记李宏，县委常委、纪委书记、监察委员会主任廖若旦，县委常委、县委办主任蓝欣，县政协副主席张友群，县法院院长邱忠强，县检察院检察长张映文，县纪委副书记、监察委员会副主任邝金禄、严庆东，以及县纪委、县监察委员会、县公安局等相关单位人员参加揭牌仪式。

是日，市委政法委调研员杨斌宗带领市考评组到大埔评估验收大埔县创建法治县、镇工作。

是日，县委副书记李宏率队到枫朗镇调研扶贫考核迎检工作。

17 日，北京作家协会驻会副主席、老舍文学院常务副院长王升山带领北京作家协会作家一行 16 人到大埔县开展采风交流活动，县委常委、宣传部部长陈伟平和县文联等单位主要负责人陪同。

是日，市卫计局副局长罗清华带队到桃源、青溪镇开展 2017 年度镇级计划生育目标管理责任制考核。

18 日，广州市委领导和市委常委、秘书长一行到三河镇旧寨村调研扶贫工作，县委副书记、政法委书记李宏，县委常委、县委办公室主任蓝欣等陪同。

是日，县委常委、常务副县长郑尚森，县委常委、副县长吴东华率队到高陂、桃源镇开展岁末年初陶瓷产业安全生产综合检查工作。

19 日，梅州市 2017 年度安全生产考核组到大埔县开展安全生产责任制考核。

是日，2018 年广东省大埔商会迎新春暨大埔县乡情通报会在广州市举行。

19—24 日，县陶产办组织 23 家大埔陶瓷企业到潮州市参加“第九届广东省陶瓷艺术创作设计创新作品评选暨第七届广东省陶瓷艺术精品展活动”，参展 82 件作品共 46 件获奖，其中金奖 13 件、银奖 21 件、铜奖 12 件。

20—21 日，应北京梅州人海外联谊会大埔分会的邀请，县委常委、统战部部长张红梅一行赴北京参加 2018 京津冀埔人联谊会暨乡情报告会。

21—23 日，香港田家炳基金会董事局主席田庆先率领基金会秘书李素香以及拍摄组一行回大埔随访调研田家炳捐资系列工程。

22日，县委书记朱汉东、县长熊锋松率队到高陂镇调研陶艺特色小城镇工作。

是日，大埔县工商和质量技术监督局举行揭牌仪式，副县长饶凌云和县工商和质监局干部职工、特邀企业代表等参加仪式。

23日，由中国文化遗产保护研究院、中国文化遗产保护研究院齐氏文化发展委员会共同主办的全国青少年儿童爱国歌曲巡回演唱会在大埔县城文化中心翰林剧场举办启动仪式，中国文化遗产保护研究院齐氏文化发展委员会主任齐哲生、中国文化遗产保护研究院齐氏发展委员会高级顾问李新生、中国文化遗产保护研究院院长高德魁和县委常委、宣传部部长陈伟平等参加启动仪式。

是日，县委书记朱汉东率队调研县城部分市政道路提升改造工程。

24日，水利部安监司副司长祝瑞祥率队到大埔县对全县冬春农田水利基本建设进行专项督导。

是日，在高陂镇竖起青花瓷花篮。该圆盘花篮高9.4米，圆最大直径4.5米，共分三层，第一层主要是以植被为主的绿化带；第二层是以多个具有特色的青花瓷成品（玻璃钢替代品）簇立在花草之上，环绕中心；第三层则是花篮，傲立中心。

24—26日，广东开放大学终身教育研究院执行副院长、教授吴结率省教育厅专家组到大埔县复核调研国家级农村职业教育和成人教育示范县创建工作，市教育局副局长钟文，县委副书记、政法委书记李宏，副县长饶凌云和县教育局等相关部门负责人陪同调研或参加座谈会。

25—26日，海珠区委副书记潘瑞雄一行到大埔县开展对口帮扶工作。

26日，县委常委、组织部部长陈军营到大东镇指导党政班子民主生活会，并深入基层检查指导工作及慰问困难群众。

27日，大埔县举办“相约古驿道，美丽大埔行”红色古道健康徒步活动。副县长饶凌云和主办单位县体育局、县旅游局、枫朗镇，以及来自福建省龙岩市永定区、潮州市饶平县、梅州市、兴宁市、五华县和大埔县户外运动协会队员共600多人参加活动，徒步线路从枫朗镇南方工委旧址至茂芝会议纪念馆（茂芝会议旧址）约26千米。

28日，广东汇烽陶瓷股份有限公司首条生产线正式投产，县长熊锋松，县委常委、常务副县长郑尚森和县府办、县经信局、桃源镇等单位主要负责人及企业代表出席庆典仪式。

是日，梅州市陶瓷行业协会、大埔县陶瓷行业协会在桃源镇工业小区吉玉陶瓷股份有限公司召开2018年会员大会，县委常委、常务副县长郑尚森和县陶产办、县陶瓷行业协会有关负责人、陶瓷企业代表参加大会。

30日，副县长罗春达率队到大埔粤运客运站检查交通安全工作。

30—31日，梅州市县级党委异地巡察第二组分别到县民政局、湖寮镇召开巡察情况反馈会。

31日，广东省旅游控股集团有限公司董事长、党委书记王奇一行到对口帮扶村枫朗镇四联村开展“精准扶贫、精准脱贫”工作调研。

是日，副县长刘采峰带队到西河镇开展安全生产检查。

是月起，全县行政事业单位在职人员住房公积金的缴存比例由9%提高到12%。

是月，大埔县组织文艺团体前往深圳市龙华区参加主题为“弘扬优秀传统文化，推动文化繁荣兴盛”的非遗艺术迎新春大展演。

2月

1日，市委常委、组织部部长杜敏琪带

领市委组织部机关党员干部到挂钩扶贫村大麻镇桃石村开展春节慰问贫困户活动，县委常委、组织部部长陈军营等参加活动。

是日，省质监局局长任小铁带领该局领导班子成员到精准扶贫挂钩点西河镇漳北村调研“精准扶贫、精准脱贫”工作。

是日，中国电信大埔分公司联合中共大埔县委农村工作办公室，在县委、县政府大楼八楼会议室举行省定贫困村4K高清电视赠送仪式，向大埔县57个省定贫困村赠送4K高清电视机。县委副书记、政法委书记李宏，县政府党组成员、副处级干部邓玉伦和县委新农村办公室、县扶贫开发局、中国电信大埔分公司主要负责人及各镇镇长等30多人参加仪式。

是日，省发改委社会处处长顾万君一行到大埔县调研红色旅游发展规划工作。

是日，市统计局副局长姚志华到大埔县检查“双基”示范点建设情况。

是日，县人大常委会主任黄建庭率队到光德镇砂坪村、富岭村慰问困难群众、党员。

是日，县委常委、统战部部长张红梅和县政协副主席刘广明率队到洲瑞镇大坑村、南村村、嶂岸村慰问困难群众。

是日，广州市海珠区副区长谭伟文一行到枫朗镇隔背村调研精准扶贫工作。

2日，县委书记朱汉东率领副县长饶凌云和县外事侨务局、县侨联会主要负责人一行赴香港拜访慰问著名乡贤、实业家、慈善家田家炳博士和大埔县旅港同乡会永远副会长刘南琴。

是日，县委常委、常务副县长郑尚森率队到茶阳镇走访慰问部分困难群众。

是日，县委常委郭展凌率县土地确权办到高陂镇对土地确权工作进行抽查。

是日，三河镇卫生院举行落成揭幕仪式，该院是大埔县第一个扩（迁）建投入使用的乡镇卫生院。县委常委、统战部部长张红梅，三河镇党政主要负责人，各镇分管卫计工作的领导和卫生院院长，三河镇各村（社区）支部书记及三河镇卫生院全体干部职工参加揭幕仪式。

是日，县委常委、宣传部部长陈伟平，县政协副主席杨竹玲率队到百侯镇走访慰问部分困难群众。

4日，省委常委、常务副省长、省副总河长、韩江流域省级河长林少春到大埔县开展河长制检查，省政府副秘书长张爱军，省水利厅厅长许永锞，省住建厅副厅长刘玮，市长方利旭，副市长曾尚忠，市政府秘书长、办公室主任林健雄，县长熊锋松，县委副书记、政法委书记李宏，县委常委郭展凌等陪同参加相关活动。

是日，省总工会常务副主席陈宗文一行到大埔县调研指导工会工作。

5日，县政协主席李礼醒、副县长饶凌云率队到枫朗镇大潮高速大漳支线16标段等地进行安全生产大检查，并看望慰问部分困难党员、贫困户、残疾人。

是日，县人大常委会副主任张长先率队到青溪镇溪口村、下坪沙村、祝丰村慰问困难党员和群众。

6日，中共大埔县第十二届纪律检查委员会第三次全体会议第二次大会在县科技信息大楼一楼会场召开。

是日，县委书记朱汉东采取不发通知、不打招呼、直奔现场的方式，到大埔粤运客运站、山丰水库施工现场等地突击检查安全生产工作。

是日，县委副书记、政法委书记李宏，县人大常委会副主任、县总工会主席谢以美率队到大麻镇走访慰问困难群众。

是日，市督查组到大埔县督查春运安全相关工作情况。

7日，县长熊锋松率队前往驻梅部队开展春节拥军慰问活动。

是日，市政协主席陈建青和副主席叶解春、韩小林、周秋明、曾祥海、陈元星一行在县政协主席李礼醒、副主席吴振石及青溪镇党政负责人等陪同下，到青溪镇青华村看望慰问部分贫困户、残疾人。

是日，大埔县在县科技信息大楼二楼会议室召开2018年军政座谈会，县委副书记、政法委书记李宏，县委常委、常务副县长郑尚森，县法院院长邱忠强，县检察院检察长张映文及县武装部、政法委、公安局、法院、驻埔部队等相关负责人参加座谈会。

是日，县委常委、统战部部长张红梅带队到大埔县城主要宗教活动所检查安全生产工作。

是日，副市长曾尚忠到大埔县检查高陂水利枢纽工程安全生产工作。

是日，县政府与省农科院签订全面战略合作框架协议，建立全方位、深层次、宽领域的科技战略合作关系。

是日，市委常委、组织部部长杜敏琪一行到大埔县开展“铭记光辉历史、传承红色基因、加强党员干部队伍建设”专题调研。

是日，县委宣传部、县文联、三河镇联合主办的“翰墨抒情颂盛世，红红火火过大年”大埔书法家义赠春联活动在三河坝战役纪念馆广场启动。

8日，县委常委、统战部部长张红梅带队到县城检查卫计系统安全生产工作。

是日，县委常委、常务副县长郑尚森带队到茶阳、光德镇开展安全生产大检查。

是日，副县长饶凌云带队检查特种设备安全生产工作。

是日，中央电视台中文国际频道大型纪录片《记住乡愁》栏目组到百侯古镇拍摄，并于3月20日晚在CCTV4《记住乡愁》栏目播出第54集《百侯镇·崇文尚学》。

是日，在洲瑞镇瑞山召开《广东瑞山温泉度假公园总体规划（修编）》评审会，由5位省内知名旅游界专家学者组成的评审专家组对该旅游项目规划进行评审。

9日，中国电信梅州分公司副总经理杨翔一行到大埔县开展春节慰问活动。

是日，县委政法委联合团县委、县公安局、县妇联、三河镇党委政府等相关单位，在三河火车站开展“崇尚科学，弘扬正气”反邪教宣传活动。

是日，副县长刘辉堂带队看望慰问部分科技工作者。

是日，县委常委、宣传部部长陈伟平率队到影城、酒吧、网吧等文化市场开展安全生产检查工作。

11日，县委书记朱汉东到县城文化广场、人民医院十字路口、梅河公园等地慰问一线执勤民警及环卫工人。

是日，县长熊锋松到湖寮供电所、大埔供电局及县自来水公司慰问奋战在一线的干部职工。

是日，桃源“助残·关爱”基金会举行暖春慰问活动，为残疾人、贫困户、苦难学子发放慰问金。县人大常委会主任黄建庭，副县长饶凌云和桃源镇村干部及该镇6个村的残疾贫困户等200多人参加慰问活动。

是日，市安委办督查组组长饶戟带领督查组到大埔县督查岁末年初安全保障工作。

是日，深圳市龙华区阳春爱心互助会（茶阳片区旅深联谊会）会长郑坤仪带领部分会员到茶阳镇和青溪镇敬老院开展慰问活动，为近70名老人送上慰问金和节日问候。

是日，大埔县扫黑除恶专项斗争工作会议在县科技信息大楼一楼会场召开，县领导朱汉东、熊锋松、李宏、陈军营、廖若旦、蓝欣，县法院院长邱忠强，县检察院检察长张映文，县公安局党委书记钟旭东，各镇（场）党委书记、镇（场）长、分管副书记、组织委员、纪委书记、派出所所长，各村（社区）党支部书记，县直政法各单位副科级以上干部，县直和省、市驻大埔有关单位主要负责人出席会议。

12 日，县委书记朱汉东在县委常委、县委办主任蓝欣和县扶贫局、银江镇党委相关负责人陪同下到银江镇明新村、河口村督查扶贫工作。

13 日，市委书记谭君铁率队到大埔县万福寺调研。

16 日，县委宣传部、县文联、县摄影家协会在县博物馆联合举办“诗画大埔”迎春摄影作品展。

是日，湖寮镇莒村村举行迎春系列活动，项目有舞龙、舞狮、太极拳及文艺表演。

是日，光德镇上澄村举行 2018 年新春篮球“慈善杯”友谊赛，枫朗镇岗头村举行贺新春篮球邀请赛。

22 日，省民政厅李建辉博士捐赠稿费和书籍仪式在大埔县虎山中学二楼会议室举行。

24 日，县人社局在大埔县文化广场召开“春暖梅州”专场招聘会，共组织 51 家企业进场招聘，提供 6000 多个就业岗位，引逾 2000 名求职者进场竞聘。

27 日，省发改委副主任吴道闻一行到大埔县调研梅州市沿江旅游产业聚集带发展大埔韩江文旅组团规划情况。

是日，县委常委、统战部部长张红梅，副县长饶凌云率队到西河镇灵觉寺检查安全生产工作。

28 日，国家林业局和省林业厅领导专家一行到大埔县调研广东卓粤集团油茶产业项目建设情况。

是日，市委政法委专职副书记丘创彬率队到银江、大麻、青溪等镇督导十九届三中全会、全国“两会”期间的维稳安保措施落实情况。

是月，《人民日报》以“春光送暖福临门”为主题刊登 27 副春联，其中大埔诗社的曹展领、郭而康、廖松发、卢国平、丘志敏、黄广兴等 6 位社员创作的春联作品入选。

3 月

1 日，大埔县 2018 年元宵文艺晚会在县城西湖公园万人广场举行。

是日，县委书记朱汉东、县长熊锋松等县领导到“大埔县气象综合探测基地”现场调研。

是日，大埔县宝丰、顺源、金冠、吉玉、欣红、溪山、汇丰源、玉丰、特陶 9 间企业被省科学技术厅列入广东省 2018 年第一批拟入库科技型中小企业。

是日，县委书记朱汉东、县长熊锋松专题调研全县交通公路项目，并召开座谈会。

是日，省检验检疫局副局长杨国海一行在县委常委郭展凌和县农业局主要负责人等陪同下，到大埔县双髻山蜜柚公园、兴瑞公司基地调研创建国家级出口蜜柚质量安全示范区情况。

2 日，县自来水公司开通水费微信支付代收功能。

5 日，县委书记朱汉东、县长熊锋松等县领导班子成员到大麻镇开展调研活动，视察汶水塘安置点建设，并在大麻镇政府召开会议。

是日，县人大常委会主任黄建庭带领县人大专项督查组、县经信局等相关负责人到县重点工程项目天王表综合大楼建设工地督查工程进展情况。

7 日，县委书记朱汉东、县长熊锋松等县领导参加由县政府主办，县农业局、水务局承办的主题为“大力改善水域生态环境，绿色发展引领乡村振兴”活动，并向韩江放流 40 余万尾鱼苗。

是日，在县科技信息大楼二楼会议室举行南方号大埔矩阵启动仪式，南方日报地方新闻部主任练学华、县委宣传部常务副部长蔡忠为大埔首批进驻南方+客户端的10家大埔政务新媒体代表授牌。

8日，省政协副主席邓海光一行到高陂水利枢纽工程现场调研。

是日，副县长、县公安局党委书记、局长钟旭东率队到大麻镇检查派出所建设和“迎姑婆”民俗活动安保工作情况。

10日，省人大立法课题调研组到大埔县调研爱国卫生、农村公路、人大常委会规范性文件备案审查等立法课题工作。

10—13日，马来西亚霹雳大埔同乡会返乡团一行33人在会长何克超带领下回乡观光探亲。

13日，县委书记朱汉东、县长熊锋松、县人大常委会主任黄建庭、县政协主席李礼醒等县领导、法检两长和县委办、县府办、县林业局及湖寮镇干部职工等到湖寮镇葵坑村义务植树基地开展义务植树活动。

13—14日，市扫黑除恶专项斗争工作第六督导组组长姚永东率领督导组到大埔县开展扫黑除恶专项斗争工作第一轮督导。

13—15日，省移民局副局长王胜端一行到高陂水利枢纽工程建设现场调研，并在市指挥部（九龙学校）会议室召开会议。

15日，省水利厅副厅长边立明一行到高陂水利枢纽工程建设现场调研，并在市指挥部（九龙学校）会议室召开会议。

16日，省发改委副主任吕成蹊一行到高陂水利枢纽工程建设现场调研。

17日，大埔乐跑团在大东镇坪山梯田开展“乐跑大埔美丽乡村”活动。

是日，万川千红柚花节暨“千红柚花，嫣然一笑”摄影采风创作活动在大东镇千亩柚园开幕。

19日，香港时计宝集团顾问关键能带领投资考察团到大埔县商谈投资发展事宜。

20日，由县人力资源和社会保障局、广州海珠（大埔）产业转移工业园管委会和县陶瓷产业管理办公室共同举办的2018年“高陂产业园区用工暨精准就业帮扶招聘会”在高陂镇产业园区举行。

20—22日，省委组织部原副部长、省直机关工委原书记罗东凯到大埔县调研，嘉应学院党委书记丘小宏、市直机关工委原书记谢雪琼、县长熊锋松、副县长饶凌云等陪同。

21日，市公路局副局长张颖率队到大埔县对国省道建设项目、危桥改造工程和生命安全防护工程进行督导检查。

22日，县长熊锋松率队到高陂镇银滩村督导新农村示范村建设。

是日，县政协主席李礼醒率队到枫朗镇下木村调研新农村示范村建设工作。

22—23日，瞻望世纪航空集团有限公司到大埔县考察。

23日，副县长饶凌云率队到枫朗镇梅溪村督导新农村示范村建设。

24日，“实施乡村振兴战略，描绘美丽新农村”中国画、油画名家走进客家香格里拉·大埔写生系列活动在西河镇张弼士旅游景区启动。

25日，在大埔县城西湖公园举行梅州日报电子阅报栏启用仪式，梅州日报社、县委宣传部相关负责人及梅州日报小记者等参加仪式。

26日，副市长曾尚忠一行到大埔县督导汛前防汛备汛工作，县委常委郭展凌和县水务局、县民政局等相关单位负责人陪同。

是日，县人大常委会主任黄建庭率队到光德镇上漳村调研新农村建设工作。

27日，县委书记朱汉东率队到青溪镇长丰村、河背村两个贫困村调研实施乡村振兴战略工作。

是日，省政府发展研究中心党组成员、副主任陈圣河带领省政府发展研究中心调研组到三河镇、青溪镇调研韩江流域治理及河长制实施情况。

是日，副县长罗春达率队到银江镇明新村、明德村调研新农村建设工作。

是日，省老促会原常务副会长、省司法厅原厅长曾洪一行到三河坝战役纪念园参观，市老促会副会长连建文、魏金华，县委常委、组织部部长陈军营，县老促会会长袁光明等陪同。

28日，县人大常委会主任黄建庭率队调研巩文创卫和城乡环境综合整治现场。

29日，由县委宣传部、县文联、北塘艺术部落等部门共同举办的“名家画笔下的美丽乡村大埔写生作品展暨‘描绘美丽新农村，留住乡愁记忆’首届客家山水画写生作品展”在西河镇北塘美术馆开展。

是日，省文化厅副厅长刘启宇一行到大埔县对高陂省级文化产业示范园和百侯镇第一批省文化旅游融合发展示范园区进行督导检查。

是日，马来西亚雪隆茶阳（大埔）回春馆组织60多名成员回大埔县参观交流。

30日，河源市紫金县委副书记、政法委书记朱永生一行到大麻镇、西河镇参观交流新农村建设工作。

是日，深圳市大埔商会第二届第一次会员大会暨大埔招商推介会在深圳市麒麟山庄召开。

是月，大埔县举办2018年“京都杯”“广东汉剧（曲）大家唱暨少儿唱响爱国歌曲”大赛。

是月，大埔县正式启动第二次全国污染源普查工作。

4月

1日，省委宣传部公布首批共54处广东省红色革命遗址重点建设示范点名单，大埔县三河坝战役纪念园、青溪中央红色交通线遗址入选。

1—2日，广东中华诗词学会副会长赵维江一行到大埔县考察创建诗词之乡工作，市文联党组成员、副主席郭碧玲，嘉应诗社社长范耀文，县委常委、宣传部部长陈伟平和县文联等单位主要负责人陪同。

2日，第一批梅州市体艺特色学校现场抽查组到大埔县家炳一中现场抽查。

是日，市农业局局长刘玉涛一行在县委常委郭展凌等陪同下，到万川千红基地、客家神田农业旅游公司、岽顶湖茶场、梅州市生态源公司调研农业亮点平台情况。

3日，县委书记朱汉东率队到光德镇开展“大学习，深调研”“不忘初心，牢记使命”传承红色基因主题活动，并到下漳村漳联陶瓷工艺厂调研。

是日，县政协副主席张友群、杨竹玲、吴振石率政协专项督查组对全县“文化旅游、农业农村、民生实事”等方面的重点项目开展专项督查。

是日，县委书记朱汉东到桃源镇调研基层党组织建设和新农村示范村建设工作，县领导李宏、蓝欣、廖金鑫、刘广明、邓玉伦、邝金禄和县委办、县委调研室、县委农办、县农业局、县国土资源局等单位主要负责人参加调研。

3—4日，县人大常委会主任黄建庭、副主任张长先带领县人大专项督查组到部分县重点项目现场进行第一季度专项督查。

4日，市委常委、常务副市长李远青率队到大埔县实地巡查汀江流域有关工作。

是日，市委常委、统战部部长张文广和副市长曾尚忠一行到大埔县调研特色小（城）镇规划发展工作。

是日，副县长刘辉堂率队到县公共服务中心检查工作。

是日，县人大常委会副主任张长先率队

督查大潮高速（含大漳支线）、过境公路等重点项目建设。

9日，市公路局局长王忠一行到大埔县调研2018年国省道建设项目、危桥改造和生命防护工程等工作。

11日，市委书记、市人大常委会主任谭君铁到大埔县专题调研，县委书记朱汉东，县委常委、组织部部长陈军营，县委常委、县委办主任蓝欣等陪同。

是日，省林业厅营林处处长李云新率督导组到大埔县检查督导2018年春季造林建设工作。

12日，由广东富大陶瓷有限公司和梅州市中梅电子商务孵化港有限公司共同举办的“中梅——阿里巴巴互联网+区域电商峰会”（大埔站）在高陂镇富大陶瓷工业旅游区举行。

是日，县委政法委、县国安办、县司法局、县教育局等相关单位到大埔县第三小学、枫朗镇石云中学开展“4·15”全民国家安全教育日宣传普及活动。

12—14日，县委常委、常务副县长郑尚森带领考察团赴江西省景德镇学习考察。

13日，县委书记朱汉东率队到县公安局调研“扫黑除恶”专项斗争工作，听取光德镇富岭村盗采稀土案件的情况汇报。

16日，副县长罗春达率队督导大潮高速（含大漳支线）建设情况。

是日，省旅游局副局长梅其洁一行到瑞山生态旅游区调研，县委常委、宣传部部长陈伟平和市、县旅游局及洲瑞镇党政负责人陪同。

是日，市建管处、县移民工作局、县三防办、县安监局在高陂镇银滩村联合举办广东省韩江高陂水利枢纽工程施工期间超标准洪水受影响群众安全转移预案应急演练活动。

是日，副县长、县公安局局长钟旭东率领公安、交通、城综、湖寮镇政府等部门负责人，到县城虎源路实验小学等重点路段检查指导车辆超限超载专项治理工作。

16—17日，广东省教育强镇复评抽查专家组组长刘英进一行在梅州市总督学、市教育局调研员赖厚芳，副县长罗春达等陪同下，到大埔县对银江、光德、枫朗、三河、高陂、大东等6个镇的教育强镇复评进行抽查。

16—30日，市委第二巡察组和县级交叉巡察第一组分别进驻三河镇五丰村、大麻镇恭下村巡察，召开巡察工作动员会，开展为期15天的巡察。

17日，县委书记朱汉东率队到大麻镇调研大潮高速公路征地拆迁工作。

是日，县委书记朱汉东在常务副县长郑尚森陪同下到县公共服务中心检查工作。

是日，市人大常委会组织部分市人大代表到大埔县视察韩江高陂水利枢纽工程建设情况。

18日，市政协副主席、市民族宗教局局长管雅一行到大埔县开展宗教工作调研，县委常委、统战部部长张红梅等陪同。

是日，中国电信梅州分公司副总经理吴海潮率队到大埔县开展调研工作。

是日，市人大常委会副秘书长、研究室主任陈志文率领人大调研组在市检察院党组成员、副检察长张润芳等陪同下，到大埔县开展公益诉讼专题调研。

20日，国家体育总局召开2018年度全国群众体育电视电话会议，副县长饶凌云及县直相关单位负责人在县委、县政府大楼二楼会议室收听收看会议。

是日，县委副书记、政法委书记李宏率队到县公共服务中心指导工作。

是日，副县长、县公安局局长钟旭东率领公安、民政等部门负责人到三河镇旧寨村检查指导社会主义新农村建设。

21日，市妇联主席蔡雪嫦率调研组到大埔县开展“深调研”活动。

22日，由汕头市野外运动协会主办的大型户外社会公益活动——“第十四届韩江徒步节”起步仪式在大埔县文化艺术广场拉开帷幕。

24日，市委副书记、市长陈敏率队到大埔县调研。

24—26日，大埔县组织38家陶瓷企业参加第123届广交会，签约成交6085万美元。

25日，县人大常委会组织县人大代表视察《关于加快解决县城自来水供需矛盾的议案》办理实施情况，视察组先后到湖寮镇山丰水库建设现场、县自来水公司五虎山制水厂、县城供水管网改造现场察看。

26日，梅州市普教系统第五期“百千万人才工程”高级研修班学员教育活动启动仪式在大埔县田家炳实验学校举行，培训为期两天。

是日，大埔海事处会同县旅游局、工商与质监局、交通运输局、安监局和青溪镇政府等对青溪镇江畔人家休闲度假村开展联合检查。

是日，全县科级领导干部学习贯彻习近平总书记重要讲话精神专题研讨班在县科技信息大楼一楼会场开班，县委书记朱汉东传达省、市专题研讨班精神，并作动员讲话暨主题报告。

27日，广东旅控集团副总经理何汉平一行到对口帮扶的枫朗镇四联村调研“精准扶贫、精准脱贫”工作。

是日，县委常委、常务副县长郑尚森率队实地检查全县安全生产工作情况。

是日，县委常委郭展凌，县委常委、县人武部政委刘小龙，县人武部部长王浩等到梅潭河集训现场检查指导轻舟分队集训工作。

28日，深圳狮子会宝安服务队轮椅捐赠仪式在大埔县残疾人综合服务中心举行。

29日，以“追随红军足迹·重走南粤古驿道”为主题的2018中国旅游日徒步活动在大埔县举行。市旅游局局长朱瑛，县委常委、宣传部部长陈伟平，市旅游局、县旅游局等相关单位党员干部，以及来自梅州、汕头、潮州的徒步爱好者共800多人参加活动。

是月，受客家戏剧联盟、福建省上杭县组委会邀请，大埔县广东汉剧传承保护中心派员参加2018年“中华民族一家亲·同心共筑中国梦”畲族文化节演出活动。

是月，“大埔小吃”产业创业带动就业孵化基地被认定为梅州市创业孵化基地。

5月

3日，市委常委、常务副市长李远青率队到大埔县调研特色小镇、重点项目建设和县域经济工作。

是日，县委书记朱汉东率队到百侯镇调研工作。

是日，市档案局局长张小冰一行到大埔县督查2018年全县档案工作。

5日，十二届全国人大常委会委员、华侨委员会副主任、致公党中央原副主席杨邦杰，致公党上海市嘉定区委会主委秦高荣一行到大埔县调研。

是日，水利部珠江水利委员会副主任胥加仕带领督查组到大埔县开展2018年第一次全面推行河长制湖长制工作督导检查。

是日，“华南农业大学新农村发展研究院特色产业示范基地”揭牌仪式在百侯镇侯北村广东华农互联科技有限公司举行。

6日，由梅州市红十字会、梅州日报社、梅州爱尔眼科医院、梅州铁炉桥医院联合开展的“博爱·人人行”巡回宣传公益活动（大埔站）在县城西湖公园万人广场举行，县委常委、宣传部部长陈伟平，副县长饶凌云，梅州市红十字会常务副会长吴秉标等出席活动。

6—7 日，农业农村部农产品加工局副局长何斌率队到大埔县兴瑞公司基地、华农互联公司基地、广东顺兴种养股份公司蜜柚精深加工厂调研。

7 日，梅州市免费午餐学校管理工作现场交流座谈会在三河镇梓里学校举行，全国免费午餐广东执行部志愿者，团市委有关领导，梅州市各免费午餐学校领导、代表等参加会议。

是日，县委书记朱汉东到县委政法委调研扫黑除恶专项斗争工作，县委副书记、政法委书记李宏，县委常委、县委办主任蓝欣，副县长、县公安局局长钟旭东，县纪委副书记严庆东等参加会议。

是日，县领导朱汉东、蓝欣、饶凌云和县教育局、国土资源局、档案局、进修学校负责人等到大埔县国家综合档案馆馆舍建设现场调研。

8 日，省侨办副主任蔡伟生一行到大埔县开展高龄、失能归侨工作调研。

是日，举行大埔县城市管理和综合执法局揭牌暨队伍换装仪式，副县长刘采峰出席会议，县城市管理和综合执法局和下属城监大队、环卫所、城建所、园林所、公园办、供排水服务站、水质净化所、数字化城市管理中心、自来水公司等单位的干部职工参加仪式。

9 日，县政协主席李礼醒、副主席刘广明率队到湖寮镇、西河镇实地视察全县河长制工作推进情况。

是日，县人大常委会主任黄建庭带队检查市容环境卫生网格化管理工作。

9—10 日，省政府参事、省广播电视网络股份有限公司监事会原主席姚军毅一行到大埔县开展“大埔县加大美丽宜居乡村规划建设力度，传承乡村优秀传统文化工作”的课题调研。

11 日，副县长罗春达率队到大埔三小、家炳一中、实验中学、机关幼儿园等学校开展涉校安全隐患排查整治专项检查。

是日，省农业综合行政执法监督局副局长张国杭一行到大埔县调研创建省级现代农业产业园建设工作。

12 日，大埔县在厦门国际会议展览中心 5 楼多功能厅召开招商旅游宣传推介会。

13 日，在第十四届中国（深圳）国际文化产业博览交易会上，大埔县怡丰园实业有限公司的参展作品——高档青花骨质瓷聚宝盆《清明上河图》获“中国工艺美术文化创意奖”金奖。

14 日，县人大常委会主任黄建庭率队督查县城农贸市场管理工作。

15 日，县委书记朱汉东到县国税局开展工作调研，县委常委、常务副县长郑尚森和县委常委蓝欣陪同调研。

15—16 日，水利部珠江水利委员会和广东省、福建省水利厅领导一行到大埔县检查韩江高陂水利枢纽工程建设情况，并参加棉花滩水电站防汛协调会。

16 日，县公安局在县博物馆举行被盗古民居文物发还仪式暨打击盗窃古民居文物犯罪成果展。

是日，鼎盛文投总裁梅洪带领考察组到大埔县调研文化旅游产业发展工作，市委常委、宣传部部长陈晓建，副市长温向芳，县委常委、宣传部部长陈伟平和市、县文广新局、旅游局等部门负责人陪同到百侯名镇旅游区、泰安楼客家文化旅游产业园等地调研。

是日，县人大常委会主任黄建庭率队督查县城架空管线迁改工作。

16—20 日，2018 年大埔县青少年校园足球联赛县级决赛在县体育中心足球场举行，县田家炳实验中学、湖山中学、大埔小学分别获得高中、初中、小学组第一名。

17 日，省防总秘书长、省水利厅副巡视员贺国庆带领省政府汛期防御工作专项督查组到大埔县检查汛期防御工作。

18日，中国文化传媒集团专家组到大埔县对湖寮镇葵坑村、文化旅游产业园开展第三批国家公共文化服务体系示范项目“三多三促”模式农村文化俱乐部的课题研究进行实地调研。

是日，中国农业银行梅州分行行长胡海威率队到大埔县支行调研督导工作。

是日，2018年大埔县第二十八次全国助残日活动在县残疾人综合服务中心举行，市人大常委会原常务副主任李俊夫，市政协副主席李忠良,市残联理事长李利平，市政协常委、经济委员会主任卜勇祥，市政协办公室研究室主任叶晓春，省军区后勤部正处级干部、梅州市大埔县爱心助残基金会监事长陈华云，县人大常委会党组书记、主任、县残疾人联合会第七届主席团名誉主席黄建庭，县政协党组书记、主席、县残疾人联合会第七届主席团名誉主席李礼醒，县委常委、统战部部长张红梅，梅州市大埔县爱心助残基金会理事长、市政协委员、县人大代表、广东美之臣化妆品有限公司董事长陈衡礼等130多人参加活动。活动现场上，梅州市大埔县爱心助残基金会为15户重大疾病康复者和12户残疾学子及贫困残疾家庭子女发放救助金和助学金15万元，捐赠4万元用于购买50辆轮椅，县残联还为康复中心儿童、康园中心会员发放空调被等慰问品。

19—26日，香港理工大学4位老师带领51名学生到大埔县了解客家文化，并进行支教活动。

20—21日，厦门建发国旅集团、厦门一块游国际旅行社考察组到大埔县就旅游开发合作进行考察，县委常委、宣传部部长陈伟平等陪同考察。

21日，县委常委、宣传部部长陈伟平到县公共服务中心检查“巩文创卫”工作。

是日，“共建文明卫生城市·共享和谐温馨家园”主题文艺巡回晚会在大埔县西湖公园万人广场、滨江公园、高陂镇等地举行，县委常委、统战部部长张红梅和县委常委、宣传部部长陈伟平等到现场观看。

是日，市委常委、副市长闫景军带领市调研组到大埔县调研国考断面水质自动检测站建设工作。

是日，国家发改委城市和小城镇改革发展中心主任徐林带领调研组到大埔县调研特色小城镇建设工作。

22日，副县长饶凌云与中国移动梅州分公司副总经理李小睿在县科技信息大楼2楼会议室签署《推进“智慧城市”建设战略合作框架协议》。县长熊锋松，县委常委张红梅，常务副县长郑尚森，副县长吴东华、曹丙利、刘采峰、饶凌云、罗春达、刘辉堂、钟旭东，县政府党组成员、副处级干部邓玉伦，县直相关单位、各镇（场）负责人，以及梅州分公司总经理许耀顺、副总经理李小睿，梅州分公司、大埔分公司等相关人员近70人出席签署仪式。

21—28日，由黑龙江省水利厅巡视员马庆国任组长的水利部稽察组到大埔县对韩江高陂水利枢纽工程建设情况进行全面稽察。

22日，市委常委、宣传部部长陈晓建率队到大埔县调研新农村建设、红色资源保护利用工作。

是日，新加坡大侨小学4位老师带领24名学生到大埔县张云栽实验小学开展浸儒和交流活动。

22—23日，瞻望世纪航空大埔有限公司召开大埔机场选址启动会。

23日，副市长温向芳率队到大埔县调研乡村振兴和脱贫攻坚工作。

是日，县委书记朱汉东、常务副县长郑尚森、县委常委郭展凌、蓝欣等县领导到高陂镇调研重点项目建设。

是日，新加坡启发小学4位老师带领

35 名学生到大埔县大埔小学开展浸儒和交流活动。

是日，省卫计委调研检查组到青溪镇调研检查 2018 年第一季度全员人口数据质量评估专项工作。

是日，广州市海珠区南洲街道办事处扶贫工作领导小组到枫朗镇隔背村调研精准扶贫工作。

是日，县委常委、组织部部长陈军营率队到茶阳、西河镇开展专题调研。

是日，县政协副主席杨竹玲带领县政协文史委全体成员到“八一”起义军三河坝战役纪念园、三河镇朱德指挥所旧址（田氏宗祠）开展“铭记光辉历史，传承红色基因”专题调研。

是日，水利部稽查组到大麻镇汶水塘、高陂镇陂寨安置点检查工作。

是日，市公路局副局长张颖率队到大埔县对 2018 年国省道建设项目、危桥改造工程、生命安全防护工程和 2018 年国省道新改建、路面改造目标类项目进行督导检查。

24 日，广州市海珠区琶洲街道办事处扶贫工作领导小组到枫朗镇大埔角村开展扶贫调研工作。

是日，县卫计局、县计划生育协会、百侯镇政府联合在百侯镇开展健康素养进镇村巡讲活动和“5·29”计生协会会员日活动。

是日，县委常委、组织部部长陈军营率队到县城文明路等地检查市容环境卫生网格化管理工作落实情况。

是日，大埔县在县科技信息大楼一楼会场举办“习近平总书记重要讲话精神”专题报告会，县领导陈伟平、邓立新、刘辉堂、刘广明、张映文、罗振康，各镇（场）党委书记、宣传委员，县直副局以上单位和省、市驻埔各单位副科职以上干部共 400 多人参加会议。

24—25 日，省城乡规划设计研究院党委书记钱中强率省检查组到大埔县检查古驿道保护利用工作。

24—28 日，县委书记朱汉东带队赴浙江省专题考察学习，借鉴先进地区实施乡村振兴战略的好经验、好做法。

25 日，广州海关办公室副主任房雯带队到大埔县调研国家级出口蜜柚质量安全示范区建设情况。

25—26 日，在大埔县小吃文化城举办首届“闻香识大埔，人文客家游——2018 大埔美食旅游文化节”。

26 日，省委常委、常务副省长林少春到大埔县检查韩江流域防汛备汛及河长制工作推进情况，省政府副秘书长、省发展研究中心主任张爱军，省防总副总指挥、省水利厅厅长许永锞，市长陈敏，市领导温向芳、林健雄，县领导郑尚森、郭展凌等陪同。

是日，市农业局副局长黄帆带队到大埔县督导农产品质量体系建设工作。

27 日，乡村复兴论坛秘书长李永良一行到大埔县接洽大埔峰会，并到三河镇韩江源、三河坝战役纪念园调研，县委书记朱汉东、副县长刘采峰等陪同。

27—29 日，县委副书记、政法委书记李宏带领县委政法委有关负责人及桃源、百侯两镇综治专干赴浙江镇诸暨市枫桥镇实地学习考察“枫桥经验”。

30 日，市人大常委会组织市人大常委会法工委、农工委和市林业局、市法制局等部门相关负责人到大埔县开展《梅州市森林火源管理条例（修正案）》立法调研。

是日，县人大常委会组织部分县人大代表视察县城“巩文创卫”和城乡综合整治工作。

是日，省委机关刊南方杂志社社长陈广腾一行到大麻镇小留村、三河镇三河坝战役纪念园采风，梅州日报社社长张德祥，县委常委、宣传部部长陈伟平等陪同参观。

是日，人社部事业司监督和申诉处处长高云一行到大埔县调研，并在百侯镇召开事业单位人事管理监督座谈会。

30—31 日，梅州市第五届老年人体育健身大会台球（中式）比赛在大埔县老干部第二活动中心举行，市老体协领导李柏华、陈珍书、陈烈锋、温冠文，原县老领导黄占添、黄秋梅，副县长饶凌云和县委老干部局、县体育局、县老年人体育协会相关负责人等出席开幕式。

31 日，县委书记朱汉东率队到大麻镇调研精准扶贫和党建工作。

是日，副县长刘辉堂率队到县公共服务中心检查“马上办”改革工作。

是日，“中央及行业媒体走基层——走近最美的家乡河”在中国水利报社副社长唐瑾带领下一行 15 人到大埔县采访落实河长制、推进生态文明建设等工作。

是月，大埔县派团参加第十三届（深圳）国际文博会，在主会场设置专馆，展出青花瓷、白玉骨瓷及创意陶瓷等艺术作品。

6 月

1 日，全省农产品加工系统工作会议在大埔县召开，省农业厅副厅长郑惠典、副市长温向芳、省农业厅加工办主任丘小华等出席会议。

是日，县委常委、组织部部长陈军营和副县长饶凌云带领县教育局、县妇联等相关部门负责人开展慰问困境儿童活动。

是日，五华县委书记吴晖一行到大麻镇小留村考察。

4 日，市中级人民法院院长刘思彬一行到大埔县人民法院督导执行工作。

5—6 日，省人大常委会委员、省人大农委主任温捷香带领调研组到大埔县调研脱贫攻坚和村村通自来水工程。

7 日，县人大常委会主任黄建庭带队检查指导县城市容环境卫生网格化管理工作。

是日，副县长罗春达率队到大埔县虎山中学、实验中学考点巡视高考情况。

是日，广州市副市长黎明和广州金控集团董事长李舫金一行到大东镇开展新时期精准扶贫调研工作。

是日，撤并百侯供电所岩上营业点。

7—9 日，副县长刘辉堂带领由县府办、县招商局、县旅游局、县经信局负责人组成的招商考察团到深圳市大埔商会、正威国际集团、鸿富瀚科技有限公司、红星美凯龙集团股份有限公司等地开展招商考察活动。

8 日，省巡视组组长徐长春，副市长、市招委会主任张晨带领省、市巡考组到大埔县虎山中学、田家炳实验中学两个高考考点巡考。

是日，水电水利规划设计总院调研组到高陂水利枢纽工程建设现场开展调研活动。

是日，县人大常委会副主任张昭锋率队到光德镇调研人大建设情况。

9 日，省农业供给侧结构性改革基金公司总经理胡耀齐一行到大埔县调研农业供给侧改革基金项目推进情况。

11 日，全国政协常委、中国老区建设促进会会长、北京军区原副政委兼纪委书记王健中将，省老区建设促进会会长、广州市政协原主席陈开枝等老区建设促进会代表到大埔县三河坝战役纪念园、西河镇省级新农村示范区建设现场参观。

12 日，市委书记谭君铁，市委副书记、市长陈敏带领全市乡村振兴工作会议与会人员到西河镇考察。

是日，县公安局在县城西湖公园万人广场举办 2018 大埔公安警察开放日暨“移动式一窗通办”“古民居文物保护工作站”启动仪式。

是日，县委常委、统战部部长张红梅率队到县城五虎山庄等地检查市容环境卫生网格化管理工作落实情况。

是日，省农科院副院长肖更生一行到大埔县通美实业公司、广东顺兴种养股份有限公司调研果蔬精深加工产业。

是日，省政协常委、文化和文史资料委员会主任方健宏带领省政协“加强南粤古驿道保护利用，助推乡村振兴”专题调研组到大埔县调研。

13日，县委常委、统战部部长张红梅率队到县城各城中村检查市容环境卫生及闲置地管理工作情况。

是日，县委常委、宣传部部长陈伟平带队到县人民医院、县妇幼保健院、客运站、中国移动大埔分公司营业厅、中国旅行社等地督查巩固提升广东省文明城市创建工作整改情况。

14日，省司法厅党委委员、副厅长张荣辉带领省严重精神障碍患者救治救助挂钩包干检查督导组到大埔县检查督导工作。

是日，省“两区”划定专家组组长、副教授徐剑波和华南农业大学博士刘科学到大埔县指导粮食生产功能区划定工作。

15日，县领导朱汉东、李宏、陈伟平、陈军营，各镇（场）党委书记和分管党建工作的副书记、组织委员，各村（社区）党组织书记，县直和省、市驻埔有关单位主要负责人等在县委、县政府大楼二楼会议室和县电信大楼七楼会议室收听收看全省加强基层党组织建设工作会议。

17日，三河坝首届龙舟文化节在三河镇朱德大桥韩江河畔开幕，来自汇城、汇东、旧寨3个村的6艘龙舟参加竞赛。

是日，大埔县钓鱼协会在山丰蜜柚场举办2018年“迎端午节”钓鱼比赛，共有60人参赛。

20日，县委书记朱汉东率队到枫朗镇调研乡村振兴和基层党建工作。

是日，省经信委副主任何荣率省督查组到大埔县检查危险品和城市燃气安全管理工作。

是日，县人大常委会主任黄建庭、副主任张长先带领县人大专项督查组到县部分重点项目现场进行第二季度督查。

是日，副县长罗春达率队到虎山中学考点巡视中考工作。

21日，大埔县在湖寮镇下坜村在建的县中医医院工地开展2018年建筑施工“双优”示范工地观摩和应急救援演练，副县长刘采峰和县住建局、县应急办等相关单位负责人参加演练活动。

是日，市方志办主任钟伟基、副主任叶小华一行到县方志办检查督导，并实地踏勘大埔县古驿道。

22日，广东海事局调研组到大埔海事处调研领导干部队伍建设工作。

是日，省现代农业产业园创建办公室副主任黄忠革带领省核查组到大埔县蜜柚产业园进行实地核查。

是日，梅江区政协主席、党组书记赖经烈率区政协考察团到大埔县三河坝战役纪念园开展“铭记光辉历史，建设‘诗画梅江’”主题党日活动，县政协主席、党组书记李礼醒等陪同考察。

是日，县政协副主席张友群、杨竹玲、吴振石、刘广明带领县政协专项督查组到县部分重点项目现场进行第二季度督查。

23日，省扶贫办副巡视员冯思华一行到西河镇漳北村调研精准扶贫工作，省质监局副局长翁永卫，县委书记朱汉东，县委副书记、政法委书记李宏等陪同调研。

是日，广东技术师范学院党委书记凌靖波和党委副书记、院长郭杰带队到大埔县三河坝战役纪念园、罗明故居等地开展“传承红色基因，不忘初心再出发”党性锻炼活动。

是日，在田家炳实验中学艺术楼举办“不忘初心，一路前行”纪念“八一”起义军三河坝战役大埔县青少年爱国歌曲专场演唱会，东方华厦文化遗产保护中心副秘书长高德魁、中国文化遗产保护研究院齐氏文化发展委员会主任齐哲生，贺炳炎将军之女贺北生、李天佑将军之子李亚明、张天云将军之子张东林等开国将军后代合唱团成员，县委常委、宣传部部长陈伟平和县委宣传部、县文广新局、县教育局、高陂镇等单位负责人观看专场演唱会。

是日，大埔县在西河镇张弼士故居旅游区召开“讲好广东地标品牌故事，助推精准扶贫乡村振兴”主题活动。

24 日，市委常委、宣传部部长陈晓建带队到青溪镇祝丰村调研精准扶贫和社会主义新农村示范村建设工作。

25 日，县委常委、常务副县长郑尚森和县政协副主席张友群率队到茶阳肉联厂现场核查中央环境保护督查组交办的案件。

是日，县委常委、宣传部部长陈伟平一行到百侯镇看望慰问困难党员。

是日，副县长、县禁毒委常务副主任、县公安局局长钟旭东在田家炳高级职业学校主持召开 2018 年“健康人生 · 绿色无毒”“6 · 26”国际禁毒日暨毒品预防教育进校园启动仪式，县委副书记、政法委书记李宏，各镇（场）长、县禁毒委领导、禁毒委成员单位委员、县公安局全体局领导及禁毒大队民警、创建省级毒品预防教育示范学校校长和田家炳高级职业学校师生代表共 300 人参加活动。

是日，县委副书记、政法委书记李宏带领县扶贫工作督导组到枫朗镇王兰村、隔背村开展精准扶贫、精准脱贫“回头看”和社会主义新农村建设调研。

26 日，县委书记朱汉东带队开展创建国家卫生县城“暗访”反馈问题整改暨迎接“巩文”复检调研，县领导黄建庭、张红梅、陈伟平、王浩、钟旭东、邱忠强、张映文、邓玉伦等参加现场调研。

是日，中国华能集团公司南方分公司党委书记蔡永强一行到大东镇进滩村开展扶贫调研工作。

26—27 日，市统计局调研员何益华率队到大埔县开展统计执法检查。

27 日，“智慧公交”启动仪式在大埔粤运客运站广场举行。

是日，县委常委、组织部部长陈军营一行到大东镇柘林村、福光村看望慰问部分基层生活困难老党员。

是日，县政府党组成员、副处级干部邓玉伦带领县扶贫工作督导组到茶阳镇太宁村、丰村村开展惩治扶贫领域腐败和不正之风入户核查及精准扶贫、精准脱贫“回头看”调研。

是日，县政协主席李礼醒、副主席吴振石带领县政协机关党员领导干部分组到枫朗镇上木村、双溪村、龙公坑村、枫朗村、大埔角村，对困难党员、老党员、贫困户进行走访慰问。

27—29 日，省推进教育现代化先进县督导验收暨教育强县复评验收组组长郑炽钦率队到大埔县对大埔申报广东省推进教育现代化先进县进行为期三天的督导验收，副市长张晨、市政府副秘书长黄伟华、市教育局副局长梁财生、县委书记朱汉东及市、县相关部门负责人参加活动。

28 日，县国土资源局、县应急办、大麻镇政府、省有色金属地质局九三八队等在大麻镇英雅学校联合举办地质灾害应急演练。

是日，梅县区政协副主席余洪昌带领区政协学习文史委员会一行 30 人，围绕“古民居的保护开发与旅游相结合”的主题到大埔县开展专题调研，县政协副主席刘广明等陪同调研。

28—29 日，县政协主席李礼醒一行到平远县参加闽粤赣边三省九县（区）政协第 45 次联系协作会议。

29 日，大埔县在县科技信息大楼一楼会场举行 2018 年“广东扶贫济困日”活动动员表彰大会暨教育基金捐款仪式。

是日，大埔县在县科技信息大楼一楼会场召开纪念中国共产党成立 97 周年暨“七一”表彰大会。

是日，省公安厅党委委员、政治部主任江理达到大埔县三河、湖寮派出所检查督导，副县长、县公安局局长钟旭东等陪同。

是月，大埔县申报的“广东汉乐”获评 2018—2020 年度“广东省民间文化艺术之乡”称号。

是月，大埔县被评定为第三批国家级农村职业教育和成人教育示范县创建合格单位，是粤东地区唯一一个国家级农村职业教育和成人教育示范县。

7 月

1 日，鼎盛文化产业投资有限公司副总经理朱奕璋一行到大埔县三河坝战役纪念园、韩江源、三河镇老街、湖寮镇泰安楼等地考察文化旅游资源。

2 日，县长熊锋松率队到梅江河大埔段开展河长制巡河工作。

3 日，副省长叶贞琴带领省直有关部门负责人到大埔县调研农业、水利工作，省政府副秘书长顾幸伟、省水利厅厅长许永锞、省农业厅副厅长黄斌民、副市长温向芳、县长熊锋松、县委常委郭展凌等陪同调研。

是日，市住房城乡建设局副局长赖寿华带领市督查组到大埔县督查生活垃圾卫生填埋场整治工作。

4 日，由市安全生产委员会办公室、市普法办公室、市安全生产监督管理局联合主办的梅州市“安全生产月”文艺巡回演出活动在大埔县城西湖公园万人广场举行。

是日，省文联党组成员、专职副主席李仙花带领省文联第四调研组到大埔县调研基层文艺发展情况。

是日，县委书记朱汉东率队到大东镇调研督查基层党建、精准扶贫、新农村建设等工作。

是日，市委政法委专职委员杜汪坚一行到西河镇调研无邪教创建工作。

4—13 日，副县长饶凌云带领大埔县访问团赴文莱、马来西亚、印度尼西亚访问，并参加马来西亚雪隆茶阳（大埔）回春馆 140 周年庆典活动。

6—9 日，大埔县文艺工作者赴马来西亚雪隆茶阳（大埔）回春馆参加 140 周年馆庆文艺演出。

9 日，广州大学公共管理学院组织 13 名大学生到枫朗镇双溪学校开展以“激扬青春志，共筑中国梦”为主题的暑期“三下乡”社会实践活动。

是日，大埔县在县城文化广场开展“我心有党、法安大埔”大学生党员法律宣传与社会调研活动。

10 日，市司法局直属机关党委组织部分党员到大埔县开展纪念建党 97 周年“红色党性教育，重温入党誓词”主题党日活动。

是日，大埔县“文明卫生之家”颁奖仪式在湖寮镇莒村养正学校举行，县政府党组成员、副处级干部邓玉伦等参加颁奖仪式。

11 日，市扫黑除恶专项斗争工作第六督查组到大埔县开展扫黑除恶专项督查。

是日，“大埔人民深情怀念田家炳老先生”追思会在大埔县田家炳实验中学举行，县委书记朱汉东等领导班子在家领导，县直单位主要负责人，田家炳系列学校校长、田家炳系列医院院长，师生代表、医务人员代表和社会各界人士共5000多人参加追思会。当天，在高陂镇银滩村田家炳的故居同步举行追思会。

是日，中国农业发展银行广东省分行行长谢文率队到大埔县考察调研，了解大埔城乡经济发展和农发行贷款的地方基础设施项目建设情况。

11—12日，华南农业大学副校长、新农村发展研究院执行院长咸春龙和常务副院长吕建秋、副院长刘少群一行到大埔县西岩山茶场、岽顶湖茶场调研，并在广东顺兴种养股份有限公司座谈交流，县委常委、副县长曹丙利参加座谈会。

12日，五华县乡村振兴工作调研考察团到大埔县考察乡村振兴相关工作。

13—15日，大埔县篮球协会在县体育中心篮球场举行2018年大埔县首届“篮协杯”男子篮球比赛。

13—16日，水利部文化调研组到高陂水利枢纽工程建设现场调研水文化建设工作。

14日，由梅州广东汉乐协会、大埔县广东汉剧传承保护中心、大埔县广东汉乐研究会、大埔县广东汉剧协会、大埔县女子汉乐团联合演出的“梅埔情·广东汉东·汉剧（曲）专场文化交流音乐会”在大埔县田家炳演艺中心翰林剧场举行。

15日，教育部全国高校现代远程教育协作组秘书长李德芳一行到大埔县开展苏区乡村教育振兴专题调研。

16日，市督查组到大埔县开展农村文化俱乐部迎国检实地督查，分别到大麻镇“怡和书屋”、茶阳镇街道社区“诒谷堂”、西河镇北塘村“辅德堂”、西河镇工农村“进兴堂”、湖寮镇长新村“光裕堂”、湖寮镇葵坑村“葵坑文化室”、百侯镇侯南村“素谦公祠”、枫朗镇坎下村“罗明故居”8个农村文化俱乐部进行实地督查。

是日，市长陈敏率队到大埔县调研农业产业工作。

是日，市委常委、组织部部长杜敏琪带队到大埔县开展“红色村”专题调研。

17日，中国共产党大埔县第十二届委员会第五次全体会议在县科技信息大楼一楼会场召开。

是日，省环境保护厅监测科技处处长林文带领督导组对韩江大麻断面地表水水质自动监测站建设情况进行现场督导。

是日，省供销社党组成员、理事会副主任陈容秋一行到大埔县供销社调研基层组织建设工作。

18日，市卫计局副局长罗清华带队到大埔县人民医院、中医医院、妇幼保健院、120急救中心建设现场进行督导检查。

是日，市政协组织部分委员到大埔县开展“发挥侨乡优势，建设美丽乡村”专题调研，县政协党组副书记、副主席张友群陪同调研。

是日，省环保厅副巡视员赵立军带领广东省最严格水资源管理制度考核检查组到大埔县对全县2017年度落实最严格水资源管理制度情况进行现场检查，县委常委郭展凌和市、县相关单位负责人陪同。

是日，市检察院扫黑除恶专项斗争第三督导组组长、市检察院党组成员、副检察长宋秦川率队到大埔县检察院督导检查扫黑除恶专项斗争开展情况。

是日，市人社局局长伍卫华率队到大埔县实地调研。

19日，县委书记朱汉东率队到洲瑞镇调研基层党建、精准扶贫、新农村建设等工作，并到三和实业有限公司、华光村绿雅园调研陶瓷生产和乡村旅游项目建设情况。

是日，县政府在县城文化广场开展第三届“百人百场”应急安全教育系列活动暨食品安全宣传周活动。

20日，省委农办副主任、省扶贫办主

任梁健，广州市协作办副巡视员朱兴良，省旅控集团公司党委副书记、董事、工会主席朱香山，县委书记朱汉东，海珠区委书记马正勇，广州市派驻梅州市精准扶贫工作队队长钟向阳在广州市海珠区“印象大埔”商贸城共同为海珠·大埔对口帮扶特色产品展销中心揭牌，并一起参观海珠·大埔对口帮扶成果展览区、大埔特色产品展销区、大埔小吃文化展示区和大埔小吃创新创业中心。

是日，国家税务总局大埔县税务局挂牌成立，国家税务总局梅州市税务局联合党委委员、副局长徐春辉和县委常委、常务副县长郑尚森出席挂牌仪式，并为新机构揭牌。

22日，田家炳基金会在香港文化中心大剧院举行香港慈善家田家炳追思会。县委书记朱汉东，县政协主席李礼醒，县委常委、统战部部长张红梅，县委常委、县委办主任蓝欣，县人大常委会副主任邓立新，副县长饶凌云等县领导，海峡两岸暨港澳地区教育和慈善界代表、受捐学校的师生代表、社会各界人士等参加追思会。

23日，福建省龙岩市永定区人大常委会主任苏贤添带领区人大考察团到大埔县考察美丽乡村建设。

25日，市公路局副局长张颖率队到大埔县督导检查2018年国省道建设项目、危桥改造工程和生命安全防护工程。

25—26日，广州市海珠区副区长庄承汶带领区帮扶协作交流团到大埔县开展民生事业社会帮扶和企业交流工作。

26日，大埔县爱国拥军促进会成立大会在县城瑞锦酒店举行。市民政局党组成员、调研员陈友权，县人武部部长王浩，副县长刘采峰，特邀嘉宾，“双拥”工作领导小组成员单位分管领导和会员代表等120人参加成立大会。

是日，市税务局联合党委书记、局长练富强到县税务局调研。

是日，在百侯镇南山村红光隧道开展弘扬愚公移山精神，助推乡村振兴发展——“学讲话，讲故事，谈感受”百姓宣讲活动。县委常委、宣传部部长陈伟平，县委宣传部、县文明办、百侯镇党政班子领导成员及村党支部书记，各镇（场）党委宣传委员等参加宣讲活动。

27日，20时20分许，县城环城大道城北红绿灯东边路段发生小型汽车粤BS05E6与步行的刘某林（男，29岁）、黎某萍（女，30岁）碰撞事故，造成刘某林、黎某萍2人当场死亡，小车车主涂某华（男，31岁）弃车逃逸，后于28日到湖寮派出所投案自首。

是日，县人武部部长王浩、副县长刘辉堂一行到梅州军分区慰问驻梅官兵。

27—28日，“我和我的祖国——2018年度广东省社会主义核心价值观动画短片创作活动”采风团到大埔县采风，县委常委、宣传部部长陈伟平和县委宣传部、百侯镇、三河镇等单位负责人陪同参观。

29日，县委常委、宣传部部长陈伟平率队到百侯镇南山村调研挂扶贫困户产业扶贫工作开展情况。

30日，县委书记朱汉东带领县委常委、县委办主任蓝欣，副县长刘辉堂和县府办、县民政局等相关单位负责人到县人武部开展“八一”慰问驻大埔部队活动。

是日，市关工委主任何正拔带队到大埔县调研“传承红色基因，争做时代新人”主题教育活动开展情况。

31日，水利部珠江水利委员会副主任苏训带队到大埔县巡查韩江高陂水利枢纽工程建设工作。

是日，省税务局第七联络（督导）组副组长赵善文一行到县税务局调研，市税务局联合党委委员、副局长徐春辉等陪同。

是月，大埔县汉研会与梅州市广东汉乐协会在县城田家炳演艺中心联合举办“梅埔情”广东汉乐展演音乐会。

是月，“大埔陶瓷科技教育基地”由省科技厅复核通过，并获授课。

8 月

1 日，市政协党组成员陈志宁率队到大埔县政协委员工作室走访调研，县政协主席、党组书记李礼醒等陪同。

是日，副县长刘辉堂率队到县公共服务中心检查工作。

2 日，县委书记朱汉东率队到银江镇坑口村调研新农村建设情况。

是日，103 岁老红军、广东省原副省长范希贤到桃源镇考察革命老区，重温红色记忆，原中央军委总参二部老干部宁荣杰、省政府文史馆研究员屈干臣、武警 126 师原副政委赵燕清、省直机关老年协会会长吴涌清、省政府机关事务局原副局长邓其然、县人大常委会副主任邓立新等陪同考察。

3 日，县领导朱汉东、郑尚森、郭展凌、蓝欣等到高陂镇调研，并召开县重点项目建设推进会。

是日，广州金控集团党委副书记马智彬一行到大东镇柘林、福光、白土 3 个帮扶村开展扶贫调研暨主题党日活动。

4—6 日，以旅港大埔同乡会理事长郑锦均为顾问，连思杰为团长的旅港青年一行 50 人到大埔县参观交流。

6 日，县委书记朱汉东率队调研全县交通基础设施建设情况。

是日，梅州市乡村振兴战略规划调研组到大埔县调研。

7 日，县委书记朱汉东到县公共服务中心调研民政婚姻登记中心、业务流转中心工作情况。

7—8 日，第六批广东省古村落普查认定专家组在广州大学历史系教授王元林带领下到大埔县百侯镇侯北村开展普查认定工作，副县长刘辉堂和县委宣传部、县文联、百侯镇等单位主要负责人陪同。

8 日，乡村复兴论坛秘书长李永良一行到大埔县接洽大埔峰会事宜。

9 日，国家林业局驻广州专员办领导一行到大埔县开展森林督导检查，并在县科技信息大楼二楼会议室召开督查会议。

10 日，副市长温向芳带队到大埔县调研“双未通”建设等工作，市委农办、市交通运输局、市水务局等相关部门负责人陪同。

是日，全市农业暨省级现代产业园工作推进会在大埔县城瑞锦酒店召开，副市长温向芳出席会议。

是日，市统计局副局长刘大河率队到大埔县进行数据核查。

11 日，省农业厅产业园办副处长张国杭、华南农业大学新农村发展研究院常务副院长吕建秋一行到广东顺兴种养股份有限公司考察现代农业产业园和蜜柚精深加工情况。

是日，大埔县虎山中学在学校综合大楼举行 2018 年考取名校何添赞奖教奖学金发放仪式。

13 日，市统计局调研员何益华一行到大埔县开展规模以上工业企业数据核实、服务业统计检查和财务检查。

14 日，2018 年廖光明教育基金会奖教奖学助学金发放仪式在县委、县政府大楼二楼会议室举行。廖光明再次捐资 60 万元奖励优秀师生和资助品学兼优的贫困学生。

是日，广东开放大学党委书记罗海欧一行到大埔县考察开放大学建设发展工作，梅州开放大学校长王赢杰、副县长饶凌云等陪同考察。

是日，市政协主席陈建青，副主席李忠良、韩小林带领市政协调研组到大埔县调研督办重点提案落实和乡村振兴战略实施情况。

是日，省中医药局副巡视员华建率督查组到大埔县人民医院、中医医院、妇幼保健院施工现场及三河镇卫生院督导检查。

15日，省第六督导组到大埔县督导古驿道重点线路保护开发利用工作。

是日，县委书记朱汉东带队调研“巩文创卫”工作，县委常委、宣传部部长陈伟平，县委常委、县委办主任蓝欣和县委宣传部、县委调研室、县城综局、县住建局等单位主要负责人陪同调研。

是日，县委常委、组织部部长陈军营，县人大常委会副主任邓立新率队到大东镇岩东村、三坤村、家荣村调研脱贫攻坚和基层党建情况。

是日，县政协主席李礼醒带队到枫朗镇清泉溪村、双溪村走访部分贫困村和贫困户。

16日，三河坝干部学院正式挂牌运作，县委书记朱汉东与县委常委、组织部部长陈军营共同为三河坝干部学院揭牌。

是日，市政协副主席马志元、市政协党组成员张文广带领市政协专题议政调研组到大埔县开展“发展壮大生态富民产业，推动乡村振兴”“在乡村振兴中解决新农村建设用地问题”两个课题调研。

16—17日，县委书记朱汉东率队到丰溪林场、青溪镇实地调研。

17日，大埔县在县城文化广场开展主题为“尊医重卫，共享健康”的大型宣传义诊活动，通过新入职医师宣誓、签名承诺、免费为群众义诊、现场解答群众有关疾病预防相关知识的咨询、发放宣传资料等形式，迎接首个“中国医师节”。县委常委、统战部部长张红梅，县政协副主席、县人民医院副院长黄伟胜和县卫计系统干部职工、医生代表以及群众等参加启动仪式。

18—20日，副县长刘辉堂率队出席在广州市举行的广东省大埔商会青年委员会成立暨大埔招商推介会、山茶花爱心表彰大会。

19日，省旅游控股集团有限公司党委书记、董事长王奇带队到对口帮扶的枫朗镇四联村调研精准扶贫和新农村建设工作。

21日，福建省龙岩市武平县和广东省梅州市梅江区、梅县区、兴宁市、平远县、蕉岭县文化馆干部一行45人到大埔县交流文化馆总分馆建设工作。

是日，县纪委副书记、监察委副主任邝金禄率队到光德镇上漳村调研新农村建设。

是日，在县科技信息大楼二楼会议室举行2018年邓振龙、大埔县教育发展基金颁发大埔县考取名校奖教奖学金仪式，共颁发奖教奖学金126万元，其中邓振龙奖教奖学金66万元，大埔县教育发展基金会奖教奖学金60万元，虎中学子周高颖获全场最高25万元的奖学金。全国人大代表、深圳绿基房地产开发有限公司董事长邓振龙，县委书记朱汉东，县人大常委会主任黄建庭，县政协主席李礼醒，副县长罗春达，县教育发展基金会、教育局有关负责人，各完中校长，受奖励教师、学生及其家长，虎山中学高三级学生代表共80多人参加颁发仪式。

是日，撤销县直各系统直属机关党委，县直各单位党组织工作由县直机关工委直接管理。

是日，CCTV—7乡村大世界栏目总导演马坚到大埔县检查首届“中国农民丰收节”分会场现场。

22日，副市长吴泽桐率队到大埔县调研贫困村自来水、道路硬底化“双未通”工程建设情况。

是日，南雄市政协副主席、南雄市现代农业产业园管委会主任罗战勇一行到大埔县考察现代农业发展情况，县政协副主席吴振石等陪同。

是日，县长熊锋松到湖寮镇密坑村大埔县蜜柚产业园现场调研，协调临时交通桥建设和土方填方工作。

23日，由县委宣传部、县委组织部联合主办的“讲好红色故事，助推绿色发展”主题演讲比赛决赛在县城文化中心翰林剧场举行，县委常委、宣传部部长陈伟平等到场观看比赛。

是日，省残联副巡视员何小京率队到大埔县调研残疾人工作，市残联理事长李利平、副县长饶凌云等陪同调研。

是日，县人大常委会组织在大埔的市人大代表视察大埔县创建省推进教育现代化先进县工作。

24日，省人大代表一行到大埔县开展“农产品转型升级、促进农业高质量发展”专题调研。

是日，澳门嘉应同乡会“青少年红色寻根之旅”参访团到大埔县参观访问。

是日，副县长罗春达率队到大东镇调研大潮高速公路安全生产工作。

27日，副县长刘采峰率队到县公共服务中心检查指导工作。

是日，县城综局下属国有企业大埔县市场物业管理有限公司正式成立，负责城区农贸市场管理，提供大件生活垃圾处理服务。

28日，民建广东省委课题组到大埔县调研古村落保护开发工作。

是日，市人大常委会副主任黎健平带队到高陂镇开展“更好发挥人大代表作用”主题活动。

是日，县人大常委会主任黄建庭率队到光德镇上磜村调研饮用水问题。

29日，由市卫计局副局长洪霞为组长的市考核组到大埔县对创建国家卫生县城工作进行市级技术评估。通过现场检查和综合评审，大埔县顺利通过专家组评估。

30日，县委书记朱汉东率队到高陂镇调研陶瓷产业发展情况。

是日，大埔县戏剧音乐创作基地挂牌暨大埔广东汉剧传承拜师授徒仪式在县城文化中心田家炳演艺中心举行。

31日，省科学院对外合作部教授陈和兴带领专家组到大埔县开展产业振兴对接活动。

9月

1日，县委书记朱汉东，县人大常委会主任黄建庭，县政协主席李礼醒，县委副书记、政法委书记李宏，县委常委、县政府副县长、法检“两长”，县直和省、市驻大埔有关单位主要负责人及各镇（场）党委书记在县委、县政府二楼会议室收听收看中央扫黑除恶第八督导组督导广东省工作动员视频会。

3日，市长陈敏带领调研组到大埔县调研广东（梅州）庆祝首届“中国农民丰收节”筹备情况。

4日，市司法局副局长王辉带领督导检查组到大埔县开展“七五”普法中期督导检查工作。

5日，在县教育局四楼会议室举行2018年罗穆禧助学金发放仪式。广州市教育基金会为78名学生资助每人8000元助学金。

是日，副县长饶凌云率队到枫朗镇隔背村、上山下村调研解决“四难”问题。

是日，枫朗镇帮扶项目隔背村腐竹厂举行开工仪式，县委常委、副县长吴东华，副县长饶凌云，枫朗镇党政负责人，广州市海珠区南洲街道办事处负责人、广东珠光集团负责人等参加开工仪式。

是日，县委书记朱汉东率队到县税务局调研。

6日，海珠区政协主席江绍强一行到百侯、西河镇等地调研精准扶贫工作。

是日，首届“中国农民丰收节”直播组导演一行到大埔县指导分会场筹备工作，县委常委、宣传部部长陈伟平陪同实地走访。

7—13日，国家审计署驻广州特派员办

事处派员到大埔县对广东省韩江高陂水利枢纽工程进行跟踪审计。

8日，乡村复兴论坛主席罗德胤带领专家组到大埔县洽谈大埔峰会有关事宜。专家组一行与县委副书记、政法委书记李宏，县委常委、宣传部部长陈伟平及相关部门负责人在县城瑞锦酒店洽谈乡村复兴论坛·大埔峰会有关事宜。

9—12日，广东（梅州）庆祝首届“中国农民丰收节’活动大埔分会场正式录制，大埔县围绕“乐丰收、享丰收”的主题，结合大埔丰富的非物质文化遗产（广东汉乐、广东汉剧、客家山歌、花环龙、少儿仔狮灯）参加录制、演出。

10日，县委书记朱汉东率队到县公安局调研，并召开扫黑除恶工作会议。

是日，韶关市作协一行20人在主席荣笑雨带领下到大埔县采风交流活动。

是日，深圳智慧者集团主席杨霖带领公司职工到大东镇东光村开展献爱心活动。

11日，河源市关工委主任欧阳培强一行到大埔县参观考察。

是日，副县长刘辉堂率队到高陂镇调研基层公共服务工作。

是日，县委书记朱汉东率队到银江镇胜坑村调研特色精品村建设和基层党建工作。

是日，以“享丰收”为主题，宣传“中国长寿之乡”“中国青花瓷之乡”品牌，首届“中国农民丰收节”泰安楼分会场正式拍摄。

12日，以“乐丰收”为主题，宣传“柚乡大埔，甜蜜硒果”品牌，首届“中国农民丰收节”双髻山分会场正式拍摄。

是日，广东建工集团领导到青溪镇长丰村调研指导精准扶贫工作。

13日，省海洋与渔业厅副巡视员胡嘉晖带领省农村食品安全督导组到大埔县督导农村食品安全治理工作。

是日，粤闽赣边三省八县老年人体育协会第十三次联谊会在大埔县城瑞锦酒店召开。市政协原主席何万真，市人大党委会原副主任、市老体协主席刘广新，市人大常委会原常务副主任李柏华，市政协原副主席陈珍书，县委常委、副县长曹丙利，以及福建省武平县、上杭县，江西省寻乌县、会昌县、安远县，梅州市蕉岭县、平远县、大埔县等老体协领导参加联谊会。

14日，副县长刘辉堂率队到银江镇调研基层公共服务工作。

是日，县人大常委会组织部分县人大代表到桃源镇吉玉陶瓷公司、昌隆陶瓷公司和高陂镇裕丰陶瓷公司视察陶瓷特色产业发展情况。

15—16日，副县长饶凌云率队到枫朗镇指导台风“山竹”防御工作。

15—16日，大埔县政协旅外委员学习培训班暨招商推介座谈会在韶关市召开，县政协旅居珠三角、港澳及各地的县政协委员，县政协主席李礼醒，副主席杨竹玲、刘广明等参加会议。

16日，县委书记朱汉东带队到县重点项目施工现场，检查各施工单位落实防台风工作情况。

18日至10月23日，在县城体育中心篮球场举办大埔县2018年机关干部职工男子篮球比赛。

19日，县委书记朱汉东率县委常委、常务副县长郑尚森等到挂点服务的梅州市博富能科技有限公司和梅州玉丰特陶科技有限公司拟建厂址调研。

是日，副县长饶凌云率队开展2018年中秋、国庆节前食品药品安全检查。

19—20日，省督导组到大埔县调研古驿道重点线路保护利用工作，对三河镇徐丰亭至余里村战地医院（精华段）古驿道进行实地调研。

20日，副县长罗春达率队检查中秋、国

庆节前交通公路安全生产工作。

是日，副县长刘辉堂率队到茶阳镇调研基层公共服务工作。

21 日，广东旅控集团领导一行到对口帮扶的枫朗镇四联村调研检查精准扶贫及乡村振兴建设工作。

是日，市委常委、常务副市长李远青率队到大埔县检查梅潭河流域河长制及河流“五清”行动等落实情况。

是日，县委常委、宣传部部长陈伟平带队到县内部分景区、旅社、酒店开展节前旅游安全生产及市场秩序联合大检查。

是日，市商务局副局长凌峰率队到大埔县调研招商引资等工作。

25 日，国家林业和草原局驻广州专员办监督一处处长王琴芳一行到大埔县开展森林督查。

26 日,省林业厅公布 2018 年广东省森林小镇认定名单，青溪镇入围。

是日，县重点项目督查组在县政协主席李礼醒带领下到县档案馆规划地督查。

26—27 日，梅州市扫黑除恶专项斗争第六督导组到大埔县开展扫黑除恶专项斗争督查。督导组先后到湖寮镇、县检察院、县法院、县住建局、县国土局、枫朗镇、百侯镇，通过听取汇报、走访群众和检查台账等现场督导检查，重点督导贯彻落实中央扫黑除恶第八督导组发现问题的整改工作情况。

26—28 日，县老年人体育协会在大埔县老干部第二活动中心举行 2018 年“幸福城杯”体育健身大会，比赛项目有气排球、乒乓球、台球、门球，近百名老年人运动员参加比赛。

27 日，市旅游局局长朱瑛带领市检查组到大埔县开展节前旅游安全生产和市场秩序督查。

是日，市公路局副局长张颖率队到大埔县督导检查公路养护、工程建设和内业管理等工作。

27—28 日，县政协主席李礼醒和副主席张友群、杨竹玲、吴振石、刘广明分别率政协专项督查组对所负责的县重点项目第三季度目标任务完成情况进行专项督查。

27—30 日，新加坡茶阳（大埔）会馆以“情牵大埔，创意茶阳”为主题，举行 160 周年系列会庆活动。县委书记朱汉东等应邀到会祝贺，大埔县文艺团队也受邀参加“庆祝新加坡茶阳（大埔）会馆 160 周年庆典活动”文艺晚会。

28 日，县政府在县委、县政府大楼二楼会议室组织收听收看全国森林草原防灭火工作电视电话会议和省、市森林防火工作电视电话会议。

是日，省总工会党组成员、经审委主任冯建华一行到大埔县调研县级工人文化宫建设工作。

是日，韩江高陂水利枢纽工程一期工程水下部分通过验收。

是日，副县长刘辉堂率队到湖寮镇调研基层公共服务工作。

是日，县政协主席李礼醒率队到大埔县气象综合探测基地现场调研。

28—30 日，县人大常委会主任黄建庭、副主任张长先带领县人大专项督查组到县重点项目现场开展第三季度专项督查。

29 日，省残联党组成员柯沫夫一行到大埔县残联检查指导工作。

是日，桃源镇中心小学举行爱心之家“青春阅读”图书角启动仪式，这是梅州市建立的第二个爱心之家“青春阅读”图书角。

30 日，县委常委、常务副县长郑尚森带队开展国庆期间安全生产工作检查。

是月，大埔县全面启动职业年金征收工作，试点机关事业单位养老保险费和职业年金启动前的补缴，落实机关事业单位养老保险范围工作人员视同缴费年限对应时段个人缴费本息清退工作。

10月

4日，大埔县桃源助残·关爱基金会在桃源镇中心小学举行资助困难家庭子女上学圆梦活动，现场发放金额21.52万元，共为131名学子送上助学金。海南省军区原副政委、少将黄声云，广东省军区副司令员、少将宫波，市人大常委会原党组书记李俊夫，省人大代表、基金会永远荣誉会长陈公颜，县人大常委会主任黄建庭、副主任邓立新，副县长饶凌云、刘辉堂，基金会发起人、市政协委员、市残联副主席陈衡礼，基金会荣誉会长廖光明，县残联、桃源镇党政负责人，以及桃源镇困难家庭子女等参加活动。

9日，市委副书记、代市长张爱军带队到大埔县巡查韩江流域河长制工作落实情况。

10日，市医改工作检查组组长、市人社局副局长刘碧苑率队到大埔县检查医改工作，县委常委、统战部部长张红梅等陪同。

11日，市委常委、副市长刘棕会率队调研大埔县参加中国国际绿色创新技术产品展广州（梅州）产业园专展的相关企业生产经营情况。

是日，市委政法委调研员、市委全面依法治市办副主任刘远辉带领工作组到大埔县检查宪法学习宣传实施工作情况。

是日，大埔县首个“金融支持乡村振兴服务示范点”在光德镇上漳村挂牌设立。

12日，在县体育中心训练馆举办2018年庆祝中国老人节暨大埔县老人体育协会成立20周年大会系列活动，市政协原主席何万真，县委常委、组织部部长陈军营，市老体协、县老体协、县体育局等相关单位负责人出席活动。

是日，大埔县在县城文化广场举行纪念《中华人民共和国献血法》实施20周年暨献血站正式启用揭幕活动，市卫计局调研员刘健，县委常委、统战部部长张红梅为大埔县献血站正式启用揭幕。

是日，工业和信息化部原材料工业司巡视员骆铁军率调研组到大埔县广晟稀土矿业有限公司三河五丰矿山开采区进行考察调研，县委常委、副县长吴东华等陪同。

是日，广州市海珠区对口支援办主任李海波一行到枫朗镇大埔角村调研。

14日，马来西亚“四驱万里客家情一带一路”团队到大埔县参观考察。

是日，县委书记朱汉东带队对招商大会前的市容市貌进行检查。

15日，市妇联、澳鼎健康产业集团广东广西分公司在枫朗镇广德小学举行“春蕾助学·澳鼎圆梦”贫困儿童救助公益活动捐助仪式。

是日，大埔县在县委、县政府二楼会议室举办2018年度竞选示范村竞争演说评审会。

是日，由梅州日报社、县委组织部和县委宣传部主办的唱响新时代·迈向新征程——2018大埔县“迎新年·颂党恩·展新貌”大合唱活动启动仪式在县城文化中心翰林剧场举行，县委书记朱汉东，县人大常委会主任黄建庭，县政协主席李礼醒，县委副书记、政法委书记李宏等县领导参加启动仪式。

16日，县委常委、组织部部长陈军营，县委常委、县委办主任蓝欣到部分离退休老领导、老干部家中走访慰问。

是日，省科学院党委书记、院长廖兵一行到西河镇上黄砂村调研精准扶贫工作。

是日，省农科院农业资源与环境研究所所长徐培智率队到大埔县调研2018年果菜茶有机肥替代化肥试点项目建设情况。

是日，市农业局副局长盘连欣带队到大埔县检查安全生产、粮食生产功能区划定、现代农业产业园等工作。

是日，大埔县太极拳协会在县体育馆举行协会成立 20 周年活动。

18 日，中国银行股份有限公司梅州大埔支行开业揭牌，中国人民银行梅州中心支行行长黄昌隆，县委常委、常务副县长郑尚森等出席开业仪式。

是日，省“两区”划定专家组组长徐剑波率队到大埔县检查指导粮食生产功能区划定工作。

是日，广州金控集团总经理梁宇一行到大东镇开展助力脱贫攻坚调研活动。

是日，惠州市文明办考察团到大埔县考察红色文化旅游、乡村旅游和新农村建设工作。

19 日，县委书记朱汉东率队到西河镇调研乡村振兴工作。

是日，省残联党组书记、理事长张永安率纪检监察室副厅级纪检员、监察专员石克仁，省残联党组成员、副理事长陈宏宇，省残联副巡视员何小京等一行 41 名党员干部在市残联党组书记卢振中，县委常委、统战部部长张红梅等陪同下到大埔县残联检查指导工作。

20 日，“萧光生平展”开展暨“父子俩红军”“萧光故居”启动仪式在百侯镇苏姑坪村举办。

23 日，省人大常委会委员、省人大常委会教科文卫委主任何丽娟带领省人大立法调研组到大埔县开展党支部主题党日活动，并调研公共文化服务体系建设情况。

是日，县委常委郭展凌率队到梅潭河流域开展巡查。

23—27 日，大埔县组织 38 家陶瓷企业参加第 124 届广交会，签约成交 6170 万美元。

24 日，副县长刘辉堂率队到洲瑞镇调研基层公共服务工作。

24—25 日，马来西亚沙巴亚庇华人同乡会馆联合会总会长、沙巴西海岸四邑公会主席、拿督黄小娟，名誉顾问、马来西亚黄氏宗亲会会长、拿督黄天恩带领考察团到大埔县参观考察。

26 日，省军区政委、少将王守信到大埔县人民武装部检查工作。

是日，市统计局调研员何益华带队到大埔县督查第四次全国经济普查清查工作。

27 日，在县博物馆举办“刘文华书法作品展暨大埔县书画摄影作品展”开幕式，书法家刘文华，市文联主席郭碧玲，县委常委、宣传部部长陈伟平和书画艺术界特邀嘉宾等参加开幕式。

是日，在虎山中学举办刘文华书法公益大讲堂，县委常委、宣传部部长陈伟平等参加活动。

28 日，大埔县招商大会在县科技信息大楼一楼会场召开。

是日，大埔县在县城瑞锦酒店举办乡村振兴战略研讨会，省政府发展研究中心副主任刘洪盛，华南农业大学经济管理学院院长、教授万俊毅等领导嘉宾共 200 多人参加研讨会。

是日，由市委党史研究室、县委、县政府共同主办的三河坝战役精神研讨会暨三河坝干部学院客座教授聘任仪式在大埔县城瑞锦酒店举行。省委党史研究室副主任陈春华，市委常委、组织部部长杜敏琪，县委书记朱汉东，县委常委、组织部部长陈军营，以及姜廷玉、霍海丹、王新生、徐占权等中央、省有关部门的专家学者参加研讨会。

是日，大埔县实验中学邀请周恩来的侄孙女周晓瑾作题为“为中华之崛起而读书”的励志讲座。

29 日，由市委党史研究室和县委、县政府共同主办的中央红色交通线学术研讨会在青溪镇举行。

是日，大埔县百侯中学举行 2018—2019

学年度知名校友奖教奖学助学金发放仪式。省委党校原巡视员、百侯中学校友会原会长萧小平，香港特别行政区政府民政事务局原局长蓝鸿震，县委常委、宣传部部长陈伟平，县教育局、百侯镇党政负责人，以及旅港乡亲、百侯中学全体师生等参加仪式。

30 日，市委政法委专职委员邓海恩带队到大埔县督导检查“百日攻坚”专项行动开展情况。

是日，大埔县在县民政局八楼会议室召开长寿文化研究会成立大会。县委常委、统战部部长张红梅，副县长刘辉堂，县人大常委会原副主任袁光明，县府办、县民政局、县文联主要负责人，县长寿文化研究会全体会员等参加大会。

30 日至 11 月 1 日，省水利厅在梅州市金沙湾酒店召开高陂水利枢纽工程二期导流阶段验收工作会议，同意通过工程二期导流阶段验收。

31 日，由县委宣传部主办的广东省庆祝改革开放 40 周年大埔专场宣讲报告会在县城文化中心翰林剧场开讲。

是月，汕头市潮州筝协会一行到大埔县交流，在县城西湖公园汉乐厅与县汉研会交流广东汉乐、客家筝及潮州筝。

11 月

1 日，大埔县在县委、县政府二楼分会场组织收听收看全国全省非洲猪瘟防控工作电视电话会议。

1—4 日，大埔县组织 19 家陶瓷企业参加在浙江省龙泉举办的第十一届中国陶瓷艺术大展，参展的 48 件作品中有 13 件获奖，其中获金奖 3 件、银奖 2 件、铜奖 8 件。

2 日，大埔县传达学习贯彻习近平总书记视察广东重要讲话精神干部大会在县科技信息大楼一楼会场召开。

是日，深圳市宝安区残联到大埔县开展文化和职业技能交流活动。

4 日，在广州市增城市百花山庄度假村举行广东汉乐学会成立 10 周年庆典大会，县委常委、宣传部部长陈伟平参加并致辞。

5 日，县政府党组成员、副处级干部邓玉伦率队到枫朗镇上山下村实地调研指导社会主义新农村建设工作。

是日，市统计局局长凌松宏率队到大埔县检查指导第四次全国经济普查清查工作。

是日，市食品药监局副局长侯通传带领市食安委督导组到大埔县开展 2018 年省食品安全评议考核督查。

6 日，县委书记朱汉东到湖寮镇双坑村传达学习贯彻习近平总书记视察广东重要讲话精神。

是日，朱德外孙刘敏、高崎夫妇一行到大埔县参观考察。

是日，在大埔县虎山中学举行 2018 年虎山中学陆加壹教育基金会奖教奖学金发放仪式。

是日，广东开放大学信息与工程学院院长贺桂英一行到大埔开放大学调研指导工作。

是日，市烟草专卖局（公司）党组书记、局长、总经理管伟华一行到县烟草专卖局（分公司）调研指导工作，县委书记朱汉东会见调研组一行。

7 日，县检察院在检察院大厅开展以“走近 12309，检察为民新体验”为主题的邀请人大代表、政协委员视察活动。县委副书记、政法委书记李宏，县人大常委会副主任邓立新，县政协副主席张友群，县检察院检察长张映文和检察院有关部门负责人参加活动，部分人大代表、政协委员应邀参加视察活动。

是日，市人大办调研组到大埔县调研“关于进一步规范农村住宅建设的重点建议”办理情况。

是日，国家现代农业（柑橘）产业技术体系产业经济研究室主任、华中农业大学园艺经济研究所所长、教授祁春节一行到大埔县双髻山蜜柚公园、广东顺兴种养股份有限公司蜜柚精深加工厂、兴瑞公司基地、万川千红基地调研柚果产业。

8 日，省生态环境厅巡视员李晖带领调研组到大埔县调研水质自动监测站建设工作。在市委常委、市政府党组成员、副市长闫景军，县委书记朱汉东，副县长刘采峰等陪同下到韩江大麻水质自动监测站、韩江源头等地调研，并到三河坝战役纪念园缅怀革命先烈。

是日，市委常委、市政府党组副书记黄文沐带队到大埔县调研重点工程项目建设。

是日，大埔县在县汽车客运站广场举行 2018 年冬春火灾防控工作动员部署会暨“119”消防安全宣传月活动启动仪式。

是日，中国工程院院士邓秀新、汪懋华等参加梅州柚果产业发展专家问策会的专家到大埔县现场考察双髻山蜜柚公园、顺兴种养公司蜜柚精深加工厂、兴瑞公司基地。

10 日，由县体育局主办的大埔县第三届“体育彩票杯”乡镇足球联赛在县体育中心足球场拉开帷幕。比赛有 10 支队伍参加，历时三周共七个比赛日。

是日，由市文广新局主办、县文广新局和广东奥蓝科技发展有限公司承办的广东省 2018 年“三百工程”文化惠民下基层综艺晚会在大埔县城文化中心翰林剧场举行。

12 日，大埔县在县国土资源局六楼分会场组织收听收看全国“大棚房”问题专项清理整治行动推进落实视频会议。

12—15 日，省政协调研组到大埔县开展“推进我省乡村振兴战略落实”专题民主监督调研，省政协主席王荣，省政协副主席邓海光，省政协秘书长、办公厅主任吴伟鹏，省政协农业和农村委员会主任陈祖煌等参加调研。

13 日，广东电网有限公司副总经理贺金生一行到大埔供电局调研工作。

是日，“粤省事·梅州”移动民生服务平台正式上线。

14 日，副县长刘辉堂率队到县公共服务中心检查指导工作。

是日，广州市海珠区委副书记潘瑞雄一行到大埔县调研精准扶贫工作。

是日，市委副书记、市长张爱军率队到大埔县调研镇级垃圾填埋场整治工作情况。

15 日，中国水利报社党委书记邓淑珍带领调研采访团到大埔县调研采访报道水利工作。

是日，县委书记朱汉东到县纪委监委调研工作。

16 日，县委常委、统战部部长张红梅到洲瑞镇葵坪村传达学习习近平总书记视察广东重要讲话精神。

是日，县政协主席李礼醒到枫朗镇大埔角村传达学习贯彻习近平总书记视察广东重要讲话精神。

是日，副市长吴泽桐带领市相关单位负责人到大埔县督导民生工程和重点项目工程建设情况。

是日，大埔县在湖寮镇古城广场开展“深化平安大埔创建暨扫黑除恶专项斗争集中宣传”系列活动。县委副书记、政法委书记、县扫黑除恶专项斗争领导小组组长李宏，县委政法委、县公安局、县法院等分管平安创建及扫黑除恶工作的负责人，县扫黑除恶办全体人员、湖寮镇镇、村干部参加活动。

是日，县长熊锋松率队到高陂镇北坑村调研。

17 日，唱响新时代·迈向新征程——“大埔县庆祝改革开放 40 周年”专题文艺晚会暨永定·大埔两地广东汉乐·广东汉剧（曲）文化交流音乐会在县城文化中心翰林剧场举行。

是日，广州市海珠区委副书记、区委党校校长潘瑞雄一行到银江镇明新、明德村开展精准扶贫调研工作。

是日，华南农业大学新农村发展研究院常务副院长吕建秋一行到大埔县调研广东顺兴种养公司蜜柚精深加工厂、广东衎衎实业公司、梅州万川千红农业发展公司。

19日，第八届全球“客家妹”形象使者入围“全球总决赛”的22位选手亮相中国历史文化名镇——百侯。

是日，省生态环境厅专家一行到大埔县开展国家重点生态功能区县域现场核查工作。

20日，市委常委、组织部部长杜敏琪到大麻镇桃石村宣讲习近平总记视察广东重要讲话精神，并调研精准扶贫工作。

是日，市民政局副局长陈卫东带领市消安委督导组到大埔县督导消防工作。

20—21日，市委书记陈敏率队到大埔县的农村、学校、企业开展调研。

22日，大埔县首期领导干部学习贯彻习近平总书记视察广东重要讲话精神专题研讨班在县科技信息大楼一楼会场开班。

23日，大埔县在县城瑞锦酒店召开《大埔县全域旅游发展总体规划》专家评审会。

是日，中华诗词学会学术部主任李葆国带领检查组到大埔县检查验收“中华诗词之乡”创建工作，县委常委、宣传部部长陈伟平和县委宣传部、县文联、县诗社等单位负责人陪同。

23—25日，大埔县组织4家参展企业和20多位企业家代表参加中国国际投资促进会和广梅产业园管委会在广梅产业园绿创中心共同举办的中国国际绿色创新技术产品展·广州（梅州）产业园专展。

23—25日，由县教育局、县体育局主办的2018年大埔县中小学生田径运动会在县体育中心举行，县委常委、副县长曹丙利和县教育局、县体育局相关负责人等出席开幕式。运动会设59个比赛项目，来自全县44个学校代表队的472名运动员参加比赛。

24日，科技部党组成员、科技日报社社长李平一行到大埔县调研县级融媒体中心建设和科技宣传服务地方创新发展等工作，市委常委、副市长闫景军，县长熊锋松，县委常委、宣传部部长陈伟平，县委常委、副县长曹丙利等陪同。

26日，应香港梅州联会的邀请，副县长饶凌云带队赴香港参加香港梅州联会第六届会董会、谘议会就职典礼。

27日，水利部副部长蒋旭光到高陂水利枢纽工程项目现场调研，省水利厅厅长许永锞、市长张爱军、副市长温向芳、县长熊锋松、县委常委郭展凌等陪同。

27—28日，省城乡规划设计研究院党委书记钱中强带领调研组到大埔县调研古驿道重点线路保护利用工作。

27—30日，县委分两期举办全县公务员学习贯彻习近平总书记视察广东重要讲话精神集中轮训班。

28日，嘉华集团爱心基金会和省港澳办领导到大埔县调研精准扶贫工作。

是日，由县政府、市人力资源和社会保障局、市广播电视台共同主办的大埔县“客家菜师傅工程”助推乡村振兴系列活动启动仪式在大埔县小吃文化城举行。

30日，县委书记朱汉东带队到大埔县东片、北片乡村开展为期一天的调研。

是日，110千伏茶阳翰林变电站建成投产使用。

是日，县妇联联合县疾控中心在高陂镇开展2018“世界艾滋病日”主题宣传暨“全国艾滋病检测咨询月”活动。

是日，市公路局副局长张颖率队到大埔县对2018年国省道建设项目、危桥改造工程和生命安全防护工程进行督导检查。

12月

2日，2018年大埔县第三届“体育彩票杯”乡镇足球联赛在县体育中心足球场进行决赛，并举行颁奖仪式。大东镇代表队获得第一名，湖寮镇代表队获得第二名，西河镇代表队获得第三名，三河镇代表队获得第四名。

是日，由梅州日报社、县委宣传部主办，市农商银行系统冠名的梅州第四届网络春晚大埔县专场海选在县城西湖公园举行。

4日，大埔县在县城文化广场举办2018年大埔县“12·4”国家宪法日宪法宣传系列活动。

是日，县委常委、副县长曹丙利率队到高陂镇开展重点项目建设督导和岁末年初安全生产督查。

是日，县委书记朱汉东率队到西河镇梅龙高速西河临时性省际公路动物卫生监督检查站、县食品公司调研非洲猪瘟防控情况。

是日，广东省2018年公共文化服务“三百工程”惠民下基层（梅州市）专场文艺演出在西河镇黄堂民俗文化广场举行。

是日，县人大常委会主任黄建庭带队到枫朗镇调研人大工作。

是日，县政协主席李礼醒、县委副书记李宏、县委常委、组织部部长陈军营到枫朗镇大埔角村召开大埔角红色村党建示范工程推进会。

5日，中国华能集团公司南方分公司总经理、党委副书记向泽江一行到大东镇进滩村调研扶贫工作。

是日，县委书记朱汉东到湖寮镇调研重点项目推进情况，县人大常委会主任黄建庭、县政协主席李礼醒、县有关重点项目责任领导及县直有关单位负责人陪同调研。

是日，县人大常委会主任黄建庭带队到光德镇督导检查重点项目和实体经济建设工作。

6日，县委书记朱汉东到大埔农村商业银行实地调研。

是日，广州市海珠区区长李海洲带队到大埔县调研精准扶贫和对口帮扶工作，县委副书记、政法委书记李宏，县委常委、副县长吴东华等陪同。

是日，由县委组织部、县委宣传部主办的“唱响新时代·迈向新征程”——2018大埔县“迎新年·颂党恩·展新貌”大合唱初赛在县城客都影院开赛。

7日，以“文化创意·艺览客都”为主题的第六届客家文化创意产品博览交易会在梅州市世界客商中心开幕，县委书记朱汉东，县委常委、宣传部部长陈伟平到大埔馆查看。

是日，县领导郑尚森、邓玉伦带领县直有关单位负责人到茶阳镇调研城乡环境综合整治工作。

8日，副县长刘辉堂率队出席在广州市增城举行的增城大埔客家文化研究会十周年庆暨广东省大埔商会迎新春暨大埔招商推介大会。

9日，由大埔县和中国国旅（广东）国际旅行社股份有限公司共同主办的“游千年古镇·品客家美食——千车万人游大埔”活动在中国历史文化名镇——百侯镇正式推杆启动，省扶贫办扶贫开发指导处副调研员陈咏，中国国旅（广东）国际旅行社股份有限公司党委书记、总经理赵斌，市旅游局副局长陈小华，县委书记朱汉东，县委常委、宣传部部长陈伟平等省、市、县领导参加启动仪式。

10日，市环保督查组到高陂镇党溪村调查督办水源保护区内开采石头、破坏环境等问题。

是日，中华慈善总会健康惠民基金调研

组到大埔县调研医疗卫生服务工作。

11日，县委常委、组织部部长陈军营率队到大东镇进滩村走访调研。

是日，县委常委、宣传部部长陈伟平率队到光德镇挂钩陶瓷企业调研生产经营情况，并开展安全生产检查。

是日，大埔县组织收听收看全国加强非洲猪瘟防控工作电视电话会议。

是日，平远县政协常务副主席刘志刚带队到大埔县考察宜居宜业县城建设管理等工作。

12日，SPAR中国区考察团到大埔县考察陶瓷产业生产发展情况。

是日，大埔县在县城文化中心翰林剧场举行非物质文化遗产知识产权保护工作启动仪式，并在翰林剧场举办传承与秩序·非物质文化遗产知识产权专题讲座。

13日，广州市海珠区教育局与大埔县教育局在大埔县城瑞锦酒店召开结对帮扶工作会议。

是日，由县委组织部、县委宣传部主办的2018年大埔县“迎新年·颂党恩·展新貌”大合唱决赛在县城客都影院举行。

是日，广州市海珠区人大常委会主任黄翔一行到百侯镇白罗村调研精准扶贫工作。

14日，广州市副市长、公安局局长杨江华带队到挂点扶贫村三河镇梓里村检查督导扶贫工作。

是日，由县纪委监委和大埔供电局联合举办的2018年监企共建“学习党的十九大精神，党章党规党纪印我心”主题知识竞赛在大埔供电局十二楼会议室举行。

是日，市人大常委会组织市人大代表到大埔县视察检察工作。

是日，2018年度大麻片机关干部职工男子篮球友谊赛在银江镇龙山公园篮球场举行。

是日，2018年度茶阳片机关干部职工“莲泉杯”男子篮球赛在青溪镇政府篮球场举行。

是日，副县长刘辉堂率县直相关部门主要负责人到梅州客天下国际宴会中心参加梅江区特色小镇招商推介会、第二届全经联特色小镇产业运营大会。

是日，县政协主席李礼醒率队到枫朗镇督导城乡环境大提升活动。

16日，副市长吴泽桐率队到大埔县调研大潮铁路前期工作。

17日，市安委办副主任、市安监局副局长郑国辉率队到大埔县开展安全生产宣传教育“七进”活动。

18日，庆祝改革开放40周年大会在北京人民大会堂举行，大埔县各界组织收听收看大会直播。

是日，三河坝战役纪念园红色主题邮局在纪念园服务中心揭牌开业，副县长刘辉堂和中国邮政集团公司梅州市分公司党委书记、总经理吴纪伟为开业揭牌。

是日，市食品药监局调研员刘钧带领市考核组到大埔县开展食品安全考核工作。

19日，副县长刘辉堂率队到大埔县有关企业调研2019年春节前保障农民工工资支付情况。

是日，副县长刘采峰带队检查元旦前大埔县城安全生产工作。

是日，市民政局局长罗颖安率队到大埔县调研民政工作，实地查看民生项目工程改造提升情况。

是日，省检察院保密督查3组组长、省检察院技术处副调研员方楚宏，省检察院办公室副调研员刘云飞一行到县检察院督导检查保密工作。

20日，副省长许瑞生到韩江高陂水利枢纽工程现场调研，省政府副秘书长钟旋辉、省水利厅厅长许永锞、市长张爱军、市水务局局长陈海燕、市住建局局长陈伟建、县委常委郭展凌等陪同调研。

是日，“美丽乡村，隽永桃源——艺术名家走进桃源”写生创作活动在桃源镇团结村启动。

是日，副县长罗春达率队到银江镇胜坑村、坪上村、车上村、昆仑村、坑头村调研新农村建设、精准扶贫、“美丽·美好家园”建设行动等重点工作开展情况。

21日，国家统计局广东调查总队党组书记、总队长赵云城率总队机关第七党支部一行到大埔调查队调研统计调查工作及参加共联共建活动，梅州调查队党组书记、队长黎建章，县委常委、副县长曹丙利等陪同。

是日，副县长、县公安局局长钟旭东率队一线检查督导城区“交通整治百日行动”开展情况。

是日，2018年市、县两级政务服务工作会议在大埔县城五虎山维也纳酒店召开。

22日，由省教育厅、省文化和旅游厅、省财政厅主办，大埔县田家炳实验中学和广东工业大学承办的2018年“广东高雅艺术进校园”活动之合唱音乐会在县田家炳实验中学上演。广东工业大学通识教育中心党总支委员齐顺利，市教育局副局长朱志强，副县长罗春达，县教育局负责人，全县各学校分管艺术教育的负责人和专（兼）职音乐教师，田家炳实验中学部分师生共1000多人观看演出。

是日，副县长刘辉堂率队出席在佛山市南海区举行的佛山禅南大埔客家文化研究会成立十周年庆典晚会。

23日，由县委宣传部、县教育局主办的全县中小学生“传承红色基因，争做时代新人”——庆祝改革开放40周年歌咏比赛在田家炳实验中学举行，全县中小学校44个参赛单位共1000多人参加演出。县委书记朱汉东，县委常委、宣传部部长陈伟平，副县长罗春达等观看比赛。

24日，县委书记朱汉东率队到茶阳镇调研城乡环境综合整治、古民居保护、红色村建设等工作。

是日，市城综局副调研员毛松华带领督导组到大埔县检查指导“两美行动”开展情况。

25日，上海真爱梦想公益基金会广东省、广西壮族自治区、海南省区域负责人张蕾一行到大埔县参访交流。

是日，人民日报广东分社党总支委员、人民网广东公司总经理吕绍刚带领人民网“小城故事多”采访团到大埔县开展调研采风活动，县委常委、宣传部部长陈伟平和县委宣传部相关负责人等陪同。

是日，省港澳办党组书记、主任廖京山一行到大麻镇小麻村调研精准扶贫工作。

26日，县委书记朱汉东率队到三河镇调研精准扶贫、“两美”行动、党建工作及新农村建设等情况。

是日，县委常委、宣传部部长陈伟平率队开展全县旅游行业节前安全生产联合大检查行动。

27日，县人大常委会主任黄建庭带队到光德镇富岭村检查指导精准扶贫、新农村建设、“两美”行动等工作。

是日，市信访局副局长卢国基一行到县信访局开展信访考核工作调研。

是日，县委常委、常务副县长郑尚森带队到县内企业和重点建设项目现场检查安全生产工作。

是日，省市场监督管理局副局长高国盛率队到大埔县工商和质监局调研标准化建设工作。

是日，县政协主席李礼醒率队到枫朗镇上山下村、隔背村、大埔角村等地调研精准扶贫、城乡环境综合整治和“红色村”党建示范工程建设等工作。

是日，县委书记朱汉东带队调研大东镇白土村与福建省交界水域的水质情况，并出席在县科技信息大楼召开的大埔县全面推行河长制工作会议。

是日，在田家炳第一中学举行香港田家炳基金会、家炳一中校友会教育基金奖教、奖学、助学金颁发仪式。

27—28 日，由 11 名专家组成的梅州市二级妇幼保健院评审组到大埔县妇幼保健院开展二级妇幼保健院的现场评审。经评审，县妇幼保健院成为新的评审标准下全市首家县级二甲妇幼保健院。

▲百侯镇侯北村正月元宵迎龙珠灯（百侯镇提供）

28 日，在县科技信息大楼二楼会议室举行大埔县政府与阿里巴巴签订电子商务发展项目合作协议仪式。

是日，县委书记朱汉东率队到湖寮镇密坑村调研基层党建、乡村振兴、“两美”行动、精准扶贫、精准脱贫等工作。

28—31 日，县委常委、宣传部部长陈伟平带队到福建省福州市永泰县参加“乡村复兴论坛·永泰庄寨峰会”，学习交流办会经验并接受会旗。

29 日，副县长钟旭东带队到三河镇小坑村指导精准扶贫、新农村示范村建设、农村人居环境整治和“两美”行动等工作。

是日，大埔县组织 24 家陶瓷企业参加在潮州市举办的第十届广东省陶瓷艺术创作设计创新作品展暨第八届广东省陶瓷艺术精品展，参展的 79 件作品共有 57 件获奖，其中获金奖 19 件、银奖 18 件、铜奖 20 件。

是日，县委书记朱汉东在县委副书记、政法委书记李宏，县委常委、县委办主任蓝欣等陪同下，到青溪镇铲坑村检查基层公共服务平台建设、新农村建设、生态环境治理、青电库区水体观测及搜集情况等工作。

31 日，县长熊锋松和县委常委、常务副县长郑尚森到大埔县金融系统相关单位看望慰问年终结算工作一线人员。

是日，大埔县广东汉乐研究会乐手参加梅州市第六届客家文博会开幕式演出。

是月，大埔县综合探测基地气象观测场完成设备安装。

是年，新认定大埔斯红山羊养殖有限公司、大埔县福永种养实业有限公司、梅州穗瑞农林发展有限公司等省级重点农业龙头企业 3 家，市级重点农业龙头企业 7 家，县级农业龙头企业家 7 家。新成立农民专业合作社 25 家，新增家庭农场 30 家。

▲2018 年 8 月 3 日，大埔县人民医院重症医学科在该院新住院大楼十一楼正式开科运行(黎燕飞摄)

▲2018 年 7 月 6 日，在县公安局展示破获“6·12”百侯电信诈骗案件缴获的作案工具（县公安局提供）

概　况

2018 年大埔概况

基 本 概 况

【位置面积】大埔县位于广东省东北部、韩江中上游，地处北纬 24° 01 '—24° 41 '、东经 116° 18 '—116° 56 ' 之间，东和北紧靠福建省漳州市平和县和龙岩市永定区，东南连接潮州市饶平县，西依梅县区、梅江区，南邻丰顺县和潮州市潮安区。全县区域总面积 2462 平方千米。

【建置沿革】大埔县建置于东晋义熙九年（413 年）。秦汉时属揭阳县地。东晋义熙九年立义招县，属义安郡。隋大业三年（607 年）改义招为万川县。义招、万川县治均设在湖寮（古城）。唐武德四年（621 年）废万川并入海阳县，属潮州。历宋、元及明前期，仍属海阳县光德乡。明成化十三年（1477 年）立饶平县，县地域属之。明嘉靖五年（1526 年）析饶平县之清远、洲二都重置县，改名大埔县，县治在茶阳，属潮州府。民国 3 年（1914 年）隶潮循道，民国 25 年（1936 年）属广东省第六行政督察区。1949 年中华人民共和国成立后，先后属兴梅专区、粤东行政区、汕头专区。1965 年隶属梅县专区，1983 年属梅县地区，1988 年属梅州市。1961 年春，县治由茶阳迁至湖寮五虎山北麓。

【行政区划】2018 年，大埔县辖 14 个镇（湖寮、百侯、枫朗、大东、高陂、光德、桃源、大麻、三河、银江、洲瑞、茶阳、西河、青溪）和丰溪林场，镇、场下设 256 个村委会（居委会），其中村委会 245 个、居委会 11 个。

【人口 · 民族】2018 年，大埔县总人口 56.47 万人，常住人口 38.6 万人。全县人口主要为汉族，兼有蒙古族、回族、藏族、苗族、彝族、壮族、布依族、朝鲜族、满族等 26 个少数民族的少量居民。全县语言属客家方言，光德镇九社、高陂镇埔田等村间有漳州、潮州语。祖籍大埔的华侨、华人有近 50 万人，素有“华侨之乡”美称。

【气候特点】大埔县属亚热带季风气候。2018 年，大埔县年平均气温 21.9℃，比历年平均气温高 0.8℃；年总降水量 1098.7 毫米，比历年雨量少 432.9 毫米，年降水量≥0.1 毫米降水日数 141 天，比历年多 35.2 天；年日照时数 1551.9 小时，比历年少 140.4 小时。年极端最高气温 38.7℃，出现在 5 月 2 7 日，年极端最低气温－0.8℃，出现在 2 月 6 日。最冷月（ 1 月）平均气温与历年同期平均偏高 0.8℃，最热月（ 7 月）平均气温比历年同期平均偏高 0.4℃。一日最大降水量 81 毫米，出现在 1 月 7 日。2018 年，平均气温正常略偏高，年降雨量偏少，年日照时数较历年偏少。5 月，全县 15 个镇场有 5 个镇出现中轻度旱情，中小河流暂未出现断流。全县农田受旱面积 3500 公顷，其中轻旱 2300 公顷，重旱 1100 公顷，干枯 100 公顷，水田缺水 1200 公顷，旱地缺墒 2300 公顷。因旱人畜饮水困难 270 人，机电井出水不足 16 眼。

【物产 · 资源】大埔县水力资源丰富，理论蕴藏量为 70 万千瓦，可开发量为 53.1 万千瓦，已开发 39.95 万千瓦，是全国水电农村电气化县。矿产资源主要有铁、镍、铅、锌、钨、钼、锡、铜、金砂等金属矿；有磷、水晶石、长石、石英石、瓷土、紫砂陶土等非金属矿。瓷土储量4.38亿吨，紫砂陶土储量超1亿吨，有近800年制作陶瓷的历史，大埔青花瓷、高陂陶瓷产品远销欧美、中东及东南亚等110个国家和地区，是“陶瓷之乡”。土特产主要有天然矿泉水、瓷器、蜜柚、茶叶、烟叶、金针菜等，还有各式各样的风味小吃，有“中国青花瓷之乡、中国蜜柚之乡、中国名茶之乡、中国长寿之乡、中国小吃名县、全国重点产茶县”的称誉。西岩乌龙茶、大埔青花瓷被列入国家地理标志保护产品。大埔蜜柚、大埔乌龙茶被列入国家农产品地理标志。

【地貌·河流】大埔县为“八山一水一分田”的边远山区，森林覆盖率77.95%。县境山脉大部分为北南走向，四周高，中间低，层峦起伏，千岩万壑，纵横交错，海拔千米以上的山峰有27处，均散布于四周边陲，最高峰为西南部银江镇的明山嶂银窿顶，海拔1357米，最低处是高陂镇黄竹居的韩江岸，海拔26米，中部丘陵广布。综观全境，海拔500米以上的中低山约占10%，海拔100—500米之间的高中丘约占80%，海拔100米以下的低丘、小盆地约占10%。境内溪河特多，地处韩江流域、梅江水系，有规模以上（500平方千米以上）河流5条，大埔韩江总长46.86千米，集雨面积965.68平方千米；大埔梅江总长18.57千米，集雨面积129.89平方千米；大埔汀江总长41.35千米，集雨面积641.06平方千米；大埔梅潭河总长83千米，集雨面积678平方千米；大埔漳溪河总长33.82千米，集雨面积158.52平方千米；规模以下（500平方千米以下30平方千米以上）河流19条，总长392.18千米，集雨面积1414.89平方千米。水库48宗，总库容1.18亿立方米，重点山塘170座。

【人文】大埔县民间艺术丰富，是“中国民间艺术之乡——花环龙之乡”“中国民间文化艺术之乡——广东汉乐之乡”。广东汉乐被列入国家级非物质文化遗产名录。大埔是革命老区，是广东省首个中央苏区县。大埔县是“全国文化先进县”“第三批国家级农村职业教育和成人教育示范县”“全国文明县城”，百侯镇、茶阳镇、三河镇是“中国历史文化名镇”，百侯镇侯北村是“全国文明村”。大埔钟灵毓秀，人杰地灵，“父子进士”（饶相、饶与龄），“一腹三翰林”（杨缵绪、杨黼时、杨演时），“兄弟三将军”（范汉杰、范剑江、范作人），一县同期“四位省主席”（罗卓英、吴奇伟、范汉杰、赵公武），“父子两总理”（李光耀、李显龙）被传为佳话，更有中国民族工业之父张弼士、中国首任驻日公使何如璋、中国共产党早期革命活动家罗明、中山大学首任校长邹鲁、首届感动香港十大人物之一的田家炳和现代著名作家杜埃、碧野以及“两院”院士郑度、饶芳权、杨文采、邱冠周、蒲慕明等杰出人物，素有“文化之乡”美称。

【旅游】大埔县主要旅游景点有全国红色旅游经典景区名录“八一”起义军三河坝战役纪念园，全国重点文物保护单位“父子进士”牌坊，2个国家AAAA级旅游景区（泰安楼客家文化旅游产业园、百侯名镇旅游区），8个国家AAA级旅游景区（西岩茶乡度假村、坪山梯田旅游区、张弼士故居旅游区、富大陶瓷工业旅游区、三河坝战役纪念园、大埔县江畔人家休闲旅游度假区、李光耀祖居旅游景区、大埔西河北塘乡村旅游区），全国最早建成的三河中山纪念堂，明朝兵部尚书翁万达墓，客家民居大东花萼楼，茶阳古镇，广东省丰溪自然保护区，粤东名胜万福寺，大埔阴那山国家森林公园，双髻山省级森林公园，田家炳祖居拱辰楼等，是“中国十大文化休闲基地”“中国特色旅游休闲度假胜地”“全国休闲农业与乡村旅游示范县”“十佳中国最美的小城”“中国绿色生态、蜜柚示范县”“中国深呼吸小城 100 佳”“中国最美丽县”“国家重点生态功能区”“2017 年度中国最美茶乡”。

（肖继海）

社会经济发展状况

【国民经济】2018 年，大埔县经济社会保持平稳发展。全县生产总值 84.69 亿元，同比增长 2.3%，增幅排在全市第四；本级一般公共预算收入 8.28 亿元；固定资产投资 69.92 亿元、社会消费品零售总额 58.99 亿元、贸易进出口总额 16.76 亿元，分别同比增长 13.4%、9.8%和 18%，分别排在全市第二、第二和第一。

【重点项目】2018 年，大埔县推进 92 项重点项目建设，全年完成投资 80.09 亿元。大潮高速公路（含大漳支线）完成投资 19.33 亿元，全面完成征地任务。新改建或路面改造国、省道 82 千米和县、乡道 177 千米，完成 418 千米乡道安全防护工程、50 千米窄路基路面扩宽改造工程和 60 千米新农村公路硬底化建设。完成长治至太宁段、三层岭至原华侨中学段路面改造工程和大麻镇中心大道建设，推进县城过境公路、湖寮至高陂连接线、三河至大麻段路面改造、湖寮至枫朗公路改建等项目，动工建设银江坑口至高陂公路改建工程和 S221、S332 线生命防护工程。高陂水利枢纽工程完成一期建设，二期全面铺开，全年完成投资 7.3 亿元。投入 2.8 亿元推进重点水利项目建设，治理山区中小河流 2 宗 23.4 千米，基本完成 43 宗村村通自来水工程建设，推进山丰水库和镇村污水处理设施建设。110 千伏茶阳翰林变电站建成运行，改造供电线路 258.4 千米。

【工业经济】2018 年，大埔县加快推进园区建设，广州海珠（大埔）产业转移工业园 33.33 公顷起步区基础设施建设和县城工业小区首期 52.67 公顷建设用地平整工程基本完成。推进骨干企业“上规、上亿、上市”，新增规上企业 9 家，新培育上亿元企业 2 家，吉玉陶瓷成功在“新三板”挂牌。推进陶瓷、电力传统产业转型升级，陶瓷销售收入 17.02 亿元、税收 1.02 亿元；电力产业税收 1.3 亿元。全县工业总产值 66.5 亿元，规上工业增加值 9.76 亿元。实施“乡贤回乡投资兴业工程”，全年招商引资签约项目 22 个，计划投资总额 98.9 亿元。

【现代农业】2018 年，大埔县推进特色农业产业基地建设，建立富硒蜜柚基地 17 个、富硒茶叶基地 10 个，全县蜜柚种植面积 1.47 万公顷、茶叶 7200 公顷，产值分别为 12.28 亿元和 7.72 亿元。新增省、市农业龙头企业 10 家、农民专业合作社 25 家、家庭农场 30 家。大埔县被授予“全国柑橘产业 30 强县（市）”称号，入选 2018 年国家级电子商务进农村综合示范县，成功创建省级蜜柚现代农业产业园，西岩茶场、双髻山蜜柚公园分获“广东十大最美茶园”和“广东十大最美果园”称号。

【文化旅游】2018 年，大埔县图书馆获评国家一级图书馆，建成 98 个村（社区）综合性文化服务中心，新建 17 个“三多三促”农村文化俱乐部，“西河漳溪墟扫街灯”入选第七批省级非物质文化遗产名录。完成百侯镇侯南村、三河镇汇城村传统村落保护项目建设，湖寮镇河头等 18 个村入选第五批中国传统村落，百侯镇侯北村入选第六批广东省古村落名单。完成《大埔县全域旅游总体规划》编制。优化升级“八一”起义军南下广东梅州、大埔和中央红色交通线 2 条红色旅游经典线路，打造三河坝至饶平麒麟岭和阴那山 2 条古驿道线路。瑞山生态旅游度假村开业运营。推进旅游大数据库建设，建立大埔县旅游大数据平台。全县接待游客 652 万人次，旅游经济收入37.76亿元，分别同比增长9.83%和11.55%，上榜2018“锦绣中国榜”，被评选为“新时代·中国最佳生态康养旅游名县”。

【改革创新】2018年，大埔县深化“放管服”改革，修订权责清单，取消13项涉企涉民证明事项。推行项目并联审批、在线审批，提高审批效率。落实预算编制执行监督管理改革，有序推进县级财政事权与支出责任改革。推进商事制度改革，新增市场主体4437户，比增48.9%。656项行政许可和公共服务事项办理时限同比压缩58%。推进“互联网+政务服务”改革，47个部门、830项办理事项进驻县政务服务网，网上申请事项办结率98%。实施创新驱动战略，新增国家级高新技术企业6家、国家级“星创天地”2家、省级众创空间1家、省级“星创天地”5家，省级工程技术研究中心3家、“广东省知识产权优势企业”1家，全年专利申请量312件、授权量165件，7家企业被认定为第一批市级企业技术中心，西河镇被认定为省级技术创新专业镇。

【城乡环境】2018年，大埔县全面完成县域乡村建设规划编制、茶阳中心镇总体规划修编，以及剩余6个镇总体规划和剩余46个行政村村庄规划编制。抓好“巩文创卫”工作，顺利通过省文明城市复评验收。完成老城区“九街一场”综合提升改造工程，规划建设2个临时市场，提升改造城区14座公厕、4个农贸市场。推进碧桂园、奥园城市综合体、城东“三旧”改造等10多个亿元以上项目。投入4.09亿元推进大麻、高陂、茶阳中心镇“六个一”项目建设。抓好三河红色小城镇、百侯历史文化小城镇和高陂青花瓷小镇规划建设，其中高陂青花瓷小镇被列入市第一批特色小镇创建对象。出台推进乡村振兴战略的实施意见和全域推进农村人居环境整治、建设生态宜居美丽乡村的实施方案等系列政策文件。投入1.45亿元，完成西河镇省级新农村连片示范区建设。加快推进全域农村人居环境整治，开展“美丽梅州·美好家园”城乡环境大提升行动，全县245个行政村60%以上完成“三清三拆三整治”任务，57个省定贫困村建成干净整洁村。制订实施竞选示范村工作方案，确定10个村为新农村示范先行村。

【生态保护】2018年，大埔县制订实施污染防治攻坚战三年行动方案，打好蓝天保卫战、碧水攻坚战和净土防御战。24宗中央环保督察“回头看”和33宗省环保督察交办案件全部办结。全县环境质量持续保持良好，县城环境空气质量优良率98.5%，46个城镇集中式饮用水源地水质达标率保持100%。全面完成主要污染物总量减排工作任务。全面推行河长制，压实县、镇、村三级河长责任。全面完成梅江大麻镇蓬辣断面和梅潭河湖寮镇（三黎）断面水质自动监测站建设。生态红线划定和全国第二次污染源普查基本完成。成功创建青溪广东省森林小镇，基本完成阴那山国家级森林公园和五虎山省级森林公园总规编制，完成碳汇造林993.33公顷，森林覆盖率77.95%。

【民生福祉】2018年，大埔县八成以上财政支出用于民生领域，城乡居民人均可支配收入1.83万元，十件民生实事年度目标任务基本完成。提高城乡低保人均补差、城乡特困人员基本生活标准、孤儿基本生活最低养育水平和困难残疾人生活补贴、重度残疾人护理补贴标准，城乡低保对象和建档立卡贫困人口基本医疗救助比例达80%以上。完成670户贫困户危房改造，发放租赁补贴130户，完成437户贫困重度残疾人家庭无障碍改造。打好精准扶贫精准脱贫攻坚战，2016—2018年全县累计筹集扶贫资金5.66亿元，实施到村项目2281个，到户项目9.06万个，4782户贫困户1.02万人贫困人口实现脱贫。成功创建国家级农村职业教育和成人教育示范县、省推进教育现代化先进县。成立大埔县教育发展基金会，募捐资金 2.2 亿元。全面实施镇中心以上学校校园网提速工程，完成大埔三小教学楼 1 号楼、家炳职校学生宿舍楼和大麻中小综合楼建设。投入 6.1 亿元推进卫生强县创建工作，县人民医院改扩建一期工程全面完成、二期工程扎实推进，基本完成县中医医院迁建、县妇幼保健院改扩建、县慢性病防治院门诊楼和“120”急救指挥中心综合楼新建项目装修工程，青溪、百侯等 11 所镇卫生院通过两基示范镇验收，大埔县妇幼保健院被评定为全市首家二甲妇幼保健院。县社科联被评为“2018 年度全国社科工作先进单位”，三河坝战役纪念园被评为“广东省人文社会科学普及基地”“广东省国防教育基地”。开展振兴足球、南粤古驿道红色之旅徒步、全民健身等活动，完成城东居委滨江社区体育公园和 57 个省定贫困村“8 件套”健身路径建设。推进平安大埔、法治大埔建设，群众安全感满意度居全省首位。健全社会矛盾纠纷化解机制，调解成功率 99%，西河司法所被评为“全国模范司法所”。

（何秦洲）

▲2018 年 12 月 12 日，在翰林剧场举办大埔县申报《西河老鼠粄》《百侯薄饼》国家地理标志工作启动仪式（县文广新局提供）

政　　治

中共大埔县委员会

主要会议简述

【中国共产党大埔县第十二届委员会第四次全体会议】于 2018 年 1 月 9 日在县城召开。全会由县委常委会主持。全会坚持以习近平新时代中国特色社会主义思想为指导，深入学习贯彻中共十九大精神，按照中央经济工作会议和省委十二届三次全会、市委七届四次全会精神的要求，总结 2017 年工作，部署 2018 年工作，动员全县各级党组织和广大党员干部，开拓进取，凝心聚力，奋力攻坚，推动生态富民强县，开创决胜全面建成小康社会新局面。全会听取了县委书记朱汉东代表县委常委会所作的报告和县委副书记、县长熊锋松关于经济工作的专题讲话，审议了县委常委会抓党建工作情况报告。全会肯定县委常委会 2017 年的工作。全会指出，2018 年是全面贯彻中共十九大精神的开局之年，是改革开放四十周年，是决胜全面建成小康社会、实施“十三五”规划承上启下的关键一年。全会要求，做好 2018 年工作，全面贯彻中共十九大精神，以习近平新时代中国特色社会主义思想为指导，认真贯彻中央经济工作会议和省委十二届三次全会、省委书记李希到梅州调研讲话以及市委七届四次全会精神，统筹推进“五位一体”总体布局和“四个全面”战略布局，围绕加快建设“一区两带六组团”，以构建韩江（大埔）产业带为龙头，立足“生态立县、实业富县、文旅兴县”三个定位，突出经济发展提质增效和重点项目建设、机关作风建设三大抓手，做好“红色、绿色、古色”三篇文章，开拓进取，凝心聚力，奋力攻坚，推动生态富民强县，奋力开创决胜全面建成小康社会新局面。

【中国共产党大埔县第十二届委员会第五次全体会议】于 2018 年 7 月 17 日在县城召开，会期一天。全会主要议题：1. 传达省委十二届四次全会、市委七届五次全会精神（书面）。2. 县委书记朱汉东代表县委常委会作讲话。3. 审议《中共大埔县委关于贯彻落实〈中共广东省委关于深入贯彻落实习近平总书记重要讲话精神 奋力实现“四个走在全国前列”的决定〉的意见》稿和《中共大埔县委关于营造风清气正政治生态 建设新时代新担当新作为干部队伍的决定》稿。4. 审议通过全会《决议（草案）》。

【县委常委（扩大）会议】2018 年 1 月 5 日，县委书记朱汉东在县科技信息大楼二楼会议室主持召开县委常委（扩大）会议。出席会议的有县委常委，列席会议的有不是县委常委的其他县领导、法检“两长”，各镇（场）党委书记和县直相关单位主要负责人。会议传达学习习近平总书记在中宣部寻乌扶贫调研报告上的重要批示及省委书记李希有关批示、中央农村工作会议和全国扶贫开发工作会议、省委十二届三次全会、全省深化集体林权制度改革现场会以及省、市 2018 年春节前保障农民工工资支付工作视频会议、市委理论学习中心组专题学习研讨会精神。会议组织学习《中国共产党党务公开条例（试行）》、《广东省贯彻落实中央八项规定精神实施办法》、省委《关于防止干部“带病提拔”

的实施意见》等文件精神，书面学习《梅州市推进特色小镇建设基本情况》《梅州市考察团赴浙江学习考察特色小镇建设情况的报告》《衡量地方发展和官员政绩的新“风向标”》《全面把握“变”与“不变”开创梅州发展新局面》。会议听取有关工作汇报，审议通过有关事项，部署有关工作。

1月10日，县委书记朱汉东主持召开县委常委会议，研究有关人事任免问题。会议研究同意推荐：大埔县人民武装部政治委员刘小龙任大埔县委委员、常委。会议研究决定其他干部任免问题。

1月29日，县委书记朱汉东在县科技信息大楼二楼会议室主持召开县委常委（扩大）会议。出席会议的有县委常委，列席会议的有不是县委常委的其他县领导、法检“两长”，各镇（场）党委书记和县直相关单位主要负责人。会议听取县人大常委会、县政协和县住建局、县交运局党组以及县委党校、县妇联党支部的工作汇报，传达学习上级有关会议和文件精神，并对重点工作进行部署。

2月5日下午，县委书记朱汉东在县科技信息大楼二楼会议室主持召开县委常委（扩大）会议。出席会议的有县委常委，列席会议的有不是县委常委的其他县领导、法检“两长”，各镇（场）党委书记和县直相关单位主要负责人。会议听取县政府、县法院和县检察院党组的工作汇报，传达学习上级有关会议和文件精神，审议有关事项，研究部署2017年年终相关工作。

2月24日上午，县委书记朱汉东在县科技信息大楼二楼会议室主持召开县委常委（扩大）会议。出席会议的有县委常委，列席会议的有不是县委常委的其他县领导、法检“两长”，各镇（场）党政主要领导和县直相关单位主要负责人。会议传达学习《中共广东省委关于坚决全面彻底肃清李嘉、万庆良流毒影响的通知》等上级有关文件和会议精神，听取有关工作汇报，通报相关工作情况，审议通过有关事项，部署重点工作。

3月18日，县委书记朱汉东在县科技信息大楼二楼会议室主持召开县委常委（扩大）会议。出席会议的有县委常委，列席会议的有县人大常委会主任、县政协主席、县政府副县长和县政府党组成员，县纪委副书记，县委办、县府办、县委组织部、县委宣传部、县纪委办等相关部门负责人。会议传达学习中共十九届三中全会精神、《中共广东省委关于认真学习宣传贯彻习近平总书记在参加十三届全国人大一次会议广东代表团审议时的重要讲话精神的通知》、习近平总书记在参加十三届全国人大一次会议广东代表团审议时的重要讲话精神、省委书记李希在市委书记抓基层党建工作述职评议会上的讲话精神和市委书记谭君铁在县（市、区）委书记抓基层党建工作述职评议会上的讲话精神、省委第二轮巡视工作动员部署会精神、省委第九巡视组巡视梅州市工作动员会议精神、全市组织工作会议精神、全市政法工作会议精神，传达《中共中央关于李嘉严重违纪案审查情况和处理决定的通报》《中共梅州市委印发〈中共梅州市委关于坚决全面彻底肃清李嘉、万庆良流毒影响工作方案〉的通知》精神；书面传达梅州市委党内法规工作联席会议第二次全体（扩大）会议精神、全市财政工作会议精神。会议听取相关工作情况说明，研究审议拟出台的有关文件，对有关工作提出要求。

3月29日，县委书记朱汉东在县科技信息大楼二楼会议室主持召开县委常委会（扩大）会议。出席会议的有县委常委，列席会议的有不是县委常委的其他县领导、法检“两长”，各镇（场）党委书记和县直相关单位主要负责人。会议传达学习习近平总书记在十三届全国人大一次会议广东代表团及其他代表团审议时的重要讲话和全国“两会”精神等，专题组织学习《中华人民共和国宪法》。听取有关工作汇报，审议通过有关事项，研究部署重点工作。

5 月 2 日，县委书记朱汉东在县科技信息大楼二楼会议室主持召开县委常委（扩大）会议。出席会议的有县委常委，列席会议的有不是县委常委的其他县领导、法检“两长”，各镇（场）党委书记和县直相关单位主要负责人。会议传达学习习近平总书记在庆祝海南建省办经济特区 30 周年大会上的重要讲话和在博鳌亚洲论坛 2018 年年会上主旨演讲、《中共中央　国务院关于支持海南全面深化改革开放的指导意见》、中央组织部基层党建工作重点任务推进会、全省乡村振兴工作会议、全省开展信访矛盾化解攻坚暨推进信访工作制度改革专题会议、全省宣传文化系统学习宣传贯彻习近平总书记参加十三届全国人大一次会议广东代表团审议时重要讲话精神专题会议,4 月 17 日市委书记专题会议、4 月 20 日市委常委会、全市深化改革领导小组工作会议、全市民兵整组现场会、全市深化政务服务“马上办”改革工作会议、梅州市创新发展与重点项目建设工作会议、梅州市精神文明建设工作暨推进创建全国文明城市工作会议和市委书记谭君铁 4 月 11 日到大埔调研及市长陈敏 4 月 24 日到大埔调研时主要讲话精神。同时，会议还传达贯彻省委领导关于安全生产重要批示精神，专题组织学习《中华人民共和国监察法》。会议听取有关工作汇报，审核通过有关事项，部署有关工作。

6 月 7 日上午，县委书记朱汉东在县科技信息大楼二楼会议室主持召开县委常委（扩大）会议。出席会议的有县委常委，列席会议的有不是县委常委的其他县领导、法检“两长”，各镇（场）党委书记和县直相关单位主要负责人。会议传达学习习近平总书记在全国生态环境保护大会上的重要讲话、中央办公厅《关于进一步激励广大干部新时代新担当新作为的意见》、《中共中央办公厅国务院办公厅关于严禁自行出台政策发放工资津贴补贴有关问题的通知》、中央第五环境保护督察组对广东省开展“回头看”工作动员会、全省农村集体产权制度改革试点工作推进会精神。同时，会议组织学习国务院安委会贯彻落实《地方党政领导干部安全生产责任制规定》电视电话会议、广东省扶贫济困活动电视电话会议精神和县委理论学习中心组学习材料《深入学习领会习近平总书记在纪念马克思诞辰 200 周年大会上的重要讲话精神》。会议听取有关工作汇报，审议通过有关文件稿和“三重一大”事项，研究部署有关工作。

6 月 15 日上午，县委书记朱汉东在县科技信息大楼二楼会议室主持召开县委常委（扩大）会议。出席会议的有县委常委，列席会议的有不是县委常委的其他县领导、县人武部部长、法检“两长”，各镇（场）党委书记和县直相关单位主要负责人。会议传达学习省委十二届四次全会精神、习近平总书记在十九届中央政治局第五次集体学习时的讲话精神和上级有关会议精神，听取有关工作汇报，研究部署有关工作。

7 月 9 日上午，县委书记朱汉东在县科技信息大楼二楼会议室主持召开县委常委（扩大）会议。出席会议的有县委常委，列席会议的有不是县委常委的其他县领导、法检“两长”，各镇（场）党委书记和县直相关单位主要负责人。会议传达学习习近平总书记 5 月 31 日在中央政治局会议和 6 月 29 日在中共中央政治局第六次集体学习上的重要讲话精神及省委书记李希在全省生态环境保护大会暨污染防治攻坚战工作推进会上的讲话、全省抓党建促脱贫攻坚战工作现场会议、全省加强基层党建组织建设工作会议、全省深化预算编制执行监督管理改革动员暨培训会议精神，传达《中共广东省委关于学习贯彻落实习近平总书记重要讲话精神 奋力实现“四个走在全国前列”的决定》《中共广东省委关于深入学习贯彻落实新时代党的建设总要求 努力把各级党组织锻造得更加坚强有力的意见》《广东省基层正风反腐三年行动方案（2018—2020）》主要精神和省委书记李希在省委值班室编报的《参阅材料》上的批示精神。会议要求，各级各部门要领会习近平总书记重要讲话和上级有关会议、文件精神，结合实际工作，抓好贯彻落实。

7月25日，县委书记朱汉东在县科技信息大楼二楼会议室主持召开县委常委（扩大）会议。出席会议的有县委常委，列席会议的有不是县委常委的其他县领导、县人武部部长、县检察院检察长，各镇（场）党委书记和县直相关单位主要负责人。会议传达学习7月3—4日习近平总书记在全国组织工作会议上的重要讲话、习近平总书记对实施乡村振兴战略做出的重要指示、7月20日省委书记李希在广东省审计厅关于全省政府性债务和隐性债务审计结果的报告上批示、《广东省深化营商环境综合改革行动方案》及7月20日市委书记专题会议、7月23日市委常委会会议、全市上半年社会稳定形势分析会、全市村级巡察专题汇报会、全市深化监察体制改革试点工作小组会议主要精神。同时，会议传达省、市有关精准扶贫精准脱贫文件精神并提出贯彻意见，省、市维稳工作会议精神并布置相关工作，专题组织学习《习近平谈治国理政》第二卷第六部分关于新发展理念的重要论述，学习《我县组团赴陕西汉中观摩乡村复兴论坛·留坝峰会情况》。会议要求，各级各部门要学习领会贯彻习近平总书记重要讲话和上级有关会议及文件精神，结合工作实际，做到融会贯通，将学习成果转化为工作实践。会议听取有关工作汇报，审议通过有关事项，研究部署有关工作。

8月22日，县委书记朱汉东在县科技信息大楼二楼会议室主持召开县委常委（扩大）会议。出席会议的有县委常委，列席会议的有县人大、县政协主要负责人，县政府副县长、县政府党组成员，县委组织部、县委宣传部、县委调研室等相关部门负责人。会议听取大埔县2018年上半年落实意识形态责任制情况、全县巡视整改工作落实情况汇报和下一步工作计划。会议认为，上半年，大埔县意识形态工作坚持以习近平新时代中国特色社会主义思想为指导，按照中央和省委、市委的决策部署，牢牢把握正确的政治方向，坚持一级抓一级、层层抓落实，初步形成党委统一领导、党政齐抓共管、宣传部门组织协调、有关部门负责的工作格局。全县意识形态领域总体平稳良好，未发生过任何一例重大责任问题。会议强调，各级各部门要进一步提高思想认识，把巡视整改落实工作作为当前首要的政治任务，特别是各责任单位要对照巡视整改反馈意见中的问题，狠抓整改落实工作，坚持高标准、严要求，完成巡视整改任务。会议听取有关工作情况汇报，研究确定有关事项，部署有关工作。

9月4日上午，县委书记朱汉东在县科技信息大楼二楼会议室主持召开县委常委（扩大）会议。出席会议的有县委常委，列席会议的有不是县委常委的其他县领导、法检“两长”，各镇（场）党委书记和县直相关单位主要负责人。会议传达学习贯彻习近平总书记主持召开中央全面依法治国委员会第一次会议和全国宣传思想工作会议上的讲话精神，全省贯彻落实党中央、国务院关于长春长生公司问题疫苗处置工作电视电话会议、中央扫黑除恶第8督导组督导广东省工作动员会、中央省市精神文明委第一次会议、全省组织工作会议、全省全域旅游工作现场会、粤东文明创建推进会、市纪委七届四次全会、全市旅游产业发展暨全域旅游推进大会等会议精神和省委书记李希关于防御台风“贝碧嘉”批示精神。同时，会议传达学习贯彻省财政厅等四部门《关于印发〈省定贫困村创建社会主义新农村示范村项目和省级财政资金管理的补充意见〉的通知》精神，专题组织学习新修订的《中国共产党纪律处分条例》。会议要求，各级各部门要学习领会贯彻习近平总书记系列重要讲话和上级有关会议及文件精神，提高思想认识，做到融会贯通，推动各项工作上新水平。会议听取有关工作汇报，审议通过有关事项，研究部署有关工作。

9月4日，县委书记朱汉东主持召开县委常委会议，研究有关人事任免及设立大埔县税务局党委的事项。

9月18日，县委书记朱汉东在县科技信息大楼二楼会议室主持召开县委常委（扩大）会议。出席会议的有县委常委，列席会议的有不是县委常委的其他县领导、法检“两长”，各镇（场）党委书记和县直相关单位主要负责人。会议传达学习贯彻习近平总书记在全国教育大会上的重要讲话精神，共青团广东省第十四次代表大会和省委书记李希及团中央书记处书记傅振邦在会上的讲话精神。专题组织学习中共中央办公厅、国务院办公厅印发的《地方党政领导干部安全生产责任制规定》。会议要求，各级各部门要学习贯彻习近平总书记系列重要讲话精神和上级有关会议、文件精神，提高政治站位，对标对表抓好贯彻落实。会议研究部署有关工作。

10月12日，县委书记朱汉东在县科技信息大楼二楼会议室主持召开县委常委（扩大）会议。出席会议的有县委常委，列席会议的有不是县委常委的其他县领导、法检“两长”，各镇（场）党委书记和县直相关单位主要负责人。会议传达学习贯彻习近平总书记关于军民融合发展战略重要思想、习近平总书记在同团中央新一届领导班子成员集体谈话时的重要讲话精神，省委十二届五次全会、全省配合中央扫黑除恶专项斗争督导工作推进会、全省经济普查专题工作电视电话会议、全省乡村振兴工作推进会（粤北片会）、梅州市深化扶贫领域腐败和作风问题专项治理工作推进会、全市组织工作会议、市扶贫开发领导小组工作会议和市委副书记、代市长张爱军到大埔调研座谈会等会议精神；同时，会议传达学习贯彻中央、省、市关于地方政府债务有关工作要求，《中央办公厅 国务院办公厅关于印发〈统计违纪违法责任人处分处理建议办法〉的通知》、《中共中央办公厅印发〈关于加强新时代人民政协党的建设工作的若干意见〉的通知》、省委办公厅和省政府办公厅印发的《关于深化统计管理体制改革 提高统计数据真实性的意见》、《关于在全省江河湖库全面开展“五清”专项行动的动员令》、《市委、市政府关于推进安全生产领域改革发展的实施意见》等上级有关文件精神。会议听取有关工作汇报，审议通过有关事项，研究部署有关工作。

10月31日，县委书记朱汉东在县科技信息大楼二楼会议室主持召开县委常委（扩大）会议。出席会议的有县委常委，列席会议的有县人大、县政协主要负责人，县政府副县长、县政府党组成员，以及县直有关单位负责人。会议专题传达学习贯彻习近平总书记视察广东重要讲话精神，学习贯彻中央第五环境保护督察组对广东省开展“回头看”及专项督察情况反馈会、中央扫黑除恶第8督导组督导广东省情况反馈会、10月26日省委常委会（扩大）会议和10月28日全省传达学习贯彻习近平总书记视察广东重要讲话精神干部大会、10月27日市委常委会和10月30日全市传达学习贯彻习近平总书记视察广东重要讲话精神干部大会等会议精神。审议通过有关事项，研究确定有关事宜，部署有关工作。

12月3日上午，县委书记朱汉东在县科技信息大楼二楼会议室主持召开县委常委（扩大）会议。出席会议的有县委常委，列席会议的有不是县委常委的其他县领导、法检“两长”，各镇（场）党委书记和县直相关单位主要负责人。会议传达学习贯彻习近平总书记在民营企业座谈会上的重要讲话精神，习近平总书记对信访工作重要批示精神，省委书记李希、市委书记陈敏、市长张爱军的有关批示要求，全国危险化学品安全生产专题视频会议，全省扫黑除恶专项斗争推进会暨中央扫黑除恶第8督导组反馈意见整改部署会议，全省抓党建促乡村振兴暨红色村党建示范工程现场会，全省非洲猪瘟疫情防控工作电视电话会议，全省市县机构改革有关会议（文件），市委书记陈敏在全市县处级主要领导干部和镇（街）党政正职学习贯彻习近平总书记视察广东重要讲话精神专题研讨班上的讲话，市委书记陈敏到大埔调研讲话精神；会议专题组织学习《习近平总书记关于加强党的领导和党的建设重要论述，坚定不移推进全面从严治党》和《中共梅州市纪委 中共梅州市委组织部关于印发〈梅州市警示教育专题民主生活会制度（试行）〉的通知》。会议听取有关工作汇报，审议通过有关事项，研究确定有关事宜，部署有关工作。

12月21日，县委书记朱汉东在县科技信息大楼二楼会议室主持召开县委常委（扩大）会议。出席会议的有县委常委，列席会议的有不是县委常委的其他县领导和法院院长，县直有关单位主要负责人。会议专题传达学习贯彻中央和广东省庆祝改革开放40周年大会精神；听取建庭、礼醒、尚森、伟平、忠强、旭辉等结合12月18日中央和省庆祝改革开放40周年大会精神和近期学习贯彻落实习近平总书记视察广东重要讲话精神的个人体会和认识。会议听取2018年防邪工作情况汇报，审议通过有关事项，研究部署有关工作。

【县委书记专题会议】2018年7月25日下午，县委书记朱汉东在县科技信息大楼二楼会议室主持召开县委书记专题会议。参加会议的有县领导班子成员，县人武部部长、县检察院检察长、副处级干部、县纪委副书记，各镇（场）党委书记和县直有关单位主要负责人。会议听取并研究分析2018年上半年全县经济运行情况，对抓好2018年下半年经济工作提出具体要求。

12月17日，县委书记朱汉东在县科技信息大楼二楼会议室主持召开县委书记专题会议。会议传达学习贯彻中央全面深化改革委员会第四次、第五次会议和省委全面深化改革委员会第一次会议精神。会议强调，各级各部门要认真学习、深刻领会上级会议精神，把握精髓要义，狠抓各项改革工作的落实。

【现场调研高陂陶艺特色小城镇建设工作会议】2018年1月22日，县委书记朱汉东、县长熊锋松率队到高陂调研陶艺特色小城镇南大门改造、晋昊大道陶瓷商业一条街、广州海珠（大埔）产业园、陶瓷大厦规划选址和大潮高速公路建设现场，并在高陂镇政府二楼会议室召开座谈会，对推进高陂陶瓷特色小城镇建设等工作进行研究部署。1.听取高陂镇工作情况汇报。2.推进重点工作和相关项目。①规划建设陶艺特色小城镇。②农贸市场项目。③平原至高陂道路改造工程。④市容市貌整治工作。⑤陂寨、乌槎及党溪排涝站项目。⑥乌槎安置区项目。⑦高陂二小迁建项目。⑧留用地和安置地问题。⑨其他工作。3.对下一步工作提出具体要求。①抢抓机遇，提振发展信心。②高起点规划，分步骤实施。③加强沟通协作，加大执法力度。④强化组织领导，确保高位推进。

【现场调研大麻镇重点项目建设工作会议】2018年3月5日，县委书记朱汉东率队到大麻镇现场调研高陂水利枢纽工程汶水塘安置区、大潮高速公路安置区及大麻中心大道等重点项目建设，并在大麻镇政府二楼会议室召开工作推进会。1.听取相关重点项目推进工作情况汇报。会上，大麻镇、高陂镇、银江镇主要负责人汇报重点项目征地拆迁、移民安置和建设推进情况、存在问题及下一步工作计划，挂镇县领导和县责任领导作补充发言，县直有关单位负责人对提出的请求事项作回应。①高陂水利枢纽工程项目。②大潮高速公路项目。③大麻中心镇“六个一”建设项目。④高陂大道（过境公路）项目。2.研究确定相关重点项目事项。①高陂水利枢纽工程。②大潮高速公路项目。③大麻中心镇“六个一”项目。④大麻城区建设用地方面。3.对加快重点项目建设提出工作要求。①明确目标任务。②制订工作方案。③加快项目进度。④加大督查力度。

【现场调研县城市政建设重点项目工作会议】2018年3月28日，县委书记朱汉东率队到县城现场调研市政建设重点项目，并在县科技信息大楼二楼会议室召开会议。会议研究确定相关事项，对加快推进县城市政重点项目建设提出具体要求。1.研究确定相关重点项目建设事项。①“九街一场”综合提升改造工程。②数字化城市管理中心项目。③东风市场改造项目。④改造提升城区农贸市场和规划建设临时市场项目。⑤太源宾馆旁智能立体车库项目。⑥原特陶厂“三旧”改造项目。⑦改造提升环城大道项目。⑧研究确定其他事项。2.对加快县城重点项目建设提出具体要求。①明确时间节点。②高起点谋划项目。③高质量推进建设。

【现场调研农业农村工作会议】2018年5月17日，县委书记朱汉东率队到县城大沙坝顺兴蜜柚加工厂、游客接待中心通美蜜柚精加工产品展销门市、下坜顺兴蜜柚示范园、黎家坪顺兴蜜柚精深加工基地等地现场调研农业农村工作，并在顺兴蜜柚精深加工基地一楼会议室召开座谈会。1.听取县农业局汇报近年大埔县“三农”工作情况，分析存在的困难和问题，并提出下一步工作打算。2.对做好农业农村工作提出具体要求。会议指出，大埔是传统农业大县，农业在全县经济社会发展中具有举足轻重的地位和作用。要充分依托自然生态良好、历史人文厚重等资源禀赋，守护绿水青山、保持田园风光、留住乡愁印记，发展生态富民产业，推进产业帮扶，培育乡村振兴新动能。①要高度重视，高位推进。②要因地制宜，因势利导。③要龙头带动，示范引领。④要综合施策，助推乡村振兴。

【县城（湖寮镇）重点项目推进会会议】2018年7月9日，县委书记朱汉东在湖寮镇五楼会议室主持召开湖寮镇重点项目推进会。1.听取相关重点项目推进工作情况汇报。湖寮镇各项目负责人汇报16项县重点项目和7项未被列入重点项目范围需落实征地拆迁任务的项目推进情况、存在问题及下一步工作计划，责任县领导分别作补充发言，县直有关单位负责人对提出的问题和请求事项作回应。会议要求，湖寮镇要科学做好重点项目的任务分工，确保镇领导班子成员每人至少负责一个项目，加快推进重点项目征地拆迁工作。县直相关单位要抢抓机遇，充分认识这些项目建设的重要性，不考核GDP不等于不要发展，要共同为推动湖寮重点项目征地拆迁工作出谋划策，加快重点项目建设进程。2.研究确定重点项目建设有关事项。①县城过境公路项目。②环城大道提升改造项目。③大埔三小扩建项目。④下坜城镇建设用地项目。⑤龙潭寨广东文艺家创作基地项目。⑥内环东路建设项目。⑦县城虎源路应急避险场所项目。

9月14日上午，县委书记朱汉东在湖寮镇五楼会议室主持召开县城重点项目建设推进会。1.听取相关重点项目推进工作情况汇报。会议听取县城重点项目和未被列入重点项目范围需要落实征地拆迁任务的项目推进情况、存在问题及下一步工作计划，责任县领导作补充发言，县直有关单位负责人对提出的问题和请求事项作回应。会议认为，湖寮镇全镇上下牢固树立大局意识，转变工作作风，以主人翁姿态，面对复杂的社会局面，发扬“5+2”和“白加黑”连续作战精神，破难攻坚，做了大量工作，确保2018年县城重点项目的用地保障。2.研究确定重点项目建设有关事项。①环城大道提升改造项目。②山丰水库项目。③下坜城镇建设用地。④内环东路建设项目。⑤县城虎源路应急避险场所项目。⑥县物流园区建设项目。⑦县精神卫生中心项目。⑧其他方面。3.对加快推进重点项目建设提出工作要求。①加大重点项目征地拆迁力度。②加快征地拆迁资金的审计进度。③科学合理做好安置地、留用地的规划工作。

12月5日，县委书记朱汉东率队到县城现场调研相关重点项目建设，并在湖寮镇五楼会议室召开座谈会。1.听取有关情况汇报。湖寮镇主要负责人汇报县城重点项目征地拆迁情况、存在问题及下一步工作计划，县直有关单位负责人对提出的问题和请求事项作回应，责任县领导作补充发言。会议认为，湖寮镇在重点项目征地拆迁工作中，下了真功夫，动了硬措施，啃了硬骨头，做出成绩，有质的飞跃，值得肯定。2.研究确定有关事项。①特陶厂“三旧”改造（东景城）项目。②埔城电站至白云大桥连接段项目。③内环东路建设项目。④下坜城镇建设用地项目。⑤县城虎源路应急避险场所项目。⑥山丰水库项目。⑦县城工业小区项目。⑧县城环境提升改造项目。⑨县城第二水质净化站建设项目。⑩县物流园建设项目。3.对下一步工作提出具体要求。①全力以赴，抢抓机遇。②超前谋划，科学规划。③加强协调，加大力度。

【高陂镇重点项目推进会会议】2018年8月3日上午，县委书记朱汉东率队到广州海珠（大埔）产业转移园、高陂乌槎安置区等重点项目建设现场调研，并在高陂镇政府二楼会议室主持召开重点项目推进会。1.听取相关重点项目推进工作情况汇报。高陂镇汇报重点项目征地拆迁推进情况、存在问题及下一步工作计划，责任县领导作补充发言，县直有关单位负责人对高陂镇提出的问题和请求事项作回应。会议认为，高陂镇能克服重点项目多、征地拆迁任务重、时间要求紧、拆迁队伍人员不足等不利因素，凝心聚力、克难攻坚，有序推进征地拆迁工作。2.研究确定相关重点项目建设事项。①高陂水利枢纽工程。②广州海珠（大埔）产业转移园。③高陂大道（过境公路）。④高陂二小迁建。⑤中心镇“六个一”建设。⑥建筑垃圾弃渣场。⑦其他相关事项。

12月14日，县委书记朱汉东率队到高陂镇现场调研相关重点项目建设，并在高陂镇二楼会议室主持召开座谈会。1. 听取有关情况汇报。高陂镇主要负责人汇报重点项目推进情况、存在困难以及下一步工作打算，县有关单位负责人就相关请求事项作回应，县领导郑尚森、蓝欣作发言。2. 研究确定有关事项。①高陂防洪堤建设项目。②高陂污水处理厂项目。③高陂第二小学（第二幼儿园）项目。④高陂新城区规划建设项目。⑤乌槎新区规划建设项目。⑥青花瓷广场项目。⑦建筑垃圾弃土场规划建设项目。⑧重点路段、重点区域管线整治工作。⑨大潮高速公路赤山出口景观规划建设。3. 对下一步工作提出具体要求。①全力以赴，倒排工期，加快推进重点项目建设。②抢抓机遇，主动作为，超前谋划好2019年项目。③加大力度，加强宣传，彻底改变城乡环境面貌。

【大潮高速公路建设推进会会议】2018年8

月 3 日下午，县委书记朱汉东率队到高陂大潮高速公路建设现场（罗基大桥）调研，并在高陂镇政府二楼会议室主持召开大潮高速公路建设推进会。1. 听取项目推进工作情况汇报。高陂镇、大麻镇、枫朗镇、光德镇简要汇报大潮高速公路征地拆迁推进情况、存在问题及下一步工作计划，责任县领导作补充发言，县直有关单位和大潮高速公路有限公司负责人对提出的问题作回应。会议认为，各相关镇能高度重视大潮高速公路项目征地拆迁工作，保障项目的无障碍施工，确保项目建设按年度计划有序推进。2. 研究确定有关事项。3. 对加快推进大潮高速公路建设提出工作要求。①提高认识，加快推进落实。②加强监管，做到安全文明施工。③统筹协调，做好资金保障。

【全县交通基础设施建设工作推进会会议】 2018 年 8 月 6 日，县委书记朱汉东在县交通运输局 5 楼会议室主持召开全县交通基础设施建设工作推进会。1. 听取相关重点项目建设情况汇报。县交通运输局、县公路局等单位主要负责人汇报 11 项重点续建项目、16 项新开工项目和 11 项储备项目的推进情况、存在问题及下一步工作计划，责任县领导作补充发言，县直有关单位负责人对县交通运输局、县公路局提出的问题和请求事项作回应。会议要求，县相关单位要加强对接和沟通协调，抓住机遇，迎难而上，主动作为，勇于担当，敢于负责，要把主要精力放在项目建设推进上，及时研究解决项目建设中遇到的困难和问题，以问题为导向，以更加精准、更加管用、更加务实、更加有力的举措，确保项目建设顺利推进。2. 研究确定重点项目建设有关事项。①大埔县旅游产业道路改扩建 PPP 项目。②省道 S221 线大埔县城改线工程项目。③密坑现代农业产业园大桥工程项目。④加强 PPP 项目资金全程跟踪审计工作。3. 对重点项目建设提出工作要求。①明确目标任务，层层压实责任。②层层传导压力，加快工作进度。③加强协调沟通，确保工程顺利推进。④超前谋划，科学规划。

【现场调研西河镇乡村振兴工作会议】 2018 年 10 月 19 日，县委书记朱汉东率队到西河镇北塘村爱心大桥、铁吊桥休闲公园，黄堂村农家乐、民宿，上黄砂村桃花岛等实地调研乡村振兴工作，并召开现场会。1. 听取相关项目推进情况汇报。西河镇主要负责人汇报“十村联动”路网规划及建设、农村民宿和农家乐打造、长寿水果“加工+展示+销售”科技创新示范基地选址、乡村振兴科技创新示范村规划及百香果产业种植基地建设等项目推进情况、存在困难和下一步工作打算，县直有关单位负责人对西河镇提出的问题作回应。会议认为，西河镇作为乡村振兴的排头兵，发挥带头示范作用，扎实推进项目建设。2. 研究确定有关事项。①北塘爱心大桥至东塘绿色健康文化旅游产业路建设项目。②漳北村到上黄砂村绿色健康文化旅游产业路建设项目。③艺术北塘艺术家营地项目建设。④艺术北塘其他工程。⑤其他方面。3. 对加快推进乡村振兴工作提出要求。①明确目标，全面推进。②落实责任，加快建设。

【到湖寮镇双坑村宣讲学习贯彻习近平总书记视察广东重要讲话精神会议】 2018 年 11 月 6 日，县委书记朱汉东到湖寮镇双坑村宣讲学习贯彻习近平总书记视察广东重要讲话精神，并在双坑村委会二楼会议室主持召开座谈会，听取软弱涣散整顿工作，研究确定有关事项，对下一步工作提出要求。1. 专题传达学习贯彻习近平总书记视察广东重要讲话精神。2. 听取有关工作汇报。会议听取湖寮镇双坑村党组织软弱涣散整顿工作情况、存在问题及下一步工作计划，县驻点第一书记和湖寮镇党委书记作补充发言，县直有关单位负责人对提出的问题和请求事项作回应。会议要求，双坑村要把软弱涣散党组织的整顿工作作为贯彻落实习近平总书记重要讲话精神的实际行动，抓紧抓实办好。各相关单位特别是潮寮镇党委要积极做好指导工作，把双坑村党组织整顿转化为全县的先进村、示范村。3. 研究确定相关事项。①双坑村至双髻山村旅游产业公路项目。②双坑村道管线整治项目。③何如璋故居修缮项目。④双坑水治理项目。

【乡村复兴论坛·大埔峰会工作推进会会议】2018年11月16日，县委副书记、政法委书记李宏在县委、县政府大楼三楼东会议室主持召开乡村复兴论坛·大埔峰会工作推进会，县委常委、宣传部部长陈伟平和县文广新局、县委农办、县旅游局、县客家文化生态保护区管委会主要负责人以及百侯镇党委书记参加会议。1. 总结前期工作推进情况。经过乡村复兴论坛秘书处多次到大埔实地调研和洽谈，县政府于2018年8月14日向组委会回复《乡村复兴论坛·举办地资格确认函》，确定于2019年6月举办大埔峰会；成立大埔县“乡村复兴论坛·大埔峰会”筹备工作领导小组。2. 听取相关工作汇报。县旅游局局长代表县筹备办汇报乡村复兴论坛合作协议推进情况。通过政府采购程序，项目于2018年11月13日开标，确定由中标方深圳市励德汇展览服务有限公司承接大埔峰会的相关工作。3. 研究确定有关事项。①调整大埔县乡村复兴论坛·大埔峰会筹备工作领导小组成员单位。②确定“九图计划策划营销”项目。③调整替换翎芳宴项目。④百侯主会场招投标事项。

【现场调研世界长寿乡创建工作会议】2018年12月10日，县委书记朱汉东率队到县中医医院建设项目和长寿公园现场实地调研世界长寿乡创建工作推进情况，现场听取有关工作汇报，研究确定相关事宜，并对下一步工作提出要求。1. 听取有关工作汇报。会议听取县相关部门关于县中医医院迁建项目的建设情况、申报“世界长寿乡”的进展情况以及长寿公园提升改造工程建设情况。会议认为，各级各相关部门围绕在一年内实现成功申请认定“世界长寿乡”工作目标，做了大量且卓有成效的各项前期准备工作，为成功创建“世界长寿乡”打下基础。2. 研究确定相关事宜。①县中医医院迁建项目。②坞里堤防洪工程建设项目。③西岭书法公园提升改造项目。④长寿公园提升改造项目。3. 对下一步工作提出要求。①统一思想，提高站位。②抢抓机遇，全力以赴。③加强协调，互联互动。

【省环保督察交办案件现场督办会会议】2018年12月13日上午，县委书记朱汉东率队到高陂镇党溪村大埔县广嘉宏投资有限公司高陂镇石场督办省环保督察交办案件（群众反映大埔县广嘉宏投资有限公司高陂镇石场破坏生态环境问题）。1. 现场核查情况。督办组一行现场查看石场开采情况及附近水源、植被状况，听取关于石场开采资质、开采工艺以及2018年12月9日现场督查以后整改进度等情况汇报。2. 下一步工作要求。全县各级各有关部门要高度重视环保工作，针对群众反应多、呼声大的问题案件要迅速调查核实，直面群众合理诉求，想群众之所想，急群众之所急，不折不扣落实督查建议，守护大埔绿水青山。①坚持讲政治、顾大局，高度重视省环保督察交办案件办理工作。②坚持边督边改边问责，坚决迅速全面办理好环保督察交办案件。③坚持落细落实落地，确保省环保督察交办案件得到有效落实。

重大决策事项

【大埔县关于打击违法用地违法建设和抢建抢种行为的实施意见】1. 指导思想。贯彻落实国家关于加强国土资源管理和城乡规划建设的方针政策，严格执行国土资源管理和城乡规划建设的相关法律法规，充分发挥政府职能部门与各镇（场）联合执法监察优势，以法律法规为依据，坚持预防为主、打防结合、综合治理的原则，做到事前防范、依法查处的工作要求，建立大埔县国土资源和城乡规划建设管理监察新机制。2. 工作目标和原则。①对历史遗留的违法用地违法建设处理意见。对该实施意见发布之前的违法用地违法建设行为的处理意见。按照“区分时间段”原则，认清事实依据，在不影响土地利用规划和城乡规划的前提下按《大埔县人民政府关于印发大埔县打击违法用地违法建设工作实施意见的通知》有关要求处理。具体处理办法是由相关单位将历史遗留的违法用地违法建设材料报送县打击“两违”“双抢”领导小组进行研判，视具体情况给出处理意见。②自发文之日起发生的违法用地违法建设处理意见。凡在该实施意见发布之日后发生的违法用地违法建设行为并符合下列条件之一的违法建筑一律拆除：严重影响城乡规划实施或者存在质量安全问题；占用永久基本农田；饮用水源一级保护区范围内；重点堤防、市政道路、公共基础设施、公路、铁路保护区范围内；削坡建房未做好防护措施的。其他违法用地、违法建设按相关法律法规依法查处。3. 工作机构。为加强打击“两违”“双抢”工作的组织领导，县委、县政府专门成立大埔县打击违法用地违法建设和抢建抢种工作领导小组。领导小组内设八个工作组，具体负责打击违法用地、违法建设、抢建抢种工作的组织实施、日常监督、工作效能、政策法规宣传等工作。4. 工作职责。打击“两违”“双抢”工作涉及各镇（场）和县国土资源、住建、城综、林业、公安、工商、税务、供电、广播电视等相关部门。各镇（场）长为镇（场）的第一责任人，分管领导、包村（居）领导为主要责任人，包村（居）干部为直接责任人。县相关部门主要领导为部门第一责任人，分管领导、挂钩领导为主要责任人，具体负责制止查处违法用地、违法建设、抢建抢种工作的股、室、站、所、队、办负责人和直接经办人员为直接责任人。具体职责如下：①各镇（场）职责。各镇（场）要按照属地管理原则，依据《中华人民共和国土地管理法》《中华人民共和国城乡规划法》《基本农田保护条例》等相关规定，负责辖区违法用地、违法建设、抢建抢种行为的巡查监管，严厉处理辖区内违法用地、违法建设、抢建抢种行为。②县有关部门职责。县直各单位负责对单位产权所属区域办公场所、物业小区内（包括出租物业）违法用地、违法建设、抢建抢种行为的巡查、监管，不得出现单位产权所属区域内有违法用地、违法建设、抢建抢种现象，配合相关部门对单位产权所属区域内的违法用地、违法建设、抢建抢种行为的查处、拆除工作。5. 工作措施。①加强组织领导，落实工作责任。②建立健全机制，严厉打击“两违”“双抢”。③坚持上下联动，统筹协调推进。④加强督促检查，严肃责任追究。

【大埔共青团改革实施方案】1. 总体要求。①指导思想。以习近平新时代中国特色社会主义思想为指导，全面贯彻中共十九大和十九届二中、三中全会精神，深入贯彻习近平总书记重要讲话精神，牢牢把握为实现中华民族伟大复兴中国梦而奋斗的时代主题，坚定不移走中国特色社会主义群团发展道路，全面落实中央、省市县委党的群团工作会议精神，以保持和增强政治性、先进性、群众性为基本要求，着力解决“机关化、行政化、贵族化、娱乐化”问题特别是脱离青年的突出问题，着力解决团的基层基础薄弱的突出问题。②基本原则。坚持党的领导、把准政治方向。坚定不移走中国特色社会主义群团发展道路，坚持中国特色社会主义青年运动方向，加强对青年的思想教育和政治引导。③改革目标。紧紧围绕保持和增强共青团的政治性、先进性和群众性这一基本要求，改革大埔共青团的组织机构、干部队伍、管理模式和工作方法，坚决去除“四个化”，构建“凝聚青年、服务大局、当好桥梁、从严治团”工作格局，建设政治坚定、组织健全、运行科学、工作创新、作风扎实、充满活力、坚强有力的共青团。2. 改革措施。对照《广东共青团改革方案》和《梅州共青团改革实施方案》中的六大方面改革任务，大埔县细化制定56条具体改革措施。①大力加强共青团的政治性和先进性建设。有切实履行好引导青年的根本职责使命；加强团员先进性建设，充分发挥团员在青年中的模范作用和对青年的凝聚作用；积极带领青年投身创新创业；积极投身社会主义新农村建设，助力脱贫攻坚；促进与港澳台及海外青少年交流合作；积极承接政府青少年事务，主动参与社会治理；健全志愿服务体系7个方面16条措施。②建立健全直接联系服务青年的体制机制。有改革团的领导机关运行方式，常态化直接联系服务青年；强化联系凝聚青年社会组织的枢纽功能；提升服务青年和维护青年权益的能力和专业化水平；完善青少年工作参与及评价机制4个方面4条措施。③改革优化共青团的组织格局和运行方式。有增强团的广泛性和代表性；改革优化团的领导机关和直属单位的机构职能；改革优化团的领导机制；构建“共青团+互联网”的工作体系4个方面5条措施。④夯实共青团的基层基础。有全面加强县域和镇（场）团组织建设；进一步突出学校共青团基础性、战略性、源头性地位；加强机关、国企、事业单位以及“两新”组织、村（社区）团建工作；加强基层服务阵地建设4个方面15条措施。⑤改革机关干部选拔、使用和管理。有打造专职、挂职、兼职相结合的干部队伍；坚持从严治团、加强团干部队伍建设2个方面4条措施。⑥进一步强化党委、政府对共青团的领导和保障机制。有全面加强党对共青团的领导；完善党委、政府保障青年工作机制2个方面12条措施。3. 组织实施。①加强组织领导。在县委和团市委的领导下，团县委成立改革工作领导小组，具体负责大埔共青团改革的组织实施。各有关部门要按照该方案要求，落实相关配套措施，密切协调配合，形成改革合力。②有序推进实施。各牵头单位要加强统筹协调，牵头制订实施方案，明确工作目标任务、措施要求。③务求取得实效。坚持问题导向，以求真务实工作作风，解决突出问题，稳妥推进各项改革任务。④加强宣传引导。加大改革宣传力度，正确解读改革方向和内涵，主动回应团员青年和社会关切，形成全社会关心、支持改革的良好氛围。注意结合不同层级、不同领域团组织实际，引导大家进一步深化改革认识、增强改革动力，做改革的促进派和实干家。⑤强化督导落实。建立抓落实的工作机制，注重过程管理，强化目标管理。

【大埔县妇联改革实施方案】1. 总体要求。①指导思想。以习近平新时代中国特色社会主义思想为指导，全面贯彻中共十九大和十九届二中、三中全会精神，深入贯彻习近平总书记重要讲话精神，深刻领会“四个走在全国前列”新时代广东新使命的丰富内涵，牢牢把握保持和增强政治性先进性群众性总体要求，牢牢把握中国特色社会主义群团发展道路“六个坚持”基本要求，牢牢把握为实现中华民族伟大复兴中国梦而奋斗的妇女运动时代主题，牢牢把握妇联工作在决胜全面建成小康社会大局中的定位。②工作原则。坚持正确方向。把政治性作为妇联组织的灵魂，自觉牢固树立政治意识、大局意识、核心意识、看齐意识，自觉坚持党的领导。坚持先进引领。把先进性作为履行妇联职责使命的重要着力点，承担好组织动员妇女为完成党的中心任务而共同奋斗的重大责任。坚持妇女为本。把群众性作为妇联组织和工作的根本特点，坚持联系和服务妇女群众的工作生命线，树立把妇女群众最广泛最紧密地团结在党周围的工作标准，把握妇女群众所需所急所盼。坚持问题导向。深刻认识妇联组织和工作中存在的机关化、行政化问题，切实解决有的妇联干部群众意识不够强、做妇女群众工作本领不够高；妇联基层组织有效覆盖不全、基层工作力量不足。③目标要求。保持和增强政治性先进性群众性，深入推进思想教育，转变思想观念，强化群众意识，防止和克服“机关化、行政化、贵族化、娱乐化”，牢牢把握引领妇女听党话、跟党走的政治任务，以体制机制改革为突破口，在调整优化职能、切实改进作风、增强发展活力上狠下功夫，大力推进机构设置、运行体制、组织方式、工作方式改革创新，建立完善覆盖广泛的组织体系、精干高效的运行机制、务实管用的服务平台、结构优化的干部队伍，把妇联组织建设得更加充满活力、坚强有力，更好地肩负起党赋予的光荣使命，更好地发挥党和政府联系妇女群众的桥梁纽带、妇女利益代表者维护者的作用。2.改革措施。对照《广东省妇联改革方案》中的七大方面改革任务和《梅州市妇联改革实施方案》的改革措施，结合大埔实际，制定27条具体改革措施：①改进妇联领导机构人员构成、运行机制和机构设置。有增强各级妇女代表大会和执委会、常委会的广泛性代表性；完善妇女代表大会代表和执委会、常委会工作制度；整合优化县妇联机关部门职能3条措施。②改革妇联干部选拔任用方式和管理制度。有打造专职、挂职、兼职相结合的干部队伍；改进妇联干部工作作风；建立妇联干部直接联系妇女群众制度3条措施。③创新动员妇女服务大局的载体和方式。有创新思想教育方式，引领妇女听党话、跟党走；创新“巾帼建新功·共筑中国梦”主题实践活动，动员妇女为经济社会发展贡献半边天力量；创新家庭文明建设工作，发挥妇女在家庭生活中的独特作用3条措施。④提升服务妇女、维护妇女合法权益水平。有拓宽妇女有序民主参与渠道；创新妇联维权工作；加强困难妇女儿童帮扶工作；建立依靠妇女群众推进妇联工作的运行方式和评价机制4条措施。⑤完善基层组织体系。有创新基层组织设置；配强基层妇联领导班子；壮大基层工作力量；强化基层阵地建设；发挥团体会员作用；加强对女性社会组织的联系引导；参与政府购买服务；探索基层妇联与其他基层群团组织资源整合、协同合作的服务模式；建立稳定规范的妇联工作经费保障制度9条措施。⑥构建“网上妇女之家”。有拓宽网上联系妇女渠道；开辟妇联网上工作新平台；开展网上宣传教育和舆论斗争3条措施。⑦切实加强党的领导。有落实党建带妇建制度；履行好县妇联党组织全面从严治党主体责任2条措施。

【关于认真学习宣传贯彻习近平总书记视察广东重要讲话精神】1. 充分认识习近平总书记视察广东重要讲话的重大意义。充分体现习近平总书记和党中央对广东工作的高度重视、对广东人民的亲切关怀。深深感受到总书记博大的人民情怀，深刻感受到总书记强大的思想魅力、人格魅力，让全省上下备受鼓舞、倍感温暖、倍感振奋、倍增继续前行的干劲和力量。习近平总书记视察广东是广东省改革发展进程中的又一重要里程碑，是全省人民政治生活中的大事。全县各级党组织和广大党员干部要牢固树立“四个意识”，坚定“四个自信”，做到“两个坚决维护”。不断增强学习贯彻习近平总书记重要讲话的自觉性、主动性、坚定性。2. 深刻理解习近平总书记重要讲话的精神实质。①深刻领会习近平总书记对广东的关心关爱。习近平总书记一直心系南粤大地、情系广东人民。回顾广东这些年的发展历程，每到重要节点关键时期，总书记都及时为广东把舵定向，寄予殷切期望，注入强大动力。②深刻领会习近平总书记对广东改革发展的充分肯定。总书记在重要讲话中贯通历史与现实，对广东改革开放的发展历程给予充分肯定，指出改革开放40年来广东创造了许多全国第一，在坚持和发展中国特色社会主义事业中创造了广东经验。③深刻领会习近平总书记提出的四个方面的重要要求。习近平总书记对广东工作提出深化改革开放、推动高质量发展、提高发展平衡性和协调性、加强党的领导和党的建设四个方面重要要求，与总书记对广东工作一系列重要指示要求一脉相承。④深刻领会习近平总书记对广东发展寄予的殷切期望。3. 自觉运用习近平总书记重要讲话精神指导大埔改革发展各项工作。①坚定不移把改革开放进行到底。②坚定不移推动高质量发展。积极对接省构建高水平科技创新体系的政策，出台实用有效的政策措施，不断壮大高新技术企业队伍，夯实大埔县科技创新的基础。③坚定不移提高发展平衡性和协调性。要切实解放思想、转变观念，认真践行“绿水青山就是金山银山”的发展理念，坚持扬长补短、错位发展，发挥生态、文化、平安优势，加快推进世界长寿乡创建工作，打响大埔“中国长寿之乡”品牌。④坚定不移加强党的领导和党的建设。要突出政治建设，旗帜鲜明讲政治，牢固树立“四个意识”，坚定“四个自信”，坚决践行“两个维护”，严格落实管党治党政治责任，严明政治纪律和政治规矩，做到“五个必须”，坚决反对“七个有之”，做好巡视整改“后半篇”文章。4. 抓牢抓实习近平总书记重要讲话精神的学习贯彻。①提高政治站位，迅速传达学习。②坚持以上率下，加强组织领导。③坚持一体学习，整体贯彻落实。④全面宣传宣讲，推进入脑入心。⑤坚持边学边干，开创工作新局。

【大埔县打好污染防治攻坚战三年行动计划（2018—2020年）】1. 总体要求。①指导思想。以习近平新时代中国特色社会主义思想为指导，坚决打赢蓝天保卫战，打好水源地保护、劣Ⅴ类水体消除、城市黑臭水体治理、高污染高排放行业企业淘汰、农业农村污染治理、柴油货车污染治理等战役，集中力量解决突出生态环境问题。②总体目标。到2020年，完成市下达的总量减排任务，主要污染物排放总量大幅减少，生态环境质量总体改善，力争环境质量状况、绿色发展水平、环境治理能力走在全市前列。2. 加强党对污染防治攻坚战的领导。①完善领导体制机制。②强化考核机制。③强化监督合力。④加强宣传引导。3. 抓水污染治理。①加强水源地环境保护。工作目标：全力确保饮用水水源安全，县级集中式饮用水水源地水质达到或优于Ⅲ类。②强化优良水体保护。工作目标：到2020年，地表水省考（含国考）断面水质优良（Ⅲ类及以上）比例稳定达到100%；提升韩江干支流水质，力争市考断面水质优良比例提高到100%。③消除劣Ⅴ类水体。工作目标：到2020年，对于划定地表水环境功能区划的水体断面，彻底消除劣Ⅴ类。④彻底消除黑臭水体。工作目标：到2020年，县城彻底消除黑臭水体。⑤加快推进污水处理设施建设。工作目标：2019年，全县建制镇实现污水处理设施全面覆盖；到2020年底，大埔县城污水处理率力争达到90%。⑥全面加强入河排污口规范化管理。工作目标：到2020年，建立完善入河排污口管理系统。⑦实施水生态扩容提质。工作目标：保障水生态环境容量。4. 打赢蓝天保卫战。①大力发展清洁能源。工作目标：到2020年，完成市下达非化石能源消费比重任务。②大力压减燃煤。工作目标：到2020年，完成市下达的煤炭消费总量控制任务和能源消费总量控制任务。③推广电动公交车及其他新能源汽车。工作目标：除应急运力外，到2020年，县城公交电动化率达到80%。④开展柴油货车污染治理。工作目标：到2020年，全县柴油货车颗粒物和氮氧化物排放总量比2017年分别下降10%，基本消除柴油车冒黑烟现象。⑤推进非道路移动机械污染防治。工作目标：基本消灭冒黑烟的工业钻探设备、工程机械、农业机械、林业机械、材料装卸机械、叉车等非道路移动机械。⑥加强挥发性有机物污染防治。工作目标：到2020年，挥发性有机物重点工程减排量完成市下达任务指标。⑦加强施工工地和运输扬尘管理。工作目标：全面落实施工工地"六个100%"措施。⑧全面禁止露天焚烧。工作目标：杜绝露天焚烧现象。⑨全面加强烟花爆竹燃放管控。工作目标：禁燃区内无烟花爆竹燃放。5. 开展土壤污染防治。①开展土壤污染状况详查。工作目标：到2020年，基本摸清全县土壤环境质量状况。②实施农用地分类管理。工作目标：到2020年，全县受污染耕地安全利用率达到90%左右。③严格建设用地准入管理。工作目标：到2020年，污染地块安全利用率不低于90%。④加强土壤环境质量监管。工作目标：保障土壤环境质量。6. 固体废物综合治理。①推进固体废物进口管理制度改革。工作目标：全面落实国家关于禁止"洋垃圾"入境各项改革措施。②加强危险废物规范化管理。工作目标：到2020年，全县工业危险废物安全处置率达到100%，医疗废物安全处置率达到99%。③加强一般工业固体废物资源化利用。工作目标：提高工业固体废物资源化利用率。④推进生活垃圾无害化处理和分类回收。工作目标：到2020年，县城生活垃圾无害化处理率达到100%，村庄保洁覆盖面达到100%。⑤强化生活污水厂污泥全过程监管。工作目标：到2020年，县城生活污水处理厂污泥无害化处置率达到100%。⑥严厉打击非法转移倾倒固体废物行为。工作目标：坚决遏制固体废物非法转移倾倒高发态势。7. 大力推进农业农村污染治理。①推进农村"厕所革命"。工作目标：到2020年，农村无害化卫生户厕普及率达到100%，全面普及乡村旅游区等公共厕所。②强化养殖污染治理。工作目标：到2020年，全县生猪存栏量在2016年的基础上消减50%以上，全县畜禽粪污资源化利用率达到75%以上，规模化养殖场粪污处理设施配套率达100%。③严格控制农业面源污染。工作目标：到2020年，全县测土配方施肥技术覆盖率达到90%以上，主要农作物化肥、农药利用率达到40%以上，实现化肥、农药使用量零增长。8. 调整优化产业结构。①依法依规推动落后产能退出。工作目标：利用综合标准，促使落后产能依法依规关停退出。②开展"散乱污"工业企业（场所）综合整治。工作目标：2018年年底前，完成城镇交界处、工业集聚区、镇级工业园"散乱污"工业企业（场所）整治，完成排查清单整治任务的40%；2019年年底前，完成"散乱污"工业企业（场所）专项整治。③加快工业绿色化循环化升级改造。工作目标：全县绿色低碳循环发展水平大幅提升。④大力发展低碳环保产业。工作目标：尽快形成具有竞争力的节能环保品牌和龙头企业。9. 加强组织实施。①夯实各方责任。②强化环境执法。③严格准入标准。④做好资金保障。⑤强化科技支撑。⑥完善监测评估体系。

中共大埔县委书记、副书记、常委名录

县委书记： 朱汉东

副 书 记： 熊锋松　李　宏

县委常委： 朱汉东　熊锋松　李　宏
张红梅（女）　郑尚森　陈伟平
陈军营　郭展凌　廖若旦
蓝　欣　刘小龙（2018.1—2018.9）

王　浩（2018.12—　）
吴东华（挂职）
曹丙利（挂职，2018.4—　）

中共大埔县委办公室负责人名录

主　　任：蓝　欣
副 主 任：黄旦亮（常务）　张云东
沈开鉴（2018.1—　）

（钟菁）

组织工作

【简述】2018年，中共大埔县委组织部牢固树立“四个意识”，贯彻全国、省、市组织工作会议精神，落实新时代党的建设总要求和新时代党的组织路线，聚焦主责主业、强化担当作为，全县组织工作取得成效。

【政治素养提高】2018年，县委组织部以习近平新时代中国特色社会主义思想为指导，提高政治素养。1. 做到“两个维护”。坚持把学习贯彻中共十九大精神和习近平新时代中国特色社会主义思想放在首位，通过中心组学习、专题培训等方式，引导党员坚定“四个意识”、增强“四个自信”。全年县委举办学习贯彻习近平新时代中国特色社会主义思想、习近平总书记重要讲话精神专题研讨培训班3期，15个镇（场）均至少举办2场次学习贯彻习近平总书记重要讲话精神培训班，完成干部全员轮训。同时，举办4期主体班，都对中共十九大精神、习近平总书记重要讲话精神进行讲解学习。县委还专门召开干部大会，深入学习贯彻习近平总书记视察广东重要讲话精神。县委组织部带头在各系统、行业掀起学习热潮，推动形成以习近平新时代中国特色社会主义思想武装头脑、指导实践。2. 落实全面从严治党。召开县党政领导班子坚决全面彻底肃清李嘉、万庆良流毒影响专题民主生活会和县党政领导班子巡视整改暨全面彻底肃清李嘉、万庆良恶劣影响专题民主生活会等，印发《中共大埔县委关于坚决全面彻底肃清李嘉、万庆良流毒影响工作方案》《关于明确〈中共大埔县委关于坚决全面彻底肃清李嘉、万庆良流毒影响工作方案〉时间要求的通知》等文件，专门举办坚决全面彻底肃清李嘉、万庆良流毒影响干部大会暨全县领导干部专题学习培训班，引导全县各级党组织、全体党员提高肃清工作的政治自觉、思想自觉和行动自觉。抓好巡视整改工作。对照中央、省委巡视反馈意见分别涉及四大方面7个问题和八大方面30个问题，全面认领、立行立改，召开4场县委常委会，以及县班子主要领导碰头会、中央和省委巡视反馈意见整改落实工作推进会等，及时传达上级有关精神并研究部署整改工作。3. 组织开展系列活动。“七一”前后，全县组织开展“八个一”系列活动，即开展一次讲党课和巡回宣讲活动、表彰一批优秀个人和先进基层党组织、推出一批红色文化理论研究成果、举办一场“讲好红色故事，助推绿色发展”演讲比赛、开展一次创新主题党日活动、召开一场专题组织生活会、走访慰问一批困难党员、出台一系列党建工作规范性文件，用苏区精神教育引导党员干部，凝心聚力共谋发展。4. 创建教育培训基地。挂牌成立三河坝干部学院，聘请25名客座教授，举办三河坝战役精神研讨会和中央红色交通线学术研讨会，邀请中央和省、市专家深入研究宣传大埔中央红色交通线重要历史意义和时代价值。完成15个镇（场）党校建设，配备专（兼）职教师283人，开展教育培训34场次，培训党员干部3126人次。

【干部管理监督工作】2018年，县委组织部围绕新时代新担当新作为，建设忠诚干净担当高素质干部队伍。1. 严格规范选人用人。围绕新时代新要求，修订完善《县管干部选拔任用操作规程》《股级干部任免操作规程

（试行）》等干部选拔任用工作规程，规范酝酿动议、民主推荐、考察公示等环节工作，坚持干部档案动议前预审、考察组初审、过会前复审。全年配合市委组织部做好 1 名市管干部推荐考察工作，完成 6 批 126 名县管干部的提调任免工作。其中提任领导职务 40 人，提任非领导职务 9 人，同级转任 44 人（一把手 13 人），免职 26 人，其他任免 7 人。充实 665 人次的干部选拔任用工作纪实材料，全流程记录选任工作情况，考准考实领导干部。2．加强干部队伍管理。开展公务员信息采集和统计工作，采集全县 1953 名公务员个人信息，完善干部信息库数据。加强对三类干部动态跟踪，通过对年轻干部、女干部、党外干部培养选拔情况开展调研，召开镇级青年干部座谈会，及时了解他们的工作表现、思想动态、生活情况等。集中检查清理全县干部抽（借）调情况以及“混基层经历”问题，对未满服务年限抽调离开乡镇的 52 名干部，于 6 月 1 日前统一安排回原单位工作。制订机关事业单位干部抽（借）调、参加遴选考试等一系列管理办法，强化流动管理，稳定基层干部队伍。3.从严监督管理干部。组织 38 名在职处级领导、35 名离（退）休处级领导和全县各机关事业单位领导干部进行自查，坚决全面彻底肃清李嘉、万庆良流毒影响。落实中央和省委巡视梅州市关于选人用人反馈问题的整改要求，开展超职数配备、带病提拔、“裸官”治理三项整改工作，完成县直系统机关党委正、副书记消化整改，并根据巡察反馈问题，督促相关部门抓好选人用人有关问题的整改落实。组织 33 名市管干部和全县副科级以上干部、领导班子成员填报个人有关事项报告。同时，落实好谈心谈话制度，组织 2017 年度新提拔领导干部开展任前谈话，有针对性强化领导干部日常监督管理。围绕干部选拔任用、干部人事档案等专题，重点培训各镇（场）和县直各单位组织人事部门负责人，分 2 批组织 8 名乡镇和县直管档单位的人事档案管理人员到组织部档案室跟班学习，提升选人用人和档案规范化管理水平。

【基层党建工作】2018 年，县委组织部牢固树立基层导向，推动党的基层组织持续发力。1．抓规范建设。把省加强党的基层组织建设三年行动计划作为“头号工程”，研究出台本级实施方案，举办全县贯彻落实“三年行动计划”培训班。抓好党组织优化设置工作，指导完成 18 个村（社区）党支部升格党总支工作，完成 68 个村（社区）增选党组织委员。制定出台《关于进一步规范村（社区）党群服务中心阵地建设的通知》，印制《大埔县村（社区）党群服务中心阵地建设规范化指引参考》，全县统一模式，打造新时代党员活动前沿阵地，至 2018 年底，村（社区）党群服务中心规范化建设完成率 89.5%。2．抓示范带动。推进三河镇旧寨村、枫朗镇大埔角村、茶阳镇太宁村 3 个“红色村”示范点建设，聘请实力团队设计，突出红味党味，并与新农村建设契合，制订具有时代特色鲜明的整体规划方案。旧寨村建设初见成效。3．抓核心建设。开展“四不”村党组织书记集中调整，全面掌握 256 个村（社区）党组织书记履职情况。全年调整村党组织书记 24 人，其中不胜任现职的 9 名，建立书记后备干部信息库，按不低于 1∶2 比例选取人员，确定村党组织书记后备队伍 519 人。同时，坚持“请进来”和“走出去”相结合，不断给农村基层“领头雁”充电、加油。3 月，召开全县党建工作会议暨村（社区）党组织书记、主任培训班，提升村党组织书记抓基层党组织建设和基层治理等方面的能力水平；7 月底，组织 32 个精品村党组织书记赴浙江省桐庐县学习培训，拓宽村党组织书记视野。注重加强村干部学历教育，组织 43 名村党组织书记和后备干部参加大专学历教育，组织 254

名初中以下学历村干部报读中专班，提升村干部整体文化素质。4. 抓载体创新。推进“南粤党员先锋示范工程”，对在职党员，设立党员示范岗、党员责任区等，开展党员“三亮”活动，推行窗口单位和一线党员在岗佩徽挂牌。在农村党员门前悬挂统一制作的“共产党员户”牌匾，对在家有行动能力党员进行痕迹管理。选取部分村试点先行，建立农村党员“积分制”管理、“星级化”考评制度，推行“无职党员设岗定责活动”，通过设立环境卫生监督岗、文明新风宣传岗、外出信息服务岗等8个岗，做到党员带头做好政策宣传、带头示范优秀家风、带头为民服务办事等“六个带头”，全县3824名党员认领了岗位。2018年“七一”表彰一批在基层党建、脱贫攻坚、乡村振兴、扫黑除恶中表现突出的120位优秀个人和30个先进基层党组织，突出党员示范引领作用。制订发展党员规划时对结构比例提出刚性要求，抓好对党员发展的审核把关，全年全县发展183名党员，其中35岁以下占比65.6%。5. 抓整顿转化。开展村级换届“回头看”，结合扫黑除恶专项斗争，按照“六对接六查找”全面精准排查，确定14个软弱涣散村党组织，实行市、县、镇三级书记挂点整顿，精心选派驻村团队和“第一书记”，重点难点村由副处级领导担任“第一书记”。对全县各级党组织实行动态管理，凡是出现涉黑涉恶或软弱涣散的随时列入整顿，推动党的基层组织建设全面进步、全面过硬。6. 抓基层治理。开展村级换届“回头看”，以“拉网式”对有关村级换届后的新信息线索、新信访举报等情况再排除、再收集，排查出问题线索2条，并办理完结。同时，针对扫黑除恶专项斗争中查处村干部参与非法采矿犯罪行为，将高陂镇三岗村列入2018年软弱涣散村进行整顿。7. 抓机关党建。抓严抓实机关党员教育，量化、细化机关党组织年度目标任务，特别是针对“三会一课”制度落实情况，县委组织部采取逢双月轮番抽查机关事业单位党组织会议记录的形式，有效解决机关党建“灯下黑”问题。全年集中抽查9个口53个党组织“三会一课”会议记录。8.抓“两新”党建。对符合单独组建条件的“两新”组织加强指导，全县有“两新”组织党组织97个，接近覆盖率90%。

【人才工作】2018年，县委组织部实施人才强县战略，优化人才发展生态。1. 强化人才工作保障。把人才工作作为各级党组织书记党建述职和县直单位、镇（场）振兴发展考核重要内容。建立每名县党政领导联系1名拔尖人才、高层次人才机制，完善县管专业技术拔尖人才选拔管理办法、高层次人才享受县政府特殊津贴制度等。加大对人才工作资金支持，全年投入人才工作经费450万元。2. 壮大人才总量。2018年起，大埔县专门安排50个机动事业编制，用于解决部分单位引进高素质人才、紧缺人才编制问题，建立动态管理台账，对核增的机动编制，待相关单位出现空编收回，继续用于保障其他单位用编需求。拿出68个岗位面向全国引进全日制师范类硕士研究生和卫生类全日制本科及以上毕业生，安排专人到南昌市、长沙市等地重点高校举办人才引进推介活动。全年新引进5名全日制硕士研究生和7名临床医学类全日制本科毕业生；通过公开招考招聘，新引进564名教育、卫生、陶瓷、农林等专业技术人才。3. 注重人才分类培养。结合大埔县陶瓷、电力等产业发展需求，深化与高等院校、科研院所共建产学研项目合作机制，开展产学研联合，培育新技术新产品新标准陶瓷、电力产业人才。围绕打赢脱贫攻坚战和乡村振兴发展，培养职业农民、农村工匠等农村实用型人才。鼓励各类人员参与职称和学历提升培训，提升综合素质能力。如县人民医院对取得正高级资格职称的给予6万元奖励，对取得副高职称的奖励5000元，取得中级职称的奖励2000元。4. 搭建创新创业平台。扶持富大陶瓷、昌隆陶瓷、吉玉陶瓷、顺兴种养有限公司等企业建立研发机构，提升人才创新驱动企业发展核心竞争力，推进6项技改项目和9项重点陶瓷产品质量提升，拓展开发富硒长寿健康食品3项，全年全县专利申请量92件、专利授权量63件。加快广州海珠（大埔）产业园、县城工业小区、蜜柚产业化生产示范园区建设，抓好广东富大陶瓷文化发展股份有限公司“一方土工坊”省级众创空间和梅州富大科技有限公司申报省级科技企业孵化器。扶持高校毕业生32人就业创业，扶持资金24万元。

【组织部门自身建设】2018年，县委组织部强化组织部门和组工干部自身建设。1. 强化党性锻炼。县委组织部机关党支部每月组织一次专题学习会，各党小组每周开展一次集中学习活动，集中学习研讨全国、全省、全市组织工作会议精神，习近平总书记视察广东重要讲话精神，以及最新的组工政策文件，提高组工干部思想认识、政治站位。开展“铭记光辉历史，传承红色基因”革命传统教育，组织组工干部到梅州地区第一个党组织——中共大埔仰文学校党支部旧址参观缅怀，到三河镇旧寨村、枫朗镇大埔角村、茶阳镇太宁村等“红色村”听老党员“讲故事”，重温红色经典，激发干事热情。2. 强化业务学习。实施“组工干部素质提升工程”，建立组织部门“AB角”工作机制，加强业务学习交流，激发干部钻研业务、提高本领的积极性主动性，推动组工干部成为工作的“多面手”。开设“组工讲坛”，每期确定主题和主讲股室，轮流登台讲课，对组织工作业务知识进行详细讲解，畅谈业务工作，感悟认识体会，以讲坛促学习、练能力、提素质，使每位组工干部熟练掌握组织工作流程和业务知识。3. 强化自身建设。推行组工干部工作项目化管理，将年度组织重点任务细化分解成任务清单，把创新工作作为年终考核和评优评先的重要依据。坚持“开门抓组织工作”，在全县开展“向组织部长说句心里话”谈心谈话活动，建立组织部部长与全县党员、干部、人才经常性双向谈心谈话工作机制，把组织部门建设成为党员之家、干部之家、人才之家。推进组织工作规范化建设，健全完善部机关日常管理、信访接待、廉政约谈、“三误”责任追究等制度，以制度规范言行、强化执行，引导组工干部自觉从严律己、坚守底线，树立公道正派、清正廉洁的良好形象，打造“讲政治、重公道、业务精、作风好”的模范部门。

中共大埔县委组织部负责人名录

部　　长：陈军营

副 部 长：许彩文（女，常务）　罗伟国　张荣强　何赞营　范柳登

（杨延浪）

宣 传 工 作

【简述】2018年，中共大埔县委宣传部以习近平新时代中国特色社会主义思想为统揽，深入学习宣传贯彻中共十九大、习近平总书记视察广东重要讲话精神，围绕中心，服务大局，全面落实推进巡视整改工作，讲述大埔好故事，弘扬社会正能量。

【理论武装工作】2018年，县委宣传部履行意识形态工作主体责任，协调做好责任书签订工作，确保意识形态责任落实到位。组织宣传口党员干部、镇（场）宣传委员学习贯彻中共十九大、习近平总书记视察广东重要讲话精神。全年协调组织县委中心组集中学习22场次29个专题，举办2场次专题大型报告会。组织带领相关人员到惠州、丰顺等地，学习考察借鉴文明创建、新时代文明实践中心建设等先进理念。落实巡视整改要求，组织举办全县宣传委员培训班，对理论学习、

网络舆情引导、乡风文明与文明村镇创建工作等业务进行辅导。组建百姓宣讲团，在百侯南山红光隧道举行“学讲话、讲故事、谈感受”百姓宣讲首场专题讲座，举办广东省庆祝改革开放40周年宣讲报告会大埔专场启动仪式。组织宣讲团开展宣讲辅导活动，重点推动中共十九大精神、习近平总书记视察广东重要讲话精神进机关、进企业、进农村、进学校、进社区，全年组织宣讲150场次，全县受益党员干部、群众、学生2万多人。

【舆论宣传工作】2018年，县委宣传部做大主题宣传，组织举办“讲好红色故事，助推绿色发展”演讲比赛，主办“迎新年·颂党恩·展新貌”大合唱活动，唱响时代主旋律。做强专题宣传。策划好推进中央、省委巡视整改电视宣传专题专栏；利用流动舞台车送戏下乡宣传习近平总书记视察广东重要讲话精神；协调制作《奋进新时代，共创新未来》招商大会宣传片；协助中央电视台完成广东（梅州）庆祝首届“中国农民丰收节”大埔分会场活动录制，大埔县人民政府被市委、市政府评为突出贡献单位。注重网络舆情。加强大埔网、大埔人网等新媒体管控引导，成功处置“光德镇富岭村盗采稀土事件”等舆情事件，全年大埔未发生影响不良的网络安全事件。开辟新兴媒体宣传路径，有效提升“客家香格里拉”政务微信平台宣传质量，提高新闻舆论传播影响力。

【文化艺术工作】2018年，县委宣传部实行“三馆”免费开放，推进基层综合性文化服务中心建设，实现256个行政村（社区）综合性文化服务中心全覆盖，县图书馆获评国家一级图书馆。办好“庆祝改革开放40周年”系列文艺活动，大埔县被中华诗词学会授予“中华诗词之乡”，获评2018—2020年度广东省民间文化艺术之乡，原创舞蹈《老鼠板板两头尖》获市第二届客家童谣节十佳童谣奖，怡丰园高档骨质瓷聚宝盆《清明上河图》在第十四届文博会上获“中国工艺美术文化创意奖”金奖。兴建9个非遗展示点，西河漳溪墟扫街灯入选第七批省级非物质文化遗产名录。县社科联被评为2018年度全国社科组织先进单位，县田家炳实验中学、张云裁实验小学被授予“中华诗教先进单位”。科学编制全域旅游规划，做好高陂库区旅游规划招投标准备工作，提档升级乡村旅游，加快创建省全域旅游示范县。组织旅游部门赴广州、厦门等地开展旅游宣传推介活动，打响文化旅游品牌。建设三河坝战役纪念园红色旅游龙头景区，主办游千年古镇·品客家美食“千车万人游大埔”等系列活动，举办旅游讲解员职业技能培训班及大赛，打造文化旅游新名片。大埔县登上2018“锦绣中国榜”，被评选为“新时代·中国最佳康养旅游名县”。

【精神文明建设】参见“精神文明建设”分目。

中共大埔县委宣传部负责人名录

部　长：陈伟平

副部长：蔡　忠（常务）　林万水　蔡　葵

（邓祥友）

精神文明建设

【核心价值观学习教育】2018年，大埔县精神文明建设委员会办公室学习贯彻习近平新时代中国特色社会主义思想和中共十九大精神，推进核心价值观示范点建设，全县新增加树立核心价值观公益广告宣传牌600多块。制订新时代文明实践中心建设实施方案，组编出版《大埔县新时代乡土文明故事集》，在三河坝战役纪念园、青溪中央红色交通站旧址等地实施市县、县镇共建“新时代红色文化讲习所”，擦亮红色文化品牌。

【思想道德主题实践】2018年，县文明办组织做好道德模范等先进典型发掘选树工作，万川爱心协会执行会长黄启雄、环卫所曾献阳被评为“梅州好人”，陈衡礼被评为“客都好乡贤”，蓝达瑾、罗书礼 2 户家庭被评为 2018 年梅州市优秀书香家庭，罗百胜、李万兴 2 户家庭被评为第二届梅州市文明家庭。

【精神文明创建】2018 年，大埔县推进县级文明城市巩固提升工作，顺利通过广东省县级文明城市复评验收。结合实施乡村振兴战略，县文明办组织开展文明镇、村（社区）创建活动，助力打造文明乡风建设示范村，提升农村精神文明建设水平，打造一批具有人文之美、风尚之美、环境之美、文化之美的新农村示范点。组织相关部门加强城乡公厕环境卫生整治，结合文明城市创建提升，完成县城 14 间公厕的改造提升，条件较好的公厕还建设了无障碍卫生间、第三卫生间和母婴室卫生间。

【志愿服务】2018 年，县文明办开展文明餐桌、文明交通、文明旅游、文明网络、文明公厕等系列文明引导行动，提升市民文明素质。发展学雷锋志愿服务事业，突出示范引领，提升公民道德素质和社会公德水平。万川爱心协会会长丘牡香被评为全国最美志愿者。

大埔县精神文明建设委员会办公室负责人名录

主　任：林万水

副主任：连云学

（邓祥友）

爱国统一战线工作

【简述】2018 年，中共大埔县委统一战线工作部学习贯彻习近平新时代中国特色社会主义思想和中共十九大精神，以学习贯彻落实习近平总书记视察广东重要讲话精神为核心和导向，发挥新时代统一战线重要法宝作用，围绕县委、县政府中心工作，凝心聚力、汇智引力、献计出力，推动习近平总书记系列重要讲话精神在全县统一战线落地生根、结出丰硕成果。

【政治思想建设】2018 年，县委统战部把学习宣传贯彻习近平总书记系列重要讲话特别是视察广东重要讲话精神作为全县统一战线义不容辞的政治责任、锤炼党性修养的必修功课、提升政治能力的根本遵循，利用宣传栏、微信、QQ 等宣传载体，掀起学习宣传贯彻热潮，宣传重要讲话精神实质，使之成为统战部门和统战对象学习领会习近平新时代中国特色社会主义思想的重要载体，凝聚全县统一战线的思想政治共识。同时，按照中央、省委巡视反馈意见和市委、县委关于巡视整改的部署要求，把巡视整改作为履行全面从严治党主体责任的重要抓手、作为落实“两个坚决维护”的政治要求和具体行动，发挥大埔县民族宗教工作协调领导小组的核心作用，层层传导责任压力，迅速坚决、不折不扣、逐条逐项、举一反三抓好巡视整改落实工作，特别是对中央、省委巡视反馈意见中涉及统一战线的意识形态、宗教管理、“四风”隐形变异等突出问题，县委统战部作为牵头单位、县民宗局作为主要责任单位，诚恳接受、照单全收、对标对表，坚持“当下改”和“长久立”有机结合，对照中央巡视反馈的问题明确整改措施，严格履行主体责任，统筹协调各方力量，做好巡视“后半篇文章”，完成巡视整改任务。

【非公经济工作】2018 年，县工商联（总商会）贯彻习近平总书记在民营企业座谈会上的重要讲话精神，坚持“两个毫不动摇”，以纪念改革开放 40 周年为契机，组织开展形式多样的理想信念教育实践活动，引导非公有制经济人士坚定“四个自信”，弘扬优秀企业家精神，提升民营企业家整体素质。1. 加强非公有制经济人士理想信念教育。举办学习中共十九大精神报告会和习近平总书记系列重要讲话精神学习会、企业普法宣传、座谈交流等活动，教育引导企业家提高政治站位、珍视自身社会形象，热爱祖国、热爱人民、热爱中国共产党，听党话，跟党走。践行社会主义核心价值观，弘扬企业家精神，做爱国敬业、守法经营、创业创新、回报社会的典范。2. 引导非公有制经济人士履行社会责任。鼓励企业家在经济社会发展过程中主动承担起社会责任，动员和组织民营企业参与省“万企帮万村”和市“千企扶千村”行动，梅州市正居建设工程有限公司、广东顺兴种养股份公司等10家企业分别帮扶14个村；引导企业家参与光彩事业回报社会，推动大埔县乡村振兴、精准脱贫和教育事业发展等工作，在扶贫济困日活动中，发动罗汉江、刘建平等企业家为扶贫济困捐款150万元，在招商大会活动中，发动丘勇奇、罗瑞丹等企业家为教育发展基金捐款3510万元。

【民族宗教事务】参见“民族宗教事务”分目。

【港澳台同胞工作】2018年，县委统战部全面准确贯彻‘一国两制”方针和基本法，引导港澳大埔籍社团和建制内人士及乡亲高举爱国、爱港、爱澳旗帜，支持香港、澳门特区政府依法施政，共同维护香港、澳门长期繁荣稳定。发挥港澳社团的交流平台和桥梁纽带作用，团结客属乡亲，凝聚各界力量，参与粤港澳大湾区建设，推动埔港两地加强合作、优势互补、互利共赢。根据市委统战部及县委的工作安排，6次到香港开展专项工作。同时，加强与港澳台大埔社团的联系对接，借助“文化之乡”的品牌优势，邀请香港大埔同乡会组团到大埔开展“寻找家乡的故事”系列活动，通过客家文化交流、客家美食体验、学唱客家山歌等活动和参观红色教育基地、景点等形式，加深港澳乡亲特别是青少年学生对祖国、对家乡的了解和认识，增强他们对祖国和中华民族的归属感及认同感。热情接待台湾“中华生产党”、台湾苗栗县政府参议、台北市大埔同乡会等考察访问团7批次近300人，推进海峡两岸的交流交往。

【侨胞工作】2018年，开展形式多样的海外联谊活动，加强与海外社团、知名人士的联系，拓展海外联谊空间。发挥县委统战部的牵头抓总作用，开展联络联谊工作，由县领导带队分别拜访新加坡、马来西亚、文莱、印度尼西亚的社团和政要侨领，参加招商会、华侨社团庆典等活动，深化与海外社团及乡亲的连心联谊，加强交流合作，增进乡情友谊。

【党外代表人士队伍建设】2018年，县委统战部围绕“坚持中国共产党领导，走中国特色社会主义道路”这一主题，加强对党外人士的政治理论培训，引导党外代表人士接受中国共产党领导的自觉性和坚定性。有针对性地在各种会议上宣传统战理论，推荐党外干部和统战部门干部到市社会主义学院进行学习培训。健全完善党外代表人士队伍信息库，加强党外干部和后备干部梯队动态管理，初步建立副科级以下党外后备干部人才信息库。加强党外干部选拔任用工作。全年向组织部推荐3名党外优秀干部作提拔使用人选。健全对非公有制经济人士政治安排的综合评价体系，规范党外人大代表、政协委员尤其是港澳委员人选考核把关的机制，完善各宗教团体换届选举程序和人选标准。

中共大埔县委统一战线工作部负责人名录

部　长：张红梅（女）

副部长：何祖才（常务）　郭成燕（女）

罗伟南

（张助辅）

台湾事务

【简述】2018年，大埔县人民政府台湾事务办公室准确把握中央、省对台工作的大政方针，围绕全县中心工作，团结台胞台属，做好台胞台属服务、对台交往交流、对台宣传等工作，取得明显成效。

【对台服务工作】2018年，县台办“用心、用情、用力”做好对台服务工作。1.创新机制，营造涉台经济发展环境。县台办坚持抓服务、抓谋划、抓作风，创新工作机制，为县域经济社会发展服务。发挥对台工作的独特优势，加强与台胞台属的联系和沟通，通过春节团拜会、座谈会、对台工作情况通报会等载体和渠道把台胞台属团结起来，凝聚力量。利用区位资源优势明显、埔台两地文化底蕴深厚的特点，向台湾岛内和台商出点子、选项目、提供信息、协调关系，做好招商引资工作。10月28日，在大埔县招商大会召开之际，邀请台湾科峤工业股份有限公司董事长邓全凯、汎德建设有限公司董事长潘英穗等一行7人参加，向其详细介绍大埔县重点项目、基础设施建设、民生工程、城市扩容提质等方面取得的成绩。2.尽心尽职，对台基础工作扎实。县台办把为台商台胞台属办实事，为他们排忧解难当作一项基础工作来抓。开展一系列走访慰问在大埔的台资企业及台胞台属活动，向他们介绍大埔县对台工作情况，倾听他们的意见、建议，帮助解决他们所遇到的实际问题。8月17日，邀请台商何敏才座谈，了解其对百侯镇武塘村创建AAA级以上乡村旅游景区初步设想及规划建设建议；9月1日，协助台籍学生办理就学事宜。全年协助台属办理涉台遗产1宗，受理台胞台属信访问题3件，为2位台胞找到了祖籍地及大陆亲人，为台胞台属解决实际问题5宗。

【埔台两地交流交往】2018年，由于民进党拒不承认“九二共识”，导致两岸制度化交往机制停摆，县台办迎难而上，全年两岸交流交往的批次、人数持续增长。4月6—8日，接待由台北市大埔同乡会新任理事长黄东祥一行14人；5月21日，接待台湾“中华生产党”一行34人；5月27日，接待台湾苗栗县政府参议许满显一行57人；8月9—13日，接待国台办重点交流项目——“第四届两岸一家亲——梅台婚配夫妻婚庆活动”成员一行33人；10月30日，接待“中华两岸和平发展联合会”主席、教授蓝博洲一行等。通过实地参观考察，让台胞目睹，亲自经历，感受大埔县经济蓬勃发展。全年大埔县赴台探亲、旅游、商贸及文化交流人数年年递增，来访、接待台湾团体7批次210人，其中超过30人的团体有3批次。

大埔县人民政府台湾事务办公室负责人名录

主　任：孙文祥

副主任：何　韬

（何成文）

民族宗教事务

【简述】2018年，大埔县民族宗教事务局贯彻落实中共十九大精神和习近平新时代中国特色社会主义思想以及县委十二届四次、五次全会精神，落实党和国家的民族宗教政策，依法管理民族宗教事务，围绕中心、服务大局、认真履职，保持大埔县民族团结、宗教和顺、社会和谐稳定的局面，为推动全县经济社会各项事业发展做出贡献。

【民族基本情况】2018年，大埔县人口以汉族为主，兼有蒙古族、回族、藏族、苗族、彝族、壮族、布依族、朝鲜族、满族、侗族、瑶族、白族、土家族、哈尼族、傣族、黎族、傈僳族、畲族、高山族、水族、景颇族、土族、仫佬族、毛南族、仡佬族、赫哲族等 26 个少数民族，人口 900 多人，这些少数民族居民多因工作、婚姻关系而迁入，分散居住在全县各乡镇。

【宗教基本情况】2018 年，大埔县宗教主要有佛教、基督教和道教。批准开放的宗教场所 30 间，其中佛教 20 间，基督教 8 间，道教 1 间，民间信仰点 1 间（广福宫），教职人员 70 多人，信教群众约 2 万人。

【民族宗教工作】2018 年，县民宗局贯彻落实党和国家的民族宗教政策，依法管理民族宗教事务。1. 抓好省委巡视反馈问题的整改。针对省委巡视组反馈的宗教工作存在的 4 个方面突出问题，迅速成立巡视整改工作领导机构，制定详细整改方案，对标对表，立行立改，推进整改工作落到实处。2. 健全宗教工作三级网络架构。3 月 13 日，召开全县宗教工作会议，并以县政府名义专门下发《关于建立健全基层宗教工作责任网络的通知》，做好宗教网络架构工作。3. 加强维稳举措，确保民族宗教领域和谐稳定。妥善处理湖寮镇玉帝宫矛盾难点问题。抓好宗教场所的安全管理工作。严密防范非法宗教和境外宗教渗透活动。4. 服务大局，协调抓好阴那山万福寺大景区建设。至 2018 年底，完成投资 1.3 亿元，约占全年计划投资的 100.38%。5. 加强教育，引导宗教界与社会主义社会相适应。①加强宣传教育，提升宗教人士的政治素质和法律意识。2018 年，结合开展“政策法规学习月”活动、各宗教团体召开理事会议、年终总结会等时机，传达学习中共十九大和省、市、县宗教工作会议精神 7 场次，举办学习新修订的《宗教事务条例》等宗教政策法规专题学习培训班 3 场次，并发放有关政策法规和学习文件资料 800 多册到各宗教团体和宗教场所。②树立服务社会意识，发挥宗教界积极作用。大埔县宗教界共筹得资金 30 万元，用于开展扶贫济困、助残助学、尊老敬老等慈善活动。③引导宗教场所开展“四进”活动。6. 加大学习宣传力度，提高全县各级做好宗教工作的政治素养和能力水平。2018 年，加大宗教工作学习宣传培训力度，提高全县各级领导干部的思想政治意识，提高做好宗教工作的能力水平。

大埔县民族宗教事务局负责人名录

局　长：郭成燕（女）

副局长：刘首忠

（张利娜）

县直属机关工委工作

【简述】2018 年，中共大埔县直属机关工作委员会下设 5 个局党委，党总支 22 个，党支部 246 个，党员 5447 人。县直工委以习近平新时代中国特色社会主义思想为指导，全面贯彻中共十九大、十九届二中、三中全会精神，以“不忘初心、牢记使命”主题教育为抓手，聚焦提高机关党的建设质量，奋力实现机关党的政治领导力、思想引领力、基层组织力、融合服务力、纪律执行力的新跃升。围绕县委中心工作，实施“生态立县、实业富县、文旅兴县”三个定位，落实《大埔县加强党的基层组织建设三年行动计划实施方案（2018—2020 年）》，以“规范化建设”为主题，以改革创新精神做好新时代党的建设各项工作，提高县直机关党的建设水平，为推动生态富民强县，决胜全面建成小康社会提供坚强有力的保障。

【机关党员干部思想教育】1. 学习中共十九大精神。2018 年，县直机关各级党组织增强自觉性和责任感，把思想和行动统一起来，把学习中共十九大精神作为首要的政治任务抓紧抓好。①通过组织收听收看视频会议、集中学习、专题辅导、上专题党课、开展调研、个人自学、撰写心得体会等学习研讨活动，掀起持续学习贯彻中共十九大精神热潮。②抓好党员领导干部的学习培训。县直工委联合县委组织部、县委党校根据《大埔县加强党的基层组织建设三年行动计划实施方案（2018—2020年）》要求抓培训。6月24—29日，举办县直机关党建工作创新专题班，对县直45名党建干部进行培训，培训班还组织全体学员到贵州遵义，在遵义会议会址及陈列馆、苟坝会议会址、毛主席诗词馆、四渡赤水之茅台渡口、新农村示范点花茂村等地进行现场教学。10月31日至11月1日，举办两期县直机关（事业）单位党支部书记、党务工作者培训班，县直机关（事业）单位党支部书记、组织委员和具体负责党务工作者共162人参加培训。③开展中共十九大精神进基层活动。县直各级党组织通过宣传栏展示、演讲比赛等形式营造学习氛围，助推各项工作迈上新台阶。④组织对县直单位党员干部学习贯彻中共十九大精神培训班撰写心得体会情况开展自查自纠活动。对个别党员干部心得体会存在内容大篇幅与网上文章相同、改头换面相互雷同、东拼西凑、文不对题等问题或没有上交心得体会进行自查整改。2. 全面彻底肃清李嘉、万庆良恶劣影响，营造风清气正的政治生态环境。传达学习中央、省委关于坚决全面彻底肃清李嘉、万庆良恶劣影响的相关文件精神；领会习近平总书记关于“政治生态”“领导干部要讲政德”等系列重要讲话精神。通过深入学习讨论，召开组织生活会，使全体党员干部深刻认识坚决全面彻底肃清李嘉、万庆良恶劣影响的极端重要性。3. 坚持支部学习制度。县直工委把学习贯彻习近平新时代中国特色社会主义思想和中共十九大精神作为深化理论武装工作的首要政治任务。制订学习十九大精神学习培训计划和支部学习计划，对学习内容进行细化安排。结合开展“不忘初心、牢记使命”主题教育，县直各级党组织坚持把推进“两学一做”学习教育常态化制度化作为加强党的建设的重大政治任务，摆上重要位置，第一时间学习传达中央、省委有关文件和会议精神，强化“三会一课”、党员组织生活、党内谈心谈话、民主评议党员等制度刚性执行，使每一个支部每一名党员思想受教育。指导抓好县直各级党组织开展宪法专题学习宣传，增强贯彻实施的自觉性和坚定性，自觉维护宪法权威，捍卫宪法尊严，保证宪法实施。

【机关党的建设】2018年年初，县直机关工委制定《2018年大埔县直机关党的工作要点》，下发至县直系统党委和县直各级党组织，要求各级党组织围绕县委中心工作，实施机关党建“五加强五增强”（加强政治建设，不断增强机关党的政治领导力；加强思想建设，不断增强机关党的思想引领力；加强组织建设，不断增强基层党组织组织力；推进党建创新，不断增强机关党建工作融合服务力；加强纪律教育，不断增强机关党的纪律执行力）工作。1. 履行“一岗双责”。县直各单位主要负责人为机关党建工作第一责任人，履行“一岗双责”，坚持党建工作与业务工作“一起抓”，使党建工作真正在促进业务、转变作风，提高队伍素质上发挥服务和保障作用。2. 建立健全党建长效机制。健全各项党建工作制度，将党支部职责等内容上墙，完善各类责任清单，促进党建工作科学化、制度化、规范化发展。做好县直机关单位“党建工作”绩效考核，落实“三会一课”制度，每月开展主题党日活动，严格党的组织生活，加强对党员的管理和监督。做好各级党组织书记抓基层党建工作述职。3. 加大对县直各级党组织的指导。①加大督导，实施年中、年终大检查。县直工委牵头组织，联合县委组织部、县委宣传部等单位抽调工作人员组成两个检查组，分别于2018年7月9—13日和12月10—14日，通过听取汇报、查阅资料、随机提问、座谈了解等方式，对县直机关各级党组织机关党建工作进行检查，对存在的问题发文通报，并要求各级党组织建立整改台账。②转变角色，主动作为。8月21日，中共大埔县委办公室印发《关于撤销系统直属机关党委的通知》，撤销县直各系统直属机关党委，各单位党组织由县直机关工委直接管理。县直工委接待县直单位党组织来人100人次，指导解决党建工作中存在的问题及释惑；到65个县直单位党组织检查、指导“三会一课”制度、学习制度、民主生活会和组织生活会制度、党务公开制度等制度的执行情况，以及学习宣传贯彻中共十九大精神和习近平总书记视察广东的重要讲话精神的落实情况，并督促他们及时开展主题党日活动和党组织的各项活动。4. 严把入党关，提升党员品质。做好党员培训考察和发展工作，以“三步走”（严审入党材料，严格考察程序，抓好谈话提醒）抓好发展对象考察工作，确保发展党员质量。5月下旬，举办为期3天的县直机关92名入党积极分子培训班。“七一”前夕，组织50名新（老）党员到枫朗镇大埔角村“南方工委”旧址参加新党员宣誓大会和老党员重温入党誓词活动，新（老）党员接受党性的洗礼。同时注重做好县直单位党组织党费收缴管理工作，全年收缴党费104.5万元，并按要求全额上缴县委组织部。

【弘扬大埔红色文化品牌】2018年，大埔县贯彻落实习近平总书记关于“把红色资源利用好、把红色传统发扬好、把红色基因传承好”的重要论述和省委书记李希到梅州调研强调“铭记光辉历史、传承红色基因”的指示精神，挖掘红色资源，传承红色文化，激活红色基因，打响红色品牌。1. 组织开展革命文化教育。大埔县是广东首个原中央苏区县，境内有“八一”起义军三河坝战役旧址等80余处革命遗址，具有光荣革命传统和优良革命精神。县直各级党组织充分挖掘利用大埔丰富红色资源，开展“铭记光辉历史，传承红色基因”专题教育，通过加强党史国史改革开放史教育，激励全县党员干部提振干事创业精气神。2. 做强做大红色品牌。为贯彻落实上级领导指示精神，继承革命传统，弘扬爱国主义精神，保护利用好革命历史文化遗产，发挥纪念园教育基地作用，打造中央苏区品牌，县直工委牵头向省直工委提出申请将三河坝战役纪念园定为“广东省直机关党员干部红色革命教育基地”。8月23日，县直工委与县委宣传部、县委组织部等单位联合举办“讲好红色故事·助推绿色发展”演讲比赛。县直工委联合县委组织部、县委宣传部、县文广新局举办“唱响新时代·迈向新征程——2018大埔县‘迎新年·颂党恩·展新貌’”大合唱活动。

【机关作风建设】1. 修订完善评议办法。针对每年在评议中发现的一些问题，在充分调研和听取被评议单位、监督员的意见建议的基础上，对2018年机关作风评议办法进行修改完善，根据单位性质职能对评议单位类型进行分类调整，细化充实评议内容，使考核评议更加科学、真实，以更高标准更严要求抓好作风建设。2018年，县作评办牵头制定《大埔县机关作风评议办法》《大埔县机关作风综合考评》等文件，并以县委办、县府办联合发文，要求各单位组织抓好落实。2. 抓好机关作风建设。2018年，县委十二届四次全会把机关作风建设工作作为三大重点工作任务之一，县作评办主动作为，强化查访评曝，突出纠治结合，深化推行“马上就办、办就办好”的作风，提升机关效能，推动党风政风建设发展。加强明察暗访力度，建立与县纪委、县政务服务中心、县广播电视台等部门联动明察暗访工作机制。全年，联合有关部门开展“脸难看、事难办”问题集中整治活动，多次对县直机关单位、镇（场）的干部职工在遵守工作纪律、履行工作职责、服务态度、办事效率等情况现场暗访，不定期随机调取政务服务中心监控视频对窗口工作人员工作情况进行查看，发现问题及时移交所在单位并责令限期整改。加大暗访频率和深度，从重要时间节点突击暗访向常态化暗访转变，暗访内容紧盯“四风”新表现，有针对性地开展暗访，在“两会”、县委五次全会、传达学习贯彻习近平总书记视察广东重要讲话精神等全县性的大型会议上，对会风进行督查，发现违反会风行为及时纠正整改。同时，对县直、镇（场）单位饭堂大吃大喝、违规接待、公款消费、公务用车管理、节假日值班制度执行等情况进行明察暗访，促使各级机关作风明显转变。

中共大埔县直属机关工作委员会负责人名录

书　记：何赞道

副书记：罗启煊　郭彩银（女）

（黄瑛）

保密工作

【简述】2018年，大埔县国家保密局以中共十九大精神和习近平新时代中国特色社会主义思想为指导，学习习近平总书记对广东的指示和讲话精神，围绕县委、县政府工作中心，立足保密工作实际，把中共十九大精神落实到推进保密工作转型升级的各项重点任务之中，打赢信息化条件下的保密战。全年完成县委保密委员会2018年工作要点提出的目标任务，杜绝泄密事故发生，维护党和国家秘密安全。

【保密“三大管理”工作】2018年，县保密局突出重点，攻坚克难，“三大管理”工作做得比较到位。1. 网络管理。加强各单位非涉密网络的管理，利用检查工具对有关单位65台普通计算机进行检查和检测，发现个别上网的计算机上存储一些内部保密信息，督促其进行严格整改。同时，督促落实政府局域网的全面改造工作，杜绝政府局域网内计算机被控的情况。加强涉密计算机监管工作，对全县11个单位12台涉密计算机及时检查检测监控软件系统运行情况，提高涉密计算机的保密安全性能。开展机关单位互联网门户网站的保密检查，按照规定的程序和要求，督促各机关、单位落实《党政机关和涉密单位网络保密管理规定》。加强党务政务信息公开保密审查，建立健全党务政务信息公开保密审查机制，严格审核把关、规范工作流程，确保党务政务信息既能及时公开又做到安全保密。2. 涉密人员管理。督促各机关单位加强涉密人员的管理，对全县各机关单位领导干部和涉密人员开展签订保密承诺书情况进行清理，对新增的涉密人员进行界定，划分等级和补签。同时，在年终对本机关单位涉密岗位和人员的调整情况进行核定和报备等工作，加强涉密岗位及涉密人员的动态管理。3. 定密管理。严格落实定密管理法规制度，推动落实县委、县政府、组织部、宣传部、政法委、检察院等重要涉密部门文件的规范定密工作，指导有关单位申报定密授权以及派生定密等工作，完善定密统计分析制度，推动解密工作，提升信息资源合理利用水平。

【保密检查和保密技术服务】2018年，县保密局依法行政，加强指导，保密检查和保密技术服务水平提升。1. 加强督促检查。5—10月，开展机关、单位保密自查自评工作。全县有123个单位对本单位保密工作开展自评自查工作。县保密局对部分单位根据《机关、单位保密自查自评标准》进行实地督查，督查实有项目总分值为89分、得87分，总得分与实有项目总分值百分比98%，符合要求。2. 做好涉密事项申报的涉密设备的采购工作。县检察院和县公安局分别申报一起涉密事项，其机关内部进行信息化建设，需配置配套的硬件设施设备，通过县保密部门的初步审核，呈市保密局进行审批和确认，并做好相关保密监督管理工作，确保采购通过国家保密局技术测评的涉密产品。3. 严格密品销毁服务。县密品销毁中心全年承接各单位密件和内部资料598份。联系市密品销毁中心，承接县委办、县府办、县纪委监察机关、检察院等单位共5批，销毁纸介质涉密及内部资料5吨，涉密硬盘5只。4. 落实依法治密。加快转变保密管理职能，推进“放管服”改革，制定梳理保密行政管理部门权责清单27项，实行“双随机一公开”机制。5. 推动科技强密。推进涉密领域国产化替代工程，督促县委办、县府办、县纪委、县政协、县检察院等10个重点涉密单位配置基于RFID（射频识别）的涉密载体与设备监管系统并参加市保密局举办的操作培训，使党政机关单位“三密”文件、资料管理逐步实现智能化。6. 规范各类考试保密管理工作。完善高考、中考和事业单位招聘考试的保密工作等重要考试安全保密监督，加强保密法纪和安全教育，建全试卷交接和值班交接制度。同时，全程跟踪试卷的运送、保管、分发等工作，确保各类考试试卷管理和各个环节安全保密。7. 开展金融系统保密专项检查。根据梅市密局〔2018〕2号文件精神，县保密局会同县人民银行对全县金融系统6个单位进行保密专项检查，督促金融系统相关单位，健全保密管理机制，完善保密措施，及时消除泄密隐患，堵塞漏洞。

【保密宣传教育】2018年，县保密局精心组织，注重实效，抓好保密工作宣传教育。订购和印发“七五”保密宣传教育资料3000份，发给各级领导干部、涉密人员供其学习使用。提供国家保密局制作的保密教育系列片《泄密窃密案例警示录》《黄宇间谍案警示录》《美韩政要信息泄露事件警示录》《保密法第四十八条背后的案例故事》等在各单位轮流播放，提高党政领导干部、涉密人员责任意识和保密知识技能。接待金城出版社、省保密局、暨南大学、东莞市保密局、湛江市保密局等单位领导和保密干部共300人，到大埔县青溪镇“广东省保密教育基地”及实训平台开展“铭记光辉历史、传承红色基因”革命传统教育和保密教育活动，听取讲解员对这条“摧不垮、打不掉的地下航线”的详细讲解，弘扬保密优良传统和爱国主义精神，激励大家做好新时期的保密工作。

【保密队伍建设】2018年，大埔县加强领导，健全机构，完成县委保密委员会委员调整工作，加强对保密工作的领导。举办全县经管国家秘密人员岗位业务培训班，由县保密局业务骨干对全县160人参加的经管国家秘密人员进行授课，提高经管国家秘密人员的业务素质。加强各镇（场）、各单位保密组织的建设，督促有关单位落实好保密领导小组和经管国家秘密人员的合理配置，确保专（兼）职保密干部选人、用人标准，提高保密干部队伍的战斗力、创造力和执行力。

大埔县国家保密局负责人名录

局　长：蔡葵花（女）

副局长：罗乃裕　张贵岳

（罗乃裕）

县委调研

【调研工作】2018年，中共大埔县委调研室坚持以文立室，按照“做到领导未谋有所思、领导未闻有所知、领导未行有所动”的要求，围绕县委、县政府的重大决策和工作部署，紧贴领导思路，组织、协调各部门、镇（场）等力量，主动想在前，积极做在先，为县委重大战略决策和工作部署提供第一手材料。

牵头起草县委十二届五次、六次全会报告、县委主要领导在大埔县招商大会致辞等重大文稿和领导讲话、文件、汇报及调研材料等文稿，发挥参谋助手作用。建立镇（场）和单位定期信息报送制度，畅通信息报送渠道，明确专人负责，及时有效报送信息。配合上级有关部门的工作部署，开展广泛深入的调查研究，及时总结经验、发现问题、分析原因、提出有效的超前性的对策和建议，为县委科学决策发展大计提供参谋服务。

【支部工作】2018 年，县委调研室抓好三大建设。1. 思想建设。学习贯彻落实习近平总书记系列讲话精神，通过集中学习和自主学习相结合的方式，全年召开支部会 15 场，所有党员都足额缴交党费。2. 作风建设。支部全体党员爱岗敬业，牢固树立群众观点，深入基层，深入群众，搞好调查研究，掌握第一手材料，写出一批质量较高的调研材料和新闻通讯，为领导决策提供依据。3. 制度建设。建立和完善调研室出勤制度、调研室工作制度等，为调研新闻通讯工作优质、高效运转提供保证。

【其他工作】2018 年，县委调研室主动做好县委中心工作和领导交办的其他工作，配合县委办公室组写《工作会议纪要》、县委督查室做好县委重大决策和工作部署的督促检查工作。

中共大埔县委调研室负责人名录

主　任：黄更亮（—2018.3）

　　　　刘展强（2018.3—）

副主任：蔡振霆（2018.3—）

（刘小平）

党校工作

【简述】2018 年，中共大埔县委党校以中共十九大精神、习近平新时代中国特色社会主义思想为指导，落实省委、市委、县委的工作部署，学习贯彻《中国共产党党校工作条例》和全国党校工作会议精神，围绕县委中心工作，立足主业，加强自身建设，发挥培训党员干部主阵地作用。

【培训主业】2018 年，县委党校以干部党性锤炼业务能力为重点，注重改进培训手段，创新教学方法，发挥党校主渠道、主阵地的作用。全年举办各类型主体班 21 期，培训 4300 人次。培训主要内容有特色小镇和新农村建设专题培训班、机关（事业）单位党支部书记培训班（两期）、妇女干部专题培训班、村（社区）书记主任培训班（两期）、党建创新培训班、科级干部学习贯彻习近平总书记视察广东重要讲话精神专题研讨班、“两新”组织党支部书记培训班等。

【县情推介】2018 年，县委党校主动出击，创新教学模式，开拓现场教学基地。将红色文化（以三河坝战役纪念园为代表）、客家人文（以中国历史文化名镇——百侯为代表）、美丽乡村（以小留村建设为代表）等方面内容进行开发、分类、整合成为党校的教学资源。1. 对外培训。2018 年，承接外培班 37 期，培训人数 3000 人次。主要培训班包括广东省核工业地质局党务干部培训班、广州市荔湾区副科级公务员任职培训班、广州市海珠区城市管理局“传承红色基因　不忘奋斗初心”党建培训班、广东省卫生监督所“加强党的政治建设 营造良好政治生态”党建培训班、广州白云机场股份公司总部“不忘初心 牢记使命”党性教育培训班、民航系统党性锻炼培训班、广州市疾控中心党员干部党性教育红色之旅培训班、广东省贸促会党性锻炼培训班等。通过联合办班，各地学员了解了大埔的城市建设规划、经济发展和丰富的人文资源。2. 宣讲。县委党校配合县委组织部、宣传部等部门做好宣讲工作，特别是在中共十九大精神、习近平新时代中国特色社会主义思想和习近平总书记视察广东重要讲话精神的宣讲中发挥作用。全年县委党校派出教员送课进机关、到镇（场）宣讲30场次，培训人数近2000人次。

【智库资政】2018年，县委党校始终围绕县委中心、服务大局，一切调研活动都是坚持为经济社会发展情况而开展的。全年县委党校教员发表简讯10篇，分别在省委党校、市党建研究会、市委党校、县委组织部、平远县委党校等单位主办的刊物和官方网站上登载。派出教员分别到各镇进行社会调查，主动与相关部门、镇（场）沟通，收集素材，撰写教案。

中共大埔县委党校负责人名录

校　长：张伟东

副校长：何濠华　郭文招

张建新（—2018.7）

（高亮亮）

信访工作

【简述】2018年，大埔县信访工作以习近平新时代中国特色社会主义思想为指导，学习贯彻中共十九大、习近平总书记对广东重要指示批示和视察广东重要讲话精神，以及中央和省、市、县关于加强新时期信访工作的一系列重要决策部署，推进信访工作制度改革，打好信访矛盾化解攻坚战，完成全国“两会”、改革开放40周年纪念活动和省、市、县等重要活动期间的各项信访工作任务。大埔县信访局全年受理群众来信来访1617件次，同比上升21.1%（其中集体访27批325人次，同比批数、人次分别上升7.1%、21.7%），到期案件全部办结。其中来信15件，同比上升400%；来访120批498人次，同比批数、人次分别上升5.2%、41.5%；梅州“网上信访”1081件次，同比上升14.3%；省市督办件19件，同比下降55.8%；“书记信箱”198件，同比上升260%；“县长信箱”178件，同比上升174%；书记、县长阅批信件4件，同比下降84%。

【拓宽信访渠道】2018年，县信访局开通完善书记信箱、县长信箱、大埔信访微信公众号、手机APP客户端等网上信访受理平台，拓宽并打造一个高效、快速、便捷的信访新渠道。推进信访信息系统建设，全县15个镇（场）、81个主要县直单位都配备建设“梅州市信访业务管理系统”。大埔县“信、访、网”立体式的信访模式基本形成，群众反映诉求的行为方式呈现多元化趋势，信访信息化目标逐步实现。全年受理网上信访1544件，占信访总量的92.1%，到期案件全部办结，网上信访成为群众反映诉求的主渠道。

【加强排查化解】2018年，县信访局坚持好发展好“枫桥经验”，注重源头治理，抓基层打基础，做实做细群众工作，把矛盾化解在早、化解在小、化解在基层。1. 落实重大社会稳定风险评估、矛盾纠纷排查化解制度。采取平时半月排查、敏感时期每日排查及“零报告”制度，落实属地管理、涉事单位化解、县镇领导包案责任，并按照“三到位一处理”的要求，及时就地解决矛盾纠纷。2. 开展信访矛盾化解攻坚。根据省、市开展矛盾化解攻坚行动工作方案精神，县信访工作联席办印发《大埔县开展信访矛盾化解攻坚战专项行动工作方案》和《关于转交第一批信访矛盾化解攻坚案的通知》等，对上级交办的信访矛盾化解攻坚案件9件（其中“国专”2件、“省专”5件、“市专”2件）逐一登记造册，建立工作台账，落实领导包案，并印发《第一批信访矛盾化解攻坚案县党政领导包案表》，责任到镇到人，确保攻坚案件及时化解或按程序办结。3. 做好中央巡视组巡视广东期间的信访工作。县信访局做好中央第十二巡视组和省委第九巡视组巡视期间和巡视结束后移交的信访件交办、登记、录入、督办等工作，确保按时保质规范办理，并做好相关台账。大埔县全年受理由市纪委转交的中央第十二巡视组和省委第九巡视组移交信访件 14 件，受理省信访局转交的中央第十二巡视组移交信访件 15 件，全部按要求转交相关责任单位调处，均按期办结。4. 加强信访维稳形势分析研判。落实县每月一次、镇（场）每周一次的信访维稳形势分析研判制度，研究解决信访突出问题。5. 参照省市考核办法制定《大埔县解决群众诉求考核方案》，推动各镇（场）各部门把信访工作重心从维稳转到解决群众信访问题上来，从事后处理转到源头预防上来，做到“小事不出村、大事不出镇、矛盾不上交”。同时，开展推进信访基础业务规范化建设，以程序规范推动信访事项解决。县信访局按照省再造系统标准于 2018 年 4 月 1 日实现与省、市的对接运行；派员参加省、市信访局举办的业务培训；4 月 18 日，举办由全县各镇（场）分管领导、各镇（场）各部门负责系统操作的信访干部参加的大埔县信访业务管理系统“业务流程再造”培训班，提高基层信访干部规范办理信访事项的业务水平。健全和拓宽第三方力量化解信访问题的制度化渠道，邀请律师参加县领导接访约访时为来访群众提供法律咨询服务、解疑释惑。

【推行诉访分离】2018 年，县信访局组织县直 25 个部门编印《大埔县依法分类处理信访诉求制度汇编》，明确工作机制、规范工作程序，增加可操作性，确保工作落实落地。加大《广东省信访条例》等法律法规的宣传力度，树立正确的信访导向，引导群众依法逐级理性反映诉求，让信访工作真正回归本位。开展督导检查，发现问题，立即整改，推动各项工作落到实处。

大埔县信访局负责人名录

局　长：刘流生

副局长：吴伟标　刘远来

（陈云朋）

老干部工作

【简述】到 2018 年底，大埔县有离休干部 108 人，其中行政机关 55 人，事业单位 18 人，企业单位 35 人。抗战时期入伍的 3 人，解放战争时期入伍的 105 人。离休干部平均年龄 88.83 岁，90 岁以上的 27 人，年纪最大的 96 周岁，年纪最小的 87 周岁。全县副处级以上退休干部 36 人。2018 年，中共大埔县委老干部局贯彻落实习近平总书记在中共十九大会议提出的“健全老年人关爱服务体系”的要求，落实离（退）休干部“两个待遇”，发动老干部参与正能量活动，推进县老干部活动场所“建管用”建设，提升做好老干部服务管理工作的质量。

【落实“两个待遇”】2018 年，县委老干部局主动争取有关部门的支持和配合，落实老干部“两个待遇”。1. 政治待遇。组织老干部学习十九大会议精神，开展专题讲座，邀请县委党校副校长为老干部上政治理论学习辅导课，协助“五老”组织开展十九大报告原文学习会，引导老干部维护核心、维护党中央权威和集中统一领导，用习近平新时代中国特色社会主义思想武装头脑。组织老干部开展坚决肃清李嘉、万庆良流毒的行动，引导老干部在思想上政治上行动上同以习近平为核心的党中央保持高度一致。定期向老干部通报工作情况和重大工程进展，及时上门慰问生病住院的老干部。7 月协助老游击战士联谊会到福建参观学习，老体协多次组织会员到外地或兄弟县观摩学习。让老干部亲历重点工程的开发建设情况。2. 生活待遇。按时发放离（退）休老干部的生活补贴；严格按照规定及时准确办理提高生活长期完全不能自理的离休干部护理费。全年为17名离休干部提高护理费标准。为陈平等老干部住院时重症监护室医疗费得不到报销的实际问题和部分老干部对医保报销政策的疑虑，积极与社保局、财政局联系，了解相关政策，沟通协调、适时调整，并向老干部做好宣传，消除心中疑惑，做到让老干部老有所养、老有所医。离休干部"两费"得到落实，医药费按政策实报实销。全年县财政为离休干部支出离休费688万元，为离休干部支付医药费77万元，为副处级以上退休干部支付医药费88万元。

【老干部党支部组织建设】2018年，县委老干部局配合做好省、市关于《中共广东省委老干部局关于协助配合做好老干部工作"两项专题"深调研的通知》精神，深入各党支部了解掌握全县离（退）休干部党建工作情况，研究加强离（退）休干部政治建设、思想建设和党组织建设，规范党组织建设，突出政治功能，提升党组织组织力。农业局第二支部、工商局退休老干部党支部两个支部确定为县老干部党支部党建示范点。通过以点带面的方式，带动其他老干部党支部开展组织生活；协助老干部党支部抓好十九大会议精神、习近平总书记系列重要讲话、省市县重要会议精神的传达贯彻。

【老干部大学】县老干部大学工作经费由县财政拨款，有学员150人，开设美术、书法、舞蹈等专业，其中穿插举办政治理论学习和养生知识讲座。由于人员变动，老干部大学机构缺员多年，影响工作的开展。2018年，对老干部大学班子成员进行调整，充实领导成员，为开展工作提供保障。聘请县委党校副校长为老党员、老干部上题为"学习贯彻十九大精神，以新的更大作为开创大埔工作新局面"的辅导课；邀请市委老领导周刚、县人民医院专家为老干部传授养生知识。

中共大埔县委老干部局负责人名录

局　长：范柳登

副局长：陈国光　饶佳年

（张彩文）

大埔县人民代表大会

【简述】2018年，大埔县人大常委会坚持以习近平新时代中国特色社会主义思想为指导，深入学习贯彻中共十九大精神和习近平总书记重要讲话精神，以及中央、省委、市委、县委关于加强县镇人大工作和建设的相关文件精神，围绕县委"生态立县、实业富县、文旅兴县"发展思路，坚持党的领导、人民当家作主和依法治国有机统一，坚定政治信念，依法履职、主动作为，务实创新、开拓进取，各项工作取得成效。

【县十五届人大三次会议】2018年1月10—12日，大埔县十五届人大三次会议在县科技信息大楼召开。应出席代表229人，实到会代表220人。会议集中听取和审议了县政府、县人大常委会、县法院、县检察院4个工作报告；审议批准了大埔县2017年国民经济和社会发展计划执行情况与2018年计划草案的报告、大埔县2017年预算执行情况和2018年预算草案的报告，并投票表决通过了6个报告的决议。同时，代表们围绕县委"生态立县、实业富县、文旅兴县"三个定位，建言献策，提出议案1件，建议、批评和意见

27 件。大会依法选举廖若旦为县监察委员会主任，熊锋松为梅州市第七届人大代表。闭幕式上，县委书记朱汉东作讲话，强调三点要求。1. 新时代要努力履行新使命。新时代对县人大及其常委会和“一府一委两院”的工作提出了更高要求，也提供了更为广阔的舞台。要不断适应新时代新要求，坚定正确政治方向，自觉将党的领导贯穿于各项工作全过程，助推全县经济社会发展。2. 新时代要努力彰显新作为。各位代表要增强大局意识、责任意识，带头深入基层，带头干事创业，带头服务好全县发展大局，要做到旗帜鲜明讲政治、积极作为促发展、为民服务践宗旨、遵纪守法作表率，争当新时代新风尚的引领者、倡导者、推动者。3. 新时代要努力创造新业绩。县委全会和县人大、县政协三个会议都已召开，2018 年全县总体工作任务已经明确，关键是要狠抓落实。全县各级各部门特别是政府及其部门要认真履行职责，苦干实干，突出政治站位抓落实、坚持领导带头抓落实、敢于担当负责抓落实、转变工作作风抓落实，开创新局面、创造新业绩。

【监督工作】2018 年，大埔县人大常委会围绕县委中心工作和社会关注热点问题，坚持突出重点、注重实效原则，加强对“一府两院”各项工作的监督。全年组织召开代表大会 1 次，召开常委会会议 9 次、主任会议 19 次，开展工作调研 2 场、专项视察 3 次、执法检查 1 次、重点工程项目督查 4 次，听取和审议“一府一委两院”专项工作报告 29 项，作出决议决定 2 项，批复 3 项。听取和审议县政府关于 2017 年县级预算执行及其他财政收支情况、2018 年上半年县级财政预算执行情况和 2018 年上半年国民经济和社会发展执行情况等报告，审查批准 2017 年县级预算调整方案和 2018 年县级预算调整方案，听取审议并表决通过县政府关于 2017 年县级决算草案的报告，县财政局关于调整新增地方政府债券资金用款项目的议案，听取审议县政府 2017 年度县级预算执行和其他财政收支审计工作整改意见落实情况的报告。推进人大预算联网监督工作。听取和审议县政府关于开展社区戒毒、社区康复工作，全面推行河长制工作，华侨外事工作，实施精准扶贫工作的报告；组织县人大代表专项视察《关于加快解决县城自来水供需矛盾的议案》办理实施情况和县城“巩文创卫”和城乡综合整治工作。组织常委会组成人员到县法院、县检察院调研，组织市、县人大代表参加庭审观摩、检察开放日和走近“12309，检察为民”新体验活动等。全年常委会受理代表和群众来信 17 件，接待来访 13 批 26 人次，督促有关方面协调解决一些突出问题，维护群众的合法权益和社会稳定。

【人事任免】2018 年，大埔县十五届人大常委会依法任免国家机关工作人员 22 人次，其中接受因工作变动辞去县政府领导职务 1 人；任命县政府领导 1 人，县监察委员会副主任 2 人、委员 3 人。

【代表工作】2018 年，县十五届人大代表在各行各业发挥先锋模范作用。1. 抓好议案建议的办理工作。跟踪督办“加快解决县城自来水供需矛盾的议案”“加快创建省卫生强县工作的议案”等县十五届人大一次会议确定的 2 项议案，对实施工作提出落实意见。加强对县十五届人大三次会议确定的 1 件议案、27 件建议意见办理的跟进，听取审议“加快实施乡村振兴战略的议案”实施方案的报告、代表建议办理情况报告，要求县政府要加大代表议案建议的办理力度，提高办理实效。对闭会期间代表提出的 4 件建议，及时送交县政府办理。至 2018 年底，31 件代表建议意见全部按要求如期书面答复代表。2. 提升代表履职能力。①注重学习培训。通过征订发放人大刊物、学习资料，开展县代表小组活动，举办县人大代表培训班、专题报告会和参与省人大在线交流等形式，组织代表开展理论学习和履职培训。全年组织代表开展政治理论集中学习2244人次，有效增强他们的代表意识和法制观念，提高履职能力和水平。②建章立制。制定完善“双联系”制度、选民接待日制度、代表履职年终报告制度和代表活动经费保障等制度，规范代表履职行为，激发代表履职热情。③搭建平台。运用广东省人大政务微信和县镇人大工作微信群，搭建全县各级代表学习、交流和履职的平台。3. 代表发挥示范作用。常委会围绕人大年度重点工作、代表履职先进事迹等内容，办好《大埔人大》内刊和《人大代表风采》电视系列展播，全年发行《大埔人大》12期，播出《人大代表风采》9期。2018年春节期间创新播出方式，连续展播18名代表的典型事例专题片，传递和弘扬代表正能量。2018年，全县各级人大代表有60人单独提出建议意见、286人联合提出建议意见，有71位代表捐资兴办公益事业3260万元。特别是2018年大埔县教育基金募集活动中，常委会领导动员全县各级人大代表以实际行动响应县委、县政府的号召，捐款和承诺捐款合计1.07亿元，其中全国人大代表邓振龙承诺捐款6000万元、广东省人大代表陈公颜承诺捐款1500万元。

【县镇人大工作和建设】2018年，常委会抓好抓实中央、省委、市委、县委关于县镇人大工作和建设的相关文件精神的贯彻落实，制订《县人大常委会党组关于大力推进县镇人大工作和建设的实施意见》并呈请县委转发，加强协调配合，开展督促检查，把县“实施意见”的各项措施落到实处，完成县镇人大工作和建设各项任务。1. 注重学习，加强自身建设，提升履职能力水平。加强理论学习，增强“四个意识”。常委会把学习习近平总书记系列重要讲话精神作为首要政治任务来抓，多次组织党组班子成员、机关党员干部和常委会组成人员学习中共十九大、十九届二中、三中全会和习近平总书记系列重要讲话特别是视察广东重要讲话精神，以及上级会议、文件精神，不断增强常委会组成人员的“四个意识”，坚定“四个自信”，坚决做到“两个维护”。在理论学习中，做到常委会领导和各室委负责人带头学，党员干部自觉学，各镇人大组织代表集中学，并做到学用结合、学以致用，运用习近平新时代中国特色社会主义思想指导人大工作。2018年，县人大常委会撰写的题为《大力加强新时代县镇人大工作和建设 依法保障人民当家作主权利》的理论文章，在光明日报社主编的国家级刊物《人大基层监督精细化管理与代表工作务实创新》上刊发，此举得到了上级的肯定。加强作风建设，树立机关良好形象。坚持求真务实的作风，聚焦县委中心工作和群众关注的热点难点问题，常委会领导带头、机关室委参与，深入各镇开展调查研究，广泛听取群众和代表意见建议，为提高常委会的议事质量和推进县镇人大工作提供保证，为县委决策当好参谋。同时，常委会领导还经常带头深入重点工程和挂钩镇、村、企业指导，帮助基层和困难群众排忧解难。加强制度建设，提升人大工作实效。修订完善机关各项规章制度；落实党建主体责任，坚持“三会一课”制度，开展民主评议党员工作；健全党内关怀、激励和帮扶制度；组织开展党日主题活动等，调动机关干部工作积极性，提高机关工作效能。2. 完善制度，强化工作规范，推动镇人大建设。加强组织领导。制订《大埔县人大常委会关于“推进县镇人大工作年”的实施方案》，成立专项工作领导小组，加强镇人大工作的组织领导，推进镇人大规范化建设，按要求实行镇人大每年召开2次会议。年初，常委会领导分别带队到挂钩联系镇开展镇人大工作和建设情况调研，听取意见建议，总结梳理存在的困难和问题。

年中和年底，分别组织召开全县推进县镇人大工作座谈会和现场会，总结经验、表彰先进、鞭策后进，精准部署下一步工作。突出示范带动。2018年上半年，常委会确定湖寮、茶阳镇人大为示范点，指导他们建章立制、完善发展。下半年，针对镇人大工作和建设中普遍存在制度建设、办公室设置、代表联络场所不规范等问题，常委会又确定光德、枫朗镇人大为全县镇级人大办公和代表联络场所建设示范点，总结一套可复制可推广的成功经验，取得成果。2018年，茶阳镇人大被省人大常委会评为“广东省推进县乡人大工作和建设先进集体”。

【人大督查工作】2018年，常委会贯彻落实县委的重大决策部署，坚持把开展人大监督活动与做好督查工作结合起来，推动各项重点工作的落实。开展重点项目督查和人大代表视察，推动韩江高陂水利枢纽工程、大潮高速（含大漳支线）公路等县重点项目及县城“巩文创卫”城乡环境整治、陶瓷特色产业发展、创建广东省推进教育现代化先进县等重点工作。

大埔县人大常委会主任、副主任名录

主　任：黄建庭

副主任：刘坤明　廖金鑫　谢以美　张昭锋　邓立新（女）　张长先

大埔县人大常委会办公室负责人名录

主　任：张越志

副主任：杨耀文

大埔县人大常委会法制工作室负责人名录

主　任：谢召南

副主任：饶仁杰

大埔县人大常委会选举联络任免工作室负责人名录

主　任：张国雄

副主任：范玉娟（女，—2018.4）

大埔县人大常委会农村农业工作委员会负责人名录

主　任：李战美

副主任：杨励勉

大埔县人大常委会财政经济工作委员会负责人名录

主　任：廖永春（—2018.9）
庄乃仕（2018.9—）

副主任：廖荷香（女）

大埔县人大常委会教育科学文化卫生工作委员会负责人名录

主　任：刘小平

副主任：李金泉

大埔县人大常委会华侨外事工作委员会负责人名录

主　任：林德周

副主任：丘福煌

大埔县人大常委会城乡建设环境与资源保护工作委员会负责人名录

主　任：廖永春（2018.9—）

大埔县十五届人大常委会委员名录

张越志　廖永春　谢召南　林德周
刘小平　李战美　李金泉　杨励勉
丘福煌　廖荷香（女）　饶仁杰
罗伟国　叶庆敏（—2018.9）　李礼庆
魏伊婵（女）　吴莲香（女）
张玲彩（女）　罗绮红（女）
苏志强　张国雄　张旭明　罗文育
杨智琪　蓝文宣　刘建平　杨耀文

（丘涛）

大埔县人民政府

主要政务简述

【向县第十五届人大三次会议作《政府工作报告》】2018年1月11日，县长熊锋松代表县人民政府向大埔县第十五届人民代表大会第三次会议作《政府工作报告》，报告分两部分。1. 第一部分：2017年工作回顾。2017年，县政府在市委、市政府和县委的正确领导下，在县人大及其常委会和县政协的监督支持下，深入学习贯彻中共十九大、习近平总书记系列重要讲话以及对广东工作的重要指示批示精神，按照中央和省、市以及县委的决策部署，围绕市加快建设“一区两带六组团”的要求，落实“两大振兴政策”，扭紧“三大抓手”，攻项目、优环境、兴产业、惠民生，全县经济社会保持平稳发展。全县生产总值90亿元，同比增长8%；固定资产投资77.49亿元，同比增长30%；社会消费品零售总额53.57亿元，同比增长9.2%；外贸出口总额1.95亿美元。本级一般公共预算收入9.7亿元、支出35.9亿元，分别同比增长1.06%和1.01%。2017年全县发展环境实现新优化；实体经济取得新发展；文旅产业呈现新活力；人居环境得到新改善；民生福祉得到新增进；社会事业取得新进步；自身建设得到新加强。报告指出，在成绩面前，要清醒地认识到经济社会发展中仍然存在不少困难和问题，主要表现在：经济总量小，财政基础薄弱，发展不平衡不充分；主导产业不突出、发展层次低，推进供给侧结构性改革任务艰巨；社会民生欠账比较多，医疗、教育、就业总体水平偏低；交通仍然不发达，到厦漳泉和汕潮揭等出省出海快捷通道仍未打通，县内公路等级比较低；少数政府工作人员责任意识、担当意识、服务意识有待增强。面对这些问题，要采取更加有力的举措，认真加以解决。2. 第二部分：2018年工作安排。2018年政府工作的总体要求是：深入学习贯彻中共十九大精神，以习近平新时代中国特色社会主义思想为指导，认真贯彻落实中央经济工作会议和省委书记李希到梅州调研重要讲话精神，按照省委省政府、市委市政府和县委的决策部署，坚持“五位一体”总体布局和“四个全面”战略布局，积极践行新发展理念，坚决打好决胜全面建成小康社会防范化解重大风险、精准脱贫、污染防治三大攻坚战，按照高质量发展的要求，围绕构建“一区两带六组团”发展新格局，以构建韩江（大埔）产业带为龙头，立足“生态立县、实业富县、文旅兴县”三个定位，突出经济发展提质增效和重点项目建设、机关作风建设三大抓手，做好“红色、绿色、古色”三篇文章，勇于担当、狠抓落实，推动生态富民强县，全力开创决胜全面建成小康社会新局面。经济社会发展的主要预期目标：生产总值增长7%，本级一般公共预算收入增长1%，固定资产投资增长20%，社会消费品零售总额增长10%，外贸进出口总额增长5%，城乡居民人均收入实际增长与经济增长基本同步。重点抓好六个方面工作：①致力推进项目建设，全面激活发展引擎；②致力发展实体经济，推动经济提质增效；③致力实施乡村振兴战略，推进城乡融合发展；④致力生态文明建设，厚植绿色发展优势；⑤致力增进民生福祉，发展各项社会事业；⑥致力政府自身建设，打造人民满意政府。

【县政府主要工作】大埔县政府为研究全县经济和社会发展工作，制定改革措施以及处理日常政务，2018年召开县政府常务会议11次、县长办公会议7次、县政府工作会议111次。

县政府常务会议　研究决定了关于扶贫开发资金投资入股大埔县自来水有限责任公司的事宜；关于开征县城城区生活垃圾处理费的事宜；关于成立大埔县市场物业管理有限公司的事宜；关于研究三河工业园区内土地出让的事宜；关于预拨大埔县城工业小区项目规划建设经费的事宜；关于将百侯镇南山小学（老校区）D级危房拆除改造为村级文体广场的事宜；关于拨给“创建国家级农村职业教育和成人教育示范县专项经费”的事宜；关于预借大埔县田家炳高级职业学校学生宿舍楼建设项目资金的事宜；关于拨给大埔县田家炳高级职业学校“城市教育费附加”的事宜；关于整合移民后期扶持资金投资开发经济项目的事宜；关于三河坝战役纪念园周边环境提升改造工程设计变更的事宜；关于执行调整人民警察法定工作日之外加班补贴和值勤岗位津贴的事宜；关于审定广东欣红陶瓷股份有限公司的工艺陶瓷产品升级改造项目投资方案的事宜；关于批准2017年大埔县地方政府债务限额的事宜；关于县财政局下属大埔县国有资产投资服务中心退出广东利埔实业有限公司股份的事宜；关于补办大埔县镇级卫生院不动产登记手续并减免相关费用的事宜；关于为全县常住人口统一购买食品安全责任保险的事宜；关于申报2018—2020年广东省公费定向培养粤东西北中小学教师的事宜；关于审定“大埔县争创广东省推进教育现代化先进县”建设项目方案的事宜；关于审议《大埔奥园广场投资协议书（送审稿）》的事宜；关于县公安局森林分局执行调整人民警察法定工作日之外加班补贴和值勤岗位津贴标准的事宜；关于对大埔县非物质文化遗产项目传承人扶持标准给予适当调整的事宜；关于大东镇进滩村撤渡改桥的事宜；关于支持解决大埔广晟稀土矿业有限公司废旧矿山资源回收、环境综合治理奖补资金的事宜；关于支持解决广东五虎山药业有限公司办理行政办公楼国有土地使用证的事宜；关于启动三河红色小城镇规划编制工作的事宜；关于启动百侯历史文化小城镇规划编制工作的事宜；关于审定省道S221线大埔县湖寮至枫朗段公路改建工程PPP项目实施方案的事宜；关于审定省道S222线大埔县坑口至高陂段公路改建工程PPP项目实施方案的事宜；关于启动县级储备粮轮换（销售、购进）工作的事宜；关于进一步规范行政事业单位津补贴发放有关事宜的事宜；关于大埔县财政局投资审核中心拟向社会公开招聘5名协审专业技术人员的事宜；关于招录23名辅警队员的事宜；关于实施第三次全国土地调查及解决工作经费的事宜；关于提高全县80周岁以上老年人补（津）贴的事宜；关于划拨中国人民解放军某部队保障部军事设施用地的事宜；关于大麻镇青里塘二宗土地出让的事宜；关于原县特陶厂和华艺厂“三旧”改造项目的事宜；关于收回黎家坪一宗国有土地使用权的事宜；关于采用EPC模式推进垦造水田工作的事宜；关于实施大埔县人民医院侧道路拓宽改造工程和按实拨款的事宜；关于实施建设大埔县内环东路工程和按实拨款的事宜；关于实施大埔县城山庄南路改造工程和按实拨款的事宜；关于启动《大埔县古驿道修复工程规划》编制工作的事宜；关于成立湖寮等十一个镇中心幼儿园的事宜；关于解决大埔县侨乡建设服务公司员工分流与参保登记的事宜；关于转让大埔县旅游产业道路改扩建

PPP项目股权的事宜；关于支持解决2018年重点工程前期工作经费的事宜；关于扶贫资金投资入股固定分红光伏扶贫项目的事宜；关于解决国有水电站增效扩容工程建设结欠款的事宜；关于采用政府购买服务模式将全县生活垃圾转运至梅州市奇龙坑垃圾焚烧厂的事宜；关于解决建设献血站场所和资金的事宜；关于解决大埔县中医医院迁建工程医疗设备信息化建设资金的事宜；关于拨给国有资产、土地征收补偿费用的事宜；关于拨给大埔县公安局基层基础建设改造工程项目建设经费的事宜；关于拨给大埔县高陂镇乌槎电排站重建工程建设资金的事宜；关于拨给县委干部招待所后山边坡支护工程费用的事宜；关于提高社区办公经费标准的事宜；关于预拨付县城大沙坝工业园口征地费用的事宜；关于增拨大埔县县城工业小区项目建设经费的事宜；关于2018年度对大埔外贸企业继续实行外贸稳增长进出口奖励的事宜；关于启动中国高陂·青花瓷小镇规划编制工作的事宜；关于委托第三方免费规划大埔县行政辖区内各乡镇管道燃气的事宜；关于解决县垃圾填埋场渗滤液收集调节池改造经费的事宜；关于重新调整大埔县边远地区乡镇卫生院医务人员岗位津贴标准的事宜；关于2014年及以前大埔县省属水库移民后期扶持资金继续用于库区及移民安置区基础设施建设项目的事宜；关于县纪委监委扩招专职看护队员的事宜；关于支持解决三河镇五丰村安置地国有建设用地供地费用的事宜；关于支持解决三河镇重点项目拆迁安置户办理土地审批等有关费用的事宜；关于批准并拨款实施大埔县基层公共服务平台第二阶段项目建设的事宜；关于2018年事业单位公开招聘计划的事宜；关于住房公积金中心搬迁办公场地的事宜；关于三河园区、茶阳园区参照广州海珠（大埔）产业转移工业园实行建设优惠政策的事宜；关于拨给大埔县梅潭河三黎和梅江（蓬辣）断面水质自动监测站建设项目建设经费的事宜；关于调整选址和划拨土地兴建大埔县档案馆馆舍的事宜；关于公布实施大埔县城镇土地定级与基准地价更新成果的事宜；关于批准创建国家级出口蜜柚质量安全示范区蜜柚产业开发推动基金经费预算的事宜；关于审定《大埔县建筑弃土场（BOT）项目实施方案》的事宜；关于启动大埔县古驿道修复工程项目的事宜；关于批准创建国家卫生县城工作预算经费的事宜；关于请拨“巩文创卫”城乡环境综合整治宣传工作经费的事宜；关于大埔县人民医院改扩建二期工程（县级公立医院升级建设）项目申请银行贷款的事宜；关于无偿划拨大埔县人民医院改扩建二期工程（县级公立医院升级建设）项目建设用地的事宜；关于无偿划拨镇级卫生院保障房建设用地的事宜；关于划拨青溪镇林业站办公楼及土地的事宜；关于2017年中央大中型水库移民后期扶持资金使用计划的事宜；关于2018年中央大中型水库移民后期扶持资金使用计划的事宜；关于实施省道S221线、S332线生命防护工程的事宜；关于大埔县2018年度县管河道黄石可采区河砂开采权出让的事宜；关于韩江高陂水利枢纽临时施工交通桥上游桥区航道应急清淤抢险实施方案的事宜；关于迁建高陂镇生猪屠宰场的事宜；关于办理百侯烟叶工作点建设项目用地手续的事宜；关于山丰水库备用水源引水管道改造工程的事宜；关于大埔县烟花爆竹专营有限公司扩建储存仓库的事宜；关于县城工业小区新增排水、电力、通信管网工程列入立项建设的事宜；关于批准建设大埔县城工业小区进园大道的请示事宜；关于广州海珠（大埔）产业转移工业园二期开发调整用地性质的事宜；关于大埔县2017年中央财政森林抚育项目投资的事宜；关于大埔县2018年省级森林碳汇林抚育项目投资的事宜；关于2018年初预算预备费拟安排使用方案的事宜；关于安排 2018 年新增地方政府债券资金使用计划的事宜；关于拟成立大埔县现代农业发展有限公司的事宜；关于妥善处理违法使用林地历史遗留事宜的事宜；关于用森林植被恢复费（市县返拨部分）拨付解决 2018 年度大埔县松材线虫病防治费用的事宜；关于高陂赤山至留田段过境公路项目工业用地征收补偿方案的事宜；关于枫朗镇原双溪镇政府老宿舍国有土地补办用地手续的事宜；关于大埔县古驿道修复工程项目采用“设计、采购、施工”（EPC）总承包模式招标的事宜；关于县城龙山新区 A 地块土地用途及容积率的事宜；关于迁建大埔县委党校前期工作并拨付前期工作经费的事宜；关于拨给各镇（场）党校开办工作经费的事宜；关于大埔县异地交流干部省内乘用非公共交通工具交通费定额包干管理办法的事宜；关于收回 2016 年结转两年以上财政转移支付结转结余资金的事宜；关于提高大埔县财拨临聘人员最低工资标准的事宜；关于增加广东省残疾人粤东北综合服务大楼临时排水排污管道安装等修复工程的事宜；关于增拨广东省残疾人粤东北综合服务大楼运动场及停车场等地面石坎挡土墙安全加固处理工程建设资金的事宜；关于大潮高速耕地提质改造落实占补平衡任务协议的事宜；关于拨付 2018 年度耕地质量等级调查评价与监测技术工作经费的事宜；关于支持解决城市道路标志标线工程经费的事宜；关于调整变更大麻镇莲塘韩江大桥工程设计方案的事宜；关于同意实施 X946 线福建下洋至西河段路面改造工程项目建设的事宜；关于广东大潮高速公路有限公司申请专项供应河砂的事宜；关于支持解决大潮高速公路征地拆迁补偿经费急需资金的事宜；关于大埔县蜜柚产业园建设工作实施方案的事宜；关于调整新增地方政府债券资金用款项目的事宜；关于百侯镇郭甘大道旁土地出让的事宜；关于湖寮镇密坑村二宗土地出让的事宜；关于实施县道 X007 线、乡道 Y043 线等 66 条线路农村公路安全生命防护工程项目建设的事宜；关于授予邱建平先生等 8 名慈善人士和企业家为荣誉市民的事宜；关于收回西河镇派出所和财政结算中心办公楼产权及协调安排的事宜；关于取消原三河天主教堂土地使用权异地置换选址工作的事宜；关于调整大埔县 2018 年度县管河道黄石可采区河砂开采权出让最高投标限价的事宜；关于 2018 年度省管河道韩江大麻鸭栖江可采区河砂开采权出让的事宜；关于实施大麻镇高速出口至大麻中心大道段道路提升改造工程的事宜；关于实施国道 G235 线大埔县三河至大麻段路面改造工程的事宜；关于实施国道 G235 线大埔县段公路安全生命防护工程的事宜；关于支持解决迁建城区养护中心用地的事宜；关于实施省道 S222 线大埔县段（KO+000—k47+530）公路安全生命防护工程的事宜；关于高陂镇晋昊大道和河唇街三宗土地出让的事宜；关于高陂镇乌槎村家炳二中对面土地出让的事宜；关于大麻镇汶水塘安置区旁土地出让的事宜；关于有偿划拨广东电网有限责任公司梅州大埔供电局大麻供电所技术业务用房的事宜；关于提升改造老城区西环路等九条市政道路的事宜；关于将县档案馆建设经费列入县财政预算的事宜；关于妥善处理梅州市国有洲瑞林场和大埔林场使用土地历史遗留事宜的事宜；关于实施 2018 年大埔县农业综合开发优势特色产业示范项目土地治理项目的事宜；关于确定 2018 年大埔县地方政府债务限额的事宜；关于实施 2018 年大埔县大东镇国家农业综合开发高标准农田建设项目的事宜；关于启动大埔县城生活垃圾卫生填埋场环保验收和项目调试的事宜；关于“大埔县中医医院、妇幼保健院、慢性病防治院门诊楼工程”退出 PPP 模式等事宜的事宜；关于变更银江镇、青溪镇卫生院保障房项目实施方案的事宜；关于收回光德镇派出所和卫生院办公楼产权并统筹安排的事宜；关于枫朗镇原老瓷厂国有土地延长租赁期限的事宜；关于枫朗镇老年公寓延长租赁期限的事宜；关于大麻镇青里村汶水塘征收土地留用地和安置地的事宜；关于大麻镇附麻村产业园征收土地留用地和安置地的事宜；关于支持解决广州（海珠）大埔产业转移园首期征收土地留用地的事宜；关于支持解决韩江高陂水利枢纽工程陂寨移民安置点征收土地留用地的事宜；关于省道 S221 线大埔段改造工程建设项目等九宗建设用地的事宜；关于收回大埔县省属水库移民工作管理办公室一宗国有土地使用权的事宜；关于拨给征地费用的事宜；关于确定枫朗镇上山下村等 10 个行政村为大埔县 2018 年创建示范先行村并拨给启动资金的事宜；关于无偿划拨大埔县食品公司肉类联合加工厂用地的事宜；关于实行全县行政村（社区）账务聘请第三方代理记账的事宜；关于大埔县梅河宾馆实施破产还债的事宜；关于批准实施大埔县镇级填埋场整治工程项目的事宜；关于调整大埔县帽山县级自然保护区范围和功能区的事宜；关于审议《“大埔县中医医院、妇幼保健院、慢性病防治院门诊楼迁（改扩）建工程”退出 PPP 模式整改实施方案》的事宜；关于支持解决高陂乌槎安置区及新城区建设土地征收留用地的事宜；关于解决高陂镇新城镇建设征收土地留用地的事宜；关于加快实施枫朗镇调和高速公路出口至西岩山旅游产业公路（第一期）新建工程的事宜；关于解决密坑工业小区项目涉及密坑村江一、江二村民小组留用地的事宜；关于大埔县湖寮镇新寨村旧村庄建设用地转为国有建设用地的事宜；关于公布实施大埔县国有农用地基准地价评估成果的事宜；关于批准大埔县 2018 年度采矿权招标拍卖挂牌出让计划的事宜；关于高陂镇晋昊大道和河唇街二宗土地出让方案的事宜；关于划拨梅州市大埔韩江高陂水利枢纽工程等三宗建设项目用地的事宜；关于高陂镇白玉路“三旧”改造项目的事宜；关于调整财政供养人员住房维修与物业管理补贴标准的事宜；关于拟收回 2016 年结转两年以上财政转移支付结转结余资金的事宜；关于将枫朗镇闲置土地出租兴办蜜柚加工厂的事宜；关于大埔县城西“三旧”改造项目、大埔县原县特陶厂和华艺厂“三旧”改造项目补缴费用的事宜；关于将丰溪林场溪上小学租赁给中国国旅（广东）分公司承办民宿的事宜；关于县城岭下 S221 线西向征收土地及历史遗留留用地的事宜；关于过境公路项目被征地刘坤旺户安置地的事宜；关于县城环城大道提升改造项目涉及古城村委会留用地的事宜；关于县城环城大道提升改造项目涉及蓝绍庆户安置地的事宜；关于中国农业银行股份有限公司大埔县支行、广东大埔农村商业银行股份有限公司与大埔县扶贫开发局开展金融扶贫合作的事宜；关于广东省高陂水利枢纽工程大麻汶水塘地块移民安置房建设及回购合同的事宜；关于大埔县蜜柚现代农业产业园财政资金使用方案的事宜；关于有偿收回中石化销售有限公司广东梅州石油分公司二宗土地使用权的事宜；关于广东飞天马实业有限公司梅河公园内土地的事宜；关于实施大埔县湖寮至高陂二级公路璜腾坑至大安段工程的事宜。审议通过了《县政府工作报告（讨论稿）》《大埔县 2018 年财政预算（草案）》《大埔县进一步加强乡村医生队伍建设实施方案》《大埔县森林防火工作责任制实施办法》《大埔县湖寮至高陂等五条公路改建工程建设征地拆迁补偿规定和房屋拆迁安置办法》《2018 年县政府常务会议学法计划》《关于深入推进农业供给侧结构性改革，加快培育农业农村发展新动能的实施方案》《关于加强困境儿童保障工作的实施方案》《大埔县城乡环境综合整治工作“文明卫生之家”评选办法》《大埔县政府部门行政审批中介服务事项清单》《大埔县 2018 年度烟叶生产扶持奖励方案》《大埔县 2018 年度镇（场）振兴发展工作绩效考核办法》《大埔县 2018 年度县直单位工作绩效考核办法》《大埔县山区和农村边远地区学校教师生活补助发放实施方案》《广东省高陂水利枢纽工程安置区建设实施意见》《关于规范大埔县政府投资项目管理的意见（试行）》《大埔县汀江河长效管护工作方案》《大埔县省定贫困村创建社会主义新农村示范村以奖代补实施方案》《落实民生实事 加强人民调解 健全社会矛盾纠纷化解机制工作方案》《中共大埔县委 大埔县人民政府关于进一步加强和改进新时期信访工作的意见》《大埔县精准扶贫“以奖代补”项目实施办法》《大埔县水土保持规划（2018—2030 年）》《大埔县公交线路运营权特许经营项目实施方案》《关于推进乡村振兴战略的实施意见》《关于全域推进农村人居环境整治建设生态宜居美丽乡村的实施方案》《广东大埔丰溪省级自然保护区畜禽养殖场专项整治工作方案》《中共大埔县委 大埔县人民政府关于推进安全生产领域改革发展的实施意见》《大埔县取消 13 项涉企涉民证明事项目录》《关于大埔县节地生态安葬奖补政策实施意见》《关于我县党员干部带头推动殡葬改革的意见》《大埔县党政机关和事业单位培训费管理办法》《大埔县党政机关和事业单位会议费管理办法》《大埔县村党组织服务群众专项经费和村（社区）办公经费使用管理办法》《大埔县推进金融服务实体经济防控金融风险深化金融改革实施方案》《关于落实食品安全党政同责的实施意见》《大埔县第一届长寿镇、村和敬老孝亲家庭评选活动实施方案》《大埔县精神卫生工作实施方案（2018—2020 年）》《大埔县深化公立医院综合改革实施方案》《关于进一步加快实体经济发展的实施办法（修订）》《关于打赢脱贫攻坚战三年行动方案（2018—2020 年）》《大埔县中小微企业信贷风险补偿资金管理办法》。

县长办公会议 研究决定了关于拨给大埔县高陂镇乌槎堤围修复工程建设资金的事宜；关于拨给大埔县高陂镇乌槎电排站重建工程建设资金的事宜；关于解决三河镇重点项目拆迁安置户办理土地审批等有关费用的事宜；关于解决三河镇五丰村安置地国有建设用地供地费用的事宜；关于预拨三河天主教堂土地置换工作经费的事宜；关于解决省道 S221 线西向政府储备地项目留用地货币折算费用的事宜；关于将大埔县气象综合探测基地建设经费列入县财政预算的事宜；关于支持解决国道 G235 线（原省道 S333 线）三河至湖寮县城一级公路改建工程债务的事宜；关于解决大埔县县城环境空气自动监测站空气自动监测备用设备购置经费的事宜；关于解决大埔县韩江大麻断面地表水水质自动监测站项目建设经费的事宜；关于拨给河道采砂采区工作经费的事宜；关于解决县重点水利建设工程部分欠款的事宜；关于解决财政路临时市场建设经费的事宜；关于解决大埔县生活垃圾卫生填埋场渗滤液处理站工程维修、调试费的事宜；关于建设建筑淤泥渣土临时收纳场的事宜；关于解决大埔县 2017 年度第四批次城镇建设用地新增建设用地土地有偿使用费的事宜；关于编制县城中心城区控制性详规的事宜；关于拨付县城城区公共场所、餐饮业从业人员免费健康体检专项资金的事宜；关于拨给大埔县第二次全国污染源普查工作经费的事宜；关于拨付永久基本农田划定质量检查和违法违规占用治理技术服务费的事宜；关于拨给 2000 国家大地坐标系专项工作经费的事宜；关于拨给 2018 年度村庄规划编制工作经费的事宜；关于给予发展总部经济企业财政专项扶持的事宜；关于将湖寮镇西环路 250 号 101 房改变土地用途的事宜；关于拨给人境庐建筑群修缮方案编制经费及抢修经费的事宜；关于增拨县级文物保护单位罗卓英故居江东小筑修缮经费的事宜；关于解决聘请专职人民调解员缺口经费的事宜；关于拨付2018年低保对象、特困人员、建档立卡贫困人员、重度残疾人、精神和智力残疾人缴交城乡居民基本养老保险代缴资金的事宜；关于建设高陂工业园门楼、围墙及排水工程的事宜；关于增拨农村土地承包经营权确权登记颁证经费的事宜；关于拨付使用大埔县面上水库移民2015年度及以前年度仍需实施和正在实施项目资金的事宜；关于拨付大埔县智慧河长信息化建设项目（二期）资金的事宜；关于实施市政路灯修缮和市政桥梁专项检测等项目的事宜；关于用森林植被恢复费（市县返拨部分）拨付解决大埔县两个省级森林公园总体规划编制费用的事宜；关于用森林植被恢复费（市县返拨部分）拨付解决森林督查遥感判读图斑数据调查工作费用的事宜；关于拨给农村敬老院规范化管理创建活动经费的事宜；关于拨给“乡村复兴论坛·大埔峰会”筹备宣传及采购代理服务经费的事宜；关于解决县食品公司茶阳肉联厂停产关闭后生猪肉品冷链配送资金的事宜；关于用森林植被恢复费（市县返拨部分）拨付解决大埔县龙坪咀自然保护区范围调整费用的事宜；关于拨付大埔县茶阳污水处理厂土建项目及其他费用的事宜；关于拨给大埔县惠民信息公开平台升级建设项目资金的事宜；关于从大埔县社会捐赠结余资金中解决县殡仪馆基础设施建设部分修缮费用的事宜；关于给予大埔县2018年春季退役的连声超等二位转业士官安排工作的事宜；关于解决公安机关涉案车辆拯救及停放保管经费的事宜；关于拨给县公安局新一代移动警务终端服务项目采购资金的事宜；关于解决广东省韩江高陂水利枢纽工程征地移民资金的事宜；关于聘请有资质的规划设计公司编制《大埔县乡村振兴战略发展总体规划（2018—2025年）》和拨给编制费用的事宜；关于拨给高陂陶瓷产业集聚区征地补偿款的事宜；关于解决高陂水利枢纽工程乌槎安置区主干道低压供电线路迁改费用的事宜；关于拨给大埔县粮食生产功能区划定工作经费的事宜；关于拨给农村集体资产清产核资经费的事宜；关于拨付高陂工业园区内高陂水电站35千伏线路迁移工程、应急抢修费用的事宜；关于县域重点行业发展科技专项扶持资金使用方案的事宜；关于拨给县婚姻登记中心规范化建设经费的事宜；关于预拨创建“世界长寿乡”工作经费的事宜；关于实施省道S221线枫朗桥公路超限不停车检测点立项建设项目的事宜；关于拨给大埔县招商大会工作经费的事宜；关于拨给大埔县首届“中国农民丰收节”活动工作经费的事宜；关于解决退役军人和其他优抚对象信息采集专项设备等所需经费的事宜；关于拨回部分已统筹民政资金用于大埔县福利院设施、设备升级改造的事宜；关于支持解决西河镇西河社区火灾高风险区域消防整治工程项目经费的事宜；关于拨给县委县政府接待办综合楼修缮经费的事宜；关于启动大埔县老龄事业和长寿产业规划编制工作的事宜；关于提高全县80周岁以上高龄老人补（津）贴及百岁长寿老人保健金标准的事宜；关于拨给大埔县城工业小区建设工程项目相关费用的事宜；关于使用省级生态公益林管护资金采购森林扑火装备的事宜；关于用森林植被恢复费（市县返拨部分）拨付解决大埔县森林经营方案编制费用的事宜；关于用森林植被恢复费（市县返拨部分）支持解决大埔县湖寮镇双坑村崩岗复绿治理费用的事宜；关于拨给《大埔县水资源保护规划（2015—2030年）》编制费用的事宜；关于拨给《大埔县城市节水专项规划（2015—2030年）》编制费用的事宜；关于拨付土地储备工作经费的事宜；关于拨给大埔县梅潭河三黎和梅江（蓬辣）断面水质自动监测站建设项目仪器设备采购经费的事宜；关于调整环卫所临时工工资标准的事宜；关于拨给湖寮至高陂二级公路改建工程给水管道铺设工程款的事宜；关于支持解决高陂田家炳大桥、三河朱德纪念大桥、茶阳汀江大桥维修加固工程缺口资金的事宜；关于提高县公安局辅警队员工资待遇（社保单位部分由财政负责）的事宜；关于拨给西河镇西河社区火灾高风险区域消防整治工程项目经费的事宜；关于统筹使用高陂镇培美村至赤坑村乡道建设资金的事宜；关于拨付大埔县城工业小区建设工程费用的事宜；关于拨给海珠“印象大埔”商贸城场地前期租金的事宜；关于原县地税局资产清查结果及资产移交的事宜；关于县消防大队核发法定工作日之外加班补贴和值勤岗位津贴的事宜；关于拨给大埔县城老城区虎山路、万川路等沿途巷道供水支管修缮工程费用的事宜；关于拨给韩江治理工程梅州段——大埔县高陂防洪堤治理工程首期勘测费用的事宜；关于拨给河道采砂采区工作经费的事宜。

县政府工作会议　讨论研究了关于加快推进大麻镇小麻村新农村建设的事宜；关于做好大埔县水库农村移民后期扶持人口核定登记工作的事宜；关于加快推进县城环城大道提升改造项目建设的事宜；关于高陂水利枢纽工程征地拆迁和安置区建设工作的事宜；关于全面推行河长制工作的事宜；关于加快推进大埔县农村土地承包经营权登记颁证工作的事宜；关于做好大埔县脱贫攻坚考核工作的事宜；关于整治县城机动车销售门店经营秩序工作的事宜；关于湖寮镇下坜村城镇建设用地开发征收工作的事宜；关于做好高陂水利枢纽工程指挥部有关工作的事宜；关于进一步做好森林防火、土地确权登记颁证、推行河长制、畜禽养殖整治等农口重点工作的事宜；关于征求湖寮至高陂二级公路改建工程初步设计意见的事宜；关于大埔县城市执法体制改革职能移交工作的事宜；关于协调小水电自供区接管工作的事宜；关于推进丰溪林场溪上村新农村示范村建设工作的事宜；关于做好宝安大桥交通管制工作的事宜；关于光德镇富岭村梅子坪盗采稀土事件处置工作的事宜；关于县城内环东路建设项目土地征收工作的事宜；关于光德镇富岭村梅子坪水土污染治理工作的事宜；关于梅潭河建筑垃圾整治工作的事宜；关于协调县城过境公路项目建设的事宜；关于加快推进湖寮至高陂二级公路改建工程建设工作的事宜；关于协调湖寮镇下坜村城镇建设用地土地征收工作的事宜；关于加快推进高陂赤山至留田段过境公路改建工程建设工作的事宜；关于协调县城环城大道提升改造项目建设工作的事宜；关于做好大埔县车辆超限超载治理工作的事宜；关于打击湖寮镇璜腾坑至双坑非法洗砂行为的事宜；关于协调解决格兰云天建设项目的有关事宜；关于协调水质自动监测站建设工作的事宜；关于推进垦造水田、削坡建房综合整治等工作的事宜；关于县中医医院迁建项目工程建设和医院队伍建设的事宜；关于全县安全生产暨第二季度防范较大以上生产安全事故工作的事宜；关于协调县城环城大道提升改造项目建设工作的事宜；关于道路货物运输源头超限超载治理工作的事宜；关于推进高陂水利枢纽工程移民安置区建设工作的事宜；关于推进虎源路口应急避险场所项目建设工作的事宜；关于加快推进虎源路口两栋房屋征拆工作的事宜；关于协调推进县城环城大道提升改造项目建设工作的事宜；关于全县重点项目建设工作的事宜；关于县人民医院改（扩）建工程（二期）建设有关工作的事宜；关于协调县城环城大道提升改造项目建设工作的事宜；关于协调韩江高陂水利枢纽临时施工交通桥桥区航道疏浚工作的事宜；关于推进光德镇富岭村稀土矿整治工作的事宜；关于推进县城内环东路建设项目土地征收工作的事宜；关于研判光德镇富岭村正坑梅子坪稀土矿整治工作的事宜；关于协调推进大埔第三小学灼华楼征收工作的事宜；关于税收专项清查工作的事宜；关于规范和加强县校外午（晚）托和培训机构安全管理工作的事宜；关于解决翰林华府历史遗留事宜；关于推进县城城东“三旧”改造项目的事宜；关于推进全县节能降耗工作的事宜；关于变更县城过境公路工程设计方案的事宜；关于广东省韩江高陂水利枢纽工程征地拆迁和移民安置工作的事宜；关于广东省韩江高陂水利枢纽工程专业项目迁改建工作的事宜；关于中央环保督察“回头看”交办结案件办理工作及环境重点事宜整改工作约谈的事宜；关于三河坝战役烈士陵园保护所相关工作交接的事宜；关于推进古驿道保护修复利用工作的事宜；关于林业迎检准备及牛蛙养殖污染整治工作的事宜；关于协调县城环城大道提升改造项目建设工作的事宜；关于县生活垃圾填埋场整治工作的事宜；关于推进广东省韩江高陂水利枢纽工程征地拆迁和移民安置工作的事宜；关于协调山丰水库建设涉及林兴电站征收及其他相关工作的事宜；关于专题协调湖寮镇重点项目建设工作的事宜；关于协调解决省定贫困村生活污水处理、集中供水全覆盖的事宜；关于协调青溪发电公司补办多经企业房产相关手续工作的事宜；关于谋划下半年经济工作的事宜；关于推进全县重点项目建设工作的事宜；关于县生活垃圾中转站建设选址工作的事宜；关于大埔县蜜柚产业园建设工作的事宜；关于殡葬领域突出问题专项整治行动的事宜；关于推进 2017 年以来审计查出问题整改工作的事宜；关于推进大埔县“三旧”改造工作的事宜；关于市政府副市长温向芳协调解决茶阳镇西湖村和西河镇汶水村、纯德村、溪头村未通自来水又未道路硬底化的事宜；关于推进大埔县削坡建房整治工作的事宜；关于研判湖寮镇山子下村已征土地范围的事宜；关于协调开办韩江高陂水利枢纽工程建设用石石料场工作的事宜；关于解决精准扶贫精准脱贫工作中存在困难的事宜；关于协调翡翠山庄项目建设工作的事宜；关于延长宝安大桥交通管制时间的事宜；关于推进大埔县特种陶瓷产业发展工作的事宜；关于解决大潮高速公路（含大漳支线）建设用砂的事宜；关于协调省建工集团垦造水田项目工作的事宜；关于协调广东瑞山文化旅游度假区相关工作的事宜；关于全县安全生产暨第四季度防范较大以上生产安全事故工作的事宜；关于协调高陂陶瓷工业园安置区及附属地块场地平整（土石方）工程建设的事宜；关于全县“大棚房”事宜和违法违规侵占山水林田湖资源整治工作的事宜；关于大埔县蜜柚产业园建设工作的事宜；关于协调县城环城大道提升改造项目建设工作的事宜；关于推进广东省韩江高陂水利枢纽工程征地拆迁和移民安置工作的事宜；关于创建卫生强县工作的事宜；关于协调推进湖寮至高陂二级公路璜腾坑口至大安村 1 千米段（项目璜腾坑口段）建设工作的事宜；关于协调推进县城环城大道提升改造项目建设收尾工作的事宜；关于推进蜜柚产业园建设工作的事宜；关于协调解决高陂镇部分重点项目建设工作的事宜；关于推进申报全国“最美水站”工作的事宜；关于推进县建筑弃土场项目建设工作的事宜；关于进一步治理车辆超限超载工作的事宜；关于推进校外培训机构专项治理工作的事宜；关于密坑大桥新建工程项目用地的事宜；关于协调大埔三小扩建工程有关工作的事宜；关于推进县城老城区“九街一场”自来水管网给水支管提升改造工作的事宜；关于协调垦造水田、农村建设用地拆旧复垦工作的事宜；关于推进湖寮镇下坜城镇建设用地项目土地征收工作的事宜；关于优化调整县城老城区“九街一场”工程项目的事宜；关于推进茶阳城乡环境综合整治工作的事宜；关于协调处置三河镇五丰村坪水段河道被违法占用的事宜；关于推进广东省韩江高陂水利枢纽工程征地拆迁和移民安置工作的事宜；关于县中医医院迁建项目配套设施施工及24米市政大道建设工作的事宜；关于大潮高速公路（含大漳支线）建设项目“三改”工程和资金核对工作的事宜；关于协调社会捐赠公共厕所建设管理工作的事宜；关于大埔蜜柚产业发展问计工作的事宜。

【重大决策事项】2018年，大埔县政府作出了25项重大决策事项。1. 加强乡村医生队伍建设。1月，印发《大埔县进一步加强乡村医生队伍建设实施方案》。2. 落实森林防火工作责任制。1月，印发《大埔县森林防火工作责任制实施办法》。3. 推进农业供给侧结构性改革。3月，印发《关于深入推进农业供给侧结构性改革 加快培育农业农村发展新动能的实施方案》。4. 加强困境儿童保障工作。3月，印发《关于加强困境儿童保障工作的实施方案》。5. 规范行政审批中介服务事项。4月，印发《大埔县政府部门行政审批中介服务事项清单》。6. 加强广东省高陂水利枢纽工程安置区建设管理。5月，印发《广东省高陂水利枢纽工程安置区建设实施意见》。7. 加强政府投资项目管理。5月，印发《关于规范大埔县政府投资项目管理的意见（试行）》。8. 加强汀江河生态环境保护。6月，印发《大埔县汀江河长效管护工作方案》。9. 加快省定贫困村创建社会主义新农村示范村工作。6月，印发《大埔县省定贫困村创建社会主义新农村示范村以奖代补实施方案》。10. 实施精准扶贫“以奖代补”项目。7月，印发《大埔县精准扶贫“以奖代补”项目实施办法》。11. 制定水土保持规划。7月，印发《大埔县水土保持规划（2018—2030年）》。12. 推进城市公交工作。7月，印发《大埔县公交线路运营权特许经营项目实施方案》。13. 推进乡村振兴战略。10月，印发《关于推进乡村振兴战略的实施意见》。14. 全域推进农村人居环境整治。10月，印发《关于全域推进农村人居环境整治建设生态宜居美丽乡村的实施方案》。15. 加快推进安全生产领域改革。10月，印发《中共大埔县委　大埔县人民政府关于推进安全生产领域改革发展的实施意见》。16. 实施节地生态安葬奖补政策。10月，印发《关于大埔县节地生态安葬奖补政策实施意见》《关于我县党员干部带头推动殡葬改革的意见》。17. 深化金融改革。12月，印发《大埔县推进金融服务实体经济防控金融风险深化金融改革实施方案》。18. 落实食品安全党政同责。12月，印发《关于落实食品安全党政同责的实施意见》。19. 举办第一届长寿镇、村和敬老孝亲家庭评选活动。12月，印发《大埔县第一届长寿镇、村和敬老孝亲家庭评选活动实施方案》。20. 推进精神卫生工作。12月，印发《大埔县精神卫生工作实施方案（2018—2020年）》。21. 深化公立医院综合改革。12月，印发《大埔县深化公立医院综合改革实施方案》。22. 加快实体经济发展。12月，印发《关于进一步加快实体经济发展的实施办法（修订）》。23. 开展打赢脱贫攻坚战三年行动。12月，印发《关于打赢脱贫攻坚战三年行动方案（2018—2020年）》。24. 防范中小微企业信贷风险。12月，印发《大埔县中小微企业信贷风险补偿资金管理办法》。25.打好污染防治攻坚战。12月，印发《大埔县打好污染防治攻坚战三年（2018—2020年）行动计划》。

【大埔县成功创建国家级农村职业教育和成人教育示范县】2018年6月，教育部等五部门公布了第三批国家级农村职业教育和成人教育示范县名单，大埔成为粤东地区唯一一个国家级农村职业教育和成人教育示范县。大埔县围绕国家和省、市确立的职业教育改革发展战略目标，强化职成教育资源的统筹协调，推进职成教育改革发展，促进职成教育观念创新，以培养应用型、技能型人才为目标，形成学历教育为主、短期技能培训为辅的多层次办学格局。2015—2017年，该县投入近亿元用于改善职成教育办学条件、升级办学设备等，构建起以大埔县职业教育中心为龙头、14所乡镇成人文化技术学校为骨干、257个村（居）教学点为基础的农村职业教育和成人教育体系三级培训网络，形成政府统筹、相关部门协作、各方优势互补、协调一致的工作机制，实现职成教育网络覆盖全县。结合大埔小吃、陶瓷、蜜柚种植等发展职成教育，把技能培训转化为产能和产值；发展在线网络培训，让农民手指轻点、足不出户就能享受远程职成教育优质资源。

【大埔县招商大会召开】2018年10月27—28日，主题为“凝聚客商力量，化育时代英才，助推乡村振兴，共谋绿色发展”的大埔县招商大会成功召开。市委书记陈敏，海南省军区原副政委、少将黄声云，广东省港澳办巡视员叶维园，市领导杜敏琪、刘棕会、陈晓建、蓝伟东、温向芳、张文广，以及200多名客商和嘉宾聚首万川古城，共襄盛事。大会为第八批大埔县荣誉市民授荣，为近年来关心支持大埔教育等各项事业的海内外乡亲、社会各界代表进行表彰和颁奖；举行15个招商引资项目签约仪式，涉及新型工业、文化旅游、生态健康、现代农业、特色小镇建设、总部经济等领域，计划投资总额56.1亿元。活动期间，还举办振兴发展和外出乡贤创业成果展、实施乡村振兴战略研讨会、三河坝战役精神研讨会暨三河坝干部学院客座教授聘任仪式等活动。

【广东省韩江高陂水利枢纽工程】广东省韩江高陂水利枢纽工程是一宗以防洪、供水为主，兼顾发电、航运及生态效益等综合利用的大型水利枢纽工程，是国家发改委、财政部、水利部三部委确定的第一批引进社会资本参与重大水利工程建设运营的PPP试点项目，是广东省有史以来单项投资最大的水利工程。工程坝址以上控制集雨面积2.66万平方千米，水库正常蓄水位38米，校核洪水位47.44米，其调洪库容2.67亿立方米，总库容3.66亿立方米，电站装机容量100兆瓦。工程主要由船闸、泄水闸、鱼道、发电厂房、管理营地、两岸混凝土重力坝和上坝道路等部分组成。施工总工期66个月，初步设计批复工程总投资59.19亿元。工程辅助配套项目于2015年10月13日开工建设,主体工程于11月28日开工建设。2018年，工程完成投资约7.3亿元，占年度投资计划的104.3%，累计完成投资约31亿元，占工程总投资的52.38%。2018年10月底，工程左岸重力坝、船闸及10孔泄水闸基本建成，并拆除一期围堰，船闸充水试航成功，通过工程二期导流阶段验收，标志着工程正式进入二期建设阶段。至2018年底，项目开展主体工程电站厂房、右岸重力坝、7.5孔泄水闸、排漂孔及鱼道的建设。

大埔县人民政府县长、副县长名录

县　　长： 熊锋松

副 县 长： 郑尚森　吴东华（挂职）
曹丙利（挂职，2018.5—）
房春鸣（—2018.2）　刘采峰
饶凌云（女）　罗春达　刘辉堂
钟旭东（2018.2—）

党组成员： 邓玉伦

（县府办综合组）

县政府办公室工作

【综合文稿工作】2018年，大埔县人民政府办公室坚持在高效、严谨、规范上下功夫，做好各类综合协调工作。1. 提高参谋服务能力。围绕全县中心工作和社会关注、群众期盼的热点、难点问题,组织开展“推动大埔经济高质量发展”“推进乡村产业兴旺发展”“工业经济发展”“城乡环境综合整治”等专题调研，形成调研报告6篇。2. 做好各种材料、文稿的梳理起草等工作，组写全县经济社会发展情况12期，拟定接待方案200余件，起草县政府领导材料900余篇，整理编写各类会议纪要111篇，上报和汇报材料500余篇。

【文秘工作】2018年，县府办精简文风会风和规范办事程序，健全各项管理制度，实施特事特办、紧事紧办、急事急办制，积极推广无纸化办公模式，严控会议文件数量，最大程度上减少文山会海现象，提高办公室机关事务处理效率。修订完善办公室“三重一大”事项决策、会议、学习、财务、责任追究、政务公开、保密、文印、机动车辆管理、请（休）假等10多项制度，整理形成《县府办制度汇编》，坚持用制度规范人，用制度引导人，用制度塑造人，争取实现工作“零失误”。

【督办工作】2018年，县府办集中精力抓好督办工作，全面办结人大议案建议和政协提案工作，督促县政府常务会议、县长办公会议决定事项落实，做好上级及县领导批转来信办理工作和群众来访工作。每月对县政府工作报告主要工作事项的落实情况进行督办。全年办理各类信件53件，接待群众32人次，印发《督办信息》9期，累计开展专项督查39次。

【法制工作】参见“法制工作”分目。

【金融服务】参见“金融服务”分目。

【住房公积金管理】参见“住房公积金管理”分目。

【经济协作】参见“经济协作”分目。

【应急管理】参见“应急管理”分目。

【打击走私】参见“打击走私”分目。

【人民防空】参见“人民防空”分目。

大埔县人民政府办公室负责人名录

主　　任：何凯涛

副 主 任：郭宣志　郭华昌　赖俊浩

党组书记：何凯涛

党组副书记：汪德欢（—2018.3）

党组成员：郭宣志　郑彦（—2018.3）
郭华昌　赖俊浩
连军沈（2018.3—2018.7）

（县府办综合组）

综合政务服务管理

【简述】大埔县公共服务中心位于县城五虎山庄（原县委党校教学楼），交通便利，使用面积3000平方米。一至五楼为办事大厅，有进驻单位30个，办事窗口73个。办事大厅共五层，设不动产登记综合服务区、综合服务区、县社保局服务区、县公安局办证服务区、工商注册登记服务区和婚姻登记中心6个功能区。2018年，大埔县综合政务服务管理办公室对县公共服务中心动工升级改造前、后生态停车场，约增加车位120个；新建婚姻登记大厅，设结婚登记区、离婚登记区、婚姻家庭辅导室、等候大厅、颁证大厅等。

【政务服务建设】2018年，县政管办推进一门式一网式政府服务模式改革。优化调整27个进驻单位的51个窗口，设8个小一门综合服务区和5个综合服务窗口，共13个综合性服务窗口；规范全县15个镇（场）及256个村（社区）的公共服务平台设施配套、人员配套、人员管理，提升县、镇、村三级公共服务平台全覆盖水平。下放县社保局、县民政局单位的88个事项至镇（村）公共服务中心（站）直接办理，下放按统一编号刻制的业务专用章至各镇（场）公共服务中心，用于县级权限业务的盖章，打通服务群众“最后一公里”。

【网上办事大厅建设】2018 年 9 月 20 日，广东政务服务网正式上线运行。至 2018 年年底，大埔县政务服务网有进驻部门 53 个，进驻办理事项 810 项，含行政许可事项 501 项、公共服务事项 309 项。

【减证便民】2018 年，大埔县梳理出 656 项行政许可和公共服务事项。656 个事项办理时限为 6333.5 天，比法定时限减少 8641.5 天，同比压缩 58%。

【物料快递流转】从 2018 年起，大埔县政府每年投入 30 万元，与邮政快递合作，建立“村级服务站—镇级服务中心—县业务流转中心—县各职能单位”双向互联互通的物料流转模式。

【互联网+政务服务】2018 年，县政管办抓好互联网+政务服务工作。推进网上办事集约化建设，使用 CA 证书确保登录安全；进行标准化梳理工作，在广东省政务服务事项标准化梳理系统对行政权力事项及公共服务事项进行梳理,网上办事大厅升级改造完成；推进中介服务超市建设，组织县、镇级单位根据入驻指南进行项目业主注册入驻。通过建立中介服务超市，解决全省各地中介服务资源不均、地方保护、中介垄断等问题，打通群众办事“中梗阻”，促进各级行政职权规范、高效、透明运行，优化营商环境，降低企业制度性交易成本。

【基层公共服务管理】2018 年，大埔县各镇（场）公共服务中心推行“N+2”管理体制，规范人员管理，原县派专职人员改为“县聘镇管”，由各镇（场）负责管理，村（社区）公共服务站则由各镇（场）按照“属地管理”原则确定公共服务中心（站）工作人员，实行专人专职。县财政每年下拨各镇（场）公共服务中心工作经费，各镇（场）经费专款专用，提升公共服务管理水平。县政管办发挥统筹协调的作用，各镇（场）按“属地管理”原则承担镇（场）公共服务管理主体责任，负责对镇（场）公共服务中心与村（社区）公共服务站统一管理和使用。

【“12345”政府热线工作】2018 年，大埔县热线办所受理工单全部按期办结，按期办结率 100%，回访群众满意率 98.6%。各职能部门接到投诉后均能积极前去调查处理投诉问题，处理质量及回访满意度提高,解决了群众各类诉求，拓宽政民沟通渠道。

大埔县综合政务服务管理办公室负责人名录

主　任：郑　彦（—2018.4）
　　　　汪德欢（2018.4—）

副主任：陈君仪（女）　何学樑

（胡珊）

县政府调研

【重学习，强内功】2018 年，大埔县人民政府调研室树立终身学习理念，通过学习和积累，提高业务工作能力，形成与调研室工作相适应的知识结构和技能水平。1. 提高政治站位。增强“四个意识”，坚定“四个自信”，坚决做到“两个维护”，坚定理想信念，通过学习提高政治站位，增强政治敏锐性，在思想上政治上行动上同以习近平为核心的党中央保持高度一致。2. 深化理论学习。全面系统学习习近平新时代中国特色社会主义思想和中共十九大精神，把马克思主义理论作为必修课，订阅《人民日报》《南方日报》《梅州日报》《求是》等报刊杂志，反复揣摩中央和省、市、县重要文件以及领导重要讲话精神，提高理论和工作水平。3. 坚持学以致用。坚持发扬理论联系实际的学风，结合工作实际，在学习社会管理、经济、法律和写作等知识基础上，着眼于理论的灵活运用，对实践问题理性思考，紧跟时代节奏，大胆解放思想，开拓创新，提高运用科学理论解决各种复杂矛盾和问题的能力。

【提效率，优服务】2018 年，县政府调研室抓信息调研，为领导决策服务，做好信息工作，确保信息工作质量，为领导科学决策提供及时、准确、可靠的信息质量。1. 围绕中心工作调查研究。根据 2018 年县委全会报告和政府工作报告确定的重点工作,着力从县域经济、交通水利基础设施、美丽乡村、精准扶贫脱贫、民生短板等方面提出建议,为县政府重大决策部署收集第一手详细资料。2. 加强沟通明确领导思路。明确工作职责，主动汇报工作，积极与县政府领导交流、沟通，基本准确全面掌握领导对有关工作的思想、思路，跟上领导的节奏，把注意力集中在牵动全局、涉及长远利益的大事上，放在情况复杂、矛盾突出的焦点、难点和热点问题上，做好领导的参谋助手。3. 提高文稿质量。以提高文稿思想性、针对性和指导性为目标，领会领导意图，刻苦钻研、精益求精，提高文稿质量。全年撰写和修改《政府工作报告》、县政府常务会议纪要、县长办公会议纪要和县政府主要领导各种会议讲话材料、署名文章、汇报材料、调研报告等文稿 200 篇。

【严纪律，树形象】2018 年，县政府调研室强化规矩意识。遵守《中国共产党廉洁自律准则》《中国共产党纪律处分条例》等廉洁从政各项规定。面对工作发扬“5+2”“白+黑”精神，做好文稿起草和各项服务工作。严守纪律，坚持恪守办公室各项纪律，不传、不聊、不问涉密信息，自觉保守文稿秘密，同时，严格遵守中央八项规定和省委、市委、县委有关要求。

大埔县人民政府调研室负责人名录

主　任：汪德欢（—2018.4）
　　　　张国修（2018.7—）

副主任：张国修（—2018.6）
　　　　邓仲繁（2018.1—）

（饶伟明）

法制工作

【简述】2018 年，大埔县人民政府法制局按照党中央、国务院《法治政府建设实施纲要》和省、市工作要求，以“深入推进依法行政，加快建设法治政府”为总目标，围绕县委、县政府的中心工作和决策部署，依法全面履行政府职能，坚持依法科学民主决策，创新行政复议办案模式，夯实行政执法监督举措，依法有效化解社会矛盾纠纷，履行政府法制职能，为全县经济社会发展创造良好的法治环境，取得社会效果和法治效能。

【规范性文件备案审查】2018 年，县法制局做好规范性文件备案审查工作。严把规范性文件合法性审查关。严格按照省、市规定和《大埔县人民政府办公室关于印发大埔县重大行政决策和行政规范性文件合法性审查工作规则》对以县政府名义发布的规范性文件进行合法性审查，针对具体问题提出相应意见。贯彻落实“规范性文件三统一制度”，按照《广东省依法行政工作领导小组办公室〈关于实行规范性文件统一登记统一编号统一印发制度的通知〉》规定，做好政府规范性文件统一登记统一编号统一印发各项工作。完善备案审查制度。强调部门规范性文件向县法制局备案，县政府制订的规范性文件全部按要求向市政府和县人大常委会备案，做到规范性文件有件必备，全年审查部门规范性文件 16 件、县政府规范性文件 2 件，向市政府和县人大常委会报备规范性文件 2 件。做好政府规范性文件的清理工作。按照国务院和省、市政府关于开展规范性文件清理的工作部署，县法制局牵头组织对现行有效的涉及证明事项、生态环境保护等有关政府规范性文件进行全面清理，确保大埔县制定的各类规范性文件合法有效。

【做好政府参谋助手和法律顾问】2018年，县法制局在韩江高陂水利枢纽工程建设、大潮高速公路建设、新农村示范村建设、大埔县旅游产业道路改（扩）建、县城工业小区等重大决策事项中主动提供服务，根据法律法规提出合法、合理意见，对相关实施方案、合同进行合法性审查。全年参加县政府重大行政决策研讨会32场次；县委常委会8场次；县政府常务会议9场次、县长办公会议5场次，共研究事项227项；审核县政府工作会议纪要89期；参加信访研判38场次；审查以县政府名义作出的处理决定10件；审核招商引资等各类合同76件。

【行政执法监督】2018年，县法制局通过执法检查、行政处罚备案、行政复议审查监督，及时纠正违法、违规案件，促使行政执法机关依法行政，促进县直有关部门依法行政水平提高。对全县各执法部门在2017年10月1日至2018年10月31日期间已经结案的行政检查、行政许可、行政处罚、行政强制案卷进行抽查，抽查案卷123宗。此次抽查获得优秀等次的单位有7个，其余单位均达到良好等次。对在案卷评查中发现的问题，县法制局均予以反馈并督促有关部门落实整改措施，切实纠正错误。对全县各执法部门上报的125宗重大行政处罚案件进行备案审查。

【业务培训和执法证管理】2018年，县法制局组织3场行政执法人员综合法律知识和行政执法业务培训，参训人员413人。严格按照《广东省行政执法人员综合法律知识网上考试管理办法》规定，组织申领、换领执法证的执法人员进行综合法律知识网上考试4场次，参加考试377人，通过率98.14%。

【行政复议和应诉】2018年，县法制局受理当事人向县政府申请行政复议的案件7件，经审查，决定维持6件；责令履行法定职责1件，因申请人撤回复议申请终止审理1件。全年办理县政府为被申请人的行政复议案件10件，其中市政府维持3件、撤销1件、确认违法3件、未审结3件。行政诉讼方面，县政府为被告的行政一审案件2件，法院审理后驳回原告的诉讼请求1件，原告撤诉1件；县政府为被上诉人的二审行政诉讼案件1件，在审理1件；再审行政案件4件，驳回再审申请（胜诉）4件。

【依法行政考评】2018年，按照市政府依法行政检查组的检查工作方案，县法制局配合做好迎检各项工作，完善依法行政考评各种资料，及时指导县直部门的行政执法案件。2017年大埔县的依法行政工作被市政府评为良好等次。同时做好对相关单位依法行政考评工作。根据《大埔县2017年度依法行政考评方案》，牵头组织大埔县2017年度的依法行政考评工作，并及时通报考评结果，把连续两年被评为“优秀”的部门确定为大埔县依法行政工作示范创建单位，责成个别依法行政工作不够到位的单位抓紧整改。

大埔县人民政府法制局负责人名录

局　长：江启清

副局长：连进强

（何敬业）

机构编制

【简述】2018年，大埔县机构编制委员会办公室按照省、市编办机构编制管理工作的总体部署和要求，加强机构编制管理和自身队伍建设，稳妥推进机构编制各项工作开展，完成全年的各项工作任务。

【机构改革前期准备】2018年，大埔县成立以县委书记朱汉东为组长的中共大埔县委深化机构改革工作领导小组，下设综合协调组、体制与机构改革组、干部人事组、资金资产组、监督检查组5个工作小组。同时，县编办组织业务人员草拟《大埔县机构改革方案》。

【职能转变推进】2018年，县编办推进职能转变工作。1. 鉴于人员变动和工作需要，县政府以埔府办函〔2018〕267号文调整大埔县推进职能转变协调小组，由县委常委、常务副县长郑尚森担任协调小组组长，协调小组下设行政审批改革组、投资审批改革组、职业资格改革组、收费清理改革组、商事制度改革组、教科文卫体改革组6个专题组和综合组、督查组、法制组3个功能组。2. 2018年9月21日，县政府常务会议审议通过《大埔县取消13项涉企涉民证明事项目录》，并以埔府办〔2018〕54号文下发到各镇人民政府，丰溪林场，县直有关单位实施。3. 做好大埔县权责清单修订公布工作。下发《关于抓紧做好权责清单修订公布工作的通知》至县直各有关单位组织实施。4. 推进大埔县“放管服”改革，转变政府职能提高效率。大埔县对照有关法律法规、规范性文件和各单位工作实际，公布县政府部门行政审批中介服务事项清单，并以埔府办〔2018〕16号文印发实施。

【从事生产经营活动事业单位改革工作】2018年，县编办按照广东省机构编制委员会办公室《广东省从事生产经营活动事业单位改革领导小组印发广东省2017年度省属从事生产经营活动事业单位改革工作》精神，结合大埔县实际，制订改革初步方案，拟将中国旅行社纳入改革，根据县委、县政府安排归口由县委常委、宣传部部长主导牵头，拟定改革工作方案上报县政府审定实施。县编办属于改革领导小组的主要成员单位之一，参与改革工作。

【中小学教师“县管校聘”管理改革】2018年，大埔县按照《广东省教育厅 广东省机构编制委员会办公室 广东省财政厅 广东省人力资源和社会保障厅关于推进中小学教师“县管校聘”管理改革的指导意见》和梅市教〔2018〕9号文件精神，结合大埔县实际，由县教育局拟定改革工作方案，待县政府审定后发文实施。县编办参与其中涉及机构的设置和编制的测算、管理工作。

【公立医院综合改革】2018年，县编办按照《广东省人民政府关于印发广东省深化公立医院综合改革行动方案的通知》精神，结合大埔县实际，创新编制管理方式，合理确定公立医院编制总量或人员总额，逐步探索实行编制备案制、员额制管理。

【机构编制监督检查】2018年，县编办根据省编办《关于填报机构编制问题台账有关整改情况的通知》精神以及省审计整改要求，针对部分机关事业单位超编问题，对照《机构编制问题台账整改任务表》，通过自然减员、人员分流方式予以整改，逐步消化超编人员。至2018年底，共完成超编消化整改的机关事业单位22个，消化超编人员114人。

【统一社会信用代码赋码工作】2018年，大埔县事业单位登记管理局做好事业单位法人登记日常管理工作。全年办理事业单位法人设立登记2个，变更登记33个；对全县193个事业单位提交的2017年度报告进行审核，并在广东省事业单位登记管理网进行年度报告公开，公开率100%。根据《省编办关于转发〈中央机构编制委员会办公室关于开展机关、编办直接管理机构编制的群众团体统一社会信用代码赋码工作的通知〉的通知》要求，为15个行政机关、群众团体办理统一社会信用代码证书。

大埔县机构编制委员会办公室负责人名录

副主任：曾国杭（负责工作，—2018.10）

温卫国（负责工作，2018.10—）

大埔县事业单位登记管理局负责人名录

局　长：罗春初

（廖明珠）

外事侨务工作

【对外联络沟通】2018年，大埔县外事侨务局加强对外联络沟通工作。1."请进来"敦睦乡谊。邀请马来西亚、印尼、新加坡等海外乡亲回乡了解乡情，全年接待来自东南亚等国家和地区的海外乡亲2100人次。"走出去"了解侨情。组织相关职能部门"走出去"，县委书记朱汉东、副县长饶凌云分别带队拜访新加坡、马来西亚、文莱、印尼等国家地区的社团和政要侨领，参加招商会、华侨社团庆典活动等。2. 实施中小学生和学校的相关交流。建立海外社团互动机制，通过建立一个互动平台，实现资源共享。3. 加强大埔与马来西亚等青少年合作交流。通过参观交流，增进对大埔的了解，了解客家历史文化和民俗风情，聚焦家乡的发展。全年接待3批120人次的马来西亚等青少年访问团。

【为侨服务】2018年，县处事侨务局强化服务意识，增强为侨胞及归侨侨眷服务的力度，解决关系侨胞利益的难点、热点问题。1. 加强侨务法制建设，加大依法护侨力度。贯彻《中华人民共和国归侨侨眷权益保护法》《广东省华侨权益保护条例》，依法依规做好侨务信访工作，疏导化解矛盾纠纷。全年接待涉侨案件4件，解决率100%，主要涉及侨务政策咨询。2. 关心贫困归侨，落实救助政策。按照《广东省贫困归侨扶贫救助补助资金管理办法》以及省财政厅、省侨办文件规定，5月和9月2次对全县纳入低保、五保的特困归侨发放生活补助，对困难子女（大学生）发放助学金，对特殊情况造成家庭生活困难的归侨实行临时救助。组织各镇（场）侨务干部对各自管辖范围的归侨贫困情况进行全面调查摸底工作，上报困难归侨情况，会同县民政局对低保、五保归侨名单进行审核、公示。全年发放低保五保、临时救助等困难归侨315人次54.24万元（包含2017年剩余资金17.42万元）。3. 为侨寻亲，着实为侨办实事、办好事。全年帮助48位华侨在大埔找到亲人。4. 贯彻省侨办《关于华侨回国定居办理工作的实施办法》，做好华侨回国定居办理初审工作。

【外事管理】2018年，县外事侨务局坚持"外事工作为国家总体外交服务、为地方经济建设和社会发展服务"的工作思路，提高外事工作为县域经济建设和社会发展服务水平。做好全县因公出国的计划报批、量化管理工作。全年为县有关单位出国招商、引资、引智、经贸、考察等工作业务提供服务，受理因公出国（境）证件21批35人次。

【扶贫工作】2018年，县外事侨务局按照县委、县政府的工作部署，继续对洲瑞镇葵坪村、下营村的11户扶贫对象进行精准扶贫，局领导干部多次深入扶贫对象，了解他们经济生活现状和存在的困难，解决扶贫对象生产生活困难。

大埔县外事侨务局负责人名录

局　长：刘思法

副局长：刘海清（女）　刘晋勋

（罗元金）

侨联工作

【简述】2018年，大埔县归国华侨联合会围绕县委、县政府工作大局，贯彻落实县委、县政府工作会议精神和上级侨联的各项工作部署，突出重点、依靠侨胞、加强外联、注重实效，做到凝聚侨心、汇集侨智、发挥侨力、维护侨益，团结带领全县归侨侨眷、海外侨胞，以为侨服务、为经济社会发展服务、为促进祖国和平统一大业服务为重点，充实队伍，改进作风，创新工作，与推动生态富民强县，实现高质量发展贡献侨界力量。

【开展“外联内引”活动】2018 年，县侨联会开展“外联内引”活动，广交海外朋友。实施“外联”活动，参与梅州市侨联组团赴马来西亚、菲律宾、越南宣传推介梅州经济社会发展、拓展与海外客属侨团、侨胞的交流交往，凝聚侨心、汇集侨智、发挥侨力，推动梅州加快振兴发展；组织参加新加坡茶阳（大埔）会馆 160 周年会庆、受邀参加马来西亚吉隆坡茶阳（大埔）回春馆 140 周年会庆活动，了解新加坡、马来西亚、印尼、文莱国家华人华侨情况、通报家乡发展情况及招商大会筹备情况等活动。开展“内引”活动，接待了马来西亚霹雳大埔同乡会返乡团，马来西亚雪隆茶阳（大埔）回春馆返乡团，马六甲茶阳会馆回乡团，沙巴亚庇华人同乡会馆联合会考察团，居銮客家公会、大埔同乡会回乡团，新加坡大侨小学、启发小学文化浸濡活动交流团等，全年接待海外寻根探亲人数 1600 多人次。

【发挥侨联优势】2018 年，县侨联会发挥侨联独特优势，服务招商大会。大埔县于 10 月 27—28 日举行大埔县招商大会，县侨联会发挥优势，协助筹委会做好前期准备工作。发挥与各国、各地社团、侨领等联络多的优势，为筹委会提供信息，协助确定邀请嘉宾名册，联络沟通，尽力尽职做好参谋助手。做好发动大埔县教育发展基金会捐款捐资工作。在联谊会期间，协助县委、县政府，发动参会嘉宾为大埔县教育发展基金会捐款，发动新加坡茶阳（大埔）会馆捐款 200 万元、刘智评捐款 300 万元并全程跟进资金到账情况。同时县侨联会利用与大埔有密切联系的海外侨社庆典的有利时机，主动宣传推介大埔，通过《大埔乡讯》宣传，使广大海外侨胞身在海外，能够了解祖地大埔的经济社会发展情况。

【维护侨权侨益】2018 年，县侨联会加强服务意识，维侨权、护侨益。把侨法宣传作为一项长期工作，在全县范围开展《中华人民共和国归侨侨眷权益保护法》及其“实施办法”宣传活动，通过电视、专栏、报纸、标语等形式开展宣传活动。同时，坚持把依法维护归侨侨眷和海外侨胞权益贯穿于工作的始终，激发侨界的爱国爱乡热情。1. 做好侨联信访工作。贯彻“归侨侨眷权益保护法”和国务院《信访条例》等法律法规，解决归侨侨眷中的热点难点问题，所有涉侨问题都解决在萌芽状态，全年解决信访案件 6 宗。2. 组织侨界人大代表、政协委员参政议政。组织他们开展视察活动，深入农村，掌握第一手材料，撰写反映优化经济发展环境和民生议案。3. 出台并落实涉侨优惠政策。县侨联会与教育、公安、劳动、卫生等相关部门联合协调，使广大归侨侨眷及其子女升学、就学、就业、医疗保障等享受优惠政策。全年开展“侨界助学行动”争取市侨联为 3 户困难归侨子女上大学提供每人 5000 元的助学金，为 2 户贫困归侨子女提供四年大学期间每年 3000 元的助学金。4. 开展春节慰问活动。县侨联会通过打电话、发慰问信、贺卡、发电子邮件慰问海外大埔籍侨胞，还积极向政府争取资金，对困难归侨遗属、贫困侨眷开展走访慰问活动，全年投入 2 万多元进行困难归侨慰问。

大埔县归国华侨联合会负责人名录

主　席：范春芳（女）

副主席：李步锦

（李步锦　李苑兰）

经济协作

【强化理论武装】2018 年，大埔县经济技术协作办公室全体干部学习贯彻习近平新时代中国特色社会主义思想和中共十九大精神及习近平总书记视察广东重要讲话精神，强化理论武装，深化思想认识，创新思路举措,加强区域协作，增强做好工作的责任感和使命感，经济协作各项工作得到有效落实。

【发挥经协职能】2018 年，县经协办发挥经济协作的职能，提高为企业服务水平。1. 广州博览会参展工作完成。落实《梅州市人民政府办公室关于印发梅州市组团参加 2018 年广州博览会工作方案的通知》精神，做好组团参展工作, 并取得成功。8 月 24—27 日，由县经协办负责组织大埔县陶瓷、蜜柚、茶叶行业协会，组团到广州进出口商品交易会展馆参加第 26 届广州博览会,设置 8 个展位，其中展示大埔陶瓷系列产品展位 6 个、农业及长寿食品展位 2 个。参展的吉玉、昌隆、溪山等 12 家陶瓷企业展示了青花瓷等系列产品 50 种，顺兴、柚通柚美等农业企业展示了柚果及大埔县长寿食品等系列产品 30 种，前往大埔县展区参观的人员络绎不绝，促成一批意向经销项目，打响“大埔农品”“大埔山品”“大埔砸品”等特色品牌，扩大该县的影响力，推动绿色健康产品走出小山村、进入珠三角大市场。2. 区域经济协作加强。主动加强与周边区域经济协作部门的信息交流，互相推介适合当地发展的优质项目；配合县招商部门“走出去”与外出乡贤、企业家沟通联系，引进优质项目，助推大埔县经济实现高质量发展。3. 服务中心能力提升。积极参与海珠大埔对口帮扶工作，配合做好 7 月 20 日在广州举行的“海珠 · 大埔对口帮扶成果展暨大埔旅游宣传推介会”, 集中展示海珠大埔对口帮扶成果，宣传推介大埔的小吃文化和旅游产品。

大埔县经济技术协作办公室负责人名录

主　任：刘增福（2018.1—）

副主任：刘增福（—2018.1）　黄继业

（方琪）

住房公积金管理

【简述】梅州市住房公积金管理中心大埔县经办业务分理处是直属县政府办公室非营利的事业单位，主要负责编制执行住房公积金累计归集、使用计划，住房公积金的核算；审批住房公积金的提取、使用；负责住房公积金的保值和归还等。该分理处办公室于 2018 年 7 月 1 日从虎山路 43 号金穗大厦二楼搬迁至万川路 23、25 号（原社保局办公楼），办公面积 400 平方米。2018 年底，全县参加缴储住房公积金的单位 317 个，参加缴储的职工 1.39 万人。住房公积金累计归集 12.99 亿元，职工支取 7.56 亿元，归集余额 5.43 亿元。累计发放 8.66 亿元，回收 3.9 亿元，住房公积金贷款余额 4.76 亿元。“公转商”贴息贷款业务受理 320 户，贷款金额 8000 万元。2017 年根据住房公积金资金结存情况，已回赎 3600 万元。2018 年，全面收回“公转商”贴息资金。

【住房公积金归集、提取和发放】2018 年，全县归集公积金 2.36 亿元，比 2017 年同期 1.97 亿元增加 3895.14 万元，同比增长 19.76%；支取 1.53 亿元，比 2017 年同期 1.2 亿元增加 3250.18 万元，同比增长 26.93%；归集余额 8291.44 万元；公积金放贷 455 户，放款 1.03 亿元；收回贷款 8390.84 万元。

【住房公积金缴存比例执行、放贷额度及期限情况】2018 年，大埔县行政事业单位住房公积金的缴储比例按工资总额的 9%提高到 12%进行扣交和补贴。职工住房公积金贷款额度双职工最高额度仍按 30 万元，单职工按 20 万元；期限仍按 2009 年标准执行，即最高贷款年限 30 年。

梅州市住房公积金管理中心大埔县经办业务分理处负责人名录

主　任：林开樊（—2018.3）
黄小涛（2018.3—）

副主任：丘海越

（李晖）

金融服务

【简述】2018年，大埔县金融服务办公室围绕县委、县政府工作大局，加强地方金融风险防控能力建设工作，协调更多金融资源回归，推进重点项目建设，全面激活发展引擎和致力发展实体经济，推动经济提质增效。

【防范和化解地方金融风险】2018年，元旦、春节期间，县金融办以县府办的名义下发《关于开展大埔县“防范非法集资、远离电信诈骗”主题宣讲活动的通知》，开展防范非法集资宣传工作。采取深入“社区、校园、工厂、学校、农村”开展巡回宣讲活动。同时，在车站、政务中心和各金融机构场所LED屏幕滚动播放宣传片，在县广播电视台晚间新闻时段滚动播放宣传标语，提高民众识别非法集资行为意识，远离并抵制非法集资，营造良好的金融环境。同时，配合省、市互联网金融整治办开展好金融风险排查治理工作。建立起地方金融风险排查工作机制和线索报送机制，全县金融稳定，未发现有不稳定金融风险隐患情况。

【金融资源增加信贷投放】2018年，县金融办激发全县金融机构的能动性，配置金融资源，鼓励涉农金融机构积极争取上级银行加大信贷支持，加快金融产品“增量拓面”，将信贷资金向发展农村经济倾斜，实施乡村振兴战略。全年驻埔金融机构，根据自身行业机构职能，推进农村金融扶贫和拓展信贷资金支持乡村振兴发展。截至2018年12月，全县金融机构人民币存款余额161.99亿元，比年初增加4.93亿元，同比增长5.8%；人民币贷款余额77.8亿元，比年初增加2.69亿元，同比增长7.38%。县农商行争取中国人民银行的扶贫再贷款资金，扶持大埔实体经济发展。至2018年12月31日止，县邮储银行发放扶贫小额贷款676笔2051.5万元。2018年12月，大埔农村商业银行股份有限公司、中国农业银行股份有限公司大埔县支行与县扶贫开发局签订扶贫小额信贷合作协议，增至3家金融机构开展金融精准扶贫工作。累计投放扶贫再贷款资金4.2亿元，减少融资成本约2400万元。县邮储银行、县农商行发挥“大埔县信贷风险补偿基金”融资平台作用，资金池总量2345万元，其中县农商行1545万元、邮储银行800万元。地方财政投资设立的创业引导基金（人社局）小额担保贷款项目总量1120万元，其中县农商行620万元、邮储银行500万元。

【推进企业在“新三板”上市步伐】广东吉玉陶瓷股份有限公司2016年5月与开源证券股份有限公司签订上市辅导协议。并聘请亚太（集团）会计事务所、广东金烨律师事务所、深圳市鹏盛星辉资产评估事务所（普通合伙）进行上市辅导。2018年10月31日，全国中小企业股份转让系统有限公司受理了广东吉玉陶瓷股份有限公司在“新三板”挂牌的申请材料。

大埔县金融服务办公室负责人名录

主　任：张海琳（女）

副主任：肖建华

（蓝梦婷）

应急管理

【开展应急演练】2018年，大埔县应急管理办公室加强应急预案体系建设，开展应急演练工作。1. 加强应急预案体系建设。按照“横向到边、纵向到底”的要求，督导各部门和各镇（场）、村（社区）及企业编修各类应急预案、应急预案操作手册及应急响应流程图。全年新编、修订县专项预案3个、部门应急预案1个，全县15个镇（场）及各村（社区）、工矿企业均修订或编制各类应急预案、方案。2. 开展应急预案演练。制定应急预案年度演练计划，开展避震疏散、地质灾害防御、道路交通安全、矿山事故救援、防洪抢险、消防、处置群体性事件、反恐处突等应急预案演练。2月2日，县人武部在大埔火车站组织开展发生暴力袭击民兵应急分队应急演练；4月3日，县人民医院在新住院大楼二楼肾内科和新住院大楼广场举办消防应急培训及演练活动；4月16日，高陂镇牵头，市建管处、县移民工作局、县三防办、县安监局等相关单位配合，在高陂镇银滩村举办广东省韩江高陂水利枢纽工程施工期间超标准洪水受影响群众安全转移预案应急演练活动；5月15日，广东省路桥建设发展有限公司天汕分公司联合县应急办、县消防大队、县人民医院、县环保局等部门，在茶阳服务区举行道路危化品泄漏事故综合应急联合演练；6月21日，县文广新局在县翰林剧场、博物馆门坪组织开展消防应急知识培训和消防实操演练活动，县住建局联合县应急办在湖寮镇下沥村在建大埔县中医医院工地开展2018年建筑施工“双优”示范工地观摩和应急救援演练；7月1日，由县国土资源局、县应急办、大麻镇政府、广东省有色金属地质局九三八队等单位联合举办的地质灾害应急演练在大麻镇英雅学校举行；11月12日，大埔县洲瑞镇实验学校举行“体验生命通道”应急疏散演练。3—5月，县科技局、县教育局、县应急办联合在县城和乡镇部分学校举行避震、应对自然灾害应急疏散演练。全年全县开展各类演练45场次，其中桌面演练26次，有1.3万人次参加应急预案演练。

【风险隐患排查】2018年，县应急办抓好风险隐患排查，完善预防预警体系工作。1. 开展风险隐患排查整治。落实省、市有关“突发事件风险分级管控和隐患排查治理”工作要求，成立突发事件风险隐患排查整改工作领导小组，制定开展突发事件风险隐患排查和整改工作方案，组织全县各级各单位对公共娱乐和人员集中场所、工矿企业、建筑行业、地质灾害点、山塘、水库、危化品行业、交通运输行业、学校等领域进行隐患排查和整治。完善地质灾害群测群防网络，层层落实防灾、监测责任，健全“政府负责、部门联动、群众参与”的地质灾害监测预报网络和群测群防预警体系，做到镇（场）有防治负责人、村（居）组有监测负责人、灾害隐患点有监测人，随时掌握情况。对排查出来的隐患实行“一隐患一方案”，建立隐患台账，全面落实整改主体责任和整改措施，整改率100%。2. 完善预警系统工程建设。大埔县重视灾害预警信息发布中心建设工作，设在县气象局的县预警信息发布中心发挥发布、联动、监控、审核、指挥等5个功能区的作用。还建立由县、镇、村三级和全县中小学校、企业、地质灾害点安全监管责任人、信息员信息库，利用手机短信第一时间发布预警信息；全县245个村都聘请安全生产巡查员和护林员，形成覆盖全县的监测预警网络。

【应急保障建设】2018年，县应急办完善组织体系，提高应急保障能力。1. 完善应急工作机构。及时调整县突发事件应急委员会成员，各镇（场）、县应急委各成员单位也相应调整充实工作机构和应急工作人员，保证各项工作有序运转。2. 强化应急队伍建设。抓好县有关部门、各镇（场）的救援队伍建设，扩大县、镇救援队伍规模及范围，全县建立综合应急救援队伍1支50人，专业应急队伍7支120人，基层应急队伍15支525人，应急志愿者队伍 1 支 240 人。定期邀请应急专家参加风险隐患评估会商；组织应急专家参与应急预案制订、演练和突发事件应急处置、评估工作。3. 加强应急救援物资储备。县消防、安监、水务、民政、卫计、农业、畜牧等有关部门和各镇都加强应急救援物资的储备。2018 年，全县投入 200 万元购置消防器械、救生衣、救护车、冲锋舟、编织袋、木桩、铁铲、药物、棉被、帐篷等救援装备和救援物资，为应急救援工作的开展提供物资保障。4. 推进应急避护场所建设。全县有应急避护场所 44 处，总面积 52.87 万平方米，可容纳人数 27.83 万人。其中县级 7 处，占地面积 21.38 万平方米，可容纳人数 12.84 万人；镇级 31 处 ，占地面积 29.39 万平方米，可容纳人数 13.75 万人；村（社区）级 6 处，占地面积 2.1 万平方米，可容纳人数 1.24 万人。全县 44 处应急避护场所中，有室外应急避护场所 36 处，占地面积 51.26 万平方米，可容纳人数 26.82 万人，室内应急避护场所 8 处，建筑面积 1.61 万平方米，可容纳人数 1.01 万人。

【加强应急值守】2018 年，大埔县重视应急值守和信息报送工作，按照市委、市政府要求，健全完善值班硬件设施和工作制度，配齐专职值守人员，严格落实领导带班和专人专职 24 小时值守制度。1. 加强值班方式。值班电话和短信交互运用，双管齐下，提高值班工作效率。值班人员接紧急情况报告时，在科学研判的基础上，一方面按程序电话报告值班领导，另一方面运用政务 OA 短信平台采取短信群发的方式将突发事件时间、地点、大体内容等及时通知相关领导及县党政主要领导。2. 加强沟通协调。县应急办与县公安、安监、卫计、三防等有关部门建立信息互通和应急协调联动机制，确保第一时间报告和处置突发事件。3. 及时报送信息。坚持第一时间向市政府报送突发事件信息，办理落实省、市领导有关处置突发事件的批示、指示，并及时向市报告落实情况。全年向市报送突发事件信息 115 篇，办理落实省、市领导关于突发事件指示、批示 78 件。4. 加强值班指导。加强对全县各镇、县应急委成员单位值班工作的检查指导。全县各镇（场）建立 24 小时值班制度和传统节日及森林防火、汛期等非常时期领导带班责任制，以确保各类突发事件得到及时的处置。

【应急宣教培训】2018 年，大埔县把应急管理知识宣传，提高公众自救互救能力作为推进应急管理工作的基础和重心，采取多种形式开展应急管理宣传活动。利用县广播电视台、网站和各镇政府网站等媒介宣传应急管理法律、法规和消防、地质灾害避险、卫生防疫等应急避险知识，并通过电视台、气象信息平台等及时发布灾害预警信息，提高群众应急意识和应急能力。印制防范自然灾害、事故灾害、公共卫生事故、社会突发事件等应急知识宣传资料发至全县中小学生及群众进行学习宣传。开展梅州市第三届“百人百场”应急知识宣教等各类主题宣传活动。5 月 11—14 日，由县应急办主办，县教育局、县红十字会协办，邀请市红十字会专家分别在大埔县张云栽实验小学和大埔县实验中学作红十字会急救课程培训。3— 5 月，县科技局联合县教育局在全县各中学开展防震减灾知识网络竞赛活动，全县有近 2 万名中学生参与学习，其中 600 人参加网络知识竞赛，提升全县中学生防震减灾知识和综合能力；印制防震减灾宣传小册子 3.5 万份，发送至全县中、小学生人手一份；借助县气象局和县消防、邮政的电子信息平台，在全县 60 多个电子信息视频，每天滚动播放防震减灾知识，实现 LED 电子平台宣传防震减灾知识覆盖全县城和各镇（场）。5 月 18 日，县国土资源局在会议室举办第三届“百人百场”应急安全教育活动暨地灾防治培训会。6 月 13

日，县安监局牵头组织在大埔县电子商务产业园举办第三届“百人百场”应急安全教育专题讲座，邀请广东省安全生产应急预案评审专家、梅州市政府应急管理专家、梅州市矿山救护队副队长等3位专家授课，全县非煤矿山企业主要负责人和安全管理人员、15个镇（场）安监办主任、专职安全检查员共100人参加。6月28日，县旅游局组织旅游从业人员开展2018年旅游行业“安全生产月”暨“百人百场”应急演练活动。7月19日,县政府组织县食安委有关成员单位、县应急办、县金融办等部门在文化广场开展第三届“百人百场”应急安全教育系列活动暨食品安全宣传周活动。通过举行消防、防震避险、山洪灾害防御、防汛抢险等演练宣传应急知识。通过举办食品卫生、山洪灾害防御、防汛抢险和学校安全管理知识培训班等形式宣传应急知识，共同营造应急知识进机关、进社区、进农村、进学校、进企业、进家庭的氛围。通过举办培训班和报告会等形式宣传应急管理知识，将应急知识培训纳入干部培训课程，培训690人次。

【应急处置工作】2018年，县应急办提高应急处置能力，维护社会稳定。1. 规范突发事件现场应急处置工作。实施《广东省突发事件处置现场指挥官制度实施办法》，全年全县发生突发事件115宗，均为一般性突发事件。每次突发事件发生后，及时组织有关部门和当地干部第一时间到现场处置，全县突发事件均得到妥善处置，受到上级领导的肯定和群众的好评。2. 实行突发事件信息公开制度。在县电视台、县政府门户网站及有关职能部门网站及时公开突发事件信息，防止造谣惑众，影响社会稳定。同时，加强突发事件信息管理，凡较大以上突发事件信息发布，须经县委、县政府审批，由县委、县政府或指定相关部门统一发布，确保突发事件信息发布准确性和一致性。3. 做好事后评估和恢复重建工作。突发事件处置后，及时组织相关部门、专家及专业技术人员对事故原因开展调查，对危害进行评估，提出对策，避免此类事件再次发生。山体滑坡等地质灾害、道路桥梁损毁、供电通信线路中断等事故发生后，及时组织力量，开展恢复重建工作。

大埔县应急管理办公室负责人名录

主　任：李志浩

副主任：黄优常

（张新明）

打击走私

【简述】2018年，大埔县人民政府打击走私综合治理办公室贯彻落实中共十九大和习近平总书记系列重要讲话精神，以习近平新时代中国特色社会主义思想为指导，根据省、市打私部门的工作部署和要求，结合辖区实际，周密部署，严厉打击，组织打私联合行动和专项整治，推动反走私综合治理工作开展。

【开展打私行动】2018年，大埔县坚持问题导向，把专项治理和源头治理、依法治理、系统治理、综合治理结合起来，推进基层反走私综合治理，加强非设关地区走私和流通领域的综合整治，发挥各打私成员单位的执法优势和执法合力，在辖区内持续开展环境整治、市场清理、陆上堵截等行动，形成打击合力，构筑“打、防、管、控”的立体防线。全年出动执法人员1326人次，出动车辆332辆次。执法检查加油站（点）32间次；检查食品流通企业、餐饮服务企业、化妆品经营企业（港货店）等经营场所206间次，检查食品冷冻库12个次、农贸市场18家次，检查其他经营场所536间次，现场查获走私冷冻肉4箱，案值710元；查处销售私烟案件2起，查获走私香烟0.28万支，案值 1800 元。

【营造打击走私贩私的宣传舆论】2018 年，县打私办牢固树立“宣传也是打私”的工作理念，加大信息报送和宣传工作力度。把反走私综合治理和新闻宣传同步部署、共同推进。利用传统和新兴媒体，加强背景解读和法律宣讲，与梅州日报社合作在县城公园、街头电子阅报栏 24 小时不停滚动播放反走私标语口号；与县金融办合作在开展“防范非法集资，远离电信诈骗”主题宣讲活动中融入反走私知识宣讲内容，印制宣传单下发镇村、社区，进校园、企业宣传反走私知识；与县邮政局合作在邮政各镇网点，县城机关、事业单位、学校、社区、酒店、商场超市等人员密集场所的视频机播放反走私法律法规和知识，广泛宣传相关法律法规以及开展打私行动的必要性和重要性，营造大埔县打击走私贩私的舆论氛围。

【存在的困难和问题】2018 年，大埔县打击走私工作仍存在一些困难和问题。大埔县地处山区，属反走私工作“非重点”地区，是走私违法犯罪进出省（海）过境地区。随着山区交通条件的改善发展，出省（海）交通路网四通八达，犯罪分子作案手段更隐蔽、形式更多样化，再加上缉私队伍力量薄弱和专业程度不高等因素，一直是大埔县打私工作难以全面开展的软肋，也是长期存在的焦点难点问题。

大埔县人民政府打击走私综合治理办公室负责人名录

主　任：蔡俊典

（蔡俊典）

政协大埔县委员会

【简述】2018 年，大埔县政协常务委员会高举中国特色社会主义伟大旗帜，学习贯彻习近平新时代中国特色社会主义思想和中共十九大精神，学习贯彻习近平总书记对广东工作的重要讲话精神以及关于加强和改进人民政协工作的重要思想，贯彻省委、市委和县委工作部署，坚持团结和民主两大主题，履行政治协商、民主监督、参政议政职能，实施县委“生态立县、实业富县、文旅兴县”发展思路和县政协“创新政协、有为政协、活力政协、和谐政协”工作思路，为大埔坚持高质量发展、推动生态富民强县、开创决胜全面建成小康社会新局面作出贡献。

【思想建设】2018 年，县政协党组严格执行向县委请示报告工作制度，自觉将政协工作置于县委的绝对领导之下，发挥党组在政协工作中“把方向、管大局、保落实”的领导核心作用，使政协组织和广大政协委员树牢“四个意识”，坚定“四个自信”，坚决做到“两个维护”。县委重视政协工作，县委常委会多次听取政协工作情况汇报或研究政协工作，审议县政协党组（常委会）年度工作要点和年度协商工作计划等；县党政主要领导多次到政协机关走访调研，调动政协委员和干部队伍的积极性。按照“学懂、弄通、做实”的要求，完善学习制度、落实学习计划、突出学习主题，通过党组会议、中心组学习会议、常委会议、委员培训班等形式进行专题学习研讨，学习习近平新时代中国特色社会主义思想和中共十九大精神，学习习近平总书记关于加强和改进人民政协工作的重要思想以及新时期统战理论、宪法修正案、新修订政协章程、政协基本知识等。开展“大学习、深调研、真落实”活动，县政协撰写的《坚持把协商民主贯穿政协履职的全过程》获广东省政协系统“深入开展习近平总书记关于加强和改进人民政协工作的重要思想学习研讨活动”论文评选优秀奖，受到省政协的表彰奖励。全年组织集体学习30场次，举办全体委员专题学习培训班2期，选派机关干部和政协委员参加省、市、县组织的学习培训13批100人次。

【协商议政职能】2018年，县政协发挥政协作为专门协商机构的作用，推进议政协商、专题协商、对口协商、界别协商、提案办理协商，规范协商秩序，提升协商水平。2018年，召开常委会议4次、党组会议和主席会议28次、专委会对口协商会议16次，围绕乡村振兴、卫生强县、精准扶贫、环境保护、民生改善等重点领域工作，广泛协商、献计出力。1. 推进议政协商。邀请县政府领导通报全县经济社会发展情况，听取全县教育工作情况通报，让委员了解县情、政情，及时反馈议政协商意见，为推动大埔高质量发展凝智聚力。2. 推进专题协商。按照常委会《2018年协商工作计划》，就群众普遍关心的特色小镇建设、陶瓷产业与文化融合发展等进行专题协商，提出对策建议10多条，得到相关部门的重视和采纳。3. 加强提案办理协商。坚持把协商贯穿于提案办理各个环节，加大跟踪督办力度，县政协十四届三次会议以后的53件提案和5件建议，全部如期办复，办复率100%。发挥政协民主监督的优势和特色，坚持在参与中支持、在支持中服务、在服务中监督。4. 开展民主评议。不定期分批次组织委员走进法检“两院”和相关部门，开展庭审观摩、行风政风民主监督，促进阳光司法、公正执法。5. 开展专项视察。组织政协委员对落实“河长制”、创建“省教育现代化先进县”、广州海珠（大埔）产业转移工业园建设等情况开展视察，提出工作建议20条。6. 参与专项督查。专门成立专项督查组，对全县“文化旅游、农业农村、民生实事”等方面47项重点项目建设情况进行季度专项督查，做到真查实督，推进项目顺利建设。7. 围绕党政中心工作，精心选题，深入调研，积极献计纳策。全年组织委员围绕健康大埔建设、乡村旅游、祠堂文化、传承红色基因等课题开展调研，形成一批调研成果。8.搭建议政平台。运用主席会、常委会、专题协商会、专题研讨会等常规性履职平台，同时建立微信公众号、微信工作群等网络议政平台，支持政协委员实时参与讨论交流、提出意见和建议，履行参政议政职能。

【助推发展】 2018年，投身扶贫攻坚主战场，政协领导班子成员分别挂扶镇村负责抓好扶贫工作和新农村示范村建设，政协机关专门派出一名副科级干部驻枫朗镇帮扶，并安排党员干部与该镇面上分散贫困户结对帮扶，政协领导和党员干部经常深入贫困村调研、到贫困户家中访贫问苦，坚持从政策上、财力物力上帮助解决“一达标、两不愁、三保障”（“一达标”：农民家庭年人均纯收入达到国家现行扶贫标准；“两不愁”：不愁吃、不愁穿；“三保障”：义务教育、安全住房、基本医疗有保障）中存在的具体问题。为大力弘扬尊师重教传统美德，资助贫困学生、奖励优秀师生，促进大埔县教育事业可持续高质量发展。2018年6月，县委指派政协主要领导牵头筹备申报成立教育发展基金会，经过全县上下的共同努力，教育基金筹措工作取得成效。至2018年底，全县发动承诺及现金捐款合计2.14亿元，到账资金3460万元。其中县政协发动承诺及现金捐款合计6120万元，到账资金568万元。实施乡村振兴战略。2018年，县政协坚持把“推进乡村振兴战略落实”作为一项重要工作来抓，提高政治站位，推动乡村振兴各项工作落细落实，取得成效。县政协牵头联合埔籍市政协委员在市政协七届二次全会上提交的《关于扎实推进乡村振兴战略实施的提案》，被市政协列为重点提案，并由市委书记牵头督办。2018年12月13日，市委书记陈敏主持召开督办市政协重点提案办理情况座谈会时，认为该提案紧扣中心、抓住热点，具有很强针对性和可操作性，体现政协委员的政治责任感和参政议政热情。该提案被市政协评为“优秀提案”。在具体行动上，县政协除建言献策推动工作外，还引导委员发挥自身优势，支持和参与乡村振兴工作，有的通过建立农家书屋、设立美术场馆、兴建休闲运动广场等形式丰富乡村文化内涵，有的专门邀请专家对家乡建设进行全面规划设计，有的牵头并参与“三清三拆三整治”工作，有的致富不忘家乡，直接回乡投资兴业。根据县委统一安排，县政协领导班子成员分别挂钩负责1项以上重点项目和挂钩联系重点企业、镇村等，并经常深入所负责的重点项目建设现场和挂钩联系的镇村、企业进行指导，帮助协调解决存在问题，促进重点项目建设和镇村、企业各项工作开展。

【联谊交往】2018年，县政协常委会联谊交往、凝心聚力，团结协作获得新发展。1. 发挥委员工作室作用。①畅通理论学习的渠道。通过面对面交流、建立微信群推送学习信息等方式，及时组织委员学习习近平新时代中国特色社会主义思想以及习近平总书记关于加强和改进人民政协工作的重要思想，学习中央和省、市、县重要会议、重要文件精神。②拓展委员履职的平台。各工作室根据委员界别特点和工作性质，精心选题，开展调研视察、撰写提案、反映社情民意信息等活动，拓宽委员参与面，实现委员履职常态化。③开辟工作延伸的途径。各工作室发挥委员资源优势，组织开展“送法下乡”“送医送药送科技下乡”等爱心活动，听民意、集民智、纾民困、解民忧，让群众感受到委员在身边、身边有委员，实现政协工作向基层延伸。④搭建交流合作的载体。依托委员工作室平台，密切委员之间的交流，改变闭会期间委员较少联系的现状，让委员找到“家”的感觉，使政协组织的凝聚力、感召力增强。同时，开展各项活动，使委员工作室成为政协的联络站、群众的连心桥、委员的展示台、工作的推进器，委员主体作用得到发挥。特别是密切联系群众方面，各工作室2018年接待群众200人次，收集群众意见建议30条，反映社情民意信息10条，分赴各镇村向群众讲解政策、解答疑问、提供咨询50次。委员工作室建成运行取得成效，受到莅大埔调研的省政协主席王荣、市政协主席陈建青的肯定，并得到县委的肯定。2. 发挥政协大团结大联合的政治优势和代表性广、包容性强的特点，加强与社会各界人士、工商联、人民团体、无党派人士的联系。加强与政协委员的联系，并不定期开展走访委员活动。2018年9月16日，县政协在韶关市召开旅外政协委员座谈会，在通报县情和政协主要工作的同时，就开好县招商大会筹集教育发展基金事宜进行动员部署。3. 加强与各级政协组织之间的交往联谊。全年由县政协领导带队，组织部分机关干部和政协委员赴河源市连平县、韶关南雄市、福建省武平县等地政协学习考察，学习他们在实施乡村振兴战略、特色小镇和新农村建设、政协工作等方面的先进经验和做法。接待来自江西省石城县、重庆市合川区和广东省阳江市、珠海市、海珠区、南雄市、南海区、梅江区、梅县区、平远县等地政协领导到大埔县考察交流20批次。同时，做好省、市政协领导到大埔开展各项专题调研视察活动的服务保障工作，参加省、市政协举办的培训班和各类型会议及在平远县、江西省会昌县举办的闽粤赣边三省九县（区）政协第45、46次联系协作会议。4. 针对2006

年以前出版的《大埔文史》，因条件限制印刷质量较差、难以保存情况，为抢救珍贵文史资料，更好发挥“存史、资政、团结、育人”作用，专门组织人员重新整理编辑出版第1—2辑、3—4辑《大埔文史》合订本。同时，加强政协宣传工作，在县政府门户网站、县电视台、县政协微信公众号等平台，及时传递政协组织声音，宣传委员先进事迹，扩大政协工作社会影响面。

【政协自身建设】2018年，县政协常委会贯彻落实中共中央办公厅《关于加强新时代人民政协党的建设工作的若干意见》精神，专门制订出台贯彻落实方案，压实全面从严治党主体责任，强化县政协党组在政协工作中的政治领导力、思想引领力、群众组织力、社会号召力。严肃党内政治生活，贯彻执行民主集中制，落实意识形态工作责任制和党风廉政建设责任制，严守党的政治纪律和政治规矩，遵守中央八项规定。同时，加强政协组织中的党员队伍建设，引导他们擦亮党员身份，发挥他们在各行各业中的先锋模范带头作用。坚持把抓好机关作风建设作为政治任务和推进政协工作的抓手，持续推进“两学一做”学习教育常态化制度化，开展“不忘初心、牢记使命”、“铭记光辉历史、传承红色基因”、纪律教育学习月等学教活动。组织人力对政协及其机关原有各项规章制度进行全面梳理和修订完善，编辑成《政协大埔县委员会规章制度汇编》一书进行印发，方便机关工作人员和广大政协委员学习贯彻执行。2018年，对政协办公大楼办公用房进行整合，将一同办公的其他单位用房全部划拨交由县政协机关管理使用，并将修缮费用列入财政预算，对大楼进行全面修缮。同时，常委会做好机关离（退）休老干部工作，关心他们的学习、工作和生活；支持历届政协委员联谊会和县文体促进会开展各项活动，协助历届政协委员联谊会搞好换届选举工作，使他们发挥应有作用。

政协大埔县委员会主席、副主席名录

主　席：李礼醒

副主席：张友群（女）　刘小平　杨竹玲（女）　吴振石　刘广明　黄伟胜（2018.1—）

大埔县政协办公室负责人名录

主　任：罗同兴

副主任：郭伟军

大埔县政协提案委员会负责人名录

主　任：何庆略

副主任：刘红连（女，专职）　丘牡香（女）　刘永东　李志坚

大埔县政协文史和学习委员会负责人名录

主　任：黄海华

副主任：丘丽清（女，专职）　刘奕棋　陈秀鸿　蔡永斌

大埔县政协经济和人口资源环境委员会负责人名录

主　任：饶庆远（2018.3—）

副主任：郭和麟（专职）　李友元　余志均　张正城　廖光明

大埔县政协教科文卫体和社会法制委员会负责人名录

主　任：叶庆敏

副主任：何向宏　张松周　范瑞华　黄力科

大埔县政协民族宗教和港澳台侨外事委员会负责人名录

主　任：李月茹（女）

副主任：黄胜科（专职）　丘怀玲（女）　何祖才　郑锦钧

（郭和麟）

中共大埔县纪律检查委员会

【简述】2018年，中共大埔县纪律检查委员会（大埔县监察委员会）学习贯彻落实中共十九大精神，以习近平新时代中国特色社会主义思想为指导，深入贯彻学习习近平总书记对广东重要讲话和重要指示批示精神，围绕县委、县政府中心工作，持续强化监督执纪问责，全面履行监督调查处置职责，推动全面从严治党向基层延伸。

【中共大埔县第十二届纪律检查委员会第三次全体会议】1．会议概况。2018年2月6日，中共大埔县第十二届纪律检查委员会第三次全体会议在县城召开。县委书记朱汉东出席全会并讲话。县委副书记、县长熊锋松传达习近平总书记在十九届中央纪委二次全会上的重要讲话精神，中央政治局常委、中央纪委书记赵乐际的工作报告，省委书记李希在十二届省纪委二次全会上的讲话和省委常委、省纪委书记施克辉的工作报告，以及市委书记谭君铁在七届市纪委三次全会上的讲话和市委常委、市纪委书记黄建固的工作报告。全会审议通过了县委常委、县纪委书记廖若旦代表县纪委常委会所作的《坚决落实党的十九大全面从严治党战略部署 努力开创大埔党风廉政建设和反腐败斗争新局面》工作报告。2．会议决策事项。全会提出，做好2018年纪检监察工作要以习近平新时代中国特色社会主义思想为指导，贯彻中共十九大和十九届二中全会精神，落实十九届中央纪委二次全会、十二届省纪委二次全会、市委七届三次和四次全会、县委十二届三次和四次全会部署，增强“四个意识”，坚定“四个自信”，忠实履行党章和宪法赋予的职责，全面推进党的各项建设，深化国家监察体制改革，持之以恒正风肃纪，巩固发展反腐败斗争压倒性态势，营造风清气正的良好政治生态，建设忠诚干净担当的纪检监察干部队伍，为加快建设生态富民强县、决胜全面建成小康社会提供坚强纪律保证。要把政治建设摆在首位，积极营造良好政治生态；要继续深化监察体制改革，以法治思维和法治方式强化反腐败工作；要锲而不舍抓好作风建设,拓展落实中央八项规定精神成果；要打好巡察和派驻组合拳，彰显“利剑”和“探头”作用；要全面加强纪律教育，增强不想腐的自觉；要深化监督执纪“四种形态”运用，巩固反腐败斗争压倒性态势；要打通全面从严治党“最后一公里”，严厉整治发生在群众身边的腐败问题；要坚持打铁必须自身硬，打造忠诚干净担当纪检监察队伍。

【大埔县领导干部党章党规党纪教育学习班】1．会议概况。2018年10月16日，全县领导干部党章党规党纪教育学习班在县委、县政府二楼会议室举办，县委书记朱汉东作专题辅导报告，县委常委、纪委书记、监察委员会主任廖若旦传达省、市领导干部党章党规党纪教育学习班的主要精神。县领导班子成员，法检“两长”、县人武部部长，各镇（场）党委书记、镇（场）长、纪委书记，县直副科级以上和省、市驻埔各单位主要负责人参加会议。2．会议决策事项。会议强调，举办全县领导干部党章党规党纪教育学习班，既是落实全面从严治党主体责任的一项制度安排，也是从严管理干部的一项务实举措。会议要求，全县广大党员领导干部要围绕“加强党的政治建设、营造良好政治生态”主题，推进大埔县纪律教育学习工作。要提高站位，认清形势，做一名政治坚定的“明白人”；要恪尽职守，坚持底线，做一名严于律己的“规矩人”；要牢记宗旨，勤政为民，做一名干事创业的“带头人”；要坚守信仰，淡泊明志，做一名纯粹的共产党人。

【纪检监察体制改革】2018年，大埔县监察委员会按照‘时间表”“路线图”，完成人员转隶、编制划转、资产划拨和线索移交，于1月16日正式挂牌成立。依纪依法行使职权，对涉嫌严重违纪违法的党员干部进行立案审查和监察调查，留置措施3人，移送司法机关依法处理5人。将派驻纪检组更名为派驻纪检监察组，授予部分监察职能，把派驻单位公职人员纳入党风廉政教育范畴；向镇（场）派出监察组，明确监察权限，监察职能横向拓展、纵向延伸。建立健全案件线索移送和对接协作办法，划清相关主体间的工作责任和界限，明确协作配合工作关系，形成新的执纪监督监察工作运行机制。

【正风肃纪】2018年，大埔县开展谈话提醒1430人次、任前廉政谈话63人次，函询20人，诫勉谈话23人；运用监督执纪“四种形态”处理干部244人次，其中第一种形态52.9%，第二种形态34.8%，第三种形态9%，第四种形态3.3%。围绕大埔县委重大决策部署，开展形式主义、官僚主义集中整治，对监管不力、为官不为等3起案件9人进行问责，给予党纪政务处分6人，组织处理3人。开展贯彻落实中央八项规定精神及实施细则专项监督检查，立案查处违规收送“红包”礼金问题2起;组织暗访51次，制作暗访片3个，给予纪律处分3人，组织处理8人。全年查处违反中央八项规定精神问题7起，给予党纪政务处分21人，通报曝光典型作风问题9起66人。

【审查调查】2018年，县纪委监委按照纪检和监察两项职能，调整和规范信访举报和问题线索台账清单管控，组织分析研判，建立分片协作机制和领导包案制度。全年受理信访举报481件，立案125件（其中科级干部23人），同比2017年上升43.7%，给予党纪政务处分118人。完善县级和14个镇纪委谈话点硬件设施，配齐20人的专职陪护队伍，严格“走读式”谈话审批程序，开展安全教育与整顿工作，审查调查“双安全”“零事故”。

【三大专项行动】2018年，县纪委监委制定实施《大埔县基层正风反腐三年行动方案（2018—2020年）》。严查快办扶贫和涉农领域问题线索，对扶贫领域问题“大起底”“回头看”，排查问题线索67条，立案12件，给予党纪政务处分12人；发挥惠民信息平台和57名省定贫困村义务廉政监督员监督作用，受理举报线索35条，立案25件，给予党纪政务处分25人。严惩涉黑涉恶腐败和“保护伞”，加强与公安机关协作配合，摸排涉黑涉恶问题线索15条，立案5件，查处“保护伞”3人，给予党纪政务处分5人，移送司法机关2人。加强生态环保领域监督执纪问责，配合市纪委监委专案审查调查组深入调查林业系统“靠林吃林”问题，环保领域立案27件，给予党纪政务处分27人。

【巡察工作】2018年，大埔县巡察办完成对45个单位党组织的常规巡察、5个单位党组织的县级交叉巡察、市县联动对8个村的巡察以及7个镇共30个省定贫困村的巡察“回头看”，发现问题905个，其中问题线索126条，立案38件，移送司法机关3人。创新“夜学、夜谈、夜访”模式，在村镇巡察中坚持白天查阅资料、实地察看，夜晚组织学习、个别约谈、入户走访，对扶贫政策落地、项目资金使用管理等做到“见人、见事、见物”。梳理归纳巡察发现共性问题，推动完善公务接待、公务用车、规范津（补）贴发放、农村财务管理、工程建设管理等10项制度；会同相关职能部门制定下发《村级“小微权力”清单》，县委组织召开农村基层党组织规范化管理、农村财务管理等业务培训班4场近2000人次。配齐配强4个巡察组组长，选派6名干部分别参加在惠州和梅州举办的巡察干部培训班，举办4场103人次县级巡察业务培训班，提升巡察干部能力素质。

【纪检监察队伍建设】2018年，县纪委监委坚持以《中国共产党章程》为遵循、以《中国共产党纪律检查机关监督执纪工作规则》为规范，立足“三会一课”制度平台，抓好习近平总书记系列重要讲话精神特别是视察广东重要讲话精神的学习宣传贯彻，锻造忠诚品质，提升践行“两个维护”能力。紧扣监察体制改革主题，采取集中培训、跟班学习、抽调办案等方式，举办各类业务和工作培训班17场次，选派新进纪检监察干部48人次参加上级业务培训、抽调办案、政治巡察等工作。组织县纪委监委中层以上干部和各镇（场）纪委书记到浙江大学开展党规党纪和纪检监察业务知识培训，提升工作能力。完善纪检监察机关内控机制，组织开展监督执纪自查自纠，开展案例警示教育、案前教育、风险防范教育，严格遵守“九条禁令”，坚决防止“灯下黑”，打造忠诚坚定、担当尽责、遵纪守法、清正廉洁的纪检监察干部队伍。

中共大埔县纪律检查委员会书记、副书记、常委名录

书　记：廖若旦

副书记：邝金禄　严庆东

常　委：巫小义　杨良柱　郭　勇　李荣杰

大埔县监察局负责人名录

局　长：邝金禄（—2018.1）

副局长：饶春光（—2018.1）

杨良柱（—2018.1）

大埔县监察委员会主任、副主任、委员名录

主　任：廖若旦（2018.1—）

副主任：邝金禄（2018. 1—）

严庆东（2018.1—）

委　员：巫小义（2018.1—）

杨良柱（2018.1—）

李荣杰（2018.1—）

中共大埔县纪律检查委员会办公室负责人名录

主　任：黄杏锋

（*廖英强　邓秋平*）

社　会　团　体

县　总　工　会

【简述】2018年，大埔县各级工会坚持以习近平新时代中国特色社会主义思想为指导，学习贯彻习近平总书记关于工人阶级和工会工作的重要论述，特别是在同全总新一届领导班子成员集体谈话时的重要讲话精神，以及习近平总书记对广东重要讲话和重要指示批示精神，围绕县委十二届五次全会和上级工会的工作部署，突出抓好基层基础、维权维稳、帮扶解困、建功立业、工会改革等工作，取得进展和成效。

【劳动竞赛】2018年，大埔县总工会组织职工开展“践行新理念、建功‘十三五’”“当好主人翁、建功新时代”等主题劳动和技能竞赛，为加快传统产业转型升级、培育发展新兴产业献计出力、展现作为。全县基层企（事）业工会开展劳动和技能竞赛的职工4300人次，提出合理化建议930条，实现技术革新、技术创新670项，创造了明显的经济和社会效益，推动经济质量稳步发展。做好劳模的选树、宣传工作，发挥劳模、工匠引领时代精神和社会风尚的作用。广东昌隆陶瓷股份有限公司职工丘汉松获得“全国五一劳动奖章”，这是时隔32年大埔县再次获得此项荣誉；梅州市峰联陶瓷有限公司获得“广东省五一劳动奖状”。创建劳模创新工作室和女职工创新工作室2个。关心爱护劳模，发放困难劳模慰问金40万元，免费为37名全国、省级劳模进行健康体检和赠阅《梅州日报》等。

【维权工作】2018年，县总工会依法开展集体协商要约活动，推动平等协商和集体合同扩面提质增效。全年签订集体合同11份，覆盖企业148家，覆盖职工3524人。坚持和完善以职工代表大会为基本形式的企（事）业单位民主管理制度，指导企业规范履行民主程序，国有企业职代会建制率100%，实现厂务公开全覆盖。加强工会劳动法律监督和法律援助工作，维护劳动关系领域政治安全。参与劳动争议处理，从源头上治理劳动关系矛盾。重视职工来信来访，全年受理职工来信来访126件（次）。加强工会劳动保护工作，开展以“安康杯”竞赛为载体的群众性安全生产和职业健康活动。组织38家企（事）业单位、4200多名职工参加“安康杯”竞赛活动。大埔供电局被中华全国总工会、国家应急管理部评为全国“安康杯”竞赛优胜单位（全省仅有15个单位获此荣誉）。

【职工帮扶】2018年，县总工会推进困难职工解困脱困工作，制订《困难职工解困脱困工作三年行动计划》，规划298户困难职工采取结对帮扶，落实“三包”措施。健全完善困难职工档案，困难帮扶工作更加规范和细化。2018年，完成120户困难职工解困脱困任务。送温暖、送清凉、金秋助学、职工医疗救助等工会品牌活动扎实有效。全年筹集资金110万元，慰问困难职工830人，慰问高温作业职工1200人，资助困难职工家庭子女读书110人。开展职工医疗互助活动，扩大参保覆盖面。全年累计为1383名办理职工“两险”，7591名职工办理职工“住院二次医保”，为243名职工住院报销39万元、6名患病职工“两险”理赔19万元。

【工会基层建设】2018年，县总工会做实基层基础，深入开展“强基层、补短板、增活力”行动。以“两新”组织、工业园区为重点，抓好建会入会工作。新组建工会14家，发展会员1036人。选优配强基层工会领导班子，健全基层工会组织体系。指导36家企（事）业单位工会进行民主换届，调整充实基层工会领导班子成员210人。以“双亮”活动、创建“职工之家”为载体，加强基层工会规范化建设。抓好县电信公司、梅州市博富能科技有限公司、广东昌隆陶瓷股份有限公司等基层工会规范化示范点建设。县国家税务局高陂税务分局工会小组被评为“全国模范职工小家”，县地方税务局工会主席廖振国被评为“全国优秀工会积极分子”。加强文化活动阵地建设。贯彻落实《广东省国民经济和社会发展第十三个五年规划纲要》和《广东省总工会关于加强新建县级工人文化宫建设的意见（试行）的通知》精神，抓好县工人文化宫建设的相关前期工作。

【工会自身建设】2018年，县总工会贯彻中央和省、市党的群团工作会议精神，按照《广东省总工会改革方案》和《梅州市总工会改革实施方案》要求，坚持增“三性”（政治性、先进性、群众性）、去“四化”（机关化、行政化、贵族化、娱乐化）原则，做好工会改革工作。根据县委批转《大埔县总工会改革实施方案》，制定工会改革配套措施，理顺县总工会内设部室和所属事业单位职责，改革重点事项陆续得到落实，形成面向基层、职责明确、人员配备、运转高效的工作格局。建立健全工会系统党建工作责任制和党风廉政建设责任制，履行“两个责任”，推动工会全面从严治党向纵深发展。坚持把党的政治建设摆在首位，严格遵守政治纪律和政治规矩，开展“两学一做”学习教育，增强工会系统党内政治生活的政治性、原则性。推进工会系统党风廉政建设和反腐败工作，持之以恒加强作风建设，自觉接受县委对县总工会党组的巡察监督。邀请省总财务部领导和省总干校老师为大埔县基层工会干部、经审人员就省总《工会经费收支管理实施细则》进行专题讲座。加强对工会经费使用的监管，联合县财政局对全县机关和事业单位基层工会经费收支情况开展财务大检查。同时，借助审计、巡察，扩大经审覆盖面，提高基层工会财务规范化管理水平，确保工会经费正确合理使用。

大埔县总工会负责人名录

主　　席： 谢以美

副 主 席： 李礼庆（常务）　罗爱琼（女）

党组成员： 余锋昌

（张思义）

团 县 委

【简述】 2018 年，大埔县各级团组织坚持以习近平新时代中国特色社会主义思想统揽全局，以习近平总书记视察广东重要讲话精神、习近平总书记“7 · 2”重要讲话等系列重要讲话精神为引领，奋发务实进取，勇于自我革命，围绕中心服务大局，全面履行团的基本职能，不忘初心，走对走好新时代共青团改革发展的路子，推动大埔共青团事业。

【思想政治教育】 2018 年，团县委结合大埔县青少年的时代特征、身心特点和成长规律，用马克思主义中国化的最新成果武装青少年，用社会主义核心价值观塑造青年。开展“青年大学习”行动，组织开展中共十九大精神和习近平新时代中国特色社会主义思想、习近平总书记视察广东重要讲话精神等系列传达贯彻落实活动，逾 50 名团干和近 2 万名青少年接受教育。组织团员青年开展“说说我家那些年”、“小手牵大手、共建文明城”主题征文比赛、“铭记光辉历史 传承红色基因”主题演讲比赛、“不忘初心 牢记使命”主题教育等实践活动，培养广大青少年家国情怀，坚定广大青少年的理想信念，坚定不移听党话跟党走。坚持“典型引导，示范带动”的原则，注重从青少年中挖掘、选树各类先进典型。开展省市县“优秀团干”“优秀少先队员”“最美南粤少年”“最美志愿者”“向上向善青年”等评选活动，选树出一批可亲可敬可学的青少年榜样，发挥其以榜样育人、以先进引路的示范效应，动员、激励广大青少年学习典型，走健康的成长成才之路。

【培养青年人才工作】 2018 年，团县委围绕精准扶贫精准脱贫、社会主义新农村建设、乡村振兴、巩文创卫等党政中心工作，动员组织团员青年积极参与、建功立业。全县各级团组织 2018 年累计开展“三清三拆三整治”、新农村建设宣传、巩文创卫志愿服务等活动 20 场，广大青少年在围绕中心服务大局中的突击队和生力军作用突显。按照县委统一部署，选派团干做好大东镇坪山村、家荣村的挂钩帮扶工作。全年累计投入 5 万元为挂钩村帮助群众发展生产、改善生活、优化环境；同时，整合资源，从党建、助学、就业等方面对挂钩村进行帮扶。挖掘和培育“领头雁”农村致富带头人累计 35 人，举办各类培训活动 3 场。开展金融知识进农村进校园宣讲、送医下乡义诊等扶贫关爱行动6场，助力脱贫攻坚。组织开展“城乡环境综合整治”“巩文创卫”“文明交通志愿者”等生态文明主题活动50场，增强广大青少年以实际行动积极参与生态文明建设的责任感和使命感。

【加强团的组织建设】2018年，团县委出台制订《大埔共青团改革实施方案》，紧扣加强共青团的政治性和先进性建设、建立健全直接联系服务青年的体制机制、改革优化共青团的组织格局和运行方式、全面加强党对共青团的领导等六大改革任务，细化56条改革措施，按照改革要求增加县、镇两级团委工作经费、规范乡镇团组织设置，取得初步实效。推进乡镇团的组织格局创新和实体化“大团委”建设，完成乡镇团组织换届工作；落实每个乡镇2万元的年度工作经费保障，做好县直各系统和各中学团建、“两新”组织团建、智慧团建和团干学习培训工作，促进基层团组织的全面覆盖和整体活跃，提升团干的整体素质和工作本领，夯实基层基础。对标从严治党的要求，按照团中央控制团员规模、降低团青比例的要求，严格控制团员发展计划，执行“一人一号”制度，从源头上抓紧抓牢团员发展关；严格执行落实团内重大事项报告制度和团干部协管制度；推进党的群众路线教育实践活动和“三严三实”、“两学一做”学习教育、“一学一做”主题教育实践活动，加强全县共青团作风建设。

【推进团工作社会化】2018年，团县委推进团工作社会建设。1. 培育志愿队伍。做好广东志愿者信息管理服务平台应用推广，有效拓展志愿者的横向宽度和纵向深度，全县注册志愿者1.7万人，志愿服务组织和团体数37个，累计志愿服务时长5.13万小时。2. 加强激励回馈。根据志愿者的服务时长、服务次数、表现情况等指标，推荐表现突出的志愿者参加省、市、县的各类评选活动，让志愿者在奉献爱心、贡献社会中赢得认可。3. 开展志愿服务活动。组织广大青年志愿者开展巩文创卫、招商大会、关爱抗战老兵等志愿服务活动，服务群众8.6万人次。

共青团大埔县委员会负责人名录

书　记：魏伊婵（女）

副书记：张　璐（女）

（吴燕君）

县工商联

【参政议政】2018年，大埔县工商业联合会引导非公有制经济人士提升参政议政水平。张正城、李会龙、张枫林、郭志光、钟优宴等22位执委提交人大建议意见、政协提案共16件。

【参与扶贫济困】2018年，县工商联动员和组织民营企业参与“万企帮万村”行动，大埔县梅州市正居建设工程有限公司、广东顺兴种养股份公司、梅州万川千红农业发展公司、大埔县建兴实业发展有限公司、广东泉之乡矿泉饮料有限公司、梅州市宏宝（集团）有限公司、梅州市俊发集团和大埔县兴瑞现代农业发展有限公司等分别帮扶大埔县14个村，推进“万企帮万村”工作的落实。同时，引导企业家参与光彩事业回报社会，推动乡村振兴、精准脱贫和教育事业发展等工作，在履行社会责任的具体实践中增强自己的荣誉感和使命感。2018年的扶贫济困活动，发动罗汉江、刘建平、丘勇奇、丘牡香、赖法卫、邓耀欣、钟优宴、邓国新、邓展华、蓝文宣、林太柱等企业家和业广利电子有限公司等扶贫济困捐款150万元。招商大会活动，丘勇奇、罗瑞丹、刘国武、梁卫平、刘建平、丘牡香、邓展华、赖法卫、张正城、罗汉江、郭福琼、蔡俊发、邓国舟、邓耀欣、黄绍光、黄福传、钟优宴、林太柱、张进辉、张坦、郭裕彬、李会龙、傅曼琼等企业家为教育基金捐款3510万元。陶瓷行业协会的30家民营企业与万川爱心协会签署扶贫助学项目合作协议，每年资助30位贫困学生完成学业，解决困难学子读书难问题。

【非公企业建设】2018年，县总商会帮助解决企业在扩大生产、技术改造、转型升级中的融资难题。全年为22家民营企业解决融资6435万元。2018年，会员企业大埔县怡丰园实业有限公司在第十四届中国（深圳）国际文化产业博览交易会获得“中国工艺美术文化创意奖”金奖。梅州市第一届工业设计大赛，会员企业广东富大陶瓷文化发展股份有限公司、大埔怡丰园实业有限公司、大埔县汇丰源陶瓷工艺有限公司和大埔通美实业有限公司等获得一金二银等奖项。梅州万川千红农业发展有限公司、梅州市生态园农业发展有限公司、大埔县兴瑞现代农业发展有限公司、广东省大埔县蜜柚集团有限责任公司成功获批出境水果果元注册登记。

【维护非公企业合法权益】2018年，民营企业投诉中心帮助处理经济纠纷2宗，依法维护非公有制经济人士的合法权益。

【培训工作】2018年，县工商联与延安干部学院、广发证券上市融资投资服务部等单位联系，举办培训班2期。

【非公经济党建】至2018年，大埔县建立非公有制经济党组织81个，覆盖140家会员企业，总覆盖率69.1%，非公经济党组织建设有效推进，非公企业党组织的创造力、凝聚力和战斗力增强。

大埔县工商业联合会（总商会）负责人名录

主　　席：张正城

副 主 席：罗伟南（常务）　庄满伟

党组书记：罗伟南

（*肖明辉*）

县妇联

【简述】2018年，大埔县妇女联合会贯彻落实习近平新时代中国特色社会主义思想和中共十九大精神，学习贯彻习近平总书记对广东重要讲话、重要指示批示和同全国妇联新一届领导班子成员集体谈话时的重要讲话精神，围绕中国妇女十二大的目标任务，以县委中心工作为大局，履行基本职能，推进妇联改革创新，团结带领广大妇女为加快大埔振兴发展作出贡献。1月，县妇联被评为2017年度机关作风评议先进单位；2月，县妇联被评为大埔县文明单位。

【妇女创业就业】2018年，大埔县妇联做好妇女创业就业工作。1. 开展巾帼大宣讲活动。2018年，成立大埔县“巾帼大宣讲”宣讲团1个，并为首批18名宣讲员颁发聘书；全县各级妇联线上线下开展“巾帼大宣讲”活动307场次，参与人数 9607人次，接入全国妇联“妇联通”云平台2574人，开展网络舆论宣传引导工作。2. 实施“巾帼脱贫行动”。全年为全县50名有生产发展意愿及劳动能力的建档立卡精准贫困妇女发放生产发展扶持金5万元，并联合梅州万川千红农业发展有限公司为15个镇（场）有意愿种植柚苗的28户贫困妇女免费发放柚苗2984株；宣传返乡创业和脱贫致富妇女典型，激励贫困妇女自立自强，提振脱贫信心。3. 实施“巾帼创业创新”行动。全年开展“科技服务月”活动，举办创业技能培训4场次，培训300人次；创建巾帼创业示范基地，其中广东省巾帼林2个、市级巾帼现代农业经营主体2个，培育扶持2家创业创新“妇字号”企业。组织3户“妇字号”企业参与2018年粤港澳大湾区妇女创新创业大赛及赢在客都——梅州市第三届创新创业大赛活动，大埔县通美食品有限公司获得企业组金奖项目；为15户创业妇女提供小额贷款165万元，带动1200名妇女创业就业。4. 开展“巾帼志愿服务”活动。到15个镇（场）召开“美丽家园”建设动员会，制订下发《大埔县妇联开展“美丽家园”建设活动实施方案》，结合县委“美丽梅州 美好家园”城乡环境大提升行动，开展“邻里守望，姐妹相助”“城乡环境整治 巾帼在行动”等志愿服务活动；组织巾帼志愿者主动参与首届“中国农民丰收节”在大埔的拍摄现场和主会场的农产品专柜展示现场志愿活动。

【家庭文明创建】2018年，县妇联开展文明家庭、优秀书香家庭、“自强不息好少年”、“孝老敬亲好媳妇”等各类家庭文明评选活动。获得全国“百个巾帼好网民”称号1人、全国“第十一届五好家庭”称号1户、“全国最美家庭”称号1户，广东百户“最美家庭”称号1户，梅州市“优秀书香家庭”称号2户、梅州市“自强不息好少年”称号3人、梅州市“孝老敬亲好媳妇”称号2人。开展“家庭教育大讲堂进村居”活动。举办以《学做卓越父母，培养杰出孩子》为主题的家庭教育公益讲座，到西河镇红军小学和光德镇上漳小学举办女童防性侵害专题讲座两期。加大妇女儿童之家建设力度。创建省级儿童之家示范点2个，市级妇女儿童之家示范点5个，县级妇女儿童之家示范点10个。

【维权服务】2018年，县妇联做好妇女维权服务工作。1.维权宣传力度加大。举办“法治新征程·服务在身边”、学习宣传贯彻《中华人民共和国宪法》暨“法律大讲堂”知识讲座等专题讲座3期，开展“国际禁毒日”“世界艾滋病日”等主题宣传活动3期，发放宣传资料5000份。畅通“12338”妇女热线、妇联信访渠道。加强与法院、公安、民政等部门的合作，健全婚姻家庭纠纷人民调解工作机制，维护妇女儿童合法权益，全年接待来人来信来访28宗，陪审案件20宗。2.服务民生工作力度加大。开展“四援助”行动，筹集资金45万元，扶助贫困妇女儿童384人次。宣传“两癌”预防、乳腺健康知识，为农村适龄妇女进行“两癌”免费检查8336人次，救助农村贫困妇女“两癌”患者4名。

【实施规划】2018年，县妇联实施妇女儿童发展规划。宣传男女平等基本国策及《中华人民共和国妇女儿童权益保障法》《中华人民共和国未成年人保护法》等法律法规的普及教育；召开妇女儿童工作会议，分析研究妇女儿童发展规划实施情况及重点难点指标问题，形成多部门协作的工作机制和工作合力。

【妇联基层组织建设】2018年，县妇联加强妇联基层组织规范化建设。巩固提升乡镇妇联组织区域化建设和村（社区）“会改联”工作成果，推进落实基层妇联经费保障，全县15个镇（场）妇联工作经费均列入县级财政预算。围绕县委加强党的基层组织建设三年行动计划要求和市妇联的实施意见，建立《镇、村（社区）妇联主席轮值制度》《执委联系妇女群众制度》等工作制度，推进乡镇妇联组织区域化建设和村（社区）妇联组织的规范化建设。开展“大学习、深调研、真落实”活动，县妇联领导班子带队深入到各镇（场）调研，向基层妇联发放1500本《基层妇联主席工作日记:粤姐姐美好的一天》读本和2000本《妇情日记本》，掌握基层“妇情民意”，把为妇女群众办实事解难事工作落实到基层。

【妇联队伍建设】2018年，县妇联做好妇联干部队伍的建设工作。1. 提升妇联干部队伍能力。对全县14个镇、村（社区）妇联主席、专（兼）职副主席、执委进行业务培训；7月2—5日，联合县委组织部组织43名妇女干部到贵州遵义参加妇女干部培训班学习。2. 旗帜鲜明讲政治。旗帜鲜明维护中央决定和省委、市委、县委决策部署，落实做好全面坚决彻底肃清李嘉、万庆良恶劣影响工作，全面开展自查自纠。做好落实中央、省委巡视和县委巡察整改工作，成立整改落实工作领导小组，制订整改工作方案，确保整改工作的落实到位。3. 驰而不息正风反腐。严格落实“一岗双责”，坚持把贯彻落实党风廉政建设责任制列入机关支部重要议事日程，重点抓好《关于新形势下党内政治生活的若干准则》和《中国共产党党内监督条例》等反腐倡廉制度的学习，以反面案件为警醒，吸取教训，提高廉洁从政的党性修养。

大埔县妇女联合会负责人名录

主　席：吴莲香（女）

副主席：李陈邑（女）　何丽兰（女）

（蓝建霞）

县社科联

【机构建设】2018 年，大埔县社会科学界联合会充实完善社科队伍建设，开展群众性广东汉剧活动，积极培养汉剧苗子，打造高标准社团组织。县社科联被评为 2018 年度全国社科组织先进单位。

【理论研究】2018 年，县社科联编辑出版《大埔社会科学》杂志 4 期，推动哲学社会科学繁荣发展。编纂出版《情系青花》征文集编、《大埔县“文旅融合发展”论文集》等，助力创建省全域旅游示范县。

【基地创建】2018 年，县社科联做好基地创建工作。三河坝战役纪念园被评为广东省人文社会科学普及基地。创建市级人文社科普及示范基地 1 个，县级人文社科普及示范基地 3 个。

【科普惠民】2018 年，县社科联推进社科普及等工作，组织举办社科普及周活动，协助中山市红色文化资源保护利用战略研究课题组到大埔开展学习调研、嘉应学院马克思主义学院到大埔开展“感受红色文化 · 传承苏区精神”主题实践教学活动，推进“省情调研网”试点建设。

大埔县社会科学界联合会负责人名录

副主席：张云彩（女）

（邓祥友）

法　治

政法委工作

【简述】2018 年，中共大埔县委政法委员会围绕中心、服务大局，推进平安大埔、法治大埔和政法队伍建设，群众获得感、幸福感和安全感不断提升。在 2018 年全省“群众安全感和政法工作满意度”调查中，大埔县群众安全感在全市和全省均排在第一，政法工作满意度排在全市第二；县委政法委被省委政法委评为“2016—2017 年度全省社会治安综合治理先进集体”。

【综治工作】2018 年，县委政法委做好综合治理工作。1. 抓好综治责任落实和考评。落实综治领导责任制，坚持属地管理分级负责。每季度定期研究综治维稳重大事项，自上而下签订综治责任书，健全“五部委”协调机制、建立综治委成员单位年度述职和联系点工作机制，对社会治安问题突出、综治考评落后的地区用好通报、挂牌整治、重点治理、黄牌警告、一票否决等综治政策工具。完善综治（平安建设）考核评价工作，对有综治考评任务和项目的县直单位开展工作检查督导，确保综治工作任务落实。2. 推进综治“中心+网格化+信息化”建设。县、镇、村三级综治中心规范化建设全部完成，实现各级中心人员整合配置、办公场地、工作机制“三到位三落实”，县、镇（场）、村（居）三级综治中心和基础网格实现“四级联动”。城乡社区网格化服务管理实现全覆盖，健全网格员选拔聘用、教育培训、目标考核、管理使用等机制，把网格员处置“三大任务”的网格事件处置情况纳入综治中心重要绩效评估标准项目。拓展网格服务管理，发挥网格员在“排查防控违法犯罪、排查化解矛盾纠纷、排查排除公共安全隐患”三大方面的作用。2018年，大埔县网格员推送网格事件1.18万起，结案1.17万起，结案率99.3%。3. 加强和创新基层社会治理。加强“枫桥经验”的学习和调研，围绕坚持党建引领、推动群防群治、完善基层治理平台、加强矛盾纠纷排查调处，打造乡村共建共治共享社会治理的新时代“枫桥经验”大埔模式。以西河镇北塘村作为试点，打造全市推进新时代乡村治理建设的法治乡村建设示范基地，以百侯镇、桃源镇为试点分别打造新时代“枫桥经验”市级示范镇、县级示范镇。加强矛盾纠纷排查调处，建立健全基层化解矛盾纠纷衔接机制，推进与社会稳定形势分析研判机制融合，探索建立体现大埔特色的工作亮点模式。推进科技应用创新，推进“雪亮工程”和综治视联网建设。2018年，大埔县256个村（居）视联网覆盖率100%，完成县、镇（场）、村（居）三级综治视联网互联互通。4. 加强特殊人群服务管理。创新严重精神障碍患者联合管控机制，大埔县15个镇（场）均建立“社区精防人员、社区民警、村（居）治保主任、挂村镇干部、精神障碍患者监护人”“5+1”工作机制和微信工作群，加强信息共享。2018年，准时发放监护补助资金254.7万元，涉及患者1887人，为严重精神障碍患者监护人责任险投入保险资金24.5万元。

【维稳工作】2018年，大埔县委政法委抓好维护政治安全和社会稳定工作。1. 维护政治安全有力。开展维护国家政治安全8个专项行动、“4·15”国家安全教育日系列活动等工作，稳妥处置张某某参与声援深圳佳士公司所谓“维权”事件。2018年，大埔县未发生政治安全案（事）件。2. 抓好社会稳控工作。开展“断腿”“反渗”“清音”专项行动，加强对文化教育重点阵地、网络舆情、各类重点人员和不稳定因素的排查管控，落实“双层保底、两级责任、共同担当”要求和“一人一策一专班”动态管控机制，实现情报信息先知先觉，处置在早的工作目标。稳妥处置各类不稳定事件。健全完善反恐处突各类应急处置预案，快速稳妥处置涉“高陂水利工程建设”、“大潮高速建设”、三河“红色村”选址等群体性事件苗头12起。完成重大安保任务。完成重要节假日、全国“两会”、大麻迎“姑婆”、博鳌亚洲论坛、三河赛龙舟、全国农民丰收节、县招商大会、梅州马拉松、改革开放40周年系列庆祝活动等重大节日活动和重要时期的安保维稳工作任务，实现“五个不发生”（不发生危害国家安全和社会稳定的重大政治事件，不发生严重暴力恐怖和个人极端事件，不发生重大群体性事件，不发生重大公共安全事件，不发生规模性到省进京集访事件）工作目标。3. 防控化解社会矛盾风险。实施社会稳定形势定期（每周）分析研判制度。开展涉农涉土、涉劳资纠纷、涉环保、涉众金融、涉房地产等12个重点领域社会矛盾大化解专项行动，对重点问题、重点领域和重点群体进行全面摸排，并逐一列账登记、会诊，从源头上预防和减少不稳定因素和危害公共安全事件的发生。加强人民调解工作。以“健全矛盾纠纷化解机制”列入省、市政府十大民生实事为契机，抓好专职人民调解员的招聘工作，充实人民调解队伍，为有效化解矛盾纠纷提供人力保障。全年大埔县调解民间纠纷2248件，调解成功2230件，调解成功率99%，大埔县未发生因调解不及时或调解不当而引起的纠纷激化案件。

【防邪工作】2018年，大埔县政法委抓好防邪教工作。1. 加强对境外宗教渗透和邪教活动的依法打击和取缔。依法取缔和打击“精神传销”有害培训，对“全能神”等邪教人员进行教育转化攻坚。严密防范和依法打击“港独”分子、香港反对派、境外“民运”分子、境外敌媒记者对大埔县的渗透活动，切断其与内地重点组织和重点人员的勾联渠道，防止倒灌活动在大埔县落地。2. 推进反邪教宣传教育。开展反邪教警示宣传教育、清理社会面反宣品行动等活动，打击各类邪教违法活动，全年侦破2宗邪教违法案件。做好泼墨、涂污、厕所反宣及全民共振等违法现象的防控工作，应对和消除政治安全领域的各类风险隐患。3. 推进“无邪教镇、村创建”工作。持续推进基层“无邪教镇、村创建”工作，对西河镇无邪教创建示范镇及全县15个镇（场）的“无邪教”示范村创建工作进行专项督导。

【依法治县工作】2018年，大埔县委政法委做好依法治县工作。1. 加大产权保护力度。成立以县委依法治县办为主，县委依法治县办和县发展改革局共同牵头的产权保护工作部门间联席会议，制订印发《大埔县贯彻落实〈关于完善产权保护制度依法保护产权的意见〉重要任务分工方案》，加强对各类企业自主经营权和财产所有权保护，依法及时妥善处理涉产权保护案件，落实好涉财产保全、网络司法拍卖、司法救助等方面的制度规定，营造法治化营商环境。2. 推进法治建设“四级同创”。在成功创建11个法治镇和119个民主法治村（社区）的基础上，2018年规划洲瑞镇、桃源镇、大东镇和丰溪林场4个镇（场）开展法治镇、106个村（社区）开展“广东省民主法治村”创建活动，组织人员到4个镇（场）开展创建活动工作督导。2018年大埔县15个镇（场）、80%的村（社区）达到省级法治创建标准。

【扫黑除恶专项斗争工作】2018年，大埔县委政法委发挥牵头抓总的作用，确保扫黑险恶专项斗争工作协调推进，侦查、检察和审判机关高效衔接。2018年，公安机关打掉涉恶势力犯罪集团3个；九类涉恶案件立案49起，破案40起；刑拘犯罪嫌疑人126人，逮捕犯罪嫌疑人95人，查封、冻结、扣押涉案资产270万元，投案自首人员20人。检察机关批捕3件10人，提起公诉2件13人。审判机关作出一审判决3宗，判决人数30人。纪检监察机关查处乡科级及以下干部2人、村干部3人，其中“保护伞”3人。组织部门排查整治软弱涣散基层党组织15个、整治涉黑恶村（社区）党组织2个，撤换调整政治上不合格、经济上不廉洁、能力上不胜任、工作上不尽职的村党支部书记9名。各职能部门共摸排受理线索389条，经梳理有效线索135条，核查135条、回复125条、办结125条，成案67条，特别是对中央督导组交办和省督导组移交的问题线索，按照“四个100%”的要求，全部按时办结或初步办结。

中共大埔县委政法委员会负责人名录

政法委书记：李　宏

第一副书记：房春鸣（—2018.2）
　　　　　　钟旭东（2018.2—）

常务副书记：李志坚

专职副书记：曾建邦　房忠勇

专职委员：刘标荣　余其概　汤颜明

房进强　杨初航　黄菊兰（女）

朱自勤（2018.8—）

（县委政法委调研室）

公　安

【打击刑事犯罪】2018年，大埔县公安局开展扫黑除恶专项斗争、“飓风2018”、“梅安2号”、“破小案”、“扫黄禁赌百日专项行动”等专项打击行动，严厉打击整治“两抢一盗”、电信网络诈骗、食药环境违法犯罪和涉枪爆、涉黄赌违法犯罪活动。全年全县立刑事案件484宗，同比上升2.5%；破获刑事案件415宗，同比上升7%；逮捕244人，移送起诉370人，受理治安案件1352宗，查处985宗470人，行政处罚414人。全年全县145天零刑事警情，最长连续9天未接报刑事警情。立八类案件27宗，同比2017年32宗下降15.6%。双抢案件“零发案”。立盗窃案件192宗，同比2017年244宗下降21.3%。扫黑除恶专项斗争成功破获各类涉黑涉恶案件58宗，刑拘142人，逮捕119人，查封、冻结扣押涉案资产252万元，打掉涉恶团伙数9个。两宗专案得到省厅贺电表扬。“群众安全感和公安工作满意度”位列全省第一。维护政治安全专项行动排名全市第二，“飓风2018”排名全市第三，“梅安2号”排名全市第三。

【治安管理】2018年，县公安局定期或不定期开展安全隐患集中整治专项行动，滚动排查全县重点场所132家，要害部位52处，督促整改各类安全隐患21处。深化“放管服”改革，推广“移动式一窗通办”，纳入车驾管业务、出入境业务、户政业务、证明云业务等29项服务内容，办理签证8.48万证（次），受理审核审批户籍资料3450份，办理第二代居民身份证2.87万张，办理机动车注册登记3760辆，机动车年检6174辆，补、换驾驶证3994户，小汽车科目一考试4258人（次）。

【道路交通管理】2018年，县公安局聚焦全县“创文”工作存在突出问题，开展为期半年的车辆停放秩序和“僵尸车”、泥头车专项整治行动和为期100天的全县“交通整治百日行动”。严查“两客一危一货”、摩托车等重点车辆，重点整治机动车及非机动车乱停乱放、利用杂物占有机动车位、“僵尸车”占道、摩托车非法安装遮阳伞、驾乘摩托车不戴安全头盔、酒驾醉驾、超员超载、非法改装、无牌无证等交通违法行为。全年查处交通违法行为1.98万起，暂扣机动车1283辆，刑事拘留7人。建立城区交通网格化管理制度，将县城区域所有路段和街道划分成12个网格，分别由12名局领导按片指定负责，并设立网格长、网格员，通过定人定岗定责的方式，每天上路开展全方位、无盲区查纠整治交通违法行为，全县交通秩序明显改观。

【看守工作】2018年，大埔县看守所围绕“四个不发生”创建活动，从严从实从细抓好各项安全监管措施的落实。设立老弱病残和留所服刑监室，实行分关分押和分类管理，制定落实每日联合巡仓、在押人员安全风险等级管理、严防违禁物品流入监室、实行专业化医疗巡诊等工作制度，确保监所安全稳定，实现连续46年监所安全管理无事故，连续12年被公安部评为一级看守所。

【消防工作】2018年，大埔县公安局治安、消防部门加大公共安全管理力度，定期或不定期在全县范围内开展安全检查和重点场所清理整治，围绕高层建筑、电气火灾、人员密集场所、小单位小场所、易燃易爆等五个重点领域，开展安全隐患集中整治专项行动，及时发现治安隐患，落实安全管理措施，限期从严落实整改。全年滚动排查全县重点场所132家，要害部位52处，督促整改各类安全隐患 21 处。

【武警工作】2018 年，大埔县武警中队通过加强值班、执勤工作，特别是在重大节日期间与民警开展军警联合巡逻，在维护社会治安工作方面发挥作用。

大埔县公安局负责人名录

局　　长： 房春鸣（—2018.2）
钟旭东（2018.2—）

政　　委： 古锦鹏

副 局 长： 何忠贤（常务）　罗广斌
涂志谋　刘日新　杨培彬
卓胜军（挂职）

党委委员： 张瑞和　陈世明　何苏杭
邬德辉

（罗并欢）

检　察

【简述】2018 年，大埔县检察院做好法律监督主责主业，积极回应人民群众对和谐稳定的关切，推进各项改革，锻造过硬队伍，检察工作呈现新格局，取得新成效。

【服务保障大局】2018 年，县检察院做好服务保障大局工作。1. 服务保障经济高质量发展。贯彻落实上级检察机关关于充分发挥检察职能服务保障经济高质量发展的意见，走访广东富大陶瓷文化发展股份有限公司等企业，提供法律咨询和服务。优化企业营商环境，依法惩治侵犯各类企业自主经营权和财产所有权的犯罪行为，全年办理破坏市场经济秩序犯罪案件 11 件 18 人。打击危害食品药品安全犯罪，办理销售假药、生产销售不符合安全标准的食品等犯罪案件 2 件 2 人，并对生产销售不符合安全标准的食品犯罪被告人建议适用从业禁止令，被法院采纳。2. 服务打赢“三大攻坚战”。开展重大社会稳定风险防范化解专项行动，依法办理电信网络诈骗等侵犯群众合法权益犯罪案件 5 件 20 人。推进精准脱贫，通过节日慰问、为村民购买养老保险等形式帮助贫困家庭脱贫脱困，全年投入帮扶资金 34 万元。推进省定贫困村新农村示范村建设，深入挂点的西河镇溪头村调研指导，督促推进“三清三拆三整治”工作，完成第一年的攻坚任务。参与污染防治攻坚战，开展破坏环境资源犯罪专项立案监督，依法批捕非法采矿、滥伐林木等破坏生态环境资源犯罪案件 11 件 27 人，起诉 7 件 15 人。对中央环境保护督察组交办的光德镇富岭村梅子坪非法采矿破坏环境资源案提起刑事附带民事公益诉讼。开展整治扬尘污染维护环境公益专项行动，配合大埔县环保部门到大埔县城奥园广场、中医医院、中央城等在建工程工地开展现场检查，提出整改意见，改善大埔县城区空气质量和人居环境。3. 主动融入共建共治共享的社会治理格局。落实“谁执法谁普法”工作责任制和检察官以案释法制度，举行不起诉案件公开宣告会，开展检察工作集中宣传“守护公益 · 你我同行”“我是宪法朗读者”和学习宪法徒步行等主题普法宣传活动。依法妥善解决群众合理诉求，化解矛盾纠纷，全年受理群众来信 14 件，接待来访群众 7 批 15 人次。会同大埔县工商和质监部门开展全面清查“水晶泥”等危险玩具专项行动。到大埔县疾控中心和大埔县食品药品监督管理局开展疫苗安全检察监督活动。

【打击刑事犯罪】2018 年，大埔县检察院受理审查逮捕案件 174 件 296 人，与 2017 年同期相比，件数上升 26%，人数上升 35%，经审查后批准逮捕和决定逮捕 144 件 247 人，不批准逮捕 30 件 49 人；受理移送审查起诉案件 245 件 391 人，与 2017 年同期相比，件数上升 25%，人数上升 16%，经审查后依法提起公诉 189 件 294 人，不起诉 24 件 31 人。

【扫黑除恶专项斗争】2018 年，县检察院坚持严格审查证据，正确适用法律，准确把握政策，确保每一起涉黑涉恶犯罪案件精准审查、精准定性、精准打击。全年批捕涉恶案件3件10人，起诉涉恶案件3件17人。坚持涉黑涉恶犯罪案件提前介入，引导侦查机关全面收集、固定证据，确保案件质量，全年提前介入侦查案件7件。加强涉黑涉恶线索排查和管理，受理涉恶举报线索3件，均移送相关部门处理。对标对表中央、省扫黑除恶督导组反馈的问题，抓好整改落实。

【未成年人检察工作】2018年，县检察院受理审查逮捕未成年人犯罪和侵犯未成年被害人案件18件32人，经审查后批准逮捕16件29人，不批准逮捕2件3人；受理审查起诉未成年人犯罪和侵犯未成年被害人案件28件36人，经审查后提起公诉21件27人，附条件不起诉1件1人，相对不起诉1件1人。试行未成年人刑事执行检察、民事行政检察业务统一集中办理工作。对未成年被害人开展司法救助，发放救助金2万元。推进平安校园建设，全年开展“法治进校园”活动7场次，受教育人数3200人，检察长担任虎山中学法治副校长并上法治教育课。会同大埔县食品药品监督管理局、大埔县教育局建立“1+2”学校食堂食品安全防范工作机制并开展监督检查。

【诉讼监督】2018年，县检察院依法做好诉讼监督工作。1. 刑事立案和侦查活动监督。审查批捕环节提前介入侦查21件，发出《侦查活动监督通知书》2份，改变侦查机关定性9件10人，向公安机关发出《补充侦查提纲》14份、《不捕理由说明书》39份，追捕1人。审查起诉环节提前介入侦查15件，退回补充侦查64件166人，改变侦查机关定性10件14人，书面纠正违法3次，追加漏罪1人。2. 刑事执行检察监督。全年办理羁押必要性审查案件11件11人，发出《变更强制措施建议书（函）》11份，均得到办案机关（部门）的采纳。核查在押人员诉讼期限341人次，开展在押人员谈话教育97人次，受理在押人员约见28人次，追回被扣押的非涉案款物7000元。开展财产刑执行检察监督、判处实刑罪犯未执行刑罚检察监督活动。联合大埔县司法局对全县231名社区矫正对象开展专项检察，核查社区矫正对象的档案资料和社区矫正工作台账，对发现的问题提出整改建议。3. 民事行政检察监督和公益诉讼工作。全年办理行政非诉执行监督案件2件，排查公益诉讼线索28条，办理行政公益诉讼诉前程序案件25件，发出检察建议25份，提起刑事附带民事公益诉讼案件1件。开展“保障千家万户舌尖上的安全”检察公益诉讼专项监督活动。结合办理的失火案件，开展林业生态修复领域“小专项”行动，发出检察建议16份。督促职能部门追收“两不具备”贫困村庄搬迁和生猪标准化规模养殖场改扩建项目专项补助资金。

【司法体制改革】2018年，县检察院调整办案组织，修订完善司法责任制改革系列规范性文件，完成检察官助理、书记员职务套改工作。院领导办案制度化、常态化，全年正、副检察长办理案件44件。构建案件质量评查和办案监督制约机制，对该院办理的15件案件开展质量评查。支持配合国家监察体制改革，2018年1月完成反贪、反渎、侦查和预防部门整体转隶工作。全年办理监察委移送审查起诉案件3件3人。实行“捕诉合一”办案模式。贯彻执行修改后的刑事诉讼法，全年办理认罪认罚从宽制度案件32件51人。

【检察队伍建设】2018年，县检察院通过学习会、读书交流、知识测试、专家辅导、学习宣讲等方式学习贯彻中共十九大精神、习近平新时代中国特色社会主义思想和习近平总书记视察广东重要讲话精神。创新党的组织生活形式，开展主题党日活动。2018年4月，被县委组织部确定为“大埔县县直机关党建工作示范单位”；6月，被县委评为“先进基层党组织”。开展“六个一”（一天一短信、一周一考学、一月一讲坛、一季度一研判、半年一竞赛、一年一培训）活动。全年2个集体获梅州市人民检察院记功嘉奖，16名干警获县级以上表彰。履行“一岗双责”，各科室每季度向院党组汇报党风廉政建设工作情况。部署开展“纯洁政法队伍、建功扫黑除恶”主题警示教育活动。严格执行《大埔县人民检察院机关工作人员八小时外监督管理暂行规定》规章制度。开展谈话提醒和“每月一督察、每月一通报”活动。

【阳光检务】2018年，县检察院采取上门走访、邀请视察等方式，向代表委员通报检察工作，征求意见建议，改进检察工作。举办“关爱祖国未来、擦亮未检品牌”主题检察开放日活动和观摩刑事案件庭审活动，协助梅州市检察院邀请梅县团、大埔团部分市人大代表到大埔县检察院视察。检察长走访所在选区选民，面对面听取群众意见建议。升级完善“12309”检察服务中心，为社会各界群众提供“一站式”服务。利用“两微一端”新媒体平台通报检察工作动态与重大工作部署。全年应用案件信息公开网发布案件程序性信息384条、法律文书160份。开展律师阅卷、案件查询工作，全年办理律师阅卷、案件查询56件次，调阅卷宗350卷。

大埔县检察院负责人名录

检 察 长：张映文

副检察长：何向宏　张创帆　罗敏淳

党组书记：张映文

副 书 记：张旭辉（女）

党组成员：何向宏　张创帆　罗敏淳

赖永彝（2018.7—）

陈建财（2018.7—）

（刘晓　赖惠惠）

法　院

【简述】2018年，大埔县人民法院新收各类案件1993件，与2017年同期收案多116件增6.18%；结案1933件，与2017年同期多89件增4.83%，结案率97%，无超期审限案件。上诉案件184件，上诉率9.5%。

【刑事审判】2018年，县法院受理刑事案件196件308人。审结190件，判处被告人281人（其中涉恶涉黑案件4件33人），结案率96.94%。依据工作总体方案要求，开展扫恶除黑线索排查和扫恶除黑专项工作督查，快立快审涉恶涉黑案件，打击震慑黑恶势力犯罪，扫除群众反映强烈的各类黑恶势力。审结盗窃、故意伤害、聚众斗殴、危害公共安全等危害社会治安的犯罪案件112件172人；职务犯罪案件5件12人；交通肇事案件9件9人；其他类型犯罪案件70件115人。对67名被告人执行罚金或没收财产86.8万元。刑事案件上诉11件，上诉率5.82%，适用简易程序审理165件，占总案件数84.62%，未成年人犯罪8件9人，适用非监禁性3件3人，刑事附带民事案件7件（判决），陪审员参审25件。推进以审判为中心的刑事诉讼制度和量刑规范化改革，遵循罪刑法定、疑罪从无、非法证据排除等法律原则，把握宽严相济政策。全年无超期羁押案件。

【民商事审判】2018年，县法院受理民商事案件1068件，审结1037件，结案率97.1%，结案标的1.84亿元。同比2017年收案多2件，增长0.19%；结案多1件，增长0.1%，结收比保持在合理之间。调解、撤诉结案527件，调撤率50.82%。审理涉民生案件69件。增强民商事裁判文书的说理，在裁判释法说理中体现法官智慧。全年无虚假诉讼案件发生。

【行政审判】2018年，县法院配合兴宁法院做好行政审判工作，服务县委、县政府工作大局，开展非诉审查案件的执行和强制执行工作，监督、支持行政机关依法行使职权,推进法治政府建设。

【执行工作】2018年，县法院新收各类执行案件729件，执结706件，执结率96.84%，执结标的3290.41万元。执行标的到位率40.55%，实际执行率14.52%。与2017年同期相比收案多88件，增长13.73%，结案多69件，增长10.83%，执行信访案件3件。开展“决胜执行难战役”专项执行活动，完善网络查控系统，扩大网络查询覆盖面，拓展与地方金融机构及财产登记部门的协作，“点对点”“总对总”同步推进。

【服务大局】2018年，协调好韩江高陂水利枢纽工程建设征地拆迁工作，县法院征地拆迁工作领导小组参与研究制定征收房屋和土地规程，组织业务培训，定期派出人员到工地了解情况，参加房屋征收，解决实际问题。同时，配合县政府做好大（埔）潮（州）高速公路征地拆迁和工业园区征地工作，为县城过境公路征地的指导、督促等提供法律服务。

【信访工作】2018年，县法院开通信访网上视频平台，继续尝试运用视频接访当事人。全年接待来访22人（次），27件信访案件及时处理。

【司法建议】2018年，县法院围绕社会热点难点，审判法官从审判实践中发现问题，剖析原因，提出司法建议6份，并得到相关部门和行业的反馈。

【司法为民】2018年，县法院推进立案登记制度改革，茶阳人民法庭率先实行网上立案。完善“多位一体”的诉讼服务中心建设和诉讼服务大厅设施建设。通过上门立案、电话预约立案、法律大讲堂、司法救助等措施践行司法为民。全年上门立案12件12人，电话预约立案28人（次），法制讲座2场（次），为困难当事人缓、减、免交诉讼费6件15人，金额16.5万元。扶贫济困捐款5万元，支持帮扶村新农村建设资金10万元。

【入额法官办案】2018年，县法院按照入额必办案原则，院（庭）长回归审判一线，8个司法改革背景下新型的审判团队运作正常。入额法官办结案件1160件，占法院诉讼案件的95.9%，同比2017年上升12.2%。

【审判管理】2018年，县法院做好审理清案工作，推进案件繁简分流，简案快审，难案精审，构建小额诉讼程序、简易程序、普通程序相配套的多层次诉讼体系，减少新收转旧存案件数。完成生效案件信息补录登记工作，每宗开庭案件刻录光盘存档。评查上网裁判文书152份，抽查5个业务庭98宗案件及6场（次）庭审活动。发挥人民陪审员作用，32名人民陪审员全年参审各类案件342件，参审率100%。

【社会监督】2018年，县法院接受外部监督，加强与人大代表、政协委员的沟通与联系，落实建议答复责任制，建立联络工作常态化机制，不定期向县人大常委会报告法院开展“决胜执行难战役”专项执行活动等情况。

【信息化建设】2018年，县法院在诉讼服务中心设置导诉、交通事故诉前调解、诉前联调、司法确认、立案调解、律师参与化解涉诉信访纠纷、立案咨询等功能区，安装公共法律服务自助终端和公共信息查询系统。在执行指挥中心建设方面，完善网络执行查控手段，将传统查控范围扩展到银行理财产品等金融资产，基本实现对被执行人主要财产形式及身份信息“一网打尽”。运用信息化助力审判管理，实现全流程规范化管理、无纸化流转、流程化跟踪、一键化管控、透明化监督和数据化分析，促进审判体系和审判能力现代化。

【司法公开】2018年，县法院推进审判流程、庭审活动、裁判文书、执行信息等司法公开“四大平台”建设。推广网上立案、网上阅卷、庭审直播、移动办公等技术应用。通过执行信息平台将执行案件导入电脑，向公众公开执行案件立案标准、启动程序、收费、执行风险提示、拍卖公告等执行案件全过程。

【法院队伍建设】2018 年，县法院开展“大学习、深调研、真落实”活动，推进“两学一做”学习教育常态化、制度化，开展“不忘初心，牢记使命”主题教育以及“平安梅州、法治梅州”专题调研活动。通过集中、选送和视频培训，提高干警政治素质和法律素养，通过庭审观摩、案例分析、裁判文书评比等活动提高干警的审判技能。严格上班考勤和请销假制度，与干警签订党风廉政建设责任书和综治暨平安创建目标管理责任书。2018 年，大埔县人民法院无发生违规违纪的人和事。

【司法宣传】县法院组织完成 2018 年全国法院三十届学术论文的撰写报送工作和市法院重点课题调研及专题调研工作。2018 年，在《人民法院报》等报刊刊登宣传稿件 4 篇；信息简报被省、市法院采用 22 篇；在市、县电视台播出电视专题节目 25 期，编发法院简报 4 期，出版宣传专栏 5 期，微博发布信息 38 条，撰写报送论文和调研文章 9 篇，干警撰写案例 16 篇。

【安全工作】2018 年，法院党组把预测、预警、预防作为根本任务，强化隐患排查治理。推进智能化视频监控系统，搭建机关、法庭安全监管在线视频监控平台。金属探测器、身份证鉴别仪、电子安全门等安保设备及时升级更换。充实警力，加强值班工作，实现人防、物防相结合。2018 年，大埔县人民法院未发生安全责任事故。

【调解工作】2018 年，县法院按照“调判结合，调解优先”原则，在办理民商事案件过程中，凡是有一线调解希望，就尽百分之百的努力进行调解，做到案结事了人和。1. 注重庭前调解。在对双方送达受理、应诉通知书等法律文书时，听取双方意见，进行心理疏导与沟通，把握其调解意向，力争把矛盾解决在诉讼之前、法院之外。2. 活用调解方法。根据个案情况，灵活运用“面对面”与“背靠背”相结合、“释法析理”与“亲情融化”相结合等调解方法，以人民群众更易接受的方式开展调解工作。3. 突出多方联动。改变法院单兵作战局面，变独角戏为大合唱、协奏曲，广泛联动各界资源，形成合力共同化解矛盾纠纷。2018 年，大埔县人民法院调解率 28.89%进入了省法院调解率参考值范围,成为全市 3 个基层法院调解率进入省法院参考值范围的法院之一。

大埔县人民法院负责人名录

院　　长：邱忠强

副 院 长：黄爱京　许国键　童斯荣

党组副书记：黄　君（女）

（杨善松）

司 法 行 政

【人民调解工作】2018 年，大埔县司法局做好专职人民调解员招聘和人民调解员“以案定补”工作。面向社会招聘 28 名专职人民调解员，实施人民调解员“以案定补”机制工作，完成 2018 年省、市民生实事任务。全县调解民间纠纷 2248 件，调解成功 2230 件，调解成功率 99%，全县未发生因调解不及时或调解不当而引起的纠纷激化案件。

【法制宣传】2018 年，县司法局开展一系列法制宣传教育活动。组织宪法进万家、进校园、进公共场所和利用微信公众平台组织学习《中华人民共和国宪法》活动。5 月 4 日，组织全县司法行政系统青年、团员到茶阳镇茅坪村开展“发扬五四传统 传播宪法精神”

为主题的“宪法进百家”活动。同日，联合县教育局在田家炳实验中学举办“五四”文艺会演，演出“宪法”朗诵节目。5月10日，邀请市普法宣讲团到大埔县开展《梅州市客家围龙屋保护条例》宣讲活动。6月22日，举行宪法学习宣传活动启动仪式暨“宪法修正案”专题讲座，邀请嘉应学院法学院院长、教授蔡国芹作专题讲座。8月3日，在湖寮镇召开大埔县“七五”普法中期检查督导启动仪式暨落实“谁执法谁普法”履职报告评议会议。8月2—16日，县普法领导小组组成2个检查督导组，对全县14个镇、10个县直单位的“七五”普法规划实施情况进行全面检查督导。9月4日，通过市“七五”普法工作（中期）检查督导。12月4日，在县城文化广场开展“12·4”国家宪法日宪法宣传系列活动，举行公职人员宪法宣誓仪式。组织全县公职人员开展2018年度学法考试。

【社区矫正】2018年，县司法局抓好远程视频会见工作。2月，开通远程会见系统，方便服刑人员与亲属的会见。加强社区矫正工作的设备配备工作。投入10多万元为14个司法所各配备1部执法记录仪，为湖寮、高陂、茶阳、西河、枫朗司法所各配备1台桌面式人证比对终端机（社区矫正人员身份验证识别设备）。全年接收社区矫正对象169人，解除矫正对象179人。

【安置帮教】2018年，县司法局做好安置帮教工作，以管控有违法犯罪倾向人员为重点，创新帮教机制，加强衔接、帮教、安置，推动安置帮教工作的开展。全年接收安置帮教对象281人，安置帮教率98%。

【扫黑除恶专项斗争】2018年，县司法局把扫黑险恶作为重大政治任务抓紧抓好抓实，发挥司法行政系统在“扫黑险恶”和维护社会稳定中的职能作用，扎实推进扫黑险恶工作的开展。主要做法是强化领导，认识到位，机构健全；强化宣传，营造浓厚氛围；聚焦特殊人群，扎实开展扫黑除恶专项斗争；加强对法律工作人员监督。

【公共法律服务体系建设】2018年，县司法局健全县、镇实体平台建设，统一规范公共法律服务实体平台的外观标识和内务管理，规范台账、档案，提升司法行政标准化、规范化、便民化水平。投入5万元建设县级公共法律服务中心，在县司法局一楼建成公共法律服务大厅。投入50万元建设茶阳、银江、洲瑞、西河、高陂、湖寮、百侯7个镇级公共法律服务工作站。采取有效措施，加快公共法律服务网络平台和“12348”热线平台建设。

【一村（社区）一法律顾问工作】2018年，大埔县45名律师全部进驻256个村（社区）开展法律顾问工作，为全县256个村（社区）群众提供法律服务3522件，开展法律咨询2729次，调解纠纷5件，法治宣传788次。

【律师工作】2018年，大埔县律师为全县重点工程项目保驾护航，重点工程项目法律服务团始终坚持围绕中心、服务大局，主动参与到重点工程项目中去，为重点工程项目建设提供高效优质的法律服务。同时，加强业务建设，提升服务能力。全年律师所代理民事案件24宗，刑事辩护案件17宗。

【公证业务】2018年，大埔县公证处服从县委、县政府工作安排，为重点工程项目建设提供公证服务。组织公证员参加韩江高陂水利枢纽工程和大潮高速公路等县重点工程公证服务。公证员下乡办理房屋和土地现场测绘证据保全公证、办理遴选评估机构证据保全现场公证。全年办理各类公证475件，其中国内民事公证263件，涉外民事公证146件，涉港澳台公证66件。

【法律援助】2018年，县司法局升级完善县、镇、村三级法律援助服务平台，使更多的弱势群体获得“应援尽援”的法律服务。贯彻《办理法律援助案件程序规定》，探索法律援助案件办理新机制，确保法律援助服务质量。加大法律援助宣传力度，提升法律援助公众满意度和社会影响力。全年县法律援助处受理案件 204 件。

【队伍建设】2018 年，县司法局以落实县委第三巡察组巡察县司法局党组情况反馈意见的整改方案为契机，针对存在问题逐一立即或限期整改。对干部队伍中存在的“弱、松、庸、慢、散、懒、推”等错误思想，不良作风进行整治，着力解决“不能为、不想为、不敢为”的问题。加强干部职工考勤管理，购置安装指纹考勤机，干部职工上下班按指模签到。

大埔县司法局负责人名录

局　　长：刘万兵

副 局 长：赖国营　罗小慧（女）

陈德荣（—2018.4）

党组成员：陈德荣　何向东

（刘海旋）

军　事

人民武装

【简述】2018 年，大埔县人民武装部贯彻落实军委国防动员部、省军区和梅州军分区党委指示要求，按照“立住根本、抓好主业、打牢基础、守住底线”的思路，高标准抓好年度各项工作落实，人武部和全县民兵预备役全面建设呈现出稳步上升的态势。

【政治工作】2018 年，县人武部做好政治工作。1. 抓好党的创新理论武装。把深入学习贯彻中共十九大精神和军委党的建设工作会议精神，作为首要政治任务。收到军委国动部党委《关于学习贯彻军委党的建设会议精神的通知》后，召开专题党委会对抓好学习贯彻会议精神作出具体的安排部署，并采用党委会、支部党员大会和党小组会等形式传达学习贯彻三级党建会议精神，讨论交流、查摆问题。2. 开展主题教育活动。按照专题研究、动员部署、学习教育、对照检查、整改提高等步骤，开展“传承红色基因、担当强军重任”主题教育，发挥大埔红色资源的时代价值，持续弘扬传承苏区精神。坚持把“和平积弊大起底大扫除”活动，作为推进主题教育的抓手。对照习近平主席军委党建会上指出的“四个不纯”“七个弱化”“三个严重”问题，围绕人武部如何加强党的领导和党的建设工作，全体党员开展讨论发言，提出意见建议。3. 抓好经常性思想教育工作。及时组织传达学习上级指示精神，积极参加省军区、军分区举办的各种学习辅导，针对个别同志立足贫困山区干武装信心不足，省军区系统编制体制调整，思想政治面临严峻考验的现实情况，利用早交班、集训练、开会时机，进行根本职能教育、法纪警示教育、防间保密教育和优良传统教育，加强行为引导，帮助广大干部职工提高理性思维和明辨是非的能力，确保干部职工在任何时候都能严守政治纪律，不发生任何问题。

【军事训练】2018 年，县人武部抓好军事训练工作。1. 抓好战备工作落实。始终把支前保障和遂行多样化军事任务作为中心工作，及时修订完善《大规模作战准备检验评估》

《抗洪抢险》《森林防火》《反恐维稳》等战备方案，结合重大节日和重要活动组织民兵应急连紧急出动演练，确保能够一声令下，立即出动。1月伪装防御分队训练，3月应急连点验训练，4月轻舟分队训练；5月、7月，围绕“维护社会稳定”课题，人武部机关带应急分队进行紧急出动演练。8月、9月，轻舟分队37人和应急分队150人防台风备勤任务。2. 抓好机关军事训练。学习贯彻新军事训练“条例”和“大纲”，建立健全考勤登记和检查评比制度，坚持每周五交班讲评训练情况，坚持每月对现役干部的体能进行一次评比考核。5月，组织现役干部开展分区半年军事训练评比性考核针对性训练。3.抓好民兵预备役的军事训练。按照“紧贴任务、解决急需、突出应用、打牢基础”的思路，抓好民兵预备役的军事训练。1月，组织保障火箭军民兵伪装防护分队进行军事训练。3月，通过理论授课、观摩示范、经验交流和评比考核的方法，组织一期以政策法规和业务基础为重点内容的基层专武干部集训。5月，组织轻舟分队集训，对重难点科目进行强化训练，全体队员通过市、县两级考核验收，合格率100%。11月，组织气象保障分队训练，遂行任务能力有提升。

【党建工作】2018年，县人武部党委班子建设加强。部党委贯彻上级党建工作精神，以建设“团结和谐、风清气正、坚强有力、奋发有为”党委班子为目标，教育引导班子成员把党的事业放在第一位，心无旁骛搞建设；开展创建“学习型党委、表率型机关”活动，重点加强中共十九大精神、习近平主席系列重要讲话等创新理论学习。落实“党委工作条例”，坚持以制度建设牵引党委班子建设，提升党委班子建设质量，凡重大事项均由党委集体研究决定，无个人说了算，搞“一言堂”，“一班人”讲团结、重和谐、讲廉洁、重形象、讲实干、重实效，带领部队完成各项工作任务，受到上级的肯定。

【武装工作】2018年，县人武部加强基层武装。细化和明确镇（场）党管武装工作绩效考评实施办法，加强镇（场）党管武装工作的组织领导，促进党管武装工作的有效落实。3月，组织全县专武干部民兵整组业务集训，专武干部能力素质提高。结合民兵整组，规范基层武装部“四个基层”建设，配齐一批物资器材，正规基层武装秩序、内容、方法。根据国防动员“十三五”规划，组织开展国防动员专业队伍组织整顿工作。4月中旬，完成国防动员专业队伍的组织整顿工作。12月上旬，组织民兵应急连进行三河镇火力发电站军警民防卫警戒演练，组织民兵运输分队完成保障过境部队供给物资演练。

【征兵工作】2018年，县人武部针对“当兵冷、征兵难”的问题，分析征兵工作面临的困难和问题，制定目标措施，逐级签订责任书。4月底前，全县18周岁男青年登记率100%。5月，在辖区9所高中和1所职中开展征兵宣传进校园活动，提高在校学生的参军热情。利用“大埔论坛”“大埔网”“客家香格里拉”等网络平台开展征兵宣传活动，连续24年将征兵宣传体检站开进深圳特区，创新异地服务式上门体检破解征兵难题，以高质量兵员为核心，严把体检关和政考关，组织双合格人员开展役前教育训练，丰富训练教育内容，坚定从军报国信念，其经验做法在《广东武装》刊发。全年完成征集兵员任务。

【后勤工作】2018年 5月，县人武部按照分区统一部署，完成2016年、2017年经费票据清理回头看工作，清查核据凭证186份，金额322.6万元，未发现存在问题。开展安全隐患排查工作，对人、车、枪、弹、密等安全工作重点进行拉网式排查，及时排除安全隐患，高标准做好迎接国动部安全大检查各项准备工作，投入1万余元对兵器室弹药室安全管理设施设备进行完善。

【管理教育】2018 年，县人武部抓好管理教育工作。1. 坚持教育先行。部党委始终坚持思想先行，强化安全工作理念，做到常思不忘、常讲不烦、常抓不懈、常防不松，针对倾向性问题进行随机教育，让大家时刻绷紧安全这根弦；学习贯彻军委国防动员部颁发的规范性文件，确保干部职工在日常工作、训练、学习、生活中贯彻落实新条令，做到内化于心、外化于形。2. 抓制度落实。针对新形势新常态，及时完善正规化办公管理、值班管理、请销假、经费审批报销、人员接待和物资采购等规章制度。坚持每周组织一次安全工作讲评，每月进行一次安全工作检查，每季度召开一次安全形势分析会，全面分析人员、车辆、武器弹药、用电和防间保密等形势，查找和及时整改安全稳定工作中存在的问题和薄弱环节，形成用制度规定管人管事管物、用制度规定保障科学发展安全发展的机制。3. 抓安全管理。坚决贯彻“依法治军、从严治军”的要求，开展“条令月”活动、“尊法学法守法用法、治松治散治虚治软”活动和“百日安全”等活动，强化干部职工的条令意识和法纪观念。

大埔县人民武装部负责人名录

部　长：王　浩

副部长：娄　云

政　委：刘小龙（—2018.8）

　　　　杨润世（2018.8—）

（蓝斯容）

人 民 防 空

【简述】2018 年，大埔县人民防空办公室学习贯彻落实中共十九大会议精神，以习近平总书记视察广东重要讲话精神为指导，贯彻与经济建设协调发展、与城市建设相结合的原则，立足大埔实际，探索符合山区实际的人防建设新路子，推动人防事业的稳步发展，完成各项目标任务。

【人防组织指挥体系】2018 年，县人防办落实各警报器所在单位的管理责任，确定具体管理人员，做到每月一次检查，每季一次维护，警报社会化管理率 100%。9 月，按照市人防办的统一要求，完成对县城所有防空警报器无线信号频率的更换和控制系统的升级改造工作。2018 年 12 月 18 日，完成防空警报试鸣活动，鸣响率 100%。结合工作的开展，争取县人武部的重视，组织对人防专业队伍进行相关业务培训，增强专业队伍建设的针对性。

【人防“结建”工作】2018 年，县人防办坚持“以建为主、以收促建、应建尽建、应收尽收”的原则，加强对人防工程结建、审批、检查、验收的管理；结合开展国有闲置土地清理清查工作，提早介入，及时规划，把城市建设与人防建设结合起来，促进人防工程建设稳步推进。2018 年，新报建人防工程 4 宗（至年底累计结合民用建筑修建人防工程 31 宗）。人防工程竣工验收 5 宗。严格执行“结建”政策、法规，100%实行报建，对应建而因地质因素不宜修建人防工程的，严格按照梅市府办〔2010〕71 号文件的规定上报市人防办审批，并严格按照易地建设费收费标准进行收取。全年全县结合民用建筑收取人防易地建设费 3 宗。

【人防工程质量管理】2018 年，县人防办严格执行《人民防空工程质量监督管理暂行办法》，专门制定人防工程建设监管流程，对人防工程设计、建设施工、建设监理、设备供应商的资质进行资格审查。人防办人员对正在建设的人防工程进行每月一次以上现场巡查，了解进度，帮助开发企业解决实际问题。10 月，按照省、市人防办的要求部署，对县内所有人防工程进行一次拉网式安全生产隐患大排查，对发现的问题及时跟开发企业沟通，要求他们及时整改，消除安全生产隐患。

【人防政策宣传】 2018 年，县人防办通过电视、广播等新闻媒体进行人防宣传，利用联通、移动通信信息平台发放宣传短信 1 万条。通过人防政策宣传、发放人防资料和人防杂志及利用社区宣传栏进行宣传，扩大人防工作影响面。在城区主要街道悬挂横标和党政机关及服务窗口发放人防知识宣传材料，营造人防宣传氛围。在城区 5 所初级中学坚持统一计划、统一要求、统一教材，进行每年不少于 7 个课时的人民防空知识普及教育和“三防”训练，向各个学校初二新生发放防空教材课本 2750 本。

大埔县人民防空办公室负责人名录

主　任：连军沈（—2018.4）
　　　　刘志强（2018.4—）

（房福祥）

▲2018 年 6 月 20 日，县委书记朱汉东（前排左四）到枫朗镇调研乡村振兴工作（枫朗镇提供）

▲2018 年 9 月 21 日，市、县领导到大东镇检查河长制工作（大东镇提供）

▲2018 年 6 月 28 日，大埔县申报广东省推进教育现代化先进县督导验收见面会召开（县教育局提供）

经　济

农　业

农村工作

【简述】2018年，大埔县农业总产值25.75亿元。

【农村基础设施建设】2018年，大埔县争取“一事一议”项目财政奖补资金755.5万元，其中中央和省财政奖补资金604万元，市级财政配套资金76万元，县级财政配套资金75.5万元。实施项目25个，铺设水泥路面30.8千米，水渠0.8千米，安全饮水管线7千米，建成村内公共活动场所5200平方米，受益人口4.78万人。抓好耕地质量提升。重点开展水肥一体化技术设计与设施建设、水溶肥料、秸秆覆盖等农田节水技术的示范、推广，开展6个耕地质量提升与化肥减量增效技术试验，全面提高耕地地力。创建2018年果菜茶有机肥替代化肥试点县，以枫朗镇、大东镇、光德镇连片茶园作为核心示范区进行重点创建，茶园面积约333.33公顷，综合推进有机肥替代化肥。

【农技推广体系建设】2018年，大埔县开展基层农技人员知识更新培训。全县遴选110名农业技术指导员，4个农业科技试验示范基地，360户科技示范户，辐射带动周边农户1.4万户。新增新型职业农民103名，至2018年底，全县新型职业农民数量有943人。

【现代农业产业进程】2018年，大埔县加速现代农业产业进程。1. 特色农业基地规模扩大。全县蜜柚种植面积1.47万公顷，产量32.4万吨，产值12.28亿元，同比增长24.5%；茶叶面积7200公顷，总产量0.76万吨，产值7.72亿元，同比增长17.3%。2. 农业产业化进程加快。新培育农业龙头企业省级3家、市级7家。全县累计有农业龙头企业148家，其中省级31家、市级59家、县级58家。各级农业龙头企业带动农户数5.1万户，户均年增收入2620元。新增农民专业合作社25家，农民专业合作社累计579家，专业合作社成员1.7万人，带动农户4.03万户，实现户均增收3120元。新增家庭农场30家，全县家庭农场158家。3. 加强品牌推广。组织农业企业参加第十六届中国国际农产品交易会、第九届广东现代农业博览会等宣传推介活动，扩大大埔农产品品牌影响力，开拓国际、国内市场，扩宽销售渠道。2018年9月11—12日，圆满完成庆祝首届中国农民丰收节摄制活动，多角度展示大埔县改革开放40年来农业、农村、农民的新风貌、新业态。西岩山茶场、双髻山蜜柚公园分别获得广东十大最美茶园和广东十大最美果园称号。大埔县被中国果品流通协会授予全国柑橘产业30强县（市）称号。至2018年底，全县有农业类国家名牌农产品1个，省级名牌产品23个；获得认证的无公害农产品10个，基地面积2364公顷；绿色食品13个，批准产量2.07万吨；有机食品5个，基地面积609.97公顷；广东省菜篮子基地6个。

【农产品质量安全体系建设】2018年，大埔县抓好农产品质量安全工作。1. 加强农产品质量安全体系建设。结合春夏秋季农资打假专项治理行动，开展农药、种子等执法行动17次，出动人员1509人次，检查经营门店

503 间次；依据《农药管理条例》，对符合条件的农药经营门店发放农药经营许可证 95 家，发出责令改正行为通知书 16 份，确保全县农产品质量安全。开展 2 次农产品质量安全监督抽查工作，抽取样品共 20 份，合格率 100%。完成 200 份农产品质量定量检测任务，合格率 99.5%。开展农产品质量安全快速检测工作，全年抽检 28 个蔬菜品种，2055 份样品检测，合格率 99.22%。2. 加强农业面源污染治理项目的实施。在百侯、茶阳、西河等 3 个镇 14 个村实施农业面源污染治理，减少农药残留和土壤、水源污染，提高农产品质量安全。2018 年，项目区开展培训 26 期 1624 人次，设立水稻“三控”栽培技术示范点 14 个，蜜柚配方施肥示范点 28 个，通过 IC 卡刷卡补助 150 万元。3. 农村节能减排有成效。开展农村沼气建设。全年新建农村户用沼气池 14 户，累计有户用沼气池 6211 户。开展秸秆综合利用。宣传焚烧秸秆的危害性，加大宣传和检查力度，做到发现一宗制止一宗，并对直接责任人进行批评教育，全年全县累计出动巡回检查 900 人次，制止露天焚烧秸秆行为 10 宗，有效降低露天焚烧秸秆现象。推广节肥节药节水技术。全年推广测土配方施肥技术面积 2 万公顷，施用有机肥面积 2.67 万公顷，总减不合理施肥 180 吨（纯量），增产节支 1270.8 万元。开展全国第二次农业污染源普查工作。根据《大埔县污染源普查实施方案》的要求，种植业典型地块调查抽取茶阳镇梅林村、西湖村，西河镇北塘村、下黄砂村，百侯镇软桥村、东山村，桃源镇坪新村、团结村，洲瑞镇赤水村、华光村 5 个镇 10 个行政村共 182 个典型地块，其中西河镇 42 个，茶阳镇 37 个，百侯镇 39 个，桃源镇 30 个，洲瑞镇 34 个。开展地块面积、肥料、农药、耕作方式、施肥、灌溉等调查。综合考虑规模化种植水平和各类种植模式占比，确定典型地块数量，典型地块分布，并组织开展调查。4. 加强保障农业生产安全。印发播病虫情报 11 期 1100 份，全年测报准确率 92.5%；开展红火蚁、柑橘黄龙病综防培训 9 期 1100 人次，发放各种宣传资料 8600 份，悬挂张贴宣传标语与横幅 120 条，发送手机短信 480 条，贴宣传栏 3 处。5. 加强打击非法捕捞行为。严厉打击非法捕捞行为，全年出动人员 400 人次，出动快艇 50 艘次，查处违法捕捞“三无”船 19 艘，查获电力捕鱼案件 9 起，收缴违法电捕工具 9 套，取缔清理各种违法违规网具 38 张，其他违禁渔具 60 件，没收处理非法捕捞的渔获物 320 千克。同时，全年开展 6 次人工江河增殖放流系列活动，总计投放青鱼、草鱼、鳙鱼、鲢鱼、鲮鱼等鱼苗约 160 万尾，对河流水域生态环境，水生生物环境起到修复和保护作用，增加江河水域物种多样性。

【农村综合改革】2018 年，大埔县开展农村综合改革。1.完成土地确权颁证任务。全县完成农村土地确权颁证到户，确权工作通过县级自查、市级验收，确权成果数据汇交通过第二次省农业厅质检，并提交中央农业农村部。全县完成确权承包地面积 1.23 万公顷，完成颁证农户 8.68 万户，颁证率 99.01%；归档承包方资料 8.31 万份，承包方资料归档率 94.81%。2.开展农村集体资产清产核资工作。对镇、村、组三级集体资产进行全面清查、登记，核实债权、债务和资产、资源，摸清集体资产底数，规范集体资产的使用和管理，建立资产管理长效机制。开展清理各层级集体经济组织数量为村级 246 个、组级 4047 个，完成农村集体资产清产核资工作。

粮食生产

【简述】2018 年，大埔县粮食作物播种面积 2.02 万公顷，总产 10.45 万吨。其中全年水稻种植面积 1.56 万公顷，总产 8.61 万吨，单产 368 千克。水稻良种种植面积 1.52 万公顷，良种覆盖率 97.3%。

【粮食工作】2018 年，大埔县做好粮食生产工作。率先在三河镇启动粮食生产功能区划定的底图指认和图斑外业核查等工作，全县划定面积 8643.33 公顷，涉及 202 个村，农户数 8.98 万户，共 207 个片块，6164 个地块，完成“两区”划定工作。严格核查惠农补贴政策落实情况。全面核查 2015—2017 年的种粮直补（耕地地力保护补贴）发放情况，县级核查 18 个村，核查村“两委”干部及亲友 135 户 772 人，镇级核查 29 个村，核查村“两委”干部及亲友 203 户 1013 人。

经济作物生产

【简述】2018 年，大埔县蜜柚种植面积 1.47 万公顷，产量 32.4 万吨，产值 12.28 亿元，同比增长 24.5%；茶叶面积 7200 公顷，总产量 0.76 万吨，产值 7.72 亿元，同比增长 17.3%。烟叶种植面积 1200 公顷。

【耕山致富】1. 项目拉动。2018 年，大埔县成功争取省级现代农业产业园项目，大埔县蜜柚产业园获得省级财政建设资金 5000 万元，县级配套建设用地 12.05 公顷建设蜜柚核心加工园区，总投资 2 亿元。争取项目资金 3500 万元，有序推进大埔县岭南特色水果产业“双创”示范县、有机肥替代化肥试点县、大埔蜜柚一二三产业融合等项目。此外，争取省农业供给侧结构性改革基金 3700 万元。2. 科技合作。2018 年，大埔县与广东省农业科学院签订全面战略合作框架协议，为全县农业发展提供人才、技术支持。在百侯广东华农互联农业科技有限公司建立“科技部、教育部华南农业大学新农村发展研究院特色产业示范基地”，建立长期合作关系，为全县农业产业发展、破解蜜柚产业发展的短板和瓶颈，邀请华南农业大学、省农科院、顺丰科技专家学者对大埔县蜜柚产业发展把脉定向，支招献策。

渔业生产

【简述】2018 年，大埔县水产养殖面积 559.07 公顷，同比增长 0.19%，其中特色水产养殖面积 142.34 公顷；水产品总量 6879 吨，同比增长 2.4%，其中特色水产品产量 526 吨。渔业总产值 5704 万元，旧池塘改造 37.33 公顷。

【调整养殖结构】2018 年，大埔县加快发展名特水产品养殖。加强黄颡鱼、光倒刺鲃、翘嘴鲌等特色优质品种的健康养殖示范推广，并加强对养殖户进行技术培训。引导池塘标准化健康养殖推进行动，全面推广良水、良种、良法健康养殖模式，提高池塘综合生产能力。加强对渔业标准化建设 2 个示范项目的监管，示范项目已完成，准备组织项目验收工作。

【水产安全生产、监测工作】2018 年，大埔县完成重大水生动物疫病采样、送样、初检 50 个样品的任务，并将测报结果反馈给养殖户，做好重大疾病的预警工作。全面开展牛蛙养殖的整治工作，保护生态环境，推动绿色经济崛起。全县养殖牛蛙 14 户，完全搬迁 13 户。做好渔业污染源普查工作。按照省、市第二次全国污染源普查实施的工作部署，为摸清全县水产养殖业污染源基本情况，了解污染源数量、结构和分布状况，组织并实施水产养殖业生产活动水平情况调查，按时完成渔业污染源普查工作。同时做好养殖水域滩涂规划编制工作。做好渔业经济监测。按照省、市渔业经济监测工作部署，掌握全县渔业经济基本情况，按要求开展渔业经济数据监测调查，并按时按质将相关数据上报。做好渔业安全生产监管。全年检查 25 户（次），出动监管执法人员 78 人次，全年渔业养殖生产无事故。

【水产品质量安全监测】2018 年，大埔县抓水产品质量安全工作。1. 加强水产品质量安全宣传。向养殖企业、养殖户派发宣传资料 300 份，向他们宣传国家明令禁止使用的兽药（渔药）种类及使用违禁药物的危害性，宣传实施生态、健康养殖的知识，指导他们在养殖生产过程中做好用药情况，建立台账、生产日志等工作，增强依法生产的自觉性，提升水产品质量安全水平。2. 强化养殖、生产环节监管。重点对无公害养殖场、农业部健康示范养殖场、水产苗种场以及 3.33 公顷以上的养殖场进行检查。主要检查违法使用国家明令禁止的兽药（渔药）和其他有害有毒物质，以及生产记录、用药记录和产品销售记录落实情况。全年出动监管执法人员 86 人次，检查种苗场 1 家、水产生产企业（养殖户）28 户次。3. 开展水产品药残快速监控抽检。对重点养殖户进行水产品药物残留快速检测，完成快速抽检 12 个样品，27 个水样，合计 148 个药残样品，134 个检测结果呈阴性，14 个检测结果无效，不合格率为零。4. 配合省、市水产品质量安全监控任务。完成 48 个药残抽检任务，抽检合格率 100%。

大埔县农业局负责人名录

局　长：黄庆清（女）

副局长：李友元（—2018.8）
苏瑞旋　何伟燕
郭绍辉（2018.8—）

（张桂华）

林业生产

【简述】2018 年，大埔县林业局落实森林资源保护和发展目标责任制，为大埔县立足国家重点生态功能区的定位，坚持生态优先、人文引领、绿色发展，实现美丽与发展共赢奠定生态基础。全县有林地面积 19.42 万公顷，占全县辖区面积的 79.9%，活立木总蓄积量 1110 万立方米，森林覆盖率 77.95%，全县建成森林公园 33 个（其中国家级森林公园 1 个，广东大埔阴那山国家级森林公园；省级森林公园 3 个，丰溪省级森林公园、双髻山省级森林公园、五虎山省级森林公园），自然保护区 6 个（其中省级自然保护区 1 个，丰溪省级自然保护区）；生态公益林面积 12.49 万公顷，占林业用地面积比例 62.4%。2018 年 9 月，青溪镇成功创建广东省森林小镇。全年完成 993 公顷的造林任务、1.27 万公顷的森林抚育任务和 357.67 公顷火烧迹地更新任务；组织开展全民义务植树活动，参与义务植树 18.5 万人次，植树 76 万株，完成 26 个省定贫困村的美丽乡村建设。

【林下经济】2018 年，大埔县林业局成功培育 1 家国家级林业龙头企业，全县省级以上林业龙头企业有 11 家，五虎山油茶精加工基地、青溪油茶基地的建设成功完成。至 2018 年末，全县建成了林下经济面积 9733 公顷，总产值 11.5 亿元，涉及林农约 2.9 万户，建立林下经济合作组织 160 个。

【森林资源管护】2018 年，大埔县林业局做好森林资源管护工作。1. 做好国家林业和草原局对大埔县森林资源督查工作。国家林业和草原局驻广州专员办对全县 2016 年 2 月 16 日至 2017 年 10 月 30 日期间的 1473 个疑似图斑进行专项检查。为做好此项工作，县林业局成立 6 个工作组，由局领导率队，分赴各镇（场）进行业务指导和督促落实 1473 个疑似图斑的全方位内（外）作业、现场核查，经过对 1473 个遥感判读图斑的核查，属大埔县行政区域内图斑有 1422 个，责令复绿 566 宗，行政处罚 64 宗，立案处理 29 宗，顺利通过了国家验收。2. 完成新一轮森林资源二类调查。十年一次的森林资源二类调查工作内（外）业全面完成，并通过省级验收。通过内（外）业调查整理，大埔县森林覆盖率77.95%。3. 做好病虫害防治和古树名木保护。完成松材线虫病集中普查工作，对发现的病死树及时清理，及时有效防治病虫害疫情，全县未发生病虫害疫情大面积扩散蔓延现象。2018 年，完成新一轮古树名木县级普查工作，经普查有古树名木 509 株，其中一级古树名木 1 株，二级古树名木 23 株，三级古树名木 485 株。4. 严厉打击涉林违法行为。开展“红线行动”“春雷行动”“打击破坏野生动物资源违法犯罪”等专项行动，全年受理各类森林案件 67 宗，查处 66 宗，打击违法人员 65 人次。收缴木材 201 立方米，收缴捕鸟网 1.4 万米，引鸟所用的录音机 7 部，电野猪工具 1 副，野生保护动物鸟类 49 只、蛙类 31 只、龟类 8 只。

【森林防火】2018 年，大埔县林业局落实森林防火行政首长责任制，在森林特别防护期内坚持 24 小时值班和领导带班制度。县、镇、村三级签订森林防火责任书。投入宣传经费 80 万元，通过微信公众号、县电视台、梅州日报等媒体，发放宣传物资、开展宣讲活动等方式，加大防火宣传力度。为全县每个行政村重新配备一台风机，提请县政府拟定无山火镇、村奖励文件。建设双髻山公园、登山公园的瞭望台，新建森林防火指挥调度中心，并将 2018 年投入使用的 24 个林火远程视频监控与地面巡查力量结合起来，严防火灾的发生。全年全县未发生特别重大、重特大森林火灾和人员伤亡事故。

【林业用地指标】2018 年，大埔县林业局做好建设工程征占用（含临时征占）林地材料审核和上报审批工作。上报审批通过了省道 S221 线大埔县城段改建工程项目征占用林地 16.6 公顷，省道 S222 线大埔县坑口至高陂段公路改建工程项目征占用林地 12.02 公顷，大埔县气象综合探测基地建设项目征占用林地 4.92 公顷，大埔县人民医院改扩建项目征占用林地 0.32 公顷。

大埔县林业局负责人名录

局　　长：罗振康

副 局 长：罗富健　郭小娜（女）　张运得

党组副书记：贺进辉（—2018.1）

大埔县公安局森林分局局长：梁永炼

大埔县防火办主任：汪德琴

大埔县山调办主任：邓小武（抽调高陂水利枢纽工程管理处）

大埔县绿委办主任：黄启旋

（***谢鑫文***）

畜牧兽医工作

【简述】2018 年，大埔县畜牧兽医局全面贯彻中共十九大和十九届二中、三中全会精神以及习近平总书记重要讲话精神，加强党对“三农”工作的领导，牢固树立新发展理念，落实高质量发展的要求，探索生态富民强县实践路径，围绕“保供给、保安全、保生态、促增收”的总体目标，促进畜牧业供给侧结构性改革，提倡健康养殖产业发展，加快实施“减猪稳禽增牛羊”行动，清退关闭禁养区生猪养殖场，淘汰小型养猪场等落后产能，培育新型农业经营主体，结合特色、美丽村庄建设，全面推进畜牧生产、食品安全、粪污治理同步协调发展的新路子、新模式，打造产出高效、产品安全、资源节约、环境优良的现代畜牧业示范区。抓好扶持政策落实、科技推广和行政执法，促进全县畜牧业全面、健康地发展。

【畜牧生产】2018 年，大埔县生猪年饲养量 29.78 万头，同比下降 14.7%，其中存栏 11.26 万头，出栏 18.52 万头，能繁母猪存栏 1.56

万头；家禽年饲养量451.93万只，同比下降7.3%，其中存栏86.78万只，出栏365.15万只；牛年饲养2.79万头，同比下降1.4%，其中存栏1.87万头，出栏0.92万头；羊年饲养2.02万头，同比增长3.1%，其中存栏0.87万头，出栏1.15万头；肉类总产量2.61万吨，同比下降0.8%。

【疫病防控】2018年，大埔县按照省、市重大动物疫病防制指挥部的要求，制定防控工作方案，召开动员会议宣传，做好技术培训，开展全程督查，强化免疫效果评估，抓好以牲畜口蹄疫、小反刍兽疫病、高致病性禽流感等重大动物疫病为重点的畜禽强制免疫工作，免疫密度、免疫效果监测均达到国家规定要求，有效保障畜牧业持续健康发展。全年免疫口蹄疫猪22.68万只、牛0.73万头、羊1.54万头；小反刍兽疫免疫羊1.54万头；禽流感免疫家禽98.41万只。

【兽医卫生监督】2018年，县畜牧兽医局做好兽医卫生监督工作。1. 规范养殖场管理，提高科学养殖水平。县畜牧兽医局不定期对养殖场免疫、用药、用料、病死畜禽无害化处理等情况开展检查，制定统一养殖档案，规范养殖场建立健全防疫、消毒、无害化处理等制度，保障养殖场健康发展。全年县局牧政执法人员检查120次，出动400多人次，同比增长32%。2. 执行检疫制度，促进肉品安全。严格按照动物检疫规程，把好产地、屠宰检疫关。全年全县完成生猪产地检疫23.45万头，牛产地检疫0.09万头。生猪屠宰检疫13.23万头，牛屠宰检疫0.18万头，羊屠宰检疫0.3万头，生猪报检复检3.11万头，对经检疫检出的病死畜、病变病害肉全部作无害化处理，杜绝病变病害肉流入市场，保障肉食品安全。3. 加强“瘦肉精”检测。2018年，累计抽检养殖场686场次，监督抽检定点屠宰厂191场次，分别同比增长47%和223%。全年累计检测尿样3433份，同比增长6.2%，“瘦肉精”检测结果全部为阴性。加强养殖环节监管工作，增强养殖场（户）的质量安全责任意识，严厉打击养殖环节非法使用“瘦肉精”和自配料中添加“瘦肉精”的行为。4. 加强动物标识及疫病可追溯体系建设。推进猪、牛、羊二维码耳标佩戴工作，二维码耳标佩戴率100%，进入流通环节猪、牛、羊二维码耳标佩戴率100%，种用猪、牛、羊以及跨省调运猪、牛、羊耳标佩戴率100%。稳步推进全县追溯体系建设，累计上传溯源信息15.89万条，同比增长13%。5. 做好应急物资的储备。大埔县贮备了禽流感等动物疫苗一批、消毒粉153件、防护服200套、防护眼镜50副、口罩400只、手套400对、鞋套800对、防护靴40双；购置盐酸克伦特罗快速检测卡、莱克多巴胺快速检测卡、沙丁胺醇快速检测卡快等物资一批，确保大埔县突发应急物资的需求。

【畜牧科技培训】2018年，大埔县畜牧兽医局开展畜牧养殖新技术培训，加强广大养殖户的科学、健康养殖意识，提高全县畜牧业科学养殖技术水平。举办“猪场常见主要疫病防控专题培训班”“养鸡技术”“畜禽养殖技术讲座”等培训班6期，印发资料2600份，参加培训人数1300人次。开展环境保护宣传。印发宣传资料3000份，继续推广“畜—沼—果”生态养殖模式，倡导绿色环保养殖理念，提高企业环保养殖意识。结合“精准扶贫、精准脱贫”工作，强化农业职业教育，培育新型职业农民，培养畜牧业致富能手，2018年派出技术人员30多人次参与24个镇、村授课，培训养殖户1200人次，发放畜牧技能书刊1200本。由大埔县畜牧兽医技术推广站组织实施的《浙江湖羊引进养殖和标准化示范推广》获2017年大埔县科学技术奖三等奖。

【屠宰监管】2018年，大埔县畜牧兽医局加强屠宰监管行政执法工作。集中力量对上市的私屠滥宰肉产品进行检查，实施重点整治、重拳出击，严厉打击私屠滥宰的嚣张气焰。通过查、堵、控相结合的办法，市场上销售白板肉的情况大幅度减少。全年，联合食药、工商、生猪办、公安等部门，加强对屠宰场、养殖场、农贸市场的监督管理，出动 109 批 353 人次，同比增长 21.7%，其中检查经营门店 49 间次、市场 60 场次，总共检出病变病死肉 5.5 吨，按规定全部作无害化处理，保障了全县动物及动物产品安全。

【养殖场综合整治】2018 年，大埔县畜牧兽医局推进全县城乡环境综合整治和新农村建设工作，开展畜禽养殖专项整治工作，加强全县畜禽养殖污染防治，促进畜禽养殖合理布局，有效保护和改善生态环境，全面构建和谐社会。开展禁养区畜禽养殖污染整治工作。2018 年，全县整治养殖场（户）719 家，搬迁生猪 7.2 万头。加强巡查监管。坚持日常监管，出台后续监管机制。强调沿河镇组织镇、村二级干部加强日常巡查和监管，出现非法养殖行为要及时制止，防止复养反弹，巩固整治成果。加强限养区规模养殖场监管。全县限（适）养区规模养殖场总数有 45 家，其中完成环保基础设施建设和符合粪污综合利用条件的有 28 家，完成养殖场配套污水贮存、处理和利用基础设施建设 17 家。

【非洲猪瘟疫病防控】2018 年 8 月起，中国发生了非洲猪瘟疫情，截至 11 月 8 日，全国已累计发生非洲猪瘟疫情 62 起涉及 17 个省份。广东省委、省政府高度重视非洲猪瘟防控工作，坚决贯彻落实党中央、国务院的决策部署，用最高的标准，做最充足的准备，进行最严密的防控。大埔县较早启动了 I 级响应相关措施，确保全县未发生非洲猪瘟疫情。县政府成立大埔县防控非洲猪瘟等动物疫病应急指挥部和大埔县防控非洲猪瘟等动物疫病防控工作领导小组，由相关县直单位和各镇（场）负责人为主要成员组成，指挥部下设办公室，主要职责是领导、指挥和协调全县非洲猪瘟等动物疫病应急工作。同时，成立西河临时性省际公路动物卫生监督检查站，县政府专门下发《关于非洲猪瘟等动物疫病应急防控期间进一步明确西河临时性省际间公路动物卫生监督检查站执法职责的通知》，明确各职能单位分工，加强生猪调动监管。成立县畜牧兽医局防控非洲猪瘟等动物疫病应急指挥中心，下设 6 个工作组，具体落实突发动物疫病时各项应急处置工作。

大埔县畜牧兽医局负责人名录

局　长：罗应忠

副局长：刘培浩　罗淼达

总畜牧兽医师：梁武林

（吴国章）

水利水电工作

【简述】2018 年，大埔县投入水利水电水务工程建设资金 2.8 亿元,完成土方 35 万立方米，石方 5 万立方米，砼 1.1 万立方米，投入劳动工日 52 万个。治理山区中小河流 2 宗 23.4 千米,其中清淤 23.4 千米,兴建护岸 11.8 千米；修复水毁水利工程 62 处，维修巩固治理水土流失 4.5 平方千米。至 2018 年底，全县水电装机 272 处、467 台、21.97 万千瓦。全县实现发电量 1.5 亿千瓦时，产值 0.67 亿元,其中国有电站累计发电量 3023.83 万千瓦时，产值 1355 万元。

【水利】2018 年，大埔县水务局抓好水利工作。1. 抓好 2017 年度 43 宗自来水村村通自来水工程的实施和扫尾完善工作。做好 2018 年度 13 宗村村通自来水工程的勘测设计等前期工作，13 宗工程已立项，至 2018 年 12 月初，完成财政审查、招投标工作，并于 12 月中旬全部开工建设。2. 抓好山丰水库工程建设。完成库区清表、大坝坝基平整及导流洞开挖衬砌等工作，至 2018 年 12 月底，完成投资4510万元，占年度投资的90%。进水口闸室交通桥、大坝填筑施工中。3. 配合韩江高陂水利枢纽工程配套工程，完成高陂镇陂寨移民安置区电排站扩建工程建设。4. 贯彻落实国家对水库（水利）移民后期扶持政策，加大对大中小型水库移民后期扶持政策实施的工作力度。投入资金196.56万元，完成大中型水库后期扶持实施的三河镇、茶阳镇、大麻镇3个镇6个行政村33个自然村，共520户2184人（直补到人）。投入后扶资金252.58万元，完成小型水库移民后期扶持实施的洲瑞镇、大麻镇、茶阳镇、西河镇、湖寮镇282户1820人（移民人大议案补差）。投入资金181.19万元，其中后扶资金174.88万元，群众自筹6.31万元，完成西河镇大靖村，高陂镇古东村、陂寨村、党溪村道路硬底化工程。

【水资源管理】2018年，县水务局加大水资源管理。1. 加大水法规宣传、教育力度。充分利用各种媒体宣传水法规，广泛宣传水资源保护、节约用水等政策，依法加强河道管理，有效保护江河水源水质。2. 开展水规划调查。按照河流流域规划要求，编制《大埔县流域综合修编报告》《大埔县水资源综合规划》《大埔县水功能区划》《大埔县城市节水规划》，为水资源利用提供技术、安全指导等服务。3. 执行最严格水资源管理制度。严格执行建设项目水资源论证制度，强化水资源统一调度，协调好生活、生产、生态环境用水，优化配置水资源。2018年，全县实际用水总量2.06亿立方米，其中地下水采用0.19亿立方米，工业和生活用水量使用0.6亿立方米，水功能区水质达标率达到Ⅱ类，城镇供水水源地水质合格率98.8%。2018年，征收水资源费200万元。4. 加强汀江、梅潭河保洁工作。采取定期和不定期结合的办法进行打捞，对汀江青溪库区和梅潭河百侯水电站、凯达水电站库区水浮莲及漂浮物清理，确保汀江、梅潭河水面干净。5. 加强小水电管理。全县实现发电量1.5亿千瓦时，产值0.67亿元，其中国有电站累计发电量3023.83万千瓦时，产值1355万元。

【三防】2018年，县水务局坚持防汛抗旱两手抓，落实以行政首长负责制为核心的防汛责任制，为大埔社会经济发展提供优质的三防服务。1. 完善预案体系。建立县、镇、村三级联动的防洪（涝）预案。2. 抓好防汛物资储备。全县储备防汛物资有冲锋舟7艘、救生衣950件、救生圈162只、编织袋31万条、编织布5.11万平方米、砂石料740立方米，并定期进行更新置换。3. 抓好抢险应急队伍抢险演练、轻舟分队训练，为防汛抢险应急打牢基础。全年开展县、镇两级专业抢险应急队伍的抢险演练12场（次），对全县基层水务所工作人员以及水利工程防汛责任人、技术责任人共500人进行业务技术培训。同时，加强防山洪灾害宣传，竖立山洪灾害宣传牌252块、挂条幅180条，发放明白卡4.02万张。4. 抓好三防信息化建设。严格按照广东省防总的标准要求，在完成县级三防会商室、办公室、联合值班室等进行升级改造的基础上，推进镇级三防标准化建设。5. 抓好制度建设。建立完善“汛期24小时值班和领导带班制度”“信息报送制度”等，强化责任落实，认真、及时收集和上报、反馈各种三防信息，加强周边联系，科学调度水库蓄水，为上级三防指挥部门和县委、县政府的决策提供优质的三防服务。2018年，全县主要灾情有2月6日的冻灾和5月的旱灾，全年降雨量为1075毫米，比2017年同期减少253.6毫米，比正常年份的1550毫米减少30.6%。全县作物受旱面积3500公顷，水田缺水1200公顷，旱地缺墒面积2300公顷，机电井出水不足16眼，边远山区出现人畜饮水困难，因旱缺水人口0.27万人。

【水土保持】2018年，大埔县全面完成上级下达的水土保持治理任务。1. 治理水土流失面积 22 平方千米，营造水土保持林 10 公顷，经果林 50 公顷，种草 25 公顷，封禁治理 2115 公顷。2. 投入 572 万元，完成 2018 年大埔县革命老区及原中央苏区崩岗一期工程。3. 开展全县生产建设项目水土保持监督执法。全年完成生产建设项目水土保持方案审查审批 2 宗；投产使用（竣工验收）生产建设项目及水土保持方案验收报备 7 宗；生产建设项目监督检查 5 宗，检查人次 25 人（次）。4. 抓好 2018 年度 2 宗（恭州水、双坑水）山区中小河流治理项目的实施。投资 725.47 万元，完成恭州水治理工程，治理河长 7.8 千米，清淤疏浚 7.8 千米，护岸 3 千米。双坑水治理工程，计划投入 1491.11 万元，工程于 2018 年 6 月中旬动工，至 12 月底完成投资 1193 万元，占 80%，治理河长 8.3 千米，占 80%；完成清淤疏浚 10.4 千米，占 100%，护岸 4.9 千米，占 80%。

【推行“河长制”工作】2018 年，大埔县河长体系、河长责任全面落实。1. 河长制工作全覆盖，各河段河长负责人落实到位。设立县级领导小组 1 个、镇（场）级领导小组 15 个，出台县级工作方案 1 个，镇（场）级工作方案 15 个。设立县级河长 5 人，镇级河长 165 人，村级河长 222 人；在县人民政府网站和县河长制微信公众号向社会公布县级负责河流（流域）河长名单。并设立公示牌 46 块。明确各级河长是所辖河管理保护的直接责任人，负责组织领导相应河的管理和保护工作。2. 根据大埔县发电《关于调整大埔县全面推行河长制工作领导小组成员的通知》，及时调整相关成员，并按省、市的规格全面提升河长办工作职责，原先由县水务局局长担任县河长办主任，提升为由分管县领导担任县河长办主任，负责河长办日常工作。2018 年，县级 5 位河长把保护水资源、保障水安全、防治水污染、改善水环境、修复水生态、管理保护水域岸线、强化执法监管作为主要任务。全年开展县级河长巡查 25 人（次），发现问题 24 宗（非法采砂 4 宗，非法占用河道、河堤 5 宗，非法养殖畜禽 3 宗，河段生活垃圾及漂浮物 6 宗，乱倒生活、建筑垃圾 5 宗，省跨界水质污染问题 1 宗），落实整改 24 宗，发出督办函 40 次；镇级、村级河长也开展相应的巡河，镇级河长巡河 2713 人（次），村级河长巡河 9693 人（次），对巡查发现问题责成有关单位进行整改。上报省平台问题 8 宗，全部落实整改。3. 设立大埔县河库保护中心。根据大埔县机构编制委员会《关于设立大埔县河库保护中心的通知》，核定事业编制 5 名，设主任 1 名，副主任 2 名。具体承担拟订河长制相关制度和考核办法，组织、协调、指导河长制各项工作任务的落实，并组织实施考核、验收、信息共享等工作。负责组织河长制联席会议，承办省、市、县河长制业务部门的具体工作。4. 开展河长制基础工作。确定全县河湖名录：县级河流 5 条、镇级河流 47 条，48 宗水库，170 宗山塘；并完成电子地图标绘河湖名录，推进河湖管理范围划定和“一河一策”编制工作。大埔县河长办印发了《大埔县河湖管理范围和水利工程管理与保护范围划定工作实施方案（试行）的通知》《大埔县全面推行河长制“一河一策”实施方案（2017—2020 年）（试行）的通知》，通过“一河一策”措施，落实好“河长制”工作。5. 推进河长制信息化建设。2018 年投入 232.2 万元，对原有智慧河长制管理平台 web 端和移动端升级完善，整合水利部门内部各系统，并纳入环保、城综、国土部门等相关单位，建立跨部门联合管理大平台，起到上可连接省、市，下可督导镇、村，横向联系相关部门的综合管理大平台，为落实河长制工作提供全面服务。

【镇级污水处理设施建设】2018 年，大埔县镇级污水处理设施及配套管网 PPP 项目，由粤海水务集团（香港）有限公司和广东水电二局股份有限公司、广州资源环保科技股份有限公司联合体中标。项目涉及大埔县13个镇（除县城外）的生活污水厂及配套管网建设（包括镇区、部分农村）。新建13个镇级污水处理厂1.5万吨/日和30个村级污水处理厂0.24万吨/日，以及配套管网83千米，总投资2.63亿元，申请到位中央资金900万元。至2018年底，完成投资1.62亿元，占总投资61.5%。完成西河镇东塘村、黄堂村，大麻镇大留村、小留村、坑尾村等11座村级污水处理站，西河镇、青溪镇、枫朗镇镇级污水处理厂及大埔角村级污水处理站完成主体工程建设，管网正在施工；百侯曹鲇、大东白土、茶阳花窗、枫朗黄沙坑等村级污水处理站和大东、丰溪林场、茶阳、洲瑞等镇级污水处理厂正在施工。

【河道采砂管理】贯彻《大埔县加强河道采砂源头管理工作实施意见》《大埔县河道采砂源头管理细化方案》精神，落实“政府牵头，部门配合，上下联动，综合整治”的长效机制，加大水法规宣传、教育力度，划定河道采砂的禁采区和可采区，实行“河道采砂权”公开招投标，加强巡查，严厉打击违法采砂行为，维护河道安全。2018年，大埔县水务局查扣非法采（运）砂作业工具30辆（台、条），移交3宗案件到公安机关进行立案调查处理。同时，查处非法占河建筑3起，责令停止违法行为3起。全年河砂招标收入3372.7万元。

【服务三农】2018年，大埔县水务局加强机关作风建设，服务三农工作。1. 做好技术服务工作。坚持科教兴水，增加水利科技含量。为农村小水电、农田水利、水土保持等提供技术设计、技术审批、上报立项、技术指导等服务，做好全县小水电站上网许可证的各项认定、服务工作。2. 落实好县人大代表建议意见、政协提案。对涉及水利水电的3件人大代表建议意见、6件政协提案，召开专题会议，组织专门力量调查研究，形成实施方案，并筹集资金，付诸实施，做到事事有落实、件件有答复，办复“满意”率100%。3. 抓好扶贫工作。做好挂扶村高陂镇陂寨村的扶贫工作，投入131.61万元。其中20万元用于村道硬底化建设，36.6万元入股县自来水厂，59.8万元分三期安排有劳动能力贫困户搞养殖产业帮扶。同时，做好2户贫困户的危房改造，帮助有劳动能力贫困人员参加农业技能培训及陶瓷技能培训，为贫困户购买农村合作医疗保险、农村养老保险等；帮扶贫困学生助学11人。2018年，帮扶脱贫8户。

大埔县水务局负责人名录

局　长：张回里

副局长：赖俊欢　罗小红（女）　杨佐沐

（范东伟）

气象事业

【全年气候特点】2018年，大埔县年平均气温21.9℃，比历年平均气温高0.8℃；年总降水量1098.7毫米，比历年雨量少432.9毫米，年降水量≥0.1毫米降水日数141天，比历年多35.2天；年日照时数1551.9小时，比历年少140.4小时。年极端最高气温38.7℃，出现在5月27日，年极端最低气温−0.8℃，出现在2月6日。最冷月（1月）平均气温与历年同期平均偏高0.8℃，最热月（7月）平均气温比历年同期平均偏高0.4℃。一日最大降水量81毫米，出现在1月7日。2018年平均气温正常略偏高，年降雨量偏少，年日照时数较历年偏少。5月出现干旱，全县15个镇（场）出现中（轻）度旱情，中小河流暂未出现断流。全县农田受旱面积3500公顷，其中轻旱2300公顷、重旱1100公顷、干枯100公顷，水田缺水1200公顷、旱地缺墒2300

公顷。因旱人畜饮水困难 270 人，机电井出水不足 16 眼。全年有 5 次暴雨天气过程。1 月 7 日，过程雨量最大三河 103 毫米；5 月 7 日，过程雨量最大三河 69 毫米；8 月 29 日，过程雨量最大枫朗三溪茶场 95 毫米；9 月 7 日，过程雨量最大光德 97 毫米；9 月 17 日，过程雨量最大桃源 115 毫米。全年有影响的台风 2 次（“艾云尼” 6 月 7—8 日、“山竹” 9 月 15—16 日）。

【气象服务】2018 年，大埔县气象台发布各类预警信号 123 次。所有预警信号发布、对预警信号进行确认以及预警信号的解除均严格依照《广东省突发气象灾害预警信号发布规定》实行。2018 年，发布气象决策服务短信 60.32 万条，约 30 万人次。其中发布《重大气象信息快报》43 期，《重大气象信息专报》11 期，《天气报告》16 期，启动应急响应 6 次（寒冷 3 次，台风 3 次），发布地灾气象风险预警 18 条。在台风暴雨过程中，县气象台密切关注天气变化，及时发布预警信号，并用短信、电视台、微博、微信等渠道向全县发布预警情况，使大埔县各级有关领导能及时了解天气变化，做好灾害防御工作，最大程度降低灾害损失，确保人民群众生命财产安全。

2018 年大埔县气象台发布预警信号情况分类表

表 1　　单位：次

信号 次数 颜色	台风	高温	暴雨	寒冷	森林火险	雷雨大风	大雾	冰雹
白	1							
蓝	1					47		
黄	1	12	20	7	7	3	5	
橙		5	2	5	6			1
红								
合计	3	17	22	12	13	50	5	1

【气象决策】2018 年，大埔县气象局有 3 条重大决定事项。1. 为有效缓解旱情，解决群众生产生活用水，在市人影指挥部的统一指挥下，5 月 9 日至 6 月 5 日在湖寮镇双髻山成功实施 3 次人工增雨作业，共发射火箭弹 8 枚，全县平均增雨 7800 万立方米，效果较明显，旱情得到了初步缓解。2.大埔县气象综合探测基地项目正式启动，9 月 1 日“三通一平”工程率先开工。3.9 月 10 日，印发《关于公布 2018 年大埔县气象灾害防御重点单位的通知》，确定并公布大埔县虎山中学、大埔县人民医院等 59 家单位为 2018 年大埔县气象灾害防御重点单位。

大埔县气象局负责人名录

局　　长：彭尚永
副 局 长：杨海东（—2018.1）
　　　　　罗锡浪（2018.1—）
纪检组长：罗锡浪（—2018.1）
　　　　　杨海东（2018.1—）

（潘艳）

农业机械管理

【简述】2018 年，大埔县农业机械总动力为 11.85 万千瓦，比 2017 年增长 6%。全县收割机拥有量 45 台，拖拉机呈现增长态势，大中小型拖拉机新增 5 台，拖拉机总量 331 台，比 2017 年增长 9%。加强插秧机推广措施，全年新增 8 台，总量 43 台；植保机械新增 485 台，加工机械总量 2600 台，新增 10 套蜜柚节水灌溉设施，排灌机械总量 732 台。水稻机收 3066.7 公顷，机收率 59.7%，比 2017 年同期增长 9%；机插率 10.3%，比 2017 年同期增长 1.6%，全县主要农作物综合机械化水平 56.01%。农业机械量的增长，进一步优化全县农机装备结构，发挥农业机械在农业生产中的主力军作用，保障农业生产对机械化的需求。

【农机推广管理】2018年，大埔县农业机械管理局做好农机推广管理工作。1.开展农机宣传推广工作。以下乡举办机耕、机插、机收现场会为突破口，宣传农业生产全程机械化的优势，以“耕、种、收”为着力点，形成“大田大机耕、小田小机耕”的良好趋势，不断提升农机装备的有效使用率。全年在西河等镇举办2次水稻机械化育（插）秧、机收现场活动，在枫朗镇飞龙农业科技股份有限公司召开农业机械推广现场会，全县15个镇（场）共计800余人次参与现场会。2.落实农机购置补贴政策。按照《广东省2018年度农机购置补贴实施方案》做好农机补贴工作。采取“自主购机、定额补贴、县级结算、直补到卡（户）”的方式，确保国家惠民政策落到实处。至2018年底，全县完成农机购置补贴资金18.33万元，新增农机具285台（套），直接受益农户285户。

【农机监理】2018年，大埔县农机局加强安全生产措施，结合“春耕”“汛期”“安全生产宣传月”“三夏”“安全生产大检查”等工作，配合公安、安监等部门开展联合执法行动，检查各类农业机械82台，纠正各类农业机械违规行为45起，培训农机驾驶人员15人，县局与各镇（场）签订安全生产责任书15份，各镇（场）与农机手签订安全生产责任书100份。同时，开展对农机户、农机专业合作社、农机跨区作业机械等农机安全隐患排查工作，从源头上预防和减少农机事故的发生，完成2018年安全生产攻坚治理工作任务。1. 宣传教育，提高安全意识和防范能力。全年举办现场农机安全宣传活动5次，建设标语、横幅、展板、宣传专栏等13个，发放农机安全短信息310人次，印制500份《致农机手一封信》《拖拉机入户须知》《农机驾驶员安全操作须知》《农业机械安全监督管理条例》等宣传资料，结合农机安全生产攻坚治理、安全生产宣传月和安全生产大检查等活动，加大宣传教育力度，提高农机驾驶人员挂牌办证意识和农机安全生产意识。2. 执法行动，严厉打击违法行为。贯彻落实《中华人民共和国道路交通安全法》《广东省农业机械管理条例》等法律法规，开展农机安全生产执法行动。3. 严格事故报告制度，提高突发事件应急处理能力。注重做好农机安全生产各项基础工作，畅通农机事故信息上报渠道。

【农机培训】2018年，县农机局加强同梅州市各县（区）的联络交流，采取走出去、引进来的方式，多次到梅县区培训，并邀请丰顺县、五华县、蕉岭县、平远县的学员到大埔县进行交流、培训，举办农机化新技术培训和新机具现场演示活动，围绕农机化新技术的推广，培训一批新型农机具操作手。全年举办各类培训班1183人21期，其中农机服务人员培训班700人6期，农机技术员212人4期，农机管理、监理员200人4期，农机驾驶员71人7期[其中手扶拖拉机（K牌）12人，大中型拖拉机（G牌）50人]。

大埔县农业机械管理局负责人名录

局　长：罗质平

副局长：管赛琴（女）　管培元

（**房新发**）

扶贫开发

【简述】2018年，中共大埔县委农村工作办公室（大埔县扶贫开发局）学习贯彻中共十九大精神和习近平总书记系列讲话精神，围绕县委、县政府的中心工作，发挥职能作用，坚持农业农村优先发展，按照“产业兴旺、生态宜居、乡风文明、治理有效、生活富裕”的总要求，以省定贫困村创建社会主义新农村示范村为切入点，以农村人居环境整治为突破口，坚定不移实施乡村振兴战略。重点抓好“精准扶贫、精准脱贫”工作、新农村建设工作、全域推进农村人居环境整治建设生态宜居美丽乡村等工作。

【精准扶贫、精准脱贫】2018年，大埔县累计筹集扶贫资金5.66亿元，投入使用约5.59亿元，资金使用率98.76%。全县实施到村项目2281个，到户项目9.06万个；建有长效农业特色产业项目63个，带动在家有劳动能力贫困户1916户；实施光伏扶贫项目35个，装机总容量2.8兆瓦；组建农民专业合作社60个；建立电子商务平台11个；全县贫困户劳动力转移就业（含就近就业）2367人；金融扶贫小额信贷贫困户667笔计2051.5万元（其中2018年度新增68笔），全县贫困户获得扶贫小额贷款户数占有劳动能力贫困户总数29.63%。2016—2018年，实现脱贫4782户1.02万人，脱贫率92.85%。

【新农村建设】2018年，大埔县投入10.53亿元，全县245个行政村60%以上完成“三清三拆三整治”任务，57个省定贫困村基本建成干净整洁村，桃源镇团结村等21个省定贫困村率先创建新农村示范村。推进农村“厕所”革命和生活污水处理、村村通自来水工程建设；建立健全“户投放、村收集、镇转运、县处理”长效保洁运营和卫生保洁机制，按标准配齐卫生保洁人员。57个省定贫困村完成行政村通自然村道硬化779.7千米，完成村内道路硬化372.8千米；已建设标准垃圾屋422个，建设垃圾收集点2460个，配置保洁员307人；已铺设暗渠化管道189.5千米，铺设雨污分离管网125.6千米，建设污水处理设施56座、容积5961立方米，38.6%自然村纳入城镇污水处理系统，100%自然村完成集中圈养、人畜分离；铺设自来水管道588.4千米，集中供水受益农户1.45万户；完成危房改造1293户，旧房整治763户，住房风貌整治991户；建设文体中心57处；完成农户卫生改厕1247间，新建乡村公厕92座、提升改造4座；100%行政村建设卫生站，100%自然村通广播电视和光纤信息网，100%行政村建有公共服务站。

中共大埔县委农村工作办公室（大埔县扶贫开发局）负责人名录

主　任（局　长）：何晋江

副主任（副局长）：刘佳集　饶志宝（女）　连军强　赖特成

（*蓝炳达*）

工　业

综　述

【工业经济】2018年，大埔县规模以上企业工业增加值9.76亿元，同比减少9%，增速全市排名第七；规模以上企业总产值35.3亿元，同比减少10.5%。2018年，全县完成工业投资12.26亿元，同比减少2.2%，增速全市排名第三；完成工业技术改造投资5.56亿元，同比减少30.6%，增速全市排名第三。

【电子商务】2018年，大埔县经济和信息化局抓好电子商务工作。1. 成功申报2018年国家级电子商务进农村综合示范县项目。大埔县被省政府正式确定为2018年国家级电子商务进农村综合示范县，该项目正式落地，进入项目前期建设准备工作。2. 引导企业申报市级电商发展扶持资金。全年有3家企业申报5个项目，至2018年底有3家公司的3个项目（广东欣红陶瓷股份有限公司申报的融合发展类项目获得30万元、大埔县三源汇贸易有限公司的壮大经营主体类项目获得5万元、广东宝丰陶瓷科技发展股份有限公司的融合发展类获得10万元）获得45万元的促进电子商务发展专项资金。3. 宣传发动企业参加梅州市工业设计大赛。召开工业设计辅导培训会，深入企业宣传发动，有17家企业报送50件作品参加大赛，通过专家评审，有4家企业的5件作品得奖，其中广东富大陶瓷文化发展股份有限公司报送的“青花八珍味”获得产品组金奖，为其他企业提供了在工业设计领域的努力方向和价值理念的参考借鉴。

【对外贸易】2018年，大埔县外贸进出口2.52亿美元，同比增长19.66%，增速全市排名第一，其中外贸出口2.35亿美元，同比增长20.43%，进口1671万美元，同比增长9.86%。

【节能降耗】2018年，大埔县经信局落实节能工作的政策法规，落实节能目标责任制。1. 加大政策扶持力度。落实《国务院关于加快发展节能环保产业的意见》，加大财政扶持力度，扩大节能资金的使用范围。组织推荐智能高效节能环保、深度开发与综合利用、水资源综合利用和优化增效等技术改造项目26个，总投资额4.45亿元。2. 强化落实重点工作。为了推动公共机构节能，提高能源利用效率，印发《大埔县2018年度节能工作方案》《关于做好2018年全县公共机构节能工作的通知》，加强公共机构用能管理；严格控制全县能源消费增量，尤其是严格控制高耗能企业（梅州市宏宝水泥有限公司）的生产用能，加大节能监察执法力度，抓好建筑、交通商贸、公共机构等领域节能工作，推广可再生能源建筑应用，推广交通节能减排示范项目。加强公共照明用能的节能管理，减少用电消耗。3. 加强重点用能企业节能管理工作。广东粤电大埔发电有限公司、梅州新马陶瓷股份有限公司、广东恒润达陶瓷实业发展股份有限公司、广东宝丰陶瓷科技发展股份有限公司等4家重点用能企业，围绕实现“十三五”节能目标，开展编制节能规划和能源审计工作，落实能源利用状况制度，按要求报送能源利用状况；设立能源管理岗位并提交备案，开展重点用能企业节能专项监察，组织职工参加节能培训。4. 持续推动电机能效工作落实。加大开展电机能效提升工作的相关政策宣传力度，对电机使用企业的指导力度，以及对电机使用企业的监察力度，组织电机改造项目摸底、核查工作，加强国家明令淘汰电机的处置监管。5. 发动企业自愿开展清洁生产。指导广东粤电大埔发电有限公司、梅州博富能科技有限公司、梅州恒辉陶瓷实业有限公司、梅州市溪山陶瓷有限公司等4家2017年度通过市级清洁生产审核的企业申报县级清洁生产财经奖励，同时督促大埔县汇丰源陶瓷工艺有限公司等3家企业落实2018年度清洁生产审核。

【县重点项目建设】2018年，县经信局抓好两大园区项目建设。全年园区企业完成固定资产投资10.92亿元，工业增加值6.21亿元，税收2.62亿元。1. 加快广州海珠（大埔）产业集聚区规划建设。起步区33.3公顷平整工程完成工程量的97%。安置区平整工程基本完成。“两纵两横”除受征地影响的路段外基本完成；管道天然气、供水、供电、通信线和广播电视网络配套基本完成。2. 加紧建设县城工业小区。首期土地平整、污水雨水管道及挡土墙铺设基本完成。进园大道项目建设进入勘察设计。

【实际利用外资】2018年，大埔县完成实际使用外资700万美元，完成年度计划的

107.69%，同比增长 11.1%，排名全市第二。

【外贸出口】2018 年，县经信局组织 38 家陶瓷企业参加 2018 年春、秋广交会（其中秋季广交会展位 112 个），签约成交 6085 万美元和 6170 万美元。还组织陶瓷基地企业参加 2018 中国—东盟博览会柬埔寨展、2018 年广东（俄罗斯）商品展览会和 2018 广东 21 世纪海上丝绸之路博览会等国内（外）专业展销展览会，通过参加这些品牌化、国际化、技术化的产品展示的专业展销展览会，加强国内（外）贸易合作，把大埔的优质产品销往海内（外），抢抓出口订单，取得良好的效果，夯实外贸出口基础。

【内贸流通】2018 年，大埔县二手车交易市场企业 4 家，其中新办理 3 家（大埔县顺联二手车市场经营管理有限公司、大埔县兴成汽贸有限公司、大埔县俊鸿二手车市场经营管理有限公司）。配合有关部门对二手车交易市场、再生资源回收企业开展定期和不定期的检查，未发现风险点危险源。全年内贸企业未发生安全生产事故，保持内贸流通企业的平稳健康发展。

【信息化建设】2018 年，县经信局抓好信息化工作。1. 推进站点建设。当前三大运营商都有 2G、3G、4G 网络在大埔同步运行。2G 网络完成城区、镇区及行政村覆盖；3G 网络则各运营商各有侧重；行政村全面 4G 覆盖。旅游区及高速公路的移动、电信 4G 覆盖率接近 100%。截至 2018 年底，铁塔负责运营管理的通信宏基站物理站数 629 个。按逻辑站数统计为 1166 个，其中 2018 年新增加站点数 93 个。大埔基站共享率 63.44%，较 2017 年底的 37.74%增加了 25.7%。2. 推进光纤入户，提高网络质量。县城大部分商业街和住宅小区实现光纤到户，“光网城市”建设成效明显。2018 年，新增光纤接入用户 1.3 万户，光纤接入用户数 7.1 万户，100 以上光纤接入用户数同比新增近 9000 户，通信基础设施投资 6300 万元。2018 年，协调铁塔公司及三家运营商在网络运行方面，并联合供电部门加大老旧电力隐患改造和线路整改力度，做好重大活动通信应急保障，完成大麻“迎姑婆”、大埔“警察开放日”、中国首届农民丰收节大埔分会场、防台风“山竹”、大埔县招商大会等通信保障。此外，配合铁塔公司实施后备电源技改方案，改造站点总数超过 100 个基站，整改率接近 20%，提升在网通信基础设施质量水平。3. 建设、维护原中央苏区农村超高速无线局域网应用试点。全县在 248 个行政村（社区）建立原中央苏区农村超高速无线局域网应用试点，发放终端设备 8 万多台，协助新岸线公司维护、迁移中心接入设备及终端接收器，共处理 145 次故障。4. 配合市政府、县政府有关部门推进工作。广东宝丰有限公司加强对贯标企业两化融合发展水平的指导，促进 3 家企业争取贯标。推进互联网+、工业互联网、数字政府等的建设。多次组织企业参加省、市工业互联网大会等会议，提升大埔县相关企业服务能力，促进企业“上云用云”。

大埔县经济和信息化局负责人名录

局　　长： 陈培先

副 局 长： 连增发　肖高贤　陈毕贤

党组成员： 刘　韬　刘启龙　范华瑞

国际商会大埔县商会副会长： 刘胜钊

经贸系统党委副书记： 刘启龙（—2018.8）

黄小涛（—2018.4）

（丘天云）

陶瓷工业

【简述】2018 年，大埔陶瓷产业管理办公室按照县委、县政府陶瓷产业的工作部署，抓好“调结构、转方式、促升级”，推动企业“上规、上亿、上市”工作，培育一批龙头企业，推动一批小微企业成长、推进龙头企业和中小企业订单对接、供应链协同、技术协作、抱团发展，做大做强大埔陶瓷。继续服务好广东吉玉陶瓷股份有限公司在新三板上市工作；重点培育大埔县怡丰园实业有限公司、梅州峰联陶瓷有限公司、广东欣红陶瓷股份有限公司3家企业成为年产值超亿元企业；培育梅州市金和丰陶丰工艺有限公司、大埔县桃源镇丰优陶瓷工艺厂等5家陶瓷企业由“规下”转为“规上”企业。

【平台建设】2018年，县陶产办（陶瓷公司）搭建平台，促进全县陶瓷产业发展。1. 做好微信平台宣传工作和统计工作。做好微信公众号上“大埔陶瓷”的宣传工作，借助微信公众号大力展示和宣传“大埔陶瓷”，提高“大埔陶瓷”的市场知名度，不断开拓新的销售市场。做好每月陶瓷数据的统计工作，为陶瓷产业的发展提供更全面、更集中、更系统的指标分析。2. 提供技术咨询和技术服务。派出专业技术人员到企业对其技术改造、技术攻关和技术咨询提供服务和帮助，特别是在新产品的研制、新材料在新配方中的应用方面，为企业提供技术上的支持，至2018年11月，帮助企业解决12例技术问题。3. 培养技术人才。2018年6月，县陶产办组织陶瓷企业的技术骨干人才到福建德化学习借鉴福建省德化县陶瓷产业转型升级的成功经验和做法；9月，县陶产办组织骨干和工艺美术师到潮州市工艺美术协会，学习潮州市成立工艺美术协会的工作经验。4. 指导创建大埔青花瓷海上丝绸之路博物馆。依托广东富大陶瓷文化发展股份有限公司的青花瓷大楼一楼的高陂青花瓷文化博物馆（约4200平方米）创建大埔青花瓷海上丝绸之路博物馆。至2018年底，富大公司的青花瓷楼主体建设完成，一楼的高陂青花瓷文化博物馆内部进行前期装修和布展工作，该博物馆分为七个区域（多媒体展示区、各时代高陂青花瓷出口陶瓷展示区、各时代高陂青花瓷制作工具及模型展示区、非遗活态展示区、非遗体验区、大埔青花瓷文化宣传与培训区、大埔青花瓷综合服务区），具备了建设博物馆的基本硬件，再加以充实一些配套设施，将其改造成大埔青花瓷海上丝绸之路博物馆，具有较高的可行性。同时，开展收集高陂瓷历代的陶瓷精品及相关书籍、图片等，充实展馆的展品，加强八百年陶瓷历史文化展示。

【安全生产】2018年，县陶产办坚持“安全第一、预防为主、综合治理”的方针，落实安全措施，隐患排查。全年安全技术股安全生产检查出动人数200人次，发现一般隐患69处（其中立即整改7处，限期整改6处，整改56处），安全生产复查出动人数192人次，陶瓷企业安全事故发生率为0。

【市场营销】2018年，县陶产办坚持“政府搭台、企业唱戏”模式，拓展营销渠道。组织企业参加国内（外）展销会，扩大销售额。组织大埔县企业参加广州春季交易会、厦门国际茶产业（春季）博览会、厦门国际佛事用品（春季）展览会、广州博览会和海珠·大埔对扶成果展示，第十五届中国景德镇国际陶瓷博览会等展会，全方位诠释了大埔陶瓷的工匠精神。

大埔县陶瓷产业管理办公室（大埔县陶瓷公司）负责人名录

主　任（经　理）：黄小涛（—2018.4）
吴景礼（2018.4—）
副主任（副经理）：黄胜泉
吴国威（—2018.9）
副　　经　　理：罗伟宁

（罗慧思）

二 轻 工 业

【推进企业改革转制】2018年，大埔县城镇集体企业联社（二轻工业公司）贯彻执行县政府批复精神，推进大埔县湖光制衣厂的转制工作。加强领导，落实责任，集中人力物力推进改革转制；依法依规做好转制工作。2018 年，全面完成大埔县湖光制衣厂的转制工作。

【安全生产】2018 年，县城镇联社（二轻公司）贯彻全县安全生产会议精神，全面落实安全生产责任制，层层签订责任书。开展安全生产月活动，开展安全生产大检查，排除安全隐患，落实整改措施。实现安全生产良好势头，全年无安全生产事故。

【信访维稳】2018 年，县城镇联社把信访维稳工作当作工作重点来抓，落实信访维稳工作责任制，层层落实维稳工作责任。开展职工矛盾纠纷排查调处工作，把问题和不稳定因素消灭在基层，消灭在萌芽状态。实行信访接访制度，落实职工来信来访，做到事事有回音，件件有落实。解决职工的热点、难点问题，实现二轻系统社会稳定。

大埔县城镇集体企业联社（二轻工业公司）负责人名录

主　任：陈冠球

副主任：邓继新　唐　燕（女）

（张联阶）

中小企业

【支持实体经济发展】2018 年，大埔县中小企业局申报认定省高成长中小企业 1 家，申报认定梅州市中小微企业公共示范服务平台 4 家。成功为顺兴种养股份公司争取省级奖励“新三版”资金 50 万元，为大埔陶瓷工业研究所和富大陶瓷文化发展股份有限公司争取省级促进民营经济及中小微企业提质增效转型升级项目资金共计 82 万元，为大埔智业会计咨询有限公司和梅州一方土实业有限公司争取省级中小企业专业化服务机构能力提升建设资金 20 万元。发挥服务平台开展创新创业服务，为 3 家平台企业争取上级创新创业券 60 万元。

【为企业提供融资支持】2018 年，大埔县中小企业局发挥“大埔县信贷风险补偿基金”融资平台作用，至 2018 年底，全县中小企业信贷风险补偿基金规模累计 2345 万元，累计有 63 家企业加入了大埔县“重点中小微企业池”、41 家企业加入梅州市“重点中小微企业池”，为顺兴种养、吉玉陶瓷、富大陶瓷、富源陶瓷等 22 家企业累计解决融资 6435 万元。

【推动企业做强做大】2018 年，大埔县中小企业局对有转型意向的中小微企业，主动上门面对面接触了解情况，听取中小微企业转型过程中存在的困难和问题，协助他们解决问题，扫清障碍，以良好的状态推动有潜力的企业转型升级，培育规横以上企业 9 家。

【存在的主要问题】2018 年，大埔县民营经济和中小微企业存在一些问题和不足：缺少新的经济增长点，新开工的项目数量较少、对县域经济的拉动力不够明显；受国际市场影响，民营经济下行压力增大，部分中小微企业销售不旺；企业创新发展乏力，全县规模企业普遍存在用工紧张情况，特别是技术人才更为缺乏，造成企业自主创新能力受到制约，劳动报酬普遍低于发达地区，人员外流大；中小微企业资金紧张，抵押物不足，互相担保缺乏信任等因素成为企业融资主要瓶颈；土地使用管控紧，用地难，成为企业落户与发展的主要制约因素。

大埔县中小企业局负责人名录

局　长：何永昭

副局长：孙美源　肖伟彰

（张叶发）

工业园建设

【简述】广州海珠（大埔）产业转移工业园位于大埔县中心镇——高陂镇城区南部，园区总体规划面积333.77公顷，全部符合土地利用总体规划和城市（镇）总体规划，主要发展陶瓷产业。2018年，园区企业完成固定资产投资10.92亿元；工业项目固定资产投资5.52亿元；工业增加值6.21亿元；税收2.62亿元。

【园区规划】园区按照“两中心一基地”（全县经济中心、南部交通中心和广东省重要陶瓷生产基地）的发展定位，全力打造陶瓷产业集聚区。坚持“整体规划、分步实施”的发展步骤，以便于启动、利于发展为总体开发原则，以全盘统筹、以点带面的开发次序。制定规划于2014—2020年分三期实施园区开发方案。中期规划（2017—2018年）开发面积100公顷，以首期开发的集聚区为基础，向周边延伸。重点引进和建设一批特种陶瓷和高新技术成果产业化示范平台，完善区内生产功能区和生活配套服务，形成功能完善、特色初显、宜居宜业的产业新城。

【园区建设】2018年，在完成首期建设的基础上，第二期园区建设工程完成工程量的97%。园区实现通路（两纵两横）、通电、通水、通天然气、通电信和广播电视，园区绿化和路灯工程、安置区填土平整工程基本完成；连接河下村的排水管道铺设完成并启用；湖洋背村自来水管道铺设完成并启用；围墙及门楼建设工程正在推进。

【项目建设】2018年，园区有30家企业，其中投产企业24家，规模以上企业15家。新增上规企业2家（广东晖祥陶瓷有限公司、广东晏弘陶瓷股份有限公司），新动工4家（梅州市昌辉实业科技有限公司、大埔县通美实业有限公司、广东顺兴种养股份有限公司、梅州市新宜乐实业有限公司），其中亿元以上3家，新投产1家（大埔县发源发展有限公司）。

【招商引资】2018年，县工业园管委会配合市、县成功举办多场对外招商引资专题推介会。全年落实签约广东粤汇鑫农业科技股份有限公司、大埔县通美实业有限公司、广东顺兴种养股份有限公司、梅州市新宜乐实业有限公司、广东德达实业有限公司等5家新企业，计划投资11.58亿元。由梅州市新宜乐实业有限公司投资的园区商业配套项目“玉城国际”已动工，计划投资2.08亿元，完成2018年县下达任务。

【安全生产】2018年，县工业园管委会强化安全生产责任落实，加强对广州（海珠）大埔产业转移工业园区、三河工业小区、茶阳工业小区的安全生产检查工作，定期每月对园区进行安全生产检查，发现问题，督促及时整改。

广州海珠（大埔）产业转移工业园管委会负责人名录

主　任：刘　韬（2018.4—）
　　　　　刘展强（—2018.4）
副主任：罗向前　邓英才
　　　　　任卫锋（广州海珠区挂任）

（吴丽丽）

供　电

【安全生产】2018年，广东电网有限责任公司梅州大埔供电局围绕年度安全生产目标，落实各项措施。1. 推进安风体系建设。深化“两书”应用，修编配电、营销领域作业指导书120份。做好“山竹”“百里嘉”强台风防御工作，完成“首届中国农民丰收节大埔分会场”等24项保供电任务。2. 强化安全风险防控。开展城乡供用电安全隐患专项排查治理工作，发现问题隐患 841 项，整改完成率 100%。开展作业现场督查 1212 次，发现并整改 96 起不安全行为。促进县政府建立供电所与属地政府应急清障机制，推进供电所与属地政府防患治理工作。3. 完善应急预案体系。修编《大埔供电局突发事件总体应急预案》等 15 个预案，14 个供电所共编制 126 个现场应急处置方案，组织开展人身事故应急演练等 3 场应急演练。4. 加强安全文化建设。扎实开展“安康杯”竞赛，推进安全基础管理、职工安全健康培训教育，健全安全工作保障体系，获得全国“安康杯”竞赛优胜单位称号。

【电网建设】2018 年，大埔供电局夯实电网发展基础。1. 加强配网规划。完成 2018 年配电网滚动修编工作，形成统一的规划库、问题库和项目群。开展湖寮等四个中心城镇中压网架规划。配合梅州局规划巡审组完成 14 个供电所“一所一册”配电网规划审查工作。2. 推进电网建设。110 千伏茶阳翰林变电站建成投产，提高大埔县东部地区的供电可靠性，为完善主网网架打下坚实基础。2018 年配网工程完成投资 1.04 亿元，年度投资完成率 112.22%。按照“能力充足、整洁美观、指标良好”要求，完成 57 个省定和 3 个县定贫困村配网改造。3. 推进小型基建项目。湖寮等 6 个供电所技术业务用房项目主体工程全部完成并进入室内（外）装修阶段。

【电力营商】2018 年，大埔供电局做好优化电力营商环境工作。1. 强化客户问题处理。完善客户问题协同机制，实现“12398”零投诉，“95598”投诉量同比下降 27.71%，客户诉求处置能力考核得分 98 分，全市第一。2. 提升客户用电感知。落实优化营商环境措施，全面缩减业扩新装办理时限，中压业扩新装（增容）平均用时 71.3 天，低压业扩新装（增容）平均用时 3.6 天。开展带电作业 431 次，同比增长 348.95%，减少停电时间 2.96 小时。3.抓供电可靠性。落实设备主人制责任，实施中压线路故障率考核。推广“人巡+机巡”模式，完成 10 千伏杆塔巡视任务的 100%，发现设备缺陷并消缺 551 处。安装 164 台配网自动化开关，有效缩短故障查找时间。完成 157 个低电压台区、72 千米低压裸导线改造。2018 年累计客户平均停电时间 9.26 小时，同比减少 16.11 小时，大幅提升供电可靠性。4.推进低压集抄“三个一片”。累计完成智能电表改造、低压集抄建设 4.74 万只户，实现智能电表、低压集抄全覆盖。

【电力管理】2018 年，大埔供电局加强电力管理工作。1. 加强区域联动。组织生产、营销人员分别到蕉岭供电局、平远供电局和乳源供电局开展高损治理、客户服务、供电可靠性方面的学习交流，提升高损治理能力和客户服务水平。2. 推进星级班站所建设。西河所被梅州局评为准三星供电所，局信息班、计量运维班、用检班、营业班及供电所 7 个班组评为三星班组。3. 推进办公区域 7S 管理。局本部各办公室按照 7S 管理标准要求设置，组织参与“7S 桌面大赛”，营造良好的办公环境，提高工作效率，助力企业“创一流”工作。4. 加强资产管理。2018 年，完成固定资产转固 1.57 亿元，完成率 102.6%。加大资产产权证补办进度，完成 14 宗产权证补办，其中完成应办必办 8 宗。5. 深化线损精益化管理。整治高损台区 15 台，高损线路 3 条；对 279 台专变、2735 户公变用户进行现场用电检查，查处违约用电和窃电 34 宗，补收电费 9.21 万元。6. 开展竞争性业务。建成投运充电桩 10 台，完成充电桩选址 89 台，签订协议 77 台，完成立项 19 台。完成市场化交易结算电量 4361.52 万千瓦时。实施电能替代项目 27 个，实现电能替代电量 1044.73 万千瓦时。

【企业改革】2018 年，大埔供电局推进企业改革工作。2018 年 2 月 13 日起，大埔供电局按照副处级规格管理。1．率先完成内部机构改革。完成现任中层管理人员、288 名专业技术类和技能类人员的岗位调整，改革期间各项工作无缝衔接、平稳过渡。完成主网专业化和配调集约化后人员转岗工作，有效解决结构性缺员的突出问题。2．推进电力体制改革。完成西河新凉亭等 2 个电站自供区配网改造；三河镇水电站、高陂黄沙坑水电站自供区完成接管，青溪电站、高陂黄坑电站自供区签订用户承诺书。持续推进客户资产接收，完成"三供一业"粤电青溪发电公司小区供配电设施改造及资产接收工作，实现抄表到户。

【党风廉政建设】2018 年，大埔供电局加强党风廉政建设。1．坚持突出政治建设。通过党委中心组、支部"三会一课"、专题讲座等形式，深入学习宣传贯彻中共十九大精神和习近平视察广东重要讲话精神，推动学习宣传贯彻工作全覆盖。2．强化党的基层组织建设。坚持"一季度一主题"组织生活会常态化，严格落实"三会一课"制度。完成办公室等 7 个党组织机构设置调整和 23 个党组织选举工作。3．抓好作风建设。举办 6 期"纪律讲坛"，现场接受纪律教育 357 人次。创新党风廉政风险预警防控方式方法，推行风险迹象记分管理工作。坚持抓早抓小，分层分类开展谈心谈话 629 人次。4．强化廉洁风险防控。加强监企共建，与县纪委监委联合举办"学习党的十九大精神 党章党规党纪印我心"主题知识竞赛。推行"廉洁交底进供电所"工作，推行各业务领域廉洁风险分析预控会议机制，推进扫雷行动和"不能腐"体制机制建设，开展自监督 42 次、再监督 3 次，发出监察建议书 9 份，督促限期整改问题 43 个。

广东电网有限责任公司梅州大埔供电局负责人名录

党委书记、执行董事： 刘淼泰（2018.4—）
局　　长： 冯新龙（—2018.7）
副 局 长： 邓园铭（—2018.5）
洪旸锦（2018.7—）
吴广斌　潘文博

（钟尚斌）

对外经济服务

【外商服务】2018 年，大埔县对外经济服务中心做好外商投资合作单位广港汇亿贸易运输公司服务工作，确保车队安全运行，各项运输业务有序运转。

【国资管理】2018 年，大埔县对外经济服务中心加强国有资产门店的管理，足额缴交资产收益和税收，确保国有资产不流失。同时，配合市政建设要求，完成国有资产、土地征收工作。6 月 4 日，对位于大埔县城人民东路 21 号 10 间门店的卷闸门、外墙进行更新并统一设立广告牌；5 日，对位于大埔县城人民东路 21 号腹地 10 间杂间进行拆除。8 月 13 日，对位于大埔县城人民东路 21 号 10 间门店移交大埔县财政局统一管理。12 月 14 日，对位于大埔县城人民东路 21 号腹地厂房进行拆除。

【精准扶贫】2018 年，县外经服务中心按照县委、县政府的统一安排，对口帮扶洲瑞镇嶂岸村、陂营村 10 户贫困户，全年投入帮扶资金 3.62 万元。

大埔县对外经济服务中心负责人名录

主　任： 陈表宇
副主任： 连宏亮

（黄易男）

交通 · 邮电

交通运输

【公路桥梁建设】2018 年，大埔县交通运输局按计划实施的主要交通基础设施建设工程有 14 项，完工 3 项，在建 11 项。1. 大潮高速公路（含大漳支线）。大埔境内长 65 千米、总投资约 80 亿元，年度计划投资 18.36 亿元。2018 年，完成投资 19.34 亿元，开展软基础处理、土方工程、桥涵桩基、涵洞及隧道施工等建设。2. 大埔县湖寮至高陂二级公路改建工程。全长 26.1 千米，估算总投资 13.26 亿元。2018 年，完成投资 2.45 亿元，进行征地拆迁工作和路基施工。3. 大埔县高陂赤山至留田段过境公路改建工程。全长 6.2 千米，总投资 3.03 亿元。2018 年，完成投资 9410 万元，开展路基施工，同步开展征地拆迁。4. 大埔县旅游产业公路。全长 30 千米，按三级公路标准建设，总投资 2.15 亿元。2018 年，完成投资 6810 万元，坪山—花萼楼进场施工，开展征地拆迁。5. 大埔县高陂水利枢纽工程库周道路改建。全长 10.7 千米，按三级公路改造，总投资 1.18 亿元。2018 年，完成投资 7100 万元，开展路基桥梁施工。6. 省道 S227 线（原县道 X007 线）枫朗至高陂段路面改造。全长 27.8 千米，按三级公路改造，总投资 4.5 亿元。2018 年，完成投资 3600 万元，高速公路连接线路段先行动工。7. 县乡公路桥梁建设。新改建县乡公路桥梁 4 座，2018 年投资 1610 万元，西河镇北塘爱心桥和漳北桥完工，其余 2 座正在施工。8. 未通客车行政村窄路基路面扩宽改造工程。窄路基路面扩宽改造 50 千米，总投资 1500 万元。2018 年，完成投资 1500 万元，全面完成。9. 洲瑞镇赤水至高陂镇党溪段公路改建。全长 11.43 千米，按三级公路标准进行建设，总投资 8700 万元。2018 年，完成投资 500 万元，开展勘察设计。10. 大麻镇莲塘韩江大桥。全长 1.36 千米，总投资 1.46 亿元。2018 年，完成投资 870 万元，开展勘察设计。11. 大麻至高陂旅游产业公路。全长 15.13 千米，按二级公路建设，总投资 4.09 亿元。2018 年，完成投资 850 万元，开展勘察设计。12. 湖寮镇黄腾坑至高道联络线工程。全长 16.2 千米，按三级公路建设，总投资 2950 万元。2018 年，完成投资 1640 万元，开展路基、路面、桥涵施工。13. 农村公路安全生命防护工程。安全防护设施 458 千米，计划总投资 1.2 亿元。2018 年，完成投资 8000 万元，完工。14. 大埔县新农村公路硬底化。四级公路 60 千米，总投资 1.08 亿元。2018 年，完成投资 2400 万元，全面完成。

【公路养护管理】2018 年，大埔县交通运输局加强地方公路的日常养护管理。按照“日常养护看形象，突击养护保通畅，小修保养重质量”的工作思路，对公路养护工作实行科学化、规范化管理，确保公路边坡稳定，排水畅通，标志完善，公路的养护管理水平明显提高。年平均好路率 92%，干线公路好路率 95%。推进农村公路养护体制改革。继续以“提高路况，改善路容”为总目标，紧密结合实际，着力培育养护市场竞争机制，探索和落实以“镇村监管为主，县站考核为辅”的农村公路养护管理工作新机制。完善较为适合大埔县实际的养护承包、考核工作制度和道班的养护管理责任制。

【交通执法、行业管理】2018年，大埔县交通运输局围绕交通运输管理过程中群众反映的热点、难点问题，采取有力措施，着力解决实际困难和问题，坚持依法行政，规范执法行为，为全县道路运输行业健康稳定发展提供坚强保障。1．严厉打击违法违规行为。全年出动执法人员9056人次，出动执法车辆2125辆次，查处各类违法案件450宗（其中运政案件69宗、治超案件378宗、航道案件3宗），卸载货物7609.99吨，行政罚款45.68万元。2．联合执法，加强路面执法力度。全面开展公路货车违法超限超载专项行动。①与公安、公路等部门开展联合执法行动，集中执法力量，强化路面巡查监管，在省道S221、S333等主要出口干线，严厉打击3轴以上货车违法超限超载行为。②强化与水务、国土、住建等部门协作，加强县内采砂场、石场、矿山及混凝土搅拌站等重点货物运输源头超限超载治理工作，确定16间重点货运源头单位，并在公众网上进行公示。③全面落实治超新政，严格按照《规范公路货车违法超限超载行为专项行动方案》的规定，全面执行交通部公路货运车辆超限超载新的认定标准，交通综合执法人员负责对运输车辆称重检测，监督超限货物的卸载转运工作，确保消除违法状态。④探索非现场执法，推进科技治超。按照省交通运输厅的工作部署，探索推广国、省道治超非现场执法模式，科学规划，合理布局路面治超监测点。3．加强学习，提高服务水平和效能。通过强化政治理论学习、道路运输政策法规培训、抓好驾驶培训机构训练场地复核工作、道路运输企业质量信誉考核工作等规范运输市场秩序，提高服务水平和办事效能，实现道路运输持续稳定发展。4．推进农村客运均等化服务工作。为满足群众出行需要不断优化农村客运班线，推动农村客运的稳定、健康、有序发展。5．加强县内主要出口干线、重点乡镇和县城主要道路及客运站、中小学校周边路段日常执法巡查。保持高压态势，及时发现和查处危害交通运输市场秩序的违法行为。

【交通安全生产】2018年，大埔县交通运输局根据上级工作部署，牢固树立“隐患就是事故”的理念，深入开展道路交通安全综合治理、危化品综合治理及平安交通专项整治等工作，以春节、五一、端午、中秋、国庆等重要节日为节点，开展以客运道路运输、渡口渡船和在建交通工程施工等交通运输安全生产为重点领域的隐患排查，狠抓风险隐患排查和治理工作，落实防控和治理措施，对排查出的隐患，及时督促企业整改，做到整改措施、责任、资金、时限和预案“五落实”。至2018年底，查出安全隐患21个（含发出整改通知12份），一般安全隐患均在现场立即按要求进行整改，未能及时整改的，均按照“五落实”要求，按时完成整改。

【铁路运输】2018年，大埔火车站安全发送上车旅客6.22万人次，到站下车旅客6.21万人次。货运发送量30.53万吨，到达量73.68万吨。

大埔县交通运输局负责人名录

局　长：刘青天

副局长：管　良　刘永东　郑联光

大埔县交通建设系统党委副书记：魏繁华

（—2018.8）

大埔县综合行政执法局局长：李广昌

（赖逢芬　吴苏游）

公路建设

【公路项目建设】2018年，大埔县公路局推进公路重点项目建设，列入县重点项目7项，项目总投资12.79亿元，年度计划投资4.76亿元，完成投资额4.76亿元（重点项目2017

年全年完成投资约 3.6 亿元，2018 年比 2017 年完成投资额增长约 32.2%）。1．五项续建工程。①省道 S221 线大埔县城改线工程（县城过境公路），一期完成路面 2.6 千米；二期中桥在进行下部结构施工，标尾对已进行征地的地段开展清表土方工作；2018 年完成投资 7000 万元。②省道 S221 线湖寮至枫朗公路改建，2018 年完成投资 1 亿元。项目采用 PPP 模式实施，在进行施工图设计工作，由于交通建设工程主材料上涨幅度较大，需增加投资额，已上报市交通运输局造价站，等待复核。③省道 S222 线坑口至高陂公路改建，2018 年完成投资 1.8 亿元。项目采用 PPP 模式实施，进行招投标准备工作，其中高陂水利枢纽段先行开工建设。④省道 S332 线长治至太宁段路面改造工程，2018 年完成投资 3709 万元，于 2018 年底完工。⑤国道 G235 线三层岭至原华侨中学段路面改造工程，2018 年完成投资 3109 万元，于 2018 年底完工。2．两项新开工工程。国道 G235 线大埔三河至大麻段路面改造工程，开展招投标工作；省道（S221、S332）生命防护工程，于 2018 年底完工。

【养护工作】2018 年，大埔县公路局牢固树立“全面性、预防性、及时性”养护理念，科学养护，抓好公路绿化、美化、亮化工程，促进公路环境上档次上水平。1．抓好 4 座国（省）道危桥加固工程，省道 S221 线宝安大桥危桥加固工程、颂鑫桥危桥加固工程、坑口大桥危桥加固工程、枫朗桥危桥加固工程。2．抓好省道 S221 线梅溪至清泉溪段长 2 千米段路面中修工程，投入约 400 万元。3．抓好公路日常养护管理工作，以提高路面质量和好路率。投入 150 万元，重点对省道干线公路水沟、路肩、护坡等进行全方位养护，保持路面整洁，排水畅通；同时修复损坏的水沟、路边墙，挖补破损路面，完善钢护栏等安保设施和交通标志标线，做好沥青路面灌缝等水毁预防工作，及时治理各种公路病害，确保公路畅安舒美，好路率 98%。

【路政管理】2018 年，大埔县公路局坚持依法行政，文明执法。坚持上路巡查，依法维护路产路权，及时发现和制止违反公路法律法规、损害公路权益的行为，保障公路畅通。抓好普通干线公路路域环境整治，着力整治公路沿线乱堆、乱放、乱拉、乱搭、乱建等行为。2018 年上半年，巡查公路 2.43 万千米 1517 人次，处理损害公路路产案件 40 宗，清除路障 303 处，拆除广告招牌等非公路标志标牌 118 处 295 平方米。

【公路安全生产】2018 年，大埔县公路局抓好安全生产，落实安全生产岗位责任制和“一岗双责”制度，明确职责，落实责任，措施得力，定期开展安全生产大检查，排查安全隐患，全年无安全事故发生，保障各项工作正常开展。

大埔县公路局负责人名录

局　　长： 巫运发（2018.1—）

副 局 长： 张海基　何红星　肖育标　邓铭武

党组成员： 刘富华　杨家基

（余贤进）

航道疏浚与管理

【简述】2018 年，广东省梅州航道事务中心大埔航标与测绘所围绕全省航道现代化建设目标和学习贯彻中共十九大精神，贯彻落实习近平总书记视察广东重要讲话精神，以效能考核为抓手，明确年度工作任务和目标，创建全省航道系统文明单位，提高办事效率，团结带领干部职工做好航道管理（主要业务）、财务审计管理、综合事务管理、党廉党群管理工作，实现辖区航道安全畅通，全年安全生产无事故，职工队伍稳定。

【航道养护管理】2018年，大埔航标与测绘所做好航道养护管理。按制度开展航道养护工作，全年维护航道里程9126千米，及时疏挖航道、清除航道碍航物等隐患，全年航道维护水深保证率90%,实现辖区航道的安全畅通。针对2018年河枯水浅的特性，缩短航道巡查周期，做好“战枯水、保通航”工作。1. 抓住航道水位枯浅的有利时机，及时清理航道碍航物。4月，对汀江浒田散石堆进行应急清理，清理散石约2600立方米；8月，督促电站管理单位对大埔茶阳水电站船闸下游引航道进行清淤施工，并要求其做好船闸标的维护工作；12月，督促高陂水利枢纽施工单位落实船闸下游临时航道的维护性疏浚工作。2. 服务船民，及时帮助搁浅滞留船舶脱浅。2018年，3次派遣粤道工716驻守三洲浅滩，临时开挖航槽改善通航条件，协助搁浅在三洲浅滩的船舶顺利脱浅下航；7月，航道巡查发现，韩江高陂大桥上游约400米处有1艘船名为粤潮州货1545号满载运砂船搁浅，工作人员及时联系到船主并通知加固船舶的锚泊和值班管理，同时，报告上级协调上游电站统一发电放水，并督促搁浅船舶通过过驳减载方式脱浅，消除撞桥隐患。3. 保护航道、助航设施和整治建筑物的安全。7月，加强对汀江安乐可采区航道的监督检查技术服务工作，督促采砂作业单位对受损丁坝进行修复，完成汀132#、134#、136#、163#、165#、167#、169#等7条丁坝的修复施工。4. 配合有关部门做好韩江高陂水利枢纽施工期间的监督检查技术服务工作。保障该工程按时间节点在11月1日起启用船闸临时通航。12月，经探测发现临时航道出现回淤，及时要求施工单位清理，确保该施工航段安全畅通。

【航标养护管理】2018年，大埔航标与测绘所按制度开展航标日常维护管理工作，全年维护航标8.06万座·天（含二线标），辖区航标维护正常率99.8%，未发生因航标维护失常而引起的海损事件。针对2018年河枯水浅，航槽变化频繁等特性，及时调整航标配布，确保标位准确，功能正常。统一采购40盏一体化航标灯，将蕉溪口至东山电站航段的普通航标灯更换为一体化航标灯。完成汀江茶阳至青溪电站航段重点标志器材更新改造。做好辖区航标岸标、标路维护维修，加工航标标牌等备用器材，确保航标器材备用率，完成年终大保养工作。完成2017年航标档案更新编制工作，完善航管室和两站专设航标及临时标志维护、检查及基础档案资料。

【船舶养护管理】2018年，大埔航标与测绘所按制度开展船舶日常养护工作，加强船舶“管、用、养、修”的管理，达到“三清四无四不漏”，完成船舶年度机修任务，保障所有工作船舶良好的技术状况。组织开展船舶五项应变演习，提高船员应急抢险能力。改善船舶作业环境，提高职工驻船生活的质量，完成粤标710船、粤标702船、粤道工716船顶棚贴隔热卷材工作。做好全年船舶密度调查任务，完成2017年第四季度和2018年第二、三季的船舶密度调查工作。

【航道安全管理】2018年，大埔航标与测绘所做好航道安全监督工作。做好春节前检查和春运安全生产大检查工作，确保春运期间航道畅通。制定2018年安全和应急管理计划、层层签订责任书、更换各项安全资料设备台账等工作。加强五项应变部署演练。3月15日，在大麻站举行航道业务知识培训班，并组织漳江、大麻站开展防抗雷雨大风、弃船应变演习，提升干部职工的业务技能水平。按要求做好安全生产月系列活动相关工作。加强安全管理人员持证上岗培训，组织8位参加安全生产经营单位主要负责人和安全生产管理人员初始教育培训，并取得相应证书。做好台风防御等相关工作，及时启动应急预案，确保人员财产安全。做好职工劳动保护工作，完成省中心配发的工作服、工作鞋等劳保用品的发放。完成 2018 年度相关安全考评，做好节日综治维稳和用电、用气、用油、防火、防盗等安全工作。

【航道巡查和技术监管】2018 年，大埔航标与测绘所按制度做好航道巡查和技术监管工作，全年累计开展航道巡查 156 人次，巡查航道 2456 千米，技术核查 9 项，其中在建项目 7 项、完工 2 项，施工项目技术核查 402 人次。及时处理航道巡查和技术监管过程中发现的问题，依法保护辖区航道畅通。1. 制止损坏航道行为。2 月，巡查发现黄竹居、银江口附近沙场往韩江倾倒泥土扩大沙场面积现象，现场责令沙场有关负责人立即停止倾倒，依法保护航道。6 月，巡查发现大埔县连丰砂业有限公司在安乐采区丁坝保护范围内进行采砂，导致发生采区范围内部分丁坝边坡坍塌、穿缺等破坏情况，迅速发出航道行政告知书，要求其对采砂作业损坏的所有丁坝按原样恢复，并督促采砂作业单位完成受损丁坝的修复施工。8 月，巡查发现茶阳电站下游航道出现淤积，影响通航，要求茶阳电站管理单位实施航道清淤，保障该船闸航段通航安全。2. 宣传航道法规，保障航道安全畅通。3 月，重点对汀江安乐采区、恭沙采区进行法规宣传教育，要求采砂作业单位在进行采砂作业时要保障航道安全畅通，并保护好采区范围内的航道设施和航道整治建筑物。3. 加强联合执法，共同保护好航道。4 月，会同大埔县和丰顺县交运局综合行政执法局分别对大埔和丰顺辖区涉航项目施工作业进行联合行政执法检查；6 月，参加大埔县组织的执法检查组对大埔县贯彻实施《广东省河道采砂管理条例》情况进行检查。

【站场维护管理】2018 年，大埔航标与测绘所做好专项工程、站场维护管理等。1. 完成潭江站房和码头安全综合治理及韩江航标恢复专项工程。2. 完成潭江码头加固及高水位系缆桩工程和汀江炸礁、清散石及丁坝维修工程两个专项的编报工作，并按要求上报 2018 年度内河航道应急抢通补助资金申报材料。3. 完成潭江、大麻码头吊机维护检修工作，排除吊机部分配件老化失灵、电机进水、缆线老化等隐患。4. 对三河老站房西南端挡土墙出现裂缝等问题，进行安全隐患专项治理，改善排水及美化站场环境，缓解挡土墙坍塌的安全隐患。5. 完成潭江站房安防工程专项工作，完善该站房的安防系统。6. 落实大麻、潭江航道站站场定期进行绿化的养护工作。7. 做好 2018 年节能减排工作，完成统计、上报。所站船陆续更换 LED 节能灯具，所机关办公场所和职工宿舍均更换 LED 节能灯具和加装隔音玻璃，确保节能减排达到相关要求。8. 安排人员参加省事务中心组织的航标遥控遥测业务技能竞赛，推进所站业务人员使用航道业务数据实时动态监控系统，提高航道管理水平信息化、现代化。9. 配合梅州航道事务中心做好支持保障系统工程竣工验收和韩江扩能升级提级工程的相关工作。

大埔航标与测绘所负责人名录

书　记：刘伟超
所　长：梁祖锋
副所长：胡雪峰　张瑞清

（刘东波）

海事监督

【维护水上交通安全】2018 年，中华人民共和国梅州大埔海事处开展专项行动，维护辖区水上交通安全。根据辖区特点划分工作重点，把各类专项整治活动列为重点监管工作，开展“2018 年中小型船舶专项整治行动”“国内航行船舶进出港报告专项整治行动”“平安交通百日行动”等专项活动。1. 做好船舶安全监管工作。结合各专项行动，检查船舶开航前自查情况；船舶法定证书以及航行日志、垃圾记录簿等法定文书的配备及其真伪情况；船舶关键性设备的维护保养及使用情况；船舶进出港报告和办理进出港手续情况；船舶安全和防污染管理制度建立和执行情况；船舶遵守航行、停泊、作业规定情况；船舶应急演习演练记录情况等。2. 做好船员履职检查工作。根据各专项要求及日常工作，检查船舶配员及船员证书符合情况；船员值班规则执行情况；船员任解职签注及服务资历真实性情况；船员履职能力情况；船员对航行日志、垃圾记录簿等法定文书填写使用情况；船员对公司安全、防污染与应急管理制度、预案的熟悉及执行情况等。3. 做好公司监督管理工作。按照监管要求检查公司安全、防污染管理制度、应急预案的建立及执行情况；公司安全管理人员的配备及履职情况；公司对船员的聘任、培训、考核情况；公司应急训练和演习情况等。4. 督促闲置船舶的汛期安全管理工作。大埔处将辖区汛期情况排查后，将闲置船舶等汛期隐患情况主动反馈给地方政府，并督促相关部门和单位对闲置船舶日常管理主体责任推进落实；同时在将闲置船舶纳入智慧海事平台重点时段船舶管理，在汛期能第一时间向闲置船舶所有人及管理人发送预警信息，进一步督促做好闲置船舶的汛期监管，保障辖区通航安全。5. 开展联合执法，严厉打击水上交通违法行为。联合水务、交通等部门对韩江主流航道开展联合巡航检查工作，针对砂石运输船舶做到每船必查，巩固2017年打击非法行为的成效，严防违法行为的再发生。

【服务地方发展】2018年，大埔海事处发挥海事专业优势，服务地方发展。1. 主动服务，做好韩江高陂水利枢纽船闸建设安全监管工作。2018年是韩江高陂水利枢纽进入攻坚的关键年，根据梅州局的工作要求，加强与韩江高陂水利枢纽施工建设单位的沟通，全程跟进水上施工，指导企业做好水上安全应急工作，并派驻执法人员强化现场实时监管，确保重点工程施工作业水域安全，保障韩江高陂水利枢纽船闸建设工程顺利完工通航。2. 借力大埔县政府，推动农自用船舶安全管理工作。为落实《广东海事局关于推动开展农自用船舶安全检查的通知》精神，经大埔海事处多方走访积极沟通，该项工作得到县领导高度重视，通过县府办发文要求各乡镇推进农自用船舶安全管理工作，并明确要求各乡镇政府推动所有农自用船舶逐级签订安全责任书，将自用船管理责任层层落实。3. 保障2018年三河“龙舟赛”活动水上安全监管。为保证“龙舟赛”活动如期安全举行，大埔海事处提前走访三河镇政府及龙舟文体协会，以函告及走访指导等方式，协调各方做好应急反应工作及活动相关报批手续，并出动全处执法人员做好活动期间的水上安全监管及保障工作。

梅州大埔海事处负责人名录

处　长：李忠辉

副处长：吴卓瀚（2018.11—）　刘小龙

王吾平（2018.11—）

黄　辉（—2018.11）

（龚志通）

邮　政

【简述】2018年，中国邮政集团公司广东省大埔县分公司围绕建成世界一流邮政企业的宏伟目标，以转型升级、提质增效为中心，持续建设“六大机制”，不断实现“六量齐升”，深入推进“三大工程”，落实市分公司党委、中共大埔县委的决策部署，推进大埔邮政提质增效工作，企业改革创新取得新进展，经营实力得到增强，管理水平提升，企业整体平稳发展，党风廉政建设和干部职工队伍建设加强。全年企业累计实现业务收入 5640.53 万元，同比增长 4.7%。

【业务发展】2018 年，邮政大埔县分公司坚持效益优先，业务转型发展。1. 超常规抓好代理金融业务发展。为深入贯彻金融业务“高于一切、先于一切、优于一切”的战略理念，把金融业务当作企业转型发展的重点业务，通过抓余额和保险理财，夯实代理金融的根基。全年新增余额 1.54 亿元，余额规模 29.34 亿元，同比增长 5.56%。2. 寄递业务发展提量。持续开发大埔蜜柚等应季农产品寄递项目，实现小包上量；做好保险公司、各商业银行保单、资料箱等同城寄递业务；借助电商站点，叠加站点包裹收寄功能，渗透农村寄递。全年快递包裹实现增量。3. 推进传统业务发展提质。为确保大埔邮政传统业务（函件传媒、集邮、报刊）三大业务实现质的提升，结合主题宣传活动、互联网+营销模式、全民阅读等活动推动传统业务的发展。

【落实民生平台】2018 年，邮政大埔县分公司抓好落实民生工作。加大对基层建家工作的力度，完成高陂支局职工小家示范点建设。通过节日慰问、安全饮水等民生扶贫项目，做好银江镇挂钩联系点的帮扶工作，全年投入帮扶资金 2.17 万元。建立 256 个“邮乐购”电商站点，取得实效的站点有 30 个，为农户销售和寄递农产品（蜜柚）12.5 万千克。

【安全管理】2018 年，邮政大埔县分公司抓好安全管理工作。1. 安保管理。规范网点安全应急实操演练，明确各层级的安全职责，加强对各层级职责认识的教育培训，强化各层级履职到位，严格执行履职情况考核。加强安全检查，强化问题整改。严格落实各项检查制度、考核措施，加强常规检查和突击检查，对检查发现的问题实行“跟踪复查制”，确保问题落实整改到位。加强对邮件安全检查和收寄验视制度落实的检查，从源头上把安全收寄验视关。做好邮件安全、消防、道路交通安全等宣贯，与职工面对面交流，强化消防安全履职，开展消防安全为主的专项检查。2. 内控管理。落实案防责任制，按照《安全职责与履职规范》的要求，在年初与员工层层签订 2018 年《邮政金融案件防控责任书》《邮政金融员工合规履职承诺书》《中国邮政集团保密协议书》《大埔邮政员工经商办企业个人承诺书》《中国邮政储蓄银行梅州分行行业廉洁风险承诺书》等。开展整治市场乱象相关问题自查自纠，深化银行业市场乱象整治工作，开展 2018—2020 年扫黑除恶专项斗争督导工作，开展金融风险大排查等活动。围绕“十条禁令”和每季度开展金融从业人员行为排查工作，并分析在检查中发现的问题，提出相关整改措施和要求。确保企业合规经营和邮政金融资金安全。

【服务质量】2018 年，邮政大埔县分公司抓好服务质量工作。1. 做好普遍服务工作。全面开展“关注细节 成就品质”专题系列活动，推进普遍服务规范化管理，确保普遍服务业务开办质量。2. 加强服务质量指标管控，提升客户体验。严抓广东邮政服务质量考核指标落实，提高投诉处理及时率和降低无着邮件的数量，全年两项指标均达到省公司要求。明确金融网点大堂经理职责和规范大堂服务，提升网点服务品质，提升客户体验和认可度。3. 加强服务质量监督检查履职。印发《大埔邮政普遍服务检查考核办法》，细化市场部门在普服特服管理方面的职责，强化全县普遍服务日常质量管理、检查、考核、售后服务等相关管理职责。

【企业文化建设】2018 年，邮政大埔县分公司抓好企业文化建设。学习贯彻习近平新时代中国特色社会主义思想和中共十九大精神，开展“大学习、大讨论、大落实”的活动。开展形势任务教育，职工道德教育和思想政治工作，推进企业文化建设和精神文明创建工作相结合。做好大埔邮政企业文化的宣贯工作，制作宣传牌、宣传栏，下发宣传资料。组织员工参加各项教育培训，开展各类劳动竞赛，并参加省、市、县组织的各类劳动竞赛和文体比赛。其中在广东邮政青年朗诵比赛中，获得省分公司二等奖和市分公司一等奖；在县金融系统文艺活动中获得第一名。落实党风廉政建设主体责任和监督责任工作。

中国邮政集团公司广东省大埔县分公司负责人名录

总 经 理：庞永忠

副总经理：郑先锋

（李国恩）

电　信

【简述】2018 年，中国电信股份有限公司大埔分公司落实县委、县政府和市公司的工作部署和要求，持续加大信息化的投入力度和建设广度，致力于“光网城市”“4G 网络”“平安大埔”等重点信息化工程建设，创建学习型、创新型、服务型企业，积极践行党的群众路线，推进为民服务创先争优，为加快大埔信息化建设作出应有的贡献。

【城市信息化】2018 年，电信大埔分公司开展“全光县城”建设，实现宽带大提速。县城大部分商业街和住宅小区实现光纤到户，“光网城市”建设成效明显。全年光纤接入用户数 4.8 万户,同比新增光纤接入用户数近 0.9 万户，100 以上光纤接入用户数同比新增近 0.7 万户；全县 4G 基站到达数 256 座，同比新增 16 座；2018 年 NB-LOT 基站同比新增 170 座。建成 4G 和 Wi-Fi 无缝覆盖的无线宽带网络，中国电信天翼手机上网更加顺畅。配合政府的“平安大埔”建设，大埔县社会治安高清视频及治安卡口项目 772 个监控点，同比增长 11.1%，基本实现县城全覆盖和国道、省道等主要道路的视频监控。

【政务信息化】2018 年，电信大埔分公司加快政务信息网络建设，协助县政府完成行政服务中心网上办事大厅和各单位网络接入建设，并延伸到全县所有行政村，助力推进政府行政服务管理电子化。加大“政务 OA”“工商 e 通”“数字医院”“智慧家园”“天翼云”等先进的行业信息应用的推广使用，使先进的互联网信息技术在各领域得到广泛应用。

【旅游信息化】2018 年，电信大埔分公司以信息化助力大埔休闲旅游优先战略，助力大埔打响“大埔大公园”品牌。对车站、酒店、主要景区、旅游景观大道等实现 4G、Wi-Fi 以及光网络的无缝覆盖，与星级酒店合作共建“数字酒店”，为旅客提供旅游信息服务和商旅订购服务等。同时，基于天翼俱乐部平台，以及账单广告等方式，向广大天翼用户宣传和推介大埔休闲游，并通过组织天翼俱乐部会员到大埔体验慢生活和客家文化系列活动，开展电信积分兑换大埔休闲游等方式，提升旅游业全产业链的信息服务水平。

【农村信息化】2018 年，电信大埔分公司配合新农村建设，迁改杆线杆路和推进新农村网络建设，提高新农村区域信息化水平，让广大农民可以高速畅游互联网，还可以通过宽带数字电视收看高清电视。同时完善“基础通信+信息应用”服务体系，建设信息化示范村镇，推进“智慧大埔”建设，通过信息化手段，实现信息“助农、富农、支农、惠农”，助力农村区域经济的快速发展，提升村民幸福生活指数。2018 年，通过信息扶贫开展脱贫攻坚工作。1. 光纤和手机信号到村到户工程。全年累计投入 2300 万元，在全县各行政村进行光纤网络和基站建设，重点组织实施全县 57 个省定贫困村的“光进铜退”的光纤进万家工程，实现光纤和手机信号到村到户到人。2. 管线整治美化工程。全面完成 57 个省定贫困村的新农村示范村管线整治美化工程，实施“光进铜退”拆除原有铜缆线路，景区线路落地敷设，按标准架设光纤线路到自然村以及户户通光纤工程。3.网络扶贫惠民工程。落实互联网+精准扶贫网络覆盖及收视扶贫方案，贫困户、低保户、五保户免费安装“惠民信息包”（互联网+电视，价值2097元/户·两年），全县2991户贫困户，一部分由57个省定挂扶单位出资799元/户，其余部分由电信大埔分公司负责出资1298元/户，两年费用合计388万元。

中国电信股份有限公司大埔分公司负责人名录

总 经 理： 温　雄

副总经理： 房增文　罗　刚

（詹敏思）

移动通信

【配合政府网络需求】 2018年，中国移动通信集团广东有限公司大埔分公司做好县域重大活动通信应急保障工作，全年完成大麻“迎姑婆”、大埔“警察开放日”、中国首届农民丰收节大埔分会场、防台风“山竹”、大埔县招商大会等重大活动通信保障，持续提升移动通信服务形象和客户满意度。配合市政迁改，全年累计完成33段市政迁改工程，包括高陂水利枢纽陂寨安置区、乌槎安置区、高陂陶瓷工业园、大潮高速、过境公路、县城九街一场落地迁改等多处市政改造迁改工程。

【4G用户提升】 2018年，中国移动大埔分公司把握移动互联网时代的脉搏，加速发展和普及4G。4G的普及让更多农村群众享受到畅快稳定的移动网络接入服务，同时改善农村人口的工作、学习、生活和娱乐方式，助力“三农”发展。

【光纤宽带入农村】 2018年，中国移动大埔分公司响应国务院的“宽带中国”战略和省、市公司的示范村政策，尤其将更多建设资源投向农村地区，旨在为农村地区的人民群众提供方便、快速、可靠、高性价比的光纤宽带。至2018年底，移动宽带在大埔市场的占有率提升至50%。

【大埔县旅游大数据平台】 2018年，中国移动大埔分公司为进一步协助大埔县政府推动创建“广东省全域旅游示范县”，配合大埔县人民政府、大埔县旅游局在全市范围内率先建设“大埔县旅游大数据监管平台”，经六个月的数据收集、现场调研、系统建设、传输对接等环节，于2018年12月21日正式上线。实现大埔县旅游局可通过平台监管各景区的运营情况分析、游客归属地分析、游客流量趋势分析、视频监控、市局大数据平台对接等功能。

【大埔县惠民信息公开平台】 2018年，中国移动大埔分公司根据市纪委统一部署和要求，配合大埔县人民政府、大埔县纪委建设大埔县惠民信息公开平台二次升级建设，新增加扫黑除恶专项行动、基层自助终端机应用、新农村专项资金公开等六大板块功能。经为期五个月的数据收集、系统建设、传输对接等环节，于2018年12月28日正式上线。实现广大市民可通过短信、网站、APP客户端、微信公众号四种方式及时查询惠民信息。

中国移动通信集团广东有限公司大埔分公司负责人名录

总 经 理： 张锦松（—2018.5）
颜建标（2018.5—）

副总经理： 王志祥（—2018.2）
林郡华（2018.3—）

业务总监： 陈天湖

（李娟娟）

联合通信

【网络建设】 2018年，“网络就是生命线”的观点早为业界所共识，作为通信领域的后来者，中国联合网络通信有限公司大埔县分公司始终坚持网络建设优先的原则开展工作。大埔县城以及高效益、高价值区域，投入资源打造4G“超卓网络”，数据体验保持领先优势；4G建设聚焦县城等高流量区域，集中打造高速率网络优势；对新增的各类公共场所、旅游景区和星级酒店等3G、4G重点区域部署Wi-Fi覆盖的一体化网络，持有4G终端的联通用户无需换卡换号，即可直接使用到联通提供的LTE超高速网络，下载速率最高达到150M。

【塑造企业品牌形象】2018年，联通大埔县分公司注重塑造企业品牌形象。1. 服务贴心，轻松消费。在传统的业务受理、咨询、投诉等人工热线服务和自助查缴费等电子服务的基础上，为VIP客户配备专属服务经理，自助服务终端系统，绿色通道，并为政府单位及中小企业提供便利的商用服务（包括大数据、云计算、物联网、OA办公、电子商务等），创新推出众多延伸服务业务。2. 回馈用户，关注民生。在网络、服务、业务同步领先之时，致力于回馈用户，关注民生，为低收入人员、扶贫村等提供一系列惠民便民服务。2018年，联通大埔县分公司对三个对口扶贫村（茶阳镇左弼村、蓝田村、茅坪村）合计给予2.4万元的帮扶资金，用于改善提升贫困户生活水平，同时制定对口扶贫的通信优惠套餐。

【信息化发展】2018年，是中国联通实施聚焦战略开局之年，是广东联通新五年战略规划实施的中坚之年，也是梅州联通创新突破实施三年发展目标的第二年，联通大埔县分公司通过全面深化调整，全面精准管理，创新合作模式，创新体制机制，实现了七个新突破，为实现公司三年发展目标打下基础，推动公司逆境突围生存发展，业务发展趋势持续向好。2018年，中国联通深入贯彻落实《中共中央 国务院关于深化国有企业改革的指导意见》及相关文件精神，按照中央经济工作会议提出的“完善治理、强化激励、突出主业、提高效率”的混改十六字方针，拟通过混改试点引入其他国有资本和非国有资本，健全协调运转、有效制衡的公司法人治理结构，完善市场化的激励约束机制，推动产业链、价值链关键业务重组整合，提质增效、转型升级，推动国有资本和非国有资本相互促进、共同发展。此次混合所有制改革试点是中国联通的重大历史战略机遇，中国联通也是唯一一家集团整体混改试点单位。

中国联合网络通信有限公司大埔县分公司负责人名录

总经理：谢达良

（管燕珑）

商　业

国有商业

【加强未转制企业管理】大埔县商业服务中心属下原有企业22个，至2018年完成改革转制企业19个，尚有3个企业因改制条件尚未成熟未改制。加强未转制企业管理，保证国有资产保值增值是商业服务中心工作的重要职责之一。2018年，县商业服务中心多次到茶阳、高陂两个营业部、一个集体商店对存量资产管理情况开展调研。了解掌握存量资产保值情况，加强租赁门店管理，调整清理完善部分经济合同，按照市场租赁价格应收尽收增加企业收入。深入企业开展访谈，做好未转制企业干部职工、思想稳定工作，确保未转制前各项工作正常开展。

【抓好汛期防洪工作】2018 年，县商业服务中心组织力量，对尚未改制的企业，开展以汛期防洪工作为重点的安全生产大检查，确保汛期人员财产安全。深入茶阳百货营业部、茶阳集体商店等，开展汛期防洪、防地质灾害为主题的专项安全生产大排查，消除安全隐患。抓好防洪安全教育，从思想认识上提高防洪安全意识。抓好防险救灾工作预案制订，落实工作措施，做到严密防控、措施有力，防灾责任到位。确保安全度汛和企业员工生命财产安全。

【做好下属国企出清重组“僵尸企业”的工作】2018 年，根据省政府《关于全省国企出清重组“僵尸企业”促进国资结构优化的指导意见》《梅州市人民政府办公室关于印发梅州市市属国企出清重组“僵尸企业”促进国资结构优化实施方案的通知》《大埔县人民政府办公室关于印发大埔县国企出清重组“僵尸企业”促进国资结构优化实施方案的通知》要求，县商业服务中心做好下属国企出清重组“僵尸企业”的工作。根据大埔县人民政府《关于同意县液化石油气公司安置职工的批复》精神，于 2016 年 12 月底完成该公司部分安置职工工作，尚需安置退休人员 28 人，下一步拟申请关闭破产清算处置资产工作。根据大埔县人民政府《关于同意大埔县百货公司改革转制及拨给转制费用的批复》精神，于 2017 年 12 月底完成该公司部分安置职工工作，尚需安置在职人员 3 人、退休人员 48 人，下一步拟申请关闭注销处置资产工作。

大埔县商业服务中心负责人名录

主　　任：蓝尚柏

副 主 任：蓝旋明　罗志雄　范瑞仕

党委副书记：陈京林

（郭声沐）

烟草专卖

【简述】2018 年，大埔县烟草专卖局（分公司），围绕省局（公司）“广东烟草高质量发展战略”，立足市局（公司）“117”工作思路，以“六个争创新作为”工作措施，坚持稳中求进，深入开展“责任落实年”活动，克服国家局烟叶调控政策影响，提升卷烟销售结构，培育税利新增长点。全年实现主营收入 5.47 亿元，同比下降 0.14%（其中卷烟收入 4.7 亿元，同比增长 2.63%，烟叶收入 0.72 亿元，同比下降 15.79%），实现税利 1.44 亿元，同比下降 11.27%，实现利润 1.14 亿元，同比下降 4.91%。

【烟叶生产】2018 年，大埔县烟草专卖局面对烟叶生产调控政策压力，着力巩固和提升大埔烟叶优势地位。1. 烟叶种植规模稳定。全年全县落实 6 个镇 42 个村 327 户烟农合同种植 642.87 公顷，约定量 2.7 万担，期间严抓落实面积关键点，确保完成全县烟叶种植计划。2. 推进烟基建设。购置烟用机械 21 台，购置生物质颗粒燃烧设备 5 台，修复密集烤房 32 座，合计补贴 37.2 万元，核销 2009—2012 年所购置的烟用机械 254 件。3. 原收原调深入开展。举办专分散收原收原调流程培训，完善收购设施设备，建立工商协同机制。2018 年收购烟叶 2.69 万担，完成年度计划 99.96%；调拨烟叶 2.69 万担，全面完成调拨任务，实现实物零库存。

【卷烟营销】2018 年，大埔县烟草专卖局围绕“市场、品牌、客户”三个维度，调优市场状态，完成“稳销量、提结构、降库存、增税利”工作部署。1. 卷烟销售持续向好。全年销售卷烟 8.45 亿支，同比减少 1.03%；实现销售收入 5.47 亿元（含税），同比增长 2.08%；实现毛利 1.4 亿元，同比增长 2.85%；单箱收入 3.24 万元，同比增加 990 元。2. 双喜品牌持续走强。全年销售双喜烟 5.23 亿支、同比增长 5.89%，其中一类烟销售 7766.6 万支，同比增长 3.53%，二类烟销售 3405.32 万支，同比增长 0.94%。3. 客户服务持续深化。组织开展“客家亲”服务平台系统培训，指导客户实行全扫码销售，结合自律互助小组对稳定市场价格、维护经营秩序的作用，优化服务内容，改进服务质量，推动营销队伍转型升级。

【专卖管理】2018 年，大埔县烟草专卖局开展打假、打私、打非、市场整治等专项行动 12 次，出动人员 485 人次，查处违法涉烟案件 54 宗，查获涉案卷烟 282.61 万支。1. 坚持打假高压态势。落实各类专项行动具体部署，着力于侦破卷烟制假窝点、仓储原（辅）材料等环节。全年捣毁大型烟机制假窝点 1 处，非法烟丝加工窝点 1 个，查获烟丝仓储场所 5 个，查获制假烟机 1 台套、半成品烟支 250.24 万支、烟丝烟叶 83.39 吨以及原（辅）材料一批，合计案值 772.33 万元。公安机关拘留 13 人，检察院批捕 1 人，法院判刑 2 人。2. 强化市场管控能力。主动与毗邻单位召开边界联席会议，与县职能单位开展联合执法行动，严厉打击大户收购倒卖、操纵卷烟流入流出等违法行为，使辖区守法经营率保持在 95%。3.持续提升内管效能。深刻吸取河南省濮阳市局（公司）违规经营教训，定期召开“两烟”生产经营工作会议，了解“两烟”生产经营形势，分析不规范经营隐患，通过“外打内管”防止触碰规范经营“红线”。全年启动各项预警调查 67 次，开展专项检查 4 次。

【综合管理】2018 年，大埔县烟草专卖局夯实企业管理基础，增强争先进位发展后劲。1. 开展“责任落实年”活动。围绕人、财、物、流程等管理，制定实施方案和责任落实清单，出台考勤管理办法（试行），制定督办工作计划，成立督办组，全年开展督办 3 次，突击检查 20 人次，有效推动各项工作落实。2. 贯彻民主集中制原则。严格执行《广东烟草商业系统“三重一大”事项决策管理实施办法》和“三重一大”决策情况报告制度，强调集体决策重大事项，促进党风廉政建设、效能监察及源头治理工作落到实处。全年经集体研究决策的事项 22 项，在执行时做到决策前酝酿充分、决策时充分民主、决策后备案完整。3. 抓中央“八项规定”落实。严格执行省、市局（公司）具体实施办法，改善管理流程，深化降本增效。全年车辆运行费 39.26 万元，同比下降 14.89%；业务接待费 700 元，同比下降 72.33%。4. 推进法治烟草建设。贯彻落实《烟草企业采购管理规定》，及时调整“七五”普法与推进依法行政工作领导小组，制定中心组学法计划和职工培训计划，并制定普法责任清单。全年举办法律知识培训 2 场，开展宣传活动 21 次，组织干部职工学法 4 次，审核合同 16 份、行政处罚案卷 54 份。5. 加强安全维稳工作。深化“平安烟草”建设，加强岗位作业培训、交通消防安全培训和开展消防预案实操演练活动，全年组织安全检查 14 次，排查并整改隐患 34 宗；加强舆情监测、信访维稳、保密和风险防范工作，抓好不稳定不和谐因素排查防范工作，全年没有发生不安全事故和信访事件。6. 规范管理取得突破。2018 年实施物资服务类采购项目 7 个，合计 69.59 万元，实施工程类项目 1 项，合计 600.2 万元；公开涉及“三重一大”“三项工作”等事项 312 项。严格执行市局（公司）《网络安全工作责任制实施办法》，对接触、知悉档案秘密的人员进行登记和建档管理，同时组织签订保密承诺书7份，整理文书档案390件，及时整改存在问题7个。7. 专项工作稳步推进。①烟叶点建设进展顺利。2018年9月，通过竞标方式竞得百侯烟叶工作点项目用地，开展岩土勘察和工程设计招标等工作。西河镇政府完成西河烟叶工作点项目建设意向用地的土地征收工作，并向县国土资源局申请转用为城镇建设用地。②自律互助小组建设成效明显。召开全县自律互助小组建设现场推进会，举办“我心目中的自律互助小组”演讲活动，表彰通报先进集体和先进个人。2018年，全县建成自律互助小组73组1205户，占总客户数85.95%，有质量小组29组（其中示范小组9组），各小组开展活动296场，接受盈利规划指导客户141户。③卷烟零售生态环境建设取得进展。2018年，在全县建设室外吸烟点60个，建设终端消费体验区23个，室内文明吸烟室2个，直营店建设选址1处。8. 精准扶贫成效明显。2016—2018年，共为挂钩帮扶村筹集资金270万元，通过实施种（养）殖业、住房改造、民生保障、结对帮扶等12个项目，使建档立卡贫困户54户133人如期实现脱贫；全体干部职工参与扶贫济困活动，至2018年共捐款4.8万元。

大埔县烟草专卖局（分公司）负责人名录

局长（经理）：张维祥

副　局　长：蓝建汕

副　经　理：张俊清　卢小明

（林海峰）

供销合作商业

【简述】2018年，大埔县供销合作社坚持为农服务宗旨，按照“改造自我、服务农民”的总体要求，抢抓发展政策机遇、科学谋划发展思路、主动作为服务“三农”、深化供销综合改革，完成目标任务和各项工作协调全面推进。

【推进基层社分类改造】2018年，大埔县供销合作社投入330万元（其中社会资本230万元）全面升级改造经济实力较强的基层社，拓宽经营领域；盘活经济实力较弱的基层社，更新经营业态。同时，结合政府创建省“卫生强县”工作，把西河基层供销社闲置资产与西河镇卫生院资产进行等价置换，获得差额补偿金430万元，专项用于解决西河基层供销社历史遗留社保、医保、债务等问题。

【激活社有企业活力】2018年，大埔县供销合作社引进社会资本300万元，改造企业总部大楼，兴办微品假日酒店和海棠四季便民商场，提高为农服务能力。强力推进供销电子商务发展，主动与阿里巴巴（中国）软件有限公司对接帮扶大埔县发展农村电子商务事宜。经请示县人民政府同意后，县人民政府于2018年12月28日与阿里巴巴（中国）软件有限公司签订了《大埔县人民政府与阿里巴巴电子商务发展项目合作协议》，标志着大埔县农村电子商务发展又迈出坚实的一步。

【提升为农服务能力】2018年，大埔县供销合作社引进社会资本1000多万元，在广州市海珠区建设“印象大埔”商贸城项目，该项目于2018年7月投入运营。商城与全县37个省定相对贫困村签订《贫困户农产品订单保价收购协议》，可带动500多户1536人发展农产品种植。同时，承诺所聘员工优先考虑贫困户剩余劳动力和贫困大学生就业，可解决贫困户子女就业30多人。通过自办、领办、合作服务等模式，发展农民专业合作社。2018年领办农民专业合作社3家。

大埔县供销合作社负责人名录

主　任：刘坚城

副主任：田怡凯　刘　立（—2018.3）

（袁伟基）

食盐经营

【简述】2018年，广东省盐业集团梅州有限公司大埔分公司落实应对盐改措施，强化食盐市场监管，围绕“以盐为基、以盐带路、严把盐关、广开盐路”的发展方针和“提品质、增品种、强品牌、优服务”的战略部署，坚持稳中求进的工作总基调，贯彻新发展理念，落实改革任务，履行社会责任，攻坚克难，持续推进企业经营发展，既维护了盐改后大埔食盐市场的稳定，确保大埔食盐市场供应主力军地位，又有效实现企业经营平衡充分发展。从2018年1月1日起，将县政府授权盐业主管机构承担的食盐质量安全管理与监督职能，移交县食品药品监管部门负责。剥离广东省盐业集团梅州有限公司大埔分公司承担的盐业行政管理和执法职能。大埔分公司的公司职能转变为市场供应和市场巡查。2018年，完成盐产品总销售1398吨，完成年度计划的108%。其中销售小包装盐731吨，完成年度计划的100%，同比减销77吨；销售中高盐107吨，完成年度计划的89%。

【盐业体制改革】2018年，盐业大埔分公司围绕市公司相关工作部署，及早行动、采取多项措施应对盐改工作。1. 凝心聚力、统一思想，坚定战胜困难的信心和决心。2. 取得政府及相关部门支持，紧密配合各职能部门抓好食盐市场管理。在国家盐业体制改革方案出台后，及时向县政府汇报加强盐改过渡期监管工作措施，得到政府领导充分肯定，同时，与县各职能部门沟通联系，得到他们的全力支持配合，共同采取各项措施，稳步推进大埔县盐业体制改革，强化食盐市场监管，较好地保障了全县食盐安全。3. 正面宣传国家盐改政策。盐改实施后，社会上部分商户、市民对国家盐改政策不了解，甚至在某些别有用心的言论诱导下，对盐改政策产生误解。市场协管人员在市场巡查过程中，采取“市场营销、市场检查、盐改政策宣传、派发宣传资料”多位一体的工作机制，确保食盐市场稳定、安全。

【盐业市场供应】2018年，盐业大埔分公司提升市场能力建设，确保企业稳定发展。1. 持续推进食盐渠道建设，掌控终端网络。坚持走“渠道下沉”之路，将“稳固老客户、开发新客户、开展直配直送”作为渠道建设重点，将原由经销商配送的超市、餐饮、学校等客户，转由大埔分公司直配直送，并延伸到乡镇用盐量较大的终端用户，有效巩固“粤盐”品牌市场占有率，保证食盐供应主渠道、主力军地位。2. 推进“三品一优”战略，加强“粤盐”品牌宣传。加强管理投放在全县商超、连锁商场的粤盐专柜，维护专柜形象，保证盐产品的多样化，供不同层次的市民选择，提升“粤盐”品牌的社会影响力、美誉度。

【盐业市场巡查】2018年，盐业大埔分公司抓好巡查队伍建设，不断提高辅助执法工作水平。结合盐改后国家各项盐业政策法规调整的实际，开展辅助执法人员对新政策规定知识的学习培训，熟练掌握相关知识，增强市场巡查协管的能力。加强部门联合检查，确保食盐市场安全。针对不断发生变化的市场，特别在重大节假日期间，联合县食品药品监督管理局、工商质监局、公安局等职能部门，对重点区域和重点市场开展食盐市场专项整治行动，严厉查处违反国家盐改政策及扰乱食盐市场秩序的行为。全年查处违规盐产品3宗，劝退有意进入大埔食盐市场的无合法手续的经销商2宗。

广东省盐业集团梅州有限公司大埔分公司负责人名录

经　理：钟　春

副经理：李志强（—2018.8）

（钟春）

粮食储备

【粮食安全责任考核】2018年，大埔县粮食局履行粮食安全责任制考核牵头单位职责，及时向县政府汇报，全面落实粮食安全责任制考核联席会议安排部署。及时与相关部门和单位沟通协调，按照各牵头部门的工作任务和各自工作职责，针对具体考核目标任务，制定可靠的工作措施，严格对照《2018年度广东省粮食安全责任考核评分表》，抓好工作落实。

【储粮管理】2018年，大埔县粮食局建立健全规章制度，强化规范管理，完善仓储基础设施，提升粮食管理水平，确保粮食安全。制定“粮安工程”建设规划，贯彻落实李克强总理要求做好“广积粮、积好粮、好积粮”三篇文章的讲话精神，结合实际制订工作计划，开展粮油仓储企业规范化管理。1. 对照“五化”示范库的标准，以管理为中心、轮换为重点，履行储备粮管理职责，开展科技储粮。围绕仓储管理工作的制度化、规范化和标准化，以制度建设、储粮管理、仓储设施、安全生产、科学保粮等为抓手，抓好各项工作措施的落实。2. 针对仓储管理存在问题，立足科学，创新工作方法，突出工作重点，严格按照“一符、三专、四落实”要求落实整改，规范储粮管理，细化员工岗位职责，强化量化考核，提升企业管理水平，促进企业长远发展。3. 加强职工的教育培训，提高业务技能。聘请粮科所专家，举办全县粮油仓储业务培训班，把仓储骨干管理人员轮训一遍，让仓储管理人员了解、熟悉并能灵活掌握新的仓储知识。4. 探索新形势下绿色储粮、生态储粮新路子，推广包打围散装储粮，环流熏蒸科学保粮，组织做好各级储备粮油轮换工作。全年县级有序轮换储备粮5928.16吨。5. 建立健全企业安全生产管理制度，重点加强粮食轮换出入库和熏蒸作业等特殊时期的生产安全，加强危险化学药品和维修建设工程安全管理，确保粮库储粮安全。

【粮食应急能力建设】2018年，大埔县粮食局加强粮食应急管理工作，建立健全应急组织，充实成品粮油应急储备规模，完善成品粮油应急保障和市场监测体系。1. 强化组织领导。健全以县政府主要领导为总指挥，发改、粮食、工商、公安等职能部门主要负责人为成员的粮食应急工作指挥部，并下设办公室，明确职责、落实责任。2. 完善应急机制。完善应急预案，从安全生产、防汛防灾、粮油供给等方面部署落实应急管理工作，做好应对自然灾害和突发事件的应急准备，增强应急处置能力。3.提高应急能力。按照“合理布点、全面覆盖、平时自营、急时应急”的原则，强化组织领导，结合全县地理环境、交通条件和经营集贸等情况，做好沟通协调工作，保持与签订协议的16个粮食应急供应点、2个应急加工厂、1个运输车队联系沟通，提高粮食应急决策、处置、保障的能力。

【军粮供应保障】2018年，大埔县粮食局严格执行国家和省制定的军粮供应政策及质量标准。坚持按照省、市粮食局的“五统一”（统一定点、统一质量、统一包装、统一定价、统一配送）进行规范操作，建立全天候的军粮供应服务保障体系。军供大米、面粉均能按市局统筹的规定到指定的定点加工厂——梅州市稻丰实业有限公司、梅州市金浪粮油食品有限公司购进。部队购粮时，先验证（军粮供应证、军用购粮卡、经办人部队核发的有效证件）后刷卡，并复印证件留存；手续办齐后配送粮食。保障当地驻军1个月以上的成品粮应急储备，确保军粮应急保障需要。投入近2万元对粮食应急加工厂设备进行一年一度的例行检修、保养及应急加工正常运转，提升军供站竞争力。做好演练提升应急保障能力。开展优质服务活动，把温馨、满意的服务送进军营。

【粮食安全生产】2018年，大埔县粮食局按照各级安全工作会议要求，及早部署年度安全生产工作，健全规章制度，狠抓安全生产责任制落实。组织开展“安全生产月”等专题活动以及各项常规安全检查工作。根据省、市粮食局部署安排，在全县粮食行业开展储粮安全和生产安全大检查，组织企业自查和县局普查，发现全县3家涉粮企业，粮食安全问题隐患10宗，至2018年末全部整改到位。定期组织仓储企业进行安全培训和宣传教育，强化安全演练和实际操作，提高粮食系统应对突发安全事故的能力，杜绝安全事故发生。

大埔县粮食局负责人名录

局　长：何道武

副局长：蓝建明　刘木兰（女）　刘小玉（女）

（吴淑兰）

物资经营

【物资中心工作】2018年，大埔县物资服务中心提高工作机制，抓好中心工作。1. 抓好安全生产工作，每季度进行安全生产检查，发现问题，及时整改，重大节日加强安全稳定工作。2. 抓好财务管理，合理妥善处置闲置资产，防止国有资产流失。3. 响应县委、县政府的号召，做好精准扶贫和社会主义新农村建设工作，抽调两位副主任分别到挂扶的银江明德村和新农村建设的茶阳恋墩村开展工作。4. 加强对出租门店的管理，实行门店管理建档，完善租赁合同制度，改善门店经营环境。5. 在春节期间做好离（退）休干部职工和困难党员的慰问工作，帮助他们解决实际问题。

【作风建设】2018年，大埔县物资服务中心持之以恒抓作风，加强自身建设。1. 开展廉政文化进机关活动。组织机关全体党员干部职工观看反腐倡廉教育专题片，明确自己的使命和责任，更加坚定党的信念。2. 加强纪律作风建设。切实履行管党治党责任，进行党的群众路线教育回头看活动和“两学一做”学习教育，引导党员干部做到忠诚、干净、担当；严格落实“三会一课”制度，开好民主生活会，开展批评和自我批评，增强党员党性的群众观念，转变工作作风，发挥模范作用。3. 深化党风廉政建设。落实党风廉政责任制，建立谈话制度，强化对党员干部教育管理，引导党员干部职工要严守政治纪律，签订党风廉政建设责任书，将工作任务分解落实。4. 以机关作风建设为抓手，严格考核制度，爱岗敬业，确保机关工作效能得到提升。

大埔县物资服务中心负责人名录

主　任：刘晋涛

副主任：张功庆　刘建雄

（钟小凤）

石油经营

【简述】中国石化销售有限公司广东梅州大埔石油分公司是国有特大型中央企业——中国石化销售有限公司在梅州大埔的直属成品油销售企业。隶属于中国石化销售有限公司，下设有虎山、环城、运发、杨梅田、枫朗、高陂、古野、茶阳、勤丰9座在营加油站。2018年，大埔石油分公司贯彻落实中石化总部和广东石油梅州分公司的工作要求，全面践行“每一滴油都是承诺”“质量永远领先一步、服务永远领先一步”的社会责任，以“全力以赴保障大埔成品油市场稳定供应”为己任，以“扩销量、强三基、保安全、塑形象”

为工作主线，主动服务于大埔社会经济发展，实现社会效益和企业效益的双丰收。

【零售工作】2018 年，大埔石油分公司完成销售总量为 2.4 万吨，其中汽油销售 1.86 万吨、柴油销售 5409 吨；全年缴纳税金 200 万元。

【安全管理】2018 年，大埔石油分公司为提高中石化加油站的品牌形象，稳定员工思想动态，保障国家财产和员工人身安全，预防事件的发生，开展好安全管理工作。各站建立健全 HSE 管理体系，加强油站安全工作的领导，健全安全生产责任制，落实三级值班制，确保人员准时到位。开展安全检查防事故工作，及时组织隐患自查整改，确保设备正常安全生产。同时克服麻痹思想，从思想上、行动上、组织上，全面做好抗击各类自然灾害的准备工作。抓好员工队伍思想教育，加强对“十大禁令”“八大纪律”的学习与贯彻，提高员工对安全生产的自觉性，对存在安全隐患又未得到整改的重点部位，采取措施，落实责任到人，重点监控等。全年实现安全生产无事故。

【规范服务】2018 年，大埔石油分公司开展管理服务提升年活动。根据市公司的统一部署指导油站有序开展活动，做到有计划、有步骤，确保活动取得成效，不走过场，提高加油站的服务水平。

【便利店服务】2018 年，大埔石油分公司开展非油品业务。为适应形势发展的需要，方便广大的消费者，加油站开设便利店，方便顾客，节约时间，便利店及时补充质量合格、价格合理适销的商品，提高加油站经营服务水平和经营质量，为加油站经营业务开创一条新路。

中国石化销售有限公司广东梅州大埔石油分公司负责人名录

经　理：黄利华

（林秋玉）

财政·税务

财　政

【简述】2018 年，大埔县财政局以中共“十九大”精神和习近平新时代中国特色社会主义思想为指导，围绕县委、县政府的中心工作，以“尽心尽力稳增长、依法依规保支出”为财政工作的切入点，以“增收入、保支出、惠民生、防风险、促发展”为财政工作的落脚点，财政本级收入保持稳定增长，财政支出规模不断优化，各项财政指标进展顺利，实现预期的工作目标。2018 年，大埔县本级一般公共预算收入完成 8.28 亿元，占年度预算的 84.48%，同比减收 1.42 亿元，减幅 14.67%，比序时进度慢 15.52 个百分点。其中非税收入 2.61 亿元，占一般公共预算收入的 31.59%。2018 年，本级一般公共预算支出完成 41.18 亿元，占年度预算的 127.8%，同比增支 5.28 亿元，增长 14.7%。其中用于教育、社会保障和就业、医疗卫生、农林水、住房保障等民生支出 33.19 亿元，占一般公共财政预算支出的 80.61%。

【财政收支】2018 年，大埔县财政局做好抓收入，保支出工作。1. 狠抓收入，增强后劲。全年县财政局面对收入基数大、减收因素多以及刚性增支不断增加的实际，紧紧围绕县委、县政府的工作部署，突出“狠抓收入”这一重点，科学分析，调整抓收入、保增长、促增收的工作思路，主动与税务、银行等部门协调沟通，深入调研，采取定期汇报通报、召开财税联席会议等形式，督促组织财政收入，紧抓税源分析，做好重点行业、重点税源的监测，提高征管效能，加大清查力度，及时清缴交税，加强非税收入管理，做到依法征收、应收尽收，并全部纳入预算管理，全年行政事业性非税收入2.14亿元（其中罚没收入793万元）。1—12月，本级一般公共预算收入累计完成8.28亿元，占年度预算的84.48%。因受到多种因素的影响，收入保持平稳增长的困难仍然较大。2. 确保支出，突出重点。严格执行预算，科学调度资金，保证预算支出计划的顺利执行。根据县财政困难的实际，坚持“量入为出、保重点、压一般”的原则，严格执行2018年年度财政支出计划，本级一般公共预算支出完成41.18亿元，占年度预算的127.8%。公共财政支出在确保干部职工工资的按时发放和机关事业单位正常运转的前提下，确保事关民生的各项重点支出。

【财政惠民】2018年，大埔县财政局采取措施，改革创新，优先保障民生政策落实。1. 普惠民生。全县参加城乡居民医保人数42.5万人，筹集城乡居民医保基金3.46亿元，报销城乡居民医药费3.11亿元，增长14.52%；筹集城乡居民养老保险资金1.39亿元，增长64.6%，发放待遇1.36亿元，增长22%；发放低保金4117万元，受益的城乡低保人员1.68万人；发放五保资金1580万元，受益五保人员2205人；发放残疾人两项补助2029万元，受益残疾人1.09万人；做好退休人员一次性生活补贴和减员埋葬费、抚恤金的核拨，发放离（退）休人员经费7923万元。筹集资金支持农村发展和落实农民种粮补贴的政策。全年筹集农林水资金6.82亿元，支持农村农业的事业发展。全年全县涉农补贴1.15亿元，补贴面积9426.67公顷；耕地地力保护补贴1229万元；生态公益林补偿7432万元；水库移民补助1157万元；危房改造补助5063万元。没有出现冒领、骗补等违法违规行为。同时，做好2018年县级储备粮5928吨的轮换工作。2. 支持教育事业发展。2018年支出教育事业费6.81亿元，继续执行免费义务教育公用经费补助省定标准。拨付城乡义务教育阶段学生4.33万人，公用经费6001万元；寄宿生2457人，公用经费79万元；安排资助1.3万人的低保、五保、贫困家庭经济困难学生经费758万元；建立义务教育阶段中、小学校舍维修改造长效机制，改善办学条件，加大校舍维修改造力度，全年安排2107万元校舍维修改造资金，将山区和农村边远地区学校教师岗位津贴提高到每人每月1000元以上。3. 支持文化事业发展。全年公共财政对文化事业费的投入4796万元，重点用于支持公共文化服务建设、农村文化建设、重点文物保护、文化消费补贴、非物质文化遗产保护等文化惠民工程的投入，使文化基础设施有了根本改观。4. 支持县重点民生工程建设。2018年，争取资金2.88亿元，用于主要民生项目有县人民医院建设、中医医院迁建、乡镇卫生院标准化建设、县城环城路提升工程、老城区基础设施改造、红色旅游区建设配套项目、乡村规划、供水管网和污水处理、美丽乡村和环境综合整治、其他市政及道路建设等民生工程，为大埔县“巩文创卫”工作开展和争创国家卫生示范城市打下坚实的基础。

【财政管理】2018年，大埔县财政局推进财政管理改革，增强财政发展活力。1. 拓宽国库集中支付改革覆盖面，完善管理制度，优化业务流程，规范支付行为，对符合改革条件的预算单位全部纳入国库集中支付。全年办理国库集中支付业务9380笔（含工资统发等），与2017年同期比减29%，支付金额34.77亿元，其中财政直接支付（含正常拨款）6196笔、支付金额27.19亿元，财政授权支付3184笔、支付金额7.58亿元。79个集中支付单位（含乡镇）全部实行公务卡结算改革，累计开立和激活公务卡776张，刷卡消费额48万元。2.提升政府采购竞争的公正性和公平性，实现“阳光采购”。2018年，政府采购预算金额6171万元，实际采购金额5851万元；节约采购金额320万元，节约率5.2%。3. 落实政府投资工程项目预算、结（决）算审核管理制度。至2018年12月底，累计收到送审工程项目341宗，送审造价18.1亿元，核减不合理资金2.96亿元，核减率16.32%；规费审核176宗，送审造价8184万元，核减2285万元，核减率27.92%。4. 履行财政职能，贯彻落实中央八项规定及“三公”经费只减不增规定，控制和压缩财政性资金“三公”经费的支出。全年“三公”经费2432万元，比2017年减少14.7万元；会议费1335.7万元，比2017年减少51万元。加强自我约束和接受群众监督，加大“三公”经费信息公开力度。2018年，对车改后的单位留用车辆全部安装北斗卫星定位系统，加强对公务车辆的有效监督。同时还对15个镇（场）和93个县直单位领导办公用房进行全面督查，对违反《党政机关办公用房建设标准》的单位，做到“立整立改、不留死角”。

【财政监督】2018年，大埔县财政局加强财政监督，力求实效。1. 加强2018年建设的项目资金绩效评价管理工作，筛选2017年建设项目专项资金等15个项目，涉及财政资金2230万元，开展项目单位财政支出自我评价和财政重点评价工作，同时配合县人大开展畜禽养殖污染专项整治经费的绩效评价工作。2. 随着全县经济的快速发展，各项资金的需求日益增长的情况，县财政局会同县纪检、审计等部门对30个县直机关及15个镇（场）进行“小金库”、专项资金和财务管理的检查，规范单位的财务管理行为。3. 加强行政事业单位及村级财务人员管理和会计专业知识的培训工作，完成全县行政事业单位开展内部控制编报和汇总工作，举办一年一度的财政支农政策财务管理培训，镇（场）财政结算中心人员、行政村村支部书记及村主任（社区居委主任）、村报账员等566人参加培训，同时印发《大埔县农村财务管理示范制度》的工作手册，规范和加强农村财务和村集体资产的管理工作。4. 加强和规范国有资产的管理。2018年，全县纳入行政事业资产管理信息系统管理的固定资产总额19.4亿元；处置了房屋建筑物、车辆、办公设备等国有资产4906万元。为加强县直机关事业单位国有资产管理，将37个行政事业单位的182间门店由县财政局统一管理，根据（埔府〔2017〕145号）的文件要求，1—12月大埔县组织国有资产收益1.12亿元，成交公车拍卖17辆，起拍总价为51万元，成交总价为79万元，增值率55%。5. 严格执行现行的非税收入预算管理方式，做到应收尽收，并全部纳入预算管理，全年行政事业性非税收入2.14亿元（其中罚没收入793 万元）。6. 全县农村集体“三资服务平台”正式运行以后，256个村级账套2014—2015年数据，从原乡财系统迁入“三资服务平台”中，平台运行平稳，同时对各镇财政结算中心的数据大集中部署，实现对镇级财政实时在线监督，进一步提升财政监督和业务指导能力，对全县14个镇、245个村和11个社区进行“村账会计电算化”工作。7. 加强对财政周转金的依法追收力度，使追收债务的工作走上规范化和法律化的轨道。8. 加强财务总监管理和财政拨付资金的监督检查工作。结合大埔县实际，制订《大埔县深入开展贯彻执行“小金库”专项治理工作方案》，对全县

40多个单位进行重点检查，未发现设立“小金库”情况，还专门修订“考核办法”，要求各股（室）对所拨付的财政资金，每笔要进行跟踪监督检查，真正做到“跟踪到股、责任到人”。

大埔县财政局负责人名录

局　长：杨自强

副局长：房向东　赖丕汉　戴可良

（陈盼祥　江如柱）

税　务

【简述】2018年，国家税务总局大埔县税务局以习近平新时代中国特色社会主义思想为指导，全面贯彻落实中共十九大精神、习近平总书记对广东重要讲话和一系列重要指示精神，按照税务总局、省税务局和市税务局的工作部署，狠抓落实，完成国税、地税征管体制改革等任务，推动大埔税收事业健康发展，获得“全国模范职工小家”“全国优秀工会积极分子”和“广东省五四红旗团支部”称号，在全省纳税人满意度调查中获得全市第一、全省第九，绩效考核取得全市第二。

【党建工作】2018年，大埔县税务局把党的政治建设摆在首位，旗帜鲜明讲政治。1. 加强党对税收工作的全面领导。坚持党委中心组学习制度，组织多个学习专题，带动全系统干部职工学习贯彻习近平新时代中国特色社会主义思想和中共十九大精神、习近平总书记对广东重要讲话和重要指示批示精神等，增强“四个意识”，坚定“四个自信”，坚决做到“两个维护”。落实民主集中制和“三重一大”相关规则，保证决策的民主性、科学性。贯彻执行党内各项规章制度，严肃党内政治生活，持续推进“两学一做”学习教育常态化制度化，强化实干兴税的政治责任，做到对党忠诚、为民负责。2. 采取多种形式开展党员教育活动。组织党员干部到红色根据地接受理想信念和宗旨教育、社会主义核心价值观、党性党风党纪教育；通过民主生活会、中心组学习、“三会一课”、专题培训等方式强化党章党规党纪教育；开辟“党纪课堂”专栏，不定期在公告栏推送全面从严治党教育内容；开展以“不忘初心、牢记使命”为主题的拓展训练、主题会演、主题征文等活动；成功举办大埔税务青年干部《梁家河》读书分享会；参与 “迎新年、颂党恩、展新貌”主题大合唱活动；组织开展纪律教育学习月活动，学习典型问题通报、观看电教片，汲取经验教训，以反面典型为镜，加强党员干部的警示教育；配合并组织全体党员干部参加市纪委开展的“客都清风杯”法规知识竞赛。3. 重视党建引领，发挥党委的领导核心作用。大埔国税、地税合并挂牌后，严格按照上级要求，成立党建工作领导小组，强化党的建设领导。建立健全基层党组织，顺利成立县税务局直属机关党委和纪委，全局设10个党支部（其中7个分局支部，3个机关支部）。新机构的工会、团支部、妇委会等群团组织也顺利如期成立。

【机构改革】2018年，大埔县税务部门深化税务机构改革落实“四个确保”的要求，上下学深悟透改革方案，领会改革精神，主动向县委、县政府汇报国税、地税征管体制改革有关情况，协调召开国税、地税征管体制改革座谈会，确保各项改革任务顺利完成。1. 完成好“挂牌”。税务机构挂牌是国税、地税征管体制改革的重要环节和新税务机构对外履行职责的重要标志。为确保挂牌工作平稳顺畅，县税务局严格按照上级部署，严把时间进度，落实好挂牌各项要求。按照综合部门先搬迁、分批到位的原则，于2018年7月14日完成局领导和四个综合部门的搬迁整合工作；严格落实保密要求，提前制作好“国家税务总局大埔县税务局”“财政路办公区”及其他税务分局等 8 块牌子和其他相关印章，为机构挂牌做好准备；从场地布置、旗手训练、挂牌演练等做好准备，确保挂牌仪式各项流程顺利进行。新机构在 2018 年 7 月 20 日顺利挂牌成立。2. 落实好“三定”。按照“三定”暂行规定，大埔县税务局设内设机构 11 个、事业单位 2 个、派出机构 7 个、另设机构 1 个，暂予保留党和纪检监察工作机构。为高标准落实好“三定”，制订实施方案。在坚持德才兼备、职责对应、科学合理的原则前提下，摸清各部门人员需求，开展 3 轮 630 人次谈心谈话，营造心齐气顺的改革氛围，确保“三定”暂行规定圆满落地。3. 推进好“划转”。为推进好社保费和非税收入征管职责划转，县税务局把握时间节点，从四个方面着手做好“划转”工作。成立社会保险费和非税收入征管职责划转工作办公室和工作专班，牵头组织实施划转工作。制发社保费和非税收入征管职责划转工作方案和任务分工表，明确分工，严格照表推进。主动联系县社保、财政、住建等部门，建立政府主导、部门协作、职责明确、配合紧密的工作机制，共同研究解决职责划转工作遇到的问题，做好相关测试工作，按期完成各项职责划转任务。强化业务人员培训、优化窗口设置、加大宣传辅导、制定应急预案等准备工作，确保划转前准备到位、划转中移交衔接到位、划转后管理服务到位。

【税收征管】2018 年，受经济形势下行、天气严重干旱和中美贸易摩擦和减税降费等因素影响，重点税源陶瓷和水电行业税收减收严重。大埔县税务局加强征管，堵塞漏洞，挖潜增收，同时落实税收优惠政策。加强重点税源管理。重点加强建安、房地产、金融、保险、电力、陶瓷、稀土、烟草等行业的管理，动态跟踪上述重点企业的生产经营状况。加强税种的科学化、精细化、专业化管理。以增值税发票、企业所得税汇算清缴审核、土地增值税清算等为抓手，抓好各税种的管理。强化社会保险费和非税收入征缴工作，开展社会保险费的扩面征缴，做好机关事业单位社保费和职业年金的征管工作。有效发挥风险管理和税务稽查作用，提升风险应对水平，加大打击税收违法的力度。做好环保税的开征。重点开展对房地产业、建筑业、矿山瓷土和砂石场、“两违建筑”、混凝土行业及饮食行业的专项清理整治。争取地方多部门支持，通过多种措施，加大对历史积欠税款的清缴力度。2018 年，组织税费收入 20.31 亿元，同比增长 14.7%。其中税收收入 12.46 亿元，规费收入 7.85 亿元，完成市局和县委、县政府下达的预期目标任务。

【税制改革】2018 年，大埔县税务局抓好税制改革工作。1. 深化增值税改革。按照要求及时调整增值税税率，重点做好降低税率后的纳税人专项辅导工作，尤其是纳税人发票开具、纳税申报、进项抵扣、留抵退税等事项进行精细辅导，保证改革减税降负成效。小规模纳税人标准统一调整到位。将小规模纳税人年销售额标准统一到 500 万元，准确把握“转登记”范围、条件、时限、流程，加强宣传辅导和政策解读。2. 推进个税改革。加强组织领导。成立个人所得税改革专项工作领导小组，制定个人所得税改革工作实施方案，明确工作目标和任务，层层压实责任，确保改革工作任务到岗到人。开展宣传。通过采取线上线下全方位、多角度的方式，全面推进个人所得税新政宣传。组织开展培训。组织企业召开座谈会、业务培训会，对纳税人进行多方位多频率专题辅导和培训，确保广大扣缴义务人和纳税人懂政策、会申报、能操作。强化纳税辅导。采取“点对点”“面对面”“手把手”的方式，做好对纳税人和扣缴义务人再培训工作，推广个人所得税手机 APP 运用、重点辅导 6 项专项附加扣除的办理途径、条件和标准、操作方法等，让纳税人足不出户了解最新政策。在办税服务厅设立个人所得税专窗，做好纳税人咨询辅导工作，为纳税人释疑解惑，确保改革红利全面释放。3. 推进环保税改革。建立环保税费改税前期部门联合机制，成立环保税专项工作领导小组，明确环保税开征各阶段工作职责，细化工作任务，建立上下联动、各司其职、协同攻关的工作机制。2018 年初，依据属地管理原则，完成对 50 户环保税纳税人的管户基础信息采集及比对核实、模拟申报等工作。4. 贯彻落实《中华人民共和国烟叶税法》。多方衔接，形成工作合力。对外主动与烟叶收购单位联系，及时掌握收购单位烟叶收购的时间节点、收购计划、收购价款等信息，逐步建立完善烟叶税基础数据；对内建立多部门合作机制，强化税政、征管、纳服等业务部门密切协作，多方检查、督促。精准对接，宣传辅导到位。有针对性地开展税法宣传，并就烟叶税政策、表单填写、系统操作等与原来不同之处进行辅导，有效提升纳税人对烟叶税法的知晓度和遵从度。

【纳税服务】2018 年，大埔县税务局打造纳税服务新模式，营造良好税收环境。1. 优化服务，推出高效化办税措施。持续推进新办纳税人“套餐式”服务，有效解决新办纳税人“来回跑”“反复等”的问题。优化企业简易注销流程，在办税服务厅设置注销业务专窗，强化“首问责任制”“一次性告知制度”，优化企业注销流程，对符合要求的企业实行清税证明免办服务。优化出口退税分类管理，全面推行无纸化退税申报，加快办理出口退税速度，直接提升出口退税企业的资金周转效率。强化纳税信用体系建设，有序开展年度纳税信用等级评价，推进纳税信用动态管理，完善纳税信用奖惩机制。2. 满足需求，打造多样化服务模式。以第三层级办税服务厅为载体，在全市率先推广“一窗一人一机一平台”的办税服务模式，拓展“一厅通办”层级的深度和广度，纳税业务办理时间提速 1/3 以上。推出五大类 133 个事项“最多跑一次”清单和四大类 71 个事项“全程网上办”清单，实现办税服务事项从“最多跑一次”向“一次不用跑”升级。在行政服务中心设立税务专窗，推行二手房交易“一窗受理”和灵活就业人员参保、缴费“一门式”服务，有效解决纳税（缴费）人多头跑的问题。3. 营造氛围，开展多元化宣传辅导。举办“绿满大埔 税务同行”主题党日活动，联合大埔县旅游局、梅州市户外协会举办“深化绿色税制改革 助力红色大埔崛起”税宣月徒步活动，与大埔县妇女联合会联合开展税宣月有奖知识竞答活动，宣传税制改革，提升税收政策的普及度。并得到大埔县电视台、梅州市电视台的正面报道，省局、市局微信公众号的大力宣传，受到社会各界的好评。宣传环保税。联合大埔县财政局、环保局制作环保税宣传海报，分别在县电视台、办税服务厅电子显示屏滚动播放，集中宣传环保税相关政策。结合第一届中国农民丰收节在大埔设分会场的契机，拍摄制作《与税同行 乐享丰收》税收公益广告，获得上级好评，被省局作为六个参选代表之一推荐上报总局参加 2018 年全国税收公益广告作品征集暨展播活动。开展送税法进校园活动，在开学第一周，走进大埔张云裁实验小学，举办“税法同行，书香致远”税法宣传进校园活动。拓宽税企交流渠道，举办“问需求、查短板、帮发展”企业座谈会，开展民营企业“大走访”“大调研”。在 2018 年纳税人满意度调查中，县税务局以 95.16 分的高分获全市第一名，位居全省第九位，得分高出全省平均水平 5.17 分，在新机构成立后的首次纳税服务“大考”中，交出一份满意“答卷”。

广东省大埔县国家税务局（—2018.7）负责人名录

副 局 长：杨萍萍（女，负责全面工作）

郭玉文　余建南　肖卓希
何小康
纪检组长：何　峰

广东省大埔县地方税务局（—2018.7）负责人名录

局　　长：李品良
副 局 长：温尚凯
林文钊（挂职，—2018.5）
总经济师：廖高基
纪检组长：林方虎

国家税务总局大埔县税务局（2018.7—）负责人名录

局　　长：李品良
党委副书记：杨萍萍（女）
副 局 长：郭玉文　余建南　肖卓希
何小康　温尚凯　林方虎
总 经 济 师：廖高基
纪 检 组 长：何　峰

（贺鸿）

金　融

中国人民银行大埔县支行

【简述】2018年，中国人民银行大埔县支行以“清风”专项行动为契机，推进全面从严治党、从严治行，增强基层党组织战斗堡垒作用。制定完善定责、述职、评议、问责“四位一体”的党建责任体系，制定并落实《中共中国人民银行大埔县支行党组关于印发落实全面从严治党责任清单的通知》。深入学习习近平新时代中国特色社会主义思想，有效落实党的组织生活制度。从严治行力度增强。2018年，新出台制度6项，修订完善制度13项。同时，加强综合治理，完善应急管理，把节日安全与每月开展安全检查有机结合起来，开展落实安全措施和涉黑涉恶线索等方面的整治排查，查找安全隐患，杜绝各类案件、事故的发生。

【支持县域实体经济发展】2018年，人行大埔县支行召开大埔县金融管理工作会和金融分析会，通过窗口指导等方式，引导金融机构加大金融支持实体经济力度，加强对三农的支持，促进县域特色产业不断转型升级。至2018年12月底，人民币各项存款162亿元，同比增长5.87%，各项贷款77.8亿元，同比增长7.4%，存贷比48%。

【金融管理和服务】2018年，人行大埔县支行加强金融管理和服务，维护良好金融秩序。1. 强化金融风险管理。继续贯彻落实《广东省金融业重大事项及重要信息报告制度》精神，全年收到机构重大事项报告23条，其中包括新设立中国银行股份有限公司梅州大埔支行。加强对金融机构风险监测预警和风险处置力度。按照依法合规、适度有限、权责对称等原则，及时了解、掌握、分析影响辖区金融稳定动向。全年对辖区银行业金融机构开展6次非法集资排查工作，防范非法集资风险。继续深入“两管理、两综合”工作，加大综合执法力度。督促金融机构依法经营，规范金融同业竞争。全年开展现场检查2场次，1次反洗钱监管走访，有效保障辖区金融稳健运行。2. 做好征信管理工作。提升征信服务水平。做好个人信用报告查询收费和异常查询监测相关工作，指定专人负责管理和日常维护。全年提供个人信用报告查询6518笔；收费查询170笔，按时足额向征信中心上划资金1700元；企业信用报告查询359笔；解决群众异议查询1笔。加强征信合规管理工作。通过按季做好征信信息安全管理自查工作；完善征信业务日核查机制；加强对接入网点和接入机构的风险排查等方式，防范征信信息泄露风险，保护信息主体合法权益。全年对农商行开展个人信用报告查询异常现场核查工作。3. 加强支付结算工作。加强ACS管理，保障系统的安全稳定运行。全年ACS处理业务243笔，成功率100%。做好银行结算账户管理。配合大埔县加强和规范农村财务管理，全县各村民小组开设基本账户要求，通过成立领导小组，明确工作责任，规范审批程序，加强衔接、错峰办理业务，开通E路通账户审核等方式，做好优化企业开户服务。2018年，核准开立各类账户4434户，其中开立3657户、变更账户534户、撤销核准类账户243户，补换发证27户，发出行政许可4312份。对已到期的临时账户进行清理。加强警银协作，筑牢反电信诈骗防线。至2018年底，大埔辖区建立47个电信诈骗定点监测站，各商业银行均已建立该定点监测站，实现定点监测站在县城、乡镇全覆盖。全年堵截电信诈骗风险事件2起，帮助群众挽回经济损失21万元。4. 优化国库管理和服务。强化监管，保障资金安全。加强内部管理，并设立坐班领导，增强国库资金风险防范意识，加强国库运行监测分析，实现“零差错”“零案件”和资金“零在途”。2018年，办理公共预算收入12.23万笔、金额15.3亿元，办理公共预算支出8763笔、金额44.41亿元，办理公共预算收入退库935笔、金额2.05亿元。5. 做好国债管理工作。加大巡查力度，规范国债发行秩序。同时，开展“网银购债下乡”，探索“储蓄国债（电子式）下乡”新形式、新路子。2018年，开展巡查36次，发现违规网点3处，约谈网点负责人，责令现场整改，做到巡查无死角，覆盖面100%。

【金融维权】2018年，人行大埔县支行畅通维权渠道，维护良好金融生态环境。1. 开展金融消费者权益保护工作。为金融消费者提供纠纷解决途径和维权平台，以人行总行举办的金融消费者投诉统计分类及编码行业标准应用实施动员部署暨业务培训电视电话会为契机，从完善机制、打造平台、畅通渠道、开展宣传、调处纠纷等方面推进县域金融消费权益保护工作，提高辖区银行业金融机构对金融消费者投诉管理的规范化和标准化，促进辖区金融行业健康有序发展。全年开展支付服务领域金融消费权益保护执法检查1次，处置金融消费投诉5次、纠纷3次。2. 推动“央行志愿服务”常态化。完善金融志愿者服务制度，改善金融生态环境。组织辖区金融机构充分运用网点阵地、“驻街站台”、线上资源宣传等形式，开展金融知识“四进”等宣传活动，宣传内容覆盖国债、人民币反假、征信、金融消费权益保护、防范非法集资和移动支付等与群众密切相关的金融知识。结合首届中国农民丰收节在大埔设立分会场的契机，开展金融消费者权益保护宣传、打击电信诈骗等主题系列宣传活动。2018年，组织开展志愿宣传活动53场次，志愿者参与193人次，悬挂宣传横幅319条，制作电子宣传栏153个，现场咨询人数1万多人次，解答群众咨询3000多人次，发放宣传资料4.3万份；累计转发工作群100多个，推送公众号15条，阅读量3.5万人次。

中国人民银行大埔县支行负责人名录

行　长：王永广

副行长：杨庆平　杨劲松

（李颂杰）

中国工商银行股份有限公司大埔支行

【简述】2018年，中国工商银行股份有限公司大埔支行强化“四大标杆”意识，深化“四大理念”，践行“三要三不要”精神，主动适应经济新常态，不唯计划唯市场，创新营销手段，提高营销水平，继续以中小客户、重点项目、政府资源三大板块为主线，以拓户、服务工作为抓手，提高网点竞争力和产能，大力拓展存款业务市场，不断深化资产业务经营转型，以信贷业务可持续发展创效益，加强重点项目和重点客户的营销工作，继续加大拓户工作力度，加快中间业务发展，继续坚持稳健经营、从严治行的理念，取得一定成效，实现“拨备前利润、资产质量管控和内控案防”三大预期目标。全年工行大埔支行实现安全运营管理目标。至2018年末，人民币各项存款余额10.1亿元，较年初增加0.38亿元，其中对公存款余额3.83亿元，比年初减少0.38亿元,储蓄存款余额6.28亿元，比年初增加0.77亿元。人民币各项贷款余额8.11亿元，比年初增加1.73亿元。实现中间业务收入1067万元，完成分行计划的115.1%，同比增加292万元。实现拨备前利润3720万元，完成分行计划的103.3%，同比增加327万元。

【业务发展】2018年，工行大埔支行抓日均存款增量工作，坚持“抓日常、抓履职”。重视拓户工作，运用精准营销策略，加强客户关系维护和代发工资户拓户力度，不断把客户群做大做实。加快资产业务的发展，特别是小企业、个贷业务的发展，密切关注并跟进重点项目，加强上下联动。建立发展电子银行业务的长效机制，充分发挥工行大埔支行电子银行各种优势，发展互联网金融，提高自身服务水平，提高客户的忠诚度和满意度。围绕利润目标，不断做大理财产品、贵金属、基金、保险、融e购等交易类造血型业务及分期付款业务，实现中间业务收入可持续增长。

【客户服务】2018年，工行大埔支行着力抓好服务工作，推进网点智能化、运营标准化建设，提高网点的服务水平、服务能力，增强客户体验，提高客户满意度和贡献度，提升网点竞争力。同时开拓业务渠道转型，推进融e购、融e联、融e行及e支付等互联网金融业务，引导客户利用互联网金融工具和各种自助设备办理金融业务，提高服务效率。

【内控案防】2018年，工行大埔支行根据内（外）部经济复杂环境和严峻的治安形势，强化内控案防意识，开展系列内控案防和员工异常行为排查管理活动，加强各项管理，落实案防责任，做好反洗钱和消费者权益保护工作，开展银监经营专项治理工作，严格执行新的收费标准，规范全行经营管理行为，实现全年无重大差错事故、无案件的经营责任目标。

中国工商银行股份有限公司大埔支行负责人名录

行　　长：李柏如（—2018.10）
　　　　　　林志钦（2018.10—）
副 行 长：刘华强（—2018.12）
行长助理：叶伟青（2018.10—）
　　　　　　杨芹芬（女）

（饶义洪）

中国建设银行股份有限公司大埔支行

【简述】2018年，中国建设银行股份有限公司大埔支行按照总行以及省、市分行在年初工作会议上部署的工作要求，围绕省分行坚持“转型发展、创新驱动、合规保障”指导思想，以“价值创造”为核心，落实“初始即严、机关先严、上下同严、一严到底”的“四严”要求以及“重点抓、抓重点，反复抓、抓反复”的工作方法，按照“制度管理重体系、违规发现重成效、违规处置重分级、文化建设重警示、风险管控重全面、系统工具重应用”的工作方针，持续抓好“六重点”，实现“五确保、两减少、五提升”，打造合规管理核心竞争力，提升精细化管理水平，做好客户拓展、存款新增等工作，至2018年12月31日，完成市分行下达的各项计划任务。

【拓展市场】2018年，建行大埔支行做好信息收集工作，采取相应的措施，为客户提供综合金融服务，提高客户的产品覆盖度和忠诚度，促进业务的增长。1. 对公账户开户数提高。采取多种措施，加强与会计师事务所和工商质监局等职能部门沟通联系，取得他们支持，将新成立的单位或公司推荐给建行大埔支行开立账户；同时支行领导带领客户经理上门营销。全年新开账户116户，完成市分行下达任务的127.5%，在市分行排名倒数第一提高至排名第八。2. 对公产品覆盖度增长。出台多种措施，特别是第四季度开展对公产品覆盖度提升竞赛活动，激发员工营销产品积极性，使对公产品覆盖度由原来倒数第二上升至排名第五。3. 成功营销县社保局机关保支出户代发养老金业务。与当地社保局和上级行沟通联系，把工作做在前，成功营销县社保局机关保支出户代发养老金业务，承办代发4800多户、4650多万元的社保资金。4. 成功营销到大埔县人民医院“银医通”业务和惠兜圈收单商户，在方便群众就医看病的同时，赢得当地卫生系统和金融界较好的口碑。5. 成功营销县城奥园、和城花园及锦绣花园的楼盘。与奥园房地产建立良好的合作关系，为该楼盘安装慧兜圈收单商户，至2018年底，收取售楼款3850万元；和城花园楼盘55%个人住房按揭和锦绣花园个人住房按揭均在支行办理。2018年，建行大埔支行在市分行排名较前的个人业务有：个人存款新增排名第一、智慧柜员机交易量占比排名第一、龙支付网络金融活跃户排名第二、AUM 5万元以上和核心客户核心产品排名第三。

【普惠金融】2018年，建行大埔支行把落实普惠金融、支持小微企业、促进贷款增长作为重点工作，采取储备、挖潜、抢占、跟踪、维护等方法并举，上下联动、用足政策、精抓实干、拼抢市场。明确把民营企业作为信贷资金重点支持对象，对中小股份制企业、个体、私营企业的产品有市场、经济效益好、综合还贷能力强、技术含量和管理水平高、有发展前景的企业都进行大力支持。全年为梅州市宏旭实业有限公司等9家中小企业发放贷款3325万元，向小微企业发放快贷893万元，向个人发放助业贷款5505万元，发放个人住房按揭贷款9335万元。向市分行推荐正在办理的授信客户有广东欣红陶瓷股份有限公司固定资产贷款1000万元、梅州市亮鑫源实业有限公司流动资金贷款800万元、广东昌隆陶瓷股份有限公司200万元。资产客户在建行大埔支行的结售费达到433万美元。

【风险管理】2018年，建行大埔支行结合上级行的要求，加强信贷结构调整，有进有退，有所为，有所不为。注重不良资产的清收和转化工作，全面系统地摸查不良贷款户的经营情况、法人和担保人情况，针对不同的企业采取量体裁衣、跟踪调查的方式，本着有重点、有目标，先重后轻，先缓后急的策略，做好贷款质量的管理。全年对公信贷客户本息回收正常，从未出现拖欠和预期的情况；成功收回已核销的历史不良贷款162万元，个人资产客户的预期和不良也控制在最小范围内。

【客户服务】2018年，建行大埔支行要求员工规范服务，提高服务水平，为客户提供优质服务。通过学习剖析被投诉与被表彰正、反两方面案例，使员工在学习经验上有标杆，吸取教训上有对象。对公业务无论从开户、开票、对账、咨询，都能做到随喊随到，有问必答，来则即办，办则能成。对私业务则有针对性地对客户宣传产品，化解他们的顾虑，同时，加快自助银行、智慧柜员机等电子渠道建设步伐，实现电子渠道和人工网点协调发展的良好局面，为各项业务发展提供有力支持。

【案件防控】2018 年，建行大埔支行全面贯彻落实市分行“合规平安年”各项工作，深化纵横联动机制，深化案件防控效果。以“合规平安年”主题教育为主线，参与“警示教育”“三线”教育活动，加强教育预防，强化监督检查，深化联动机制，量化考核奖惩，实现“五确保、两减少、五提升”的工作目标。

中国建设银行股份有限公司大埔支行负责人名录

行　长： 廖祖雄（—2018.1）
　　　　　刘周山（2018.1—）
副行长： 蓝彩芳（女，2018.9—）
　　　　　廖成志（2018.10—）

（张平）

中国银行股份有限公司梅州大埔支行

【简述】2018 年 10 月 18 日，中国银行股份有限公司梅州大埔支行正式开门营业。营业地址是大埔县湖寮镇内环西路 255 号；联系电话 0753-5551890，营业场所面积 360 平方米。中行大埔支行为经营性支行，隶属中国银行梅州分行管辖；根据上级行指导意见，网点建成配置员工 6 人，其中网点行长 1 人、营销副行长 1 人、内控副行长 1 人、综合客户经理 1 人、综合柜员 2 人。参照智能化改造网点的标准进行装修，营业厅各类功能分区齐全，包括预处理服务区、客户体验和产品展示区、开放式柜台服务区、封闭式柜台服务区、中高端客户服务区、营销服务区、自助服务区及辅助功能区等功能分区，配备有智能柜台、移动柜员，能满足客户各种业务需求，做好客户服务。严格按照总行、省行、分行及当地监管部门的相关制度要求，建立符合当地银行机构稳健经营的各项规章制度，具备较强的风险控制能力。中行大埔支行作为辖属的新设立机构，将同样严格执行中国银行各项操作规程，全面落实案防责任制，不断提升网点的风险控制能力，确保实现安全运营。

【业务范围】2018 年，中国银行股份有限公司梅州大埔支行依法办理业务范围有：吸收公众存款，发放贷款，办理国内外结算，办理票据承兑与贴现，代理发行金融债券，代理发行、代理兑付、承销政府债券，代理买卖外汇，从事银行卡业务，提供信用证服务及担保，代理收付款项及代理保险业务，提供保管箱服务，中国银行总行在中国银行业监督管理委员会批准的业务，经银行业监督管理机构批准的其他业务，经人民银行批准的结汇、售汇业务。

【业务开展】2018 年，中行大埔支行响应国家普惠金融工作要求，支持地方经济建设，拓展普惠金融产品。2018 年，开设个人客户、借记卡发卡量、网上银行、手机银行、本外币存取款等业务正常开展。至 2018 年底，各项业务存款合计 7493 万元，新增企业客户 9 户，各项经营指标稳步增长。

中国银行股份有限公司梅州大埔支行负责人名录

行　长： 侯红梅（女，2018.10—）
副行长： 张　仁（2018.10—）
　　　　　陈育生（2018.10—）

（陈育生）

中国农业银行股份有限公司大埔县支行

【简述】2018年，中国农业银行股份有限公司大埔县支行落实分行党委的一系列决策部署，持续深入推进从严治党、从严治行，着力打造忠诚、担当、拼搏的干部队伍，全行员工凝心聚力，奋力拼搏，各项业务经营指标稳健发展。全年实现拨备前利润5641万元，超额完成分行下达的任务。

【负债业务】2018年，农行大埔县支行发挥各类金融产品优势，打好组合拳，做大存款来源渠道，扩大客户总量，挖掘存量客户潜力，拓展新客户、新项目、新目标，带动业务增长。至2018年末，各项存款22.38亿元，比年初增0.98亿元。

【资产业务】2018年，农行大埔县支行践行服务“三农”的历史使命，推动三农“一号工程”，以农担贷、增信贷、快农贷为抓手，结合大埔县具有规模农业、特色农业的实际，把信贷资金大力向农业领域倾斜，拓展具有规模效应的农业龙头企业、专业大户，强推政府增信贷款，做好农业新型经营主体服务，以主动准入白名单的方式，精准投放，提高效率，将信贷资金准确投放到“三农”业务上，促进地方经济的发展。至2018年末，各项贷款13.7亿元，比年初增1.9亿元。

【资产处置和风险防控】2018年，农行大埔县支行坚持抓好资产处置和风险防控工作，至2018年末，全行不良贷款控制在分行控制限额内。

中国农业银行股份有限公司大埔县支行负责人名录

行　　长：张水灵

副 行 长：刘鹏远　曾　威

党委副书记、纪委书记：苏志光

（黄远征）

中国农业发展银行大埔县支行

【简述】2018年，中国农业发展银行大埔县支行坚持以习近平新时代中国特色社会主义思想和中共十九大精神为指导，树牢“四个意识”，坚定“四个自信”，坚决做到“两个维护”，勇于担当作为，突出业务转型发展、党建引领、合规管理、员工素质提升四个定位，实现全行各项工作平稳有效发展。至2018年底，投入西河镇工农村、南桥村帮扶资金9.25万元，参与倡议为工农村筹集太阳能路灯工程项目资金16.29万元。截至2018年12月末，各项贷款余额7.84亿元，比年初增长3870.1万元，增幅5.19%。存款余额6.39亿元，比年初减少3047.88万元。中间业务收入0.86万元。利息收入3520.34万元，收息率100%。账面盈利2210.94万元，比2017年同期增盈897.89万元。

【业务发展】2018年，农发行大埔县支行主动与政府相关部门沟通，耐心宣传农发行信贷政策，争取政府的理解和支持。1. 坚守本源，做实主业。及时足额供应粮油收储资金，当年轮出县级储备粮贷款已全额收回。发放县级储备粮贷款1660万元，支持轮换储备粮5928吨。执行粮油收购资金封闭管理的各项措施，定期与大埔县粮食局、财政局等有关部门联合对全县粮食库存进行检查，确保粮食库存银行账与企业相一致。参与大埔县粮食安全责任考核工作会议，确保地方储备粮轮换计划顺利实施。2. 提升站位，凝聚发展合力。配合县委、县政府提出的“生态立县、实业富县、文旅兴县”的发展思路，对政府重点基础建设项目进行认真分析、综合考量，梳理出符合农发行贷款要求的重点建设项目，主动联系相关政府部门，实行精准营销，力促项目落地。2018年，成功获批项目1个，贷款金额 4000 万元。3. 关注和配合地方政府开展债务清理工作。根据省行要求落实后续发放贷款整改措施，制定整改方案，至 2018 年底，整改方案落实完成，成功投放村村通项目后续贷款 1.4 亿元。4. 做好稳存增存工作。及时关注财政资金动态，与财政部门沟通协商，争取粮食风险基金提前到位，争取 1000 万元社保基金一年期定期存款，借助落实还贷资金的契机，全年争取土储项目贷款还贷资金提前到位 1 亿元。5. 及时收回贷款利息，保障收入稳定增长。督促政府将还本付息款纳入财政预算，保证利息来源的可靠性。密切关注企业和财政部门的资金流，提前通知企业和财政部门做好贷款利息的归还计划。至 2018 年末，收取项目贷款利息 3344 万元，财政粮油利息补贴 176.34 万元，利息收回率 100%。

【合规管理】2018 年，农发行大埔县支行按照上级行“依法从严治行”和“切实打好防范化解重大风险攻坚战”的要求，把抓合规、促发展作为全行改革发展的重要举措。1. 抓好制度学习。以各相关专业条线应知应会的政策制度和管理要求为主要内容，做好专业技能内部学习培训，把制度的真学真懂真用作为抓合规管理的常态。同时，强化职业道德教育、反洗钱合规意识教育和党风廉政教育。2. 落实好内控管理机制，加快全面风险管理体系建设。信贷部门严格把控贷款资金支付，做好贷后管理工作。客户经理落实贷款资金支付条件，审核企业递交申请材料的真实性、完整性和有效性，核实工程进度，严格按照资金支付流程逐级上报申请。每月按时完成授信后管理工作，密切关注抵质押物及承贷主体偿债能力变化，做好押品检查、抵质押物重评，确保贷款的抵质押物足值有效，以防控信贷风险。财会部门把控重点风险点，落实印证分管分用、同业资金往来、银企对账、资金汇划等内控管理要求。开展反洗钱工作，密切关注大额资金进出，提取可疑交易数据，填写客户尽职调查表。对需要上报的大额和可疑交易，及时准确上报，并提交报告说明。办公室落实好基础管理、后勤保障、安全保卫工作，实现安全运营无事故。3. 开展市场乱象整治工作。按照《进一步深化整治市场乱象工作自查明细清单》以日常操作和管理为重点，逐条排查，着力解决当前存在的突出问题，确保治理工作取得实效。

【干部队伍建设】2018 年，农发行大埔县支行围绕省分行《提升员工素质三年规划（2018—2020 年）》和市分行《提升员工素质三年规划实施方案》，为业务转型和高质量发展提供坚强的政治保证、人才保证和智力支持。鼓励员工跨部门、跨岗位学习，全面了解不同部门、不同岗位的工作内容，掌握工作所需各种技能，培养业务多面手。2018 年，对信贷业务部人员进行轮换岗，实现重要岗位工作人员到期应轮岗目标。鼓励新入行员工参与系统内的专业考试和学历再教育，考取与农发行工作密切相关的专业证书，提升学识水平和职业素养。推进信贷财会队伍建设，学习落实《提升信贷财会基础管理水平三年规划》《提升员工素质三年规划》，引导全体员工支农报国、依法合规、廉洁自律、卓越担当，全力服务国家战略和“三农”发展。组织全行员工集中学习，通过网络视频、e 学院、“智慧党建 1+3”等平台信息化载体参加上级行培训会议，学习新政策。全年组织各类学习活动 20 余次。

中国农业发展银行大埔县支行负责人名录

行　长：杨　劲（ —2018.1）
钟志勇（代行长，2018.1—2018.5）
王裕文（2018.5— ）

副行长：黄永航（—2018.1）
钟志勇（2018.5— ）
赖秋丽（女，2018.1— ）

（何琪）

中国邮政储蓄银行股份有限公司大埔县支行

【简述】2018年，中国邮政储蓄银行股份有限公司大埔县支行坚持“稳健经营、科学发展”的总基调，坚持以“稳中求进、提质增效”为基本工作取向，转观念促发展，强管理增效益，调结构助转型，抓队伍提能力，优内控防风险，抓党建保和谐，争政治合格先锋，当业务标兵，完成年度的各项目标任务。

【业务发展】2018年，邮储银行大埔县支行贯彻落实省、市分行“支持实体经济，服务小微企业”的要求，围绕大埔县委、县政府发展思路，在重点项目建设、陶瓷行业、“三农”方面，创新金融服务。至2018年底，公司存款5.14亿元，比2017年增长29.61%，个人存款39.88亿元，比2017年增长4.97%，个人贷款4.48亿元，比2017年增长2.44%，小企业贷款8028万元，比2017年增长15.08%，公司贷款累计投放9.54亿元，结余8.97亿元，资产质量总体控制良好，不良总金额363.7万元，不良率0.69%。

【风险管控】2018年，邮储银行大埔县支行坚持问题导向，筑牢风险底线，开展深化整治银行业市场乱象工作，扎实推进内控提升年活动，狠抓安保“六个到位”执行，完善前、中、后台“三道防线”的制衡机制，定期梳理各部门之间的风险内控管理职责边界不清晰的问题，确保每道防线风险责任的落实。重视消费者权益保护，加强反洗钱、征信信息安全管理、开展扫黑除恶活动，全面落实金融综治目标管理责任制。落实案防三项制度，充分发挥防控会议机制作用，强化邮银协调联动，实现全年邮政金融资金零案件。

【团队建设】2018年，邮储银行大埔县支行着力培养高素质的管理队伍、高效率的营销队伍、高水平的专业服务队伍，不断提升全行员工的整体素质人岗匹配，组织选拔1名网点支行长。开展共产党员示范岗创建活动，激励广大党员立足本职岗位尽责履职、高效服务，全力营造“一个党员一面旗帜、一个岗位一项责任”的良好工作氛围。

【企业精神】2018年，邮储银行大埔县支行始终把深入学习贯彻习近平新时代中国特色社会主义思想和中共十九大精神作为推进各项工作的引领，扎实开展“强基固本”建设工程，强化支部委员组织管理，严格按照实施标准开展党支部基层党建工作，坚持“三会一课”制度，加强对入党积极分子的党的知识教育，完善组织生活，保证在职党员参加组织生活，同时重视党员发展工作，发展预备党员1名。在梅州市分行2018年度基层党组织落实全面从严治党要求主体责任及年度党建重点工作综合检查中，大埔县支行党支部得分91分，全市排名第五。

中国邮政储蓄银行股份有限公司大埔县支行负责人名录

行　长：古伟凡

副行长：黄雪峰

（林丹）

广东大埔农村商业银行股份有限公司

【简述】2018年，广东大埔农村商业银行股份有限公司全面贯彻中共十九大精神、习近平总书记系列重要讲话精神，坚持以“改革年”“合规年”为工作总基调，以提质增量、加强合规、转型创新、支农支小为工作思路，积极践行乡村振兴，坚定推进转型升级，提高资产质量和经营效益，各项业务实现稳步发展。至2018年末，全行各项存款余额57.4亿元，比年初增加5亿元，增长9.69%；各项贷款余额 32.2 亿元，比年初增加 2.1 亿元，增长 7.22%；存贷款市场份额均居全县金融机构之首。不良贷款率 0.92%，较年初下降了 0.07 个百分点；全年实现经营利润 1.6 亿元，全年纳税 4248 万元，持续成为当地纳税大户。大埔农商银行总行机关设 14 个部（室），下辖营业部 1 家、支行 24 家，全行设立 ATM、CRS 机共 36 台，BST 机 26 台，助农取款点 188 个，经营网点遍布全县各镇。

【业务发展】2018 年，大埔农村商业银行采取措施促进业务发展。1. 资金组织推促有力。坚持“存款立行”，继续深化“总对总”营销成果，抓早抓小，充分利用新年、春节、元宵节等传统节日开展“金融知识进社区”、挥春、迎财神等活动，有效扩大宣传范围，推动各项业务发展。2. 支农支小成效明显。近 3 年向人民银行借入 4.2 亿元扶贫再贷款资金用于支持辖区建档立卡贫困户及扶持贫困户的小微企业，为企业及贫困户节省融资成本 2400 万元。至 2018 年 12 月末，单户授信总额 1000 万元以下（含）小微企业贷款户数 200 户，对比年初增 78 户；单户授信总额 1000 万元以下（含）小微企业贷款余额 3.6 亿元，比年初增 9632.3 万元，增速为 36.48%，高于各项贷款的增速。全口径小微企业贷款余额 9.52 亿元，全口径小微企业贷款不良贷款余额 2520 万元，不良率 2.65%，不良率控制在不超过自身各项贷款不良率 2 个百分点的水平。完成小微企业贷款“两增两控”工作目标。3. 业务创新有成效。存款方面，创新推出“特惠存”大额存单，对 10 万元以上的定期存款实行利率上浮的优惠，有效吸引大量的个人储蓄客户。中间业务方面，与深圳市金雅福首饰制造有限公司、东莞市金叶珠宝集团有限公司签约开办贵金属代销业务，拓宽业务领域，实现多元化经营。上线“智慧市场”“智慧公交”等，全面提升金融服务水平。

【普惠金融】2018 年，大埔农村商业银行落实普惠金融工作。1.全面普及自助终端。全行有自助柜员机 36 台，遍布全县各乡镇；助农取款服务点 188 个。2.大埔农商行超级柜台正式亮相总行营业部与埔城支行，超级柜台操作简便，取代了大部分的柜面服务，为客户提供“一站式、自动化、智能化”服务。3. 在大埔县人民医院设立离行式自助银行，方便客户。4. 分别在总行营业部、茶阳支行和高陂支行投放纸硬币自助兑换机，方便客户对零钞兑换的需求。5. 与大埔汽车运输有限公司合作推出的“智慧公交”成功上线，实现乘客搭乘公交时,可直接通过银联 IC 卡“滴卡”“滴手机”以及云闪付、微信等方式出示付款码进行扫码付款，免去乘客提前买票的麻烦，也节省了车站的人工成本。6.由中国人民银行大埔县支行牵头，大埔农商银行联合多家保险、证券公司共同建设的大埔县首个“金融支持乡村振兴示范点”在光德镇上漳村挂牌揭幕成立。示范点集合了金融知识宣传普及、信贷业务咨询、保险、证券等便民服务多种功能，可为当地村民提供助农取款、移动支付体验、国债购买咨询、保险代理、证券在线开户等金融服务。

【网点转型】2018 年，大埔农村商业银行提升网点服务效能。龙山支行、高陂支行作为第一批社区银行网点转型试点，在“开门红”营销竞赛活动期间，均结合当地客户实际，分别开展丰富多彩的抽奖、积分兑大礼、大客户答谢、移动柜台上门服务活动等，有效提升金融服务与客户需求的融合度和服务水平。根据 2018 年网点转型规划，对营业部、茶阳、枫朗及古城进行第二批网点转型试点。

【企业文化】2018 年，大埔农村商业银行做好企业文化工作。1. 做好各类宣传工作。利用灯箱广告、户外大型广告、公车墙纸广告、微信公众号、网站等渠道加强产品与服务宣传，同时，通过“开门红”、挥春、大埔农商银行成立5周年活动以及赞助端午节高陂龙舟赛活动、梅州网络春晚大埔海选活动等，进一步提升品牌形象。2. 提升人力资源管理效能。全年组织培训12期，参加人数388人（次），组织中层干部分两期前往浙江大学参加中层干部管理培训班，提升他们全面管理的能力。12月中旬，组织业务骨干前往厦门大学进行专项培训，加强员工的营销技能及技巧。组织142名员工进行持证上岗考试，提升干部职工的岗位胜任能力。3. 开展“送温暖”慰问活动。全年通过开展金秋助学活动、慰问困难退休职工、困难在职职工、生病职工补助39.2万元。4. 开展金融知识活动。组织开展防范电信网络违法犯罪知识巡回宣讲活动、反假货币宣传活动、“3·15”消费者权益日宣传活动等，全年开展送金融知识下乡、进校园、进社区、进工厂活动90场（次）。

广东大埔农村商业银行股份有限公司负责人名录

董事长：曾少周
行　长：李文彦（2018.5—）
监事长：杨德怀（—2018.4）
　　　　朱小敏（2018.9—）
副行长：李文彦（—2018.5）　黎伟平
　　　　黄杰华（2018.4—）
　　　　张敏燕（女，2018.10—）

（杨开德）

人寿保险

【简述】2018年，中国人寿保险股份有限公司大埔县支公司贯彻落实上级公司战略部署和市公司年度工作会议精神，按照省公司“发展是第一要务，基层是重中之重，效益是根本追求”的经营思路和市公司“城区要做强，两乡要做大，收展要做快”的经营理念，围绕分公司三年“十百千万”工程，进一步提升内外勤联动和公司经营管理水平,认真组织，加强规划，深入一线，践行营销规律，为公司转型升级和持续快速健康发展奠定坚实的基础。全年各项任务达到预期成效，业务均衡稳健发展。

【业务发展】2018年，人寿大埔县支公司实现保费收入7795万元，比2017年同期增长0.95%。个险渠道完成个险新单保费1367万元,比2017年同期增长5%，其中10年期保障型434万元，年度进度82%，全年架构人力482人。银保渠道完成银保期交保费189万元，比2017年同期增长9.9%；团险渠道完成大、短险保费778万元，比2017年同期增长21%。全年支付理赔款622万元。

【风险管控】2018年，人寿大埔县支公司落实管理制度，将保险金融建设工作责任落实到位。建立金融建设工作小组，制定内控管理规章制度，确保每一个岗位、每一项业务、每一个关节都有章可循，预防金融风险，堵住风险漏洞。各基层营销服务部负责人负责本营业部的内控工作，根据各个职场和营销服务部的特点，将责任分解落实到个人，严格执行保险管理制度，保证合法合规展业，为公司持续健康发展提供有力的支持和保障。

【柜面建设】2018年，人寿大埔县支公司围绕“做大做强队伍，强化人员管理培训，实现队伍经营自主化，加强风险防范，提升服务质量，保持管理阵型稳定”的经营理念，结合公司的业务管理和发展要求，加强金融保险风险管控工作；向人民群众普及保险金融知识，持续开展“反洗钱”活动，提高金融消费者风险意识。同时持续做好金融保险服务工作，提高从业人员保险服务能力，使人民群众了解保障内容、理赔范围、理赔流程。客户服务中心持续加强微笑服务，认真解答办事群众的疑难问题，提出解决的办法和途径；制定相关的策略及方案，加快队伍建设，为一线提供强有力的后勤保障，做到客户满意、伙伴满意。

中国人寿保险股份有限公司大埔县支公司负责人名录

副 总 经 理：何　勇（主持）

总经理助理：柯湘芳

副 总 经 理：何志雄（2018.1—2018.9）

（张莎豪）

财产保险

【简述】2018 年，中国人民财产保险股份有限公司大埔支公司学习贯彻中共十九大会议精神、习近平总书记一系列重要讲话精神，贯彻落实大埔县委、县政府的文件精神和工作部署，坚持“促发展、保效益、防风险”的工作主基调，全面贯彻执行上级公司的各项经营管理规定，发扬“攻坚克难，团结拼搏”的精神，立足大埔保险市场，采取有效措施，加强机关作风建设和公司销售能力建设，应对市场竞争，开拓市场，扎实抓好业务发展，完成上级交给的工作目标。全年保费收入 3018 万元，同比增加 316 万元，增长 11.69 %。其中车险业务保费收入 1710 万元，同比增加 68 万元，增长 4.14 %；非车险业务保费收入 1308 万元，同比增加 248 万元，增长 23.39 %。政策性保费收入 620 万元，同比增加 66 万元，增长 11.91 %。全险种支付直接赔款 1568 万元，同比增加 250 万元，赔付率 51.95%。

【业务发展】2018 年，财险大埔支公司加强公司销售能力建设，拓宽销售渠道。抓好公司部门、营销部的营销能力提高；抓好车辆维修合作厂和保险营销代理销售工作；开拓车行销售代理工作，拓宽公司的销售渠道，提高市场的竞争力度。抓好车险电销业务，加大车险电销宣传和销售力度，应对车险市场竞争，继续执行电销业务分公司销售政策，有效促进车险业务的稳定和发展。合理配置车险维修资源，公司经理室亲自抓车险维修资源配置工作，加强与维修合作厂的联系，开拓车行的代理销售工作，调动合作厂的积极性，促进业务发展，抓好重点企业、重要客户展业工作。全年立足大埔支公司的实际，制订营销方案，加大费用挂钩考核，把有限的费用倾斜到展业一线，有效调动一线发展业务的积极性，促进业务健康发展。

【业务管理】2018 年，财险大埔支公司坚持在承保业务上，严格执行上级公司条款、费率和执行各项承保管理规定，抓承保风险管控，做好保前风险评估工作。理赔方面，规范中求发展，继续加强对大埔理赔分部的管理，打造专业理赔队伍的建设，强化理赔管理工作，增强理赔责任心，做好人伤跟踪工作，提高现场查勘率，打击假赔案和挤水分，准确合理定损。

【保险服务】2018 年，财险大埔支公司加强理论学习，提高思想觉悟。学习中共十九大会议精神、习近平总书记一系列重要讲话精神。开展依法合规经营活动，坚持学习求深、工作求高、管理求严，不断提高干部职工的思想认识，促使干部职工用心想事、用心谋事、用心干事，经得起考验、担得起重任。党风廉政建设结硕果。注重良好党风政风的建设工作，定期召开民主生活会，倡导建立民主、团结、积极向上的领导班子队伍，在工作中实行亲属回避制度，个人使用车辆主动向财务上缴费用，公务招待实行“先审批、后登记、再执行”的管理制度，保证有详细的廉政记录。

中国人民财产保险股份有限公司大埔支公司负责人名录

经　理：叶辉平（—2018.12）

副经理：杨有林（临时负责人，2018.12—）

（罗万祥）

2018年人保财险大埔支公司保险业务情况表

表2 单位：万元

项　目	2018年	2017年	+、-（%）
一、保险费合计	3018	2702	11.69
1. 企业财产险	208	108	92.6
2. 家庭财产险	86	86	0
3. 运输工具及责任险	1710	1642	4.14
4. .农业险	620	554	11.91
5. 责任险	245	197	24.36
6. 意外险	131	97	35.05
7. 健康险	18	18	0
8. 工程险	0	0	0
二、赔偿合计	1568	1318	18.96
1. 企业财产险	93	59	57.63
2. 家庭财产险	86	76	13.15
3. 运输工具及责任险	1108	867	27.79
4. 农业险	106	184	-42.39
5. 责任险	70.5	56	25
6. 意外险	57	41	39.02
7. 健康险	47.5	35	35.71
8. 工程险	0	0	0

综合经济管理

发展计划管理

【简述】2018年，大埔县发展和改革局全面贯彻落实中共十九大精神，以及传达贯彻习近平总书记视察广东重要讲话精神，以习近平新时代中国特色社会主义思想为指导，统筹推进“五位一体”总体布局和“四个全面”战略布局，围绕“生态立县、实业富县、文旅兴县”三个定位，发挥经济社会综合规划协调职能，开拓进取，凝心聚力，奋力攻坚，推动生态富民强县，开创决胜全面建成小康社会新局面。

【服务经济和社会发展】2018年，大埔县发改局做好服务经济和社会发展工作。1. 发挥重点项目办公室综合协调职能，大力推进重点项目建设。大埔县2018年重点建设项目92项，总投资412.61亿元、年度投资计划90.66亿元，全年完成投资80.09亿元。2. 深化落实简政放权要求，加快企业投资体制改革。严格贯彻落实国务院、省和市企业投资体制改革，全面实行企业投资项目网上备案，企业投资项目规划选址、用地审批、环境影响评价等程序与项目网上备案同步并联办理。全年受理审批政府投资项目269项，总投资13.32亿元，受理企业投资项目核准及备案122项，总投资47.67亿元。3. 做好中央预算内投资项目稽察监管系统项目稽察工作。按照上级有关稽察工作的要求，对2013年以后下达大埔县的中央预算内投资项目在稽察监管信息系统进行日常管理。在日常管理中对项目单位进行业务指导，要求相关单位对涉及的项目信息每月进行填报更新，由在线审核后上报，圆满完成上级交办的工作。

【发展战略和规划】2018年，大埔县发改局抓好重要产业的发展战略和规划工作。1. 推进社会信用体系建设。转发上级有关社会信用体系建设、联合奖惩文件，组织协调相关部门做好社会信用体系建设工作；制定《大埔县加强政务系统诚信建设实施方案》《2018年大埔县社会信用体系建设工作要点》《大埔县电子商务领域严重失信问题专项治理工作方案》《大埔县中介机构信用评价办法（征求意见稿）》。组织开展社会信用体系建设专项行动。开展涉金融领域失信问题、电子商务领域严重失信问题专项治理。2. 全面组织完成公务用车制度改革考核评估工作。组织完成公务用车制度改革考核评估工作，对车改工作推进情况、保留车辆情况、取消车辆处置情况、司勤人员安置情况、公务交通补贴发放完成情况、公务交通费用节支率完成情况、保留车辆公务用车平台建设情况、保留车辆标识化工作落实情况、完善配套政策等落实情况进行全面梳理。3. 协调推进原中央苏区振兴发展实施工作。协助原中央苏区产业摸底考察工作，梳理6项对接项目，总投资16.09亿元。总结原中央苏区振兴发展推进实施情况，形成《大埔县贯彻实施〈赣闽粤原中央苏区振兴发展规划〉中期评估报告》《大埔县关于原中央苏区振兴发展工作情况的报告》。深入研究国家支持社会民生事业发展的相关政策，加强与相关部门的沟通与联系，争取社会民生事业项目。争取广东省公共卫生服务能力提升工程中央预算内投资项目2个，大埔县妇幼保健院补助资金1200万元、大埔县慢病院补助资金600万元，教育现代化推进工程中央预算内投资项目1个，大麻镇中心小学综合教学楼补助资金476万元。4. 组织拟订综合性产业规定，提出综合性政策建议。做好2019年中央预算内投资项目储备工作，组织上报制造业增强核心竞争力、技改类项目5个，总投资2.4亿元。组织完成地方性市场准入事项、市场准入负面清单地方实施性措施的梳理工作。组织开展营商环境评价调研工作，组织完成大埔县营商环境评价自查报告。

【资源环境建设】2018年，大埔县发改局抓好资源环境协调发展。1. 开展国家重点生态功能区相关工作。结合国家、省主体功能区环境、气候、财政、土地、农业等配套政策提出并拟定《广东省大埔县国家重点生态功能区产业准入负面清单》，于2018年6月获《广东省发展改革委关于印发〈广东省国家重点生态功能区产业准入负面清单（试行）〉（第二批）的通知》文件批准。2. 推进本地区非化石能源发展工作。贯彻执行国家、省、市非化石能源利用政策，及时转发上级有关非化石能源利用政策相关文件，并加强新能源技术推广应用的宣传和引导，提高全社会对新能源技术推广应用的认识，推动清洁能源项目建设，做好风电、光伏发电产业政策的宣传引导工作，及时上报相关材料。3. 加快电动汽车充电基础设施建设工作。为贯彻落实国家、省、市关于加快电动汽车推广、电动汽车充电基础设施建设的战略部署，推进大埔县电动汽车充电基础设施的建设工作。草拟了《关于落实大埔县充电基础设施建设任务的通知（征求意见稿）》（初稿），待修改完善后征求相关单位的意见，报政府审定。

【价格管理】2018年，大埔县发改局深化价格机制改革工作。1. 做好有关单位收费调整和审批工作。对全县涉及企业收费部门进行梳理，确定全县涉企收费部门（或单位）34个。全年取消、停征、降低、放开收费有6项，减轻企业负担合计215万元。通过开展涉企收费检查，减轻企业负担，降低实体经营成本，促进实体经济稳步发展。2. 稳步推进农业用水和农产品价格改革。配合水务部门，制定农业综合水价改革，推进农业水价综合改革，按照农业水价改革实施计划，健全农业用水价格形成机制，区别不同作物和用水类型实行分类水价。完善农产品价格形成机制，按照国家部署，继续执行国家稻谷、小麦最低收购价政策，促进粮食生产稳定发展和农民增收。2018年，早籼稻、中籼稻、晚籼稻最低收购价格分别为每50千克120元、126元、130元，比2017年分别下调5~10元/千克。3. 建立多部门价格协调联动调控机制。加强价格调控，抓好应对市场价格异动工作预警、工作预案的组织和实施，加强重大节日及自然灾害期间价格调控，保持全县价格基本稳定。落实广东省发改委2018年3次降低全省各地一般工商业电价，合计降价8.19分。4. 落实社会救助和保障标准与物价上涨挂钩联动机制。及时启动联动合机制并发放价格临时补贴，有效化解物价上涨影响，确保困难群众基本生活水平因物价上涨而降低。根据物价上涨情况，2018年2月发放全县城市、农村低保人员，城市、农村特困人员，城市、农村定期抚恤人员，领取失业保险金人员，共2.16万人实行价格临时补贴，发放金额63.54万元。5. 加强价格监督检查，维护群众的合法权益。按照上级工作部署，开展2018年春运客运上限票价、生猪屠宰收费排查、清明节期间殡葬服务收费价格检查、城市供水和供气及供暖、电信领域价格重点检查、房地产领域社会矛盾化解专项行动，开展涉企收费与价格检查、机动车检测收费、元旦春节或中秋国庆期间市场商品、服务、收费明码标价检查、电网和转供电环节电价重点检查等专项检查，都取得明显的效果。全年受理群众来人、来电、来信及网上价格咨询、投诉共22宗，查处价格违法行为2宗，罚没上交国库金额12.75万元，责令退回提高标准收取机动车检测费和公墓穴位费计27.64万元。6. 按照规定的标准、程序和方法进行价格认定。严格按照《价格认定规定》《价格认定行为规范》《价格认定文书格式规范》的要求，协助公安部门参与刑事价格认定180宗，标的价值约为903万元。

大埔县发展和改革局负责人名录

局　长：刘南泉

副局长：罗概良　陈宇淦　刘春明

（詹文聪）

工商和质量技术监督

【简述】2018年，大埔县工商和质量技术监督局围绕县委、县政府和上级工商局和质监局的工作重点持续深化商事制度改革，积极服务地方经济发展，扎实推进事中事后监管，维护消费者合法权益，全面加强党的建设，为大埔县营造宽松平等的准入环境、公平竞争的市场环境、公正执法的监管环境、稳定公平透明的营商环境、安全健康的消费环境作出了积极贡献。

【登记注册管理】2018年，大埔县工商和质监局抓好登记注册管理工作。1. 优化服务环境。采取“急事急办、特事特办、马上办”服务措施、在登记注册服务窗口，从接待咨询、登记注册等方面全部实行“一个窗口受理，一张表格申请，一套材料提交，一个号码发照”等一站式服务，同时推行“首问负责制、限时办结制”和“承诺负责制”等制度，公开办事程序，企业开办业务力争做到“一次讲清、一趟办成”，为招商引资工作营造良好的环境。2. 推进“多证合一”改革。完成“十一证合一”并向“二十四证合一”迈进，自2018年6月30日正式实施“二十四证合一”以后，全县已核发企业“多证合一”营业执照2570张。3. 提高市场准入便利化程度。严格落实上级“进一步压缩企业开办时间”的决策部署，登记资料齐备的审批时限由原来的20个工作日改为4个工作日，居全市前列，市场准入效能大幅提升。至2018年底，全县实有市场主体2万户，同比增长33.22%，其中企业2510户，同比增长54.64%。2018年，新增市场主体5003户，同比增长90.75%，其中企业887户、个体户4020户、农民专业合作社96户。4. 推进企业简易注销改革。简易注销审批时限降为3个工作日，市场退出机制更加便捷高效。至2018年底，为149户企业成功办理了简易注销，有效解决“办照容易办证难”“准入不准营”等突出问题。

【企业监管】2018年，大埔县工商和质监局抓好企业监管工作。1. 推进“双随机一公开”抽查工作。实施“双随机、一公开”监管，联合县食品药品监督管理局、烟草专卖局、安监局等单位开展市场主体登记（备案）情况、营业执照使用情况等抽查工作，全年抽查各类市场主体802户，其中企业数377户、个体户409户、农民合作社16户，正常经营695户，通过登记的住所无法取得联系的企业107户；抽查结果均在“国家企业信用信息公示系统”公示，公示率100%。2. 推进企业年报。通过QQ群、朋友圈、微信公众号等新兴媒体发送年报公告、宣传视频等，提高年报知晓度；利用电话通知、短信警示以及上门宣传等传统方式，增强年报紧迫感。2017年度市场主体应报户数1.73万户，已报户数1.66万户，年报率96.05%。其中，应报企业2099户，已报1961户，年报率93.43%；

应报农专社526户，已报471户，年报率89.54%；应报个体工商户1.44万户，已报1.4万户，年报率96.64%。分别将未按规定年报的138户企业、55户农专社列入异常名录和485户个体工商户标记为异常状态并在“国家企业信用信息公示系统”公示。并对未按照规定公示年度报告和期限公示有关信息的企业立案查处，2018年立案查处6宗，罚没入库2.9万元。3. 开展失信企业联合惩戒机制。实行“黑名单”、经营异常名录等制度，在各领域形成联合惩戒机制。2018年，累计归集各部门的各类涉企信息数据合计1.03万条，其中后置审批目录管理信息6条、行政许可信息6221条、行政处罚信息1203条、抽查检查信息1731条、小微企业扶持信息数据1186条。

【商标广告监管】2018年，大埔县工商和质监局抓好商标广告的监管工作。1. 为创商标品牌提供服务。配合县委、县政府实施商标品牌战略，帮助企业做大做强，提升商标品牌意识。为企业提供商标的设计、查询及办理申请商标注册手续的全方位跟踪服务，并对初次取得注册商标企业及时地进行商标标识使用规范的指导。同时，做好宣传发动工作，动员指导企业争创驰名、著名商标，有力推动全县品牌经济发展。2. 加强商标专用权保护力度。制定《大埔县工商和质监系统打击侵犯知识产权和制售假冒伪劣商品专项行动方案》，并成立相应组织领导机构，以驰名商标、地理标志为重点，严厉打击网络商标侵权假冒违法行为，加大商标行政保护力度。全年出动执法人员345人次，执法车辆60辆次，检查经营户1201户、市场12个，立案查处销售侵权商标商品案2宗，结案1宗，罚款入库1000元。3. 深化广告市场监管。开展违法广告专项整治行动，对人类辅助生殖技术服务、房地产领域不稳定问题、县城市容环境卫生以及食品类的违法广告进行专项整治。至2018年底，出动执法车辆50辆次，出动执法人员230人次，检查门店345间，检查户外广告265幅（块），成功处理违反《中华人民共和国广告法》投诉5宗，查处广告违法案件4宗，罚没款1.38万元。

【市场规范管理】2018年，大埔县工商和质监局全力服务“三农”，培育和扶持农村市场主体发展。通过红盾护农、合同帮农、商标富农、政策帮农，推行农业订单合同示范文本，扶持特色农业、龙头企业。同时做好企业动产抵押登记工作，开展“守合同、重信用”活动和强化辖区成品油市场监督、“巩文创卫”工作。全年办理动产抵押登记业务25件，其中动产抵押注销登记13件、动产抵押登记12件，抵押登记金额9978万元。至2018年底，全县有“守合同、重信用”公示企业100户，其中连续公示企业25户、新增公示企业75户。查处违法销售成品油案件2宗，案值15.26万元，罚没入库0.7万元。

【经济稽查】2018年，大埔县工商和质监局以提高执法效能为出发点，采取措施，加大监管打击力度，组织、协调各股、所，创新工作机制，优化执法环境，提高行政执法的针对性和实效性。全年开展涉烟打假打私和打击走私“洋垃圾”、燃料汽柴油、“扫黄打非”、“老人免费体验店”等专项行动14次，出动执法人员3700人次，检查门店4300户次，清理各类市场20个次，立案查处各类违章违法案件31宗，案值5.08万元，罚款金额14.03万元。其中查处无照经营案8宗、商标侵权案5宗、广告违法案4宗、制假售假案3宗、走私贩私1宗、其他案件10宗。同时，依托基层工商质监所加大巡查监管力度，对辖区商贸集市、批发市场、车站、旅游景区等场所的行霸、市霸涉黑涉恶线索摸排。设立并公开扫黑除恶专项斗争投诉电话6部，设立投诉举报箱17个，发放宣传资料4400份，悬挂宣传横幅25条，制作LED滚动播放宣传牌 6 个和宣传栏 20 块，检查各类集贸市场 13 个、车站码头 3 个、旅游景区 11 个，发放调查问卷 1000 份，摸排扫黑除恶线索 11 条，其中核实办结 3 条，移送公安机关 1 条。

【消费者权益保护】2018 年，大埔县消委会秉承对商品和服务进行社会监督，保护消费者合法权益，整合“12345”政府服务热线和“12315”消费者维权热线工作制度和流程，畅通消费维权投诉渠道，加强消费维权工作力度。全年受理投诉举报案件 178 宗，成功调解 178 宗，为消费者挽回经济损失 4.03 万元，接受消费者咨询 874 人（次）。

【质量监管】2018 年，大埔县工商和质监局做好全县传统精品的保护和传承，提高产品附加值和知名度。为推动企业提升自主创新和卓越质量管理能力，提高竞争力，培育西河珍珠粄和银江金针菜列入 2018 年国家地理标志保护产品；协助梅州玉丰特陶科技有限公司（原大埔县特陶科技有限公司）做好 2018 年广东省名牌产品评价目录的申报工作，并推荐广东泉之乡矿泉饮料有限公司等四家企业作为大埔辖区内标杆示范企业。

【特种设备安全监察】2018 年，大埔县工商和质监局开展气瓶、锅炉、电梯、大型游乐设施等专项整治和城市风险点、危险源排查整治专项行动，加强安全隐患排查治理力度。严厉打击非法安装维保电梯、使用伪造特种设备作业人员证或无证上岗行为，全年出动安全监察人员 340 人（次），检查特种设备使用单位 126 家次，检查设备 198 台次，现场消除一般安全隐患 20 处，排查较大隐患 9 宗（已落实整改），发出《特种设备安全监察指令书》7 份，立案 2 宗，罚没入库 1.53 万元。

【标准化工作】2018 年，大埔县工商和质监局协助大埔县兴瑞现代农业发展有限公司等三家企业完成 2018 年度广东省农业标准化示范区项目建设申报工作，其中大埔县兴瑞现代农业发展有限公司已完成专家组的评审。

【计量监督检查】2018 年，大埔县工商和质监局开展计量监督检查工作。1. 实施计量基础战略，全面落实企业免费检定计量强检器具等惠企政策，深入开展集贸市场及乡镇医疗卫生机构强检计量器具免费检定工作。全年检定、校准各类计量器具 1.63 万台（件），其中冷水水表 2000 只、压力表 1476 只，强检免征 83.3 万元。集贸市场及基层医疗卫生单位免费强检计量器具 4243 台（件）、免征 51.54 万元，60 千克以上台秤 538 台、免征 18.07 万元。2. 加强对在用计量器具专项监督检查，营造有序竞争、放心消费的市场计量环境。2018 年，检查眼镜制配企业 2 家、医疗机构 5 家、瓶装液化气充装站 3 家、加油站 25 家次、重点耗能企业 1 家、集贸市场 2 个、商场超市 4 家，检查在用计量器具 1200 余台（件）。3. 完善计量器具认证和强制计量器具建档工作。完成一家“二级计量保证体系”确认（复审）工作，同时将强制检定计量器具分类归档并整理成纸质和电子文档。

大埔县工商和质量技术监督局负责人名录

局　　长： 刘锦坤

副 局 长： 王杰华　徐伟根　刘以荣　房亦淦　刘尚荣

党组成员： 庄有义

（饶敏进　林利娜）

审　计

【简述】2018 年，大埔县审计局坚持以习近平新时代中国特色社会主义思想为指导，全面贯彻中共十九大精神，深入贯彻习近平总书记重要讲话精神，以及对广东提出的“四个走在全国前列”等重要要求，实施“生态立县、实业富县、文旅兴县”三个定位，坚持“依法审计、服务大局、围绕中心、突出重点、求真务实”的工作方针，坚持审计工作服务经济社会发展大局和“反腐、改革、法治、发展”的要求，开展纪律作风专项整治行动，推进“两学一做”学习教育常态化制度化，适应新常态，践行新理念，依法履行审计职责，稳步推进公共资金、国有资产、国有资源审计全覆盖，依法开展财政审计、经济责任审计、公共投资审计、企业审计，揭露违法违纪问题和经济社会运行风险隐患，发挥审计在推动深化改革、促进依法治县、推进廉政建设、促进山区经济高质量发展等方面的监督保障作用。

【审计成效】2018 年，大埔审计局完成审计项目 28 个，查出违规金额 796 万元，损失浪费金额 18 万元，管理不规范金额 9.72 亿元，发现非金额计量问题 42 个，收支不实 2 万元，审计发现侵害人民群众利益 172 万元，审计期间整改金额 256 万元，出具审计报告和审计结果报告 45 篇。上交财政 668 万元，归还原渠道资金 74 万元，调账处理金额 67 万元，移送处理事项 4 件、金额 225 万元。通过审计，增收节支 743 万元，挽回损失 5 万元，提出审计建议 89 条，被审计单位制订整改措施 110 项，完成交办配合事项 8 件。

政策落实跟踪审计　大埔县审计局对大埔县 2018 年加强基层医疗卫生服务能力建设政策措施落实情况进行跟踪审计，审计了县级公立医院综合服务能力情况、加强县级公立医院综合服务能力建设任务情况、提高基层医务人员待遇任务落实情况、加强基层医疗卫生人员培训任务落实情况和加强基层公共卫生服务能力建设任务落实情况，发现财政资金拨付不够及时、全科医生特设岗位补助项目资金无法使用、未按要求完成全科医生培训目标任务，以及对 2017 年审计发现的问题整改不到位等，并提出了 2 条审计建议。

财政审计　2018 年，大埔县审计局对县级预算执行情况和县工商局、文广新局、体育局等 3 个部门预算执行情况，以及大埔小学、县实验幼儿园 2 个单位财政财务收支情况等 6 个项目进行审计。1. 县级预算执行情况审计。查出无预算支出挂账 2.55 亿元、多列基金支出 783.5 万元、未收回借款利息收入 363.81 万元等问题。2. 三个部门预算执行情况审计。查出应缴未缴财政资金 6.4 万元、无依据收取工作经费 16.5 万元、支出内容不真实 8.67 万元、扩大支出范围 45 万元、不合规支出 3.19 万元、未按合同收取租金 9.58 万元，少记固定资产 1.37 万元，公务接待报销凭证不齐全 1.83 万元、差旅费报销不规范 0.2 万元，多付工程款 0.9 万元，大额现金支付 2.37 万元、付款手续不完善 6.96 万元、白单付款 1 万元、无依据发放岗位补贴 1.54 万元等问题。3. 两个单位财政财务收支情况审计。查出应缴未缴财政资金 2.4 万元、未实行政府采购 73.3 万元、套取幼儿伙食费 41.43 万元、虚大伙食费支出 1 万元，少记固定资产 43.75 万元、物资管理不到位，公务接待报销凭证不齐全 2.55 万元、差旅费补助发放不规范 0.68 万元，白单付款 279.18 万元、大额现金支付 223.76 万元、付款手续不完善 28.88 万元、无依据发放补助 2.58 万元、购置办公用品无验收手续 20.32 万元、伙食费退费依据不充分 19.21 万元等问题。

经济责任审计　2018 年，大埔县审计局开展经济责任审计工作，完成 15 个单位 16 位领导的经济责任审计项目，查出的问题主要有 6 个方面。1.收支管理方面。应缴未缴财政资金 156.17 万元、少计少缴税费 19.79 万元、虚报医保基金 130.54 万元、虚列支出套取资金 45 万元、支出内容不真实或支出真实性难以确认 45.34 万元、无依据收取工作经费 44.8 万元、扩大支出范围 341.7 万元、不合规支出或多付支出 12.92 万元、挤占挪用资金 41.64 万元、未实行政府采购 6.19 万元、未按合同收取租金押金或承包款 32.78 万元。2. 资产负债管理方面。虚增债权 25.89 万元、少记固定资产 50.88 万元、往来款项未及时清理 3888.4 万元、核减固定资产未报批 29.36 万元，以及房产未估价入固定资产等问题。3. "三公" 经费及会议费管理方面。公款报销个人费用 2.73 万元、公车费用或业务接待费未单独列示 18.31 万元、公务接待报销凭证不齐全 173.2 万元、超标准安排陪餐人数支出 2.55 万元、多付伙食补助及住宿费交通费 0.87 万元、车辆费用报销凭证不规范 9.34 万元、未按规定列支工会费交通费会议费接待费等 23.02 万元、差旅费支出管理不规范 1.13 万元。4. 项目建设管理方面。多付工程税费 12.04 万元、工程结算未送财政部门审核 186.43 万元、未按招标文件收取履约保证金 1131.53 万元、未按进度支付监理费 8.79 万元、超概算投资未报批 78.37 万元、工程未立项招标 41.48 万元、工程发包给无相应资质的施工单位 52.47 万元，以及未按规定办理施工许可手续、建设工程未实现预期目标等。5. 财务管理和会计核算方面。白单付款 22.3 万元、津补贴发放不规范 34.47 万元、医疗机构违规发放开单提成 2.9 万元、大额现金付款 117.13 万元、票据使用不规范 4.27 万元、专项资金未在单位账户核算 2110 万元、多方开户管理住房维修资金 391.25 万元、付款手续不完善 116.14 万元、财务管理不规范 3.19 万元，以及账面现金与银行存款科目余额不一致、网上银行 K 宝管理不到位、未按规定设置会计明细账及编制财务报表等。6. 其他方面。决策失误造成损失浪费 18.52 万元、重大资金安排未经集体决策 64.53 万元、个别单位未建立议事决策制度或决策程序执行不到位、租赁合同签订不合规、产业帮扶项目管理及对下属单位经济活动监督不到位等。

民生审计　2018 年，大埔县审计局对湖寮镇县肉联厂建设征地资金进行审计，审计专项资金总额 1471.61 万元。审计项目实施情况、征地面积情况、财政财务收支情况，抽查征地补偿资金分配发放等情况，发现多付征地补偿款 8.5 万元、多付清场费用 0.67 万元等问题。

公共投资审计　大埔县审计局审计实验小学运动场工程，并对县中医医院 2018 年迁建工程项目进行跟踪审计。查出增加工程未报项目审批部门批准确认 220.44 万元，未按招标文件约定扣除质量保证金、超进度付款、未按规定办理施工许可证、施工合同签订不规范、未按规定办理质量监督手续、项目未纳入综合信息平台项目库、项目采购确认谈判结果未公示、未按招标文件要求签订 PPP 合同、未按规定提交履约保函、现场监理监督不到位、设计变更图纸未经第三方审核等问题。

企业审计　2018 年，大埔县审计局对县中旅社、县水电发展有限公司 2 个企业进行财务审计，查出虚列维修费套取资金 18 万元、虚大购置支出 2.78 万元，固定资产管理不完善，违规用公款报销个人费用 0.84 万元、公务接待费未单独列示 4.96 万元、公务接待报销凭证不齐全 81.5 万元，多付工程税费 1.56 万元、工程项目结算未送财政部门审核 66 万元、超进度支付工程款 2.38 万元、工程验收手续不合规，白单付款 40.32 万元、违规发放津贴补助 7.42 万元、超范围限额使用现金 299.65 万元、付款手续不完善 69.39 万元、会计基础工作不规范 118.62 万元，以及未按规定申报缴纳社保费、合同文书签订不规范、误餐补助发放不规范、财务支出审核不到位、财务公开制度未落实、电站生产运行日志记录不完善、内控制度不完善及执行不到位等。

【加强监督】2018 年，大埔审计局围绕中央八项规定精神和国务院 "约法三章" 要求，在实施项目审计过程中，加强对公务支出和公款消费等方面的监督，促进厉行节约和规范管理，推动俭朴政府建设。督促各单位各部门严格执行相关规定，公务支出和公款消费支出均比以前年度有较大幅度下降，大吃大喝、铺张浪费的风气得以持续扭转，匡正党风政风，净化政治生态。对收受“红包”礼金、单位机构设置、人员编制等加强监督检查。在 2018 年下半年进行的某镇领导经济责任审计中，首次把资源环境列入审计和审计评价内容，开始资源环境审计的初步探索与实践。

【审计服务】2018 年，大埔县审计局抓好审计服务工作。1. 服务地方发展大局。围绕县委、县政府和上级审计机关中心工作，加强监督检查，全力配合服务经济社会发展大局。城镇保障性安居工程跟踪审计、乡镇党政领导干部经济责任异地同步审计、地方政府性债务和隐性债务审计、财政暂存暂付性挂账事项审计调查、潮州市湘桥区委书记区长经济责任审计、全省农合金融机构风险防范审计调查、海珠区审计局做好扶贫资金专项审计调查、畜禽养殖污染专项整治经费使用情况绩效评价、征地拆迁、巡察，以及挂钩帮扶大东镇岩东村、三坤村等一系列工作，服务全县经济社会发展。2. 注重审帮促相结合。帮助查找财务管理方面的存在问题，有针对性地提出审计建议，及时堵塞管理漏洞，共帮助被审计单位制定整改措施 100 多项。帮助清理债权债务和账外资产，帮助 10 个单位清理账外资产 52 万元。帮助健全内部管理制度，规范会计核算。针对审计发现的问题，提出审计建议 80 多条并指导有关单位纠正，帮助规范财务管理工作，纠正管理不规范行为金额 3.5 亿元。督促检查被审计单位对审计查出问题的整改落实情况，审计整改落实率 90%。

大埔县审计局负责人名录

局　　长：周　威

副 局 长：罗永忠　黄咏辉（女）

总审计师：罗光陆

（廖志营）

统　　计

【开展经济普查】2018 年，大埔县统计局把第四次全国经济普查工作作为统计工作的重中之重，扎实推进普查各项工作。1. 迅速成立以县分管领导为组长的工作领导小组并明确职责分工，及时从有关单位抽调人员组建县级普查办公室，各镇（场）也相应成立工作机构。2. 召开第四次全国经济普查动员暨清查摸底业务培训会议，对经济普查工作进行全面部署和安排，对单位和个体户的清查摸底进行业务培训。3. 以“单位清查”“中国统计开放日”“普查登记前宣传月”为重要时间节点，通过电视台、宣传车、户外 LED 滚动屏幕、悬挂横幅、张贴宣传画、下发告知书和宣传品等形式，全方位开展宣传活动，营造较好的宣传氛围。4. 将 2018 年、2019 年普查经费足额列入年度财政预算，2018 年拨付 113 万元，为经济普查提供经费保障。同时，树立红线意识，坚决依法普查，扎实开展清查摸底工作，为正式入户登记打下坚实基础。

【统计“双基”建设】2018 年，大埔县统计局把抓好统计“双基”建设作为提高统计数据质量的关键。通过开展常态化检查，加强镇（场）统计站建设，完善镇（村）统计台账，落实统计人员备案制度。严格按照《广东省一套表联网直报单位统计工作规范》要求，加强企业统计台账建设，督促指导网报企业完善原始记录和电子台账。投入 10 多万元资金，创建三个镇统计站和三家“四上”企业“双基”示范点，以点带面，全面推进。2018 年底，全县 15 个镇（场）统计站全面实现“五有六化”目标并规范管理。

【统计数据质量】2018年，根据国家、省、市数据审核评估工作要求，大埔县统计局提高监管效能，提升数据质量。1. 加强对新增单位入库的标准及相关证明材料的审核，对不达标的单位一律退回，对往年成立当年才开业的企业，认真核实企业提交的相关证明材料。2018年，全县新增“四上”企业11家。2. 针对2018年内由规下升为规上的新增单位，重点审核企业同期数据，一旦发现及时通知补报，对老企业的数据同比、环比增长快和新上网报企业增量大的企业及时查询，并作出情况说明和解释。3. 开展数据质量专项抽查，以入户形式对不同区域、不同行业、不同类型企业抽取检查对象，对财务数据、统计基础工作等进行综合性检查，提高核查的针对性，达到“一次抽查、全面体检”的效果。对发现的问题，弄清原因，限时整改，并跟踪整改落实到位。

【统计法制建设】2018年，大埔县统计局推进统计法制建设。建立数据评估机制，明确数据采集、审核、查询等各个环节的工作标准，实现业务全流程、全覆盖的质量监控。开展针对“四上”企业、投资项目和镇（场）的统计执法检查，并配合市局开展重点领域统计执法。采取形式多样的宣传方式，将宣传重点转移到提高统计公信度上，增强社会公众对政府统计的了解和支持。

【统计服务】2018年，大埔县统计局把提升优质服务水平作为统计工作的出发点和落脚点，加强统计信息化建设和网页的安全管理，提升统计月报档次，丰富公开内容，扩大发送范围，及时公布统计数据和政务活动信息。全年印制精装版《大埔统计月报》小册子11期800份，编辑出版《大埔县统计年鉴2017》等。同时，围绕党委、政府的工作目标和任务，开展调查研究，加强经济运行分析，每月定期召开联网直报业务分析汇报会，并撰写10篇统计分析材料，为领导决策服务，为大埔经济社会发展提供数据支撑。

大埔县统计局负责人名录

局　长：刘永东

副局长：廖广企　谢汉娇（女）

（刘琪武）

统计调查

【重要经济数据发布】2018年，国家统计局大埔调查队根据调查发布经济数据。大埔县全体居民人均可支配收入为18293.2元，同比增长8.5%；城镇居民人均可支配收入为23669.6元，同比增长7.7%；农村居民人均可支配收入为13742.9元，同比增长8.5%。

【常规统计调查】2018年，大埔调查队严格按照国家统计局相关调查方案和广东调查总队相关制度要求，组织开展城乡住户调查、农民工监测调查、劳动力调查、农产量调查、畜禽监测等调查工作，通过完善调查网点、增强样本代表性、规范调查流程、强化数据审核评估等措施，提高调查数据的真实性和准确性。

【专项统计调查】2018年，大埔调查队按照国家统计局和总队要求，组织开展时间利用调查和高质量发展人民群众获得感主观评价调查工作，精心组织，提供必要的人力、财力和物力，高效优质完成专项调查任务。

国家统计局大埔调查队负责人名录

队　长：吴文清（女，2018.5—）

副队长：吴文清（女，—2018.5）

纪检员：吴蔚祺（2018.9—）

（何维）

安全生产监督

【简述】2018年，大埔县安全生产监督管理局学习贯彻习近平总书记在十九大报告中提出“我们要树立安全发展理念，弘扬生命至上、安全第一的思想，健全公共安全体系，完善安全生产责任制，坚决遏制重特大安全事故，提升防灾减灾救灾能力”的要求，围绕县委“生态立县、实业富县、文旅兴县”的发展思路，贯彻落实上级关于安全生产的决策部署，坚持安全发展、改革创新、依法监管、源头防范、系统治理的原则，提升全县安全生产整体水平，全县安全生产形势继续保持稳定，实现“促一方发展、保一方平安”目标。2018 年，全县工矿商贸企业未发生安全生产责任事故，道路交通事故 37 起、死亡 39 人，比 2017 年分别下降 12%和 9.3%（其中生产经营性道路交通事故 1 起、死亡 1 人）；火灾事故 31 起、无人员伤亡，比 2017 年分别下降 24.3%和 0。

【落实安全生产责任】2018 年，大埔县安监局落实好安全生产责任工作。1. 提高政治站位，主动作为。坚持定期向县委、县政府主要领导汇报安全生产工作。全年 4 次在县委常委（扩大）会议、10 次在县政府常务会议（或县长办公会议）汇报安全生产工作，组织筹备全县安全生产季度会议 4 次、专题会议 2 次，为党委、政府建言献策，提出安全生产对策措施。2. 健全安全生产责任制。以县委办、县府办的文件下发《关于推进安全生产领域改革发展的实施意见》，制订《大埔县安全生产监管网格化管理实施方案》，建立“县、镇、村”三级安全生产监管网格，形成职责明确、责任清晰、横向到边、纵向到底的安全生产责任体系，推动落实“管行业、管业务、管生产经营都必须管安全”的要求。贯彻落实《国务院安委会办公室关于全面加强企业全员安全生产责任制工作的通知》和省、市相关要求，综合运用分类指导、典型引路、宣传发动、监督检查和依法处罚等方式，推动企业建立健全全员安全生产责任制，层层签订责任书，全面落实企业安全风险管控、隐患排查治理等主体责任，做到安全责任、管理、投入、培训和应急救援“五到位”。3. 加强安全生产督查考核。加强事故隐患排查和督办。县安委办不定期开展检查督查、明察暗访，对群众投诉举报和重大事故隐患实施挂牌督办下发督办函 16 份，挂牌督办 34 宗重大事故隐患，全部落实整改到位。制定《2018 年安全生产责任制考核实施方案》，对各镇（场）、各单位履行安全生产责任制情况进行年度考核，实行“一票否决”。

【加强监管执法】2018 年，大埔县安监局加强监管执法工作。1. 严格落实监管执法工作计划。制订《2018 年度安全生产监督检查工作计划》，对非煤矿山、危化品、烟花爆竹、职业卫生开展日常安全监管，开展汛期、“五一”、国庆等重大节日时段的安全大检查。开展非煤矿山防山体滑坡、危化品防爆防雷等专项整治，督促企业落实防汛度汛措施，加强预警研判和应急抢险准备工作。开展危险化学品安全综合治理、夏季消防安全专项检查。对全县加油站、易燃易爆危化品经营场所进行整治，依法关闭居民区、人员密集场所等不具备安全条件的经营场所。全年检查企业 761 家（次），发现安全隐患 175 处，相关企业按整改要求全部落实整改。开展联合执法，部门联动，牵头组织相关部门开展联合检查 6 次，支持、配合相关部门开展检查 22 次，提升“齐抓共管”工作成效。全县全年排查事故隐患 3598 宗，其中较大以上事故隐患 472 宗、重大隐患 38 宗（全部由县政府挂牌督办，其中市挂牌督办 11 宗），全部完成整改。排查橙色等级的风险点危险源 9 处、黄色 8 处，并制定管控清单，落实管控措施。2. 打击非法违法行为。建立日常执法工作机制，把打非治违与隐患排查工作相结合、与专项整治相结合、行政处罚与安全教育相结合，规范执法程序和执法行为。全年立案查处违法违规行为26起，行政处罚26起，罚款6.31万元；联合公安、工商和质监、经信、相关镇政府等部门开展“打非治违”专项行动，查处并取缔非法生产、储存行为7宗，没收非法产品1091件,缴获爆竹半成品1376个、制作烟花爆竹的硫黄1千克、硝酸铵钙10千克及制作工具一批。

【重点行业安全专项整治】2018年，大埔县安监局扎实推进重点行业安全专项整治工作。1. 开展为期3年的道路交通、危险化学品、电气火灾安全综合治理。县交警大队开展查处违法酒驾、无牌无证驾驶、超速超载的行为，排查清理隐患车辆和问题驾驶人。县交通运输局开展“平安交通”“道路运输平安年”等活动，加强重点营运车辆的动态监管。县安监局严把危险化学品许可条件，加强源头管控，打击非法生产、经营、储存等行为。2. 开展专项整治。县消防大队组织开展电气火灾综合治理，强化人员密集场所、易燃易爆单位等消防安全重点单位火灾隐患整治。县教育局联合有关部门深入推进校车交通安全专项治理，加强校园安全管理工作。县住建局加强建筑施工脚手架、提升机、塔吊等重点岗位环节的隐患排查专项整治。县安监局加强非煤矿山综合治理，强化作业场所粉尘涉爆企业整治，推进陶瓷、工贸等行业职业病危害专项治理，抓好烟花爆竹、涉氨制冷、有限空间作业等重点行业领域隐患治理。县工商和质监局突出强化电梯、压力容器等特种设备的专项整治。县旅游局针对重大节假日组织开展旅游安全专项检查。县气象局加强气象信息联运协调机制，开展气象防雷专项治理。同时，相关部门还深入开展民爆物品、电力、农林、水利、环保等专项整治，提升各行业领域风险防范能力。

【安全基础保障】2018年，大埔县安监局加强安全基础保障工作。1. 加强队伍培训。组织全局干部职工参加国家、省局举办的视频业务讲座、培训班，聘请市安全生产宣讲团专家对1600名镇、村干部、镇级专职安全检查员开展安全知识培训，提高依法履职能力。2. 开展主题宣教。开设大埔安监微信平台，开展“安全生产月”活动。在县城滨江公园广场组织开展“安全生产宣传咨询日”活动和“我为安全生产献力量”签名活动，在县广播电视台、邮政公司等相关媒体平台开展安全生产公益宣传，普及安全常识，提升社会公众的安全素质。争取县财政支出35万元，在县城梅河公园内建设“大埔县安全生产主题公园”，通过实景形式宣传安全生产文化，提高市民安全意识。3. 加强应急演练。全年督促企业完成应急救援演练11家（次），聘请梅州市矿山救护队到大埔举行应急演练1次。

大埔县安全生产监督管理局负责人名录

局　长：梁永志

副局长：江逢宾（—2018.4）　林华北

　　　　刘顺波　郭永辉（2018.4—）

（王冰）

招商引资

【简述】2018年，大埔县招商局围绕以功能区战略引领发展和产业生态化、生态产业化的新观念，坚持生态优先，突出人文引领，推动绿色发展，以园区建设为载体，以产业聚集为目标，深入实施“乡贤回归兴业工程”，优化营商环境，推动招商引资工作的发展。至2018年底，全县招商引资签约项目19个，计划投资总额91.85亿元，投入资金12.5亿元，引进10亿元以上项目1个，总部经济项目1个。其中在建项目7个，计划投资总额15.3亿元；未动工项目12个，计划投资总额76.55亿元。协议项目23个，计划投资总额105.05亿元。

【招商平台建设】2018 年，大埔县招商局重视平台建设，夯实招商引资。立足大埔县情资源实际，完善招商项目库、企业家信息库、乡贤库、数据库。高标准规划建设广州海珠（大埔）产业转移工业园、县城工业小区、茶阳食品工业小区、大埔蜜柚现代农业产业园、中国高陂青花瓷特色小镇，筑巢引凤，为外来投资和大埔加快振兴发展提供平台和载体。筹办以“凝聚客商力量，化育时代英才，助推乡村振兴，共谋绿色发展”为主题的大埔县招商大会，开展新型工业、文化旅游、生态健康、现代农业、特色小镇建设等领域招商引资，共签约项目 15 个，计划投资总额 56.1 亿元。加强与在外大埔商会、协会和重要乡贤社会团体的沟通联系，发挥其桥梁纽带作用。2018 年，大埔县在厦门召开 2018 广东大埔招商旅游宣传推介会，厦门 9 家企业与大埔县签订了 20.3 亿元的合约；参加了广东省大埔商会青年委员会成立暨大埔招商推介会、山茶花爱心表彰大会、增城大埔客家文化研究会十周年及广东省大埔商会暨大埔招商推介大会等 6 个节会庆典。升级广州市海珠区金龙大厦对外招商引资宣传推介展示平台，全方位展示大埔县招商引资的优惠政策、产业资源、项目储备情况等突出优势。

【优势产业招商】2018 年，大埔县招商局突出优势产业，发力招商引资。1. 陶瓷产业方面。凭打造中国高陂青花瓷特色小镇为契机，辐射带动光德镇、桃源镇、洲瑞镇等陶瓷专业镇共同发展。2018 年，引进投资 5 亿元的广东玉城高陂青花瓷小镇股份有限公司陶瓷特色小镇开发项目和计划投资总额 3.05 亿元的广东德达实业有限公司高端陶瓷研发生产项目。2. 文化旅游产业方面。以创建全国全域旅游示范县为目标，突出红色文化、客家文化、农耕文化主题，引进有实力的企业参与大埔县的旅游开发，做大做旺文化旅游业。2018 年，引进了投资 9.5 亿元的广东崧髻源投资开发有限公司生态观光旅游开发项目、投资 2 亿元的梅州市龙发旅业管理有限公司休闲旅游建设项目、投资 2 亿元的梅州大埔银滩实业股份有限公司农业观光项目、投资 1 亿元的大埔县西河红姑娘生态农业发展有限公司农业观光旅游开发项目；对接了世界 500 强企业正威国际集团，该集团已组织考察团到大埔对大埔红色旅游资源进行投资考察。3. 生态健康产业方面。引进广东聊里食品有限公司投资 2 亿元的农产品食品加工项目、大埔县源生硒生物科技发展有限公司投资 1.5 亿元的山泉水罐装生产项目；与广东省生物工程研究所签订了计划投资 3 亿元的新兴产业发展科技研究合作项目。4. 农业产业方面。以大埔蜜柚现代农业产业园建设为契机，2018 年招商大会签约进园企业 2 家是广东顺兴种养股份有限公司投资 1 亿元的蜜柚产业园加工一体化项目、广东通美实业有限公司投资 1.2 亿元的蜜柚精深加工项目。引进投资 3 亿元的梅州泽源农业发展有限公司农产品深加工项目。5. 其他产业方面。成功引进梅州市新祥伟纺织品有限公司投资 3 亿元的服装加工生产项目、大埔银盛船舶修造有限公司投资 3 亿元的船舶设计制造项目、大埔县丰晟实业有限公司投资 3.8 亿元和大埔县瑞锦房地产有限公司投资 3 亿元的商住区开发项目。

【招商服务优化】2018 年，大埔县招商局强化优质服务，优化营商环境。1. 实施领导带头外出招商。县主要领导、分管领导多次带队赴广州、深圳、东莞、厦门等重点区域开展招商引资活动，引进了投资 9.5 亿元的广东崧髻源投资开发有限公司生态观光旅游开发项目并在大埔招商大会上与大埔杰出乡贤、全国人大代表邓振龙的深圳市绿基房地产开发有限公司签订计划投资 9 亿元的大埔蜜柚特色小镇项目协议书。2. 坚持“走出去”与“请进来”招商。邀请广东省大埔商会、深圳市大埔商会、正威国际集团高层等商会组织和企业到大埔参观考察，并在考察期间以召开座谈会的形式开展招商宣传推介活动。3. 建立“三个一”（一个项目、一个领导、一抓到底）工作机制。通过领导身体力行，靠前与企业及投资者联系沟通，了解企业实际情况和投资意向，各部门协调配合积极跟进，促企业到大埔洽谈投资。4. 落实项目跟踪服务制度。完善项目实时跟踪服务制度，加强与洽谈项目、签约、投产企业的沟通联系，主动走访企业、投资者，协助企业办理各项报批手续，做好全程服务，帮助他们解决实际困难。5. 完善投资政策环境和软环境建设。近几年，大埔出台了《关于鼓励扶持投资的若干规定》《大埔县促进总部经济发展暂行办法》《关于加快陶瓷产业发展的若干规定》《大埔县加快实体经济发展的优惠政策》等优惠政策。完善“一门式一网式”和“马上办”服务改革，压缩办事时限，精简行政许可事项流程，方便企业和群众办事，提高行政效能。

【区域合作招商】2018 年，大埔县招商局借力区域合作，助推招商引资。1. 依托广州（海珠）产业转移工业聚集区，主动承接海珠区转移产业。2018 年，引进广东德达实业有限公司计划投资 3.05 亿元的高端陶瓷研发项目，同时海珠对口帮扶工作队的积极推荐，成功对接聚光科技（杭州）股份有限公司投资 5 亿元的百侯新农村建设项目等。2. 发动组织企业参加广交会、广博会、农交会等大型展会。全年分别组织宝丰、富大、顺源等陶瓷企业和通美、衎衎等多家食品企业参展 2018 粤澳名优商品展览会、2018 广东 21 世纪海上丝绸之路国际博览会、2018 中国景德镇国际陶瓷博览会、2018 中国—东盟博览会埔寨展、第 124 届广交会、2018 中国厦门春季展览会等一系列展会。11 月 23—25 日，组织 4 家参展企业和 20 多位企业家代表参加中国国际投资促进会与广梅产业园管委会在广梅产业园绿创中心共同举办的中国国际绿色创新技术产品展广州（梅州）产业园专展，并开展一系列招商引资和项目精准对接活动。

【存在问题】2018 年，大埔县招商引资工作仍存在一些问题。工业项目用地指标少，可用土地严重缺乏，成为影响项目落户的最大障碍。全县工业基础和产业配套能力较弱，产业链短、关联度低，对外来投资缺乏吸引力和竞争力。签约项目产业结构不合理，工业项目招商成效不明显，引进的强势企业相对较少，上水平、上规模的项目还不多。落地项目进展不够理想，签约多，落地难，资金到位率低。招商引资队伍的思想不够解放，进行学习培训、互相交流的机会少，知识得不到更新，观念相对落后，不能适应新时期招商引资工作的要求，招商引资新理念有待进一步实践和完善。

大埔县招商局负责人名录

局　长： 林开樊（2018.4—）
谢德兴（—2018.4）

副局长： 刘鹏万　罗俊坚
袁春华（女，2018.4—）
丘艳艳（女，—2018.1）

（李宏川）

建设·环保

城乡建设

【简述】2018年，大埔县住房和城乡规划建设局按照“四个全面”战略布局和“四个走在全国前列”的要求，牢固树立创新、协调、绿色、开放、共享五大发展理念，围绕“生态立县、实业富县、文旅兴县”发展思路，依法履行职责，结合“科学规划、从容建设、依法管理、优质服务”的原则，立足职能，以规划为龙头，建设为动力，管理为保证，狠抓项目建设，推动扩容提质步伐，各项工作成效明显。

【城乡规划】2018年，大埔县住房和城乡规划建设局坚持“城乡建设，规划先行”的原则，把城乡规划放在最突出位置。1. 启动中心城区控制性详细规划编制工作。完善万川新城、黎家坪新区控制性详细规划，并启动《大埔县城市总体规划（2018—2035）》的修编工作。2. 完成青溪镇、枫朗镇等6个镇的总体规划编制，全县14个建制镇总体规划全部完成；开展剩余46个行政村村庄规划编制工作，至2018年底，基本完成全县245个行政村村庄规划编制工作。3. 完成三河红色旅游特色小城镇、百侯历史文化特色小城镇规划编制工作。4. 配合做好乡村复兴论坛前期准备工作。5. 协助做好传统村落、历史建筑等创建报批工作。百侯镇侯南村、三河镇汇城村传统村落保护项目已完成。2018年，成功申报第五批中国传统村落18个，并有7个历史建筑入选梅州市第三批历史建筑名录。

【城乡建设】2018年，大埔县住建局围绕县委、县政府对重点工作的部署，抓好主责的6项总投资77.35亿元、年度计划投资17.05亿元的市、县重点项目建设任务。1. 抓实城东、城西两个“三旧”改造项目。2. 推进龙湾国际、西华新村、幸福城、奥园广场等超亿元城市综合体建设，推动县城扩容提质步伐。3. 抓好市政道路等设施建设。县城环城大道提升改造项目于2018年国庆前基本完工并实现通车；内环东路主路建设项目完成施工图设计、立项、工程预算送审等前期工作；人民医院侧道路提升改造项目有序施工中。4. 加快建设大埔县建筑垃圾弃土场，至2018年底，完成路面浇筑、土方开挖等前期工作。5. 指导高陂、茶阳、大麻三个镇实施中心镇“六个一”创建工作。该项目投资额为28.11亿元，2018年投入资金约4.09亿元。在规划编制、平台建设、产业发展、基础设施建设等方面取得有效进展。6. 做好2018年南粤古驿道大埔段保护修复利用工作。至2018年末，大埔县精华段（三河镇余里段）基本完成保护性修复并开放；三溪段、阴那山段正有序开展古驿道的保护修缮和活化利用工作。7. 落实全县11个镇级填埋场整治工作。2018年，基本完成光德、枫朗2个填埋场改变用途的相关证明材料准备及青溪、三河、大东、银江等4个填埋场的清理搬迁工作。

【建筑业管理】2018年，大埔县住建局立足职能，抓好建筑行业管理，依法依规做好规划、施工许可证的核发工作。1. 抓好规划的实施管理。2018年，核发建设用地规划许可证 228 宗，用地面积 69.33 万平方米。其中县城核发 71 宗，规划建设用地面积 58.15 万平方米，镇（场）核发 157 宗，规划建设用地 11.18 万平方米。2. 抓好项目选址管理。2018 年，核发《建设项目选址意见书》56 宗，规划面积 52.43 万平方米。其中县城核发 12 宗，规划面积 21.83 万平方米，镇（场）核发 44 宗，规划面积 30.6 万平方米。3. 抓好工程报建及管理。2018 年，核发建设工程规划许可证 136 宗，建筑面积 127.78 万平方米。其中县城核发 39 份，建筑面积 95.6 万平方米，镇（场）核发 97 宗，建筑面积 32.18 万平方米。核发施工许可证 41 份，其中公建项目 21 项，建筑面积约 4.45 万平方米，投资额约 4.52 万元；私人投资项目 20 项，建筑面积约 72.27 万平方米，投资额约 11 亿元。办理竣工验收备案 21 项，建筑面积约 22.37 万平方米，投资额 2.75 亿元。房屋和市政工程公开招标告知性备案 37 项，邀请招标告知性备案 50 项。4.抓好村庄风貌管控，增加审核建筑风貌环节。下发《广东省新农村住宅建筑设计图集》和《大埔新农村建设农民住宅设计方案》，要求农村建筑外立面必须注入客家元素。5. 抓好业务办理流程及材料缩减。15 项行政许可事项在原来承诺办理时限上再缩减，总体压缩率提升，申请材料能减则减。6. 抓好造价管理。2018 年，完成招标控制价备案 54 项，共计工程造价约 1.55 亿元。7. 抓好混凝土管理工作。至 2018 年底，县辖区内的水泥散装率 93.1%。全年出动 39 人次，抽查 72 个在建工程项目和 6 间搅拌站的节能等工作情况，各工地混凝土管理情况良好。8. 做好城建档案管理。完善档案资料的收集、分类、整理、录入，共接收进馆工程项目 41 项，入库档案资料 79 卷。9. 抓好安全生产工作。全年组织重大节假日期间、“两会”期间、节后复工、汛期、“安全生产月”活动等 15 次安全生产检查，制订 18 个专项检查方案，组织应急演练和参加省住建厅组织的 6 月“安全生产月”和 9 月“质量样板”观摩活动。10. 抓好信访维稳工作。全年接待来访、办理信访件 279 宗。开展社会矛盾大化解专项行动，深入摸底排查、集中重点调处、责任到岗到人等工作措施，妥善调处化解各类矛盾纠纷，确保大局和谐稳定。

【工程项目招标】2018 年，大埔县住建局严格执行《梅州市房屋建筑和市政基础设施工程施工招标文件范本》，规范大埔县房屋建筑和市政基础设施工程施工招投标活动，保障招标人和投标人的合法权益，在规范建设市场招投标行为的同时，不断完善招标代理和备案制度，注重引导、激活建筑市场和房地产市场。全年全县实行招标的房建、市政、交通公路、水利工程共 140 项，交易额 11.5 亿元。其中实行公开招标 87 项，交易额 2.15 亿元；实行邀请招标 53 项，交易额 9.35 亿元。通过招投标为业主方节约投资 2173 万元。

【房地产事业】2018 年，大埔县住建局严格执行《中华人民共和国房地产管理法》等有关法律法规,整顿和规范房地产市场秩序，鼓励和引导有实力的房地产企业进行科学合理开发。同时，完善商品房预售制度，严格按照有关规定进行核发预售许可、预售资金、商品房交付等监管工作。全年办理预售许可证 13 宗，预售面积为 28.13 万平方米；成交商品房 2425 套，面积为 30.4 万平方米，成交金额为 15.3 亿元。

【民生实事】2018 年，大埔县住建局以民为本，推进民生实事工作。1. 抓好农村危房改造工作。指导督促各镇（场）做好 2018 年 670 户省级农村危房改造和 65 户存量任务，其中 616 户建档立卡贫困户危房改造全部竣工并验收，2018 年 12 月 25 日前将资金全部拨付到改造户账号中。2. 指导各镇（场）农村生活垃圾收运处理工作，确立“户投放、村集中、镇转运、县处理”农村生活垃圾收运处理体系。建立环境卫生保洁长效管理机制，确保农村环境卫生整洁。3. 开展“巩文创卫”、“两美行动”和城乡环境综合整治工作，做好负责区域的卫生保洁工作，抓好建筑工地扬尘治理、围挡设置等工作，提升城乡文明度，优化发展环境。4. 做好扫黑除恶专项斗争工作。制定《大埔县住建局扫黑除恶专项斗争工作方案》及5个针对工作重点的专项工作方案，开展行业牵头工作，摸排出2个涉黑涉恶线索，有效遏制建筑行业黑恶势力活动的发生。

大埔县住房和城乡规划建设局负责人名录

局　　长：刘剑涛

副 局 长：张永昭　蔡淑娟（女）

刘　韬（—2018.4）

党组成员：刘进伟　梁沐师

蓝辉照（2018.1—）

（李浩铭）

国土资源管理

【用地保障】2018年，大埔县国土资源局抓好县内重点工程用地保障工作。供应土地511.7公顷，全面完成全年的“去库存”任务，有效地保障全县重点项目用地。将三河五丰党员干部培训学校、黎家坪物流园、气象教育基地、大麻青里移民安置点等一批急需用地选址不符合规划的项目，通过有条件建设区调整、规模置换、预留规模使用等多渠道发挥规划调控作用，对上述项目规划进行调整。

【耕地保护】2018年，大埔县国土资源局坚守耕地红线。1. 做好高标准基本农田建设。2017年度高标准基本农田建设项目完成立项、规划设计、招投标等相关工作，建设规模806.67公顷，总预算投资1815万元，项目惠及青溪镇铲坑村等12个行政村。2. 推进垦造水田工作。全县需兑现承诺垦造水田任务376.6公顷，任务数全省最多，共涉及62个垦造水田项目，估算总投资2.31亿元。至2018年底，完成55个共计663.93公顷垦造水田项目的立项、规划设计、招投标等工作，可新增水田面积377.13公顷，超过全年任务计划。55个垦造水田项目全部动工建设。3. 做好拆旧复垦工作。全县全年立项10个拆旧复垦项目，完成7个项目，拆旧复垦面积25.45公顷，其中验收5个项目，验收复垦指标10.41公顷。

【执法监察】2018年，大埔县国土资源局加强土地动态巡查监管。1. 推进违法用地整治工作。全年全县巡查发现农村新建违法建房用地45宗，面积6075平方米，其中立案查处38宗，面积3510平方米；拆除19宗，面积2565平方米。经核查2018年第二季度卫片图斑涉及违法用地图斑26个，违法用地主要表现为农村建房、新农村建设及农村环保设施方面，经核查，有4个未违法用地，22个违法图斑全部立案查处，查处率100%。2. 依法推进“三旧”改造工作。新增高陂河唇街陶艺厂、大埔县人民医院二期改造、三河工业园区博富能“三旧”改造项目，面积8.93公顷；2018年1—11月，完成高陂镇黄塘瓷厂的原料厂“三旧”改造，面积共3.52公顷；新马陶瓷有限公司大埔瓷厂厂房及县城特陶厂、建陶厂拟定实施“三旧”改造方案。

【矿政管理】2018年，为助力全县乡村振兴、建设美丽乡村提供有力的资金支撑，大埔县国土资源局争取省级地灾防治和地质环境治理专项资金353万元，完成3个重大地质环境修复项目治理和重大地质灾害隐患点项目治理工作。1家矿山被评为绿色矿山。开展削坡建房隐患点治理三年综合整治工作。全县三年整治总任务数为791处，2017年、2018年应完成任务数为476处，至2018年末，完成2017年度、2018年度削坡建房任务数为

538 处，完成任务 113%。

【地籍管理】2018 年，大埔县国土资源局加强不动产登记管理，推进不动产登记“双提升”。全县存量登记数据落图率、落宗率、关联率分别为 92%、91%、95%，基本达到省厅要求的“三个 90%”。全面压缩登记时限，实现除首次登记、涉及历史遗留问题、非公证继承等复杂的不动产登记外，抵押登记 3 个工作日内、转移登记 5 个工作日办结的目标任务。实现申请登记免提交身份证复印件、免提交营业执照及复印件、不再收取交易确认书、不再收取二手房交易测绘费以及 EMS 速递证书和互联网+金融服务。

大埔县国土资源局负责人名录

局　长：李礼荣

副局长：梁国锋　郭敬旋（女）　刘汉华

（徐婷）

房 产 管 理

【简述】2018 年，大埔县房产管理局围绕县委、县政府工作大局，以学习宣传贯彻中共十九大精神为首要政治任务，用中共十九大精神统一思想，凝聚力量，统揽全局，谋划工作；以规范房地产市场管理为核心，深入贯彻落实各项政策措施；以解决民生实事为重点，依法做好房管工作；以加强党建工作为抓手，促进干部职工锐意进取，务实争先，各项工作稳步开展，完成全年目标任务。

【公房经营管理】2018 年，大埔县房产管理局贯彻依法管房方针，应对房屋租赁市场，调整公房出租策略，抓好房租收缴和公房维护工作，并做好公房的电线线路整改，促进国有资产保值增值。全年租金收入 800 万元，同比增长 18%；投入 100 万元用于高陂镇福地街 30 号直管公房修复工程、电线电路改造、天面改装树脂瓦、改造和清理排水管道及危房拆除等工程的维修维护；排除安全隐患的同时，以维修服务带动公房租金的提高。还对直管公房配发灭火器，开展市场消防安全知识培训，印发消防安全通知书和消防安全知识手册 1500 份，加大电线电路改造力度。在安全生产检查行动中排查出安全隐患 28 处，发出整改通知书 22 份，并全部完成整改。

【房地产市场监管】2018 年，大埔县房产管理局强化房地产市场预售监管，实行商品房网签和预售资金监管及房产价格评估、交易管理、房屋面积管理和测绘业务及其测绘成果备案等管理，依法规范房产市场行为。配合相关部门依法抓好房地产市场的规范和整顿工作，促进全县房地产市场健康稳定有序发展，维护广大投资者和群众的合法权益，增加财税收入。做好二手房交易和房改房上市交易服务工作，促进全县城镇住房梯级消费的良性循环。配合金融和税务部门严格执行二套房认定标准，做好个人住房信息查询工作。全年办理商品房交易合同网签备案 1543 宗，建筑面积 18.85 万平方米，合同成交价 8.27 亿元；房产交易业务 3547 宗，交易面积 39.82 万平方米；受理房产测绘业务 80 宗，测绘面积 53 万平方米；接受社会房产档案查询 5150 人次，出具房产证明、无房证明 1.15 万份。

【保障性住房建设】2018 年，大埔县房产管理局加大住房保障工作力度，公租房分配入住 126 套，发放租赁补贴 130 户，解决 256 户城镇中低收入住房困难家庭、新就业无房职工、外来进城务工人员的住房保障问题，超额完成上级下达的住房保障目标任务。

大埔县房产管理局负责人名录

局　长：胡锦坤

副局长：胡振城　江爱美（女）　邓周兵

（罗建红）

城市综合管理

【简述】2018年，大埔县城市管理和综合执法局按照省、市、县的有关决策部署，牢固树立“大城综”工作理念，围绕城市执法体制改革和“巩文创卫”工作要求，扭紧网格化管理、规范化执法、人性化服务三大抓手，通过强行入轨、强化管理的方式，加速整合行政执法队伍力量，加强市容环境卫生综合整治力度，加快市政公共基础设施建设，各项工作取得明显成效。

【市政设施建设】2018年，大埔县城管和执法局推进市政设施建设，提高公共服务质量。老城区“九街一场”约3.64千米的市政道路、灯光、绿化等综合提升改造工程基本完工。抓住“巩文创卫”契机，提升改造城区14座公厕、4个农贸市场和4座垃圾中转站，规划建设2个临时市场，满足人民群众的生活、出行、休闲需求。城东、城北片区约4.5千米的供水主管改造完成，老城区供水水压不足等问题得到解决。县城生活垃圾填埋场整改工作稳步推进，渗滤液处理站维修调试、增设地下监测井、完善在线监测设备、编制应急预案、渗滤液收集调节池除险加固等各项整改措施已完成，正向环保部门申请开展环保竣工验收工作。全县生活垃圾日产生量约为200吨（城区102吨、乡镇98吨），生活垃圾经严格检查后进场，按标准规范采取推平、压实、消杀、除臭、覆土等措施进行填埋处理，2018年处理生活垃圾7.08万吨（城区3.63万吨、乡镇3.45万吨），同比增加5083吨，全县生活垃圾填埋无害化处理率100%，同比增加1.5%。数字化城市管理中心前后端建设全面完工，申请与梅州市数字化城市管理平台数据互通互联和开通“12319”城管热线等工作有序推进。生活垃圾转运项目前期工作正有序筹备，经县委、县政府及有关部门广泛调研，拟将生活垃圾压缩转运站选址在大麻镇青里村竹头坑，在转运站建成后，采用政府购买社会服务模式，将全县生活垃圾运至该压缩转运站进行减量化处理后统一转运至梅州市奇龙坑垃圾焚烧厂进行焚烧处理。

【市容专项整治】2018年，大埔县城管和执法局按照“分步实施,整体推进”原则，持续开展市容和环境卫生专项整治行动，组织城监、环卫、城建、园林、供排水等下属单位，联合公安、交警等部门，分月、分区域开展城区街道、市场周边及城中村的“六乱”整治行动，向商户、市民发放《致市民的一封信》，对占道经营、乱摆乱卖、乱拉乱挂、乱画乱贴等“六乱”和违规私设爬坡石、占道空调主机、城市“牛皮癣”、残旧广告招牌、背街小巷垃圾杂物、占道经营早餐夜宵烧烤档等进行专项重点整治。同时成立20人的“牛皮癣”清理工作组，用“天那水”“清洁剂”“高压喷头”等清理工具，分区域对背街小巷、居民区乱张贴的小广告、“牛皮癣”进行彻底清理，整治行动取得良好成效，市容市貌改观。2018年，出动宣传车巡回宣传700辆次，上门发放宣传资料50人次，共发出2500份《致市民的一封信》、发出3500份《整改通知》，出动9240人次，同比增加5100人次；规范县城41条街道470多家店铺进店经营4500间次，同比减少1900间次；规范线内摆卖1720摊，同比减少1360摊；规范早餐宵夜店违规占道经营210间，同比增加250间次；拆除灯箱广告招牌643块，同比减少337块；拆除广告横幅746条，同比减少190条；拆除铁皮瓦棚、伸缩帐篷442户，同比减少296户；拆除遮阳布737条，同比增加87条；拆除违规私设爬坡石702个、370米，分别同比增加385个、210米；清理“牛皮癣”4.41万处，同比增加2.37万处；清理居民小区乱堆乱放废弃物 344 车，同比增加 282 车；协助查处乱停放车辆 130 辆次，同比增加 130 辆次；拖走处理“僵尸车”12 辆，同比增加 10 辆；拆除占道摆放空调主机 352 台；收缴、暂扣占道堆放、摆卖的工具和其他物品一批，处理各种违章摆卖堆放罚款 2.57 万元，同比增加 2.12 万元。在农贸市场提升改造和临时市场建设完成开业后，对城北路、新城路延伸段存在乱摆乱卖、占道经营行为开展专项集中整治，解决困扰周边市民 20 多年的老大难问题。多层次、多领域开展联合执法行动，联合安监、工商、交通等部门联合开展燃气安全生产检查 3 批次，联合国土、公路、水务、供电、乡镇等单位依法整治非法采砂、洗砂行为 3 批次，联合公安交警依法整治二手车商铺占道经营行为 5 批次，有效打击各类违法违规行为，城市管理秩序进一步规范。

【城市服务管理】2018 年，大埔县城管和执法局完善城市服务功能，日常管护形成长效化。1. 更换城区残破旧果皮箱，在主街道安装新式分类果皮箱 600 个，同比增加 100 个；在巷道、居民区等增设垃圾箱和垃圾桶 880 个，同比增加 230 个；在小区、学校周边放置大拉臂垃圾箱 25 个，并安排人员轮流冲洗，确保果皮箱、垃圾桶干净整洁，有效提升城区卫生水平。2. 加大市政洒水频次，控制城区扬尘污染。每天出动 5 辆洒水车，分“早、中、晚”作业时间对城区主街道路面进行洒水。新成立专门冲洗队伍，于 2018 年 1 月起利用消防栓、水管、高压水枪等人工冲洗街道路面、人行道和五家居，路面扬尘大大降低。3. 按照“巩文创卫”要求抓好城区道路市政砖异响、松动、破损和路面地板渍水、下陷、凹凸不平等的修缮以及路灯检修、市政路灯线路更换修缮等工作。2018 年，修补城区路面 4870 平方米，同比增加 1550 平方米；修补人行道 1710 平方米，同比增加 910 平方米；修复路沿石 330 米，同比增加 20 米；修复人行道市政砖（含盲人砖）3200 块，同比增加 924 块；河堤石栏杆 120 米，渍水、异响 170 处，水泥硬底化 520 平方米，同比增加 160 平方米；沥青修补水泥路面、桥梁 300 平方米，同比减少 300 平方米。零星更换城区残旧、破损灯球 130 只，同比减少 1950 只；更换 LED 路灯及配件 103 盏，钠灯 290 只；改造节能环保 LED 灯 589 盏、同比增加 223 盏；更换节能灯 762 只，同比增加 552 只；修复线路 3620 米，同比增长 1200 米；修复、更换路灯检查井 245 套，同比增加 15 套；更换环二路、义招路等路段的电缆线 7100 米、LED 路灯和高架灯 94 盏，更换环城路河堤路灯、庭院灯 734 盏，其他零配件 1600 件（只）。4. 加强市政排水管道日常巡查。2018 年，维修、更换雨箅 640 只，同比减少 398 只；更换井盖 410 只，同比增加 138 只；垫胶皮 420 只，同比减少 160 只；清理排沟渠、下水道 330 处，同比增加 227 处；安装防蚊闸 830 套，同比减少 1170 套。5. 注重改进自来水制水厂制水工艺、加强市政供水管网测漏抢修等工作。城区日制水能力 3 万吨，出厂水合格率 100%，末梢水合格率 100%，城区供水能力进一步提升。2018 年，全年产水量 1153.31 万立方米，同比增长 46.59%；全年水费收入 1433.13 万元，同比增长 8.84%；全年销售水量 699.78 万立方米，同比增长 9.07%；新增用水户 3210 户，同比增长 5.89%；平均回收率 63%（不含市政用水），同比增长 7.71%；处理、抢修市政供水管网大小漏处 1793 宗，同比增长 45.65%。6. 县城污水处理。2018 年，处理生活污水 758.01 万吨，同比减少 3.18 万吨，平均日处理污水量 2.08 万吨，运行负荷率 100%，污水集中处理率 100 %，污水处理达标排放率 100%，产生污泥 703.4 吨，全部运至丰顺污泥处理中心进行无害化处理。7. 加强公园管理。抓好西湖公园、滨江公园、梅河公园、长寿公园的日常管护工作，及时补种园林绿化和公园树木花卉，按季节更换公园时花，种植新树种。2018年，公园补种黄花风铃木、毛杜鹃、长春花和美人蕉等花木9500株，铺贴草皮5300平方米，清理“牛皮癣”222处，更换梅花灯、庭院灯、洗墙灯、池底灯等景观灯560盏，每月清理西湖公园淤泥，定期开展病微生物防治工作，公园净化、美化、亮化水平提升。8. 园林绿化工作。2018年，城区绿化补换改造和点缀种植龙船花、黄芯梅、三角梅、大红花等灌木袋苗9500袋，同比增长26%；樟树、细叶榕、仁面子、白玉兰、桂花、秋枫等路树750株，同比增长18%；改造、建植进城大道、山庄路、文化广场、花坛绿地面积2300平方米，同比增长43%。县城建成区绿化覆盖面积324.5公顷，同比增长1.3%；绿地面积278公顷，同比增长2.3%；公共绿地面积216.5公顷，同比增长1.5%；绿化覆盖率46.5%，绿地率41.8%，人均公园绿地面积21.5平方米，同比增长0.9%。

【环卫净化管理】2018年，大埔县城管和执法局在城区街道全面整治完成后，将市容环境卫生整治向城乡接合部、背街小巷、无物业居民小区周边延伸。1. 组织城监、环卫等单位联合城中村共同清理脏、乱、杂等。每天出动20人、铲车、钩机、垃圾运输车等车辆配合开展清杂工作，共清理垃圾杂物900车次。加大宣传力度，向市民和商户发放“门前三包”和“巩文创卫”宣传单4000份，引导市民自觉维护公共卫生；向沿街商户派发垃圾桶，引导商户将垃圾放置在垃圾桶内，环卫每天进行统一回收，杜绝垃圾乱丢现象。2. 规范建筑工地渣土运输管理。要求工地车辆冲洗干净方可驶出工地，实行密闭式运输，按照规定路线和时间行驶，经检查合格后发放建筑渣土车辆准运证，城监、环卫联合查处违规运输行为。2018年，发放建筑工地渣土运输车辆准运证29份（同比增加6份），共处理建筑渣土“扬、撒、漏”和乱倾倒生活垃圾案件14宗，处理罚款1.52万元，比2017年增加1.22万元。3. 创新城市管理措施。城监大队成立10人队员联合公安巡警大队特勤队员徒步巡逻城区治安和市容环境卫生，引导教育商户规范进店经营，加强市民劝导教育，及时发现、现场解决细节问题，确保整治成效得到巩固。4. 做好信访工作。设立投诉举报电话和微信公众号举报平台，发动群众举报、投诉“六乱”“两违”等行为。2018年，受理群众来电、来信、来访（含网上）信访案件560宗，同比增加395宗，处理案件514宗，处理率92%。5. 规范临时占用或挖掘城市道路、绿地或树木伐移、主城区设置户外广告、城镇污水排放、燃气经营、建筑垃圾渣土运输、占用人行道装修、特殊时间段临时摆卖（新店开业花篮、早晚面摊巷口摆卖等）方面的审批管理工作，引导市民、商户开展上述活动时提前进行审批，并按规定时间地点要求摆放、售卖，从源头上减少各类违法违规行为的发生。2018年，受理户外广告设置审批175起，临时占道挖掘审批200起、1200平方米，同比减少215起、1010平方米；处理不申报办理手续12起，同比减少19起；处理违章、私自乱挖、挖破30起，同比减少19起。“六位一体”网格化管理扎实推进，各责任单位严格按照实施细则将责任细化、量化至每个岗位和个人。

【安全生产】2018年，大埔县城管执法局常抓隐患排查治理，安全生产实行源头管控。1. 燃气安全隐患排查。城市燃气管理职能移交后，严格按照有关规定进行日常监督管理，参与全县安全生产月宣传活动，开展燃气安全生产隐患排查工作，对全县2间燃气管道公司、6间燃气经营企业（气站）、88个燃气经销点的安全生产进行定期或不定期、全面或随机实地检查，建立巡查台账，记录巡查事项，编制燃气安全管理专项应急预案，组建燃气应急救援队伍，依法查处违规经营行为。2018 年，发放燃气安全手册 300 份，组织学习燃气安全使用小常识 3 次，检查液化石油气站 120 间次、天然气公司 24 间次、燃气经销点 696 间次，下发整改通知书 58 份，依法暂扣违规气瓶 72 瓶，依法处理违规销售充装液化气经销点 3 个，处理罚款 3000 元、比 2017 年增加 2400 元，有效打击违规经营燃气行为，规范燃气经营秩序，将燃气安全生产管理工作落到实处。2. 加强桥梁安全隐患排查。对使用年限较久的梅河大桥和黎家坪田家炳大桥及时排查出存在安全隐患，采取加装限高栏、设置警示牌、限载标志、修复桥体等措施，确保桥梁通行安全。2018 年，修复被超高车辆撞坏、损坏的限高栏 31 次，修复倾斜路灯杆 13 次。3. 加强汛期城乡电力设施安全管理。全面排查城区涉电设施设备，发现公园、路灯等存在安全隐患 16 处，立即采取措施整改完毕，并组织城建、园林部门全面清理拆除城区路树上私拉乱挂的电线彩灯等涉电设施，确保安全。实行安全生产隐患排查源头管控，加大临时建（构）筑物、绿化路树、公园乔木、市政路灯、景观亮化灯、市政桥梁、市政井盖雨箅、市政供水管网、市政管线、生活垃圾中转站、生活垃圾填埋场等市政设施的隐患排查治理力度，制定安全生产隐患排查治理情况登记表，每月上报本部门本单位存在的安全隐患、整改措施、整改时间要求、隐患点整改前后对比照片等情况，不得“零上报”，促进安全生产责任真正落实，提高安全生产源头监管能力。

【城乡建设监管】2018 年，大埔县城管和执法局加强“两违”“双抢”源头监管，城乡建设秩序规范。1. 加大源头巡查监管力度。实行错时延时、双休节假日常态化值班制，采取动态巡查责任制，制订巡查方案、建立巡查台账，坚持“重心前移、前置管理、源头防范”，联合城中村强化日常巡查监管，做到第一时间掌握情况，第一时间处置到位，从源头上遏制新增“两违”。2. 建立打击“两违”联动机制。整合城综、国土、住建、公安、湖寮镇等单位的力量，建立打击“两违”联动机制，一经发现动工马上制止、马上联动拆除，将“两违”现象控制在萌芽状态。同时发动群众投诉、举报“两违”案件。2018 年，查处各类违法违章建设 65 宗，比 2017 年增加 39 宗；违法违章建筑面积 1.28 万平方米，比 2017 年减少 305 平方米；申请供水、供电部门配合暂停对违法建筑停电、停水 15 宗，比 2017 年减少 2 宗；处理违法建筑罚款 92.09 万元，比 2017 年增加 5.42 万元；派出骨干力量配合大麻、茶阳、三河等乡镇开展镇容村貌整治和拆除违法建筑工作 11 批次，打击各类违法用地和抢建抢种行为，有效保障城乡规划建设健康有序发展。

大埔县城市管理和综合执法局负责人名录

局　　长：饶志潘

副 局 长：吴启泰（2018.7—）

林文礼（2018.7—）

党组成员：赖钜燊（2018.7—）

肖明圣（2018.7—）

（张永碧）

环 境 保 护

【简述】2018 年，大埔县环境保护局紧紧扭住“三大抓手”，立足“生态立县、实业富县、文旅兴县”三个定位和生态发展区的实际，把“绿色发展、生态优先、美丽大埔、环保先行”的理念贯穿于环保工作始终，坚持在保护中发展，在发展中保护，以改善环境质量为目标，环境保护各项工作取得明显成效。全县环境质量持续保持稳定良好，江河水质保持稳定，韩江干流及支流汀江、梅潭河等江河水质达到相应水体功能要求，县城区环境空气质量优良率 98.5%，饮用水源地水质达标率保持 100%。县城区域环境噪声等效声级平均值、城市道路交通噪声等效声级平均值符合功能区噪声控制要求，完成主要污染物总量减排目标任务，通过了梅州市政府的考核验收。2017 年度环境保护责任考核总分 89.64 分，全市排名第一。

【污染减排】2018 年，按照县政府《大埔县 2018 年度污染物减排总量减排工作计划》，大埔县环保局抓好部署落实。1. 加强领导，落实责任。根据市政府与县政府签订的《大埔县“十二五”主要污染物总量减排责任书》，县政府与各镇（场）和县直单位签订责任书，明确任务，落实减排责任和措施。2. 加强部门联动。县环保局与县畜牧兽医局、县水务局、县公安局、县经信局等单位沟通协调，共同抓好减排工作。3. 加强环境基础设施建设，实施工程减排。推进生活污水处理设施建设，建成高陂和茶阳中心镇污水处理厂并投入试运行，正在建设百侯镇等梅潭河沿线镇污水处理厂和配套管网工程。采用 PPP 模式全面铺开镇级污水处理厂建设，西河、青溪、枫朗、丰溪林场完成主体工程，配套管网正在施工。完成农村垃圾处理“一镇一站，一村一点”建设任务，完善“户投放、村收集、镇转运、县处理”的农村垃圾处理模式，改善农村环境。4. 加大对重点减排项目的督查力度。开展污染减排专项执法检查，督促企业做好治污设施运行管理工作，提高污染治理设施运行率和污染物排放达标率。5. 加强淘汰落后产能工作，实施结构减排。按照县政府淘汰落后产能“实施方案”要求，配合发改、经信等部门，关闭淘汰不符合产业政策的落后产能。同时，加大落后生产能力淘汰力度，依法取缔“小散乱污”企业，促进产业结构调整，依法关停取缔企业 2 家。6. 加大畜禽养殖业污染源整治力度，严格执行县政府禽畜禁养区、限养区、适养区的规定，开展规模化以上生猪养殖场和专业户专项执法检查，从严查处违规行为。全县规模化畜禽养殖场配套建设固体废弃物和废水贮存处理设施占规模化畜禽养殖场比例 87.7%。按照环保规范要求,全县计划建设防治设施的规模化生猪养殖场 45 家，主要采取雨污分流、干清粪、沼气池、氧化塘、沼液种果林等措施。2018 年，有 39 家规模化生猪养殖场完成整治。同时，引导农业科学开发，合理使用化肥农药，减少农业污染。加大黄标车和老旧车淘汰力度，推进机动车氮氧化物减排工作；加强机动车环保定期检测工作。2018 年上半年市政府对大埔县 2017 年度污染减排目标任务和重点减排工程任务完成情况进行考核，大埔县通过考核。

【环保责任考核】2018 年，按照省、市环保责任考核实施办法的要求，大埔县环保局加强各类污染源监管和执法力度，强化建设项目环境管理和环境质量监测工作，开展环境综合整治，环境质量持续保持稳定。在水环境质量方面，饮用水源地水源水质达标率 100%，在 27 项统计指标中，年均值达到地表水环境质量标准Ⅱ类水质要求，水质良好。按照省环境保护厅《关于印发〈广东省环境保护责任考核指标体系〉的通知》、梅州市环境保护责任考核领导小组《梅州市环境保护局关于印发〈梅州市 2017 年各县（市、区）环境保护责任百分制量化指标考核实施细则〉的通知》的有关规定，大埔县各项指标综合得分为 89.64 分。经梅州市环境保护考核领导小组审定，梅州市政府办公室发出《梅州市人民政府办公室关于 2017 年度环境保护责任考核情况的通报》，大埔县得分位居全市各县区第一名，考核等级为“良好”，通过了 2017 年度环境保护责任考核。

【生态功能区考核】2018 年，根据《国务院关于同意新增部分县（市、区）纳入国家重点生态功能区的批复》，大埔县被纳入重点生态功能区。按照县委、县政府工作部署，大埔县环保局会同各部门按照“考核工作实施方案”的有关要求，科学安排，落实专门人员对照各项指标，逐一分析、自查自纠、完善资料、健全档案、严把时间节点，审核各有关单位负责的基本数据和资料，做好现场核查校对相关工作，确保上报资料、数据准确无误。2018年，大埔县国家重点生态功能区县域生态环境质量考核各项工作基本完成，并上报考核报告材料。

【“四大防治”保障环境质量】2018年，大埔县环保局围绕“生态立县、绿色崛起，加快建设富庶美丽幸福大埔”发展目标，加强环境保护服务经济建设的工作力度。1. 开展大气污染防治，保障空气质量。通过开展黄标车和老旧车辆淘汰、锅炉整治、挥发性有机物污染整治、县城餐饮油烟污染整治、建筑扬尘污染整治和露天焚烧废弃物污染整治等专项治理，改善大气环境质量。2018年，完成市政府下达大气污染防治重点任务，1月1日至10月30日县城空气质量有效监测天数303天，其中优良天数299天，优良率98.5%。2. 开展水污染防治工作。对每一河段都建立河长、河段长制，整合资源，集中人财物力，抓好重点流域综合治理，同时加大对重点领域、重点行业和重点企业的监管，全面推进农村环境综合整治，确保县域江河水质达标。3. 开展土壤污染防治。制订《大埔县土壤污染防治工作方案》。按照国家、省、市要求，开展重点行业在产企业用地土壤环境质量调查、重点行业关闭搬迁企业地块环境排查等土壤污染防治工作。加大农村环境综合整治力度，完成纳入省、市整治计划的10个村农村环境综合整治。加强县城污水处理厂污泥处理处置的监管工作。督促污水处理厂建立污泥产期、产量、去向等详细台账，健全相关管理制度；从源头入手，实施严格的登记和管控制度，督促污水处理厂将污泥送到梅州市污泥处理中心进行处理，防止产生二次污染。4. 开展重金属污染防治。加强有色金属矿开采等涉重金属排污企业的监管，实现稳定达标排放。做好危险废物和严控废物监管工作，加强对广东粤电发电有限公司、操离能电池有限公司等企业监督，严格执行转污联单制度，杜绝发生随意倾倒危险废物和污泥的行为。2018年，全县未发生环境污染事件。

【“四大整治”践行环保为民】2018年，大埔县环保局开展“四大整治”行动，践行环保为民责任。1. 开展集中式饮用水源环保专项整治。按照广东省环境保护厅 广东省水利厅转发《关于印发〈全国集中式饮用水水源地环境保护专项行动方案〉的通知》文件要求，开展县级集中式饮用水水源地环境保护专项行动，重点排查集中式饮用水水源保护区内是否存在排污口、违法违规建设项目、违法网箱养殖等问题，确保饮用水水源地水质得到保持和改善。2. 开展违法排污企业环保专项整治。开展定期或不定期检查，对环境违法行为限期整改和治理，对违法排污行为始终保持高压打击态势。开展环境安全隐患排查治理工作，严厉打击环境违法行为，坚决防范遏制重特大突发环境事件。以全县环境安全隐患大排查、城区环境综合整治等工作为重点，全年出动执法人员643人次，检查企业218家，立案查处环境违法案件9宗，处罚金额41.54万元，同比增长174%；移送公安机关涉嫌环境污染犯罪案件1宗。实施排污许可证制度，强化企业环境管理，全年新核发排污许可证13家，排污许可证续证、变更、注销9家。3. 开展县城区餐饮油烟污染和经营性娱乐场所环境噪声污染专项整治。会同县公安、工商、文广等部门，加大对城区餐饮服务企业、营业性文化娱乐场所、超范围经营酒吧、商业经营场所的联合巡查

▲2018 年 1 月 28 日，县长熊峰松（右五）等县领导参加广东汇烽陶瓷股份有限公司首条生产线投产庆典仪式（桃源镇提供）

和处罚力度，发挥新闻媒体舆论导向和监督作用，对噪声扰民严重的餐饮服务企业、营业性文化娱乐场所进行曝光。4. 开展城乡环境综合整治，改善人居环境。抓好畜禽养殖业专项整治，实施《大埔县畜牧养殖区划分方案》，遏止农业源污染，实现畜禽养殖废弃物减量化、无害化、资源化和生态化。加强对“以奖促治”项目实施的检查指导，结合农村小康环保行动计划，推动规模化畜禽养殖污染治理示范工程建设和生态农业示范工程建设；开展畜禽养殖业专项执法检查，严格查处畜禽养殖业违反环保法律法规的行为，依法关闭拆除禁养区内的养猪场，对非禁养区内污染不能达标排放的养猪场依法责令其限期治理。推进农村环境综合示范县建设，得到省农村环境综合整治示范建设项目资金 1000 万元的支持。该项目纳入 2018 年县重点项目，由县环保局组织实施，全县建设 110 个垃圾池项目完成并投入使用，湖寮镇、下凹污水处理设施完成并投入试运行。青溪镇溪口村和青丰村、百侯镇侯北村污水处理主体改施完成，正在建设配套管网；百侯镇侯南村、湖寮镇山丰的污水处理设施正在建设。

【“四大监管”建设和谐环保】2018 年，大埔县环保局加强“四大监管”工作，建设和谐环保。1. 加强环境评估监管。加强环境保护服务振兴发展力度，重点是服务广州海珠（大埔）产业转移集聚区、陶瓷产业转型升级、全域旅游等项目建设。严格建设项目环评审批把关，对不符合环保法律法规、不符合有关规划和产业政策、不符合清洁生产要求、达不到排放和总量控制目标的项目，一律不予批准，从源头上杜绝污染。会同县林业、国土等有关部门共同开展全县生态红线调整工作，形成全县生态红线调整方案，按时上报省、市审核和国家生态环境部审批。2018 年，审批建设项目环评 26 项，其中有污染项目 10 个，“三同时”执行率 100%。设立环保业务服务平台、环保窗口和开通网上办事大厅，方便群众办事。县综合政务服务中心环保窗口受理各类办件 92 宗，办结率 100%，受理“12345”平台热线 140 件，按时办结 128 项，投诉按时答复率 91.42%。按照时间节点，全面完成“十统一”梳理、对接工作。2018 年，进入平台行政权力事项 245 项，其中行政许可 9 项、行政处罚 197 项、行政强制 11 项、行政检查 19 项、其他 9 项。2. 加强异地交叉执法专项检查的监管。为做好打赢蓝天保卫战环境监察工作，结合 2018 年环境执法大练兵和上级部门部署要求，县环保局派出 1 人参加国家环保部 2018—2019 年蓝天保卫战重点区域强化督查，1 人参加广东省 2018 年重点流域专项督查，2 人参加梅州市大气和水污染防治交叉检查等专项行动。县环保局李叶灿在专项督查工作中表现优秀，被省环保厅评为先进个人。3. 加强饮用水源监管。划定全县各镇饮用水源保护区，实施严格的水环境保护措施。对全县集中式饮用水源地、重点河段进行重点排查、重点监测，组织对全县46个乡镇集中式饮用水源保护区进行现场采样全分析。采取严格的措施保护饮用水源，开展集中式饮用水源地专项执法检查，坚决取缔水源保护区内不合法的各种开发行为。开展韩江及上游汀江、梅潭河水质调查监测，梅潭河双溪电站库区水质调查监测、闽粤交界生态补偿监测及水质断面监测工作，及时掌握水质变化动态，确保饮用水安全。4. 加强主要污染源的监管。稳妥处理涉环保“邻避”问题，开展专项执法大检查，对群众反映、举报的问题仔细摸排、追查到底，对检查中发现的环境违法行为坚决立案查处，有效遏制环境违法行为，维护广大群众环境权益。同时，加强国控污染源在线监测监管。对国控污染源粤电公司大埔火电厂、县城污水处理厂实施重点环境监管，监督企业正常使用防治污染设施和在线监测监控系统，确保污染物达标排放。

【环境监测】2018年，大埔县环保监测站配合环保执法和监督管理，开展水质监测、责任制考核和主要污染物总量减排监测、工业污染源监测、建筑施工噪声监测等，开展县城大气环境自动监测站可吸入颗粒物、二氧化硫、氮氧化物等项目监测工作。组织专业技术人员定期对省环境监测中心青溪水质自动监测站进行维护，及时处理自动站运转中遇到的困难和问题，确保自动监测站正常运转，及时准确地上报汀江水质监测数据。2018年，县环保监测站开展监测项目52个，获得有效监测数据9.92万个，编写年报、季报、月报60份。

大埔县环境保护局负责人名录

局　长：丁练昌

副局长：刘增仁　　张中斌

（李露露）

▲2018年10月28日，大埔县乡村振兴战略研讨会召开（县侨联提供）

教科文卫体

教　育

综　述

【简述】2018 年，大埔县教育实施“人文引领”发展思路，以“办强虎山中学、办大家炳职校、办特一批学校、办优初中教育”为目标，围绕“精细管理，提升质量，内涵发展，党建引领”的工作思路，以创建“广东省推进教育现代化先进县”为抓手，以提高教育教学质量为中心，推进立德树人，解决人民日益增长的优质教育需求和教育发展不平衡不充分之间的矛盾，培养德智体美劳全面发展的社会主义建设者和接班人，推动教育高质量发展，办好人民满意教育。

【普通教育基本情况】2018 年，大埔县有中小学校 130 所，其中高级中学 1 所，完全中学 7 所，职业学校 1 所，教师进修学校 1 所，初级中学 12 所，九年一贯制学校 8 所，特殊教育学校 1 所，小学 99 所（其中县直小学 5 所、镇中心小学 11 所、村完全小学 31 所和教学点 52 间）；幼儿园有 57 所，其中民办幼儿园 38 所。全县在职教职员工有 4512 人，其中高中 748 人，初中 1465 人，小学 1886 人，幼儿园 238 人，职校 125 人，进修学校 34 人，特殊学校 9 人，青少年活动中心 7 人；具有副高级职称 524 人，中级职称 2916 人，学历本科以上 2441 人。全县在校中小学生有 5.24 万人，其中普通高中 7291 人、职业高中 2212 人、初中生 1.3 万人、小学生 3 万人。在园幼儿有 1.22 万人。全县户籍人口高中阶段教育毛入学率 95.6%，小学和初中入学率为 100%，九年义务教育阶段巩固率 97.91%，学前三年毛入园率 98.04%，学前一年毛入园率 100%。全县义务教育阶段学校均完成标准化建设，2012 年成功创建广东省教育强县，2014 年全县 14 个镇全部完成广东省教育强镇创建任务，2015 年大埔县通过全国义务教育发展基本均衡县评估认定，2018 年大埔县成功创建国家级农村职业教育和成人教育示范县以及广东省推进教育现代化先进县。

【党建工作】2018 年，大埔县教育系统有 53 个党支部，党员 1401 人，党支部阵地覆盖所有学校。组织学习中共十九大精神、全国“两会”精神、《习近平谈治国理政》第二卷、习近平总书记在参加十三届全国人大一次会议广东代表团审议和视察广东时的重要讲话精神以及全国教育大会精神等。针对县委第三巡察组反馈的三大方面 18 个主要问题，分析原因，查找问题症结，结合巡察组提出的意见建议和教育工作实际，逐条逐项制定整改措施，制定《大埔县教育局党组落实县委第三巡察组巡察反馈意见整改方案》；建立完善党建工作管理机制，印发《大埔县教育局党组工作规则》；制定《教育局党组理论学习中心组 2018 年度学习计划》。规范建设各学校党支部，党建工作责任分工明确到人；开展社会主义核心价值观、党风廉政建设文化融入学校，融入课堂系列活动，提升社会对教育的满意度。

学前教育

2018 年，大埔县学前教育规范普惠发展。

学前三年毛入园率98.04%，比2017年提高0.01个百分点。城乡园的办园条件优化，推动城乡学前教育规范发展。扶持民办幼儿园发展，鼓励全县普惠性民办幼儿园改善办园条件，提高保育教育水平，促进普惠性民办幼儿园健康发展。

义务教育

【简述】2018年，大埔县有义务教育阶段学生4.3万人，其中初中生1.3万人（县城初中6424人，占比49.6%），小学生3万人（县直小学1.4万人，占比47%）。小学和初中入学率100%，九年义务教育阶段巩固率97.91%。

【义务教育均衡发展】2018年，大埔县义务教育均衡发展。1.规范学籍管理，加强学校学籍管理人员培训，抓好中小学生的防流控辍工作，九年义务教育阶段巩固率97.91%，比2017年提高0.27个百分点。2.2018年国家义务教育质量监测工作全面完成，全县有22所中小学600多名学生参加质量监测。3.中考成绩有进步。加大中考奖惩力度，修订并印发《提升初中教育质量奖惩办法》。全县3240人参加中考，总分平均分为579.2分，古埜中学、英雅学校等12所学校总平均分超过了全县总平均分。全县900分以上有33人，850分以上151人，最高分为虎山中学学生苏佳总分954分。2018年，虎中高中阶段录取分数线735分，进一步缩小与兴宁一中、蕉岭中学等的差距，比丰顺中学高出39.2分。

【学校德育工作】2018年，大埔县教育局落实立德树人的根本任务，挖掘中央苏区县的红色资源优势，将中华民族优秀传统文化、客家优秀传统文化进校园活动推向纵深。成功承办梅州市青少年“铭记光辉历史，传承红色基因”演讲比赛决赛；开展“弘扬苏区精神，传承红色基因，争做红色传人”党史进校园系列主题教育活动，开展红色乡土教材、红色书籍进校园和革命传统教育、红色故事进课堂活动，在校园开展“听红色故事”“唱红色歌曲”“读红色诗文”等活动；联合举办2018年大埔县中学生禁毒演讲比赛；开展中小学校教师德育论文评比活动，出版德育专刊；评选2017—2018学年度市、县“三好学生”“优秀学生干部”“优秀团员”。

【体艺语工作】2018年，大埔县教育体、艺、语工作取得成绩。大埔小学被评为广东省中小学艺术教育特色学校；大埔二小女子足球队代表全县参加市级决赛，夺得“市长杯”校园足球联赛小学女子组亚军；参加梅州市第二届中小学体育教师教学技能大赛获市级团体总分一等奖，获得个人一等奖1个，个人二等奖8个，优秀指导教师奖5个，优秀裁判员奖1个；举办大埔县2018年城区中小学生、幼儿文艺会演，共17所中小学、幼儿园28个节目参加演出；推荐上送15件师生优秀作品参加第九届广东省学生规范汉字书写大赛，有14件师生作品获奖，其中特等奖2名、一等奖3名、二等奖5名、三等奖4名。

【教学改革和教育科研】2018年，大埔县教育强化教学改革和教育科研工作。1. 落实教学常规。教研室改革下校督导方式，采取不事先通知、不打招呼的方式深入课堂随机听课，同时把工作重心下沉到完小，共到14所完小开展教研活动，听了30多位完小老师的课，与100多位完小行政和学科老师进行研讨、交流；对全县16所中小学校教学常规工作进行抽查。2. 开展教研活动。开展“三优”（优秀教学论文、优秀教案、优秀录像课）评比活动和“三课”（讲课、说课、评课）竞赛活动，开展“送教下乡”“同课异构”“优质观摩”等教研活动。3. 教育科研成果明显。在全市第九届教育教学成果评审中有46项课题获奖，其中一等奖21项、二等奖25项；

家炳小学老师罗秀霞主持的《小学生语文素养的培养策略研究》、大埔小学老师饶丽丽主持的《小学生数学核心素养培养途径和策略研究》和张贞妮主持的《小学语文对话式教学的探索与实践》等3项课题获省立项；家炳一中课题《象棋文化在学校的研究》获广东省教育系统关工委“十三五”教育科研规划青年教师发展专项课题立项。4. 教师在各类教学比赛中取得成绩。全县有57人次获市级以上荣誉，其中实验小学老师刘智清参加广东省小学数学说课比赛获二等奖；华侨二中老师谢红霞参加广东省物理实验教师实验操作与创新竞赛获省三等奖；大麻中学老师温小红参加梅州市初中道德与法治学科教师说课比赛获特等奖；大埔小学老师张煦参加梅州市第二届小学英语教学能力大赛获市一等奖；在梅州市初中历史说课评比活动中，湖山中学吴小环、古埜中学钟伊利两位老师获市一等奖。

【平安校园建设】2018年，大埔县教育局把学校安全工作作为教育工作的头等大事抓好抓细抓实，坚持做到学校安全工作常抓不懈，警钟常鸣。专题召开全县学校安全工作会议；开展全县中小学校（幼儿园）的安全大检查，发现问题，立即下发整改通知，限时整改落实；发放《教育部致全国中小学生家长的一封信》6.4万份，并利用大埔电视台播放宣传；为全县中小学校统一规划安装一键报警装置，实现“警校联动”；各学校通过举办专题讲座，开展知识竞赛，组织观看录像，制作宣传板报等形式，对学生进行预防火灾、拥挤踩踏、交通、溺水、防火、食品等方面的安全教育，临近江河的学校出资雇用人员在双休日、节假日期间巡河。制定《大埔县校外培训机构专项治理工作实施方案》，做好校外托管和培训机构的整治工作。

普通高中教育

2018年，大埔县有高级中学1所，完全中学7所，在读普通高中生7291人（县城高中6461人，占比88.6%），全县户籍人口高中阶段教育毛入学率95.65%，比2017年提高0.1个百分点。高考成绩。全县2362人参加普通高考，虎山中学总分600分以上考生12人，比2017年增加10人，居全市十所示范性高中第四名；普高类优先投档线（文科550分、理科500分）上线人数130人；虎山中学周高颖被北京大学录取，卢舒婷、罗文娜、张启杭被浙江大学录取。大埔县从2013年起连续六年有县内学校就读学生考取清华、北大、人大和浙大等名校。在教育科研成果方面有大麻中学老师刘开湘主持的课题《高中生物教学中渗透医学知识策略研究》获“广东省教育教学成果奖”基础教育类一等奖，同时又被广东省教育厅推荐申报“2018年国家级基础教育教学成果奖”。

职成教育

【职业教育】2018年，大埔县田家炳高级职业学校有教师125人，学生2212人。通过创新办学模式，增强办学活力，加大招生力度，全年招收全日制新生510人。提高中等职业教育双证率，2018年毕业487人，取得双证443人，占比91%。

【成人教育】2018年，大埔县成功创建“国家级农村职业教育和成人教育示范县”。大埔县于2015年被教育部等六部委列为第三批国家级农村职成教育示范县创建对象，三年投入近亿元用于改善职成教育办学条件，农村职成教育水平得到提升。教育部等五部门

2017年6月公布第三批国家级农村职业教育和成人教育示范县名单，大埔县成功入选，是粤东地区唯一一个国家级农村职业教育和成人教育示范县。大埔县教师进修学校与华南师范大学合作办学2018年招收专科学生81人、本科学生49人，专科毕业学生57人、本科毕业学生48人。大埔县开放大学2018年招收专科学生173人、本科学生223人，专科毕业学生141人、本科毕业学生153人。

师资队伍培养培训

2018年，大埔县加强师资培养培训。1. 实施优惠政策。引进1名硕士研究生到实验中学任美术教师，招聘1名硕士研究生和1名国家级足球裁判员到家炳一中任足球教师；定点定岗公开招录96名教师到乡镇中小学任教，优化师资结构，增强师资力量。2. 加强校长、教师继教工作。全年投入322万元开展校长、教师各级各类培训工作。分期分批对中小学、幼儿园教师进行全员培训，有5528人次参加中小学、幼儿园教师专技培训；组织72名幼儿园教师参加浙江嘉兴幼儿骨干教师培训；组织159名中小学图音体非专业教师参加县级图音体非专业教师转岗培训；组织64名中小学音乐、美术骨干教师参加珠海音乐、美术骨干教师特色培训；组织64名中小学体育学科教师到肇庆参加中小学体育教师专业培训；组织60名中小学、幼儿园财务人员到西南财经大学参加中小学（园）财务人员培训；组织54名中小学校（园）长到山东参加中小学校（园）长培训；组织64名中小学优秀校长和中文、英语骨干教师赴泰国参加国际学术交流活动，提高师资队伍整体素质和水平。

大埔县教育局负责人名录

局　　长：郭宣文

副 局 长：朱佳远　吴萍萍（女，2018.4—）

党组成员：范瑞华　张森林　廖昌武

（刘逢纲）

2018年大埔县高考文理科成绩前五名学生名录

表3

序号	科目	姓名	性别	毕业学校	总分（分）	录取学校	专　业
1	文科	黄智杰	男	虎山中学	625	中山大学	汉语言文学（广州）
2		卢舒婷	女	虎山中学	619	浙江大学	社会科学试验班
3		黄博嘉	男	虎山中学	602	深圳大学	金融学
4		吴晓倩	女	虎山中学	599	深圳大学	金融学
5		姚海钧	女	虎山中学	599	深圳大学	工商管理
1	理科	赖展标	男	虎山中学	637	中山大学	智能科学与技术
2		周高颖	男	虎山中学	623	北京大学医学部	护理学
3		林升升	男	虎山中学	619	华南理工大学	计算机科学与技术
4		罗文娜	女	虎山中学	618	浙江大学	工科试验班（建筑与土木）
5		张启杭	男	虎山中学	614	浙江大学	理科试验班类（生命环境化学地学）

2018年大埔县中考成绩前十名学生名录

表4

序号	姓　名	性别	毕业学校	总分（分）	录取学校
1	苏　佳	女	虎山中学	962	梅州市东山中学
2	张　敏	女	虎山中学	946.5	梅州市东山中学
3	黄尚榆	男	虎山中学	943	大埔县虎山中学
4	赖佳佳	女	虎山中学	939.3	大埔县虎山中学
5	谢俊韬	男	虎山中学	939	梅州市东山中学
6	孙志超	男	家炳第一中学	937.7	梅州市东山中学
7	刘小倩	女	虎山中学	935.3	大埔县虎山中学
8	丘震钊	男	家炳第一中学	931.5	梅州市东山中学
9	张一驰	男	虎山中学	929.3	大埔县虎山中学
10	陈依明	女	虎山中学	927.5	大埔县虎山中学

开放教育

【简述】2018年，大埔开放大学发挥开放大学系统办学的优势，加强同奥鹏、哈工大等高校的合作，创新办学模式，落实教学管理环节，做好学生学习支持服务，构建学生个性化学习环境。教学管理、学籍管理和考核考试等工作得到省、市开放大学领导的肯定和好评。副校长蔡红丽被评为梅州开放大学（电大）体系2018年“优秀校长”；李宗柱被评为梅州开放大学(电大)体系2018年“先进教育工作者”；刘小全被评为梅州开放大学（电大）体系2018年“优秀教师”。

【招生工作】2018年，大埔开放大学坚持“全员发动、社会参与、政策激励”的方针，积极宣传、策动生源，发挥系统办学的优势，创新观念和思路抓生源，争取政策，提高质量保生源，形成以开放教育为主体，远程教育、成人教育和职工培训、社区教育、职业农民培训共同发展的新格局。2018年，大埔开放大学招收国家开放大学新生本科101人、专科173人，奥鹏、远程教育本、专科新生122人，涉及本、专科10多个专业。至2018年底各类在校生1266人,其中国家开放教育生791人（本科257人，专科534人）;奥鹏、远程教育在籍的本、专科生475人。2018年度国家开放大学毕业生294人（本科153人，专科141人），奥鹏、远程教育毕业生121人（本科69人，专科52人）。

【教学服务管理】2018年，大埔开放大学制定各专业开课计划以及设置教学任务，做好外聘教师的选聘工作；对新学员开学后分班教学；集中进行《国家开放教育入学指南》的课程教学；加强网络统考课程教学；抓好面授辅导的学员到课率和网改课程上网学习点击率，对班主任工作实行量化绩效考核；要求建立规范的班级档案，定期集中召开班级学习活动；加强班主任对班级管理工作。为更好地服务学员，建立大埔开大的公众微信号，班级建立班QQ群，还有些班级开通了班级微信号，做到随时与学员保持联络，班主任及时掌握学生的学习、生活动态，有针对性地实施思想教育，学员也能通过班级微信，了解班主任的日常工作动态、生活点滴，拉近师生的距离，避免学员对老师在心理上的陌生感，保证学员和教师之间双向的互动，创新学员管理模式和教学管理模式。

大埔开放大学负责人名录

校　长：邱志灵（女，—2018.9）
　　　　吴振佳（2018.9—）

副校长：蓝启铮　蔡红丽（女）

（李宗柱）

科学技术

综　述

【科技计划项目】2018年，大埔县科学技术局开展好科技计划项目。1. 做好省、市科技项目的申报和跟踪管理工作。协助县内5家企业申报2018年度广东省科技创新战略专项资金（“大专项+任务清单”管理模式）项目，大埔县逓美实业有限公司与广东顺兴种养股份有限公司联合申报的“大埔蜜柚精深加工产学研协同创新平台建设”项目，获立项支持，下达项目经费200万元；协助7家省级科技计划项目承担单位完成结题验收材料的上报工作；协助大埔县人民医院、大埔县中医医院申报市级科技计划项目（社会发展类）7项。2. 做好县级科技项目的管理工作。县科技局会同县财政局完成2017年度大埔县科技计划项目（共33项）的评审、合同签订工作，联合县财政局实施现场检查1次和开展项目结题验收工作，协助县审计局开展延伸审计检查1次。

【高新技术企业培育】2018年，大埔县科技局开展高新技术企业培育工作。1. 加强高新技术企业申报管理。组织大埔县7家企业申报2018年国家高新技术企业。2. 组织申报创新券项目。组织19家企业申报广东省科技创新券项目。3. 做好科技型中小企业评价填报工作。协助25家企业做好2018年度科技型中小企业评价填报工作，并通过省科技厅认定。4. 做好县高新技术企业发展的跟踪与服务工作。组织17家国家高新技术企业及省级培育入库企业填报运行情况数据，并上报省科技厅。

【企业自主创新发展】2018年，大埔县科技局提高企业自主创新发展能力。开展业务指导，协助梅州市万通电脑科技有限公司申报全国技术服务先进型企业，提高申报质量。突出示范带动，组织5家企业申报广东省创新型试点企业，引导广大企业走创新发展的道路。推动科研成果转化应用，组织17家企业申报广东省2018年高新技术产品认定，申报高新技术产品共计25种。

【科技创新平台建设】2018年，大埔县科技局推进科技创新平台建设。1. 提升县科技企业孵化器、众创空间的管理水平，引导科技孵化育成体系提质增效发展。协助大埔怡丰园实业有限公司通过省科技厅“科技孵化在线”登记的认定；协助6家单位申报广东省“星创天地”备案，5家单位获省科技厅的批准，2家单位获科技部的批准。2. 鼓励支持企业建设研发机构。组织7家企业申报省级工程技术研究中心；组织5家企业申报市级工程研究中心；做好广东顺兴种养股份有限公司和华南农业大学共建大埔蜜柚研究所协调服务工作。3. 组织申报省级技术创新专业镇。2018年，新增省级技术创新专业镇1个。4. 建设大埔县农业产业科技园。委托华南农业大学为《梅州市大埔县农业科技园总体规划及建设实施》项目进行专项技术服务并订立合同，准备进入实施阶段。

【知识产权工作】2018年，大埔县科技局加强知识产权工作。1. 组织企业参加省知识产权局举办的相关活动。组织17家国家高新技术企业人员参加2018年广东省知识产权服务地市粤东站活动和“知识产权专项提升培训”；组织广东宝丰陶瓷科技发展股份有限公司参加专利审查员对接活动；组织5家企业参加2018年广东省知识产权交易博览会。2. 组织企业申报相关项目。广东富大陶瓷文化发展股份有限公司被认定为“2018年度广东省知识产权优势企业”。3. 开展知识产权宣传活动。深入广东宝丰、大埔县特陶等25家国家高新技术企业及科技型企业开展“4·26”知识产权宣传周活动。1—10月，大埔县专利申请量338件（其中发明41件，实用新型181件，外观设计116件），授权量177件（其中发明9件，实用新型70件，外观设计98件）。报送知识产权政务信息3条，完成市下达任务100%。

【科技交流合作】2018年，大埔县科技局推动科技交流与合作。组织县内来自陶瓷、农业、IT产业的4家国家高新技术企业代表参加惠州市举办的第二届中国高校科技成果交易会，与相关高校进行交流。组织10家企业参加广东省科学院骨干研究机构助力大埔县产业振兴对接会，省科学院专家组针对企业所面临的困难，做出专业回应并提出相应解决方案。

【防震减灾工作】2018年，大埔县科技局抓好防震减灾工作。抓好地震监测台站的建设管理和维护工作。开展防震减灾知识网络竞赛活动。联合县教育局，在全县各中学开展学习教育活动，全县2万名中学生参与学习，其中600人参加网络知识竞赛。开展防震减灾知识宣传活动。发挥现代媒体的宣传效果，借助县气象局和县消防、邮政的电子信息平台，在全县60多个电子信息视频，每天滚动播放防震减灾知识，实现LED电子平台宣传防震减灾知识覆盖全县城和各镇（场）。

【存在的问题与困难】2018年，大埔县地处粤北山区，属于欠发达地区，科技创新的现实基础还比较低，科技资源少、企业创新能力弱、核心技术缺等现状一时难以有实质性改变。

大埔县科学技术局负责人名录

局　长：饶庆远（—2018.4）
　　　　郑　彦（2018.4—）

副局长：涂小平（女）　赖良新

（吴帅）

科　协

【科普宣传普及活动】2018年，大埔县科学技术协会做好科普宣传普及活动。全年举办科普宣讲活动5次，活动受众人次1650人次。举办实用技术培训2次，实用技术培训人数有770人，参加活动的科技人员有35人次，参加活动的专家有2人次；参加活动的学会、协会2个，覆盖20个村8个社区。在科技活动月、科技活动周及全国科普活动日其间发送宣传资料、科普资料1.5万份。配合县科技局、卫计局等部门开展科技咨询活动4次，参加活动专家14人次，参加活动1600人次。在县城科普长廊出版宣传栏4期，宣传科学种养、科学生活、疾病防控、社区生活、校园安全等科普知识。出版科普宣传专栏146期，其中科普长廊4期，县城各学校68期，镇、村及企业52期，各社区22期。组织青少年开展科普大型宣讲活动1场，受众1510人次。举办青少年科技竞赛和“创客”活动各1项，参加人次有1550人次，获奖20人次。

【科协服务】2018年，县科协助力创新驱动发展。开展“讲、比”活动，全年开展“讲、比”活动企业3家，参与“讲、比”活动科技人员56人次，被采纳合理化建议3条。

【科协系统改革】2018年，大埔县科学技术协会根据《广东省科协系统深化改革实施方案》《广东省所属学会有序承接政府转移职能试点工作实施方案》，以及《梅州市科协系统深化改革实施方案》《梅州市科协所属学（协）会有序承接政府转移职能试点工作实施方案》的要求，结合大埔县的实际情况，做好大埔县科协系统深化改革工作。1. 印发中共大埔县委办公室《关于印发〈大埔县科协系统深化改革实施方案〉和〈大埔县科协所属学（协）会有序承接政府转移职能试点工作实施方案〉的通知》。明确规定大埔县科协系统改革的时间、目标、任务、要求、做法。2. 成立以县分管领导为组长，县科协主席为副组长的县科协系统改革工作领导小组。3. 对县科协及所属学（协）会的基本情况进行调研，形成调研报告。4. 建立镇级科协工作领导机构，明确镇级科协分管领导名单，解决历来镇级科协工作“无人管”的状况。5. 对大埔县原有的学（协）会进行梳理，特别是对近年成立的四大行业协会进行调研和引导，并于2018年5月新成立1个水利电力行业协会。

大埔县科学技术协会负责人名录

主　席：饶庆远（—2018.4）
　　　　郑　彦（2018.4—）
副主席：苏志强（专职）

（吴帅）

陶瓷研究

【简述】2018年，广东省大埔陶瓷工业研究所以习近平新时代中国特色社会主义思想为指导，贯彻落实中共十九大和习近平总书记系列重要讲话及省委、市委、县委全会、广业集团工作会议精神，以“创新驱动发展”为主题，围绕全年工作目标，利用现有资源，开展各项工作。全年立项省级项目3项、授权实用新型专利1项、外观设计专利4项、省级科技项目验收1项、市级科技成果鉴定1项、市级科学技术奖三等奖1项，国家级、省级陶艺创新和工艺美术创意设计等奖项银奖4项、铜奖或精品奖6项，取得了可喜的成绩。

【生产经营】2018年，大埔陶研所主营业务收入345万元，研发投入191万元。

【科研开发】2018年，大埔陶研所加强科研开发工作。1.“陶瓷产业集群公共技术服务平台能力提升”项目申报省中小企业发展专项资金。“大埔陶瓷公共试验检测服务平台”项目获省商务厅立项（获财政支持19万元）。“高石英质瓷的研究”获科技项目结转支持（总支持额度143万元，已获额度96万元）。“大埔陶瓷科技教育基地”申请省生产力促进协会复核通过。“不流釉定位定点硅锌矿结晶釉技术的研究”项目通过省科技厅组织验收；“陶瓷平板产品硅酸锌定位结晶技术的研究与应用”项目通过市级成果鉴定，项目技术达国内领先水平。“梅州市中小企业公共服务示范平台”2018年6月获梅州市中小企业局审核通过，获经费支持14万元。“氧化烧成钧花釉的研究与应用”项目获梅州市科学技术奖三等奖。授权实用新型专利1件、外观设计专利4件。2. 集中组织工艺美术人员参加“第十四届中国（深圳）国际文化产业博览交易会”“第七届广东省陶瓷艺术精品展”“中国粤港澳大湾区工艺美术‘国匠杯’及广东工艺美术精品展”等展会，选送参展的作品获“中国工艺美术文化创意奖”1银奖2铜奖、“陶瓷艺术创作设计创新作品”3银奖1铜奖、“2018年广东省工艺美术精品展‘岭南工匠杯’”3铜奖。3. 项目实施情况。2018年，大埔陶研所实施2个项目工作。①“高石英质瓷的研究”项目。按项目合同进度实施，完成各项前期工作，坯料制备工艺基本确定，进行坯体的制备，并研发釉料制备工艺和试验烧成制度。该项目下达财政经费总预算143万元,已到账财政经费96万元，实际支出财政经费96万元。②中央引导地方科技发展专项资金项目“资源综合利用创新服务平台建设”。主要是结合当地陶瓷矿产资源，采用牛肝石原矿和瓷土开采后大量堆积的瓷土尾矿为主要原料，制备出具高档品位的陶瓷产品。在实现资源综合利用的同时，减少瓷土尾矿堆积造成的山川河流堵塞和水土流失，有利于环境保护，且烧成制度的改革将减少碳排放，节约燃料。同时，通过平台建设，推广应用技术，为陶瓷产业调整和优化升级，增加新品种提供新思路。该项目总预算130万元，其中专项资金80万元；项目资金主要用于新建一座4立方米电脑编程自动控制窑炉（预算45万元）和购置1台差热分析仪（预算5万元），及购置必要的原燃材料。至2018年底，经费支出98万元。

【安全生产】2018年，大埔陶研所贯彻落实上级部门相关文件和安全生产专题会议精神，始终坚持“安全第一，预防为主，综合治理”的方针，组织开展以“生命至上，安全发展”为主题的安全生产月活动和“安全生产万里行”活动，落实隐患排查治理，做好特别防护期生产安全、消防安全等工作；坚持贴近科研生产经营实际、面向广大职工，组织开展安全生产系列活动，在全所凝聚弘扬安全发展理念、支持安全生产的共识，促进安全生产形势持续稳定。全年未发生对企业和社会造成严重影响的生产安全等事件；无党员干部违纪违法问题发生，无群众投诉反映作风问题的情况发生。

【事业单位改革】2018年，根据《广东省从事生产经营性活动事业单位改革工作领导小组关于印发广州机械设计研究所、广东省陶瓷研究所、广东省大埔陶瓷工业研究所改革实施方案的通知》（粤机编办发〔2018〕93号）文件精神（以下简称“93号文”），广东省大埔陶瓷工业研究所（以下简称“大埔所”）被调整为登记设立的事业单位。大埔所按照93号文精神，执行“三重一大”有关规定开展工作，改革过程平稳有序，没有引起新的大的矛盾，使改革顺利进行。2018年9月，大埔所在广东省事业单位改革服务局填报完成调整为登记设立事业单位变更登记。

广东省大埔陶瓷工业研究所负责人名录

所　长：黄南兴

（**黄萌杜**）

文化·艺术

文化工作

【简述】2018年，大埔县文化广电新闻出版局贯彻中共十八届六中、中共十九大精神以及十九大关于坚定文化自信、推动社会主义文化繁荣兴盛的重要论述，融入梅州市梅江韩江绿色健康文化旅游产业带，融合韩江（大埔）客家文化旅游特色带规划的发展，坚持生态优先，突出人文引领，推动绿色发展，解放和发展文化生产力，增强文化软实力，保障人民群众享有的基本文化权益，推进文化事业全面繁荣和文化产业发展，各项工作圆满完成。

【公共文化建设】2018年，大埔县文广新局加强大埔县公共文化服务体系的建设，通过政府主导、部门联动、社会参与的方式共同推动公共文化事业发展。1. 大埔县图书馆提档升级。8月，根据文化和旅游部办公厅公布的《关于公示第六次全国县级以上图书馆评估定级结果的公告》，大埔县图书馆经过程序考核、公示，获评“国家一级图书馆”。2. 推进基层综合性文化服务中心建设。全年98个行政村（社区）综合性文化服务中心完成建设，至2018年底完成省定256个（227个普通点、29个示范点）综合性文化服务中心建设任务，覆盖率100%。3. 农村文化俱乐部建设。7月，顺利通过市迎国检督查。同时根据《关于印发〈大埔县关于推进“三多三促”模式农村文化俱乐部建设的实施方案（2018—2020年）〉的通知》要求，2018年大埔县新建16个“三多三促”农村文化俱乐部。4. 文体广场示范点建设推进。2018年打造2个文体广场示范点（大麻镇文体广场、青溪镇文体广场），9月完成相关设备安装、验收工作。

【群众文化活动】2018年，大埔县文广新局开展各项群众文化活动。1. 3—5月，组织开展2018—2020年度“广东省民间文化艺术之乡”的申报工作，经评审、检查和公示，大埔县申报的“广东汉乐”再次获评。2. 组织全县群众文艺作者进行文艺采风活动。2017年度梅州市群众文艺作品评选结果揭晓，大埔县群文创作有12件作品获奖，获得省一等奖1件、二等奖1件、三等奖1件；获得市一等奖4件、市二等奖5件、市三等奖3件；总分位列全市第一，并获梅州市2017年度群众文艺创作工作组织奖第一。其中歌曲《土楼神韵》获省一等奖、市一等奖；相声《这事不赖我》获省二等奖、市一等奖；小戏《立碑》获省三等奖、市二等奖；小戏《雪莲花开》、歌曲《节约用水你我他》获市一等奖；儿歌《我有个小闹钟》、小品《会下蛋的公鸡》、曲艺《情书》、舞蹈《老鼠粄粄两头尖》获市二等奖；小品《拉选票》、歌曲《难忘村旁小河沟》、舞蹈《青花梦 梦青花》获市三等奖。3. 大埔县文艺团队组织举办春节、元宵文艺晚会，铭记光辉历史·传承红色基因“建党97周年”文艺晚会，广东（梅州）庆祝首届“中国农民丰收节”活动大埔分会场，县招商大会等大型文艺活动。利用财政部、文化部拨给的流动舞台车，分别到镇村、社区、重点项目工程、军队、学校开展大埔县宣传中共十九大精神暨“精准扶贫精准脱贫”“创建卫生城市·争做文明市民”的大埔县“巩文创卫”城乡环境综合整治为主题的文艺送戏下乡巡回演出活动。4. 2018年广东省第九届中青年戏剧演艺大赛汕尾、梅州赛区比赛中，大埔县选送的选手获“一金一银两铜”。7月，原创舞蹈《老鼠粄粄两头尖》参加梅州市第二届客家童谣节，获十佳童谣奖。由大埔县广东汉剧传承保护中心、大埔县广东汉剧协会选送的广东汉剧《花灯案选段》《黄遵宪选段》节目参加广东省第九届少儿戏曲小梅花荟萃决赛均获“银花奖”。举办2018年大埔县京都杯“广东汉剧（曲）大家唱暨青少年（少儿）爱国歌曲”大赛。5. 组织大埔县文艺团队参加“马来西亚雪隆茶阳（大埔）回春馆140周年馆庆”“庆祝新加坡茶阳（大埔）会馆160周年庆典活动”文艺晚会。

【文化民生实事】2018年，大埔县文广新局办好文化民生实事。1. 实行“三馆”免费开放。大埔县图书馆1—12月接待读者33.27万人次，阅览46.36万册次，办证412人次，上网4406人次，咨询5695人次，外借2.19万册次，阅报3.2万人次。大埔县博物馆1—12月接待游客30.55万人次（其中大中小学生及未成年人12.72万人次，海外游客6.66万人次），馆内免费义务讲解476场次，下乡行政讲解115场次。大埔县文化馆、广东汉剧传承保护中心坚持到大埔小学、张云栽实验小学开展客家山歌曲艺、广东汉乐、汉剧辅导培训。2. 坚持每周三举办“百姓舞台大家乐”“客家香格里拉—文化大埔周六文艺晚会”演出活动，全年成功举办118场次。3. 农村电影服务队“送电影下乡”完成全年2940场农村电影放映任务。同时，开展“面向特定人群的免费观影活动”（环卫工人、残疾人士），开展“庆祝改革开放40周年”主题公益电影展映活动25场次。4. 配合完成2018年梅州市公共文化服务“三百工程”文化惠民进基层活动6场次。

【文化遗产保护】2018年，大埔县文广新局做好文化遗产保护工作。1. 文物保护。①争取将“泰安楼、花萼楼、光禄第、中山纪念堂、肇庆堂、三河坝战役纪念碑、大埔古驿道”等7处申报为国保单位。同时，做好大埔县博物馆申报省爱国主义教育基地工作。②完成花萼楼和父子进士牌坊维修设计方案招标工作及推进编制设计方案工作，一斗堂、三河坝古城墙维修工程完工；做好对花萼楼抢险加固立项工作；做好莲瑞流馨、拱辰楼修缮工程方案修改送审工作；妥善处理邹鲁故居石桅杆损坏事件。开展文物、博物馆单位火灾隐患排查整改行动。③加大对《梅州市客家围龙屋保护条例》的宣传力度，做好境内围龙屋的普查、申报、保护等工作。在“5·18”国际博物馆日期间，围绕“超级连接的博物馆：新方法、新公众”这一主题，组织开展文博惠民活动。并与县公安局共同开展“保护文化遗产、守护精神家园”的文物捐赠活动。2. 非遗传承。落实“保护为主、抢救第一、合理利用、传承发展”的工作方针，坚持科学保护，做好非物质文化遗产代表性项目的保护、传承、传播和管理工作，推动大埔县非物质文化遗产保护迈上新台阶。①“西河漳溪墟扫街灯”入选第七批省级非物质文化遗产名录。②开展大埔县县级非遗项目《民间舞蹈道具编织工艺》培训班。③加强文化遗产保护传承、兴建9个非遗展示点，2月完成9个非遗展示点建设工作。④提高传承人扶持奖励津贴。3月28日，县政府常务会议对大埔县非物质文化遗产项目传承人扶持标准给予适当调整的事宜进行研究，并通过讨论。非物质文化遗产项目代表性传承人调整后标准为：国家级每人每年6000元，省级每人每年5000元，市级每人每年3000元，县级每人每年2000元。⑤成立大埔县戏剧音乐创作基地。大埔县戏剧音乐创作基地挂牌暨大埔广东汉剧传承拜师授徒仪式在县城文化中心田家炳演艺中心举行。⑥县政府于10月公布第五批非物质文化遗产保护名录和第四批非物质文化遗产项目代表性传承人名单。⑦举办“传承与秩序——非遗工作的知识产权及其他法律问题”主题讲座，提高大埔县非遗传承与创新发展中的知识产权及其他相关法律保护意识与风险防范能力。

【文化市场监管】2018年，大埔县文广新局做好文化市场监管工作。至2018年12月，执法部门出动检查4248人次、车辆1416车次，检查各类经营单位1416家次（网吧336家次，歌舞娱乐场所408家次，游艺娱乐场所48家次，图书音像门店360家次，印刷复制企业216家次，电影院48家次）；开展“扫黄打非”领域专项行动5次；开展安全生产联合执法行动4次；实施行政处罚案件3宗；取缔游商地摊6处；收缴非法书刊2500余册；在“全国文化市场监管服务平台”报送执法信息12篇；出版“扫黄打非”简报2期；受理各类举报2件，办结率、满意率均100%。成立大埔县文广新局扫黑除恶专项斗争工作领导小组。至2018年底，发现并上报涉黑涉恶线索7条。开展文化市场专项保障行动，规范网吧、KTV场所市场经营秩序，遏制网吧违规接纳未成年人行为。开展查堵政治非法有害出版物等4个专项行动，出版物市场规范有序。根据《文化和旅游部公共文化厅关于加强群众文化活动安全管理工作的通知》要求，6月21日开展消防应急知识培训和消防实操演练活动。开展“岁末年初安全生产隐患大排查大整治”“春节、元宵、五一、国庆节前安全生产大检查”“安全生产月宣传活动”等一系列安全生产行动。推进“扫黄打非”进基层工作，落实“属地管理”责任。至2018年底，全县15个镇（场）成立“扫黄打非”领导小组办公室，256个行政村（社区）设立“扫黄打非”工作站，完成55个“扫黄打非”进基层示范点建设，镇（场）站点规范化标准化建设完成率100%，镇（场）、村（社区）两级总覆盖率100%。

【文化创意产业】2018年，大埔县文广新局推进各项文化创意产业发展。1. 推进梅江韩江绿色健康文化旅游产业带建设。结合乡村振兴、特色小（城）镇，打造经典精品旅游线路，抓好南粤古驿道——大埔古驿道建设，保护活化古村落、古民居。2. 组织2018年省级文化产业园区创建申报工作，加强省、市级文化产业园区的创建和管理。力争将大埔县（高陂）陶瓷文化创意产业园申报为省级文化产业示范园区。省文化厅副厅长刘启宇一行于3月28—29日到大埔县（高陂）陶瓷文化创意产业园开展创建省级文化产业示范园区中期督导工作，实地考察和听取园区创建情况汇报，并提出意见和建议。3.贯彻落实省委、省政府关于“研究开展文化与旅游融合发展试点”改革任务，促进文化旅游融合发展，结合当地文化旅游和产业发展需要，开展第二批广东省文化旅游融合发展示范区创建申报工作。4. 5月13日，在第十四届中国（深圳）国际文化产业博览交易会上，县文广新局选送的大埔县怡丰园实业有限公司参展作品高档骨质瓷聚宝盆《清明上河图》获“中国工艺美术文化创意奖”金奖。

大埔县文化广电新闻出版局负责人名录

局　长：吴启兴

副局长：丁明昌　江逢宾（2018.4—）
罗彩霞（女）
张领华（—2018.1）

（杨建海　廖子逸）

客家文化生态保护

【简述】2018年，大埔县客家文化生态保护示范区管委会按照《客家文化（梅州）生态保护实验区三年行动计划（2018—2020）》和《大埔县国家级客家文化生态保护区总体规划》，以建设国家级客家文化生态保护示范区为切入，以建设韩江（大埔）客家文化旅游产业带为抓手，保护传承、挖掘利用、宣传推介大埔客家文化，深度融合文化旅游产业发展，做好“红色、古色、绿色”三篇文章，推进国家级客家文化生态保护示范区建设，提升文化竞争软实力，彰显大埔客家文化魅力。2018 年，全县接待游客 652 万人次，同比增长 9.83%；旅游经济收入 37.76 亿元，同比增长 11.55%。

【保护传承】2018 年，大埔县客家文化管委会贯彻国务院关于非物质文化遗产保护工作“保护为主、抢救第一、合理利用、传承发展”的指导方针，以保护非物质文化遗产和物质遗产为核心，保护古民居、古村落、名人故居等。支持三河、百侯、茶阳中国历史文化名镇建设，协助做好泰安楼、花萼楼、光禄第、中山纪念堂等 7 处申报第八批国家级文保单位工作，聘请相应文物资质设计单位编制上报父子进士牌坊、拱辰楼、光禄第、莲瑞流馨等 10 处国家、省、市、县级文保单位修缮方案，完成省保单位茶阳一斗堂第一期修缮工程。同时，提高非物质文化遗产项目传承人扶持奖励津贴标准，通过师徒带学传承、开展客家文化进校园和民间民俗文化活动、展馆展示、文化惠民等措施，培育新一代客家文化传承人。2018 年，管委会联合大埔小学举办汉曲汉乐幼苗培训班，邀请大埔县广东汉剧传承保护中心专业老师为学校初级班、提高班和汉乐团学生授课，培养广东汉剧、汉乐后继人才 260 人。还结合各镇村各类节庆活动，支持引导民间民俗文化活动，将茶阳花环龙舞、青溪黑蛟龙灯舞和百侯镇鲤鱼灯、五鬼弄金狮、大锣鼓等非物质遗产的传承保护融入百姓的日常生产生活中，每年参加各类民俗活动前培训的人员 900 人。至 2018 年底，大埔县有各级文物保护单位 113 处，其中国家级 1 处、省级 17 处、市级 20 处、县级 75 处，特色民居 302 座；中国古村落 2 个、广东省古村落 18 个。成功申报国家、省级、市级、县级非物质文化遗产保护名录共 76 项，各级项目代表性传承人 66 人。

【挖掘利用】2018 年，大埔县客家文化管委会主动对接梅江韩江绿色健康文化旅游产业带规划建设，加强规划引领和整合境内的红色、古色、绿色旅游资源，形成红古绿“三色”旅游互动互促的局面，促进全域旅游加快发展，加快创建广东省“全域旅游示范县”，推进国家级客家文化生态保护示范区建设。

1. 深挖细掘红色旅游资源，打响红色文化旅游品牌。做好红色革命遗址保护利用工作，深挖细掘党史军史，加大修缮资金投入力度，打造以三河坝战役纪念园为龙头，青溪中央红色交通线、枫朗南方工委旧址与罗明故居为配套的红色景区，并将三河坝战役纪念园、青溪红色交通线、高乾苏维埃政府旧址、南方工委旧址、罗明故居等红色景区串联起来，打造“八一”起义军南下广东梅州、大埔和中央红色交通线等红色旅游经典线路，打造红色旅游品牌。同时，以三河坝被省委党校、省行政学院定为教学基地，建立广东省首个立足广东、面向全国的三河坝干部教育学院为契机，围绕“苏区典范、红色旅游目的地”目标，投入资金 5000 万元，实施三河坝战役纪念园基础设施提升改造工程，建成了游步道、木栈道、生态停车场、多媒体展厅装修布展、三河坝战役景观标志雕塑、军魂主题雕塑、纪念浮雕文化墙、体验式战壕等。改造提升后，三河坝战役纪念园分为综合形象服务区、纪念园区、红色休闲小镇、滨河游览休闲区四个功能区，园区每年接待海内外游客 50 万人次，特别是 2018 年电影《建军大业》和电视剧《热血军旗》《血战三河坝》热播后，各地到三河坝开展革命传统教育的人（次）大幅增加，三河坝的知名度和影响力大幅提升。2. 合理开发利用古色旅游资源，激活客家文化旅游。以景区景点为抓手，加大对古民居、古村落、名人故居及非物质文化遗产的保护和挖掘利用力度；在古民居、古建筑内进行布展，融入客家文化及元素，激活客家文化旅游，抓好百侯名镇旅游区、泰安楼客家文化旅游产业园和张弼士故居旅游区的提升改造，推进三河汇城古村落保护开发、万福寺宗教旅游区和花萼楼景区建设。同时，在活化利用古民居上做文章，采用古为今用，今为古承的原则，完成茶阳一斗堂第一期修缮工程、三河古城墙南门修缮工程。至2018年底，泰安楼、肇庆堂、西洋楼、企南轩、海源楼等特色古民居修缮项目，通过主题布展、复古还原等方式，开发成为展示大埔人文的系列景点，吸引众多游客前来观光旅游。3. 依托自然生态绿色旅游资源，发展乡村旅游。突出抓好西岩山万亩茶文化旅游产业园、大东坪山梯田景区、西河镇省级新农村示范片、大麻镇六村联动美丽乡村、李光耀祖居旅游区和瑞山生态旅游度假区等农旅项目建设，加快建设湖寮古城，大东坪山、联丰，百侯侯南，大麻小留、坑尾，高陂党溪，西河车龙、北塘村等9个乡村旅游示范村。同时抓好大东镇、大麻镇、湖寮镇、三河镇、西河镇、洲瑞镇、枫朗镇等7个县休闲农业和乡村旅游示范点建设工作。2018年，瑞山生态旅游度假村按AAAA级景区标准完成游客服务中心、快捷式酒店、餐饮楼、办公楼、游步道、琴湖游乐园、花圃园的基础设施建设，并于2018年10月1日成功开园试业。该项目通过专家组评审，成功竞得旅游发展专项资金500万元；同时申报金融支持和旅游扶贫重点项目。按照“一地一品”和“一宿一特”的原则，促进特色民宿业发展。北塘乡村旅游区与韩江画院合作开发民宿产业，百侯镇云庐、新兰居、延辉楼和如意客栈开始对外试业。

【宣传推介】2018年，大埔县客家文化管委会抓住广东（梅州）庆祝首届“中国农民丰收节”活动大埔分会场的好时机，通过中央电视台CCTV7频道，围绕“乐丰收、享丰收”的主题，结合大埔丰富的农产品、非物质文化遗产等特色，融入大埔客家文化和大埔客家民俗，特别是广东汉剧、广东汉乐、客家大锣鼓、客家山歌、花环龙、舞狮、鲤鱼灯舞等深具地方特色的节目，以及大埔小吃和民俗活动，宣传推介好大埔客家文化。指导举办大埔县首届“闻香识大埔人文客家游——2018中国·大埔美食旅游文化节”活动，传承弘扬大埔小吃文化，提升大埔小吃的知名度和竞争力，唱响“大埔小吃”品牌；宣传推介大埔县旅游资源和旅游线路，推广大埔美食旅游专线，吸引珠三角等地3000多游客到大埔旅游观光。办好办活《大埔县建设国家级客家文化生态保护示范区·工作简报》，至2018年底共出版64期《工作简报》；利用微信平台、网站、户外大屏幕等宣传客家文化生态保护区建设情况。

【扶持发展】2018年，大埔县客家文化管委会实施《关于加快文化旅游产业发展的实施办法》和《大埔客家小吃产业发展工作实施方案》，宣传扶持发展大埔小吃产业，发动大埔、梅州、广州、深圳及省外等地经营大埔小吃的业主，申请开办“大埔小吃”品牌店。并对落实“三统一”标准（统一店面标准、工艺制作标准和质量标准）的大埔小吃品牌店经营户给予一定的资金扶持，培育扶持小吃产业发展。同时，管委会还联合县人社局、大埔小吃文化城瑞锦职业培训学校免费对申请大埔小吃品牌店经营户进行培训。至2018年底，在县城、乡镇、梅州市区、珠江三角洲地区等地挂牌经营的“大埔小吃”品牌店有74间，其中2018年申请开办15间。累计举办大埔小吃制作培训班14期，参与培训568人，其中2018年举办大埔小吃制作培训班5期、150人。

大埔县客家文化生态保护示范区管委会负责人名录

主　任：蔡永斌（—2018.4）
谢德兴（2018.4—）

副主任：张永利　刘进伟
魏　琴（女，2018.4—）

（蓝伟民）

三河坝战役红色文化

【简述】三河坝战役纪念园位于三河镇汇东村笔枝尾山顶，是“八一”起义军三河坝战役主战场的所在地,距县城西部16千米。1963年，为纪念共和国元帅朱德指挥的三河坝战役中牺牲的南昌起义军烈士，经广东省人民政府批准开始兴建了一座“八一”起义军三河坝战役烈士纪念碑。1979年12月27日和1985年8月27日被广东省革命委员会和广东省人民政府批准为重点文物保护单位，2001年4月30日经国务院批准为全国重点烈士纪念建筑物保护单位。至2018年，纪念园规划面积约63万平方米，占地面积18万平方米,总建筑面积3万平方米，是全国民政系统行风建设示范单位、全国先进优抚事业单位、全国红色旅游经典景区、国家AAA级旅游景区、广东省红色旅游示范基地、广东省文物保护单位、广东省爱国主义教育基地、广东省革命传统教育基地、广东省国防教育基地、广东省人文社会科学教育基地，2017年9月广东省委党校授予三河坝纪念园为“广东省干部党性教育大埔县三河坝教学基地”。近年来，三河坝战役纪念园的影响力和知名度越来越大，特别是电影《建军大业》、电视连续剧《热血军旗》的播出，全国各地及周边省、市、县的部门单位，社会各界、部队、学校师生纷纷前往用不同的方式参观和瞻仰。2018年，三河坝战役纪念园游客量突破100万人次，前往纪念园上党课和主题党日活动场次3000多场次。

【组建机构】2018年4月，三河坝战役纪念园从大埔县民政局的股级单位陵园保护所，升格为正科级县直属一级事业单位——大埔县三河坝战役纪念园管理处，并配置一正三副16名编制。为确保纪念园工作不断、临聘人员人心不散、队伍稳定的前提，抓好前期筹建工作。从“三定方案”的确定，工作人员的选调，到单位框架的搭建，再到各项规章制度的完善，用了三个多月的时间。同时，组建党支部，成立工会，明确管理处主要职责、主要任务及内设机构职能；制定管理处工作人员守则、管理处议事决策制度、干部职工问责制度、机关工作人员首问责任制度、党务政务公开制度、学习制度、会议制度、办公制度、公文处理实施细则、文印工作制度、印章管理使用制度、保密制度、干部职工请休假制度、慰问制度、讲解员工作制度、保安人员工作制度、保洁员工作制度等。大埔县三河坝战役纪念园管理处主要职责：1.贯彻、落实党的文化工作方针，开展爱国主义宣传教育；组织接待各类凭吊烈士活动，大力弘扬革命烈士精神，促进精神文明建设。2.收集革命烈士遗物，整理革命烈士事迹；完善展品陈列，并对馆藏文物进行科学研究。3.认真做好讲解工作，提升讲解水平。4.开发红色旅游项目，做好作为全国红色旅游经典景区的相关工作。5.规划、建设、保护纪念园各类建筑物，搞好纪念园内的绿化、美化、净化等工作。6.承办上级有关部门交办的其他工作事项。

【红色引领，做好本职工作】2018年，大埔县三河坝战役纪念园管理处发挥大埔红色文化、苏区精神资政育人的作用，做好各项宣讲工作。全年参观和瞻仰先烈的人次突破100万人次，到纪念园上党课和主题党日活动的场次3000多场次。1. 抓好主业，规范讲解。制定讲解员工作制度，参加县旅游局举办的讲解员培训。2018年，在全县讲解员技能大赛中刘慧获得讲解员大赛“网络人气王”称号，刘慧、卢艳艳、罗娟娟获得全县“十佳讲解员”称号，卢艳艳获得大赛季军、代表大埔参加梅州市讲解员大赛并获优秀奖。2. 完善制度，明确职责。制定安保人员工作制度、巡查、值班制度，引进一批全新的视频监控系统，保安人员专业队伍配备，维护纪念园的安全，全年未发生旅游安全事故。抓好纪念园环境卫生，制定和完善《三河坝战役纪念园环境卫生管理制度》等制度，强化日常管理维护，营造园区整洁优美环境。3. 加大宣传，扩大影响。三河坝战役纪念园利用宣传标语、横幅、宣传栏，开设专门网站，制作宣传主题光盘、纪念册等形式进行宣传；配合中央电视台、江西电视台、广东嘉佳卫视、广东卫视、梅州电台、大埔电视台等媒体、栏目组的拍摄工作，提高三河坝战役纪念园的知名度和影响力。同时，推进全国文物保护单位、广东省人文社会科学普及基地的申报工作。4. 举行活动，完成重要接待任务。举行“铭记光辉历史，传承红色基因”演讲比赛暨系列活动颁奖仪式；9月30日，县班子领导、武警官兵、干部群众、学生等600多人参加烈士公祭日活动。接待贺龙元帅女儿、朱德外孙刘敏一行，全国老区宣传工作会议全体代表和广州军区原党委常委、装备部部长阎力平一行，广东省军区副政委兼纪委书记、少将梁跃嘉一行，广东省军区政委、少将王守信一行，海军陆战队少将徐四清带领的机关干部一行，梅州市武警支队、消防支队官兵，以及“我和我的祖国——2018年广东省社会主义核心价值观动画短片创作活动”省采风团活动等。

【配合县委中心工作】2018年，三河坝战役纪念园管理处服务大局、配合中心，抓好三河坝干部学院建设。三河坝干部学院是为进一步贯彻落实广东省委书记李希到梅州调研时要求，要铭记光辉历史、传承红色基因，用习近平新时代中国特色社会主义思想武装头脑、统领一切工作以及省委关于进一步加强党校建设的一系列指示精神，结合大埔县红色资源众多，特别是有著名的三河坝战役、红色交通线、南方工委旧址等的实际而建设的。管理处作为建设单位，专门抽调人员组建三河坝干部学院筹建办公室，加强与住建、国土、环保等部门沟通，抢抓时间节点，研究解决项目建设过程中遇到的困难和问题，推进项目建设各项工作。至2018年底，开展地质勘查、设计开标，进行设计方案的评审优化。

大埔县三河坝战役纪念园管理处负责人名录

主　任：蔡永斌（2018.4—）

副主任：谢捷新（2018.7—）

（贺佰荣　钟忆）

文联工作

【简述】2018年，大埔县文学艺术界联合会坚持以人民为中心的创作导向，坚持文艺工作“两为”方向和“双百”方针，坚持文艺“三贴近”的工作原则，探索文艺工作新路子，履行“团结引导、联络协调、服务管理、自律维权”基本职能，组织动员广大文艺工作者解放思想，开拓进取，参与文化大埔建设，为加快振兴发展，推动红色大埔实现绿色崛起作出应有的努力。

【文艺活动】2018年，大埔县文联开展各项文艺活动。1. 在重要节庆期间开展文艺活动。春节期间，组织20多名书协、诗社会员在县城文化广场、西河镇北塘村、三河坝战役纪念园、洲瑞镇、桃源镇、高陂工业园区等地开展为民义务挥春活动，送出春联4000余对，并在县博物馆组织举办“诗画大埔·迎春摄影作品展”，在西湖公园汉乐汉剧厅、万人广场分别举办汉乐专场演奏和广场舞综艺表演活动。7月，在“客家香格里拉”微信平台展出“将军墨韵、军旅情怀——庆祝建军91周年将军书法家作品展”和庆“七一”“丹青翰墨·红色情怀——中共中央委员墨迹展”，分别展出由县书协主席张晋奇提供的书法作品各30余幅。9月中旬，在广东（梅州）庆祝首届“中国农民丰收节”活动的双髻山分会场，组织10余位当地画家现场蜜柚绘画。10月下旬，在大埔县招商大会期间，组织举办“丹青绘画卷·翰墨颂党恩——刘文华书法作品展暨大埔县书画摄影作品展”活动，展出全国知名书法家刘文华书法作品40幅和大埔县书协、美协、摄协会员作品160余幅，并对摄协作品进行评奖，将参展作品结集出版；同时，邀请刘文华在虎山中学举办书法公益大讲堂，主讲《书法的学习与鉴赏》专题课。12月上旬，组织县汉研会乐手在梅州市第六届客家文博会开幕式上演出。2. 在发挥职能作用上开展文艺活动。1月上旬，在“客家香格里拉”微信平台展出“文化大埔·翰墨飘香——现当代名家书画作品展”，展出作品30余幅。3月下旬，在西河镇车龙村张弼士故居举办“实施乡村振兴战略，描绘美丽新农村——中国画、油画名家走进客家香格里拉—大埔写生系列活动”，邀请国内多位知名画家到大埔采风创作并举办创作作品展。10月下旬，在西河北塘美术馆举办“华飞坚亮四季展”，在韩江画院举办“乡韵乡情·大美大埔—黄广才、马英良、张品华、邹源作品展”。指导县舞蹈协会全年组织广场全民健身活动345场次，培训骨干260人次，推广新舞20曲，全年累计参加活动10万人次，同时，组织舞协会员参加“三八”节、“五一”节、重阳节等活动表演。

【文艺交流】2018年，大埔县文联开展好文艺交流活动。1月中旬，北京作协一行16人到大埔开展采风交流活动。7月中旬，县汉研会与梅州市广东汉乐协会在田家炳演艺中心联合举办“梅埔情”广东汉乐展演音乐会；英德市文联一行18位艺术家到大埔开展采风交流活动。9月上旬，韶关市作协一行20人到大埔开展采风交流活动。10月下旬，汕头潮州筝协会一行到大埔交流，在西湖公园汉乐厅交流广东汉乐、客家筝及潮州筝。此外，还邀请星海音乐学院、广州大学、武汉音乐学院等高校师生到大埔交流汉乐；在西河北塘美术馆开展系列文艺采风交流活动5场；县汉研会、书协、美协、摄协、诗社等协会组织会员到县内外开展采风交流60场次。

【文艺创作】2018年，大埔县文联组织协会会员深入基层采风创作，精品频出，在全国、省、市各类比赛中佳绩频传。在省、市群文创作作品评选中，获奖作品名列全市前茅。2018年2月，《人民日报》以“春光送暖福临门”为主题刊登了27副春联，其中县诗社的曹展领、郭而康、廖松发、卢国平、丘志敏、黄广兴等六位社员创作的春联作品入选。县诗社的曹展领、范永铎、涂礼敦、陈杜生、钟子邦等社员创作的诗词作品入编《寰球中国梦第二届深圳杯诗词作品集》。编辑出版《红山茶》《万川诗萃》《长寿大埔》《汉乐研究》《大埔墨缘》《诗苑耕耘二十秋》《百将墨迹（四）》《广东汉乐提胡演奏曲谱选集》等一批文艺书刊，并支持鼓励会员出版个人书籍。

【文化品牌打造】2018年，大埔县文联打造各类文化品牌。1. 打造古村落品牌。抓好第六批“广东省古村落”申报工作。邀请专家组对百侯镇侯北村进行实地考察。在打造古村落品牌工作中，利用客家古民居建设美术馆、书画院等文化设施，活化古民居，发挥古村落的文化功能作用。如联合相关单位利用西河镇北塘村古村落的客家古民居建造了北塘美术馆等。2. 打造中华诗词之乡品牌。推进诗词进机关、进学校、进农村、进社区、进景区、进企业的诗词“六进”工作。2018年12月，大埔县获评全国“中华诗词之乡”，县张云栽实验小学和县田家炳实验中学获评“全国诗教先进单位”。3. 打造广东汉乐品牌。7月，组织举办2018年暑期青少年广东汉乐汉剧培训班，免费培训青少年学员300人，学员经一个月的培训，并进行结业汇报演出。同时，在湖寮镇莒村举办青少年客家筝汉乐培训班，指导光德、高陂、洲瑞镇等汉研会分会举办青少年汉乐培训班，加强对“女子汉乐团”的培训。组织县汉研会结合实际开展“广东汉乐镇村行”活动，到相关镇村演奏汉乐6场。联合县广东汉剧传承保护中心培训打造大埔小学少儿汉乐团。同时，开展形式多样的汉乐活动，每星期一、四、六坚持在西湖公园公颜汉乐汉剧厅开展汉乐演奏活动，平时不定期组织汉乐“私伙局”活动等。

【队伍和阵地建设】2018年，大埔县文联抓好队伍建设和阵地建设。1. 抓好队伍政治理论学习。组织单位干部职工和协会骨干学习习近平新时代中国特色社会主义思想、中共十九大精神和习近平总书记视察广东等系列重要讲话精神，以习近平新时代中国特色社会主义思想指导工作实践。开展“两学一做”学习教育、机关作风建设等活动，健全党支部学习制度，加强政治理论和业务知识学习培训。2. 强化协会建设。为配合大埔县申报“世界长寿乡”工作，10月底筹备成立“大埔县长寿文化研究会”，编辑出版《长寿大埔》刊物2期。县作协、县硬协召开会员代表大会进行换届选举，县诗社、县书协等协会调整充实理事成员等。3. 发展各级协会会员。县美协新吸收会员7人；县书协新吸收会员3人，4人加入市书协；县汉研会新吸收会员6人；县摄协新吸收会员5人，4人加入市摄协，7人加入省摄协；县舞协新吸收会员8人等。4. 加强协会会员联络沟通。县汉研会在春节、老人节期间组织召开汉乐界老艺人座谈会，县书协、美协、诗社定期组织笔会、举办雅集等。

大埔县文学艺术界联合会负责人名录

主　席：陈秀鸿

副主席：郭冬梅（女，专职）　陈介成
赖启方　林旭稳

（肖伟兰）

图书发行

【经营效益】2018年，广东新华发行集团大埔新华书店有限公司购书中心完成了集团公司下达的一般图书销售任务，完成销售码洋161万元，4.32万册。征订发行《习近平谈治国理政（二卷）》《新时代面对面——理论热点面对面2018》《习近平新时代中国特色社会主义思想三十讲》《2018年全国“两会”读本》和《中华人民共和国宪法》《中国共产党支部工作条例（试行）》《党支部工作挂图》《新编党支部工作实用教程》《党建图书》等政治书籍。共计23.8万元，4898册。

【教材教辅】2018年，大埔新华书店落实上级指示精神，做到“课前到书、人手一册”。全县春、秋两季中小学教材码洋640万元、103万册；教辅码洋676万元、47万册。

【服务“三农”】2018年，在公司总经理黄伟清的带领下向湖寮镇古城村圳尾文化读书驿站捐赠图书2013册，金额码洋4.62万元。完成中共广东省委宣传部向全县266个农村书屋免费配送《习近平新时代中国特色社会主义思想三十讲》辅导读物532册1.54万元。按照县委、县政府工作部署要求，精准帮扶

百侯镇武塘、东山两个村。

广东新华发行集团大埔新华书店有限公司负责人名录

总 经 理：黄伟清

副总经理：陈新新（女）

（管千）

广　播　电　视

【简述】2018 年，大埔县广播电视台高举习近平新时代中国特色社会主义思想伟大旗帜，履行新形势下宣传思想工作使命任务和党的新闻舆论工作职责使命，做强主业，做大产业，持续创新，加快媒体深度融合，电视台整体新闻传播力、舆论引导力、品牌影响力得到加强，主流宣传思想文化阵地得到巩固壮大。

【广播电视宣传】2018 年，大埔县广播电视台把握正确的舆论导向，唱响主旋律、打好主动仗，发挥党和政府的喉舌作用，增强新闻影响力和感染力，宣传大埔县经济文化社会发展的新成就、新经验、新变化，宣传县委、县政府各个时期的重点工作部署。1. 打造、培育品牌栏目、节目。电视方面。在《大埔新闻》中用系列报道形式推出“学习贯彻习近平总书记重要讲话精神”“学习贯彻习近平总书记视察广东重要讲话精神”“重点项目在推进”“巩文创卫在行动”“扶贫攻坚在路上”等新闻专栏,重点系列报道有《壮阔东方潮·奋进新时代——庆祝改革开放 40 周年》《铭记光辉历史　传承红色基因》《希望的田野》等。《民生视线》中设立《民生关注》《记者巡城》《城乡扫描》《百姓故事》《生活提示》《新闻追踪》等新闻专栏。同时，打造和培育《教育与生活》《大埔卫生与计生》《大埔公安》等一批特色栏目、节目，形成县级广电传媒完整的新闻节目链。电台方面，对播出节目进行改版和专栏节目创新。全天播出 15 小时，从早上 6 点至晚上 9 点。《大埔新闻》每隔一小时全天候滚动播出；推出《大埔艺苑》《万川天地》《曲艺之声》等特色专栏节目，主题鲜明、内容健康、清新活泼，用爱编辑、用心播报。2. 专题片选材广泛、富有特色。2018 年推出《风情大埔》《红色大埔》《今日大埔》《唱响大埔》《航拍大埔》《大埔味道》《这里是客家》《人大代表风采》等具有大埔特色、民俗风情的专题节目。摄制《大埔新农村建设，风好正扬帆》《2017 年度大埔县委汇报片》《2018 年县长春节电视讲话》《2018 年政府工作报告》《投资大埔前景广阔汇报片》《溪山如画绿色大埔宣传片》《国家 A 级景区宣传片》《红色大埔不忘初心宣传片》等，并摄制首届农民丰收节形象宣传片，配合央视七台摄制“乐丰收，享丰收”等系列文艺专题节目。3. 加强网站建设，规范网站管理。按照“网络安全法”和政府网站集约化建设管理的要求，规范栏目设置，优化版块模式，规范网站管理，提高网站运行质量。按照要求及时更新领导之窗、政务信息五公开、重点领域信息公开等专栏；每逢重大节日，政府网站加推节日气氛横幅标语宣传，2018 年推出《学习贯彻落实习近平总书记重要讲话精神》《学习贯彻落实习近平总书记视察广东时发表的重要讲话精神》《饮用水水源地环境保护专项行动》《省环境保护督察》等宣传专题和“群众办事百项堵点疏解行动”链接等。2018 年，政府网站及台网站发布视频新闻530条（含时政新闻、民生新闻），文字新闻2000条，图片新闻850条，他媒看大埔490条，电台专题类节目110条。大埔发布微信每天发布三至五条,全年发布微信1220条,政务公开信息410条。4. 对外宣传有亮点。围绕大埔县重点工程和大项目深入采访，使大批能反映大埔县重点工作动态的新闻稿件在上级电台、电视台播出，展示大埔风采，2018年市电视台播出大埔县广播电视台上送新闻512条，在全市（五县一市一区）排名第二。5. 重大活动报道有策划、有氛围。2018年，大埔县广播电视台围绕全县经济建设和社会各项事业，针对传统节庆、重要纪念日和重大主题活动做好策划报道。特别是10月27—28日，大埔县举办招商大会，县广播电视台推出《凝聚客商力量　共谋绿色发展》系列报道，在重点时段播出招商大会宣传标语、口号，推出大埔县招商大会宣传片、2015年以后全县经济社会发展成就系列报道等，并对大会的各个环节进行全程跟踪采访报道。同时，县广播电视台专题部配合梅州市电视台做好招商大会相关摄制工作。

【广播电视事业建设】2018年，大埔县广播电视台推进各项广播电视事业建设。开辟增收渠道，推进经营创收和产业发展。依托节目品牌支撑，县广播电视台应对市场变化和新媒体冲击，在扩大宣传阵地、提升媒体影响力的同时，开辟广告、专题、专栏增收新渠道，同比2017年，全台广告和各类节目经营总收入有新的增长。根据节目高清化要求，争取县委、县政府支持，更新一批电脑、发射机、摄录播等设备，改善办公条件，提高工作效率，提升节目质量。

【广播电视内部管理建设】2018年，大埔县广播电视台加强内部管理建设。全面加强从严治党工作。电视台党总支组织员工学习中共十九大精神、习近平新时代中国特色社会主义思想和习近平总书记系列重要讲话精神，贯彻落实县委全会精神和全县组织工作会议、全县宣传思想工作会议精神，开展“两学一做”学习教育，健全组织生活，落实“三会一课”制度，强化党员干部的岗位意识和使命意识，推动广播电视工作发展。推进人才建设机制创新。立足把大埔新闻栏目做大，把创收栏目做强，把摄、制、编、播等技术做精，实施“人才强台”“科技兴台”战略，根据广播电视发展对人才的需求变化，深化人事制度改革，创新人才建设机制，锻造一支拥护“两个核心”、听党指挥、履职尽责，能为善为的广电工作队伍。

大埔县广播电视台负责人名录

台　长：黄伟平

副台长：罗明媚（女）　杨惠乔（女）

总编辑：杨延彝

（袁焕江　李冬敏）

党　史　研　究

【简述】2018年，中共大埔县委党史研究室学习宣传贯彻中共十九大精神和习近平新时代中国特色社会主义思想，落实县委、县政府“红色土地绿色崛起”发展思路，推进党史征集、研究、编写工作，做好展示和宣传大埔红色文化、修缮和利用革命旧址及中央苏区县相关政策的调研工作。

【三河坝战役精神研讨会】2018年10月28

日，由梅州市委党史研究室、大埔县委、大埔县政府共同主办的三河坝战役精神研讨会暨三河坝干部学院客座教授聘任仪式在大埔县举行。广东省委党史研究室副主任陈春华，梅州市委常委、组织部部长杜敏琪，大埔县委书记朱汉东等有关领导，中央党史和文献研究院、中央党校、中国人民军事博物馆、中国人民解放军军事科学院等中央、省、市党史军史专家出席会议。研讨会上，与会专家学者围绕“三河坝战役精神”主题，从不同的角度对三河坝战役精神的基本内涵、时代价值以及与南昌起义的关系等作了深刻阐述和剖析。他们一致认为，三河坝战役在党史、军史上具有重大影响，初步提炼概括出以“信念坚定、勇于担当、军民同心、誓死杀敌、务实探索、薪火传承”为主要内容的三河坝战役精神，希望梅州市委、市政府，大埔县委、县政府要弘扬三河坝战役精神，实现大埔红色土地、绿色崛起的目标。同时会上还举行三河坝干部学院客座教授聘任仪式，中国人民解放军军事博物馆研究员、中国人民解放军军史专家审定组首席军史专家姜廷玉等25名专家学者被聘任为三河坝干部学院客座教授。此次会议由大埔县委党史研究室负责筹办工作，与梅州市委党史研究室、大埔县委办公室等有关部门做好对接工作，邀请省、市领导和中央和省级党史专家30多人参加会议，作好联络和会务工作。

【中央红色交通线学术研讨会】2018年10月29日，由梅州市委党史研究室、大埔县委、大埔县政府共同主办的中央红色交通线学术研讨会在梅州大埔县青溪镇举行，参加过中央红色交通线工作的革命先烈的后代，以及来自全国各地的专家学者齐聚一堂，缅怀先烈的丰功伟绩，研究探讨中央红色交通线的历史影响及其精神内涵。此次学术研讨会收到全国各地专家学者共50多篇论文投稿，分别从不同角度阐述了中央红色交通线的重要地位。

【革命旧址修缮和开发利用】三河坝战役纪念园、中共南方工委纪念园、中央红色交通线纪念园、交通线站点旧址“棣萼楼”和“缵诒堂”等革命旧址修缮、纪念设施建设项目列入梅州市补齐软硬基础设施短板重大工程的红色经典旅游项目。2018年，获得梅州市革命旧址修缮专项资金100万元用于中共仰文学校支部旧址、南委联络站旧址——天成商号、朱德指挥部旧址修缮补助。2018年，中央红色交通线大埔中站纪念园（含中转站和秘密仓库棣萼楼、中站永丰号、小站邹日祥旧居）、中共南方工作委员会旧址、闽粤赣边区革命历史纪念馆、“八一”起义军三河坝战役烈士纪念园共4处获评市级党史教育基地。

【党史宣传工作】2018年，大埔县委党史室开展多层次的送党史进基层活动。1. 利用新平台宣传党史。利用梅州日报电子阅报栏设立在大埔县城人流量较大的社区、路口、广场、公园等地方的特点，选取“广东首个中央苏区县”“中央红色交通线”“三河坝战役铸军魂”“中共南方工作委员会在大埔”“闽粤赣边区党委、边纵在大埔成立”等5个党史宣传主题在电子阅报栏上展示，让广大群众了解大埔县丰富的党史知识。2. 送党史进军营。“七一”前夕，县委党史室主任黄佳清率全室干部前往县消防大队赠送《中国共产党大埔县地方史（第一卷）》《长征路上的大埔人》《红色丰碑》等红色书刊。此外，向县老年大学赠送党史书刊。3. 筑牢宣传教育阵地。6月上旬，中国老区建设促进会“学习习近平老区思想、纪念改革开放40周年”全国老区宣传工作会议在梅州召开，其间与会人员参观了三河坝战役纪念园，黄佳清立足展馆的资源优势，为各地老区代表讲述大埔苏区革命史。配合相关部门完成《中央秘密交通线》文献纪录片制作，通过中央、省、市各级电视、电台、网络、报刊、杂志、微信以及党政机关宣传平台提高革命史迹的曝光率和知名度。宣传推介大埔的红色资源，提高全民意识，引导全社会共同参与革命史迹遗址的保护和开发建设工作。

【党史征研编工作】2018年，大埔县委党史研究室做好党史征研编工作。《中国共产党大埔县地方史》(第二卷)完成统稿后进入审阅阶段；出版《大埔党史》第30期；指导完成《烽火太宁，农运旗帜》一书的编辑出版工作。向社会各界征集中央红色交通线研究论文50多篇并编印《中央红色交通线学术研讨会论文集》。还有多篇党史信息被省、市党史刊物、网站采用。

中共大埔县委党史研究室负责人名录

主　任：黄佳清

副主任：黄志衡（—2018.3）　甘海洋

（赖海涛）

地方志编修

【简述】2018年，大埔县人民政府地方志办公室贯彻落实《全国地方志事业发展规划纲要（2015—2020年）》《广东省地方志工作条例》《广东省地方志事业发展规划（2016—2020）》及上级地方志工作会议精神，坚定文化自信，做好自然村落历史人文普查、大埔年鉴编纂、地方志资源开发利用、《梅州古驿道》编纂和地方志信息化建设等工作，发挥“存史、育人、资政”的功效，服务人民群众，服务经济建设，推动全县地方志事业的创新发展。

【自然村落历史人文普查】2018年，县地方志办根据《广东省自然村落历史人文普查工作方案》和市政府与各县（市、区）政府签订的《梅州市自然村落历史人文普查工作目标责任书》的要求，克服畏难情绪，抓好全县自然村落历史人文普查工作。至8月底，《全粤村情·大埔县卷》五册文稿全部通过市终审验收。在此基础上，按照《全粤村情编辑出版规范》的要求，组织有关人员继续核实查补，突出村落特色，严把人物关，丰富充实随文插图，全面提高《全粤村情·大埔县卷》文稿的整体质量，然后逐册上送省出版。同时，做好全县15个镇（场）1673个自然村《普查表》的录入和上传工作。至年底，全县五册文稿全部上送省出版审定；1673份《普查表》全部录入上传广东省自然村落人文普查系统。

【《大埔年鉴》的编纂出版】2018年，县地方志办结合年度特征，及时催收稿件，合理调整编目，落实编辑岗位责任制，对稿件反复核实、编辑加工、规范统一，并交叉统稿总编，保证了稿件的质量。全书总纂完成后，进行审读工作，将送审稿清样分送大埔年鉴编委成员和方志出版社审定，并按所提意见修改成审定稿，付梓出版。同时，按组稿要求，落实专人规范撰写《广东年鉴（2018）》和《梅州年鉴（2018）》的大埔县专稿并如期上报。

【地方志资料年报】2018年，县地方志办指导、督促各镇（场）、县直各单位按资料年报报送要求，规范撰写，如期上报地方志年报资料，并严格审查验收每一份年报资料，指定专人、专室集中保管。至2018年6月，完成2017年资料年报任务。

【志书编修】2018年，县地方志办加强与上级有关部门的沟通，继续做好《茶阳名镇志》编纂出版后续工作；配合大埔县老区建设促进会完成《大埔县革命老区发展史（送审稿）》评稿工作。指导枫朗镇墩背村编写村志。

【开发利用地方志资源】2018 年，县地方志办根据《开发利用自然村落普查资源 助力乡村振兴战略工作方案（2018—2020 年）》的要求，结构化开发利用全省自然村落普查工作成果，2017—2018 年度地方志资源开发项目《关于清远官路西竺段红色古驿道开发建设规划建议》于 10 月上报省地方志办结项。按照省地方志办关于征集“广东名村系列丛书”“广东乡村集萃系列丛书”有关资料的通知要求，结合大埔县自然村落资源实际，选优推送，对照每个项目每县推荐名额不超过 2 个的标准，推荐上报侯南村、汇城村等自然村落，并附相应资料初稿，深化开发利用普查成果。根据《梅州古驿道》编纂方案的部署，加强领导、配齐人力，抓好前期资料的收集整理，开展实地线路踏勘核实，按照时间节点，做好文稿的编纂工作，至年底，形成初稿。

【地方志信息化建设】2018 年，县地方志办加强信息化建设，实现方志资源共享。加强地情资料室建设。通过多种渠道、有力措施，丰富地情资料室馆藏书籍，藏书 2300 册，涵盖志书、年鉴、族谱、期刊、个人著作等。根据省地方志办《关于做好县级地情网站集约化建设工作的通知》要求，按时做好大埔县地情网关停工作，并把大埔县地情网部分栏目迁移整合至大埔县人民政府网和梅州市地情网，实现方志资源共享。

【方志宣传】2018 年，县地方志办用好网络平台，上传发布方志工作信息。全年撰写并报送简讯和专题报道 7 篇在省、市、县相关网站发表。2018 年 12 月 26 日，县地方志办主任受邀到县田家炳实验中学讲授《传承客家文化，弘扬客家精神——客家宗祠文化教育刍议》专题课，发挥地方志教化育人作用，增进社会对地方志工作的认识，促进修志、读志、用志、传志风尚的形成。

大埔县人民政府地方志办公室负责人名录

主　任：张国华（—2018.3）
张建新（2018.7—）

副主任：黄万海（2018.3—2018.7 负责全面工作）　肖继海

（连法全）

档　案　管　理

【档案行政管理】2018 年，大埔县档案局（档案馆）贯彻执行有关法律法规和业务工作规范规定，规范档案行政权力事项管理，推进“互联网+政务服务”，精简审批材料，压缩审批流程和审批时间，对行政审批事项和审批结果实行“双公示”，及时更新和公布行政审批事项、办事指南等，做到职权依据、行使主体、责任事项明确，公布行政事项监督部门和联系方式、执法人员名单，公开办事流程，接受人民群众的监督；推进社会主义新农村建设档案工作，加强镇、村（居委）档案的监督指导；加强档案保密检查，防止档案泄密；加强国家重点建设项目档案和专业档案工作的督促指导，特别是加强土地确权、地名普查、水利移民等文件材料收集、整理、归档的监督指导，确保档案的完整齐全；指导青溪发电厂开展企业档案规范化管理，并于10月通过省档案局对企业档案规范化管理国家二级甲等的复评。同时，采用现场指导的形式，对有关单位档案员进行个别指导，引进社会服务，协助解决档案保管保护中遇到的问题。

【档案信息化工作】2018年，县档案馆推进数字档案馆建设，加大档案事业经费的投入，加快档案信息化建设进程。100%完成馆藏档案文件级目录数字化，提高档案的查全率和查准率；投入资金45万元完成数字档案馆第四期建设项目，实现馆藏档案全文数字化；开展未进馆档案电子目录备份，探索《数字档案室》建设，实现档案资源区域共享。至2018年底，著录档案电子目录67万条；累计投入经费125万元，扫描档案190万页。

【档案接收、利用】至2018年底，县档案馆馆藏档案全宗单位133个，馆藏文书档案总数6.23万卷2.39万件、照片档案3489张、资料8800册、政府信息1.04万件，其中2018年依法接收48个全宗单位的档案1638卷3940件，征集照片301张，收集现行文件1080件，接收资料20册。全年鉴定档案1330卷又60件，依法开放档案1166卷又57件，暂不开放164卷3件，方便人民群众查阅利用；为编史修志、为机关工作查考、机构改革、房产转让、市政建设调研、补充人事档案、平息群众争地上访、为工人退休办理社保等服务370人次，提供档案2830卷（册）又163件；收集政府信息1380条，接待查阅政府信息者38人次，提供政府信息130条、复印220页，发挥了社会效益。发挥“两基地”功能。挖掘红色大埔史料，发挥爱国主义教育和学生德育基地功能，以充实档案事实依据宣扬红色大埔。

【档案培训、宣传】2018年，县档案局（档案馆）组织12名新上岗档案员参加省档案局举办的档案员岗位培训班。结合“6·9”国际档案日活动，以“档案见证改革开放”为主题的档案开放日宣传活动，印制5000份宣传折页，通过邮政投递网络向全县机关、企（事）业单位、社会团体及人民群众等发放，宣传贯彻2016年11月及2017年3月修正后的《中华人民共和国档案法》《中华人民共和国档案法实施办法》。通过档案馆现行文件利用中心及“大埔县政府信息公开目录”网站平台主动公开政府信息，免费派送《广东档案》6期420份杂志，架起档案部门与公众交流的桥梁。

【档案馆馆址建设】2018年5月22日，县政府常务会议原则同意将进修学校门前西片1700平方米土地划拨给大埔县档案局（馆）兴建国家综合档案馆馆舍。8月29日，县发展和改革局印发“关于大埔县档案馆新建项目可行性研究报告的批复”，核准工程建设规模及主要建设内容：新建大埔县档案馆，用地面积1755平方米，总建筑面积4650平方米，其中档案馆建筑面积3830平方米，地下车库建筑面积820平方米，以及相关场地给（排）水、电气照明、绿化等配套设施建设等，总投资1870万元。项目建设期限为2018年11月至2019年12月。

大埔县档案局（馆）负责人名录

局（馆）长：张国华（2018.3—）

副局（馆）长：黄顺香（女，—2018.3负责全面工作） 余美兴

（**张赞发**）

医疗卫生和计划生育

【医疗卫生基础设施建设】2018年，大埔县卫生和计划生育局抓好县级医疗项目建设。1. 推进县人民医院改扩建工程建设。该项目总投资5.86亿元(含医疗设备),分二期施工。一期改扩建工程于2018年7月全部搬迁投入使用；二期改扩建工程投资2.96亿元，2018年9月30日签约开工。2. 推进县中医医院迁建工程、县妇幼保健院改扩建工程和县慢性病防治院门诊楼工程项目。三个项目共投资4.82亿元，其中县中医医院新建门（急）诊综合大楼、住院大楼、中医科教综合楼、后勤楼、污水处理房及地下停车场，设置病床300张，工程于2017年10月30日动工建设，至2018年底，完成首期1600万元重大医疗设备和2920万元信息化工程招标工作；县妇幼保健院改扩建工程和县慢性病医院门诊楼工程于2017年10月30日动工建设。3. 新建“120”急救指挥中心综合楼。该项目建在大埔县人民医院内，总投资2211万元，于2018年5月开工。4. 新建县慢性病防治院精神科综合大楼。计划投资3000万元在湖寮镇长新村新建县精神卫生中心，建设综合大楼、后勤保障楼及其他配套设施，设置病床200张，至2018年底，完成国土测绘，进行征地工作。该项目将填补大埔县无公立精神病医院的空白。

【计划生育服务管理】2018年，大埔县卫计局加强计划生育综合管理，稳定低生育水平。2018年1—12月，全县出生人数6531人，出生率11.28‰，人口自然增长率5.11‰，政策生育率84.47%，政策外多孩率14.45%。实施全面两孩政策。落实计划生育利益导向四项制度，至2018年9月全县独生子女父母奖励、计划生育家庭特别扶助和农村纯生二女结扎户奖励等奖扶共计7514人，投入奖扶金额751.9万元。开展生育关怀行动、关爱女孩活动、计生保险和计生困难家庭帮扶救助等工作。以创建全省计划生育基层群众自治示范县为目标，促计生基层群众自治工作开展。加强流动人口服务管理。

【医改工作】2018年，大埔县卫计局推进医改工作。公立医院改革铺开，全部取消药品加成。医联体建设完成。制定《关于印发〈大埔县进一步推进县镇医联体建设暨分级诊疗实施方案〉的通知》，并于2018年10月18日在县科技信息大楼二楼会议室举行医联体签约仪式。健全全民医保制度。全县医保参保率98%，城乡居民医保人均政府补助标准由2015年的380元提高到2018年的490元。按病种分值付费开始实施，大病患者住院平均报销比例提高12个百分点。推进家庭医生签约服务。全县组建97个团队，完善全科医生培养与使用激励机制。建立综合监管制度。深化医药卫生领域“放管服”改革，推行“双随机一公开”监督抽检。

【公共卫生保障】2018年，大埔县卫计局加强疾病预防控制能力建设，落实重大疾病防控任务，开展艾滋病、结核病、登革热、人感染H7N9禽流感等重点传染病防控工作。全年开展艾滋病三类高危人群（暗娼、MSM、性病就诊者）干预数2622人，占人口比例68.6/万；开展HIV抗体检测2.14万人，占人口比例5.6%；辖区内有艾滋病人12人，艾滋病病毒感染者20人，新发病例6人，死亡病例1人。全县确诊并免费治疗肺结核病人187例，输入性确诊登革热1例已治愈，全年无发生人感染H7N9禽流感病例，无重大传染病疫情暴发流行。

【妇幼服务】2018年，大埔县卫计局加强妇幼服务活动。免费孕前优生健康检查工作。2018年，全县免费孕前优生健康检查目标人群任务1800对，到12月，完成孕前优生健康检查目标任务1718对，完成率 95.4%。预防艾滋病、梅毒母婴传播工作。2018年1—12月产妇4085例，孕产妇“三病”检测率100%。无艾滋病感染孕产妇病例，对检出的梅毒感染孕产妇19人、乙肝感染孕产妇341人进行规范治疗。农村妇女“两癌”筛查工作。为提高农村妇女宫颈癌和乳腺癌的早诊早治率，开展农村妇女“两癌”筛查工作。至12月底，全县农村妇女“两癌”免费检查1.35万人，完成率83.24%。

【无偿献血工作】2018年，大埔县卫计局贯彻实施《中华人民共和国献血法》，加强对献血工作的组织领导，开展无偿献血工作。10月12日上午，在县城文化广场举行纪念《中华人民共和国献血法》实施20周年暨献血站正式启用揭幕活动。至2018年12月底，有2012人次参加无偿献血，献血量40.23万毫升。

【爱卫工作】2018年，大埔县卫计局推进爱卫工作。开展创建国家卫生县城工作。通过完善爱国卫生管理机制、健全工作制度、强化工作落实、加大财政投入等措施，推动爱国卫生工作开展。至2018年底，创建国家卫生县城工作通过省级暗访。创建卫生镇村工作有进展。全年创建省卫生村40个、市卫生村13个。

【卫计队伍建设】2018年，大埔县卫计局加强机关作风和卫计系统行风建设。开展“以德润医、崇廉守纪”专题教育活动和学习贯彻习近平总书记视察广东重要讲话精神。加大人才招聘力度。2018年，两次面向社会公开招聘专业技术人员138名；与新入学的医学专（本）科生签订农村定向医学生免费培养协议，有12人签订培养协议。

大埔县卫生和计划生育局负责人名录

局　　长：李益辉

副 局 长：吴海峰　黄小玲（女）
罗绮红（女）　刘红叶

党组副书记：杨伟钢

党 组 成 员：邓海俊（2018.1—）

大埔县红十字会常务副会长：谢书进

大埔县爱卫办主任：丘国城

（汪燕玲）

食品药品监督管理

【简述】2018年，大埔县食品药品监督管理局出动执法人员3987人次，检查食品药品生产经营单位3637家次，查处食品药品领域违法案件59宗，罚没款16万元，移送公安机关涉刑案件2宗，抽检食品药品1048批，不合格16批次，合格率98.5%；处理投诉举报45宗，受理行政许可审批1317宗；报请市局撤销零售药店药品GSP证书1家。获得大埔县2018年度安全生产监管工作先进单位。全年全县未发生一起食品药品安全事件，保障群众饮食用药安全。1月22日，大埔县食品药品监督管理局与广东省盐业集团梅州市有限公司大埔县分公司（大埔县盐务局）签订《大埔县食盐监管体制改革职能交接协议书》，大埔县食品药品监督管理局承担食盐质量安全管理与监督职能。

【日常监管】2018年，大埔县食药监局做好食品药品日常监管工作。1. 落实“双排查”机制。县内27家食品生产企业全部开展自查，对食品生产企业和小作坊全覆盖监督检查，落实企业主体责任。全年检查食品生产企业和小作坊143家次，要求书面限期整改48家次，发出责令整改通知书3份，对发现的15家无证食品生产加工小作坊关停8家，立案查处2家，引导5家进行升级改造并申领小作坊证。2. 加强食品经营监管，维护市场稳定有序。2018年，检查食品经营单位3247家次，发出责令整改通知书12份；对学校食堂发出限期责令整改通知书12份；约谈2家网络订餐平台，签订责任书，责令下架无证经营、超范围经营餐饮单位70家。3. 加强保健食品安全监管。约谈8家体验式、会议式食品、保健食品营销单位；开展科普宣传进社区活动，引导消费者特别是中老年人树立“保健食品不是药，大型讲座要注意”的思想理念。4. 加强化妆品流通环节监管，规范化妆品市场秩序。以化妆品专营店、美容院、港货店、超市为重点检查对象，进行摸底排查，依法依规开展各项专项整治行动工作，查处化妆品经营单位4家。5. 加强药械各环节监管，清除问题死角。查处无证经营、非法渠道购进药品、销售假劣药品等违法犯罪行为。2018年，撤销药品GSP证书1家，注销药品经营许可证3家。

【专项整治】2018年，大埔县食药监局做好食品药品安全专项整治。坚持问题导向原则，针对重点环节、重点区域、重点问题、重点品种，开展校园及周边食品安全、酒类产品质量安全、农村食品安全、茶叶生产经营、食盐安全、网络订餐平台、中药饮片、疫苗流通领域、药品经营企业超范围经营药品专项整治和整治欺诈和虚假宣传，维护食品安全公益专项行动。

【监督执法】2018年，大埔县食药监局做好监督执法工作。组织开展食品药品抽检1048批次，抽检批次数比2017年增加36%，其中不合格16批次，合格率为98.5%，不合格产品均依法查处，防控苗头性、系统性、区域性食品药品安全风险，倒逼生产经营企业落实主体责任。对大昌市场、万川市场、黎家坪市场、虎山市场开展“每日每市场10批次”快检工作；对高陂镇、茶阳镇、百侯镇、大麻镇、三河镇、西河镇、枫朗镇、桃源镇8个乡镇市场开展“每月每市场5批次”快检工作。开展食用农产品快检1.45万批，其中不合格51批次，合格率为99.6%，销毁不合格食用农产品190.89千克。每天上午10点前将当天快检结果公示，让群众放心消费，安心食用。上报药械不良事件337例，年度任务完成率102%。保障农村宴席和重大活动52宗4万人次饮食安全。大埔县986户餐饮单位中，量化率96.6%，学校食堂“灭C”行动完成率100%。

【部门联合检查】2018年，大埔县食药监局联合县相关部门开展食品药品安全检查。联合县检察院开展疫苗专项检查。对辖区内1家疾病预防控制机构和16家疫苗接种单位的疫苗配送、使用、库存等情况进行检查。经查，大埔县未使用长春长生公司生产的涉事批次百白破、狂犬疫苗。联合县检察院、县教育局开展学校食堂食品安全专项检查。加强对未成年人食品安全保护力度，保障青少年的身体健康和生命安全，筑牢校园“舌尖上的安全”防护网。联合县畜牧兽医局、县林业局、县公安局等部门，在高速公路省际检查站进行24小时设卡检查，做好非洲猪瘟等动物疫情防控工作。联合县检察院开展食品、保健食品欺诈和虚假宣传专项整治行动，督促企业落实食品安全主体责任，引导消费者科学消费、理性消费。

【工作亮点】2018年，大埔县食药监局推进亮点工作。推进“食责险”项目落实。向县政府申请为全县常住人口统一购买食品安全责任保险，总保费70万元/年，全年累计赔偿限额2000万元，每次每人限额20万元，解决人民群众的后顾之忧。落实“六个一”“马上办”等工作要求。针对药品经营许可证、食品经营许可证等行政许可进行简化申办流程、压缩办理时限、精简申办材料，13项行政许可事项承诺办理时限合计压缩到67天，压缩比例75%；申办材料合计精简到58份，精简比例72.5%。2018年，受理行政许可审批1317宗，比2017年增加414宗。提升小餐饮服务质量水平。结合“巩文创卫”行动，对县城及周边区域小餐饮厨房进行升级改造工作。县政府下拨资金60多万元，对县城小餐饮店厨房升级改造进行补助，促进县内小餐饮店“阳光操作”；在学校（含托幼机构）食堂落实厨房远程视频监控的基础上，与移动公司签订框架协议，推进中型及以上餐饮服务单位厨房远程视频监控工作。

大埔县食品药品监督管理局负责人名录

局　长：何聪华

副局长：陈克胆　丘德志

何振坤（—2018.4）

梁耀华（2018.4—）

（林媚）

体　育

【群众体育】2018年，大埔县体育局做好群众体育工作。1. 群体活动开展。以“全民健身日”“体育节”“南粤幸福活动周”等节庆群体活动契机，组织指导并协助扶持机关、企（事）业单位、社区、农村开展群众体育和全民健身活动，组队参加市级大型群体比赛，全年举办大型活动23次。2. 抓健身服务。全年完成1000余名市民的体质监测样本；培训各级各类社会体育指导员近百名；县体育中心场馆免费、低收费向社会公众开放，供广大市民开展篮球、足球、羽毛球、乒乓球、健步走、游泳（低收费）等健身活动，日均锻炼人数3000人。3. 体育组织健全。新增2个县级体育协会（长跑、游泳），县级体育协会累计14个，推动县级体育协会向镇、村两级拓展，夯实群众体育组织基础。4. 设施建设推进。抓好县体育中心器材设施更新维护，提升其在全民健身、体育竞赛和业余体育训练中功能作用；15个镇（场）全部建成镇级全民健身广场（或健身园），全县各行政村建成1个露天篮球场或1个活动室。结合县委、县政府建设社会主义新农村的统一部署，加强农村体育工作力度，完善县、镇、村三级体育场地设施网络，促进体育事业全面均衡协调发展。

【特色工作开展】2018年，县体育局依托人文和自然资源，保护性开发“红色”（梅州大埔三河坝—潮州饶平麒麟岭古道，“八一”起义军三河坝战役后转移至饶平茂芝会议旧址的线路）、“绿色”（大麻坑尾至梅县雁洋，阴那山国家森林公园至雁南飞AAAA级风景区的线路）、“古色”（湖寮岭下至百侯侯北，旧时百侯、湖寮等地百姓往来老县城茶阳求学、商贸重要路段，亦称挑夫古道）为代表的3

条特色全民健身徒步线路。其中“红色”徒步线路大埔三河坝—潮州饶平麒麟岭古道（全程74千米）是广东省重点打造的南粤古驿道11条重点线路之一。同时，指导并依托有800多名会员的大埔县祥云户外运动协会和有200多名会员大埔县长跑运动协会，开展以“寻访红色足迹、相约古驿道、行走美丽乡村”为主题的小型多样的徒步活动，相邀周边市、县户外运动协会走进大埔、推介大埔、宣传大埔。

▲2018年1月25日，召开大埔县申报国家级农村职业教育和成人教育示范县复核调研汇报会（县教育局提供）

【竞技体育】2018年，县体育局以备战2021年梅州市第九届运动会为抓手，向社会聘请专（兼）职足球、武术、跆拳道、举重等项目教练10多人，选拔组织410名适龄青少年运动员参加足球、乒乓球、武术、跆拳道、拳击等项目市运会新周期业余体育训练。男子足球项目向市体校输送运动员3人。女足运动员罗思思、郑颖分别被评为国家一、二级运动员；至2018年年底，大埔县女子足球运动员累计获得国家一级技术等级2人、二级3人。

2018年，运动队及运动员在市级以上体育赛场成绩。1．参加市级比赛。11月，县女足代表队（体教结合共建队伍即大埔二小女足队）参加2018年梅州市“市长杯”青少年校园足球市级决赛，勇夺小学组亚军，实现青少年女足项目运动成绩突破。2．参加省级比赛。7月，县业余体校女足运动员郑颖经县、市、省三级比赛、选拔，入选2018年广东省青少年校园足球最佳阵容（初中女子甲组）；8月，县女足运动员罗思思、举重运动员陈希代表梅州市参加2018年广东省第十五届运动会分别获得女子足球项目乙组第一名、女子举重项目乙组63千克以上级总成绩第二名；10月，县女足运动员郭翠帆、肖新欣代表梅州市参加2018年广东省“省长杯”青少年足球联赛获女子高中组第一名。3．参加国家级比赛。9月，县举重运动员赵钰珂参加全国举重冠军赛（U13、U14年龄组）获得女子48千克级总成绩第一名（其中挺举第一名，抓举第二名）。

【体育彩票销售】2018年，大埔县体育彩票销售量1458.13万元。

大埔县体育局负责人名录

局　长：余志国

副局长：段定映

（涂伟东）

社会生活

人力资源和社会保障

【培训就业】2018 年，大埔县人力资源和社会保障局组织 100 家企业进场招聘，提供招聘岗位 6000 个，求职登记 3000 人次，签订就业意向 700 人。全县城镇新增就业 2262 人，城镇失业人员再就业 2160 人，其中就业困难人员实现再就业 309 人；城镇登记失业率 2.39%。组织各类劳动力技能培训 1140 人，新增劳动力转移就业 5223 人；享受劳动力技能晋升培训补贴 882 人 148.6 万元；全县促进创业 370 人，带动就业 1830 人。全年落实小额担保贷款 105 笔 1050 万元。全年发放租金补贴、社保补贴、岗位补贴、大学生岗位补贴、创业培训补贴、创业资助等 59.65 万元。开办大埔县“客家菜师傅”工程暨“贫困劳动力培训班”（第一期），培训贫困劳动力 60 人，有意愿创业的贫困劳动力 10 人。大埔县田家炳高级职业学校、大埔县瑞锦职业培训学校被认定为市级“客家菜师傅”技能人才培训基地。组织 5 个家庭参加“粤菜师傅”“少年厨神”梅州站活动。推动人民日报等 15 家中央、省、市媒体和中央电视台四套媒体到大埔采访报道“‘客家菜师傅’工程助推乡村振兴”工作开展情况。推动培育“客家菜师傅工程农家乐”，引导建设“客家菜师傅”名镇名村以及建设优质食材供应基地。

【社会保障】2018 年，全县社会保险总参保人数 75 万人次，征收各项社保费 5.61 亿元，同比增长 53.86%；支付各项社保费 14.61 亿元，同比增长 29.51%。参加城乡居民社会养老保险 18.47 万人，同比下降 6.47%，占市下达目标任务的 100%。参加 2018 年度城乡居民医疗保险 41.84 万人，占市下达目标任务的 98.36%。城乡居民养老保险基础养老金最低标准从每人每月 120 元提高至 148 元，城乡居民医疗保险住院起付线二级医院从 500 元降低至 450 元、三级医院从 800 元降低至 650 元，实现职工医疗保险和城乡居民医疗保险住院起付标准统一；城乡居民大病保险起付标准从 1 万元降为 8000 元，报销比例从 70% 提高为 75%；城乡五保供养对象、建档立卡贫困人员起付标准从 2000 元下调至 1000 元，报销比例从 80%提高至 85%，不设年度最高支付限额。全年依法做出工伤认定 38 起，受理、完成劳动能力鉴定 38 人。稳妥推进被征地农民社会保障工作，依法依规计提 1 批次城市建设用地征地项目养老保障资金 17 人 15.3 万元，落实 192 名失地农民养老保障资金 172.8 万元。健全完善退休人员社会化管理服务工作。全县 3.64 万名企业退休人员中，有 3.35 万人纳入社区管理服务，社区管理率 92%。

【人事人才】2018 年，全县 2018 年招录公务员 90 人，聘用事业单位工作人员 314 人，其中教育类 96 人、卫生类 132 人、其他事业单位工作人员 86 人。完成三轮梅州市 2018 年引进急需紧缺人才招聘工作，共聘用急需紧缺型人才 8 人。组织大埔县部分事业单位招聘（引进）高层次人才及紧缺人才招聘工作，引进高层次紧缺人才 5 人。招募“三支一扶”大学生 18 人。为 8 名公务员、88 名企（事）业单位工作人员办理调动手续，按政策办理机关、事业单位工作人员退休手续 326 人，办理应届高校毕业生网上报到 1422 名，接收大中专毕业生档案 1446 份，办理人事代理 42

人。完成15个事业单位岗位设置及人员聘用工作，审核认定547名事业单位人员、16名机关工勤人员技能岗位的聘任工作。完成84人申报评审高级职称、112人申报中级职称、267人申报评审（认定）初级职称工作。

【劳动关系】2018年，县人社局开展农民工工资支付情况专项检查，加强对建筑行业、交通建设行业、水务行业等重点领域的排查，对涉及拖欠农民工工资的争议案件优先办理，快调快审，快速结案，维护农民工合法权益。全年共处理群众投诉案件122宗，办结各类劳动违法案件19宗，涉案人数448人，涉案金额521.74万元，将1件恶意欠薪案件移送公安机关。落实工资保证金制度，收取20个建筑工程项目工资保证金1041.95万元；建立欠薪应急周转金制度。推进工人工资分账管理制度，有19个工程建设项目建立工人工资专用账户，占在建工程建设项目的39.6%。建立由政府分管领导牵头，相关部门参与的解决企业拖欠工资问题部门联席会议制度。上线运行唯一维权类项目“劳动人事争议微信小程序”。全年劳动仲裁结案47件，涉案人数48人，涉案金额146.21万元。

大埔县人力资源和社会保障局负责人名录

局　长：何赞营

副局长：黄元熙　刘赞华　刘志达

廖万安（2018.4—）

吴萍萍（女，—2018.4）

（宋惠敏）

社会保险

【落实社保待遇】2018年，大埔县社会保险基金管理局落实社保有关政策，扩大参保规模，提升待遇保障，待遇调整政策执行到位。1.参保覆盖持续扩大。2018年，大埔县社会保险参保总人次75万人次，其中参加企业养老、机关养老、失业、工伤、生育和职工医疗保险人数分别为4.88万人、9974人、2.03万人、2.99万人、2.14万人和3.5万人，参加城乡居民养老保险人数为17.85万人，参加城乡医疗保险人数为40.85万人。2. 各项社保待遇依法按时足额发放。全年全县共发放“五大险”10.43亿元，其中支付企业养老、机关养老、失业、工伤、生育和城镇职工医保待遇分别为6.65亿元、2.75亿元、170万元、301万元、370万元和9368万元，分别同比增长0.01%、无对比、-48.8%、68.16%、-14.94%和7.06%；支付城乡居民养老保险待遇1.35亿元，同比增长20.72%；支付城乡居民医疗保险费2.83亿元，同比增长11.49%；城乡居民大病保险补偿金额3268万元。3.待遇调整政策执行到位。城乡居民养老保险基础养老金最低标准从每人每月120元提高至148元，城乡居民医疗保险住院起付线二级医院从500元降低至450元、三级医院从800元降低至650元，实现职工医疗保险和城乡居民医疗保险住院起付标准统一；城乡居民大病保险起付标准从1万元降为8000元，报销比例从70%提高为75%；城乡五保供养对象、建档立卡贫困人员起付标准从2000元下调至1000元，报销比例从80%提高至85%，不设年度最高支付限额。

【社保基金监管防控】2018年，县社保局加强社保基金监管防控，健全社保欺诈违法犯罪联合打击工作机制。1. 部署落实中央巡视

▲2018 年 3 月，在县城文化广场开展跨省异地就医直接结算宣传活动（县社保局提供）

的情况。3. 强化内部控制监督检查，梳理社保经办领域业务风险点。按照梅州市社保经办机构内控监督检查暨社会保险经办风险管理专项行动的工作要求，业务部门每月自查一次，对有关股室全面监督检查 2 次，到定点医疗机构专项稽查 5 次。全年稽核单位数 291 户，稽核人数 1.44 万人，分别占参保单位和参保人数的 24%、26%。

与养老审计整改工作。联合司法、民政、公安等部门，加强对死亡人员、服刑人员的数据及时共享，通过数据比对、入户调查等方式，对疑点数据深入调查，核查出欺诈冒领、重复领取待遇人员，及时中止死亡销户人员、殡葬火化人员、服刑人员的养老保险待遇领取，追回已违规发放的养老保险待遇，并依法追究相关人员责任。至 2018 年底，已全部完成追缴任务，其中追回违规为服刑人员发放待遇 6.55 万元；追回重复领取待遇 1.2 万元；追回违规向已死亡人员待遇 46.94 万元，追回 279 人次。2. 加强医疗保障基金监管，打击医疗保障领域欺诈骗保行为。按照国家、省和市部署和大埔县工作方案要求，县社保局成立专项行动小组，开展打击欺诈骗取医疗保障基金专项行动。至 2018 年底，共对 10 家定点零售药店进行现场检查，重点检查药品进销存台账、结算监控视频等情况，现场约谈 10 人，盘点药品 30 种，分析医保结算数据 1000 条。检查没有发现可疑结算信息，辖区内零售药店不存在账实不符、人证不符

【优化创新社保经办模式】2018 年，县社保局结合广东政务服务网线上运行工作，推动社保业务标准化建设，提升经办服务水平，方便企业和群众办事。1. 完成深化“放管服”改革工作。优化流程、缩短时限、精简材料，将原先 38 个审批服务事项，向基层下放权限 30 个，完成率 78.9%；办理时限由原先的 577 个工作日缩短至 314 个工作日，减幅 45.58%；申报材料由 315 项减至 203 项，减幅 35.6%。2. 借鉴兄弟县经验，推进改革成果落地生根。县社保局主动组织业务团队前往兄弟县学习交流经验，结合大埔县实际，制定落实方案，开展基层社保经办人员的业务培训，提高服务质量和工作效率，简化办事流程，缩短办事时限，减少申报材料，让群众切身体验到改革成效。

【社保政策改革】2018 年，县社保局完成中央驻埔、省属机关事业单位情况摸底调查，全面启动职业年金征收工作，试点机关事业单位养老保险费和职业年金启动前的补缴，落实机关事业单位养老保险范围工作人员视同缴费年限对应时段个人缴费本息清退工

作，推进“中人”待遇“新办法”重核，做好跨制度、跨统筹区域保险关系转移接续。至2018年底，大埔县机关事业单位养老保险参保登记单位224个，参保登记在职人员1.01万人，征缴人数9974人，累计征缴2亿元。累计发放养老待遇2.75亿元，发放人数5550人。职业年金征收人数9974人，累计征缴1503.93万元。准备期补收养老金54.87万元，补收职业年金476.64万元。按期停止执行“关于一次性缴费政策”规定，做好补缴工作。按粤人社〔2018〕262号文和梅市人社〔2018〕88号文的要求，从2018年11月1日起，停止执行粤人社规〔2018〕4号文第三点“关于一次性缴费政策”的规定。2018年，县社保局强化组织领导，统筹协调各股室，抽调业务人员，做好一次性补缴工作，确保政策平稳过渡。全年补缴社保费人数5396人，总额1.92亿元，其中灵活就业补缴5124人（新开户人数5640人），缴费1.8亿元。

【社保政策宣传】2018年，县社保局通过线上线下综合宣传，聚焦民生热点，回应民生关切，为精准施策营造良好外部环境。1. 结合各媒体平台，对接公众关切。搭建宣传阵地对接媒体，全年经主流媒体推送报道3次，官方微信推文12期共36篇，关注量1.5万人。妥善处理灵活就业人员补缴网络谣言等重大舆情。2. 发挥线下优势，聚焦社保需求。根据《大埔县开展跨省异地就医直接结算集中宣传活动工作方案》的要求，县社保局由分管副局长亲自带队，深入镇村、医院、社区、车站、广场，开展为期1个多月的异地就医集中宣传活动。集中宣传5次，发放资料6000份，解答现场群众咨询、提问1000人次。3. 补齐农保“短板”，强化宣传发动。协调各镇（场）发动各村、社区做好政策宣传工作，及时将相关政策宣传材料5000份张贴到街头、巷尾、村组等人流较集中的地方，并通过走访、电话通知、悬挂横幅、入户宣传等宣传方式，确保宣传到位、不留死角。同时，重点纠正参保群众的缴费误区，引导参保群众按年度进行缴费。

大埔县社会保险基金管理局负责人名录

局　长：官营生

副局长：罗育彪　朱品芳（女，—2018.4）
罗丽清（女，2018.4—）

（陈文露）

民　政　工　作

【深化理论武装工作】2018年，大埔县民政局紧扣“学懂弄通做实”的要求，精心组织，周密安排，召开17次局党组理论中心组学习会、12次党员干部专题学习会和3期专题培训班，组织全局党员干部原原本本学习中共十九大报告、《习近平谈治国理政（第二卷）》和习近平总书记视察广东重要讲话精神，把全县民政系统干部职工的思想和行动统一到习近平总书记的重要讲话精神上来，牢固树立“四个意识”，坚定“四个自信”，坚决维护习近平总书记党中央的核心、全党的核心地位，坚决维护党中央权威和集中统一领导。同时，对标对表习近平总书记在参加十三届全国人大一次会议广东代表团审议时及10月22—25日视察广东时提出新使命新要求，结合开展的“大学习、深调研、真落实”活动，把政治理论学习融入民政工作具体举措中、落实到民政改革发展全过程，推动全县民政事业更好更快发展。

【落实党风廉政建设责任制】2018年，大埔县民政局调整充实局党风廉政建设责任制领导小组，坚持每季度至少召开一次局党组党风廉政建设专题会议，针对落实党风廉政建设方面存在的薄弱环节，查找风险点，逐一进行研究部署。细化党风廉政建设主体责任清单，强化责任落实，实行领导干部“一岗双责”制度，层层签订责任书，将任务分解到各股室、站、所，责任到岗、责任到人，形成责任链条。坚持把谈话提醒作为加强党员干部日常监管的重要手段，及时对党员干部存在的苗头性、倾向性问题和轻微违纪问题进行谈话提醒，构建抓早抓小的工作机制。加强领导，落实责任，开展全县民政系统职业道德教育活动，开展寻找“最美民政人”活动和“我为民政添光彩”主题演讲比赛，提高干部职工的光荣感和责任感。

【落实双拥优抚安置政策】2018年，大埔县民政局按照省民政厅、省财政厅通知精神，提高部分重点优抚对象抚恤和生活补助标准。开展解“三难”活动，共投入资金100万元，帮助优抚对象解决生活、住房和医疗困难2300人（次）。接待2018年秋季城乡退役士兵129人，为135名2017年秋冬自主就业城乡退役士兵发放一次性补助金353.8万元，组织109名退役士兵参加全省免费中等职业技能培训。做好全县在册定恤定补优抚对象数据核查工作。完善县、镇、村三级复退军人服务组织有关制度，开展先进工作站创建活动，全面完成全县退役军人和其他优抚对象信息采集工作，在“八一”前夕，县、镇、村三级复退军人组织机构共慰问1500人（次）。开展拥军优属活动，元旦、春节期间上门慰问驻梅驻大埔部队及优抚对象代表，成立大埔县爱国拥军促进会，提高社会化拥军工作水平。按照县委、县政府的要求，完成三河坝战役纪念园管理处成立后相关工作的移交。

【完善社会救助体系】从2018年1月1日起，大埔县农村低保标准由人月400元提高到440元，农村低保对象人月平均补差由206元提高到228元，城镇低保标准由人月580元提高到638元，城镇低保对象人月平均补差由457元提高到503元，城镇特困人员供养标准由人月930元提高到1021元，农村特困人员供养标准由人月680元提高到760元，保障城乡困难群众的基本生活。加大大病医疗和临时困难救助力度，全县共投入资金700万元，为全县3200人（次）困难群众提供大病医疗和临时困难生活救助。筹集资金740万元，全额资助全县3.39万名各类困难群众缴交2019年城乡居民医疗保险。开展农村低保专项治理，至2018年底，全县城乡低保对象有8267户1.65万人，完成信息化核对5266户1.05万人，完成入户核查7275户1.46万人，根据信息化核对和入户调查情况，及时将185户421名困难群众纳入低保救助，取消不符合条件的低保对象2113户4865人。开展乡镇敬老院专项检查整治行动和示范性敬老院、规范化敬老院创建活动。定期开展救助对象和建档立卡贫困人口信息比对，对全县暂不符合城乡低保救助条件的496名建档立卡在册贫困对象由县出台具体措施实施政策性兜底，促进社会救助制度与精准扶贫政策的有效衔接。

【完善社会福利体系】2018年，大埔县民政局提高孤儿基本生活保障水平和残疾人“两项补贴”标准。推进养老床位建设，全县共有养老床位2981张，每千名老人床位数为31.17张，达到各县（市、区）2018年每千名老人拥有床位30张以上的要求。筹集资金，统一为县福利院和各镇敬老院加入养老机构责任保险，公办养老机构参保率100%。动员养老机构与医疗机构签订医疗合作协议，实现100%的养老院能为入住老人提供及时有效的医疗卫生服务。提高80周岁以上老年人补（津）贴标准，百岁老人长寿保健金从200元/人月提高到500元/人月，90—99周岁高龄老人补（津）贴标准从150元/人年提高到360元/人年，80—89周岁高龄老人补（津）贴标准从100元/人年提高到240元/人年。免费为7100名老年人办理老年优待证。召开大埔县创建“世界长寿乡”工作动员会。发展福彩事业，全县销售福利彩票1700万元。

【完善民政公共服务设施】2018年，大埔县民政局投入资金150万元，按照儿童福利机构规范化建设要求，升级改造县福利院儿童院大楼，改善孤弃儿童日常生活居住环境。筹集资金90万元，完成大埔县福利院老年公寓楼附属及大门门楼工程。以敬老院专项检查整治为契机，开展示范性敬老院、规范化敬老院创建活动，共投入资金400万元，完善乡镇敬老院内部相关配套设施。抓好百侯镇横乾村和曹鲇村、枫朗镇上木村、茶阳镇恋墩村、大东镇家荣村、光德镇上漳村和上澄村及雷锋村等居家养老服务站建设。筹集资金100万元，按照《婚姻登记机关等级评定标准》（4A级）的要求，完成县婚姻登记中心规范化建设。筹集资金150万元，完成县殡仪馆消防沙池建设、灵堂门前及周边场地改造，新建4间灵堂和4间丧属休息室，新购置高档平板火化炉。

【提升防灾减灾救灾能力】2018年，大埔县民政局修订完善应急救助、恢复重建、冬春救助、救灾资金社会化发放、救灾物资管理等工作制度。严格落实汛期和应急期24小时值班和领导带班制度，确保政令畅通和信息上传下达，2018年度启动县级救灾预警响应2次。加强救灾物资储备，提高灾害应急救助能力，县救灾物资储备仓库共存放棉被545床、救灾帐篷100顶、折叠床300张、解放鞋1994双、雨衣417件等物资一批。加强救灾应急避护场所建设，提升城乡整体防灾减灾能力和水平，全县共有应急避护场所45处，有效面积46.98万平方米，可容纳人数28.06万人。投入70万元，为全县常住人口统一加入自然灾害公众责任保险。结合“5·12”全国防灾减灾日，联合高陂镇政府在高陂文化广场开展防灾减灾宣传活动，提高群众防灾减灾意识和逃生自救能力。开展2018年“6·30”扶贫济困日系列活动，全县共接受扶贫济困捐款449.63万元（到账数）。

【提升基层民主政治建设水平】2018年，大埔县民政局全面完成全县基层群众性自治组织特别法人统一社会信用代码赋码工作。以县委办名义印发《大埔县村级“小微权力”清单》，让村级事务管理更透明。完善村（居）务监督委员会运行机制，举办村（居）务监委会主任培训班，提高村（居）务监委会主任履职尽责能力。“一门式一网式”政府服务平台在全县15个镇（场）和256个村（社区）全面启用，实现信息多元采集、互通共享、多方利用。完善村级组织运转经费保障机制，村（社区）“两委”干部补贴提高到2500元/月·人，村（社区）监委会成员补贴提高到625元/月·人，2018—2020年村（社区）办公经费补助水平提高到每村（社区）每年10万元。加强问题村（居）排查整治，开展扫黑除恶专项斗争；全县57个省定贫困村全部成立村民理事会，全县城乡社区协商达60%，提升基层治理水平。对照粤东西北“双百镇（街）社会工作服务五年计划”有关要求，抓好湖寮镇社会工作站建设。

【提升专项社会事务管理水平】2018年，大埔县民政局依法依规办理婚姻登记和收养登记，开展养老机构和孤弃儿童养育专项整治行动。建立经办人员和村（居）委员会成员近亲属享受残疾人两项补贴备案制度。全面完成闽粤线第四轮行政区域界线联检工作任务，开展平安边界创建活动，推进地名普查档案立卷归档和普查成果转化工作；开展打击整治非法社会组织专项行动，提升社会组织管理和服务水平，全县共有社会组织 179 家，其中社会团体 125 家、民办非企业单位 54 家。提高对流浪乞讨人员的救助服务水平。建立大埔县农村留守儿童关爱保护工作联席会议制度，开展农村留守儿童“合力监护，相伴成长”关爱保护专项行动；推进农村留守老年人关爱保护工作，建立留守老年人信息台账，基本摸清全县农村留守老年人情况。深化殡葬改革，以县政府名义出台《大埔县节地生态安葬奖补政策实施意见》《大埔县党员干部带头推动殡葬改革的意见》，开展殡葬领域突出问题专项整治，规范公益性生态墓地管理，全年免除全县户籍人口殡葬基本服务费 600 万元。

【提升安全生产和信访维稳工作水平】2018 年，大埔县民政局抓好信访维稳工作，做到预防措施可行，政策落实到位，思想教育到家，依法依规、公平公正地处理好复退伍军人反映有关问题，为维护大埔和谐稳定传播正能量。落实安全生产责任制，强化“安全第一”的责任意识，加大宣传力度，筹集资金，及时有效消除安全隐患，确保全县民政系统安全生产形势健康有序发展。与大埔县公安消防大队签署《大埔县民政服务机构消防安全共建战略合作协议（2018—2020 年）》，在县民政局和县福利院分别组织消防演练，组织全县民政办主任、敬老院院长和相关部门人员参加培训，保障全县民政服务机构消防工作的有效落实。

大埔县民政局负责人名录

局　长：罗海涛

副局长：廖万安（—2018.4）　房惠霞（女）
　　　　赖国新　邱云期（2018.4—）

（黎明翔）

残疾人联合会工作

【残疾人康复】2018 年，大埔县残疾人联合会免费收训脑瘫儿童 21 名；完成白内障免费复明手术 800 例；假肢装配 13 例，矫形器 40 例，配送辅助器具 360 件；精神病患者免费服药 301 例。

【残疾人教育】2018 年，县残疾人联合会协助省残疾人联合会做好普通高等教育残疾学生的报考工作，2 名残疾考生被普通高等院校录取。开展扶残助学，帮助 15 名残疾学子圆读书梦。全年完成 34 名残疾青壮年扫盲任务。

【就业扶贫】2018 年，大埔县征收残疾人就业保障金 425.82 万元，按比例安排残疾人就业 113 人。县残疾人联合会举办 3 期培训班，分别为 2018 年大埔县残疾人职业技能培训班、大埔县残疾人陶瓷技术培训班和木刻插花职业技能培训班，共培训 170 名残疾人，推荐 118 名残疾人实现就业。县残疾人联合会福利企业——大埔漳联瓷业发展有限公司集中安置残疾人就业 63 人。完善 15 个康园中心的各项服务功能，打造残疾人“幸福之家”，并为 300 名残疾会员和 30 名工作人员购买人身意外商业保险。

【社会保障】在 2018 年春节、助残日、肢残日前后，县残疾人联合会协调县直有关部门和社会各界关心残疾人生活，在全县开展慰问活动，共慰问残疾人 92 户，慰问金额及物资合计 21.26 万元。全县符合低保条件的 4289

名贫困残疾人全部纳入低保，占全县低保户的40%，基本实现“应保尽保”；1.09万人（次）的残疾人享受两项津补贴2475.84万元；3585名残疾人免费参加城乡居民医保64.53万元；5321名残疾人免费参加城乡居民养老保险63.85万元；823名残疾人享受燃油补贴21.4万元；全年为1366名各类残疾人办理残疾人证。

【扶残助残】2018年，广东狮子会虎山服务队共开展服务30场（次），受益448户残疾人家庭，扶持财、物共24.4万元。梅州市大埔县爱心助残基金会全年为残疾学生、贫困残疾人子女助学和残疾人重大病救助共发放资金29.6万元，惠及103名贫困残疾人家庭。深圳狮子会宝安服务队为贫困残疾人捐赠100辆价值8万元的轮椅。县残疾人联合会全年共向上、向外发送稿件28件，专题新闻报道5篇，加大残疾人事业的宣传力度。

【完成重点任务】2018年，大埔县残疾人联合会完成各项重点任务。

省、市、县民生实事　2018年，根据广东省残疾人联合会《关于印发〈广东省贫困重度残疾人家庭无障碍改造实施方案〉的通知》和梅州市残疾人联合会《关于做好梅州市贫困重度残疾人家庭无障碍改造工作的通知》精神，大埔县完成437户贫困重度残疾人居家无障碍改造。县残疾人联合会作为项目承接单位，推进民生实事项目，确保2018年12月底前通过省、市检查验收组验收。围绕贫困重度残疾人家庭无障碍改造任务，制订切实可行的实施方案。多次专题召开工作会议进行部署，推进贫困重度残疾人家庭无障碍改造工作，办好省、市、县民生实事。争取县政府重视，落实财政配套经费45.89万元。根据无障碍改造工程进度，做好入户核查、招投标、入户改造、政府采购等工作。

大埔县第二十八次全国助残日活动　2018年5月18日，大埔县第二十八次全国助残日活动在县残疾人综合服务中心举行，活动主题为“全面建成小康社会，残疾人一个也不能少”。市人大常委会原常务副主任李俊夫，市政协副主席李忠良，市残联理事长李利平，市政协常委、经济委员会主任卜勇祥，市政协办公室研究室主任叶晓春，广东省军区后勤部正处级干部、梅州市大埔县爱心助残基金会监事长陈华云，县人大常委会党组书记、主任、县残疾人联合会第七届主席团名誉主席黄建庭，县政协党组书记、主席、县残疾人联合会第七届主席团名誉主席李礼醒，县委常委、统战部部长张红梅，梅州市大埔县爱心助残基金会理事长、市政协委员、县人大代表、广东美之臣化妆品有限公司董事长陈衡礼等领导参加此次活动。活动现场为15户重大疾病康复者、12户残疾学子及贫困残疾家庭子女发放救助金和助学金15万元，为50名重度肢体残疾人捐赠价值4万元的轮椅等辅具，并为康复中心儿童、康园中心会员等发放空调被等慰问品。

全县残疾人基本服务状况和需求信息数据动态更新　根据《广东省残疾人联合会关于做好2018年残疾人基本服务状况和需求信息数据动态更新工作的通知》精神，县残疾人联合会于2018年6月28—29日在县残联六楼培训室分片召开两期培训班。同时按时完成持证残疾人分配、工作方案、入户调查培训、入户调查、数据录入等工作。全县共调查1.31万户残疾人家庭，做到底子清、情况明，为促进全县残疾人事业发展打下基础。

全县残疾人集中服务机构安全性检查　2018年，根据《广东省残联关于开展残疾儿童康复服务机构安全隐患排查及加强监管的通知》要求，县残疾人联合会对全县残疾人集中服务机构存在的安全隐患进行检查，并提出整改意见。至2018年底，全县1个残疾人集中就业培训基地、1个康复医院、15个康园中心全部按要求配置安全检查员、消防器材和相关制度，建立安全应急预案，做到定期检查、定期整改，确保残疾人集中服务机构安全运行。

完成残疾人精准康复服务目标　2018年，县残疾人联合会贯彻落实中国残疾人联合会、国家卫生计生委、国务院扶贫办等7家联合印发的《残疾人精准康复服务行动实施方案》和广东省残疾人联合会等7家单位联合印发的《广东省残疾人精准康复服务行动实施方案（2016—2020）》精神，全年为60%有康复需求的残疾儿童和持证残疾人实现康复服务。

【信访维权】2018年，县残疾人联合会制定明确的首问工作责任制，对残疾人实行一站式服务，接待残疾人及其家属来信（访）200人（次），大部分来信（访）反映的问题在初信（访）中得到妥善解决，为社会的稳定和谐创造条件。

大埔县残疾人联合会负责人名录

理 事 长：钟丹萍（女）

副理事长：李秋莲（女）

（肖永志）

移　民

综　述

【高陂水利枢纽工程征地移民工作】2018年是高陂水利枢纽工程建设的第三年，更是征地移民工作的关键年，大埔县作为征地移民的实施主体，有序推进征地拆迁和移民安置工作，一期工程基本完工，顺利通过船闸实船航行实验和二期导流阶段验收。至2018年底，高陂水利枢纽工程累计完成工程总投资30.7亿元，占工程总投资的51.88%，其中完成征地移民投资14.08亿元，占征地移民“双包干”投资18.8亿元的74.89%。2018年完成工程投资7亿元，占年度工程总投资计划的100%，其中完成征地移民投资3.98亿元，占年度征地移民投资计划的100%。

2018年，大埔县移民工作局围绕工作目标，履行工作职责，会同县高陂水利枢纽工程指挥部办公室，协调县有关部门以及参建各方，开展现场调研和专题研判，破解征拆工作难点问题，推进工程建设征地移民各项工作。1. 精准施策，推进征地移民工作。①征地拆迁工作卓有成效。累计丈量土地809.2公顷，占总任务的100%，完成征收798.53公顷（含安置点用地），占总任务的98.68%；累计签订拆迁协议的房屋454座，占总任务的64.03%，其中完成拆除的房屋370座，占总任务的52.19%。②推进移民安置工作。全面完成陂寨安置点主干道建设和场地平整，进场施工给排水、供电、场内道路工程，完成3期196块安置地分配，进场施工桩基础工程；全面完成汶水塘安置点场地平整和主干道工程，并进行第一次分配；完成乌槎安置点场地平整建设，并进行第一次56户82块安置地的分配；实施汇城安置点场地平整工程。至2018年底，完成搬迁安置人口589户2235人，搬迁群众均得到妥善安置。③推进专业项目迁改。基本完成主体工程施工区的移动、联通、电信及高压线路等专业线路的迁移；推进工程区航标设施迁改、坝区库周左右岸道路迁改和库周涉及电信、网络传输、移动、联通等专业迁改以及高陂镇塘溪堤围防护土建工程等。2. 加大宣传，营造良好社会氛围。采用全方位、多渠道的宣传方式，投入资金 25 万元，加大对工程建设和征地拆迁政策的宣传力度，提高征地政策和工程建设的透明度，争取群众的理解和支持。印制宣传读本发至群众手中，宣传工程建设的重要性、必要性及补偿依据、标准等，保障群众的知情权，提高征地移民群众的思想认识；利用电视、报刊等媒体，对工程建设进度和积极影响进行系列宣传报道；在库区范围悬挂宣传横幅，在安置点制作宣传牌，为征拆工作造势；开展“送戏下乡”活动，营造良好的社会氛围。3. 常抓不懈，抓好高陂库区巡查监管。制定巡查监管制度，与各镇的巡查人员密切配合，做到上下联动、信息互通，对库区土地和房屋进行定期和不定期的巡查，一经发现抢建抢种等行为，采取有力措施进行阻止，保住实物指标调查工作成果，确保征地拆迁和移民安置工作的顺利实施。4. 建立机制，维护库区社会稳定。建立移民稳定工作“五大机制”，即事前风险评估机制、移民利益诉求机制、矛盾纠纷化解机制、社会舆论引导机制、干部一线工作机制。在工作推进中，做好政策宣传，依法依规解决好移民群众的合理诉求。开展矛盾纠纷排查调处，妥善处理好涉及移民群众切身利益的矛盾；畅通信访渠道，做好有关移民国家政策、办理程序等咨询和答复；坚持信访接待制度，指定专人负责接待移民群众来信来访接待工作，做好记录，向他们宣传征地和移民后期扶持等有关政策法规。全年未发生重大的群体性上访事件。

【双电库区移民后扶工作】2018 年，大埔县移民工作局加大双溪水库移民后期扶持各项工作的落实，推进移民村、库区移民安置区基础设施建设，提高水库移民生产生活水平。1. 重抓落实，确保后扶项目变成惠民工程。根据移民后期扶持“十三五”规划，2018 年到位水库移民后扶资金 733.2 万元，已上报审查批复实施的后期扶持项目 16 个，完成投资 466.84 万元。加大库区移民村的水圳、道路等基础设施建设力度，改善库区移民群众的生产生活环境，助推乡村振兴发展。全年发放后扶直补资金 326.46 万元，直接受益移民 5441 人。2. 阳光操作，确保移民政策公开透明。对项目计划、项目资金、直补资金发放、工程项目的实施情况均第一时间进行公示，每一笔资金的发放，每一个项目的实施、直补资金发放、后扶人口动态管理、移民后扶项目实施等情况都在公开栏进行公示，让移民享有知情权，监督权。3. 强化督查，确保项目资金安全运行。以预防为主，加强事前、事中、事后的监督检查，发现问题及时整改，确保移民项目资金落实到位、安全运行。

【结合巡察整改，加强作风建设】根据大埔县委的统一部署，2018 年 2 月 26 日至 3 月 25 日，大埔县委第二巡查组对大埔县移民工作局进行为期一个月的巡察。针对巡察发现的问题，局领导、局党支部夯实责任，真抓实改，按照县委巡察工作组的反馈要求，结合工作实际，梳理巡察反馈意见。经过近 2 个月的落实，共整理出三大方面 16 项整改项目，制定 52 条具体的整改措施，建立健全 23 项工作制度，全面推进 16 个项目的整改落实，已完成整改的 15 项，正在推进的 1 项。同时，利用好巡察整改成果，健全完善工作机制，加大制度执行力度，巩固巡察反馈问题整改成果。结合机关作风建设、纪律教育学习月等活动，推进“两学一做”学习教育常态化，建立健全长效机制，加强作风建设和反腐倡廉建设，打造“竭尽忠诚、干净干事、作风过硬”的移民干部队伍。

大埔县移民工作局负责人名录

局　长：陈亿岳

副局长：张潘琪　张锦添

（李颂航）

省属水库移民

【简述】2018年，大埔县省属水库移民工作管理办公室贯彻落实大中型水库移民后期扶持政策精神，突出工作重点，强化工作责任，改善库区和安置区移民的道路、饮水、农田水利等生产生活基础设施环境，促进经济发展。2018年度，到位后期扶持资金1094.34万元，其中中央水库移民扶持基金到位318.2万元、大中型水库移民后期扶持政策实施工作专项补助3.52万元、省属水电厂水库移民补助资金到位339万元、库区基金18万元、直补资金415.62万元。

【库区和移民安置区基础设施建设】大埔县省属水库移民分布在青溪、茶阳2个镇12个行政村（社区），75个自然村，2018年有1366户6487人。全年投入扶持资金1788.59万元，其中整合移民后期扶持资金1100万元投入大埔县自来水有限公司取得收益。加强移民安置区基础设施建设，全年实施库区和移民安置区村道硬底化、饮水、农田水利等基础设施项目39宗，帮助移民改善生产生活环境。其中已修建蓄水池等饮水设施3处，新建文化室1间，修缮农田水利设施1处，完成道路硬底化570米。

【“直补到人”发放工作】2018年，大埔县省属水库移民办根据上级部门的批复精神，6487名移民后扶资金共415.62万元，该项目资金已于12月底由县财政直接拨付到移民户个人账户，促进库区种植业、养殖业发展。

【信访维稳】2018年，在后期扶持政策实施工作中，县省属水库移民办把维护移民区稳定作为压倒一切的政治任务抓好抓实。1. 加强信访工作的领导。强化责任意识，发现群众上访及时处理，决不拖延，对一时难以解决的问题，也给上访群众一个明确的答复，避免矛盾的激化。2. 确保信息畅通。上下互动，做到情况明、底子清，一旦出现问题能及时处理。3. 实行信访工作领导分工负责制。信访工作实行第一把手亲自抓，分工领导具体抓，做到事事能解决、件件有回信，对移民提出的热点难点问题依法依规进行办理，严格执行党的移民政策，在依法依规的情况下，及时解决移民提出的问题，对一些不合理的诉求，及时做好解释和疏导工作。4. 加强移民政策和《广东省信访条例》的宣传，使移民知法、懂法、用法。全年没有未办结的涉及移民方面的信访案件。2018年，所辖库区和移民安置区移民的信访案件数量为零，有8批20人次移民群众前来咨询库区移民后扶相关问题，工作人员都认真接待并对他们提出的问题进行解答,全年未发现有重大的矛盾隐患。

大埔县省属水库移民工作管理办公室负责人名录

主　任：孙双级

副主任：林木生　巫汇欣

（杨友旋）

旅　游

【旅游指标】2018年，大埔县接待游客652万人次，同比增长9.83%，旅游经济收入37.76亿元，同比增长11.55%。

【全域旅游】2018年，大埔县旅游局与广州南方文化创意研究院合作，全面对接《梅州市梅江韩江绿色健康文化旅游产业带规划》和《梅州市全域旅游发展总体规划》，通过前期对大埔县旅游资源的全面调查和开发条件评估，结合全县资源禀赋和总体发展思路，科学编制《大埔县全域旅游发展总体规划》，至2018年底已初步完成终稿。对标梅州市创建"全国全域旅游示范市"各项指标任务，倒排时间进度，完善景区景点基础设施和配套服务，提升服务质量和水平，夯实全县旅游服务软硬件基础，推进大埔县全域旅游创建工作。推进旅游大数据库建设，建立大埔县旅游大数据平台。在全县A级景区和主要景点安装移动终端设备，利用大数据进行景区运营情况分析、景区动态监测和旅游舆情监测，提升协同管理和公共服务能力。至2018年底，已完成全县数据采集点的踩点工作，通过政府采购程序，确定由广东移动公司梅州分公司实施，并签订合作协议与施工方案。

【景区建设】1. 规划编制《大埔县高陂水利风景区规划》。2018年，大埔县将高陂、三河、大麻等镇旅游资源进行整合，按国家AAAAA级旅游景区标准编制《大埔县高陂水利风景区规划》。2. 打造红色旅游龙头景区。以红色文化引领全域旅游发展，做大做强红色旅游产业。以AAAA级景区标准升级改造三河坝战役纪念园，集中打造红色旅游龙头景区，推进三河坝干部学院选址建设，打造红色旅游特色小镇。开发红色旅游经典线路，优化升级"八一"起义军南下广东梅州、大埔和中央红色交通线2条红色旅游经典线路，打造三河坝至饶平麒麟岭和阴那山2条古驿道线路。3. 以项目建设推进景区提质升档。按AAAA级景区标准完成瑞山生态旅游度假村的游客服务中心、快捷式酒店、餐饮楼、办公楼、游步道、琴湖游乐园、花圃园的基础设施建设，并于2018年10月1日成功开园试业。同时，支持并协助瑞山生态旅游度假村申报广东省2018年旅游发展专项资金（用于旅游发展）高端旅游项目发展项目，并通过专家组评审，成功竞得旅游发展专项资金500万元；支持瑞山生态旅游度假村申报金融支持和旅游扶贫重点项目，经省旅游局推荐，上报文化和旅游部审核。按照"一地一品"和"一宿一特"的原则，促进特色民宿业发展。北塘乡村旅游区与韩江画院合作开发民宿产业，百侯镇云庐、新兰居、延辉楼和如意客栈开始对外试业。贯彻落实习近平总书记关于厕所革命的重要指示精神，结合大埔县全国人大代表邓振龙所捐赠项目，在全县范围内新建20座总价值700万元的旅游公厕，已完成项目选址和图纸设计工作，其中6座建设项目已进场施工。

【宣传推介】2018年，大埔县旅游局参加市旅游局组织的赴中山、江门、龙岩、三明、南宁、贺州、广州、东莞、漳州、厦门等地的外出宣传推介活动，组织协调县内景区和文艺演出人员参加，动员景区提供优惠门票、奖品等。5月12日在厦门市举办大埔（厦门）招商旅游宣传推介会，7月20日在广州市海珠区举办海珠·大埔对口帮扶成果展暨大埔旅游宣传推介活动。办节庆宣传。主办或协办第十四届韩江徒步节、追随红军足迹·重走南粤古驿道徒步活动、首届“闻香识大埔，人文客家游”——2018大埔美食旅游文化节、重游古驿道·重走挑夫路活动、“百万人游梅州首站——香格里拉大埔”首发仪式、“游千年古镇·品客家美食——千车万人游大埔”活动启动仪式等一系列节庆和宣传活动。邀请电视台、报刊杂志到大埔宣传报道，增设县内主干道路口旅游宣传牌和电子宣传栏等新媒体，提升知名度、美誉度；重新编印《大埔旅游指南》小册子和大埔旅游地图；继续打响“客家香格里拉”、办好“大埔旅游”等旅游宣传微信公众号；“大埔旅游”政务微信号作为大埔政务新媒体已入驻“南方+”广东新媒体平台，擦亮“客家香格里拉·文化大埔”品牌。

▲2018年5月8日，举行大埔县城市管理和综合执法局揭牌暨城市管理执法队伍换装仪式（县城综局提供）

【服务提升】1. 提升服务水平。2018年7月17—18日，大埔县旅游局举办2018年大埔县旅游讲解员职业技能培训班，对全县各主要景区旅游讲解员和旅游工作人员进行统一培训，规范着装。10月11—12日，举办2018年大埔县旅游讲解员职业技能大赛。通过培训和比赛，提升旅游讲解员整体素质和形象，打造大埔旅游新名片。2. 规范行业管理。将2018年上半年新增旅行社1家（大埔网新旅行社），旅行社分社1家（爱游国旅大埔分公司），旅行社营业部2家纳入管理；加强对民宿（乡村客栈）等旅游行业的指导和管理。加大旅游执法检查力度，按照《中华人民共和国旅游法》的规定，从旅游产品、广告、合同、导游（领队）等方面不定期对旅游企业进行检查，对存在的问题限期进行整改，规范旅游市场秩序，促进旅游业持续健康发展。3. 强化安全监管。2018年年初与各旅游企业签订2018年旅游安全生产责任书，各旅游企业也与企业员工签订岗位安全责任书，具体细化安全责任，加强安全监管。举办2018年大埔县旅游行业“安全生产月”暨“百人百场”应急演练活动。组织检查并联合消防、食药监、质检等部门进行联合检查，全年共开展安全检查52次，出动检查人员168人次，排查隐患156条。2018年，全县旅游市场安全有序，没有发生一宗旅游安全事故。

大埔县旅游局负责人名录

局　长：黄伟强

副局长：廖　丹（女）

（陈夏媚）

镇场简况

湖寮镇

【简述】湖寮镇地处梅潭河中游，是大埔县城所在地，东邻百侯镇、西河镇，西接三河镇、大麻镇，南依高陂镇，北靠茶阳镇、西河镇。2018年，全镇区域面积201.46平方千米，耕地面积833.33公顷，山地面积2.01万公顷。管辖19个村民委员会、1个林场和4个社区居委会。全镇户籍总人口9.34万人，其中农业人口3万多人。

【农村经济】2018年，湖寮镇农村经济总收入9.22亿元，农民人均纯收入1.33万元，分别同比增长5.1%和4.9%。全年完成税收9800万元，同比增长5.1%。

【基础设施建设】2018年，湖寮镇抓好基础设施建设。1. 交通运输。年度计划投资2亿元的湖寮至高陂二级公路建设征地拆迁工作有序实施，璜腾坑入口和施工临时便道涉及1.33公顷土地完成征收。总投资2997万元的Y105线璜腾坑至高道村联络线土岭至双坑段基本完成施工，占总投资70%。2. 水利水电。山丰水库项目进入无障碍施工阶段；双坑水治理工程进展有序，南部区域修筑陂头1座、水圳三面光1.55千米。3. 乡村振兴。湖寮镇莒村村、双髻山村率先通过县级评审，被定为全县特色精品村打造点。同时，以莒村为中心点，长新、长教为两翼的湖寮田园风光连片示范村正式被确立为全县七大连村连片示范工程之一，莒村村被评定为全县首批10个示范村之一。在此基础上，抓好乡村建设前期规划工作，北部三村连片规划方案、密坑村乡村振兴建设项目规划方案均已出炉。

【农业】2018年，湖寮镇农村土地承包经营权确权登记颁证工作基本完成，共颁发证书4748本。主动协调、统筹规划用地需求和土地整合流转，引导企业、合作社、农户稳步扩大蜜柚、茶叶、南药种植规模，全年新增蜜柚种植133.33公顷，茶叶13.33公顷，南药13.33公顷。落实强农惠农措施，加大农业科技示范户的培养力度，全年开展各类农业技能培训24场600人次，促进农民增收致富，有效推动蜜柚、名贵中药材及各种林下经济产业发展。同时，镇政府针对蜜柚产业基础较好的实际情况，抓住成功申报省级蜜柚专业镇的契机，致力推进农业供给侧结构性改革，加快推进农业由增产导向转向提质导向，并被列为全市唯一、全省仅14个全国农业产业强镇示范建设点。

【工业】2018年，湖寮镇工业实现8.6%的增长，县城工业小区、密坑工业园建设有序推进。

【旅游业】2018年，湖寮镇融入“梅江韩江绿色健康文化旅游产业带”，建设双坑至双髻山旅游产业公路，双髻山、双坑、长教、莒村、长新旅游产业带初现雏形。

【国土环保】2018年，湖寮镇保持打击“两违三抢”态势，依法拆除县城规划区内违章建筑10宗，有效震慑“两违三抢”的行为，推动县城重点项目建设的顺利开展。同时，开展“两美行动”，全年投入650万元用于“三清三拆三整治”工作，完成9158平方米露天茅房、牛栏、猪舍等老旧设施的拆除，并对农村86处圳道、沟渠、村道、卫生死角进行清理。配合县“巩文创卫”工作，分阶段投入资金120万元完成古城、新寨、龙岗、山子下等7个城中村约5千米集体土地围蔽宣传工作。

【科教文卫体】2018年，湖寮镇做好科教文卫体工作。1. 科教方面。贯彻原中央苏区农村超高速无线局域网项目建设，在全镇19个村共建设35座信号基站，下发7800部信号终端接收设备至村民手中，提高偏远地区的信号覆盖率。2. 文卫方面。开展“三多三促”农村文化俱乐部和村（社区）基层综合性文化服务中心建设工作，在碗瑶村“段氏宗祠”、龙岗村“承思堂”建设两个农村文化俱乐部，丰富群众文化生活。在高道村、大安村建设两个高标准村综合性文化服务中心，完成进光村、河腰村、密坑村、双髻山村、新寨村、长龙林场、福坪社区等7个村（社区）综合性文化服务中心建设，全面完成村（社区）综合性文化服务中心建设任务。

【社会保障】2018年，湖寮镇重点抓好精准扶贫、精准脱贫工作，投入省级帮扶资金265.7万元、县级帮扶资金540万元用于完善村级基础设施、村集体经济及贫困户脱贫增收等项目，贫困人口生活得到保障，287户贫困户已脱贫，脱贫率94.4%。集中精力办好民生工程、民心工程，璜腾坑至双坑村段道路提升基本完成，大安新土岭至山丰道路完成扩宽，莒村北山路完成提升，进入实施阶段，山丰水库建设有序推进，人民群众生产生活得到有力保障。

【社会治安】2018年，湖寮镇加强和改进信访维稳工作，累计受理各类矛盾纠纷案件258宗，调处236宗，成功率91.47%。深化扫黑除恶专项斗争工作，通过强化宣传、细致摸排、梳理线索等方式形成严打态势，深入调查并办结上级交办的有关线索。

【党建工作】2018年，湖寮镇以政治建设统揽全局，彻底肃清李嘉、万庆良恶劣影响，围绕习近平新时代中国特色社会主义思想，召开专题研讨学习15次；持续强化支部书记在基层一线的凝聚力和向心力，届中调整支部书记1人；实施加强党的基层组织建设三年行动计划，双坑村软弱涣散整顿成效初步显现；黎家坪、双坑村党支部正式升格为党总支，山子下、密坑、岭下、黎家坪村顺利增补两名支委；规范党费收缴，发放党费证，建立台账，按月登记，全年收取党费13.71万元；抓好5场次农村党员技能培训，挂牌党员之家1045户，“五带头五不让”承诺2014人。同时，建立支部微信群42个，方便党内联系，改善外出流动党员失联问题和组织生活不规范等问题。严把党员发展关，坚持“高标准、严要求，宁可慢发展，也不滥发展”的思路，实行入党积极分子备案制、发展对象预审制，在考察到期的26名入党积极分子中择优发展15人，其中35岁及以下8人、大专及以上学历5人。占领舆论高地，压实意识形态工作责任，升级原有三防、森林防火预警广播为时政公共广播栏目，每天在全镇播放习近平总书记重要讲话精神、一周湖寮时事、政策法规等讯息，树立正面、积极的舆论氛围。

湖寮镇党委、政府、人大负责人名录

党委书记：何政文

副 书 记：廖周磷（2018.3—）
刘志强（—2018.3）
杨国志　何苑平（女，2018.3—）

党委委员：何苑平（女，—2018.3）　赖永铭
杨栋才　钟用柱　蓝集良
肖胜良　丘牡兰（女，—2018.9）
饶　勇　朱　芳（女）

镇　　长：廖周磷（2018.4—）

副 镇 长：何苑平（女，—2018.3）　张创新
黄竟国　丘德昌（—2018.10）

人大主席：李万贤

副 主 席：贺佳胜

（罗泳彬）

百 侯 镇

【简述】百侯旧称“白堠”，民国以后改为百侯，取“多出人才”之意。百侯镇位于大埔县东部，西接湖寮镇，东连枫朗、大东镇，北靠西河镇，南依枫朗、高陂镇，是距县城最近的一个镇，仅 11 千米，省道 S221 茶上线贯穿其中。2018 年，全镇总面积 112.27 平方千米，有山地 7038 公顷，耕地面积 863.27 公顷，其中水田面积 765 公顷。下辖 14 个行政村和 1 个居民委员会，295 个村民小组，有 9627 户 3 万人，其中农业人口 2.73 万人，素有“文化之乡、华侨之乡、干部之乡”之美誉。

【农村经济】2018 年，百侯镇经济保持平稳增长，完成各项经济指标。全年全镇农村经济总收入 10.6 亿元，税收累计入库 1183.15 万元；累计完成县重点项目建设投资 2000 万元。

【基础设施建设】2018 年，百侯镇以推进县重点项目——景区提质扩容项目为契机，持续加大项目建设力度，采取财政投入+企业投资+群众自筹的模式，实施完成景区维护修缮、春晖路提升、百侯休闲山庄建设等项目。重点打造如意客栈、延辉楼等四间特色民宿，完善镇区基础设施配套，提升综合服务功能。加快推进百侯老影剧院及周边改造提升等项目，做前做好乡村复兴论坛——大埔峰会各项准备工作。

【农业】2018 年，百侯镇形成果、林、蔬、烟、畜并举发展的农业产业化格局，全年粮食作物种植面积 1644.7 公顷，总产量 1.08 万吨，其中谷物种植面积 1392.13 公顷、产量 7515 吨，豆类种植面积 57 公顷、产量 173 吨，薯类种植面积 195.53 公顷、产量 3092 吨。发展高效精致农业，壮大特色优势产业，依托百侯农业资源丰富的优势，通过培育龙头企业、扩大农业基地种植面积、发展农民专业合作社、促进农旅结合等多种模式创新发展，辐射带动农民增收致富。全镇有 18 家省、市、县级农业龙头企业。初步形成以镇区侯北华农互联休闲观光农业基地、侯南百香果采摘园为核心，西有曲滩嘉宝果、早翠梨种植基地，北有旧寨台湾农民创业园、武塘百果园，规模以上蜜柚种植基地的特色农业产业格局。

【旅游业】2018 年，百侯镇加快文旅产业发展，抓好景区提质扩容重点项目建设。通过招商引资、政府投入、发动群众自主投资建设等方式，全年累计完成各类项目投资 2000 万元，完成景区维护修缮、旅游道路提升等项目，及百侯休闲山庄建设、如意客栈等 4 间特色民宿改造，并均已对外运营。百侯田园农庄获评梅州市三星级农家乐，进一步补齐景区食宿配套短板，实现游客“引得进”“留得住”的小跨越。挖掘红色文化资源。发布红色征集令，对境内丰富的红色文化资源进行大摸底、广收集，成功创建首批广东省文化旅游融合发展示范区。

【国土环保】2018 年，百侯镇贯彻落实全市创建国家环保模范城市暨城乡环境综合整治和美丽乡村建设工作会议精神，坚持把农村人居环境整治作为“一把手”工程，全面动员、全民行动。在重点推进实施曲滩、东山等五村连片环境综合整治工程和梅潭河（东山电站至侯北河段）水浮莲专项整治项目的基础上，筹资200万元，增置一辆垃圾收运车对镇区垃圾实施全面压缩转运；在全镇各村投放300个垃圾桶及50个垃圾箱，有效确保乡村环境洁净。

【科教文卫体】 2018年，百侯镇推进文化、教育、卫生等工作的开展，不断促进科教文体事业繁荣。加大教育投入，实施“教育强镇”战略。树立科教兴镇理念，优先发展教育事业，增加教育投入，完善教学设施建设，促进教育均衡发展，培养高素质人才，全镇有幼儿园2所、小学3所，中学1所。引导发展民间艺术团队，开展群众性文体活动。支持培养广东汉乐演奏队、太极拳协会、舞狮队等民间艺术表演队伍，弘扬百侯传统民间艺术形态；结合春节、五一、十一等法定节假日，举办乒乓球、篮球比赛，活跃群众文娱氛围；开展“庆三八”“庆七一·颂党恩”等文体活动，在全镇掀起全民健身热潮，几乎每天在各个公园都可以看见群众耍太极、跳健身舞的身影。

【新农村建设】 2018年，百侯镇结合“三清三拆三整治”，推进农村人居环境整治，建设生态美丽宜居乡村。推进环境综合治理，开展乱搭乱建、乱堆乱放等“六乱”专项治理；整顿圩镇农贸市场，有序引导商户设档摆摊；加强禁养区内畜禽养殖整治和禁养区外畜禽养殖管理，坚决防止反弹回潮；严厉打击违法用地、违法建设行为，不断规范城乡建设秩序。以新农村示范村建设为契机，推进南山、白罗“三清三拆三整治”，至2018年底达到洁净村的标准。在此基础上，全域推进农村人居环境整治，掀起“三清三拆三整治”热潮，全年完成60%的拆旧目标任务。构建长效机制，实行业务外包。全年投入资金65万元，引进大埔县鑫洁实业有限公司，实现全镇生活垃圾转运全覆盖；以政府购买服务形式新成立街道综合执法队（实行村镇部门、社区双重管理），加强街道日常管理整治，提升街容街貌。同时，组织好“文明卫生之家”等评选活动，全镇上半年有98户家庭获得“文明卫生之家”称号。

【社会保障】 2018年，百侯镇统筹各类帮扶资金1920万元，实施技能培训、转移就业、教育扶贫、社保兜底等帮扶项目；重点培育南山蓝莓、白罗花生两大种植基地，以特色产业带动，增强贫困村、贫困户发展生产内生动力，加快脱贫增收。全年预脱贫64户194人，预脱贫率97.7%。此外，做好县委第一巡察组扶贫领域专项巡察反馈意见的整改落实；深入开展入户核查工作，共清退贫困户16户55人，新增贫困户2户6人；共取消农村低保户91户194人。加快社会保障体系建设。扩大各类保险覆盖面，完善镇、村医疗卫生服务网络，推进城乡居民基本医疗保险、新型农村合作医疗保险，不断完善城乡最低生活保障制度，提高“五保户”、残疾人等特困群体和重点优抚对象的综合保障水平。

【社会治安】 2018年，百侯镇加大信访维稳工作，以创建“平安百侯”为载体，通过创新社会管理、与驻点直联工作相结合等手段，及时有效地把矛盾纠纷化解在基层，全年调处矛盾纠纷219宗，调处率100%，调解成功率100%，维护全镇的政治稳定和社会安定。

百侯镇党委、政府、人大负责人名录

党委书记： 邓越林
副 书 记： 江维杰　丘孝思
李淑颖（女，—2018.2）
党委委员： 邱建华　李敏逸　钟丽惠（女）
段及敏　廖武锋
曾勇夫　廖璐茜（女，2018.3—）
镇　　长： 江维杰
副 镇 长： 丘　炼　温向国
人大主席： 何荣朋
副 主 席： 刘千和

（吴世祥）

枫 朗 镇

【简述】枫朗地处梅潭河上游，位于大埔县的东南部，东邻大东镇、福建省平和县，南与饶平县相连，西接高陂镇，北依百侯镇，距县城 19 千米，省道 S221 线、省道 S227 枫高线贯穿其中，是古今东进闽南，南下潮汕的交通要塞。2018 年，下辖 23 个村民委员会，336 个村民小组，总人口 5.21 万人。全镇区域面积 167.83 平方千米，山地面积 1.29 万公顷，耕地面积 1186 公顷。

【农村经济】2018 年，枫朗镇农村经济总收入 12.01 亿元，同比增长 10%；农村人均纯收入 1.46 万元，同比增长 12%，各项经济指标均实现增长。

【基础设施建设】2018 年，枫朗镇通过规划道路引领产业发展，完善基础设施建设。借助大潮高速公路建设、西岩山万亩茶园等项目的契机，优化规划枫朗镇调和高速路出口至墩背村、隔背村至崇顶湖至北坪、南坪至三溪云崇茶园产业路。围绕改善群众出行条件，全面推进自然村村内道路硬化。全镇已打通断头路 17 条，共 9735 米。同时，落实管护责任，建立农村道路长效养护管理机制。推进农村生活垃圾处理，建成镇级垃圾压缩站 1 个，建立垃圾收集点 72 个，配置保洁员 97 人，实现村庄保洁全覆盖。开展农村生活污水处理。3 个圩镇污水处理厂建设完成。推进村村通自来水工程，铺设管道长度 200 千米。

【旅游业】2018 年，枫朗镇整合资源，推进旅游经济发展。发挥省级茶叶技术创新专业镇、县级蜜柚专业镇和豆制资源的优势，以全域旅游为引领，以养生休闲为重点，以红色、绿色、古色旅游产业为抓手，打造上山下村特色精品村、生态宜居四联村、下木“忆境村”、梅溪“乡韵新村”、“小延安 · 大埔角”红色村和古香古色隔背村。开展三溪古驿道徒步活动，建设现代旅游产业，促进生态产业化。推进西岩山茶文化连片示范村建设。打通“南坪—北坪—西竺寺”旅游通道，把生态优势转化为旅游产业优势。打造“小延安 · 大埔角”。以创建大埔角红色村为契机，将红色资源与实施乡村振兴战略紧密结合，精心打造以名人名居游、生态养生游、红色热土游等为主体的红色文化旅游线路，推动美丽乡村向美丽经济转变，全力创建省级休闲农业与乡村旅游示范镇。

【重点项目】2018 年，枫朗镇主动融入大埔县“生态立县、实业富县、文旅兴县”的战略布局之中，搭建平台，主动作为，攻坚克难，坚持制定重点项目月度建设计划，西岩山万亩茶园、崇顶湖茶文化旅游产业路、三溪茶场观光园、龙公坑农业生态园、三溪至西岩万亩茶园产业路一期工程、矿业建材小区等重点项目有序推进。

【国土环保】2018 年，枫朗镇加强国土环保监管。1. 抓好保护国土资源工作。加强建设用地管理，做好登记发证工作。全年办理土地审批 7 宗。加强土地执法监察力度，做好信访和土地纠纷的调处工作，“两违”现象得到遏制。接待群众来访 50 人次，调处土地纠纷 15 宗，及时将违法用地制止在萌芽状态 10 宗。发出《责令停止建设通知书》17 份、拆除违章建筑 3 宗、拆除违法建设面积 92 平方米、办理建房规划审批手续 11 户、核发乡村建设规划许可证11份。2. 城乡环境有效改善。全面实施垃圾、污水、厕所、村道、住房和村庄环境六大整治行动。全年投入1020万元，制作宣传栏210块、出动宣传车75辆次、添置垃圾桶2250个、新建垃圾屋3个、出动人力垃圾收运车1.83万辆次、出动运输车730辆次；纠正进店经营320间，规范线内摆卖340摊、拆除废旧灯箱广告425只、拆除伸缩帐篷150户、拆除广告横幅125条、清理“牛皮癣”523处、查处违法建筑32处。拆除牛栏猪舍、露天茅厕等1615间，共2.01万平方米；整治“三线”乱搭乱接1.28万米；整治生活垃圾、污水、水体污染42宗。基本实现村巷道硬底化、村村通自来水、畜禽集中圈养、人畜分离。按照“一个中心两条线路三个圩镇”的工作思路，抓好红色村核心区路边、村边、河边及重要节点的环境综合整治；两条线路三个圩镇实施亮化、美化工程，打造“罗明故里、茶香枫朗”标识，对枫朗牌坊至镇政府主干道沿线进行升级改造。3. 生态治理有效推进。根据中央、省、市生态环境保护大会精神，全面落实河长制工作，推进森林管护工作。全年对河道清淤疏浚15千米，对梅潭河范围内非法在河道内种植庄稼作物等进行清理；取缔非法采（堆）砂场3处，撤除停建涉河建筑2处；清理入河排污口15个，关闭牛蛙非法养殖场1处，完成禁养区、限养区养殖场（户）128户关闭（搬迁）工作，最大限度地从源头上控制养殖污水直排入河；落实环保专项经费150万元对双溪库区打捞清理浮萍、蓝藻、水葫芦和生活垃圾。根据全镇森林分布特点和防火形势要求，强化各种措施，确保防火安全；开展绿化工作，按照适地适树原则，全镇种树约9.28万株，并完成2018年各村生态林资金发放到户的工作。

【科教文卫体】2018年，枫朗镇成立137个村民理事会，23个村全部制定村规民约。完成两个综合性文化服务中心示范点建设，建成1个农村文化俱乐部——双溪主村文化室；墩背村、上木村新建农村文化俱乐部并通过上级验收合格，大埔县文化馆枫朗分馆以及枫朗服务点通过省级验收。坎下村、上木村被评为广东省古村落。2018年6月，枫朗镇顺利代表县接受省专家组广东省教育现代化示范县的验收。双溪学校校长黄志发被评为2017—2018学年度梅州市优秀教育工作者。2018年，枫朗镇出生人口650人，出生率12.43‰。其中一孩出生243人，计划内243人；二孩出生260人，计划内251人；多孩出生147人，计划内34人，政策生育率81.08%。性别比111.73，自然增长率5.89‰。

【社会保障】2018年，枫朗镇96户危房改造全部完工，全面完成土地确权颁证工作。全镇省定贫困户490户1108人，累计贫困人口至2018年脱贫429户936人。2017—2018年度全镇农村贫困户子女共149人全部入学；为全镇贫困人口1114人购买城乡居民医疗保险；完成纳入政策性兜底保障人数339人，兜底率100%。四联村650千瓦光伏发电站已发电92万度，年收入90.16万元；隔背村腐竹加工厂动工建设。

【社会治安】2018年，枫朗镇把信访维稳工作作为全镇的重点工作来抓，对比较难解决的信访案件进行专题研判，由包案领导和涉及部门制定解决方案，实行一事一策。全年办理信访突出问题215件，办结212件，办结率98.6%。同时，组织开展16次信访矛盾纠纷不稳定因素大排查行动，成功化解16宗可能因矛盾纠纷引发的不稳定因素案件，受理信访126批252人次，信访维稳形势基本稳定。扫黑除恶专项斗争工作有序推进，至2018年底，排查17宗涉黑涉恶线索，其他各类矛盾纠纷得到有效调处。开展安全生产大检查4次，安监工作人员不定期检查，做到发现一处，立即整改一处，确保各项安全防患于未然。

枫朗镇党委、政府、人大负责人名录

党委书记： 何维龙

副 书 记： 罗长江（2018.3—）
廖周磷（—2018.3）
黄大鹏　丘楚生

党委委员： 罗志龙　李瑞杰　黄庆锋
张庆彪　余善谋　赖建宁
邓初阳

镇　　长： 罗长江（2018.3—）
廖周磷（—2018.3）

副 镇 长： 罗志龙　罗焕新　蒋琳琳（女）

人大主席： 邓增城

副 主 席： 郭永亮

（廖伊霖）

大东镇

【简述】大东镇位于闽粤两省四县（平和、永定、饶平、大埔）的交界处，东与福建省平和县的长乐乡和九峰镇、北与福建省永定区的湖山乡相邻，西与百侯镇和西河镇、南与枫朗镇和饶平县连接。2018 年，大东镇总面积 98.27 平方千米，下辖泮溪、东光、西坑、坪山、家荣、三坤、岩东、富溪、进滩、柘林、白土、联丰、福光 13 个行政村，有 2.35 万人。镇政府设在塘市圩，距县城 35 千米。

【农村经济】2018 年，大东镇农村经济总收入 6.12 亿元，同比增长 9.48%；农村人均纯收入 1.41 万元，同比增长 9.3%。

【基础设施建设】2018 年，大东镇重点项目建设初见成效。提前完成上级下达的大潮高速（含大漳支线）大东段 46.93 公顷征地拆迁任务，确保大潮高速大漳支线工程顺利施工。完善内部桥梁路网建设，推动联丰、坪山旅游公路的建设，建成后可连接坪山、联丰、福光等 5 个村，助力旅游景点连线成片，推动进滩、福光、白土 3 座大桥的施工进度，完善镇区道路绿化、亮化工程。大东镇建设 1 个镇级污水处理厂，2 个村级污水处理厂，6 个村级氧化塘。其中镇级污水处理厂位于泮溪村，总投资 800 万元，完成主体工程建设，日处理污水可达 500 吨。坪山、柘林村污水处理厂及白土等村级氧化塘，完成主体工程建设，日处理污水可达 50 吨。村村通自来水工程已确定水源点，完成水质检测，完成 22 座陂头、蓄水房建设。

【农业】2018 年，大东镇推动农业产业现代化发展，粮食生产安全稳定。全镇基本农田保护面积 588 公顷，全年粮食作物播种面积 923.33 公顷，总产 6050 吨，播种面积总产量同比基本持平。其中，水稻种植面积 778.43 公顷，总产 4678 吨，完成县下达的粮食考核指标。主导产业规模扩大，新种植红肉蜜柚 83.33 公顷。

【旅游业】2018 年，大东镇依托生态资源禀赋，重点抓好坪山梯田景区、花萼楼的提质升档，完善基础设施，升级改造周边环境，建设民宿，并挖掘打造开发富溪“佛足”梯田、屏翠山茶业主题观光园、观音山、双电库区、清溪湾等旅游新景点，做好“红色、绿色、古色”三篇文章，实现以红色带古色促绿色。投入 500 万元，实施坪山梯田景区的景观道路、绿化建设和花萼楼景点周边绿化，打造“坪山—花萼楼”旅游公路，串珠成链，打造农村休闲旅游观光景区。

【国土环保】2018年，大东镇加强国土环保工作。1. 新农村建设推进。以“三清三拆三整治”为主攻点，分梯度、分类型创建干净整洁村、美丽宜居村、特色精品村。13个村全面开展“三清三拆”工作，4个省定贫困村完成“干净整洁村”创建，其他面上村清拆工作稳步开展。2. 环境整治长治长美。以开展“美丽梅州·美好家园”城乡环境大提升行动为契机，重点抓好“八整治、四提升、三规范”，通过优化、美化、净化、亮化环境，改善农村脏乱差的现象，做到长治长美。2018年,各村共出动约2200人次开展“两美”行动，并发动党员干部、妇联、团委、学校师生等共同举办“小手拉大手，共建美丽大东 美好家园”活动，清扫生产生活垃圾373.4吨，组织全镇“灭四害”专项行动2次，依法整治“两违”和“六乱”现象，制止打击7处违章建筑行为。3. 生态环境保护不断加强。全面落实河长制工作，建立镇村两级河长、段长责任体系，设有镇级河长3名、村级河段长13名、保洁员和巡查员13名，开展巡河监管、整治突出问题。全年镇级河长巡河36次，村级巡查河道468次，组织编制3项河长制相关配套制度，整治环保突出问题，加强污染源头治理。2018年，清扫生产生活垃圾990吨，清理双电库区漂浮垃圾22吨。开展“五清”专项行动，加大禁养区畜禽养殖整治及库区周边建房监管巡查工作，至2018年底，共搬迁猪场9间。

【社会保障】大东镇4个省定贫困村有贫困户243户、贫困人口576人，其中一般贫困户79户262人，低保贫困户116户265人，五保贫困户48户49人。2018年，大东镇履行主体责任，注重扶贫同扶志、扶智相结合，稳步推进脱贫成效。促进贫困户家庭产业发展，资助贫困户种植板栗、蜜柚等经济作物，资助贫困户家庭购买母黄牛养殖等。发展集体经济产业，根据国家关于太阳能光伏扶贫产业政策要求，规划建设并投产屋顶光伏发电项目，4个省定贫困村均建设光伏项目，共9期、536.34千瓦，总投资441万元。滨河文化公园完成1.2千米休闲步道、沿河护栏等建设。农村危房改造竣工35户，均达到基本入住条件。供电所新址完成主体建设。

【科教文卫体】2018年，大东镇实验学校教工楼、镇卫生院后勤保障房建设正在施工。进镇道路亮化绿化、实验学校边坡治理完工；3座大桥福光大桥、进滩华能大桥进场施工，白土官宅大桥完成预算财审；镇文体中心改造工程完工；农综开发项目有序施工。2018年，全面实施二孩政策，保持适度生育水平。全年全镇户籍人口出生304人，出生率12.92‰，自增率为7.52‰。

【社会治安】2018年，大东镇抓紧抓实信访维稳工作，及时妥善化解高速公路征地拆迁等重点项目中出现的矛盾纠纷，顺利化解家荣、坪山两个村之间因村碑引发的群体性纠纷。全年综治信访维稳中心接待来访68次，接访群众88人次。开展扫黑除恶专项斗争，组织召开扫黑除恶专题会议9次，成立大东镇扫黑除恶专项斗争工作领导小组，强化正面宣传，发放宣传资料6000份，宣传横幅60条，开展专项宣传活动2场，收集有效线索2条。

大东镇党委、政府、人大负责人名录

党委书记：郭斌欣

副 书 记：曾春生　李建峰

党委委员：林文科　黄永钢　伍伟均

刘雯文（女）　唐上清

张增勇（2018.1—）

刘林鑫（2018.7—）

镇　　长：曾春生

副 镇 长：林文科　熊志刚　何维勤

人大主席：杨　震

副 主 席：赖礼权（—2018.2）

（赖丽婷）

高陂镇

【简述】高陂镇位于大埔县南部，地处韩江中游，东与百侯镇、枫朗镇、潮州市饶平县毗邻；南与光德镇、桃源镇、丰顺县的潭江镇接壤；西与洲瑞镇、银江镇交界；北与湖寮镇、大麻镇相连。2018 年，全镇总人口 8.8 万人，辖区面积 308.95 平方千米，是大埔县地域面积最大的镇，也是全国重点镇、广东省确定的首批重点建设中心镇和陶瓷专业镇。全镇耕地面积 2625 公顷，山地面积 2.4 万公顷，属汉族。下辖红星、大塘坝、桃花、代富、稼社、陂村、陂寨、陶溪、尧溪、赤山、乌槎、黄塘、罗基、黄泥凹、黄坑、渡头、银滩、党溪、九龙、坪溪、古西、古埜、古田、古东、埔田、培美、三洲、赤坑、平原、三岗、北坑、五家崋、岩霞、逆流、福员 35 个行政村和 1 个社区居委会。

【农村经济】2018 年，高陂镇农村经济总收入 20.93 亿元、农民人均纯收入 1.53 万元、税收入库 7913 万元，同比分别增长 12.6%、12.3%、12.4%。全镇固定资产投资超 500 万元的项目有 23 个，新增规模以上企业 3 家。

【基础设施建设】2018 年，高陂镇围绕全县“一主三附”发展定位，全年完成投资 22.35 亿元，韩江高陂水利枢纽工程、大潮高速（含大漳支线）、广州海珠（大埔）陶瓷产业集聚区、高陂大道等重点项目建设成效明显。中心镇“六个一”项目全年投入资金 1.94 亿元，基本完成陂寨安置区、乌槎安置区、工业园区路网建设、陂漳大道改造、商业一条街等工程，陂寨和乌槎排涝站、中山公园提升等工程扎实推进。

【陶瓷产业】2018 年，高陂镇发挥“白玉城”陶瓷产业优势，加快陶瓷产业转型升级，广州海珠（大埔）产业转移工业园完成起步区的“四通一平”工程，有 37 家陶瓷企业申报入园投资建设，其中 11 家企业首条生产线正式投产，全镇实现陶瓷产值 10 亿元。引进广东玉城高陂青花瓷小镇股份有限公司，超额完成全年 3 亿元招商引资任务，经济发展质量和增速名列全县前茅。中国高陂 · 青花瓷小镇已列为梅州市第一批特色小镇创建对象，明确广东玉城高陂青花瓷小镇股份有限公司为企业投资主体，建设工作稳步推进。

【农业】2018 年，高陂镇着力农业产业结构调整，加强农田水利、河道治理、水土保持等基础水利工程建设，全面完成三洲、桃花等10个村约168.67公顷的土地租赁和垦造水田任务。农村土地确权颁证基本完成，全年发放耕地地力保护补贴资金 170 万元。以蜜柚、茶叶为龙头，推进特色农业产业基地建设，全年新种植蜜柚、茶叶等经济作物 113.33 公顷，新培育龙头企业 2 家、农民专业合作社 3 家。

【旅游业】2018 年，高陂镇中心文化图书馆改造工程基本完成，36 个村（社区）综合性文化服务中心建设实现全覆盖，新增 1 个省级示范点，新建 2 个“三多三促”农村文化俱乐部，总投资 300 万元的银滩村传统村落保护项目建设稳步推进。主动融入省级全域旅游示范县创建，抓好全镇旅游发展规划和高陂水利枢纽工程库区旅游规划编制，依托“陶瓷+文旅”双产业融合发展模式，推动富大陶瓷、李光耀祖居两个 AAA 级旅游景区提档升级。全年接待游客 10.3 万人次，实现旅游综合收入2300万元。

【国土环保】2018年，高陂镇牢固树立“绿水青山就是金山银山”发展理念，贯彻落实污染防治攻坚战三年行动方案，打好蓝天保卫战、碧水攻坚战和净土防御战。全面推进“河长制”工作，“智慧河长”全面覆盖，“四乱”情况全面核查，河道采砂严格管控，全年开展镇级巡河267次、村级1295次，韩江水系环境保护有效强化。完成办结中央第五环保督察组交办涉及高陂的案件3宗。有效防控“非洲猪瘟”，畜禽养殖污染专项整治到位，关停、搬迁禁养区内养猪场91家。实施“美丽梅州·美好家园”城乡环境大提升行动，严格实施“网格化”管理，以整治城区“脏乱差”和“六乱”为重点，全年投入资金800万元，对甲溪等3条河段和晋昊大道等5条路段进行集中整治，拆除高陂大桥头、荣春桥头、陂中门前等沿路违章建筑41间2384平方米，实施工程围蔽施工10处，清理僵尸车95辆，纠正进店经营876间，规范线内摆卖693档，拆除清理广告、招牌、横幅、牛皮癣等2700处，整治伸缩帐篷398户，提升改造城区公厕6座，道路标识标线标牌全面更新，晋昊大道、陂漳大道等主要干道柏油路面铺设有序实施，陂寨临时农贸市场规范运作，圩镇宜居宜业宜游环境大为改观。全域推进农村人居环境综合整治，建设生态宜居美丽乡村。完成9个省定贫困村新农村建设规划设计，结合“两美”行动，48个20户以上自然村“三清三拆三整治”工作基本完成，饮水工程、污水处理、村道建设、文体休闲等基础设施逐步完善。26个相对贫困村144个20户以上自然村“三清三拆三整治”工作全面推进。三洲村和稼社村通过竞选分别以第四、第六的名次入选全县第一批10个新农村建设示范村，分获380万元补助资金。此外，84户削坡建房搬迁治理和114户农村危房改造全面完成。

【科教文卫体】2018年，高陂镇以创建省推进教育现代化先进县为契机，投入资金200万元，实施标准化学校建设、信息化装备提升等工程，办学质量提高。中心文化图书馆改造工程基本完成，36个村（社区）综合性文化服务中心建设实现全覆盖，新增1个省级示范点，新建2个“三多三促”农村文化俱乐部，总投资300万元的银滩村传统村落保护项目建设稳步推进。致力于创建卫生“两基”示范镇，累计投入资金545万元，完成高陂中心卫生院迁建工程场地平整、勘探设计等前期准备工作。2018年，高陂镇全面落实人口与计划生育工作目标责任制，加强流动人口的管理及计划生育工作队伍建设，提高服务水平。全年出生婴儿982人，政策生育率87.98%。

【社会保障】2018年，高陂镇做好社会保障工作。1. 抓好精准扶贫工作。落实扶贫“回头看”，终止帮扶贫困户3户14人，补充纳入16户42人，累计实现脱贫627户1309人，累计脱贫率92.38%。以产业开发和社会保障为引擎，运用“公司+合作社+贫困户+基地”的合作方式，协调镇域内两家省级农业龙头企业与9个重点贫困村共同参与产业合作扶贫项目，帮助贫困户脱贫增收，累计投入资金748万元，带动贫困户209户716人，人均增收500元以上。2. 推进社会保障体系建设。2018年，全镇低保户1294户2585人、五保户369人，做到应保尽保。特困老人供养标准提高，保障金全部发放到位。投入资金30万元，按照示范敬老院标准实施提升改造，全面保障孤寡老人集中供养生活。

【社会治安】2018年，高陂镇推进“平安高陂”建设，坚持以“扫黑务净、除恶务尽”为目标，办结回复上级移交线索10宗，扫除黑恶势力12宗40人。开展安全生产大检查9次，检查整改各类安全隐患16处，全年未发生安全生产重大事故。全面完成镇三防系统标准化建设，灾害防范和风险管理水平提升。坚守森林防火红线，全年防火工作常抓不懈。扎实推进综治“中心+网格化+信息化”建设，加大依法治镇、治村力度，发挥综治信访维稳中心作用，及时化解矛盾纠纷，社会大局持续稳定。

高陂镇党委、政府、人大负责人名录

党委书记：黄海军

副 书 记：丘伟彬　罗绍辉　吴千捷

党委委员：刘文社　温建昌　陈传祺（—2018.3）　张炎贤　罗振宇　郭珊珊（女）　李　俊　林紫鹏　李国贤

镇　　长：丘伟彬

副 镇 长：林紫鹏　张秋丽（女）　张桂超　朱海秋

人大主席：刘荣德

副 主 席：连德海

（*张达柯*）

光　德　镇

【简述】光德镇位于大埔县南部，北、西接高陂镇，西南与桃源镇相连，东、南毗邻潮州市饶平县。2018 年，光德镇区域面积 125.96 平方千米，其中耕地面积 410 公顷，山地面积 9630 公顷。下辖 10 个行政村和 1 个社区居委会，总人口 3.5 万人。

【农村经济】2018 年，光德镇粮食作物播种总面积 1000 公顷；农村经济总收入 13.95 亿元，同比增长 7.9%；税收 5200 万元，下降 16.5%；村级集体经济收入 154.5 万元，同比增长 4.4%；农村人均纯收入 1.44 万元，同比增长 7.1%。

【基础设施建设】2018 年，光德镇抓好大潮高速公路光德段依法征地拆迁工作，征地 96.62 公顷。完成富岭村正坑等 8 条主村道共 3.6 千米道路扩宽硬底化工程；完成上漳村金山下 4.5 千米村道扩宽硬底化道路改造工程；新建和维修圳道 15 千米，清理溪道 15 千米；完成富岭村正坑自然村饮水安全扩容工程。

【陶瓷产业】光德镇擦亮“广东省陶瓷技术创新专业镇”品牌，加强科技创新，促进扩能增效，推动陶瓷产业转型升级，加快创新驱动发展，不断做精做优陶瓷产业。2018 年，全镇规模以上企业 11 家，纳税 200 万元以上企业 4 家。

【农业】2018 年，光德镇坚持现代化引领，以蜜柚、茶叶等产业为重点，抓好基地化建设、标准化生产、品牌化管理、市场化经营，推进农业持续发展。全年新增水果种植面积 66.6 公顷、茶叶 11.33 公顷、南药 6.67 公顷。

【招商引资】2018 年，光德镇新引进招商项目 1 个，位于澄坑村的红色文化旅游以及陶瓷文化展览体验中心井泉园，计划投资总额 1.7 亿元，实际投入 400 万元。

【国土环保】2018 年，光德镇城乡环境有效改善。开展“美丽梅州·美好家园”城乡环境大提升行动，投入资金 42.1 万元，累计开展集中统一行动 30 场次，纠正店外经营 85 间，规范线内摆卖 72 摊，拆除灯箱广告、帐篷 36 只，拆除广告横幅、遮阳布 92 条，清理“牛皮癣”134 处，添置垃圾桶 150 个，清理垃圾和乱堆乱放废弃物 150 车次，改造绿化面积 300 平方米，修复亮化设施 157 宗。推进社会主义新农村建设。10 个村共成立 80

个村民理事会，全面铺开“三清三拆三整治”工作，各村民理事会发动村民和外出乡贤累计筹集建设资金450万元，累计清理杂草干枝、垃圾1121吨，清理溪道9865米、池塘6031平方米，清理房前屋后乱堆乱放垃圾136吨；拆除牛栏猪舍、茅厕等1341间总面积2.5万平方米；完成生活垃圾整治414吨，管线整治2.5万米。

【科教文卫体】2018年，光德镇各村乡友会、慈善会开展文教事业捐款活动，累计发放奖教奖学金30万元；慰问困难家庭及老人500人次，发放慰问金20万元。完善上磜、澄坑、上澄、上坪等4个村级综合性文化服务中心建设，新建1个澄坑村“三多三促”农村文化俱乐部。全年全镇出生人口490人，其中计划内402人，计划外88人，政策生育率82.04%，出生率13.37‰。

【社会保障】2018年，光德镇社会保障和公共医疗保障覆盖面扩大，农村养老保险参保人数1.21万人，超额完成考核目标任务；城乡居民医疗保险参保人数2.78万人，参保率98.17%。完善低保、五保对象动态管理制度，实现应保尽保。

【社会治安】2018年，光德镇推进“平安光德”建设，完善治安防控体系，严厉打击“涉黄赌毒、涉盗抢、涉诈骗”等各类违法犯罪活动，提升公共安全水平。以法律服务进村（社区）为载体，完善“一村（居）一法律顾问”制度，基层民主法治化水平得到提高。做好人民内部矛盾纠纷排查调处，把矛盾纠纷化解在基层，解决在萌芽状态。全年信访维稳中心受理案件16宗，办结16宗，办结率100%；调解村级矛盾纠纷82宗，达成协议81宗，调解成功率98.8%。

【党建工作】2018年，光德镇党委下设1个党总支部，35个党支部，有党员961名，全年培养入党积极分子25名，发展预备党员16名，预备转正党员14名。建立镇党委抓集中轮训、支部抓“三会一课”的党员教育工作格局。激活镇党校功能与建设新时代党员群众讲习所结合起来，推进“两学一做”学习教育常态化、制度化，深入开展习近平新时代中国特色社会主义思想的普及教育。2018年，镇党校开办培训班4期，培训人数896人次。严格按照《党政领导干部选拔任用工作条例》的原则、标准、条件和程序选拔任用，全年镇党委提拔任用股级干部5人。加快“基层组织建设三年行动计划”落实。全年完成11个村（社区）党群服务中心规范化建设，完成镇级党校和3个教学点规范化建设；升格1个村党总支，增选8名党支部委员，撤销2个空壳“两新”党支部；组织开展村（社区）支部书记抓党建述职工作，按照1∶2的比例选配村级支部书记后备人选。

光德镇党委、政府、人大负责人名录

党委书记：庄乃仕（—2018.9）
副 书 记：邓瑜瑾　苏常均（—2018.12）
江思峰
党委委员：郑礼华（—2018.3）
陈传祺（2018.3—）
廖益贤　廖国新　郭万里
杨思娟（女）　余家词　李啸尘
镇　　长：邓瑜瑾
副 镇 长：郑礼华（—2018.3）
黄歆坤（—2018.12）
陈传祺（2018.3—）
毛维礼（—2018.2）
人大主席：郭庆亮

（曹晓雯）

桃 源 镇

【简述】桃源镇位于大埔县最南端，东连光德，北接高陂，西和西南邻丰顺县潭江镇，西南邻潮州市潮安区，东南界潮州市饶平县，地处两市（梅州市、潮州市）四县（潮安县、饶平县、丰顺县、大埔县）交汇之处，省道S222线贯穿南北穿境而过。地处北纬24° 04′ 56.34″，东经116° 38′ 50.14″，镇政府所在地属桃星村，地址在桃源镇府前路，距县城48千米。2018年，全镇总面积76.76平方千米。辖桃星、新东、桃锋、团结、上墩、坪新6个村和1个街道居委会。2018年末，全镇总户数4208户，总人口1.97万人。

【农村经济】2018年，桃源镇实现农村人均收入1.41万元，同比增长7.8%；固定资产投资完成1500万元，完成县委、县政府下达的计划指标。国、地两税收入3429万元，同比下降21.6%。

【基础设施建设】2018年，桃源镇抓好基础设施建设。1. 交通设施建设。完成全国人大代表邓振龙捐资62万元在桃锋村李坑自然村兴建的3座桥梁建设；投入200万元完成桃锋村李坑树山尾生态休闲登山道路建设；投入300万元完成府前路、中山路、前进路提升改造工程；投入4500万元完成省道S222线团结村深竹陂至坪新村食饭溪10千米路段改造工程；投入40万元完成坪新村坪石大桥建设；推进桃星、桃锋、团结、上墩4个村乡村公路硬底化改造建设。2. 新农村建设。新购置一批40万元清洁设备，新建的垃圾填埋场投入使用。高标准开展打击“两违”工作，规范农村建设秩序，全年制止违法占地建房4宗，累计面积500平方米。主动谋划省定贫困村团结村创建社会主义新农村示范村工作，投入700万元于2018年上半年完成司马第耕读世家、生态停车场、水景观打造、祥发楼提升改造、田头坑休闲文化广场等新农村建设项目。外出乡贤陈衡礼出资1000万元建设团结村新农村宜居村庄示范点，并对祥发楼周边房屋实施穿衣戴帽工程。此外，投入23万元完成团结村内900米道路硬底化，解决群众行路难问题；投入2.23万元兴修陂头水圳，解决农民农田水圳灌溉问题；投入60万元，建设团结小学学校门坪和升级改造灯光篮球场，为村民提供更多休闲、健身、娱乐场所。其他5个村新农村建设于2018年底完成“三清三拆三整治”工作。投入200万元的世外桃源新农村建设牌坊改造工程于2018年底完成。坪新村筹资100万元新建村民文化活动中心，上墩村筹资26万元新建红色文化广场。加快推进“厕所革命”，在团结村建设3个公厕，新东村文化广场建设1个公厕。镇级自来水工程和村村通自来水工程全部接通，镇级污水处理厂建设进入场地平整阶段。

【农业】2018年，桃源镇继续稳定粮食生产，全年粮食种植面积499公顷，粮食产量2405吨。鼓励农民耕山致富，全年新植蜜柚3.33公顷，新植茶叶20公顷。土地确权工作全部完成，实测面积292.67公顷，颁发证书2584本，颁证率100%。

【陶瓷工业】2018年，桃源镇落实镇领导班子成员联系企业制度和专业镇建设要求，协助解决企业在发展中遇到的问题，鼓励企业提高产品质量和附加值，不断拓宽销售市场。

全年全镇陶瓷产值3.19亿元，同比下降22.9%。

【旅游业】2018年，桃源镇主要旅游景点有特色陶瓷工业小区、水口南安寺和张侯祠、狮子石寨。位于水口的牌坊于2018年底完工，成为桃源的另一标志性建筑。在修建的桃锋村李坑梹山尾登山森林公园距离桃锋村村委会约1.5千米，2018年由乡贤集资100万元，修建有3座景观石拱桥和环山公路、"百岁亭"等景观。广东昌隆陶瓷股份有限公司、广东吉玉陶瓷股份有限公司等企业生产的旅游陶瓷产品尤其受到国内外游客青睐。全年接待游客500余人次，实现旅游收入4.5万元。

【国土环保】2018年，桃源镇做好耕地保护工作，及时制止各种侵占破坏基本农田的行为。加强国土资源执法监察工作，维护国土资源管理秩序，全年巡查90次，纠正和查处各类国土资源违法行为4宗，制止违法占地建房4宗，面积500平方米，无矿产资源违法开采行为。调处土地矛盾信访纠纷3宗。做好建设用地管理工作。鼓励引导村民使用未利用地、村内宅基地和老房拆建建房，严厉制止占用耕地建房的行为，全年共报批私人建房26宗。做好矿产资源管理工作，未发现无证非煤矿山非法开采行为。做好地质灾害防灾工作。落实"河长制"。全年镇村两级河长巡河816次，巡河发现问题8宗，对所发现问题及时进行处理，全部完成整改；深化南粤河更美专项行动，建立健全长效保洁管护机制，落实溪道清障、绿化和保洁等日常管护工作，推进乡村小流域、河塘清淤整治。全面落实防汛责任制，投入10万元完成桃源镇三防指挥部三防系统标准化建设。

【科教文卫体】2018年，桃源镇全面完成年度新兵征集任务。加强农村文化基础设施建设，新建坪新村村民文化活动中心，丰富广大干部及群众的休闲生活。投入300万元完成镇卫生院综合大楼建设及周边环境改造，改善镇卫生院医疗条件及环境。同时，加强人口与计划生育工作，强化优质服务管理，树立优生优育风尚，实现人口均衡发展。全年全镇人口出生322人，人口自然增长率16.61‰。

【社会保障】2018年，桃源镇抓实社会保障工作，各种保险扩面任务完成；实行动态管理，使困难群众应保尽保；开展各项助残活动，帮扶一批残疾人和困难群众。落实好最低生活保障线制度，实行社会化发放和动态管理。按时发放低保对象187户437人的救助金和特困人员的供养金。有集中供养特困人员5人，分散供养特困老人46人，他们的生活均得到保障。全镇参加城乡居民医保1.52万人，完成任务人数的98.02%。做好社会优抚工作。按标准兑现复退定补对象5人、五老定补对象1人、参战退伍军人25人、老兵44人补助对象的经费，继续实行社会化发放，按时按标准发放普优对象优待金。落实好政策补贴。新型农村合作医疗兑现报销278人；将残疾人专职委员纳入公益性岗位；为55位符合条件的精神、智力、重度残疾人免费发放9075元生活补贴；为118位重度残疾人发放2.6万元津补贴。做好扶贫开发工作。利用帮扶单位140万元分期建成光伏电站项目，制定5年内项目收益分配方案，确保34户贫困户稳定脱贫；围绕发展"一村一品"，推进投资25万元的仙人草产业帮扶项目；利用"631"资金共231.65万元投资入股大埔县自来水公司，为全镇53户有劳动能力贫困户带来稳定收益；为全镇贫困人口107户280人购买2019年城乡居民医保；全面完成13户贫困户危房改造项目；建档立卡贫困户家庭经济困难学生44人获得生活补助；2018年全镇脱贫20户68人。2018年，大埔县桃源"助残·关爱"基金会举行2次爱心慰问活动，出资50万元，帮扶困难群众和贫困学子 277 人次。

【社会治安】2018 年，桃源镇抓扫黑除恶专项斗争行动，摸排线索 4 条，依法及时得到处理。打造“枫桥经验”县级示范镇，建立“乡贤调解室”，发挥乡贤力量参与矛盾纠纷化解工作，妥善解决群众信访诉求，全年摸排各类矛盾纠纷 35 件，均得到及时有效解决。推进“雪亮工程”建设，扩大公共安全视频监控范围。

【党建工作】2018 年，桃源镇开展中共十九大精神、习近平总书记视察广东重要讲话精神和习近平新时代中国特色社会主义思想的大学习、大培训，通过党政联席会、镇村干部大会和“三会一课”等形式，结合“两学一做”学习教育，召开专题学习会议 20 场，培训干部 1000 人次。全年吸收 19 名入党积极分子，确定 8 名发展对象，有 10 人转为正式党员；按照《关于进一步加强镇级党校建设的通知》，投入 16 万元完成镇党校建设。贯彻落实意识形态工作责任制。增强“四个意识”，坚持党性原则和正确舆论导向；运用好微信公众号、村村响、农村文化俱乐部等宣传阵地，加强社会主义精神文明创建，突出社会主义核心价值观引领作用。严格执行《关于新形势下党内政治生活若干准则》《中国共产党党内监督条例》，严明党的政治纪律和政治规矩。落实新时期好干部标准，严把用人关；强化干部日常管理监督，驻点联系群众制度全覆盖，软弱涣散基层党组织得到有效转化。履行党委的主体责任和纪委的监督责任，落实党风廉政建设责任制和中央八项规定实施细则，构建抓早抓小工作机制，把监督执纪“四种形态”与谈话提醒有机结合，全年开展谈话提醒 35 人次，其中“咬牙扯袖”类谈话 14 人次，“红脸出汗”类谈话 13 人次，诫勉谈话 8 人次。

桃源镇党委、政府、人大负责人名录

党委书记：吴文新

副 书 记：钟永彩（—2018.9）
邱志灵（女，2018.9—）
何源选　张锦声

党委委员：刘辉犇　郭美超　黄国辉
陈宏海　杨增枫

镇　　长：钟永彩（—2018.9）
邱志灵（女，2018.9—，镇长人选）

副 镇 长：刘辉犇　曾春华　许道生

人大主席：黄令城

副 主 席：邓礼东

（**张威盛**）

大 麻 镇

【简述】大麻镇位于大埔县西部，韩江纵贯其境，距离县城直线 15 千米，公路里程 27 千米。东临湖寮镇，北接三河镇，南连高陂镇、银江镇，西与梅县区松口、三乡、南福、雁洋镇为邻。2018 年，全镇区域面积 229.82 平方千米，下辖 22 个村民委员会和 1 个社区居委会，有 385 个村民小组，总人口 3.86 万人。

【农村经济】2018 年，大麻镇农村经济总收入 8.19 亿元，同比增长 6.5%；农村农民人均纯收入 1.37 万元，同比增长 7%。超额完成全年的税收任务。

【农业】2018 年，大麻镇粮食种植面积 1366.67 公顷，产量 8000 吨。蜜柚种植面积

88 公顷，茶叶 2 公顷，其他果树 60 公顷。经认定市级农业龙头企业 2 家、县级农业龙头企业 5 家，省级农民专业合作社 1 个，全镇有 8 个村列入高标准农田建设，粮食亩产量达到省粮食创高产要求。

【基础设施建设】2018 年，大麻镇围绕改善群众出行条件，全面推进自然村村内道路硬化。完成行政村通自然村道路硬化 36.8 千米，村内道路硬化 37.93 千米；全面改善农村饮水条件，推进村村通自来水工程，铺设管道长度 81.1 千米，受益农户 785 户，集中供水工程施工中。5 个省定贫困村开展“三清三拆三整治”工作，提升乡村环境卫生水平；同步开展污水处理、垃圾处理、公共服务设施、房屋改造、产业发展和乡风文明提升等项目，综合提升贫困村软（硬）件设施水平。

【招商引资】2018 年，大麻镇引进招商引资项目 2 个，分别为农业项目和高陂工业园陶瓷生产项目。总投资额超 6 亿元，超额完成县下达的招商引资任务。

【国土环保】2018 年，大麻镇实施农村危房改造任务 17 户，累计完成危房改造 226 户、旧房整治 87 户、住房外观整治 87 户，改善农村困难群众的居住条件。镇财政投入 116 万元用于开展镇村两级环境综合整治、添置环卫设施设备和购买镇区生活垃圾转运及镇街清运保洁服务。同时，通过悬挂宣传横幅、出版宣传栏、公开信等形式加大宣传力度，形成全民共同参与的良好氛围，使镇区、农村环境面貌得到提升。

【科教文卫体】2018 年，大麻镇坚持教育优先发展，投资 738 万元的大麻中心小学综合楼接近完成。推进投资 1010 万元的大麻中学教师宿舍楼和投资 500 万元的汶水塘安置区幼儿园建设，加快教学资源优化提升。2018 年大麻中学升学率 97%，有 1 名教师获广东省南粤优秀教师称号，14 名教师获得县优秀教职工表彰。2018 年度出生率 9.77‰，政策生育率 87.56%。为辖区内常住居民建立健康档案总数 2.04 万人，纸质建档率 76.13%，电子建档率 76.13%。投入 100 万元对预防接种门诊、公卫办、药房、妇幼科、住院部治疗室等科室进行改扩建，全部达到示范镇建设的标准。全镇 22 个村全部完成卫生站的公建民营设置。

【社会保障】2018 年，大麻镇落实农民医疗保障工程。全年完成 2.85 万人的医保参保任务数，符合条件的五保老人实现应保尽保，同时完成社保扩面征缴任务。全年完成促进创业人数 25 人；城镇新增就业人数 240 人，城镇失业再就业人数 200 人，其中就业困难人员再就业人数 20 人。全面完成镇级公共服务中心和 22 个行政村的公共服务站建设。抓好脱贫工作。全部贫困户参加医疗保险，将 60 周岁以上符合领取待遇的老人纳入城乡居民社会养老保险，实现 51 户 142 人贫困人口脱贫。全镇筹集扶贫资金 2866.86 万元 （单位自筹资金 1184.48 万元，财政资金 1244 万元,社会资金 108.92 万元，行业资金 329.46 万元），实施农村人居环境整治建设新农村，开展道路硬底化、农田水利、文体广场等村项目 208 个；助学、培训、慰问、医保、就业转移等户项目 3728 个。

【社会治安】2018 年，大麻镇综治信访维稳中心接待来访案件 53 宗，其中经现场调解成功的案件 30 宗，已受理并分流相关部门处理的案件 23 宗，成功调处 23 宗，现场调解 2 宗；上级交办信访案件 116 宗，均已按程序答复；全年全镇未发生重大的刑事案件、治安案件、民转刑案件。开展扫黑除恶工作。全年发放宣传资料 2500 份，受理群众来访举报线索 1 条，由上级移交的线索 9 条，经查实均不属于扫黑除恶专项斗争中的 10 类重点打击问题。

【重点项目建设】2018 年，大麻镇打造现代交通网络。围绕 “对外大连通、对内大循环”

的总体思路，推进大潮高速公路（含大漳支线）建设工作，累计完成投资33.5亿元，全面完成土地征收，并做好依法丈量拆迁工作。加快建设民生水利工程。抓好韩江高陂水利枢纽工程及汶水塘安置区建设工作，累计完成307.83公顷土地丈量，完成征收252公顷，并依法做好丈量拆迁工作，汶水塘安置区建设接近尾声。以中心镇“六个一”项目建设为抓手，重视镇区扩容提质，共申报“六个一”项目11项，计划总投资4.42亿元。至2018年底，累计完成投资1.03亿元，完成总规修编、64.9公顷储备用地征收、大麻中心大道、卫生院设备升级改造4个项目建设。

大麻镇党委、政府、人大负责人名录

党委书记： 葛志发
副书记： 朱益山　黄启兴　刘斯民
钟信权（挂职，2018.2—2018.12）
党委委员： 温胜东　陈应勇　杨国松
温新霞（女）　余志坚
黄文东　钟创辉
镇长： 朱益山
副镇长： 温胜东　丘涛（—2018.8）
连思伟（女）
人大副主席： 曹月荣（女）

（伍祚怡）

三河镇

【简述】三河镇地处粤东大埔县西部，距大埔县城17千米。东临湖寮镇，北接青溪镇、茶阳镇，南连大麻镇，西与梅县区松口镇为邻。2018年，全镇区域面积152.24平方千米，水田面积379.07公顷，耕地地力保护补贴面积463.44公顷，省级生态公益林面积6332.03公顷。下辖12个行政村、1个社区居委会，总人口2.09万人。

【农村经济】2018年，三河镇农村经济总收入5.22亿元，同比增长11.3%；农村人均纯收入1.47万元，同比增长11.7%；国税收入2570万元，地税收入385万元；规模以上企业实现产值15.64亿元；完成固定资产投资1.6亿元。

【基础设施建设】2018年，三河镇抓好基础设施建设。三河至大麻段路面改造及Y207线等11条乡道31.22千米公路安全生命防护工程完成规划设计，相关报批工作扎实推进。汇东、先觉等3个村“平安村口”建设和梓里、旧寨、小坑等村配网改造有序推进，镇区12个充电桩进入施工阶段。汇城污水处理厂及绿化、美化工程通过验收，旧寨污水处理厂进入施工阶段；镇自来水改造工程有序推进，旧寨村饮水安全工程基本完成，源坑等8个村村村通自来水工程进入招投标程序。加快新农村建设。全域推进“三清三拆三整治”，12个行政村累计清理各类垃圾3397.3吨，拆除危旧房和废弃猪牛栏855间1.68万平方米，完成整治生活垃圾、生活污水、水体污染12宗。梓里、旧寨、小坑3个省定贫困村基本建成干净整洁村。旧寨村群众体育健身区、生态停车场、人行绿道、卫生站及党群服务中心建设全面完成。梓里、小坑村内道路硬化、集中供水、污水处理、厕所改造等基础设施不断完善。

【农业】2018年，三河镇顺利完成农村土地确权登记颁证工作，确权529.57公顷，颁证4187本。全镇农业新型经营主体不断增加，新增梓里村蜜柚加工企业1家，以“公司+专业合作社+贫困户”模式，带动贫困户自主脱贫，建设工作有序推进；旧寨村有机灵芝种植基地建成投产，实现年产值约40万元，每年可为村集体增加收入10万元，并给每名贫困户分红500元。2018年，三河镇因地制宜，按农事季节开展技术培训，组织农户到县农业局、镇、村现场培训，共526人次，印发技术资料2320份，为农民提供有力的技术支撑，推动农业走上专业化轨道。同时，推进农业生产机械化，持续做好农机示范推广和农机购置补贴工作，组织农机操作人员开展操作培训、学习相关法律法规和安全常识，对2013—2016年度农机购置补贴执行情况开展专项检查，核查12个行政村、82套农机具、享受补贴人数70户70人、总补贴资金18.36万元，经核查，补贴足额发放，无违规现象。

【工业】2018年，三河镇乡贤回乡投资项目，梅州市（大埔）博富能科技有限公司年产1亿安时锂离子电池生产线扎实推进，综合楼建成使用，新建厂房开始施工。以三河工业园、三河电力产业集聚区为招商平台，借助优秀乡贤回乡契机，加强沟通交流，持续做好“招商引资”。全年新引进梅州市新祥伟纺织品有限公司生产项目1个，计划投资总额超3亿元，完成县下达的任务。

【旅游业】三河镇深入挖掘红色资源，加快构建红古绿“三色”融合的全域旅游发展格局。2018年，完成三河红色小城镇建设发展总体规划编制及汇城村传统村落保护项目建设，三河坝战役纪念园周边环境提升改造新增工程、县城迎宾大道45间民居外立面改造工程及南粤古驿道增绿添景工程顺利完工。成功举办第十四届韩江徒步节和“追随红军足迹·重走南粤古驿道”徒步活动，三河坝战役纪念园入选广东省首批红色革命遗址建设示范点和省旅游局重点打造的10条红色旅游精品线路，三河古镇旅游区、三河坝战役纪念园入选梅州市乡村游精品线路。全年接待游客90万人次。

【国土环保】2018年，三河镇开展江河湖库“五清”专项行动，全面完成镇垃圾中转站规范化建设，城乡环境卫生动态保洁机制基本建立。建立巡查监管机制，严厉打击非法洗砂采砂、养牛蛙、农村“两违”等行为，累计拆除违法建筑3间。

【科教文卫体】2018年，三河镇“卫生两基达标镇”创建工作顺利通过市验收评估组复审验收，镇卫生院建成使用，12间公建民营卫生站标准化改造基本完成。省教育强镇复评顺利通过省政府抽查，三河镇中心幼儿园教学楼开工建设。新增4间“三多三促”农村文化俱乐部和1个农村（社区）综合性文化服务中心。三河坝战役纪念园和旧寨村“新时代红色文化讲习所”挂牌成立，在三河坝战役纪念园游客中心与梅州市邮政分公司合作成立“红色邮局”，弘扬三河红色文化、讲好三河红色故事。2018年度，三河镇出生283人，人口出生率13.54‰；自然增长107人，自然增长率5.12‰，女性初婚189对，女性初婚率9.04‰，人口出生性别比为103.6，政策生育率92.58%，完成各项指标。加大计生宣传，出版宣传专栏4期，张贴宣传墙报12期。

【社会保障】2018年，三河镇低保户总户数326户，其中新增低保户22户，取消56户（其中6户转五保），全年累计发放低保、五保救助金、重残津贴等335万元。五保户分散供养154人，敬老院集中供养10人，投入9万元完成敬老院改造升级工程，集中供养老人生活居住环境有效改善。全部按时、足额发放全年义务兵优待金7.75万元；完成农村危房改造21户，受益人群2100人次；全年引进帮扶资金350万元，落地帮扶项目23个，通过推行“产业合作社+种养大户+贫困户”

的产业发展模式，带动贫困户脱贫增收，实现脱贫 27 户 69 人。镇级公共服务中心全面完成事项和人员规范进驻，主动承接县级下放公共服务初审事项 6 项、代办事项 11 项，村级公共服务站代理事项 26 项。

【社会治安】2018 年，三河镇全面落实“党政同责、一岗双责、齐抓共管”安全生产责任体系，全镇安全生产形势总体稳定。综治“中心+网格化+信息化”建设扎实推进，镇级三防系统标准化建设全面完成。扫黑除恶、“七五”普法、法律“六进”和全民法制宣传教育活动深入开展，汇城等 7 个村成功创建省民主法治村。

三河镇党委、政府、人大负责人名录

党委书记：廖昌元

副 书 记：戴庆生　郑伟鑫　曾维鑫

党委委员：汪育庆　杨广志　刘锦坤　曹立亮　江善果　卢优裕　丘莹莹（女）

镇　　长：戴庆生

副 镇 长：汪育庆　刘鹏程　温文华

人大主席：余泰春

副 主 席：蓝金华

（*温济昶*）

银　江　镇

【简述】银江镇位于大埔县西部，地处梅、埔、丰边陲，毗邻三县八乡镇，居韩江上游，距县城 45 千米，东接洲瑞镇、高陂镇，西邻梅县区三乡和梅江区西阳，南连丰顺县砂田，北与大麻镇、梅县区三乡交界，素有大埔“西大门”之称。2018 年，全镇总面积 208.2 平方千米，下辖 13 个行政村，251 个村民小组，总人口 2.8 万人，省道 S333 线贯穿全镇 8 个行政村长 28 千米，全县最高峰海拔 1357 米的银窿顶位于胜坑村。

【农村经济】2018 年，银江镇粮食种植面积 990.07 公顷，产量 7310 吨。蜜柚种植面积 66.67 公顷，金针菜种植面积 153.33 公顷。扶持坪上百兴源种植基地和飞龙茗韵茶厂发展，至 2018 年百兴源生态果园种植面积 21.33 公顷，年产量 15 万千克。县级农业龙头企业有 3 家，全镇有 3 个村列入高标农田建设，粮食亩产量达到省粮食创高产要求，全面完成年度税收任务。

【基础设施建设】2018 年，银江镇投入资金 10 万元，对敬老院进行升级改造，提高敬老院管理水平、服务质量，将敬老院建成五保老人的幸福院、长寿院。筹集资金 40 万元，完成龙山公园顶至明德村冷水坑登山口 1000 多米的道路护栏建设，消除因道路崎岖陡峭造成的安全隐患。筹集资金 18 万元对龙新路进行提升改造；筹集资金 1500 万元对全镇 20 条共 30 千米村道进行道路硬底化建设；完成冠山至坑口路段 269 盏太阳能路灯亮化工程。

【农业】银江镇是农业重镇，2018 年，围绕打基础、利长远工作思路，立足特色优势资源，优化发展环境，经济综合实力提升。以“金针菜”特色产业优势作文章，推进银江金针菜国家地理标识保护申报，通过邀请电视台拍摄报道、强化与帮扶单位和当地企业家沟通协作、大力推广电商平台、签订金针菜“客家菜师傅工程”食材供应协议等方式，扩宽产品销售渠道。构建胜坑“一体两翼”建设规划，摸索完善符合银江特色的休闲农业、生态旅游、客家民宿发展新思路，推动金针菜产业转型升级和一、二、三产业融合发展。2018年，引进招商引资项目2个，总投资额超3亿元，完成2018年度县下达的招商引资任务。

【国土环保】2018年，银江镇印发《银江镇2018年度突发性地质灾害防治方案》,更新地质灾害危险点的监测责任人，强化地质灾害危险隐患点及依山建房户的巡查监管。落实重大、重度风险削坡建房户搬迁和治理工作，发动群众开展边坡治理或实施搬迁，全年完成搬迁和治理41处，其中重大风险5处、重度风险36处。同时，利用“6·25”土地宣传日，开展国土资源法律法规宣传教育活动，全年发放宣传小册子800本，发放削坡建房网格化管理明示牌968块，悬挂“两违”宣传标语13条。印发《关于调整银江镇城乡环境综合整治考核方案的通知》，细化考核办法，对全镇进行网格化管理。投入资金30万元购置新型垃圾压缩车和9辆小型垃圾收集车，全年投入资金260万元，清理转运垃圾7000吨。投入资金130万元，完善银村污水处理设施建设。组织镇村干部、中小学师生、志愿者开展“两美”城乡环境大提升行动，对全镇各村村道沿线、群众房前屋后、各河段、山塘水库进行彻底清理，并通过微信公众号、派发宣传单、村村通广播等方式加大宣传力度，营造全民齐参与的氛围。

【科教文卫体】银江镇坚持教育优先发展，加快教学资源优化提升。2018年，银江家炳第八中学升学率95%，3名教师获得县优秀教职工表彰。投入资金230万元，对卫生院和13间村级卫生站进行规范化建设，胜坑、坪上等11个村完成省级卫生村申报考核，“卫生两基达标镇”创建工作顺利通过市验收评估组复审验收。建设13个村级综合性文化服务中心和6个文化俱乐部。投入资金14万元，为镇文化站补充7000册新版图书。结合“巩文创卫”，开展内容丰富的宣传教育引导活动，提升村民的文明素养。弘扬传播社会正能量，报道银江镇好媳妇丘玲娇、人大代表刘保美等好人好事，其中丘玲娇家庭获评2018年度全国“最美家庭”。2018年度，镇江镇出生281人，出生率9.81‰，政策生育率82.92%。组织卫生院医疗团队下村开展免费健康体检活动，对体检中发现的重点人群做好健康生活方式指导服务。针对60周岁以上老人，建立健康档案，实行动态化管理，并定期免费为辖区内90周岁以上老人上门巡检。实施国家免费孕前优生工程，全年有64对有生育意愿的夫妇参加孕前优生健康检查，推进生育关怀行动，建立出生缺陷档案，实现跟踪服务。

【社会保障】2018年，银江镇推进全民参保登记，为全镇7000名农村养老保险参保户进行生物认证，全面完成社保扩面征缴工作，促进就业困难人员就业260人，受理农保医保事项3000件。围绕脱贫攻坚“八项工程”和贫困户脱贫“八有”标准，推动政策落实、工作落实、责任落实。全镇累计投入扶贫资金880万元，完成帮扶项目175项，对全镇68户建档立卡贫困户房屋进行危房改造，其中拆除重建18户，修缮加固50户，完成2018年度省定危房改造目标任务。组织全镇有劳动能力贫困户开展3场次种植、养殖技能培训。落实贫困户饮水、用电、医保等帮扶政策有序推进，全镇预脱贫313户510人，脱贫率91.4%。

【社会治安】2018年，银江镇打好扫黑除恶专项斗争三年攻坚战，主动化解农村社会矛盾，全年悬挂扫黑除恶宣传横幅100条，发放宣传资料4000份，排查扫黑除恶线索7条，全部移交上级相关部门处理。做好信访维稳工作，全年调处各类矛盾纠纷99条，处理信访案件14宗。同时，开展“七五”普法工作，提高群众的法律意识。

【重点项目建设】2018年，银江镇推进高陂水利枢纽工程征地拆迁进度，依法完成土地丈量征地拆迁工作。研究制定《银江镇乡村振兴工作方案》，在突显地方特色，重视历史文化保护，不大拆大建的前提下，全域推进新农村建设。至2018年底，拆除废弃猪舍、茅厕等936间2.4万平方米，明德、明新两个省定贫困村基本达到干净整洁村创建标准，以点带面，全面铺开其余11个面上村“三清三拆三整治”工作。同时，村村通自来水、污水处理等项目有序推进，村容村貌提升。

银江镇党委、政府、人大负责人名录

党委书记：吴振佳（—2018.9）
钟永彩（2018.9—）
副 书 记：谢宏坤　陈　演　郭济雄
党委委员：连佳权　利　杰　刘妙荣
陈　婵（女）　黄满锋
谢　德　赖志光
镇　　长：谢宏坤
副 镇 长：连佳权　黄俊岳
邓海俊（—2018.1）
赖礼权（2018.1—）
人大主席：黄岭东
副 主 席：赖达明

（钟文雄）

洲　瑞　镇

【简述】洲瑞镇地处大埔县西南部，距县城及梅城各65千米，东及东北连高陂镇，西及西北紧依银江镇，西南与丰顺县砂田镇毗邻，因洲瑞镇地貌四周环山，中间低平，形如盆状，故素有“金盆乡”之美称。2018年，全镇面积83.25平方千米，下辖9个行政村，150个村民小组，农户3472户，人口约1.83万人。

【农村经济】2018年，洲瑞镇坚持发展第一要务，聚焦重点项目建设和企业发展，综合实力提升。全年完成税收1575万元，规模以上工业企业完成总产值2015万元。粮食种植面积782.93公顷，粮食总产4274吨，其中水稻种植面积772.93公顷，总产4148吨。

【基础设施建设】2018年，洲瑞镇做好基础设施建设工作。1. 交通运输筹集资金160万元，完成赤水村下坝至石门岭公路以及总投资227万元的大坑村2.62千米村道硬底化和村道险段护栏建设。投资170万元，完成赤水村、下营村、南村村、田背村、陂营村部分村道道路硬底化、村道安全防护和维修、路面扩宽等工程。投资23.5万元，对县道X008沿线赤水村、南村村、田背村安装太阳能路灯93盏。2. 水利水电。投资180万元，完成修缮灌溉渠道、坑坝修复、水圳三面光工程共16宗；投资700万元的镇级自来水扩网改造工程和嶂岸村、赤水村、南村村、华光村、下营村、葵坪村9个点村村通自来水工程完成前期规划、设计和招投标工作，并进场施工。投资400万元，辐射田背村、华光村的处理规模为500立方米/天的镇级污水处理厂建设持续推进，至2018年底完成总进度60%。3. 新农村建设。落实好农村人居环境整治和生态宜居美丽乡村建设，全域推进“三清三拆三整治”工作。至2018年底，全镇拆除废弃猪牛栏及露天厕所等841间1.22万平方米，其中新农村示范村大坑村拆除122间2587平方米。基本完成大坑村自来水工程建设、5个自然村污水处理点完成选点规划、大坑村文体广场完成路面平整和花栏围砌等设施。发挥乡贤带动作用，投资90

万元，基本完成华光村葵联新农村示范点建设工程；投资150万元的田背村寨背炽光文化广场和投资100万元的下营村光南水口文化广场投入使用。

【工业】2018年，洲瑞镇推动当地陶瓷产业向绿色生态转型升级，引导大埔三和实业实行节能、环保、降耗的生产模式，提升产业效益。加强窑炉技改和采用色釉降低原材料烧制温度新技术，实现整体能耗降低20%。逐步完善“陶瓷+电商”平台，帮助其拓展网上销售渠道，扩大陶瓷市场，全年生产总值2015万元，其中电商销售380万元,完成税收109.56 万元。

【旅游业】2018年，洲瑞镇按照县委、县政府创建全域旅游示范县的工作部署，推进瑞山生态文化旅游度假区开发建设，景区一期工程（交通干线和环线）基本完工，于2018年国庆期间开园试业，有效带动全镇旅游发展。全年接待游客累计20万人次，旅游经济收入700万元。

【国土环保】2018年，洲瑞镇坚持依法依规、动真碰硬，从加大宣传、建章立制、强化监管等方面着手，开展农村土地“三乱”整治。镇国土城建部门落实每日巡查制度，各村实行国土资源巡查监管包村包户责任制，凡发现群众有违法用地、违法建设行为的，发现一宗，处理一宗，有效规范农村土地管理秩序。投入资金300万元，开展城乡环境卫生综合整治，配齐各村保洁人员和环卫车辆，推行垃圾收费制度，关闭垃圾临时堆放点，将垃圾转运站和镇区保洁工作承包给第三方进行运营、维护，确保全镇环境卫生有人管、有钱管的长效机制。开展“两美”行动，定期组织镇村干部开展集中清扫和整治行动，集中拆除镇区、县道X008线田背段、南村段、赤水段违章搭建铁皮瓦等构筑物145处3450平方米。大坑村、南村村和陂营村被授予“省卫生村”称号，葵坪村被授予“市卫生村”称号；全镇评选出“文明卫生之家”128户，做到镇有示范村、村有示范户，提高群众环境保护意识。

【科教文卫体】2018年，洲瑞镇贯彻落实《未成年人思想道德建设实施纲要》，重视德育工作。总投资420万元的洲瑞实验学校教师宿舍楼建设项目已完成封顶并进入装修阶段。投入资金15万元提升改造洲瑞实验学校和实验幼儿园体育设施，学校教学质量不断提高，2018年获得教学质量优秀奖、常规检查优秀奖等。2018年上半年完成卫生两基示范镇的初审及复审工作；投资680万元的镇卫生院保障房建设工程完成招投标并进场施工。投资15万元完成镇敬老院规范化建设，制定洲瑞镇户籍的百岁老人长寿保健金发放制度，镇卫生院对常住在镇的65周岁以上老人建立健康档案，对在册老人每年提供一次免费体检，以及定期免费为辖区内90周岁以上老人上门巡检。整合各村文化器材、村文化室等资源，实现资源统筹使用，完成赤水村戬榖居“三多三促”农村文化俱乐部建设；投资10万元建成陂营村综合性文化服务中心示范点，完成葵坪村、嶂岸村、大坑村3个综合性文化服务中心建设，综合性文化服务中心实现全覆盖，农村公共服务优化。投入资金850万元，完成10千伏洲瑞线和10千伏嶂岸线自动化开关安装调试、大坑村贫困村电网升级和配套工程等电网改造项目。至2018年底，完成光纤端口建设2000户，实现村村通光纤网络、高速上网，满足人民需求；2018年7月为中小学、幼儿园安装一键报警装置，提高校园安全防范工作，解决校园安全管理中存在的突发问题。2018年底，在葵坪村实现4G网络覆盖,解决村民用电信手机无信号的问题。发展体育运动，增添健身和体育器材，动员镇机关、各村、企（事）业单位、学校等开展形式多样的体育活动。镇机关男子篮球代表队参加2018年大麻片区男子篮球友谊赛，机关男子足球代表队参加2018年大埔县乡镇足球联赛；举办洲瑞镇“庆元旦”篮球友谊赛。2018年，洲瑞镇出生203人，出生率11.03‰，政策生育率86.7%，完成县下达的人口计划指标。

【社会保障】2018年，洲瑞镇开展第三轮精准扶贫工作，围绕脱贫攻坚“八项工程”、贫困户脱贫“八有”标准，推进脱贫攻坚工作。全年投入帮扶资金125.82万元，完成帮扶项目15个，全镇核定录入贫困户92户187人，已实现脱贫83户170人。坚持抓好产业扶贫和社会保障两个重点，全镇贫困人口低保、五保、教育补助和养老住房保障率实现全覆盖。省定贫困村大坑村通过入股陶瓷、光伏发电等扶贫产业项目分红收益11.2万元，大坑村贫困户人均可支配收入1.52万元；帮助47户有劳动能力贫困户实现再就业，扶贫再就业率100%。投入资金17万元在大坑村中村种植百香果，发展农业特色产业帮扶项目，完成土地平整和搭架工作。

【社会治安】2018年，洲瑞镇以开展“平安洲瑞”建设为抓手，健全“中心+网格化+信息化”工作体系，提升社会治理能力，社会治安防控更加专业化、智能化。发挥人民调解和“一村一法律顾问”的作用，开展矛盾纠纷排查和化解，全年调处各类矛盾纠纷78宗，其中镇级调解13宗、村级调解56宗，调处率100%，收到信访案件22宗，回复21宗。以“零容忍”的态度，开展扫黑除恶专项斗争，全年摸排10条线索全部办结。按照《地方党政领导干部安全生产责任制规定》要求，严格对各项生产工作的安全防范进行检查，全年开展8类52次安全生产检查，整改落实12处，没有发生安全生产责任事故。制订完善《洲瑞镇森林防火应急预案》《洲瑞镇森林防火半专业扑火队伍管理方案（试行）》制度。通过横幅、宣传牌、发放公开信等形式进行大力宣传，加强重点时间、地段的巡查，组织护林员、扑火队员培训5次，保障森林资源安全。

洲瑞镇党委、政府、人大负责人名录

党委书记：罗铁锋
副 书 记：陈方华　郭永辉（—2018.3）
刘文捷
党委委员：钟裕桓　徐欣妹（女）
廖广立（2018.6—）
黄晋锋　郭汉周
魏宝俊（—2018.2）
镇　　长：陈方华
副 镇 长：钟裕桓　杨畅生　田加昌
人大主席：余家威
副 主 席：李小坚

（刘宇）

茶 阳 镇

【简述】茶阳镇是大埔老县城，位于粤闽两省三县（区）交界处，地处梅州三大江之一——汀江河畔上，是红色革命老苏区，是广东省首批中心镇之一。2018年，全镇辖区面积294.3平方千米，下辖26个村和1个街道社区，共5.5万人。粮食以水稻为主，主要经济作物有烟叶、蜜柚，有耕地面积1847.27公顷，其中水田面积1444.13公顷；竹木资源丰富，林业用地面积2.42万公顷。茶阳镇东邻福建省永定区下洋，南接西河镇、湖寮镇，西临三河镇、青溪镇，北靠丰溪林场和福建省永定区；距梅州机场 62 公里；距大埔县城 27 公里；距福建永定土楼群 32 公里；省道 S221、S332 线和梅坎铁路贯穿全镇；梅龙高速公路沿途经过茶阳镇沿坑村、广陵村、迪麻村、角庵村、梅林村，在梅林村设有互动连接线。

【农村经济】2018 年，茶阳镇镇级一般公共预算收入 2189.03 万元，支出 2189.03 万元，收支平衡。财税收入 2309.56 万元。

【农业】2018 年，茶阳镇以“蜜柚、烤烟、茶叶、柑橘”四大传统产业为重点,引导群众结合山地气候、土壤错位发展精致高效农业，把推动农业机械化作为加快山区农业转型升级、发展现代农业的重要举措,推动农业产业发展绿色化、绿色资源产业化,促进全镇农业农村经济持续健康发展。农作物总播种面积 4140 公顷，其中稻谷种植面积 1540 公顷，产量 9088 吨。

【基础设施建设】2018 年，茶阳镇 8 个省定贫困村完成村内道路硬化 12.48 千米,基本实现 20 户以上自然村村内道路硬底化。茶阳镇污水处理厂项目二期工程于 2018 年下半年开始动工。经过前期现场实地调研，初步选定污水处理设施设备建设基础较好、人口相对较为集中的太宁、恋墩等行政村作为村级污水设施建设先行试点，项目正在招标。城区自来水网改造工程有序推进。在前期规划实施茶阳镇自来水厂和安乐片、花窗片、恋墩片、梅林片、古村片等供水工程的改造、扩网建设的基础上，2018 年新增石田村、下马湖村、沿坑村、迪麻村和城区自来水管网等村村通自来水升级改造工程，受益人口 1.8 万人。新农村建设。茶阳镇以“巩文创卫”为抓手,8 个省定贫困村 39 个 20 户以上自然村“三清三拆三整治”完成率 90%，18 个非省定贫困村的“三清三拆三整治”工作全面铺开。同时，完成 8 个省定贫困村社会主义新农村示范村建设规划设计，梅林、古村新农村示范村建设初具规模，其他村稳步推进。城乡环境综合整治。全年累计投入 268 万元，在“六村”联动基础上，采取“镇补助+村收集”模式，完善村级垃圾转运机制。同时，开展城乡“六乱”整治行动。

【工业】2018 年，茶阳镇规模以上工业总产值 4284.93 万元，累计增速 9.54%。

【旅游业】2018 年，茶阳镇根据《中共大埔县委、大埔县人民政府关于推进乡村振兴战略的实施意见》，以政策为导向，以“绿水青山就是金山银山”的发展理念，以保护当地的原生态环境和发展红色文化为主线，将太宁红色资源与恋墩古村落整合起来，打造新型宜居宜游的村庄。

【国土环保】2018 年，茶阳镇加强饮用水源保护，把保障农民饮用水安全作为农村环境保护工作的首要任务，依法科学划定农村饮用水源保护区，保护区范围为整个水库区及周边 2.5 千米范围内。加强对饮用水源地的监测和监管，坚决依法取缔饮用水源保护区内的排污口，禁止有害物质进入饮用水源保护区，制定饮用水源保护区应急预案，强化污染事故的预防和应急处理。保护区内严禁放牧、开垦荒地和乱砍滥伐。对疏林地进行补植补种，保护自然生态环境，确保群众饮水安全。做好非煤矿山的污染治理工作。召开非煤矿山负责人会议，签订污染防治责任书，对于任何可能出现的污染问题追究到人。要求企业主在发展生产的同时兼顾生态环境保护，做到环保优先，对采石场采石后的弃土进行植被恢复，提高森林覆盖率。

【科教文卫体】2018 年，茶阳镇做好教育、文化体育、医疗卫生工作。1. 教育。完善教学教育条件，优先保证教育经费，学前适龄幼儿毛入园率 96.8%，小学适龄儿童入学率和升学率 100%，初中毛入学率 100%，适龄残疾少年、儿童入学率 100%。大埔中学于 6

月组织学生开展足球比赛、12 月组织全校田径运动会。2. 文化教育。春节期间，茶阳镇组织街道社区周边的群众进行猜谜、象棋比赛、羽毛球比赛等群众自娱自乐活动；组织周边青年举办篮球联谊赛；配合饶氏于正月十三举行大型迎灯活动。茶阳镇广场舞队大年初一到丰村村表演，平时还到青溪镇、丰溪林场、西河镇等附近的镇、村进行表演和联谊演出。“五四”青年节在茶阳镇文化广场举办汉乐、汉曲、客家山歌比赛，丰富群众的文化业余生活。茶阳镇花环龙表演队到各地参加表演。1 月到三河镇参加民间乔迁新居表演；2 月参加湖寮镇“迎新春拜新年”团拜会；3 月 1 日到梅江区闹元宵表演，8 日到高陂镇参加迎景活动；9 月 10—11 日参加湖寮镇“泰安楼”拍电影，19—23 日到梅州市参加“农民丰收节”的表演；12 月 1 日到青溪镇大坑村参加涂氏祠堂重光庆典。茶阳镇党员干部于 12 月 6 日参加大埔县举办的梅州市“迎新年 颂党恩 展新貌”大合唱。3. 医疗卫生。茶阳镇完善医疗卫生基础配套设施，抓好镇卫生院整体搬迁工作和村级卫生站规范化建设，提高城乡居民健康水平。至 2018 年底，镇卫生院迁建工程累计投入资金 1635.26 万元，完成卫生院主体建设并进入内部装修阶段；村级卫生站建设计划投入资金 435 万元，除街道社区和群丰村未设村级卫生站点，太宁村村级卫生站在筹建外，基本完成党坪、古村、西湖村等 24 个村卫生站的新建、改造和修缮工作。2018 年，茶阳镇出生人口 547 人、出生率 9.52‰；政策外生育 96 人，政策生育率 82.45%；死亡人口 367 人，死亡率 6.39‰；人口自然增长率 3.13‰，稳定全镇的低生育水平。

【社会保障】2018 年，茶阳镇贯彻广东省新时期“精准扶贫、精准脱贫”的工作总部署和安排，从组织、产业、人才、生态、文化五个方面响应乡村振兴战略，深入探索精准扶贫新举措。其中“红色太宁”、光伏扶贫发电、“公司+农户+合作社”发展蜜柚产业等成为扶贫工作新亮点。全面推进 88 户贫困户危房改造工作。同时，开展扶贫“回头看”，深入细致核查，做到“应扶尽扶、应保尽保”，通过核查新识别确认 13 户（30 人）贫困户。

【社会治安】2018 年，茶阳镇做好社会治安各项工作。1. 安全生产。茶阳镇按照《地方党政领导干部安全生产责任制规定》的要求，落实责任，加强监管，抓好各项安全防范工作。全年开展 3 类 168 次安全生产大检查，查处各类安全隐患 312 处，落实整改 312 处，未发生安全生产责任事故。2. 信访维稳。把信访维稳工作作为全镇重点工作来抓，对比较难解决的信访上访案件进行专题研判，实行一事一策。全镇组织 12 次矛盾纠纷和不稳定因素排查行动，其中排查出矛盾纠纷 13 件，已化解 8 件；受理信访案件 51 件，按时答复 46 件，其中上级交办 47 件；群众来访 4 件，按时答复率 100%。3. 三防管理。加大资金投入，完成镇三防指挥部三防系统标准化建设，全面提升水旱风灾害应急和风险管理水平。同时，加强值班力量，确保人员到岗到位，收发讯息及时、处理妥当。4. 扫黑除恶专项斗争。按照上级统一部署，通过强化宣传、细致摸排、深入侦查等方式，确保行动取得实效。至 2018 年底，镇扫黑除恶办接到上级移交线索材料 11 宗，其中 8 宗办结回复，3 宗在调查核实中；镇派出所办理举报案件 1 宗。5. 森林防火。完善镇级森林防火相关制度，加强护林员队伍、半专业扑火队建设，节假日在全镇范围内的主要路口设置森林防火临时检查站，全年未发生森林火灾。

茶阳镇党委、政府、人大负责人名录

党委书记：郭文彬

副 书 记：曾令根　刘盛免

郑礼华（2018.3—）

罗长江（—2018.3）
党委委员：沈镜章　罗建学　赖裕林
肖徽强　钟晓科　黄小玲（女）
吴建华
镇　　长：曾令根
副 镇 长：沈镜章　黄志刚　钟　东
人大主席：钟春柱
副 主 席：赖付基（女）

（饶坤）

西河镇

【简述】西河镇位于大埔县东北部，东、北与福建省永定区接壤，南、西分别与大东镇、百侯镇、湖寮镇、茶阳镇相邻，距县城22千米，是中国葡萄酒之父、张裕葡萄酒创始人张弼士的故乡，是粤闽边界的商品集散地。2018年，全镇地域面积208.73平方千米，下辖27个行政村和1个社区居委，总人口3.5万人。

【农村经济】2018年，西河镇全镇农村经济总收入10.01亿元，同比增长13.06%；农村居民人均纯收入1.56万元，同比增长13.87%；全面完成当年税收任务。

【农业】2018年，西河镇转变发展方式，打响绿色生态品牌，加快发展绿色健康产业，坚持调结构促转型，推进传统产业转型升级。全年新增百香果体验采摘园、早翠梨种植园、鹰嘴桃种植园等一批生态农业基地，香米、蜜柚等农产品种植规模扩大，全镇基本实现“千亩香米、万亩蜜柚”种植规模，新天泽蜜柚、鸿顺蜜柚、漳裕香米、千山绿香米等农业品牌不断涌现，“一中心、七基地、多品牌”的现代农业产业格局初具规模。同时，引进“大客汇·乡城品”“鸿姑娘”等企业采取“线上+线下”方式拓宽农产品销售渠道。梅州市新天泽农业发展有限公司成功获评“广东省农业龙头企业”。2018年，全镇种植早晚水稻1266.67公顷，蜜柚1006.67公顷，烤烟373.33公顷，玉米174公顷，茶叶165.53公顷，西瓜457.33公顷。粮食总产量1.25万吨，共出栏生猪2.1万头，蜜柚总产量1.57万吨，烤烟总产量415吨，玉米总产量501吨。

【新农村建设】2018年，西河镇省级新农村连片示范建设区选取北塘村、东塘村、黄堂村、漳溪村、东方村等5个行政村，18个自然村为主体建设村，连片总面积42平方千米，人口1.2万人。新农村示范片围绕“产业提升发展、服务设施完善、村容整洁宜居、精神文明和谐”的目标，以“农业基地化，农村景区化，景区产业化”和“全域旅游”为理念，以漳河绿道绿色健康产业带为纽带，打造“旅游+农业”、健康、文化艺术为特色的西河镇省级新农村示范片。出台《大埔县省级新农村连片示范建设工程实施方案》《大埔县西河镇省级新农村建筑风貌提升改造奖补基金实施办法》《大埔县西河镇省级新农村环境综合整治奖补基金实施办法》。至2018年底，累计投入资金1.45亿元，完成省级新农村连片示范区建设。完成群众活动场所、村道连接线、滨水绿道、安全饮水、污水处理、绿化亮化等54个项目。

【旅游业】2018年，西河镇继续推进张弼士故居旅游区和北塘乡村旅游区2个国家AAA级景区的配套设施建设，建成28个村（社区）综合性文化服务中心，“西河漳溪墟扫街灯”入选第七批省级非物质文化遗产名录，西河镇和北塘村分别被县评为“长寿镇”“长寿村”。北塘美客美庐民宿、黄堂客栈、黄堂小厨、茶米古道百香果园等文旅项目建成，丰富滨水绿道精品旅游线路，带动发展百香果体验采摘园、车龙枇杷体验采摘园等休闲体验项目，带旺富堂农庄、浩然农庄等农家乐，吸引众多游客到西河休闲观光旅游，带动农户增收受益。全年累计接待游客35万人次，带动消费1800万元，产生经济效益220万元，直接解决就业人数260人，带动就业450人。

【国土环保】2018年，西河镇牢固树立“绿水青山就是金山银山”的理念，坚持全民共治、全民参与，抓好城乡环境综合整治、畜禽养殖污染防治工作。抓好“三清三拆三整治”，通过“三个三”的工作措施，实现“保洁范围全覆盖、保洁设施全覆盖、保洁人员全覆盖”的目标。共计拆除废弃猪舍、茅厕等2286间5.92万平方米，完成村道、巷道硬底化20千米。抓好畜禽污染和牛蛙养殖污染整治，严格执行畜禽禁养区和限养区制度，强化全镇畜禽养殖污染源头治理工作，根据区域环境容量合理调整和优化全镇畜禽养殖业的结构、布局和规模。禁止养殖牛蛙，动员养殖户自行完成退养关闭、拆除及复耕工作，全面关闭拆除沿河污染156户，对其他养殖场实行环保达标治理，全部按期整改完毕。抓好“河长制”落实工作，建立完善镇、村两级河长制相关工作制度，加大巡查力度，强化水环境保护，严控河道采砂。同时，加强对全镇范围内的水体污染综合防治和河流生态环境保护与修复的力度。共计清理河道15千米，新建河堤5.6千米，完成滨水项目建设。

【基础设施建设】2018年，西河镇漳溪铁吊桥至东塘白马广场滨水绿道提升工程全面完工；北塘村爱心大桥正式通车；漳北大桥工程基本完工，交通环境明显改善。新建垃圾池15座，投放垃圾桶300个，基本实现垃圾收集全覆盖。完成镇级自来水管道改造，完成168千米“村村通”自来水管道铺设工程，基本实现自来水全覆盖。镇级污水处理厂主体工程完成，进行管道铺设。消防管道铺设、电信及移动管线整治基本完工。

【社会保障】2018年，西河镇做好建档立卡基础数据信息的动态管理，对全镇在册贫困户信息进行再核实、再甄别，规范完善各类档案资料和制度，分类分户建立工作台账。全镇有贫困人口629户1282人，至2018年底实现脱贫606户1222人，脱贫率95.32%。建档立卡贫困户应纳入政策性兜底保障496人，兜底率100%；贫困学生192人，100%全部领取教育补助；完成86户建档立卡贫困户农村危房改造任务；所有建档立卡贫困户2019年度城乡居民合作医疗保险已缴交。西河镇顺利通过省、市、县三级扶贫开发工作成效考核。

【科教文卫体】2018年，西河镇坚持教育优先发展，改善教学条件，加快推进红军小学新教学楼建设。开展文化活动，全年举行文化展、“三百工程”文艺演出、春节送春联等活动29次。创建卫生强镇，推进镇级卫生院迁建项目和村级卫生站建设，镇卫生院迁建工程完成主体建设，新建和改造村级卫生站27间，已全部完成。

【社会治安】2018年，西河镇牢固树立“安全第一、预防为主、综合治理”的方针，贯彻安全生产“党政同责、一岗双责、齐抓共管”制度，落实安全生产标准化建设、强化安全教育培训、加强安全生产行政执法力度和重点整治安全隐患的“三项行动”。全年深入企业检查、指导安全生产164次，发现隐患21项，全部整改完毕。开展食品安全专项整治，配合上级有关单位做好辖区内非洲猪瘟防控工作，消除食品安全隐患。2018年，全镇无发生重特大安全事故，西河司法所被评为“全国模范司法所”。制定完善《西河镇基层党组织扫黑除恶专项斗争工作方案》，结合各党支部“三会一课”等活动，开展扫黑除恶专题教育，压实“扫黑除恶”主体责任。全年摸排涉黑涉恶线索18条，其中上级交办线索12条，通过全镇摸排发现6条，初步办结及答复17条，正在核查的1条，移交公安部门侦办4条，已立案4宗，刑拘7人。

【党建工作】2018年，西河镇坚持抓好习近平新时代中国特色社会主义思想、中共十九大精神、习近平总书记视察广东及在改革开放四十周年大会上的重要讲话精神等内容的学习。全年镇党委会组织集中学习6次（场）9个专题，党委中心组集中学习12场18个专题课题，党校专题培训10次13个专题，召开13场镇、村干部专题学习大会，送党课下乡培训1457人次。全面实施加强党的基层组织建设三年行动计划，制定完善“三重一大”等7项议事决策制度，完成镇党校规范化建设和28个村（社区）基层党组织规范化建设。北塘村支部升格为党总支，调整村党组织书记6人，增选4个村党组织委员8人；选派11人担任省定贫困村第一书记或支部书记，培养村级党支部书记后备队伍62人。全镇发展党员16名，培养入党积极分子119名。完善党建服务工作经费保障机制，共筹措下拨114.8万元用于办公支出、服务群众、党员教育培训、基层党组织建设等工作。完成中央、省委巡视反馈意见整改、县委村级巡察第一组对西河镇省定贫困村巡察“回头看”反馈意见整改、梅州市县级交叉巡察第三组对镇党委及黄堂村和上黄砂村共11个方面巡察反馈意见整改工作。全年开展谈话提醒69人次，诫勉谈话1人次，批评教育15人次。实施《西河镇正风反腐三年行动计划（2018—2020年）》，保持反腐高压态势，全年查处党员干部违纪案2宗，处理违纪党员2人，其中开除党籍1人、党内警告1人。

西河镇党委、政府、人大负责人名录

党委书记： 丘武秋
副 书 记： 余茂滨　黄明宏　胡育锋
党委委员： 邓秀丽（女）　谢振新　丘增标　陈晓斌　张庆海　郭凯帆　蔡振霆（—2018.3）
镇　　长： 余茂滨
副 镇 长： 谢振新　张享基
人大主席： 何少华
副 主 席： 赖则力

（罗旭龙）

青溪镇

【简述】青溪镇地处大埔县西北部，位于粤、闽两省三县（梅县、永定、大埔）交界，是著名革命老区。青溪北接福建省永定区峰市，西邻梅县区松口镇，东与茶阳镇接壤，南接三河镇。青溪镇是县境汀江航运起点，顺流而下可达潮汕。2018年，全镇地域面积164.05平方千米，镇政府驻地坪沙，距县城直线22千米，公路里程42千米。辖13个行政村、199个村民小组，总人口2.16万人。

【农村经济】2018年，青溪镇农村经济总收入5.76亿元，农村人均纯收入1.33万元，同比分别增长11%、12%。

【基础设施建设】2018年，青溪镇投入资金1116万元，完成下坪沙、青溪、河背、青丰、虎市、长丰、蕉坑、溪口8个移民村基础设施改造提升，完成道路维修建设总长7461

米、路灯 85 盏、4 个村文体活动场所 2969 平方米、饮水工程铺设水管 380 米、建造小型蓄水池 1 座，完成建设项目总工程的 101.45%。投入 300 万元资金，新建一条翰林站至青溪 10 千伏供电线路，并完善原茶阳站至青溪 10 千伏供电网架，解决群众用电不稳定的问题。4 个省定贫困村基本完成“三清三拆三整治”工作并启动新农村项目建设，9 个面上村于 2018 年 10 月启动“三清三拆三整治”，全镇 13 个行政村推进新农村与美丽乡村建设。

【农业】2018 年，青溪镇推广水稻规范化栽培技术，全镇水稻面积 900 公顷,引导农民种植高产优质水稻，使粮食生产取得较好收成，并打响青溪家米品牌。推广“龙头企业+合作社+基地+农户”等经营方式，做强蜜柚、山羊、飞鸡等特色产业，巩固发展稻米、烟叶等传统产业，吸收农村劳动力 1430 个。

【旅游业】2018 年，青溪镇实施“江畔人家”休闲度假区续建项目。全年投入资金 1012 万元，完成游客服务中心迁建、红色展馆扩建布展、山顶至万亩柚园旅游景观路等设施建设，配套完善系列生态景观景点，完成建设项目总工程的 101.2%。实施中央红色交通线续建项目。投入资金 1024 万元，完成中央红色交通线三个站（点）沿线道路排水沟、防护栏和绿化带等周边配套设施的完善提升，完成建设项目总工程的 102.4%。成功创建森林小镇。聘请专业设计单位，高标准编制《广东省梅州市青溪森林小镇建设规划（2017—2021 年）》；2018 年 9 月各项建设指标达到广东省森林小镇建设标准，并通过专家组评审，成为 2018 年梅州唯一被认定的森林小镇。

【国土环保】2018 年，青溪镇落实“户集-村收-镇运-集中处理”模式，加大设施投入，推进卫生环境整治，落实保洁员制度。全年聘请保洁员 15 名，新增垃圾运输车 4 辆，新建垃圾池 12 个，新购垃圾桶 500 个，完善垃圾处理机制。同时，根据该镇自身交通地形等条件，规划出三条卫生保洁路线，投资 60 万元购入大型垃圾压缩车，每日进村沿下坪祝丰、长丰虎市、溪口铲坑三线轮流收集垃圾，将垃圾转运处理时间从原来的一周一次压缩到三日一次，垃圾收集覆盖率 100%，基本实现垃圾日产日清。镇、村两级干部定期巡查卫生，发现问题及时反映给村并限期整治，对逾期整改村给予处罚。全年镇对村累计巡查 14 次，出动 82 人次，各村自查自纠 12 次，出动环卫人员 185 人次。全面落实河长制相关要求，镇、村两级河长定期巡河，做好沿河禁养区养殖污染防治，持续开展水浮莲清理，确保水浮莲生长不反弹。

【科教文卫体】2018 年，青溪镇把握市委党史研究室、县委、县政府在青溪召开《中央红色交通线学术研讨会》的机会，遵照中央和省、市党史专家总结出“忠诚于党、默默奉献、勇于牺牲、不畏艰险”的交通员精神这一重要成果，组织镇、村党员干部学习交通员精神，以交通员为榜样做好各自工作，发动群众共建美好社会环境。加强习近平新时代中国特色社会主义思想教育，加强文化阵地建设，成功举办梅州大埔青溪镇“客家亲·红色情”客家山歌擂台赛，组织机关党员干部参加“迎新年·颂党恩·展新貌”大合唱活动，协助市委宣传部开展“我们的中国梦——文化进万家”系列活动，引导群众树新风、讲文明。强化医疗卫生事业，逐步推广巡诊制度，填补村医空白，动员群众参加医疗保险，做到应保尽保。2018 年，青溪镇出生 233 人，出生率 11.2‰，死亡 131 人，死亡率 6.3‰，自然增长率 4.9‰ 。2018 年 12 月，举办茶阳片区机关篮球赛，青溪镇获得第三名。

【社安治安】2018 年，青溪镇在年初的工作会议上，同各村签订社会管理综合治理目标管理责任书，对各项考核指标实行量化、细化，制定奖惩办法，实行考核与工资报酬挂钩，对存在严重治安问题的村和单位，严格实行“一票否决”。成立以党委书记任组长，镇长和分管领导任副组长，各相关单位负责人为成员的平安创建领导小组，在全镇13个村实行党委成员和镇、村干部包抓平安创建工作责任制。建立健全平安创建联席会议制度，镇综治办、司法所、派出所每月召开一次联席会议，就全镇治安情况和形势进行分析交流，研究具体的工作措施。2018年，全镇排查矛盾61件，调处61件，调处率和调处成功率100%。全镇没有发生安全事故和重点管理责任事故，社会秩序稳定有序。

【社会保障】2018年，青溪镇落实城乡居民养老保险、城乡居民医疗保险、农村低保优抚等惠民措施，全镇覆盖率100%。落实2019年度城乡居民医保政府批量代缴的人员（指符合城乡居民社会养老保险参保条件，具备相关部门认证资格且愿意参保并需缴纳保险费的困难群体）有519人，缴费标准为220元/人，合计11.42万元。有2人年满60周岁未购买城乡居民养老保险，经过协商，由帮扶单位出资为其一次性缴交城乡居民养老保险（1800元/人）。落实扶贫“回头看”，终止帮扶9户38人，新增贫困户1户4人。至2018年底，累计投入各项扶贫资金1250万元，为全镇建档立卡贫困户197户520人购买城乡居民合作医疗；为全镇建档立卡经济困难学生96人发放教育补助；为建档立卡贫困户14户进行农村危房改造。把无法通过产业就业帮扶实现脱贫的人群纳入低保、五保范畴，符合条件的250人100% 纳入兜底保障。

青溪镇党委、政府、人大负责人名录

党委书记：谢彦博
副 书 记：丘佳纳　刘国先　郭永富
党委委员：刘斯科　连增美（女）　彭柳军
宋福中　邓永明　梁永生
杨旭海
镇　　长：丘佳纳
副 镇 长：刘斯科　黄　俊　曾家良
人大主席：袁春华（女，—2018.3）
副 主 席：谢华荣

（王杰炜）

丰 溪 林 场

【简述】大埔县丰溪林场创办于1958年，原属汕头地区管辖，1963年转为县办，1984年4月被广东省人民政府批准建立省级自然保护区，保护区总面积为105.9平方千米。1996年8月被省林业厅批准建立丰溪省级森林公园。地理位置在北纬24° 39′ ，东经116° 47′ 。处于大埔县北部，北部、东部与福建永定区毗邻，西部、南部与茶阳镇相邻，距离县城54千米。海拔在450—1098米之间，全场总面积为29.91平方千米。2018年，林场下辖3个村民委员会，13个村民小组，总人口1800人。丰溪保护区主要保护对象为中亚热带常绿阔叶林和珍稀动植物，是广东省综合性保护区之一，有高等植物227科，2026种，其中属国家一级、二级、三级有54种。脊椎动物286种，其中属国家一级保护动物有蟒蛇、云豹、豹、华南虎共4种，二级保护动物有36种。保护区内还有许多具观赏、药用、肉用、皮用等价值的动（植）物资源。

【农村经济】2018年，丰溪林场粮食作物播种面积 113.9 公顷，总产量 474.1 吨。全场农村经济总收入 2324.4 万元，农村人均纯收入 8964.8 元。

【基础设施建设】2018 年，丰溪林场进一步改善办公、生活基础设施条件。投入 10 万元修缮职工宿舍楼，改善干部职工的居住环境；投入 10 万元，完善场部办公楼后山一条总长 2.5 千米的科普教育路；投入 50 万元，改造场部夜景亮化设施，新建广场灯 2 处、灯带 20 余处，在场部绿化带及公路沿线种植三角梅等景观花，聘请专人对场部的景观花、人行道树、绿篱等进行定期修剪、维护，清理杂草，提升绿化亮化美化工程。完善交通、水利、电力等基础设施。筹集资金 10 万元，重修陂头圳道，解决 600 人农田灌溉问题；投入资金 10 万元，对上山村村道进行硬底化建设，解决村民行走难问题；筹集资金 40 万元，对溪上村长约 50 米的河道进行治理；投入资金 20 万元，对场部崩岗进行治理，减少水土流失和消除安全隐患。

【美丽乡村建设】2018 年，丰溪林场加大农村环境整治力度。投入资金 20 万元，购买垃圾车斗，全林场建造 13 个垃圾池，设置 50 个垃圾桶，聘请村保洁员到各村收集垃圾后每 2—3 天由场派车运到大埔垃圾填埋场，改进农村生活垃圾收运方式，实现林场、农村生活垃圾统一收集处理，林场卫生环境明显改善，生活垃圾无害化处理率 100%。加强农村水环境治理和饮用水水源保护，投入资金 25 万元建设污水处理厂，2018 年底投入使用。实施“三清三拆三整治”工程，投入资金 85.05 万元，拆除农村老式厕所、牛栏、猪舍等。省定贫困村拆除 215 间、2106.95 平方米，拆除率 96.21%；面上村拆除 131 间、1666.23 平方米，拆除率 71.45%。EPC 项目 966.43 万元，至 2018 年底动工实施水口和燕翼两个拦水坝项目，场、村实施项目 170.8 万元和奖补项目 89 万元全面进行中。

【资源管护】2018 年，丰溪林场坚持践行“绿水青山就是金山银山”的发展理念，做到环境先行、生态优先、绿色发展。争取上级资金项目，加大生态资源的保护力度，林场森林蓄积量不断增加，全场活立木蓄积量 15 万立方米，森林覆盖率 98%。建立科学高效的森林资源管护体系。投入资金完善森林防火基础设施；加强护林员队伍建设，全场聘请 11 名村级专职护林员，组建 30 人的半专业扑火队伍；明确村委会各级护林队伍责任，加强工作联动，严厉打击乱砍滥伐、乱挖滥采等破坏森林资源的行为。

【社会治安】2018 年，丰溪林场贯彻落实习近平总书记重要讲话和中共中央、国务院以及省、市、县关于开展扫黑除恶专项斗争的工作要求，迅速部署行动、严密摸排、形成声势，并成立扫黑除恶工作领导小组，开展扫黑除恶专项斗争工作。加大涉黑涉恶打击力度，营造良好的政治环境和社会环境。以“保增长、保民生、保稳定”为要求，把维护社会稳定工作摆在突出位置，按照社会矛盾纠纷大调解的工作原则，及时化解各种矛盾纠纷，实行信访维稳领导包案制。

丰溪林场负责人名录

党委书记：巫运发（—2018.1）
　　　　　赖万城（2018.1—）
副 书 记：陈裕华
党委委员：江平先　饶拱辅
场　　长：巫运发（—2018.1）
　　　　　赖万城（2018.1—）
副 场 长：郑育才　谢捷新（—2018.7）
　　　　　罗文育

（谢曦民）

人　物

大埔县荣誉市民

邱建平 出生于1961年4月，祖籍大埔县西河镇，深圳市恒迪源润达实业有限公司董事长。他事业有成后，心系桑梓，累计捐资418.5万元，支持家乡医疗、教育、修路、助老和新农村建设等公益事业。

邓球伴 出生于1965年4月，祖籍大埔县高陂镇，深圳市嘉美尤弘贸易有限公司董事长。他在事业成功之余，热心公益事业，捐赠高陂镇尧溪村老年慰问金、蜜柚苗扶贫等项目累计182.16万元。

丘　凯 出生于1961年11月，祖籍大埔县茶阳镇，深圳市凯滨实业有限公司总经理。他情系家乡，热心各项公益事业，捐赠大埔县绿保公益慈善会基金、埔北中学奖学金、扶贫济困资金，以及茶阳镇党坪村、西湖村、洋门村、恋墩村、蓝田村村道和文化中心建设等资金累计125.58万元。

廖勇祥 出生于1967年12月，祖籍大埔县湖寮镇，梅州市梅江区旭日房地产开发有限公司董事长兼总经理。他热心家乡公益事业，累计捐资110万元支持学校和新农村等方面建设。

陈友玉 出生于1973年7月，祖籍大埔县茶阳镇，深圳市玉蚨堂大药房有限公司、柬埔寨金瓯发展有限公司和柬埔寨金蚨地产发展有限公司董事长。他事业有成后，心系桑梓，热心各项公益事业，累计捐赠108.5万元支持大埔县绿保公益慈善会基金和茶阳镇蓝田村村道、水利、夏令营公益活动等。

谢梓平 出生于1955年1月，祖籍大埔县桃源镇。他事业有成后，情系桑梓，累计捐赠100.1万元支持桃源中学、桃星小学、桃星村道、桃源幼儿园、桃星村委大楼等项目建设。

吕智伟 出生于1972年10月，祖籍吴川市长岐镇。湛江市政协港澳常委、香港湛江社团总会会长、中国经济贸易促进会副会长、广东省叶剑英基金会副会长、国际吕氏商会会长、广东卓粤集团董事长。2012年8月，吕智伟成立广东穗瑞农林发展有限公司，注册资金1.2亿元。该公司突出产业融合，加快乡村振兴，把发展油茶产业作为乡村振兴的有力支撑，推动油茶观光旅游、创新发展油茶林下经济、彰显生态文明，延伸油茶产业链条，打造属于大埔的油茶品牌。

董伟杰 出生于1978年10月，广东潮汕人，业广利电子（梅州）有限公司董事长。该公司成立于2005年6月，在2015年8月至2018年7月累计增资208万美元在大埔新建综合大楼，项目增资投产后年度产值2亿元以上，年度税收超2000万元，为大埔外向型经济建设和地方税收再添一份力量。

（县人大办提供）

新 闻 人 物

黄样华

黄样华，1917年出生，广东大埔县三河镇梓里村人。1940年，23岁的黄样华被征入伍加入国民政府军，曾参加过长沙会战等抗日战争。1949年4月21日人民解放军发起渡江战役时，黄样华所在部队在安徽向解放军投降，他被编入解放军12军104团任班长。1950年他在人民解放军部队加入中国共产党，1951年入朝参加抗美援朝战争，1954年回国，在江西上饶复员，回到家时已经37岁。身经百战的黄样华，退伍后回家务农，任生产队长直至改革开放。

每当有人问起当年的战场往事，自豪与激动就写在了黄样华老人的脸上，老人总会把他最宝贵的故事一五一十地细数给大家听。在三河镇梓里村黄样华的屋子里，“抗战老兵，民族脊梁”“感恩抗战老兵，敬仰民族功臣”，一个个使人倍感温馨和振奋的荣誉锦旗和牌匾挂满整个大厅，简朴的水泥屋，被这些红色的记忆和荣誉装点得格外不平凡。

（县地方志办整理）

丘牡香

丘牡香，女，1973年11月出生，广东大埔湖寮新寨村人，是一位民营企业家、梅州市志愿者联合会成员，大埔县工商联合会副主席、县政协常委、县侨联常委和梅州市侨联委员。她热心公益，乐于助人，是大埔县万川爱心协会会长，1993年起参加志愿服务活动，至2018年参加志愿服务活动过千次，获得“全国百个巾帼好网民故事”“广东好人”“广东五星志愿者”“广东省最具责任感企业家”和“广东志愿服务金银铜奖个人银奖”等称号。2018年，丘牡香入选全国最美志愿者候选名单。

丘牡香艰苦创业，事业有成后不忘回报社会。她凭着一股执着的创业精神，奋力拼搏，以诚信为本，用热情服务赢得顾客，经营好大埔县华侨大酒店，发展起梅州万川千红农业发展有限公司。她事业有成后积极为社会献爱心，近年来为贫困学生、困难群众等捐款累计100万元，2018年捐资大埔县教育基金100万元。

丘牡香筹划志愿服务项目，帮助贫困群众解决困境。2015年，她发动社会各界爱心人士自发组成万川爱心协会，并结合大埔县地处山区、困难群众较多的实际，筹划志愿服务项目。协会开展的项目主要有助学、助残、关爱孤寡老人和贫困留守儿童、关爱抗战老兵，支持无偿献血、辅导少年学生发展体育及传承客家民间技艺等公益事业。尤其是在支持贫困学生方面，协会付出了很大努力。三年前，一个名叫罗淋菲的学生，刚考上梅州市曾宪梓中学，正需要钱读高中时，父亲却因为重病去世，留下她和妈妈、妹妹以及还有一个年迈的奶奶需要照顾。一时间，整个家庭陷入困境。就在这时，罗淋菲的情况被她知悉后，就决定帮助她们姐妹俩继续完成学业。2018年罗淋菲考上华南理工大学。

与此同时，丘牡香又找了一家爱心企业对她进行一对一的帮扶，让罗淋菲圆上大学梦。几年来，在丘牡香的帮助下，罗淋菲也发生很大的变化，从一个内向自卑的孩子变成阳光开朗的女孩，也懂得要如何感恩，回报社会。丘牡香与志愿者们深入农村和社区进行社会调查，足迹走遍农村，热心为贫困家庭解决生活困境。自协会成立以来资助贫困家庭学生、贫困留守儿童、特困学生、孤儿、孤寡老人等 8872 人，资助善款累计 400 多万元。此外，她还特别关注重、大病家庭，为使重病、大病家庭能得到及时救助，她筹办了“万川筹”筹款平台。该平台至 2018 年成功为 38 位重症患者家庭筹款 182.23 万元。丘牡香成立了大埔第一个无偿献血志愿者服务队，至 2018 年献血志愿者有 130 人，采集血量 14.3 万毫升。由她牵头的“爱心陪伴、阳光成长——益苗计划”是专门针对贫困留守儿童而实施的一个长期关爱服务项目，已资助贫困学生 173 人，资助金额 80 万元。在丘牡香的感召下，不少个体户、企业家等也成为她慈善事业的同路人。至 2018 年，万川爱心协会有会员 476 人，开展志愿活动 677 场次，总服务时长 4.17 万小时。

摘自《中国文明网》

逝 世 人 物

田家炳

田家炳，1919 年出生，祖籍广东大埔县高陂镇银滩村，香港企业家、慈善家，田家炳基金会创办人，被誉为“中国百校之父”。被美国环球大学、香港浸会大学等院校授予荣誉博士、院士、教授，国内 70 余个市授予其荣誉公民、荣誉市民称号。1982 年，获英女皇荣誉奖章 ；1994 年 3 月 26 日，中国科学院紫金山天文台将该台发现并经国际小行星中心编号的 2886 号行星命名为“田家炳星 ”；1996 年，获英国 MBE 勋章 ；2004 年，被北京中华慈善总会选为首届中国最具影响的一百位慈善人物；2006 年，获北京中华慈善总会颁授“中华慈善事业突出贡献奖”；2010 年，获香港特区政府颁授最高荣誉大紫荆勋章，获选为亚洲电视主办第一届“感动香港十大人物”。田家炳曾担任仁爱堂咨询委员、前任东华三院总理、博爱医院总经理、大埔旅港同乡会永远会长以及其他数十个商业团体、慈善机构的会长、理（监）事、顾问等职。

1919 年，田家炳诞于广东大埔高陂镇银滩村书香之家，幼年在家乡受中、小学教育。1935 年，16 岁时不幸父亡，不得已弃学从商，继承父业开办广泰兴，肩负持家重任。1936 年，赴越南创立泰安隆瓷土公司，18 岁远赴越南推销瓷土，后与同乡合办茶阳瓷土公司。1939 年，因汕头沦陷，瓷土运输中断，遂转往印度尼西亚，从事橡胶业。1945 年，创办超伦树胶厂。1951 年，又开办南洋树胶有限公司。1956 年，创办印尼首家塑料薄膜制造厂。1958 年，将业务重心转移到香港，举家迁居香港。在屯门填海造地，创办田氏塑料厂、田氏化工厂有限公司，生产塑料薄膜和人造革，有“皮革大王”之称。1992 年，在广东省东莞市成立东莞田氏化工厂有限公司，建成现代化、自动化的工厂，规模、技术、管理等都居中国前列，为中国纳税、创汇作出巨大贡献。

田家炳将自己拥有总资产的80%用于慈善事业。20世纪60、70年代，田家炳便曾出任东华三院、博爱医院等多间慈善机构要职，推动社会福利工作。1982年，田家炳成立纯公益性的非营利机构——田家炳基金会。他在社会各项公益事业中尤重教育，秉持以“中国的希望在教育”为信念，倾注心力支持国家教育事业，被誉为“中国百校之父”。截至2018年7月，田家炳在中国范围内已累计捐助93所大学、166所中学、41所小学、约20所专业学校及幼儿园，捐建乡村学校图书室1800余间、医院29所、桥梁及道路近130座，以及其他文娱民生项目200多宗。

2018年7月10日，田家炳在香港逝世，享年99岁。

（县地方志办整理）

刘南琴

刘南琴，1932年12月出生于新加坡一个华商家庭，祖籍大埔县大麻镇中兰村，他的幼年是在新加坡度过的。祖父母是客家人漂洋过海谋生、艰苦创业成功的典型代表，他们在新加坡经营一间“万泰和”中药铺。祖母常返乡，每次都会带回药材分给乡亲，和睦邻里，济困扶危，乡亲们称她是慈善的女能人。伯父、父亲皆在药店做事。刘南琴6岁时，父亲去世。9岁、10岁时，祖父、祖母相继去世。母亲“留守”在家乡大麻中兰村，刘南琴与弟弟妹妹由伯父带大。他4岁、5岁时的两次春节，曾跟随祖母返回中兰村“过年”，这也是祖辈教化儿孙不忘本的自然行动，在刘南琴心田里播下了爱国爱乡的种子，几年后回到家乡大麻中兰大坑村，在培兰小学就读三至五年级。

刘南琴祖辈三代在新加坡经营中药材生意。1946年，其伯父迁移到香港，商号改名为“兴记庄”。1952年秋，刘南琴和母亲一起到香港居住。1964年春，刘南琴转营橡胶业，成立“南和聚合品有限公司”，后来又成立“加新丰国际贸易有限公司”，转营橡胶业获得成功，经营网络发展到中国台湾及菲律宾等地。事业有成的刘南琴，把大量的时间、精力和金钱投入到爱国爱乡行动中。

捐资教育事业。刘南琴为家乡母校培兰公学修建新校舍捐资8万元，1995—1997年每年捐资1万元作为学校奖教奖学金，捐资8000元维修学校栏杆，2000年8月捐资1.25万元作为学校办学基金。为家乡大麻中学设立奖教奖学基金4.1万元，每年再捐资3000元作为专项奖学金。为恭洲中学设立奖学金每年捐资5000元，还支持该村贫困学子读初中，每年负担学杂费1300元，直到初中毕业；2001年秋起，每年对考进大麻中学高中部的5名贫困生，每人每学期给予资助金1000元，直到高中毕业。1997年春，捐资5000元作为大麻中小学田径运动活动费。为茶阳镇中心幼儿园购置设备，捐资5000元。

捐资其他公益事业。1997年2月，刘南琴伉俪为兴建茶阳汀江大桥捐资20万元。为家乡兴建大坑村团坑桥、兰坑桥捐资22万元，捐资4.8万元兴建中兰桥及中兰纪念亭。为修建中兰乡道、南坑公路及大桥捐资21万元，为大麻镇建水泥路捐资5万元，敬里水泥路捐资2万元。为大麻医院及中兰卫生站捐资3万元，用于购置医疗设备和医疗扶助金，为大麻镇捐助扶贫济困款5万元。

刘南琴是杰出的社会活动家，他一直担任多种社团要职，为社会服务。1995年，刘南琴成立了“大埔县海内外体育文艺促进会”，并捐资4万元，促进大埔县篮球、乒乓球、太极拳、汉乐演奏等文体活动开展。1997年10月，大埔县人大常委会授予刘南琴“大埔县荣誉市民”称号。

2018年6月1日，刘南琴在香港逝世，享年86岁。

（邱汉章）

余耀南

余耀南，大埔县青溪人，1938年生于马来西亚，后定居大埔。1958年参加工作，中级馆员，曾任大埔县文化馆副馆长、县文联副主席、县侨联主席，1998年退休。是中国曲艺家协会会员、广东省民间文艺家协会会员、梅州市山歌大师。2008年，被列为国家级非物质文化遗产项目“梅州客家山歌”代表性传承人。2017年“中国非遗年度人物”100人候选名单中，余耀南榜上有名。他创作了丰富的山歌、曲艺作品，多次在省、市获奖，并出版《客家山歌知识大全》（合著）等多本论著，他的即席应对、双手打竹板等绝活在梅州首屈一指，是深受群众喜爱的艺术家，人们把他及梅州其他三位山歌大师称为“客家山歌的宝贝”。

“启蒙”时期

余耀南生于马来西亚，2岁时为躲避战乱跟随母亲回到家乡大埔县青溪镇长丰村。他自小酷爱山歌，母亲和众多爱唱山歌的村民，是余耀南的启蒙老师。11岁时，余耀南便因山歌演唱“天分”突出被学校的宣传队挑中，常常下乡表演，此后的初中、高中阶段，他一直都是学校的文艺骨干，并开始学习自己创作山歌，成为山村里的“小名人”。20岁时，余耀南遇到他艺术生涯的重要老师张照英，就是这位左手残疾、曾经靠乞讨为生的小学教师，教会他创作山歌和五句板的基础知识，并成就了后来他在即兴山歌、打竹板上的造诣。当时他在县里“白玉歌剧团”工作，经常会外出演出，从那时起，余耀南总会怀揣一个小本子，当听到别人唱了一首好山歌，或讲出了一句生动俗语、一件有趣的故事，他便会记录下来。

山歌特色

记录，成为他周而复始的工作，经长年累月的积累、学习、模仿、交流，余耀南掌握各种山歌腔调的唱法，使他的山歌具有“群众化、口语化、双关语”等特色。他经过一辈子的民间艺术历练，集编、导、演、唱、配曲于一身，“打竹板”更是一绝。他熟记几千首传统山歌，才思敏捷，出口成歌，对答如流；学会粤东及闽、赣毗邻地区山歌、竹板歌、佛曲、民间小调等数十种腔调，原味十足；掌握山歌、竹板歌、方言快板、方言相声、山歌小演唱等创作技巧，发表、上演的山歌、曲艺作品达两三百件，“即兴山歌”更是不计其数。他获得广东“鲁迅文艺奖”等国家、省、市文艺奖数十次。他还有一个在梅州数一数二的绝活，那就是“即兴山歌”。余耀南的山歌特点是“唱、做、念、打、写、讲”六个字，“唱”即是能掌握各种腔调的演唱技巧，不管是山歌还是民歌都能很好地驾驭；“做”即是能演戏，正角、反角转换游刃有余；“念”就是念快板，能随编随唱；“打”就是打得一手好竹板，平板、七星板、单窑板令人拍案叫绝；“写”即是擅长文学创作，山歌、小戏、五句板、双簧、相声屡获佳绩；“讲”就是能说一口好故事，民间俚语、故事传说都不在话下。

传承发展

作为山歌一代名师，余耀南一直十分注重山歌的传承和发展。无论是名噪一时的阶段，还是在“文化大革命”的起伏跌宕时期，或是在退休安享晚年的时刻，他都没有放弃过对山歌事业的执着追求，一生以搜集山歌原始资料、创作和演唱山歌艺术节目、培养山歌文艺骨干为己任。50多年来，余耀南总共收过100多个徒弟，遍布大埔、五华、兴宁、深圳、陕西、台湾等地，“山歌皇后”徐秋菊、“山歌大师”钟柳红等名人大师都接受过他的指点。对于诚心前来求教的学生，他都会毫无保留地传授，其中不少学生是从中国港澳台及新加坡、澳大利亚、泰国等地区和国家慕名而来的。他把大埔县田家炳职业中学和大埔小学作为传承点，开设山歌培训班，向年轻一代传授知识。他撰写、打印《怎样写客家山歌》和《山歌唱腔》，又将自己的演唱节目刻制成光盘，将自己40万字的作品编辑成《余耀南作品选萃》出版，编辑出版《客家劝世歌精选》（合作）和《客家杂歌精选》（合作），一一赠送给徒弟做学习资料。深圳交响乐团顾问、广州星海音乐学院的客座教授……大江南北都留下了他的天籁之音。

他整理编辑出版《会夫潭》《大埔俗语、歇后语、谚语精选》《大埔民间故事、传说、笑话集》《客家俗语精选》等，其中《客家山歌知识大全》（合著）、《大埔县传统情歌、杂歌精选》分别获得省鲁迅文学奖民间文艺奖和省首届文艺著作二等奖；说唱《豆腐夫妻》获全国曲艺会演创作、表演、音乐、伴奏四项鼓励奖，小戏《老情》和山歌表演《看妹子》获省业余文艺创作一、二等奖……余耀南突出的文艺贡献引起了中央电视台的注意，2004年5月中央电视台《走遍中国》栏目特地到大埔拍摄余耀南的创作活动。2015年文化部启动“国家级非物质文化遗产代表性传承人抢救性记录工程”，余耀南被列入“2015年国家级传承人抢救性记录名单”，至2017年他的抢救性记录工作已完成全部的拍摄和资料收集工作进入后期制作。

2017年12月13日，余耀南因病逝世，享年79岁。

（县地方志办整理）

林培元

林培元，1939年10月出生，是广东大埔县高陂镇人。1958年毕业于广东梅州师范，1978年调入大埔县，曾担任《大埔文艺》主编、县文化局副局长、局长，县委宣传部副部长。1983年后任古埜区委书记。1987年后任大埔县副县长、县委副书记、代县长、县长。1998年6月从大埔县县长岗位退休，后旅居深圳，兴办深圳市华宇发真空离子技术有限公司，任董事长。2007年2月，被大埔籍旅深企业家公选为深圳市大埔商会筹备委员会主任。2013年1月当选为深圳市大埔商会会长，2016年1月被深圳市大埔商会会员大会推举为深圳大埔商会创会会长。近10年来，林培元为旅深埔商抱团营商，创立会馆，搭建会员发展平台，助推家乡经济社会进步而尽责尽力。

2018年8月1日，林培元因病在深圳市逝世，享年79岁。

（县地方志办整理）

▲2018 年 12 月 17—18 日，国际自然医学会中国总部主任、森下世界长寿乡调查团秘书长王智墨（前排中）带领世界长寿乡调查团专家组一行，到大埔县考察“世界长寿乡”创建工作（丘振兴摄）

▲2018 年 6 月 26 日，民警进校园宣传禁毒知识（县公安局提供）

附　录

重要文件选载

中共大埔县委文件

埔发〔2018〕12号

中共大埔县委　大埔县人民政府
印发《关于推进乡村振兴战略的实施意见》的通知

各镇党委、人民政府，丰溪林场，县直副局以上单位和省、市驻埔各单位：

现将《关于推进乡村振兴战略的实施意见》印发给你们，请结合实际认真贯彻实施。

中共大埔县委
大埔县人民政府
2018年10月24日

关于推进乡村振兴战略的实施意见

为深入贯彻落实党的十九大和中央农村工作会议以及省、市乡村振兴工作会议精神，按照《中共中央、国务院关于实施乡村振兴战略的意见》《中共广东省委、广东省人民政府关于推进乡村振兴战略的实施意见》和《中共梅州市委、梅州市人民政府关于推进乡村振兴战略的实施意见》要求，结合我县实际，现提出如下实施意见。

一、总体要求

1. 指导思想　以习近平新时代中国特色社会主义思想为指导，全面贯彻党的十九大和十九届二中、三中全会精神，深入贯彻习近平总书记重要讲话精神，加强党对“三农”工作的领导，牢固树立新发展理念，落实高质量发展的要求，紧紧围绕统筹推进“五位一体”总体布局和协调推进“四个全面”战略布局，坚持农业农村优先发展，按照产业兴旺生态宜居、乡风文明、治理有效、生活富裕的总要求，建立健全城乡融合发展体制机制和政策体系，积极探索生态富民强县实践路径，以培育农村十亿新产业新业态、提升十家新型农业经营主体、创建十个特色美丽村庄、开展十佳乡风文明村评选、实施十村善治示范工程的“五个十”行动计划为主抓手，全力推进乡村产业振兴、人才振兴、文化振兴、生态振兴、组织振兴，着力补齐农村基础设施和公共服务短板，坚决打好精准脱贫攻坚战，推动大埔农业全面升级、农村全面进步、农民全面发展。

2. 目标任务　确保3年取得重大进展、5年见到显著成效、10年实现根本改变，为2035年乡村振兴取得决定性进展、2050年实现全面振兴奠定坚实基础。

到2020年，乡村振兴取得重大进展。城乡融合发展体制机制初步建立；农业综合生产能力稳步提升，品牌农业取得较大进展，农业供给质量和效益明显提升；农民持续稳定增收，农村居民人均可支配收入力争达到2万元，城乡居民收入差距持续缩小，现行标准下农村相对贫困人口全部实现脱贫；生态宜居美丽乡村建设扎实推进，全县245个行政村80%以上行政村达到干净整洁村标准，50%以上行政村达到美丽宜居村标准；农村党组织体系进一步健全，乡村治理体系和治理能力更加有效，乡风文明达到新高度，农村小康全面实现。

到2022年，乡村振兴见到显著成效。城乡融合发展体制机制基本健全，现代化乡村产业体系、生产体系和经营体系初步形成；党建引领基层治理作用明显，现代乡村治理体系基本建立；乡风文明持续改善；农村人居环境明显改观，垃圾污水处理、无害化卫生户厕等基础设施基本实现自然村全覆盖。全县70%以上的行政村建成美丽宜居村，力争5%左右的行政村建成特色精品村。

到2027年，乡村振兴取得战略性成果，农村落后面貌实现根本改变。城乡基本公共服务均等化基本实现，城乡融合发展体制机制更加完善；乡村产业现代化水平显著提升；乡风文明达到新高度，乡村治理体系更加完善，党的执政基础全面巩固；农村生态环境根本好转，纳入规划建设的全部行政村建成生态美丽宜居乡村，力争10%左右的行政村建成特色精品村。

到2035年，乡村振兴取得决定性进展，农业农村现代化基本实现。到2050年，乡村全面振兴，农业强、农村美、农民富全面实现。

二、全力推进乡村产业振兴

3. 大力发展特色优势产业　以培育农村十亿新产业新业态为抓手，推进乡村产业振兴。深入实施农业供给侧结构性改革，大力发展“一村一品、一镇一业”，培育富民兴村主导产业。做强蜜柚、茶叶、南药等特色产业，巩固发展稻米、蔬菜等传统产业，做大农产品加工、电子商务、休闲观光农业、乡村旅游、林下经济、森林康养、文化创意和田园综合体、特色小镇等新产业新业态，构建现代农业产业体系，推动一二三产业融合发展。2018年完成12.2万亩粮食生产功能区划定任务，力争用3年时间基本完成建设工作；打造一批林下经济示范基地和森林康养示范基地，力争到2027年全县农产品加工业产值达到10亿元。

4. 实施现代农业园区建设工程　依托特色产业，集中资本、技术、人才资源优势，统筹使用高标准农田建设、农业综合开发、现代农业生产发展等相关项目资金，集中推进高标准农田及园区基础设施和配套服务设施建设，建设一批现代农业产业园、广东农业公园、现代农业示范区，加快农业适度规模发展。力争到2019年建设1个省级现代农业产业园。

5. 加快培育新型经营主体　以提升十家新型农业经营主体为重点，依托省、市、县农业协会，不断提升新型农业经营主体的经营管理水平、辐射带动能力，促进农业规模化、集约化、现代化发展。通过培育家庭农场、农民专业合作社、农业龙头企业，扶持小农户适度扩大规模经营，推广“龙头企业+合作社+基地+农户”“供销社+合作社+农户”等经营模式，完善新型经营主体同小农户的利益联结机制，促进农民增收。力争到2020年全县家庭农场达225家、农民专业合作社达658家、省级重点龙头企业达36家、市级重点龙头企业达72家、县级重点龙头企业达78家，争取孵育1家以上农业龙头企业上市或在新三板、区域性股权交易市场挂牌；到2027年参与新型主体利益联结机制的农户覆盖率达到80%以上。

6. 加强农业品牌建设工作　制定全县质量兴农战略规划，坚持“企业品牌+区域品牌+长寿品牌”三位一体，围绕特色产业产品，在巩固发展大埔蜜柚、茶叶等区城品牌建设的基础上，培育更多无公害农产品、绿色食品、有机农产品，保护地理标志农产品。依托富硒资源优势，加快制定本地主要富硒农产品标准，完善检测体系建设，出台富硒农产品认定和专用标志管理办法，打造一批“大埔硒品”大品牌。大力开展宣传推介活动，定期发布知名农业品牌榜，扩大大埔农业品牌知名度。加快建立农产品质量安全追溯体系，健全“田头到餐桌”农产品质量和食品安全监管体制，确保品牌农产品质量安全。到2020年，省级名牌产品数量达到30个以上。

7. 强化农业科技创新引领　充分借助省、市农科院的人才、技术、平台、信息等优势，不断加强我县农业科技与推广人才队伍建设，增强农业科技创新与服务水平。推动科研院校与农业新型经营主体有效对接，提升农业企业科技创新和应用水平，打造一批农业科技创新与转化推广示范基地。进一步深化基层农业技术推广体系建设，理顺乡镇农技推广机构管理体制，创新农技推广方式方法，提高“互联网+”农业科技推广服务信息化水平。推动种业专业型龙头企业发展，完善全县良种繁育供应体系，加速主导作物和特色作物品种更新换代。加强县农科所建设，进一步强化农林业种质资源保护，提升农业科技示范、引进、推广、转化能力。完善农作物病虫和植物疫情监测预警网络，加快建立柑橘黄龙病检测检验体系和综合防控体系，推进农作物病虫绿色防控、统防统治和应急防控。积极推广以水稻机械化育插秧和稻谷烘干为主的现代农业装备，不断提升农业生产机械化水平。到2020年，水稻机械化生产综合水平达到70%以上，农作物综合机械化水平不低于50%。

8. 构建新型乡村助农服务体系　按照公益性与经营性服务相结合、小农户和现代农业发展有机衔接原则，以助农增收为主线，采取政府引导、社会参与、互助合作方式，鼓励供销、邮政、快递及相关企业，整合农机、农技、供销、信用合作、产权交易、专业协会等服务资源，打造集生产、供销、信用合作于一体的县镇村三级助农服务中心（站点），开展测土配肥、农机服务、统防统治、农业托管、农产品供销加工、冷链物流等服务，逐步拓展电子商务、乡村旅游、金融保险等业务。充分发挥供销合作社示范带动作用，以供销合作社为主导，社会资本参与，到2020年全县建设1个县域助农服务综合平台和4个镇村助农服务中心；到2022年，助农服务综合平台和服务中心经营服务覆盖全县涉农村庄。

三、全力推进乡村生态振兴

9. 开展农村人居环境整治行动　实施“十村示范，百村整治”工程，以镇（场）为责任主体，以行政村为基础，以自然村为基本单元，全域推进农村人居环境整治，建设“望得见山、看得见水、记得住乡愁”的生态宜居美丽乡村。重点推进“厕所革命”、垃圾污水处理，实行人畜分离、家畜集中圈养、雨污分流和无害化卫生户厕建设，深化南粤河更美专项行动，推进乡村小流域、河塘清淤整治，推进乡村绿化美化，建立健全长效保洁管护机制。2018年年底前，全面铺开“三清理三拆除三整治”工作，全县245个行政村60%以上村庄基本完成“三清理”“三拆除”“三整治”环境整治任务；57个省定贫困村基本建成干净整洁村，30%以上省定贫困村建成新农村示范村。2019年年底前，全县245个行政村完成“三清理”“三拆除”“三整治”环境整治任务，60%以上行政村达到干净整洁村标准。其中:全县第一、二轮扶贫开发“双到”帮扶的178个村全面建成干净整洁村。2020年年底前，全县245个行政村80%以上村庄达到干净整洁村标准；50%以上行政村达到美丽宜居村标准。57个省定贫困村全面建成新农村示范村。2022年年底前，全县245个行政村全部达到干净整洁村标准，70%以上行政村达到美丽宜居村标准。支持有条件的村庄率先创建一批特色精品村。2027年年底前，全部行政村达到美丽宜居村以上标准。

10. 连线连片推进乡村旅游　以创建10个以上特色美丽村庄为抓手，大力发展乡村旅游。实施生态宜居美丽乡村连线连片创建工程，制订出台《关于大埔县加快发展乡村旅游指导意见》。选取重要交通干线、古民居古建筑群等有文化历史底蕴、生态宜居乡村、南粤古驿道、红色旅游景区、A级旅游景区周边，规划建设一批精品乡村旅游点、美丽田园综合体和农业公园，到2020年打造2条省级精品乡村旅游线路、5条以上市级精品乡村旅游线路。实施乡村旅游提质升级行动，出台实施《大埔县“十村示范”乡村旅游实施意见》，加强旅游环境综合整治。发展“一村一品、一镇一业”，让产区变景区、田园变公园、劳作变体验、农房变客房，把乡村独特生态价值、文化价值、社会价值转化为农民实实在在的经济价值。重点推动旅游扶贫重点村、省级新农村连片示范村、旅游特色小镇提档升级，辐射带动农家乐、民宿、文化创意、农事体验等新业态发展。认真落实梅州市关于民宿、农家乐产业发展的指导意见、管理办法、评星标准及奖励政策，到2020年力争建成旅游特色小镇1个、旅游特色示范村6个，四星级以上民宿、农家乐各2个。完善乡村旅游交通标识标牌、旅游厕所、停车场、旅游驿站、咨询服务点等乡村旅游“八小工程”服务配套，努力创建国家AAA级以上乡村旅游景区。

11. 系统推进生态环境综合治理　加强农业面源污染防治，推进畜禽养殖废弃物资源化利用、农药化肥使用零增长行动、土壤污染防治行动。开展重金属污染耕地防控和修复行动，全面整治耕地重金属污染。统筹山水林田系统治理，实施重要生态系统保护和修复工程，推进水土流失综合治理，全面落实河长制，探索推进林长制。构建以自然生态保护区为主体的自然保护体系。开展新一轮国土绿化行动，实施森林质量精准提升工程。落实农业功能区制度，完善生态保护成效与资金分配挂钩的激励约束机制。抓好生态公益林保护，落实生态公益林补偿。到2020年，完成更新造林0.59万公顷，森林覆盖率达78.89%，全县畜禽粪污综合利用率达到75%以上。

12. 培育发展特色小镇和特色小城镇　充分挖掘利用现有优势产业和自然生态、历史人文等资源优势，以科学规划为引领，以生产、生活、生态融合发展为布局，以产业、文化、旅游、社区“四位一体”为内容，聚焦传统产业升级和新兴产业培育，突出“一镇一主业”“一镇一风貌”，因地制宜建设一批产业特色鲜明、服务便捷高效、生态环境优美、富有地方特点、传承客家文化精髓、体制机制灵活的特色小镇和小城镇，培育发展小镇经济，辐射带动乡村振兴发展。鼓励中心镇、专业镇、生态镇、历史文化名镇等建制镇建设美丽特色小城镇，重点发展生态农业小镇、文化旅游小镇、陶瓷工艺小镇、健康养生小镇等特色小城镇形态。到2020年，培育创建1个市级特色小镇、2个市级特色小城镇，力争创建省级特色小镇。

四、全力推进乡村文化振兴

13. 加强农村思想道德建设　大力弘扬和深入践行社会主义核心价值观，制定加强农村精神文明建设工作的意见，坚持教育引导、实践养成、制度保障“三管齐下”，加强社会主义核心价值观宣传阵地建设、农村公益广告刊播、文化墙绘创作等，深化中国特色社会主义和中国梦宣传教育。深入挖掘客家传统优秀农耕文化蕴含的思想观念、人文精神、道德规范，广泛开展“大埔好人”、“最美乡贤”、好媳妇、好儿女、好公婆等评选宣传活动。

14. 加强农村先进文化阵地建设　以建立健全覆盖城乡的现代公共文化体育服务体系为目标，将农村公共文化建设纳入乡村振兴规划，充分利用祠堂、古民居、农家书屋、闲置校舍等公共场所，完善农村公共文化体育设施建设。到2019年底前，建成256个基层综合性文化服务中心，实现全县行政村（社区）全覆盖目标；建成4个社区体育公园，完成57个省定贫困村的健身路径和5个村级（居委）全民健身广场示范点的建设任务，构建“农村20分钟体育健身圈”，开展丰富多样的文体活动，提升全县基本公共文化体育服务均等化水平。推动优秀客家文化遗产传承保护和合理适度利用，依托生态宜居美丽乡村建设，加强历史文化名村、革命遗址、文物古迹、民族村寨、南粤古驿道、灌溉工程遗产等修复保护和活化利用。以省定红色村建设为重点，挖掘保护利用红色资源，发扬优良革命传统，让红色基因在梅州世代传承。制定公布乡村可开发文物建筑资源目录和旅游开发资源目录。利用春节、元宵、中秋等传统节日，鼓励镇村基层组织和群众自办节目、自创形式，传承民间戏曲、民俗活动、民间音乐、传统手工艺等乡土文化，办好富有地方特色的民俗文化活动和传统体育活动。发挥各级妇联的组织引领作用，组织开展“美丽家园”建设活动。

15. 开展农村文明创建活动　以巩固省级文明城市为契机，大力开展十佳乡风文明村评选，推进县、镇、村三级文明联创，探索制定乡风文明建设评价体系，到2020年，实现全县文明村镇全覆盖。以遏制大操大办、厚葬薄养、人情攀比等陈规陋习和抵制封建迷信、打击吸毒赌博违法行为为重点，深入开展群众思想道德教育和违法行为整治行动。推行文明殡葬，在公路沿线及村庄主要聚居区的可视范围，规范公益性公墓建设。发挥农村党员、离退休干部、教师和农村致富带头人等新乡贤积极作用，支持村民理事会开展传统文化教育、推进家风家训建设等活动，将移风易俗纳入村规民约，发挥村规民约教育约束作用。强化农村党员干部党员意识、标杆意识，带头执行修身律己、廉洁齐家等相关规定，发挥先锋模范作用，以党风促乡风带民风。加强农村科普工作和文化宣传教育，丰富农民群众精神文化生活。

五、全力推进乡村组织振兴

16. 健全乡村党组织体系　扎实推进抓党建促乡村振兴，突出政治功能，提升组织力，强化农村基层党组织领导核心地位，把农村基层党组织建成坚强战斗堡垒。制定农村基层党组织规范化、标准化建设实施方案。开展基层党组织达标创优活动。建立健全以党的基层组织为核心、村民自治和村务监督组织为基础、集体经济组织和农民合作组织为纽带、各种经济社会服务组织为补充的农村组织体系。建立镇、村党组织书记抓农村基层党建责任清单。制定三年行动计划，持续整顿软弱涣散村党组织。优化基层党组织设置，稳妥有序推进在村民小组（自然村）、村集体经济组织设置党组织。

17. 实施基层党组织“头雁”工程　以选优配强农村党支部书记为重点，实施“农村党员人才回乡计划”，从县党政机关、企事业单位中选派优秀党员干部担任村党组织第一书记，实行统筹选派、统筹管理、统筹使用，确保红色村、省定贫困村、软弱涣散村、集体经济薄弱村选派村党组织第一书记全覆盖，以此作为培养后备干部队伍的重要平台。全面开展村党组织书记履职情况摸底排查，逐村摸排、分析研判，坚决撤换调整政治上不坚定、经济上不廉洁、能力上不胜任、结构上不合理的村党组织书记和班子，按照思想政治素质好、道德品行好、带富能力强、协调能力强、服务群众能力强的标准，重点从本村外出务工经商人员、在村创业致富带头人、返乡大学生中物色优秀党员担任村党组织书记，没有合适人选的，可以跨地域或从机关、企事业单位选派党组织书记。实行“村推镇选县考察”的培养选拔制度，建立党组织书记后备队伍。建立农村党组织书记年度轮训制度，每年轮训时间不少于5天。继续抓好村党组织书记学历教育培训。加强农村党组织书记管理监督，制定村党组织书记年度考核办法、任职资格审查办法、备案管理办法和任期审计办法，加强村党组织书记因私出国（境）管理。建立健全村党组织书记激励机制。

18. 实施党员先锋工程　发展党员突出政治标准，加大从青年农民中发展党员力度，提高执行党员发展计划的精准度，实施发展党员“村培镇管”制度。适时开展发展党员工作专项检查，严肃处理发展党员过程出现的违规违纪问题，稳妥有序开展不合格党员组织处置工作。组织农村党员亮身份、作表率，推行农村党员评星定级量化管理，深入实施党员直接联系服务群众制度，对农村普通党员合理安排力所能及的工作，拓宽党员发挥作用的路径。对农村外出党员，流出地要及时了解掌握外出流动党员情况，流入地要发挥流动党员作用，加强严格管理。通过远程教育、集中轮训、“三会一课”等方式，加强基层党员教育。每年县级举办示范班，县镇对村全体党员、村民代表、村民小组长、自然村带头人开展一次全员培训。完善党内民主激励关怀帮扶制度，对在乡村振兴工作中作出重大贡献、处置突发事件中表现突出的优秀党员及时给予表扬奖励。

19. 健全自治、法治、德治相结合的乡村治理体系　以实施十村善治示范工程为抓手，推进乡村社会治理创新。加强农村群众性自治组织、农村集体经济组织和村务监督委员会建设，培育发展农村社区社会组织，出台村（居）民委员会工作职责事项指导目录、村（居）民议事决策工作指引，健全和创新村党组织领导下充满活力的村民自治机制。深化村民自治实践，加强群众自治组织建设，创新村民自治的有效实现形式，依托村民议事会、村民理事会、村民监事会等，形成民事民议、民事民办、民事民管的基层协商格局。探索城中村管理体制机制，推广以村党组织为核心的“民主商议、一事一议”村民协商自治模式，大力推进“村民议事厅”建设。加大农村普法力度，采取多种形式组织“法律进乡村”活动，广泛开展“民主法治村”创建，引导农民增强尊法学法守法用法意识，到2020年实现全县民主法治村创建全覆盖。提升乡村德治水平，深入挖掘农耕文化蕴含的道德规范，结合时代要求进行创新，强化道德教化作用。制定出台村规民约指引，发挥村规民约在乡村治理、村内公益事业和公共设施管护中的重要作用。

20. 建设平安乡村　建立健全农村重大群体性事件、重大自然灾害风险评估制度，打好防范化解乡村社会稳定风险攻坚战。推进综合行政执法改革向镇（场）延伸，推动执法队伍整合、执法力量下沉到镇（场）、村（组），推动综治工作、综合执法、治安防控、市场监管、环境治理向村级延伸。推进农村“雪亮工程”建设，扩大公共安全视频监控联网应用范围。健全农村公共安全体系，持续开展农村安全隐患治理。打好扫黑除恶专项斗争三年攻坚仗，严厉打击农村黑恶势力、宗族恶势力，严厉打击黄赌毒盗拐骗等违法犯罪。深化“无邪教村镇创建”，依法加强宗教事务管理，坚决抵御境外敌对势力利用宗教进行渗透，坚决防范宗教极端思想侵害。

21. 激发基层和农民主体作用　发挥基层党组织在组织群众、宣传群众、凝聚群众、服务群众的领导核心作用，尊重基层和群众的首创精神，在党组织领导下发挥自然村村民理事会、新乡贤及其他社会力量的积极推动作用，激发农民内生动力。及时总结、推广基层在推进乡村振兴战略实施过程中的好经验、好做法。

六、全力推进乡村人才振兴

22. 实施新型职业农民培育工程　全面建立新型职业农民制度体系，培育各类农业职业经理人、合作社管理人员、家庭农场主、经纪人和创业致富带头人。开展职业技能培训，支持“领头雁”农村青年创业致富带头人培育工作。支持探索开展职业农民职称评定。探索设立新农人返乡创业担保贷款基金，推广“政府+银行+保险”融资模式，惠及返乡下乡创业企业。

23. 实施乡村专业人才培育工程　建立县域专业人才统筹使用制度，推行定向选育模式，落实县级以下基层用人主体自主权。积极培养农村教师、全科医生、乡村医生、农技推广员、养老护理员、乡村工匠、非遗传承人等专业人才。制定落实乡村专业服务人员职业上升通道保障政策，推行教育、卫生事业单位专业技术人员岗位等级向上晋升制度。事业单位按30%比例统筹安排当年以考察方式直接引进的高校毕业生到村委会工作2年。贯彻落实省乡村工匠培训和职称评定办法，鼓励支持本地工匠依规承建乡村小微工程。实施“客家菜师傅”工程，支持有意愿的农民群众通过专业培训后回乡开办农家乐或外出就业创业。实施“希望乡村教师计划”，帮助乡村青少年接受优质教育。支持大学毕业生服务乡村，扩大“三支一扶”计划人员招募规模，探索“带编招募”模式，对服务期满考核合格的办理聘用手续。参照师范生“上岗退费”政策，对扎根农村就业创业或服务农村时间达到3年的大学以上的毕业生，经核准可退补大学学杂费。对新引进到我县边远乡镇、签订3年以上工作合同、具有正高或副高职称的专业技术人员，落实省财政分别一次性给予每人10万元、8万元岗位补贴政策。

24. 推进科技人才下乡　落实高等院校、科研院所等事业单位专业技术人员到乡村合作社、家庭农场及企业挂职、兼职和离岗创新创业制度，保障其在职称评定、工资福利、社会保障等方面的权益。深入实施农业科研杰出人才计划、农村科技特派员计划和杰出青年农业科学家项目。鼓励科技人员以技术、资金、信息入股等形式，与农民合作社、家庭农场、农业龙头企业结成经济利益共同体。

25. 实施新乡贤返乡工程　实施城市教育、卫生、科技、文化等团队下乡行动，完善县帮扶镇、镇帮扶村的结对帮扶机制。引导教师、医生、农业科研人员、文艺工作者、乡村规划设计建设人员等定期服务乡村，作为职称评定、考核评价的重要依据。在镇村党组织领导下，支持新乡贤通过参与乡村治理、招商引资、招才引智、投资兴业、行医办学、捐资捐物、担任志愿者等方式服务乡村，鼓励有意愿、有条件的国家公职人员退休后返乡定居服务乡村。按照国家和省有关规定，开展最美乡贤评选活动，培育富有地方特色和时代精神的新乡贤文化。

七、全力补齐乡村基础设施短板

26. 推进农村重大基础设施全覆盖　按照建设生态宜居美丽乡村部署，加快推进“厕所革命”，到2020年年底前实现农村无害化卫生户厕普及率达100%。加快推进“四好农村路”建设，完善农村公路“县道县管、乡村道乡镇管”分级管理体制机制；全县农村公路路面铺装率达到80%，农村公路列养率达到100%，具备安全通客车条件的建制村农村客运班车通达率达到100%。落实省关于调整和完善高速公路互通立交出入口规划布局和设置方案，适当增加出入口，不断完善高速公路与中心镇、专业镇、特色小城镇、特色小镇及旅游景区的快速连接线建设。推进生活污水处理，2022年年底前实现所有自然村污水处理设施全覆盖；推进生活垃圾处理，按照每个自然村1个以上垃圾收集点、1个以上保洁员标准配备。加大农村饮用水源保护力度，提升农村供水保障能力，到2025年实现全县自然村集中供水全覆盖。

27. 实施高标准农田建设工程　参照国家和省高标准基本农田涉农资金整合试点做法，整合相关资金，按照统一规划、统一标准、统一建设、统一管护原则，统筹推进高标准农田建设，到2020年建成1.6万公顷高标准农田，高标准农田占基本农田比例达到80%以上。学习推广“垦造水日雷州模式”，实施耕地提质改造工程，集中连片、适宜规模化开垦的地块优先纳入垦造水田计划，到2020年完成0.05万公顷水田垦造。

28. 加大农村水利基础设施建设　制定农村水利治理规划。大力推进灌区、泵站更新改造工程建设，完善农田灌排工程体系，到2027年改善灌溉面积866.7公顷，新增有效灌溉面积120公顷。实施中小河流治理和河湖水系连通工程，到2020年完成整治任务196.5千米。创新农村小型水利工程管理机制，明晰水利工程产权，分类分级落实县、镇、村建设管护责任。按照县镇事权划分的原则，设立公益性农村小型水利工程管理和维护专项补助资金，建立稳定的管护经费保障机制，对镇村推进小水库、小山塘、小灌区、小泵站、小堤坊、小水闸、机耕路等农村水利基础设施予以奖补。鼓励社会资本参与农村水利建设与管理。

29. 全面提升农村生产生活设施水平　推进新一轮农村电网改造，到2022年全面完成农村地区“低电压”治理。认真实施《广东省信息基础设施建设三年行动计划（2018—2020）》和《梅州市通信基础设施“十三五”规划》，力争到2020年实现自然村现代通信网络普遍覆盖。加大信息化推广应用，鼓励电子商务、互联网金融、网络远程教育等“互联网+”向自然村延伸。制定农村物流现代化建设规划，到2022年以中心镇为单位基本建成物流配送中心、专业批发市场、冷链仓储物流等设施，实现镇村物流节点全覆盖。实施乡村减灾防灾能力提升行动，加强应急基础设施建设，全面提升消防、三防、地质灾害、森林防火、重大动植物疫病和流行疾病等应急管理能力。制定深化农村公共基础设施管护体制改革指导意见，明确政府、建设单位、村集体和群众责任，完善基础设施长效管护机制。

八、全力补齐乡村公共服务短板

30. 优先发展农村教育　大力发展农村学前教育，扩大农村普惠性学前教育资源，常住人口规模4000人以上的行政村举办规范化普惠性幼儿园，常住人口规模不足4000人的行政村设分园或联合办园。鼓励和扶持村集体举办公办幼儿园。建立以城带乡、城乡一体、均衡发展的义务教育发展机制。全面改善农村薄弱学校基本办学条件，加强乡村小规模学校和寄宿制学校建设。大力推进乡村小规模学校建设底部攻坚，保障小规模学校的信息化、音体美设施设备和教学仪器、图书配备，设置必要的功能教室。按标准化要求新建、改扩建一批乡镇寄宿制学校，配齐各项生活及卫生设施设备。推进高水平高质量普及高中阶段教育，以国家级示范性普通高中为引领，推动我县普通高中规范化、优质化、特色化发展。做大中等职业学校，以服务重点产业和特色产业为方向优化专业设置，继续推进县级职教中心建设，推动申报“国家级农村职业教育和成人教育示范县”工作，继续落实农村户籍中等职业教育学生免收学费制度，落实中职院校建档立卡学生免学费及享受助学金、生活费补助等政策。深入实施乡村教师支持计划，精准补充乡村学校紧缺学科教师，推进中小学教师“县管校聘”改革，统筹配置城乡教师资源，落实山区教师岗位补助，提高乡村教师待遇保障水平。

31. 提升乡村法律、医疗、养老、住房等基本公共服务水平　在全县建立镇、村（社区）两级公共法律服务工作站（室），提升村（社区）法律顾问服务质量，积极打造覆盖乡村的半小时公共法律服务圈。推进健康村镇建设，实施 232 间村卫生站公建规范化建设，开展人才培养工作，充分发挥效用。加大农村危房改造保障力度。完善城乡居民基本医疗保险制度，逐步提高城乡居民基本医疗保险财政补助标准，全面推进基本医疗保险省内和跨省异地就医直接结算工作。按省部署贯彻落实城乡居民基本养老保险待遇确定和基础养老金标准正常调整机制，逐步提高保障水平。落实水库移民优先保障措施，将水库移民人口多、条件成熟的移民村优先纳入村振兴规划，大力发展生产开发项目，提高移民群众收入。深入推进“放管服”改革，整合优化公共服务和行政职责，涉农审批服务事项有条件的下放至乡镇一级，打造行政村“一门式办理”“一站式服务”村内公共服务中心（站），不断提高农村公共服务水平。

32. 提升城乡公共就业服务水平　贯彻落实中央、省、市制定的支持农民工等人员返乡下乡创业工作的政策措施。加强公共就业服务，推进就业信息网络覆盖全部行政村，促进农民工多渠道转移就业，打造高水平的乡村就业创业服务体系。鼓励企业组织员工开展职业技能培训，对符合条件并取得职业技能等级证书的按规定给子职业培训补贴；本地农村劳动力认定为就业困难人员并实现转移就业的，按规定给予社保补贴和岗位补贴；对符合条件有创业意愿的，提供创业（小额）担保贷款等政策扶持，鼓励支持农民工等人员返乡创业、带动就业。依法解决农民工社会保障问题。深化户籍制度改革，引导进城落户农民依法自愿有偿转让土地承包、宅基地使用、集体收益分配等权益。加快推进农村转移人口市民化，享受市民待遇，依法解决农民工社会保障、住房保障、子女义务教育等问题。

33. 实施城乡社会关爱工程　统筹城乡社会救助，完善最低生活保障制度，逐步提高最低生活保障标准。推进乡村养老服务体系建设，发展居家、社区和互助式养老。开展农村“三留守”人员关爱行动，建立健全农村留守儿童、妇女、老人“三留守”人员基础信息台账，提供专业化服务，到 2022 年基本实现行政村全覆盖。深入推进志愿服务，壮大农村骨干志愿者和志愿服务队伍。

九、全力打好精准脱贫攻坚战

34. 深入推进精准脱贫攻坚　在巩固 2016—2017 年脱贫攻坚工作成效的基础上，制定和落实精准脱贫三年攻坚战行动方案（2018—2020），着力激发贫困人口内生动力，着力夯实贫困人口稳定脱贫基础，着力加强扶贫领域作风建设，切实提高贫困人口获得感，确保到 2020 年如期完成脱贫攻坚任务，为推进实施乡村振兴战略夯实基础。重点围绕实施产业扶贫、就业扶贫等帮扶项目，做好保障性扶贫，完成贫困户危房改造任务；建立稳定脱贫长效机制，完善产业扶贫利益联结机制，提升就业扶贫质量，推动保障性扶贫与开发性扶贫有效衔接，全面提升相对贫困村公共基础设施建设和基本公共服务供给水平；加大对派驻干部的培训力度，对贫困户实施扶志扶智工程，提升贫困群众发展生产和务工经商基本技能，激发贫困群众内生动力；扎实推进分散贫困人口的帮扶工作，切实履行县镇两级主体责任。进一步调整充实驻镇帮扶工作组帮扶力量，建立完善工作协调、责任量化和工作考勤等制度，严格落实工作组成员包片包户责任，确保每个分散贫困户都有干部联系帮扶，不脱贫不脱钩；关心爱护战斗在扶贫第一线的基层干部和驻村干部，落实相关激励政策。认真开展“回头看”工作，巩固提升第一、二轮扶贫开发“双到”帮扶的178个贫困村脱贫成效。

35. 深化海珠·大埔对口帮扶工作　把握海珠区对口帮扶大埔县的契机，助力我县精准脱贫。深化两地产业对接、劳务协作、文化旅游、教育医疗、人才培养、干部培训等对口帮扶工作，健全对口帮扶协调联动机制，推动对口帮扶向共建共赢转化。

36. 开展扶贫领域突出问题专项治理行动　强化对脱贫攻坚各领域各环节监督，严格落实行业主管部门和镇帮扶工作组、驻村工作队、村（居）干部责任。加强督查巡查、扶贫审计，加强扶贫资金管理，落实扶贫资金使用公告公示制度。开展扶贫领域腐败和作风问题专项治理，完善惠民信息平台的建设，运用平台的宣传、监督、查询、举报作用，加强社会监督和群众监督，加大对涉农和扶贫领域违纪违法问题的监督执纪问责力度，对挪用和贪污扶贫款项以及侵害农民利益的行为严惩不贷。严肃查处弄虚作假、搞数字脱贫行为。严格控制开展增加一线扶贫干部负担的各类检查考评，切实减轻基层工作负担。

十、强化体制机制和政策体系保障

37. 强化规划引领　制定全县乡村振兴战略规划（2018—2022年），部署重大工程、重大计划、重大行动。有关职能部门按照中央和省、市要求制定三年专项行动方案；各镇统筹镇区和村组，制定与国民经济社会发展规划相对应的镇域乡村振兴规划，明确城乡基本公共服务、基础设施、土地利用和产业生态布局，明确生态宜居美丽乡村、历史文化名村以及纳入城镇建设范围、撤并搬迁等不同类型村庄；及时更新完善镇村规划体系、镇总体规划和详细规划。以县为主体，到2018年实现县域乡村建设规划全覆盖。到2020年基本完成村庄规划和村土地利用规划编制，农房风貌管控、新村管网建设应纳入村规划范围，着力解决农村“有新房无新村”的问题，实现所有自然村环境整治、宅基地和农房建设纳入规划管理全覆盖。统筹城镇与乡村融合发展，以乡村振兴战略规划为基础，推进城乡规划、土地利用总体规划、产业发展规划、环境保护规划、经济和社会发展规划等有机衔接，形成城乡融合、区域一体、多规合一的规划体系。加强乡村振兴规划执行监管，把规划执行纳入工作考核。建立健全镇村基层乡村规划建设管理队伍。鼓励探索成立乡村代建部门，提升乡村规范化、专业化建设水平。

38. 推进乡村振兴综合改革　贯彻落实市委全面深化改革领导小组、市委农办有关深化乡村振兴改革的工作部署，编制《大埔县乡村振兴综合改革试点实施方案》，重点推进新型农业经营主体培育、农村土地制度和集体产权制度改革、农村人居环境整治、乡村治理等领域改革，力争年底前取得实质性进展，5年内完成各项综合改革任务。各镇（场）结合本地实际，突出重点推进相关改革试点工作。

39. 深化农村土地制度改革　完善农村承包地“三权分置”的有效组织形式、经营方式和发展路径，探索通过股份合作制经营等方式，盘活利用未承包到户的集体荒山、荒沟、荒丘、荒滩。贯彻落实省水田垦造补偿补贴制度，垦造水田项目相关补偿补贴直接发放至地块相关权益人，鼓励农民和农村集体经济组织采用投工投劳等方式参与并分享经济收益。制定引导农民互换并地的激励政策，对通过同一集体经济组织内自愿互换并地，实现按户连片面积在100亩以上、流转期限在3年以上的予以奖补。争取开展宅基地制度改革试点，探索宅基地所有权、资格权、使用权“三权分置”的有效实现形式。按照上级政策法规简化宅基地审批程序，坚持“一户一宅”原则，确定宅基地使用标准，并建立乡村报建协管员制度，严格实行农村建房建设规划许可管理。在保障村民合法居住权的前提下，拓宽存量农村建设用地利用途径，允许通过采取入股、联营等方式，加大对利用农村存量建设用地用于农村各产业的工作力度，推进一二三产业融合。严禁将农村集体建设用地违法违规开发房地产或建私人庄园会所。鼓励农村集体经济组织充分利用“三旧”改造政策，推动农村配套设施改善、物业改造和产业转型升级。依法依规开展违法违规用地专项治理，到2022年基本化解农村“两违”历史遗留问题。深化农村集体产权制度改革，加强农村集体“三资”管理，规范村级集体组织运行机制，深化农村集体经营性资产股份合作制改革，推动资源变资产、资金变股金、农民变股东改革，到2021年基本实现所有行政村全覆盖。

40. 完善乡村发展用地保障机制　鼓励开展农村土地拆旧复垦工作，用好用活城乡建设用地增减挂钩政策，全面推进农村建设用地拆旧复垦，到2027年完成全县农村旧住宅、废弃宅基地、空心村等闲置建设用地的拆旧复垦。加强村庄规划建设监管，积极开展无违章建筑镇（场）创建活动，杜绝新增的违规建筑。妥善解决好因重点工程、重点项目建设征地拆迁安置遗留问题。按实际需要提高农业设施用地指标比例，优先保障农业产业园、科技园、创业园、县域助农服务综合平台和镇村助农服务中心建设用地安排，支持各级供销社盘活存量土地进行建设，支持现代农业园区和助农服务体系建设。实行建设项目和年度评估相结合的土地利用总体规划修改审批制度。保障乡村旅游业及光伏产业用地需求。各镇（场）要有针对性的组织开展土地动态巡查，坚决防止变相改变农用地性质和违法侵占农村土地的行为；对违法用地情节严重的地方实行问责追究。

41. 强化乡村振兴投入保障　按照国家实施乡村振兴战略财政投入保障机制要求，进一步提高农业农村投入比例。县从土地出让收入中抽取一定比例用于乡村振兴工作；加快推进水田垦造工作，完善水田指标交易机制，县持有的水田指标交易收入全部上缴财政；用好拆旧复垦以及改进耕地占补平衡政策，将所得收益全部用于巩固脱贫攻坚和支持乡村振兴。加快建立财政涉农资金统筹整合长效机制，实施目标、任务、资金、权责“四到镇”。按照省出台的相关政策，允许县一级在确保完成中央和省的约束性任务前提下，统筹整合使用省级及以下各类乡村振兴财政资金。将县级河长制经费列入年度预算。加强用于乡村振兴的财政资金使用监督，严禁挤占挪用，确保资金使用规范高效。

42. 完善农村金融服务机制　强化金融服务方式创新，严控金融风险，切实提高金融服务乡村振兴能力和水平，参照省市做法对应出台我县落实金融服务乡村振兴的实施意见。继续深化农村金融体系改革，推动农村合作金融机构参与普惠金融建设。支持涉农金融机构与供销社、专业合作社深度合作拓展助农服务，大力发展农村和农户小额信用贷款，积极争取支农再贷款额度。加强与各类金融机构的沟通协调，扩大政策性担保机构合作方面和业务覆盖。深入推进“两权”抵押贷款试点、普惠金融“村村通”建设，推进城乡基础金融的转化，使农民足不出村即可享受贷款、汇款、取款、保险等基础金融服务，全面实现农村基础金融服务区域全覆盖、业务全覆盖、人群全覆盖。

43. 激发社会资金投入　发挥省农业供给侧结构性改革基金引导作用，撬动金融和社会资本更多投向乡村振兴。开展“百企帮百村”行动，支持企业特别是涉农企业到农村建基地、做品牌、搞服务。鼓励社会资本投入乡村振兴，对企业投资建设的公益性基础设施或社会事业项目包括学校、道路、桥梁、村庄小公园等永久性建筑，允许以企业或企业家个人冠名或建碑、入村志。对政府主导、财政支持的农村公益性工程和项目，引导企业和社会组织参与建设、管护和运营。根据省、市相关政策，制定我县引导工商资本参与乡村振兴的具体政策。

十一、坚持和完善党对“三农”工作的领导

44. 完善党的农村工作领导体制机制　各级党委和政府要把坚持农业农村优先发展原则体现到各个方面。健全党委统一领导、政府负责、党委农村工作部门统筹协调的农村工作领导体制。建立实施乡村振兴战略领导责任制，成立县委实施乡村振兴战略领导小组，由县委主要负责同志任组长、县政府主要负责同志任常务副组长，统筹领导全县乡村振兴各项工作；建立乡村振兴工作联席会议制度，定期研究有关工作，以专项工作会、现场推进会、工作通报等措施，推动乡村振兴工作。各镇（场）参照县的做法，成立领导小组；建立乡村振兴工作联席会议制度。按照省负总责、市县抓落实乡村振兴工作的要求，建立和落实党政一把手第一负责人制度，县镇村三级书记抓乡村振兴。压实镇（场）、村的主体责任，镇（场）党委政府是乡村振兴的“一线指挥部”，党委书记要当好乡村振兴“一线总指挥”，镇（场）、村两级领导干部要把主要精力放在抓乡村振兴上。切实加强各级党委农村工作部门建设，做好党委农村工作部门机构设置和人员配置工作，强化决策参谋、统筹协调、政策指导、推动落实、督查检查等职能。各部门按照职能职责，制定政策措施，形成工作合力。

45. 提升领导干部做好“三农”工作的能力和水平　按照懂农业、爱农村、爱农民的要求，加强“三农”干部队伍的培养、配备、管理和使用，全面提升各级干部特别是领导干部做好“三农”工作的能力水平。各级党委和政府主要领导要懂“三农”工作、会抓“三农”工作，分管领导要真正成为“三农”工作的行家里手。组织实施镇（场）领导干部、村（居）干部大培训计划。优先选拔在乡村振兴中实绩突出的镇（场）党委书记进入县领导班子。组织实施乡村振兴公务员专项招录，县镇招录公务员和事业编制人员，按照当年服务基层项目考核期满人员的10%定向招录镇村干部、大学生村干部、“三支一扶”人员。建立镇和行政村干部经济待遇正常增长机制。

46. 建立督查考核奖惩机制　建立健全落实乡村振兴战略工作责任制，各级党委和政府每年向上一级党委和政府报告推进乡村振兴进展情况。各级政府每年向同级人大报告乡村振兴进展情况。县各有关部门每年向县委报告乡村振兴进展情况。发挥工会、共青团、妇联、科协、残联等群团组织，以及各民主党派、工商联、无党派人士等积极作用，广泛动员企业、社会组织、公民个人参与乡村振兴，深入宣传党的乡村振兴方针政策和各地丰富实践，讲好乡村振兴大埔故事，振奋基层干部群众精神，营造乡村振兴良好氛围，凝聚社会各界强大合力，共同推进乡村振兴战略。建立镇（场）党政领导班子和领导干部推进乡村振兴战略实绩考核表彰奖励制度，将考核结果作为选拔任用和表彰奖励领导干部的重要依据。持续开展全过程、常态化督查，对工作滞后的约谈党政一把手，严重掉队的给予通报批评，不严不实、弄虚作假的严肃问责。

附：关于推进乡村振兴战略的实施意见任务清单

关于推进乡村振兴战略的实施意见任务清单

表 5

类别	序号	名　　称	责任单位
重大规划（7项）	1	全县乡村振兴战略规划（2018—2022年）	县发改局、县农业局
	2	实施大埔质量兴农战略规划	县农业局、县科技局、县林业局
	3	农村公路发展规划	县交通运输局、县住建局
	4	农村水利治理规划	县水务局
	5	农村物流现代化建设规划	县经信局、县发改局、县国土资源局、县交通运输局、县农业局、县工商和质监局、县供销社、邮政集团大埔县分公司
	6	村庄规划和村土地利用规划	县住建局、县国土资源局
	7	文化振兴规划	县委宣传部、县文广新局
重点任务（44项）	1	大力发展特色优势产业开展培育农村十亿新产业新业态行动	县农业局、县林业局、县畜牧兽医局
	2	实施现代农业园区建设工程	县农业局、县国土资源局、县科技局
	3	加快培育新型经营主体开展十家新型经营主体提升行动	县农业局、县供销社
	4	加强农业品牌建设工作	县农业局、县工商和质监局、县食品药品监管局
	5	强化农业科技创新引领	县农业局、县科技局、县气象局
	6	构建新型乡村助农服务体系	县农业局、县供销社、邮政集团大埔县分公司
	7	开展农村人居环境整治行动	县委农办、县住建局、县发改局、县环保局、县水务局、县农业局、县林业局、县卫计局、县工商和质监局
	8	开展创建十个以上美丽特色村庄行动连线连片推进乡村旅游	县委农办、县旅游局、县住建局、县交通运输局、县农业局

续表 5

类别	序号	名　　称	责任单位
重点任务（44 项）	9	系统推进生态环境综合治理	县环保局、县发改局、县财政局、县住建局、县农业局、县水务局、县林业局
	10	培育发展特色小镇和特色小城镇	县发改局、县住建局、县林业局、县旅游局、县科技局、县体育局
	11	加强农村思想道德建设开展十佳乡风文明村评选活动	县委宣传部、县文明办
	12	加强农村先进文化阵地建设	县委宣传部、县文广新局、县旅游局、县体育局、县妇联
	13	开展农村文明创建活动	县文明办、县监委、县民宗局、县民政局、县司法局、县公安局
	14	健全乡村党组织体系	县委组织部
	15	实施基层党组织“头雁”工程	县委组织部
	16	实施党员先锋工程	县委组织部
	17	健全自治、法治、德治相结合的乡村治理体系，实施十村善治示范工程	县民政局、县文明办、县司法局
	18	建设平安乡村	县委政法委、县公安局、县司法局、县编办、县民宗局
	19	激发基层和农民主体作用	县委组织部、县委农办
	20	实施新型职业农民培育工程	县农业局、县人社局、团县委
	21	实施乡村专业人才培育工程	县人社局、县教育局、县旅游局、县农业局、县住建局、县财政局、县文广新局、县卫计局
	22	推进科技人才下乡	县科技局、县农业局
	23	实施新乡贤返乡工程	县人社局、县委组织部、县委宣传部、县委统战部、县教育局、县科技局、县民宗局、县住建局、县农业局、县文广新局、县卫计局、县外事侨务局
	24	推进农村重大基础设施全覆盖	县住建局、县交通运输局、县发改局、县财政局、县城综局、县水务局、县卫计局

续表 5

类别	序号	名　　称	责任单位
重点任务（44 项）	25	实施高标准农田建设工程	县国土资源局、县农业局、县发改局、县财政局、县水务局
	26	加大农村水利基础设施建设	县水务局
	27	全面提升农村生产生活设施水平	县发改局、县经信局、县公安局、县国土资源局、县水务局、县农业局、县气象局、县安监局、大埔供电局
	28	优先发展农村教育	县教育局
	29	提升乡村法律、医疗、养老、住房等基本公共服务水平	县司法局、县卫计局、县人社局、县住建局、县民政局、县财政局、县水务局
	30	提升城乡公共就业服务水平	县人社局、县公安局
	31	实施城乡社会关爱工程	县民政局、县妇联、团县委
	32	深入推进精准脱贫攻坚	县扶贫开发局、县财政局、县金融办、县农业局、县民政局、县教育局、县住建局、县人社局、县卫计局、县委组织部
	33	深化海珠·大埔对口帮扶工作	县帮扶办、县招商局、县扶贫开发局，各镇（场）
	34	开展扶贫领域突出问题专项治理行动	县监委、县扶贫开发局、县财政局、县审计局
	35	强化规划引领	县发改局、县住建局、县国土资源局、县环保局
	36	推进乡村振兴综合改革	县委农办、县发改局、县农业局、县国土资源局、县财政局、县住建局、县人社局、县金融办
	37	深化农村土地制度改革	县国土资源局、县农业局、县住建局、县财政局、县委农办
	38	完善乡村发展用地保障机制	县国土资源局
	39	强化乡村振兴投入保障	县财政局、县国土资源局

续表 5

类别	序号	名　称	责任单位
重点任务（44 项）	40	完善农村金融服务机制	县金融办、县财政局、县农业局、县农村商业银行、县供销社、人行大埔支行
	41	激发社会资金投入	县发改局、县金融办、县农业局、县工商联
	42	完善党的农村工作领导体制机制	县编办、县委组织部、县委农办
	43	提升领导干部做好“三农”工作的能力和水平	县委组织部、县编办、县人社局、县农业局、县委农办
	44	建立督查考核奖惩机制	县委办、县府办、县财政局、县委农办、县统计局、县法制局、县审计局
制定政策文件（19 项）	1	制定助农服务综合体系的政策	县农业局、县供销社
	2	制定出台扶持农业新型经营主体的政策	县农业局、县供销社、县财政局
	3	制定《大埔县民宿（乡村客栈）管理办法（试行）》《大埔县农家乐管理办法（试行）》等政策文件	县旅游局、县公安局、县工商和质监局、县住建局、县公安消防大队、县环保局、县食品药品监管局、县卫计局、县农业局
	4	制定加强农村精神文明建设工作的意见	县委宣传部、县文明办
	5	制定公布乡村可开发文物建筑资源目录和旅游开发资源目录	县文广新局、县旅游局
	6	制定农村基层党组织规范化、标准化建设实施意见文件	县委组织部
	7	制定村党组织书记年度考核办法、任职资格审查办法、备案管理办法和任期审计办法	县委组织部
	8	出台村（居）民委员会工作职责事项指导目录、村（居）民议事决策工作指引、村规民约指引	县民政局、县文明办、县委农办
	9	制定乡村工匠培训和职称评定办法	县人社局、县住建局
	10	制定加快推进“四好农村路”建设意见和完善农村公路分级管理体制机制	县交通运输局

续表 5

类别	序号	名　称	责任单位
制定政策文件（19 项）	11	制定深化农村公共基础设施管护体制改革指导意见	县发改局
	12	制定优先保障水库移民振兴发展的意见	县水务局
	13	制定打好精准脱贫攻坚战三年行动方案	县扶贫开发局
	14	制定引导农民互换并地的激励政策	县农业局、县国土资源局、县财政局
	15	出台加强农村宅基地和农房建设管理意见	县国土资源局、县住建局
	16	制定整治农村历史违法用地和违建分类处理指引	县国土资源局、县住建局
	17	出台落实金融服务乡村振兴的实施意见	县金融办
	18	制定引导工商资本参与乡村振兴的政策	县工商联、县金融办、县发改局、县农业局
	19	建立推进乡村振兴表彰奖励制度	县委农办、县委组织部、县人社局、县委宣传部、县委政法委、县农业局、县旅游局、县住建局、县环保局

说明：1. 各镇（场）党委、政府是实施乡村振兴战略主体责任单位

2. 县委办、县府办、县委组织部、县文明办、县编办、县委农办（县扶贫开发局）、县发改局、县经信局、县教育局、县科技局、县公安局、县民政局、县司法局、县财政局、县人社局、县国土资源局、县环保局、县住建局、县交通运输局、县水务局、县农业局、县林业局、县文广新局、县卫计局、县体育局、县旅游局、县金融办、县帮扶办、县工商联、县供销社按照所负责的重点任务，结合部门职责，于 2018 年年底前分别牵头制定实施乡村振兴战略的行动方案或政策文件，各重大规划、政策文件于 2018 年年底前制定出台

中共大埔县委办公室　　2018 年 10 月 24 日印发

大埔县人民代表大会

常务委员会文件

埔人常发〔2018〕10号

大埔县人民代表大会常务委员会关于授予邱建平等八位先生为大埔县第八批荣誉市民的决定

（2018年10月16日大埔县第十五届人民代表大会常务委员会第19次会议通过）

为表彰海外侨胞、港澳台同胞和国内企业家爱国爱乡、关心支持大埔建设作出的重要贡献，大埔县第十五届人民代表大会常务委员会第19次会议根据大埔县人民政府的提请和《中华人民共和国地方各级人民代表大会和地方各级人民政府组织法》第四十四条第十四款及《广东省各级人民代表大会常务委员会讨论决定重大事项规定》第四条第五款之规定，决定在大埔县招商大会期间，授予近年来为我县经济社会事业发展做出突出贡献的邱建平等八位先生为大埔县第八批荣誉市民。名单如下：

邱建平先生　邓球伴先生　丘　凯先生　廖勇祥先生

陈友玉先生　谢梓平先生　吕智伟先生　董伟杰先生

统 计 资 料

一、综合

国民经济和社会发展主要指标

表 6

指 标 名 称	单位	2018 年	2017 年	+、－（%）
一、经济总量指标	—	—	—	—
工农业总产值	万元	1006732	1033944	–2.6
工 业	万元	665022	714363	–6.9
农 业	万元	341710	319581	6.9
生产总值（当年价）	万元	846873	804731	—
第一产业	万元	210360	200220	—
第二产业	万元	227538	225155	—
第三产业	万元	408975	379356	—
人均生产总值（现行价）	元	22002	20989	—
生产总值（不变价）	万元	842447	823445	2.3
第一产业	万元	192434	260175	5.1
第二产业	万元	254022	183024	–2.4
第三产业	万元	395991	380246	4.1
人均生产总值（不变价）	元	21886	21477	1.9
二、人口与劳动力	—	—	—	—
年末总人口	人	564655	568836	–0.7
其中：乡村人口	人	393735	436237	–9.7
城镇人口	人	170920	132599	28.9

续表 6

指　标　名　称	单位	2018 年	2017 年	+、-（%）
三、农业生产	—	—	—	—
1．农业总产值（现行价）	万元	341710	319581	6.9
2．耕地面积	亩	260971	262305	-0.5
3．造林面积	亩	9645	7500	28.6
4．年末实有森林面积	公顷	194174	191009	1.7
5．主要农产品产量	—	—	—	—
粮　食	吨	34106	33977	0.4
蔬　菜	吨	176867	168627	4.9
家禽肉	吨	9143	8870	3.1
猪　肉	吨	14079	13705	2.7
花　生	吨	1311	1253	4.6
甘　蔗	吨	1868	1788	4.5
水　果	吨	192904	180508	6.9
茶　叶	吨	5631	5363	5
烤　烟	吨	2109	2009	5
水产品	吨	6907	7384	-6.5
四、工业生产	—	—	—	—
1．工业总产值（现行价）	万元	665022	714363	-6.9
规模以上	万元	353322	394963	-10.5
规模以下	万元	311700	319400	-2.4
2. 规模以上工业企业发电量	万千瓦小时	366568	408115	-10.2
五、固定资产投资和房地产	—	—	—	—
固定资产投资	万元	699157	616782	13.4

续表 6

指　标　名　称	单位	2018 年	2017 年	+、-（%）
其中：建筑工程	万元	433690	333395	30.1
安装工程	万元	83933	30171	178.2
设备购置	万元	42923	34350	25
其他费用	万元	138611	218866	–36.7
建筑业总产值	万元	70384	48208	46
职工平均人数	人	1662	1589	4.59
全员劳动生产率	元/人	423490	303386	39.59
全部施工房屋面积	平方米	402395	910270	–55.79
全年竣工房屋面积	平方米	189947	234018	–18.83
房地产销售面积	万平方米	34.37	31.76	8.2
六、商业	—	—	—	—
社会消费品零售总额	万元	589905	537370	9.8
其中：批发零售贸易业	万元	538010	488780	10.1
住宿和餐饮业	万元	51895	48590	6.8
七、在岗职工人数与平均工资	—	—	—	—
全部在岗职工年末人数	人	18529	19274	–3.87
其中:国有单位职工人数	人	13887	13829	0.42
全部在岗职工年平均工资	元/人	70811	69239	2.27
其中:国有单位职工工资	元/人	76002	74804	1.6
八、运输、邮电	—	—	—	—
1. 公路通车里程	公里	2736	2699	—
2. 铁路营运里程	公里	60	60	—
3. 内河通航里程	公里	108	108	—

续表 6

指　标　名　称	单位	2018年	2017年	+、−（%）
4．客运量	万人	319	381	−16.27
5．旅客周转量	万人公里	47898	45780	4.63
6．货运量	万吨	1191	1138	4.66
7．货运周转量	万吨公里	131023	125036	4.79
8．邮政业务总量	万元	4905.3	4491.3	9.22
9．电信业务总量	万元	4550	4100	10.98
九、财政、金融	—	—	—	—
财政收入	万元	181294	191316	−5.24
其中：一般公共预算本级收入	万元	82790	97028	−14.67
财政支出	万元	448175	418969	6.97
银行存款余额	万元	1620845	1530884	5.88
住户存款余额	万元	1112114	1025724	8.42
银行贷款余额	万元	778000	724529	7.38
十、教育、卫生	—	—	—	—
高等教育在校学生数	人	1266	1418	−10.72
中职学校在校学生数	人	2209	2590	−14.71
普通中学在校学生数	人	20252	20080	0.86
小学在校学生数	人	29990	29403	2
幼儿园在园幼儿数	人	12225	12863	−4.96
医院病床数	张	2300	1000	130
卫生技术人员	人	1985	1903	4.31

说明：生产总值的速度按 2015 年不变价计算

二、核算

地区生产总值（按现行价格计算）

表 7　　单位：万元

指标名称	绝对额		构成（%）	
	2018年	2017年	2018年	2017年
地区生产总值	846873	804731	100	100
农林牧渔业	213946	203483	25.26	25.29
#农、林、牧、渔服务业	3586	3263	0.42	0.41
工业	176462	180741	20.84	22.46
#开采辅助活动	—	—	—	—
#金属制品、机械和设备修理业	—	—	—	—
建筑业	51076	44414	6.03	5.52
批发和零售业	73334	69652	8.66	8.66
批发业	19873	19121	—	—
零售业	53461	50531	—	—
交通运输、仓储和邮政业	21502	21600	2.54	2.68
住宿和餐饮业	24539	23238	2.9	2.89
住宿业	5210	4944	—	—
餐饮业	19329	18294	—	—
金融业	35303	33294	4.17	4.14
房地产业	52162	46896	6.16	5.83
房地产业（K门类）	18285	16990	—	—
居民自有住房服务	33877	29906	—	—
其他服务行业	198549	181413	23.44	22.54
营利性服务业	48581	43546	—	—
#信息传输、计算机服务和软件业	7855	7353	—	—
非营利性服务业	149968	137867	—	—
第一产业	210360	200220	24.84	24.88
第二产业	227538	225155	26.87	27.98
第三产业	408975	379356	48.29	47.14

地区生产总值（按2015年不变价格计算）

表8 单位：万元

指标名称	2018年	2017年	以上年为100的速度（%）	
			2018年	2017年
地区生产总值	842447	823445	2.31	7.37
农林牧渔业	196047	186377	5.19	3.92
#农、林、牧、渔服务业	3613	3353	7.75	11.1
工业	209570	218473	-4.08	8.16
#开采辅助活动	—	—	—	—
#金属制品、机械和设备修理业	—	—	—	—
建筑业	44452	41702	6.59	1.64
批发和零售业	73247	70525	3.86	9.71
批发业	19410	18934	—	—
零售业	53837	51591	—	—
交通运输、仓储和邮政业	23080	22669	1.81	3.57
住宿和餐饮业	24341	23776	2.38	5.66
住宿业	4644	4404	—	—
餐饮业	19697	19372	—	—
金融业	34972	34198	2.26	7.53
房地产业	44636	42444	5.16	12.68
房地产业（K门类）	15471	14668		
居民自有住房服务	29165	27776	—	—
其他服务行业	192102	183281	4.81	10.13
营利性服务业	48352	44441	—	—
#信息传输、计算机服务和软件业	8141	7814	—	—
非营利性服务业	143750	138840	—	—
第一产业	192434	183024	5.14	3.8
第二产业	254022	260175	-2.36	7.06
第三产业	395991	380246	4.14	9.4

三、人口、从业人员、计划生育

2018年村（社区）、村民小组及从业人员情况

表9

单位名称	村、社区（个）	村民小组（个）	从业人员（人）	
			合计	农业
合计	256	4065	204858	97585
湖寮镇	23	335	51700	7513
茶阳镇	27	419	18088	11250
高陂镇	36	585	28448	13544
青溪镇	13	198	7183	5229
三河镇	13	191	9038	4170
大麻镇	23	380	14778	8136
银江镇	13	251	6850	5370
洲瑞镇	9	151	6088	3609
光德镇	11	209	10144	2620
桃源镇	6	119	5184	2955
枫朗镇	23	338	16250	12842
百侯镇	15	285	9341	7549
大东镇	13	171	7335	2715
西河镇	28	420	13905	9773
丰溪场	3	13	526	310

2018年人口及出生、死亡情况

表10

单位名称	总户数（户）	总人数（人）		当年出生、死亡				
		合计	其中：城镇人口	出生数（人）	出生率（‰）	死亡数（人）	死亡率（‰）	自然增长率（‰）
合计	182682	564655	170920	7787	13.79	2718	4.81	8.98
湖寮镇	40807	94077	74158	1608	17.09	632	6.72	10.37
茶阳镇	16482	58165	12595	725	12.5	197	3.39	9.08
高陂镇	28464	87670	21157	1269	14.47	872	9.9	4.53
青溪镇	6194	21100	5126	306	14.5	96	4.55	9.95
三河镇	8127	20850	7200	314	15.1	110	5.28	9.78
大麻镇	12898	39487	6615	466	11.8	115	2.91	8.89
银江镇	7617	27875	4379	232	8.32	74	2.65	5.67
洲瑞镇	4446	18592	5518	66	3.55	74	3.98	−0.43
光德镇	8908	35270	1614	576	16.33	32	0.91	15.42
桃源镇	4213	19648	16849	255	12.98	98	4.99	7.99
枫朗镇	15296	53394	7079	760	14.23	92	1.72	12.51
百侯镇	9720	29555	2275	428	14.5	191	6.46	8.02
大东镇	7291	23030	3409	309	13.42	38	1.65	11.77
西河镇	12219	35942	2946	473	13.16	97	2.7	10.46

说明：此表数据由县公安局提供

2018 年计划生育主要指标

表 11

镇别	总人口数（人）	平均人口数（人）	出生人口（人）				政策生育率（%）	多孩率（%）	出生率（‰）	死亡率（‰）	自然增长率（‰）
			合计	男	女	性别比（%）					
总　计	577497	578952	6531	3484	3047	114.34	84.47	14.45	11.28	6.17	5.11
湖寮镇	100796	101198	1213	636	577	110.23	90.11	8.82	11.99	5.19	6.8
茶阳镇	57195	57478	547	316	231	136.8	82.45	16.64	9.52	6.39	3.13
高陂镇	90170	90391	982	501	481	104.16	87.98	11.1	10.86	6.63	4.24
青溪镇	20702	20801	233	129	104	124.04	81.55	17.17	11.2	6.3	4.9
三河镇	21192	21231	251	126	125	100.8	82.47	16.33	11.82	7.49	4.33
大麻镇	40193	40327	394	190	204	93.14	87.56	11.42	9.77	4.69	5.08
银江镇	28641	28653	281	150	131	114.5	82.92	14.95	9.81	7.26	2.55
洲瑞镇	18340	18404	203	121	82	147.56	86.7	12.32	11.03	7.39	3.64
光德镇	36691	36656	490	273	217	125.81	82.04	17.55	13.37	4.97	8.4
桃源镇	19390	19374	319	182	137	132.85	69.91	29.47	16.46	6.97	9.5
枫朗镇	52257	52298	650	343	307	111.73	81.08	17.38	12.43	6.54	5.89
百侯镇	30969	30948	291	155	136	113.97	82.82	15.12	9.4	7.43	1.97
大东镇	23581	23525	304	157	147	106.8	79.61	20.39	12.92	5.4	7.52
西河镇	35507	35795	349	194	155	125.16	86.82	11.75	9.75	6.59	3.16
丰溪林场	1873	1873	24	11	13	84.62	83.33	16.67	12.81	3.74	9.08

说明：此表数据由县卫生健康局提供

四、农业

农业主要指标

表 12

项　　目	单位	2018年	2017年	增减数	+、-（%）
一、年末耕地面积	亩	260971	262305	-1334	-0.5
其中：水（旱）田	亩	204535	205682	-1147	-0.6
二、粮食总产量	吨	34106	33977	129	0.4
其中：稻谷总产量	吨	30495	29821	674	2.3
三、瓜类（果用瓜）	吨	23799	22373	1426	6.4
四、烤烟总产量	吨	2109	2009	100	5
五、茶叶总产量	吨	5631	5363	268	5
六、水果总产量	吨	192904	180508	12396	6.9
其中：柚子	吨	155487	145315	10172	7
七、生猪饲养量	头	312130	302824	9306	3.1
其中：年末存栏	头	111350	107655	3695	3.4
年末出栏	头	200780	195169	5611	2.9
八、肉类产量	吨	24225	23542	683	2.9
其中：猪肉产量	吨	14079	13705	374	2.7
九、耕牛年末存栏	头	12826	12390	436	3.5
十、“三鸟”年末存栏	只	1604990	1551273	53717	3.5
十一、水产品产量	吨	6907	7384	-477	-6.5

2018 年年末耕地面积

表 13 单位：亩

单位名称	合计	其中		
		水田	水浇地	旱地
合计	260971	204535	605	55831
湖寮镇	12245	10247	168	1830
茶阳镇	33021	24479	19	8523
高陂镇	37835	29573	40	8222
青溪镇	17114	14611	—	2503
三河镇	11497	7685	—	3812
大麻镇	17368	14909	5	2454
银江镇	15316	12323	6	2987
洲瑞镇	11135	8942	70	2123
光德镇	11322	9826	—	1496
桃源镇	4950	3886	—	1064
枫朗镇	26748	18982	39	7727
百侯镇	18503	14215	1	4287
大东镇	15375	10923	187	4265
西河镇	26236	21901	70	4265
丰溪场	1149	1096	—	53
洲瑞场	652	621	—	31
大埔场	505	316	—	189

农业总产值

表 14 单位：万元

单 位 名 称	2018年 现 价	2018年 可比价	2017年 现 价	发展速度 （%）
合 计	341710	341742	319581	106.9
湖寮镇	32971	32979	30888	106.8
茶阳镇	37470	37474	34586	108.4
高陂镇	38146	38150	35747	106.7
青溪镇	22494	22497	21155	106.3
三河镇	19893	19896	18734	106.2
大麻镇	34475	34479	32130	107.3
银江镇	25367	25370	23866	106.3
洲瑞镇	12000	12004	11321	106
光德镇	11465	11469	10812	106.1
桃源镇	8576	8550	8068	106
枫朗镇	30970	30974	29054	106.6
百侯镇	20623	20627	19286	107
大东镇	12711	12715	11964	106.3
西河镇	33704	33708	31170	108.1
丰溪场	845	850	800	106.3

五、工业

全部工业基本情况

表 15　　单位：万元

项　　目	企业数（个）	总产值（现价）	增加值（现价）	增加值（可比价）
合　　计	379	665022	182364	186230
一、规模以上	56	353322	97564	96810
1．采矿业	1	12106	1259	1081
2．制造业	49	198822	42779	42304
其中：陶瓷制造业	39	143916	28467	28404
3．电力、燃气及水的生产和供应业	6	142394	53526	53425
其中：电力生产业	6	142394	53526	53425
二、规模以下	323	311700	84800	89420
1．采矿业	35	—	—	—
2．制造业	157	—	—	—
其中：陶瓷制造业	68	—	—	—
3．电力、燃气及水的生产和供应业	131	—	—	—
其中：电力生产业	115	—	—	—

说明：此表数据为 2018 年 12 月底快报数

六、运输

机动车辆、民用船舶实有数

表 16

指标名称	单位	合计		其中：私人	
		2018年	2017年	2018年	2017年
一、民用汽车	辆	22737	20484	22502	19390
1. 载　　客	辆	20150	18350	20039	17380
	客位	130975	114820	127532	108070
2. 普通载货	辆	2463	2010	2463	2010
	吨位	11083	4358	11083	4358
3. 专用载货	辆	50	50	—	—
	吨位	710	710	—	—
4. 其他专用	辆	14	14	—	—
5. 特　　种	辆	60	60	—	—
轮胎式拖拉机	辆	100	120	100	120
手扶拖拉机	辆	500	580	500	580
摩托车	辆	61550	60020	61220	59720
两轮摩托车	辆	61220	59720	60920	59420
其他机动车	辆	—	—	—	—
载货挂车	辆	22	10	22	10
机动车驾驶员	人	92160	80600	—	—
汽车驾驶员	人	50820	48320	—	—
二、机动船	艘	19	19	19	19
	吨位	1672	1672	1672	1672
	客位	—	—	—	—
其中：货船	艘	19	19	—	—
	吨位	1672	1672	—	—

说明：此表数据由县交通运输局提供

七、邮政、电信

邮政发展情况

表 17

指　标　名　称	计算单位	2018年	2017年
一、邮政业务量	万元	4905.3	4491.3
其中：函　件	万件	22.23	35.63
报　纸	万份	233.44	224.47
杂　志	万份	12.9	12.35
集　邮	万枚	15.41	20.26
二、邮政通信工具	—	—	—
邮运汽车	辆	12	12
电子信箱总容量	个	—	—
语音信箱总容量	个	—	—
三、邮政通讯网	—	—	—
邮政局（支局）	处	13	13
其中：设在农村	处	10	10
邮路长度	公里	1965.4	1965.4
其中：航空邮路	公里	—	—
农村投递路线	公里	1683	1808
四、邮政通讯水平	—	—	—
平均每人每年发函件数	件	—	—
平均每百人每年订报刊数	件	—	—

说明：本表数据由中国邮政集团公司广东省大埔县分公司提供

电信发展情况

表 18

指 标 名 称	计算单位	2018年	2017年
一、电信业务量	万元	4550	4100
其中：长途电话	万次	—	—
移动电话用户	万户	5.01	3.83
市内电话用户	万户	1.07	1.15
农村电话用户	万户	2.06	2.4
互联网宽带接入用户	万户	—	—
二、电信通信工具	—	—	—
电话交换机总容量	万门	4.12	4.83
其中：市话交换机	万门	0.76	0.76
电话机总数	万部	3.13	3.55
其中：市话话机	万部	1.07	1.15
三、电信通信网	—	—	—
电信局（支局）	处	15	15
其中：设在农村	处	13	13
长途电话电路	路	—	—

说明：此表数据由中国电信股份有限公司大埔分公司提供

八、贸易与餐饮业

社会消费品零售总额及批发零售住宿餐饮业机构情况

表 19

项　　目	单位	2018年	2017年	+、-（%）
社会消费品零售总额	万元	589905	537370	9.8
按地域分：县城零售额	万元	351773	339109	3.7
县以下零售额	万元	238132	198261	20.1
按行业分：批发零售贸易业	万元	538010	488780	10.1
住宿餐饮业	万元	51895	48590	6.8
批发零售住宿餐饮业机构	个	—	—	—
其中：1. 限额以上批发零售业	个	9	10	-10
2. 限额以上住宿餐饮业	个	1	2	-50
3. 个体贸易业	个	8924	8328	7.1
4. 个体住宿餐饮业	个	1897	1706	11.2

贸易业商品销存总额

表 20 单位：万元

项 目	总 计	按行业分组		按规模分组	
		批发业	零售业	限额以上	限额以下
销售总额	—	—	—	—	—
2018年	589982	88673	501309	38411	551571
2017年	537447	78791	458656	32069	505378
2018年比2017年增长（%）	9.8	12.5	9.3	19.8	9.1
其中：	—	—	—	—	—
1. 批发	—	—	—	—	—
2018年	51972	24885	27087	24733	27239
2017年	48667	26036	22631	17266	31401
2018年比2017年增长（%）	6.8	−4.4	19.7	43.2	−13.3
2. 零售	—	—	—	—	—
2018年	538010	63788	474222	13678	524332
2017年	488780	52755	436025	14803	473977
2018年比2017年增长（%）	10.1	20.9	8.7	−7.6	10.6

九、人民生活

2014—2018 年大埔全体居民家庭基本情况

表 21

指标名称	单位	2014年	2015 年	2016年	2017年	2018年
一、人均可支配收入	元	12618.6	13902.6	15368.6	16857.2	18293.2
（一）工资性收入	元	5061.3	5593.5	5994.7	6729.3	7418.9
（二）经营净收入	元	3835.1	4221.6	4482.6	4770.9	5062.4
（三）财产净收入	元	472.6	485.6	496.7	485.6	511.3
（四）转移净收入	元	3249.7	3602	4394.6	4871.4	5300.6
二、人均生活消费支出	元	9705.7	10899.8	12095.7	13375.9	14113.9
（一）食品烟酒	元	4008.4	4408.6	4871.2	5296.9	5567.6
（二）衣着	元	373.3	428.9	367.7	422.3	483.9
（三）居住	元	2078.1	2088.8	2388.5	2663.7	2795.6
（四）生活用品及服务	元	718.1	531.7	623.9	740.7	797.7
（五）交通通信	元	687.2	891.7	1092.9	1223.2	1308.2
（六）教育文化娱乐	元	802.1	1123.8	1205.9	1417.9	1482.8
（七）医疗保健	元	941.1	1239.9	1099	1190.1	1196.1
（八）其他用品和服务	元	97.2	186.5	446.6	421.2	482
三、收入与上年同比增长	%	12	10.2	10.5	9.7	8.5

十、财政、金融

财政收入情况

表 22 单位：万元

项　　目	2018年	2017年	+、-（%）
一般公共预算本级收入合计	82790	97028	-14.67
一、增值税25%	5185	7549	-31.32
二、改征增值税50%	7132	5702	25.07
三、营业税50%	250	174	43.94
四、企业所得税	4082	3182	28.27
五、企业所得税退税	—	—	—
六、个人所得税20%	1672	1129	48.17
七、资源税	3242	19296	-83.2
八、城市维护建设税	2571	2612	-1.58
九、房产税	2044	2127	-3.89
十、印花税	726	1924	-62.26
十一、城镇土地使用税	1504	593	153.59
十二、土地增值税50%	4812	3219	49.49
十三、车船税	587	657	-10.58
十四、耕地占用税	17787	12603	41.13
十五、契税	4164	4922	-15.39
十六、烟叶税	811	959	-15.51
十七、其他税收收入	66	—	—
十八、专项收入	2600	2327	11.73
十九、行政事业性收费收入	4832	5835	-17.2
二十、罚没收入	1123	1059	6.06
二十一、国有资本经营收入	—	—	—
二十二、国有资源(资产)有偿使用收入	16987	20597	-17.53
二十三、其他收入	24	25	-2.67
二十四、政府住房基金收入	568	537	5.66
二十五、捐赠收入	21	—	—
基金收入	32962	33538	-1.72
地方库收入	115753	130566	-11.35
省库收入	23134	20955	10.4
中央库收入	42407	39795	6.56
收入合计	181294	191316	-5.24

财政支出情况

表 23　　　　单位：万元

项　　目	2018年	2017年	+、-（%）
一般公共预算本级支出合计	411804	359029	14.7
一、一般公共服务	54172	44381	22.06
二、公共安全	13820	11320	22.08
三、教育	68136	77107	-11.64
四、科学技术	7059	6350	11.16
五、文化体育与传媒	6852	6846	0.08
六、社会保障和就业	61007	51461	18.55
七、医疗卫生	53524	59815	-10.52
八、节能环保	10091	7616	32.5
九、城乡社区事务	50903	31559.04	61.29
十、农林水事务	47735	21088.9	126.35
十一、交通运输	13783	24403	-43.52
十二、资源勘探电力信息等事务	912	456	100.12
十三、商业服务业等事务	5754	1240	364.17
十四、国土资源气象等事务	7710	2630	193.09
十五、住房保障支出	4852	9662	-49.78
十六、粮油物资储备等事务	1245	620	100.62
十七、金融监管等事务支出	—	—	—
十八、债务付息支出	1202	1201	0.08
十九、其他支出	3044	1273	139.17
二十、债务发行费用支出	3	0.06	5620.44
基金支出合计	36371	59940	-39.32
支出总计	448175	418969	6.97

说明：此表数据由县财政局提供

银行存款计划执行情况

表 24　　　　单位：万元

项　　目	2018年末余额	2018年初余额	+、-（%）
一、各项存款	1620845	1530884	5.88
（一）境内存款	1617481	1528110	5.85
1．住户存款	1112114	1025724	8.42
（1）活期存款	525128	498511	5.34
（2）定期及其他存款	586986	527213	11.34
2．非金融企业存款	151679	142723	6.28
（1）活期存款	143737	138294	3.94
（2）定期及其他存款	7943	4429	79.33
3．广义政府存款	353687	359660	-1.66
（1）财政性存款	48716	46582	4.58
（2）机关团体存款	304971	313078	-2.59
4．非银行业金融机构存款	1	3	-71.68
（二）境外存款	3364	2774	21.28
二、金融债券	—	—	—
三、卖出回购资产	—	—	—
四、借款及非银行业金融机构拆入	—	—	—
五、联行往来（净）	—	—	—
六、应付及暂收款	19301	17674	9.21
七、各项准备	13544	10969	23.47
八、所有者权益	89473	70153	27.54
九、其他	-282500	-275497	2.54
资金来源总计	1460663	1354183	7.86

银行贷款计划执行情况

表 25　　单位：万元

项　　目	2018年末余额	2018年初余额	+、-（%）
一、各项贷款	778000	724529	7.38
（一）境内贷款	777678	724419	7.35
1．住户贷款	471023	414797	13.56
（1）短期贷款	66054	50538	30.7
（2）中长期贷款	404969	364258	11.18
2．非金融企业及机关团体贷款	306655	309622	-0.96
（1）短期贷款	62922	69579	-9.57
（2）中长期贷款	238310	235088	1.37
（3）票据融资	5422	4955	9.43
（4）融资租赁	—	—	—
（5）各项垫款	—	—	—
3．非银行业金融机构贷款	—	—	—
（二）境外贷款	323	110	192.58
二、债券投资	99383	80183	23.95
三、股权及其他投资	6442	—	—
四、买入返售资产	—	—	—
五、存放非银行业金融机构款项	—	—	—
六、联行往来（净）	561513	533951	5.16
七、金银占款	—	—	—
八、外汇占款	—	—	—
九、应收及预付款	6527	6199	5.29
十、投资性房地产	—	—	—
十一、固定资产	8797	9322	-5.63
资金运用总计	1460663	1354183	7.86

说明：此表数据由县人民银行提供

保险业务情况

表 26 单位：万元

项　　目	2018年	2017年	+、-（%）
财产保险	—	—	—
一、保险费合计	3018	2702	11.69
1．企业财产险	208	108	92.6
2．家庭财产险	86	86	—
3．运输工具及责任险	1710	1642	4.14
4．农业险	620	554	11.91
5．责任险	245	197	24.36
6．意外险	131	97	35.05
7．健康险	18	18	—
8．工程险	—	—	—
二、赔偿合计	1568	1318	18.96
1．企业财产险	93	59	57.63
2．家庭财产险	86	76	13.15
3．运输工具及责任险	1108	867	27.79
4．农业险	106	184	-42.39
5．责任险	70.5	56	25
6．意外险	57	41	39.02
7．健康险	47.5	35	35.71
8．工程险	—	—	—
人寿保险	—	—	—
一、保费收入	7791	7418	5.03
二、赔款支出	622	356	74.72

说明：此表数据由县财产、人寿保险公司提供

十一、劳动工资

全部在岗职工年末人数

表 27　　　　单位：人

项　　目	2018年	2017年	+、-（%）
总　　计	18529	19274	-3.87
一、按企事业机关分组：	—	—	—
企　业	5948	6829	-12.9
事　业	6854	6807	0.69
机　关	5727	5638	1.58
二、按行业分组：	—	—	—
1．农、林、牧、渔业	38	35	8.57
2．采矿业	18	30	-40
3．制造业	1862	2146	-13.23
4．电力、燃气及水的生产和供应业	1154	1713	-32.63
5．建筑业	1025	1022	0.29
6．交通运输、仓储及邮政业	433	442	-2.04
7．信息传输、计算机服务和软件业	130	139	-6.47
8．批发和零售业	798	735	8.57
9．住宿和餐饮业	—	38	—
10．金融业	564	571	-1.23
11．房地产业	122	219	-44.29
12．租赁和商务服务业	85	90	-5.56
13．科学研究、技术服务和地质勘查业	53	86	-38.37
14．水利、环境和公共设施管理业	653	711	-8.16
15．居民服务和其他服务业	—	—	—
16．教育	4532	4475	1.27
17．卫生和社会工作	674	641	5.15
18．文化、体育和娱乐业	43	35	22.86
19．公共管理、社会保障和社会组织	6345	6146	3.24

全部在岗职工年平均工资

表 28 单位：元

项　　目	2018年	2017年	+、-（%）
职工年平均工资	70811	69239	2.27
一、按企事业机关分组：	—	—	—
企　业	60771	59620	1.93
事　业	82508	82797	-0.35
机　关	67299	64412	4.48
二、按国民经济行业分组：	—	—	—
1．农、林、牧、渔业	62595	53600	16.78
2．采矿业	116667	95667	21.95
3．制造业	36173	45036	-19.68
4．电力、燃气及水的生产和供应业	111938	87938	27.29
5．建筑业	30330	31198	-2.78
6．交通运输、仓储及邮政业	48884	48881	0.01
7．信息传输、计算机服务和软件业	37933	32183	17.87
8．批发和零售业	40976	39818	2.91
9．住宿和餐饮业	—	36000	—
10．金融业	122792	115680	6.15
11．房地产业	57820	59342	-2.56
12．租赁和商务服务业	60447	59200	2.11
13．科学研究、技术服务和地质勘查业	57132	49244	16.02
14．水利、环境和公共设施管理业	30887	31266	-1.21
15．居民服务和其他服务业	—	—	—
16．教育	90669	94743	-4.3
17．卫生和社会工作	117462	99730	17.78
18．文化、体育和娱乐业	48837	49886	-2.1
19．公共管理、社会保障和社会组织	66593	63592	4.72

十二、教育、卫生

各类学校基本情况

表 29

项　　目	单位	2018年	2017年	+、-（%）
一、高等学校	—	—	—	—
学校数	所	1	1	—
毕业生数	人	415	508	-18.31
招生数	人	396	593	-33.22
在校学生数	人	1266	1418	-10.72
教职工数	人	20	20	—
#专任教师	人	8	8	—
二、中等师范学校	—	—	—	—
学校数	所	1	1	—
毕业生数	人	—	—	—
招生数	人	—	—	—
在校学生数	人	—	—	—
教职工数	人	34	36	-5.56
#专任教师	人	32	31	3.23
三、普通中学	—	—	—	—
学校数	所	27	27	—
毕业生数	人	6451	6870	-6.1
招生数	人	7230	7100	1.83
在校学生数	人	20252	20080	0.86
教职工数	人	2064	2085	-1.01
#专任教师	人	1898	1920	-1.15
四、职业中学	—	—	—	—
学校数	所	1	1	—

续表 29

项　　目	单位	2018年	2017年	+、-（%）
毕业生数	人	733	1181	-37.93
招生数	人	516	1186	-56.49
在校学生数	人	2209	2590	-14.71
教职工数	人	125	118	5.93
#专任教师	人	109	104	4.81
五、小　学	—	—	—	—
学校数	所	47	47	—
毕业生数	人	4501	4320	4.19
招生数	人	5206	5118	1.72
在校学生数	人	29990	29403	2
教职工数	人	1974	1986	-0.6
#专任教师	人	1891	1867	1.29
六、幼儿园	—	—	—	—
幼儿园数	所	57	49	16.33
招生数	人	6028	6373	-5.41
在园幼儿数	人	12225	12863	-4.96
教职工数	人	1097	952	15.23
#专任教师	人	683	605	12.89
附：1. 成人教育在校学生数	人	—	—	—
2. 特殊教育在校学生数	人	94	52	80.77
3. 小学毕业生升学率	%	100	100	—
4. 初中毕业生升学率	%	98.41	98.65	-0.24
5. 学龄儿童入学率	%	100	100	—

说明：此表数据由县教育局、开放大学提供

2018年卫生机构、床位、人员情况

表30

项　　目	单位	总计	其　中	
			县	乡　镇
卫生机构	个	22	8	14
病床位	张	2300	1650	650
卫生人员	人	2653	1165	1488
其中：1．卫生技术人员	人	1985	942	1043
执业医师	人	503	283	220
执业助理医师	人	398	65	333
注册护士	人	605	380	225
药剂人员	人	178	62	116
检验人员	人	98	64	34
其他	人	203	88	115
2．其他技术人员	人	252	24	228
3．管理人员	人	184	78	106
平均拥有病床	张/万人	59.92	—	—
平均拥有卫生技术人员	人/万人	51.72	—	—

说明：此表数据由县卫生健康局提供

十三、文化、广播、电视

文化和广播、电视基本情况

表 31

项　　目	计算单位	2018年	2017年
一、文化、文物事业机构	—	—	—
电影放映单位	个	2	2
艺术表演团体	个	1	1
文化馆	个	1	1
公共图书馆	个	1	1
公共图书馆藏书	千册	25.78	18.73
博物馆	个	1	1
二、文化、文物事业机构人员	—	—	—
电影放映单位	人	—	—
艺术表演团体	人	40	40
文化馆	人	26	26
公共图书馆	人	9	9
博物馆	人	10	10
三、广播电视事业基本情况	—	—	—
广播电台	座	1	1
乡镇调频广播电台	座	—	—
电视台	座	1	1
电视发射和转播台	座	2	2
电视人口覆盖率	%	99	99
有线电视台	座	—	—
四、杂志、报纸出版情况	—	—	—
杂志出版种数	种	—	—
总印数	万册	—	—
报纸出版种数	种	—	—
总印数	万份	—	—

说明：此表由县文化广电旅游体育局和县广播电视台提供

十四、环保

环境保护基本情况

表 32

项　　目	单　位	2018年	2017年
一、当年资金运用情况	—	—	—
竣工环保项目投资	万元	1800.12	966.38
安排治理污染资金	万元	1693	948.38
二、工业“三废”情况	—	—	—
废水排放量	万吨	99.15	112.03
其中：符合标准	万吨	—	—
废水排放达标率	%	—	—
废气排放量	万标立方米	1413825	1763473
其中：经处理量	万标立方米	1347744	1695721
废气处理率	%	95.3	96.2
二氧化硫排放量	吨	—	2704
粉尘排放量	万吨	0.029	0.026
粉尘回收量	万吨	24.13	21.96
粉尘回收率	%	99.5	99.9
固体废物产生量	万吨	32.48	38.33
固体废物综合利用	万吨	31.51	38.22
固体废物利用率	%	97	99.7
三、“三废”综合利用效益	—	—	—
综合利用产品产值	万元	190	185
综合利用利润	万元	33	30

说明：此表数据由县环境保护局提供

（摘自《大埔县统计年鉴（2018 年）》）

先进集体、先进个人、获奖成果名录

国家级先进集体名录

表 33

单　位	授称时间	授予单位	荣誉称号
大埔县	2018 年 6 月	教育部、科技部、农业农村部、国家林业和资源局、国家粮食和物资储备局	国家级农村职业教育和成人教育示范县
大埔县	2018 年 9 月	商务部	2018 年国家级电子商务进农村综合示范县
大埔县	2018年12月	中国果品流通协会	全国柑橘产业 30 强县
大埔县	2018年12月	中华诗词学会	中华诗词之乡
梅州穗瑞农林发展有限公司	2018 年 1 月	国家林业局	第三批国家林业重点龙头企业
大埔县安全监督管理局	2018 年 1 月	国家安监总局、国家煤矿安全检察局	全国安全生产监管监察先进单位
大埔供电局	2018 年 5 月	中华全国总工会、应急管理部	全国“安康杯”竞赛优胜单位
大埔县价格认定中心	2018年12月	国家发改委价格认证中心	价格认定学习提升年活动先进单位
大埔县国家税务局高陂税务分局工会小组	2018 年 9 月	中华全国总工会	全国模范职工小家
大埔县田家炳实验中学	2018年12月	中华诗词学会	中华诗教先进单位
大埔县张云栽实验小学	2018年12月	中华诗词学会	中华诗教先进单位

省级先进集体名录

表 34

单　位	授称时间	授予单位	荣誉称号
大埔县	2018 年 8 月	广东省政府	广东省推进教育现代化先进县
大埔海事处	2018 年 10 月	广东海事局	防御超强台风“山竹”先进集体
大埔小学	2018 年 12 月	广东省教育厅	广东省中小学艺术教育特色学校
张云栽实验小学	2018 年 12 月	广东省教育厅、省综治办、省公安厅	广东省安全文明校园
青溪镇人民政府	2018 年 9 月	广东省林业厅	广东省森林小镇
中国邮政储蓄银行股份有限公司大埔县支行	2018 年 1 月	中国邮政储蓄银行股份有限公司广东省分行	2017 年度发展优胜奖
大埔县国家税务局共青团团支部	2018 年 5 月	中国共产主义青年团广东省委员会	广东省五四红旗团支部
梅州市峰联陶瓷有限公司	2018 年 4 月	广东省总工会	广东省五一劳动奖状
梅州市金帆实业有限公司	2018 年 10 月	广东省总工会	广东省厂务公开民主管理工作突出单位
大埔县惠丰油茶农民专业合作社	2018 年 7 月	广东省林业厅、省妇联	第六批“广东省巾帼林”
梅州市万川千红发展有限公司	2018 年 7 月	广东省林业厅、省妇联	第六批“广东省巾帼林”
大埔县委政法委	2018 年 2 月	广东省人社厅、省社会治安综合治理委员会	2016—2017 年度全省社会治安综合治理先进集体
大埔县陶产办	2018 年 1 月	上海国际时尚消费品博览会	优秀布展奖
大埔农商行总行营业部	2018 年 1 月	广东省农村信用社联合社	广东省农村合作金融机构安全生产“双优”

续表 34

单　位	授称时间	授予单位	荣誉称号
湖寮镇双髻山蜜柚公园	2018 年 11 月	广东省农业农村厅	广东最美田园评选活动“十佳最美果园”
大埔县食药监局稽查分局	2018 年 1 月	广东省食品药品监督管理局	2017 年全省食品药品稽查工作表现突出集体
湖寮镇新寨村	2018 年 12 月	广东省爱卫会	广东省卫生村
湖寮镇黎家坪村	2018 年 12 月	广东省爱卫会	广东省卫生村
湖寮镇古城村	2018 年 12 月	广东省爱卫会	广东省卫生村
湖寮镇密坑村	2018 年 12 月	广东省爱卫会	广东省卫生村
湖寮镇进光村	2018 年 12 月	广东省爱卫会	广东省卫生村
湖寮镇山子下村	2018 年 12 月	广东省爱卫会	广东省卫生村
湖寮镇碗瑶村	2018 年 12 月	广东省爱卫会	广东省卫生村
湖寮镇河腰村	2018 年 12 月	广东省爱卫会	广东省卫生村
湖寮镇高道村	2018 年 12 月	广东省爱卫会	广东省卫生村
湖寮镇大安村	2018 年 12 月	广东省爱卫会	广东省卫生村
湖寮镇双坑村	2018 年 12 月	广东省爱卫会	广东省卫生村
百侯镇新乐村	2018 年 12 月	广东省爱卫会	广东省卫生村
百侯镇横乾村	2018 年 12 月	广东省爱卫会	广东省卫生村
百侯镇武塘村	2018 年 12 月	广东省爱卫会	广东省卫生村
百侯镇苏姑坪村	2018 年 12 月	广东省爱卫会	广东省卫生村
百侯镇白罗村	2018 年 12 月	广东省爱卫会	广东省卫生村
大东镇岩东村	2018 年 12 月	广东省爱卫会	广东省卫生村
大东镇柘林村	2018 年 12 月	广东省爱卫会	广东省卫生村
大东镇西坑村	2018 年 12 月	广东省爱卫会	广东省卫生村

续表 34

单　位	授称时间	授予单位	荣誉称号
大东镇三坤村	2018 年 12 月	广东省爱卫会	广东省卫生村
大东镇家荣村	2018 年 12 月	广东省爱卫会	广东省卫生村
大东镇富溪村	2018 年 12 月	广东省爱卫会	广东省卫生村
大东镇福光村	2018 年 12 月	广东省爱卫会	广东省卫生村
大东镇白土村	2018 年 12 月	广东省爱卫会	广东省卫生村
桃源镇上墩村	2018 年 12 月	广东省爱卫会	广东省卫生村
桃源镇坪新村	2018 年 12 月	广东省爱卫会	广东省卫生村
银江镇银村村	2018 年 12 月	广东省爱卫会	广东省卫生村
银江镇磜头村	2018 年 12 月	广东省爱卫会	广东省卫生村
银江镇胜坑村	2018 年 12 月	广东省爱卫会	广东省卫生村
银江镇车上村	2018 年 12 月	广东省爱卫会	广东省卫生村
银江镇坪上村	2018 年 12 月	广东省爱卫会	广东省卫生村
银江镇李子坪村	2018 年 12 月	广东省爱卫会	广东省卫生村
银江镇明德村	2018 年 12 月	广东省爱卫会	广东省卫生村
银江镇明新村	2018 年 12 月	广东省爱卫会	广东省卫生村
银江镇河口村	2018 年 12 月	广东省爱卫会	广东省卫生村
银江镇坑头村	2018 年 12 月	广东省爱卫会	广东省卫生村
银江镇昆仑村	2018 年 12 月	广东省爱卫会	广东省卫生村
洲瑞镇南村村	2018 年 12 月	广东省爱卫会	广东省卫生村
洲瑞镇陂营村	2018 年 12 月	广东省爱卫会	广东省卫生村
洲瑞镇大坑村	2018 年 12 月	广东省爱卫会	广东省卫生村

市级先进集体名录

表 35

单 位	授称时间	授予单位	荣誉称号
青溪镇	2018 年 8 月	梅州市政府	2017 年度计划生育目标管理责任制考核优秀等次
三河镇	2018 年 8 月	梅州市政府	2017 年度计划生育目标管理责任制考核优秀等次
大埔县湖山中学	2018 年 7 月	梅州市文明委	第二届梅州市文明校园
大埔县家炳第一中学	2018 年 7 月	梅州市文明委	第二届梅州市文明校园
大埔县虎山中学	2018 年 7 月	梅州市文明委	第二届梅州市文明校园
大埔县第二小学	2018 年 7 月	梅州市文明委	第二届梅州市文明校园
大埔县大麻镇中心小学	2018 年 7 月	梅州市文明委	第二届梅州市文明校园

国家级先进个人名录

表 36

姓 名	授称时间	授予单位	荣誉称号	所在单位及职务
徐振西	2018 年 5 月	司法部	全国人民调解工作先进个人	茶阳司法所所长
廖振国	2018 年 9 月	中华全国总工会	全国优秀工会积极分子	大埔县地方税务局工会主席
丘汉松	2018 年 4 月	中华全国总工会	全国五一劳动奖章	大埔县富大陶瓷有限公司研发部副主任
丘牡香	2018 年 2 月	全国妇联宣传部、中央网信办网络社会工作局	全国百个巾帼好网民	大埔县万川爱心协会会长
张金珍家庭	2018 年 2 月	全国妇联	2018 年度最美家庭	银江镇村民
罗育祥家庭	2018 年 5 月	全国妇联	第十一届全国五好家庭	大埔县进光中学退休教师

省级先进个人名录

表 37

姓　名	授称时间	授予单位	荣誉称号	所在单位及职务
洪雪芳	2018 年 5 月	共青团广东省委员会	2017—2018 年度广东省优秀共青团员	大埔县检察院科员
李叶灿	2018 年 5 月	广东省环境保护厅	“2017—2018 年大气和水污染防治专项督查”先进个人	大埔县环保局环境监察分局科员
肖伟青	2018年11月	广东省老促会、广东省源流杂志社	《源流》杂志十佳通讯员	大埔县广播电视台主任
肖伟青	2018年11月	广东省老促会	广东老区网优秀通讯员	大埔县广播电视台主任
吴卓瀚	2018 年 5 月	广东海事局	优秀青年工作者	大埔海事处副处长
吴卓瀚	2018 年 6 月	广东海事局	优秀共产党员	大埔海事处副处长
王吾平	2018年12月	中国海关工会广东海事局委员会	优秀工会积极分子	大埔海事处副处长
江中伟	2018 年 9 月	广东省教育厅	广东省特级教师	虎山中学教师
刘宗团	2018 年 9 月	广东省教育厅	广东省特级教师	光德镇中心小学教师
陈扬	2018 年 9 月	广东省教育工委、广东省教育厅	南粤优秀教师	虎山中学教师
黄君燕	2018 年 9 月	广东省教育工委、广东省教育厅	南粤优秀教师	张云栽实验小学教师
何赵兴	2018 年 9 月	广东省教育工委、广东省教育厅	南粤优秀教师	古埜中学教师
刘开湘	2018 年 9 月	广东省教育工委、广东省教育厅	南粤优秀教师	大麻中学教师
罗礼萍	2018 年 7 月	广东省委宣传部、省文明办、省妇联	2018 年广东百户最美家庭	广东吉玉陶瓷股份有限公司总经理
罗秀琴	2018 年 3 月	广东省文明办	2017 年第四季度“广东好人”	大埔县聚缘轩爱心协会会长
丘牡香	2018年12月	广东省文明办	2018 年广东省学雷锋志愿服务最美志愿者	大埔县万川爱心协会会长
何猛柱	2018 年 1 月	广东省社会体育指导员协会	广东省优秀社会体育指导员	大埔县体育局体育股副股长

市级先进个人名录

表38

姓　名	授称时间	授予单位	荣誉称号	所在单位及职务
徐　锐	2018年12月	梅州军分区	嘉奖	大埔县人武部保障科科长
汤　维	2018年12月	梅州军分区	嘉奖	大埔县人武部军事科科长
何正东	2018年12月	梅州军分区	新闻要迅工作先进个人	大埔县人武部政治工作科科长
杨　康	2018年12月	梅州军分区	优秀保管员	大埔县人武部职工
娄　云	2018年12月	梅州军分区	优秀基层干部	大埔县人武部副部长
张　标	2018年12月	梅州军分区	优秀职工	大埔县人武部职工
李万兴家庭	2018年11月	梅州市文明委	第二届梅州市文明家庭	三河镇旧寨村村民
罗百胜家庭	2018年11月	梅州市文明委	第二届梅州市文明家庭	百侯镇曲滩村村民

县级先进集体、先进个人名录

中共大埔县委文件

埔发〔2018〕1号

中共大埔县委　大埔县人民政府
关于表彰2017年度全面工作先进单位、表扬单位和先进个人等的决定

（2018年1月9日）

2017年，我县在上级党委、政府的正确领导和全县人民的共同努力下，认真贯彻落实党的十八届历次全会和党的十九大精神，按照省委、省政府和市委、市政府的工作部署和要求，推动全县经济社会平稳较快发展，涌现了一批全面工作、社会治安综合治理（平安建设）、人口和计划生育、重点项目建设、机关作风建设、纳税大户等先进单位和先进个人。为表彰先进，树立榜样，经逐级评选，县委、县政府审定决定授予桃源镇党委、政府等52个单位为“全面工作先进单位”，三河镇党委、政府等37个单位为“全面工作表扬单位”，杨国志等76位同志为“全面工作先进个人”；授予百侯镇等20个单位为“社会治安综合治理（平安建设）先进单位”，葛志发等50位同志为“社会治安综合治理（平安建设）先进个人”；授予青溪镇等18个单位为“人口和计划生育工作先进单位”，谢丽珍等9位同志为“人口和计划生育工作先进个人”；授予县财政局等26个单位为“机关作风先进单位”；授予广东省韩江高陂水利枢纽工程等10个项目为“重点项目建设年度考评先进单位”，授予广东烟草梅州市有限公司大埔县分公司等26家企业为“纳税大户”的光荣称号。希望受表彰的先进单位、表扬单位和先进个人，发扬成绩，再接再厉，戒骄戒躁，为我县经济和社会发展再创佳绩，再立新功。各镇（场）和县直各单位，全县广大干部群众要以受表彰的先进单位和先进个人为榜样，振奋精神，同

心同德，开拓创新，拼搏奋进，为如期实现今年的经济社会发展目标，全力加快大埔振兴发展作出新的更大的贡献。

附：

1. 大埔县2017年度全面工作先进单位、表扬单位和先进个人名单
2. 大埔县2017年度社会治安综合治理（平安建设）先进单位和先进个人名单
3. 大埔县2017年度人口和计划生育工作先进单位和先进个人名单
4. 大埔县2017年度机关作风先进单位名单
5. 大埔县2017年度重点项目建设年度考评先进单位名单
6. 大埔县2017年度国有企业、工业、旅游、农业龙头、新兴产业、陶瓷企业纳税大户名单

▲2018年8月23日，"讲好红色故事，助推绿色发展"主题演讲比赛决赛在翰林剧场举行并颁奖（县委宣传部提供）

大埔县 2017 年度全面工作先进单位、表扬单位和先进个人名单

一、先进单位（52 个）

（一）镇党委、政府（“振兴发展”考核）（5 个）

桃源镇　百侯镇　大麻镇　茶阳镇　西河镇

（二）县直单位（25 个）

县委办公室　县人大机关　县政协机关　县纪检监察机关　县委组织部

县委统战部　县委宣传部　县人民检察院　县公安局　县政府办公室

县民政局　县统计局　县人力资源和社会保障局

县委农办（县扶贫局）　县农业局　县工商和质监局

广东大埔农村商业银行股份有限公司　县地方税务局　县财政局

县经济和信息化局　广东烟草梅州市有限公司大埔分公司

大埔供电局　县教育局　县交通运输局　县住房和城乡规划建设局

（三）村党支部、村委会（22 个）

湖寮镇：岭下村、山子下村

百侯镇：侯南村

枫朗镇：大埔角村、坎下村

大东镇：福光村

高陂镇：稼社村、乌槎村、坪溪村

光德镇：富岭村

桃源镇：团结村

大麻镇：下村村、大留村

洲瑞镇：赤水村

银江镇：李子坪村

三河镇：旧寨村

茶阳镇：古村村、梅林村、党坪村

西河镇：漳北村、北塘村

青溪镇：蕉坑村

二、表扬单位（37 个）

（一）镇（场）党委、政府（“振兴发展”考核）（5 个）

三河镇　青溪镇　银江镇　光德镇　洲瑞镇

（二）县直单位（14 个）

县委党校　县总工会　县委党史室　县文化广电新闻出版局

县人民法院　县社会保险基金管理局　县安监局

县食品公司　县商业服务中心　中国人民银行大埔县支行

县食品药品监督管理局　县城镇集体企业联社（二轻公司）　县科技局

县房管局

（三）村党支部、村委会（18 个）

湖寮镇：密坑村　百侯镇：白罗村　枫朗镇：双溪村

大东镇：石林村　　高陂镇：三岗村、代富村　　光德镇：雷峰村
桃源镇：桃星村　　大麻镇：小留村　　洲瑞镇：华光村
银江镇：冠山村　　三河镇：梓里村　　茶阳镇：沿坑村、西湖村
西河镇：横溪村、东塘村　　青溪镇：青华村　　丰溪林场：上村村

三、先进个人（76人）

（一）镇场（28人）

杨国志（湖寮镇党委副书记）
何苑平（湖寮镇党委委员、副镇长）
丘德昌（湖寮镇政府副镇长）
古碧梅（湖寮镇党政办干部）
丘克强（湖寮镇农业服务中心主任）
钟丽惠（百侯镇党委委员）
邓初阳（枫朗镇党委委员）
刘南辉（枫朗镇农业服务中心干部）
杨　震（大东镇人大主席）
罗绍辉（高陂镇党委副书记）
罗振宇（高陂镇党委委员）
徐开亮（高陂镇经济事务办主任）
郭庆亮（光德镇人大主席）
钟永彩（桃源镇党委副书记、镇长）
刘斯民（大麻镇党委副书记）
房贤昌（大麻镇农业服务中心干部）
钟裕桓（洲瑞镇党委委员、副镇长）
陈　演（银江镇党委副书记）
丘志君（银江镇宣传干事）
曾维鑫（三河镇党委副书记）
刘锦坤（三河镇党委委员）
郭文彬（茶阳镇党委书记）
钟晓科（茶阳镇党委委员）
唐上湖（茶阳镇计生办主任）
刘斯科（青溪镇党委委员、副镇长）
黄明宏（西河镇党委副书记）
黄俊彬（西河镇计生办主任）
郑育才（丰溪林场副场长）

（二）县直单位（25人）

张云东（县委办副主任）
赖石生（县纪委案件审理室主任）

刘晋勋（县外事侨务局副局长）
罗启煊（县直工委副书记）
吴莲香（县妇联主席）
范柳登（县委老干部局局长）
黄伟强（县旅游局局长）
李志坚（县委政法委常务副书记）
连丽芬（县司法局公证律师管理股股长）
何凯涛（县政府办公室主任）
罗海涛（县民政局局长）
刘永东（县统计局局长）
何赞营（县委组织部副部长、县人社局局长）
罗质平（县农机局局长）
孙双级（县省属水库移民工作管理办公室主任）
赖丕汉（县财政局副局长）
李品良（县地方税务局局长）
肖卓希（县国家税务局副局长）
刘坚城（县供销社主任）
黄小涛（县陶产办主任）
何永昭（县中小企业局局长）
刘展强（广州海珠<大埔>产业转移工业园管委会主任）
郭宣文（县教育局局长）
张海基（县公路局副局长）
丘伟贤（县国土局征收安置中心主任）

（三）村党支部、村委会（23人）

湖寮镇：邬国旋（岭下村党支部书记）
　　　　蓝建忠（山子下村党支部书记）
百侯镇：萧光扬（侯北村党总支书记、村委主任）
枫朗镇：张振千（龙公坑村党支部书记、村委主任）
　　　　罗玉珊（墩背村党支部书记、村委主任）
大东镇：丘秋慢（家荣村党支部书记、村委主任）
高陂镇：郭展明（赤山村党支部书记、村委主任）
　　　　李永林（陂寨村党支部书记、村委主任）
　　　　赵家寿（古田村党支部书记、村委主任）
光德镇：林振江（澄坑村党支部书记、村委主任）
桃源镇：邓拥现（上墩村党支部书记、村委主任）
大麻镇：刘旋坤（裕州村党支部书记、村委主任）
　　　　何世欢（小麻村党支部书记、村委主任）
洲瑞镇：刘祥争（田背村党支部书记、村委主任）

银江镇：廖海清（坪上村党支部书记）
三河镇：黄庆亮（汇东村党支部书记）
茶阳镇：张裕瑛（丰村村党支部书记、村委主任）
　　　　郑畅光（大觉村党支部书记、村委主任）
　　　　曹志洪（恋墩村党支部书记、村委主任）
青溪镇：余国良（青溪村村委主任）
西河镇：张武曾（黄堂村党支部书记、村委主任）
　　　　何祖城（南丰村党支部书记）
丰溪林场：钟永辉（七里溪村党支部书记、村委主任）

大埔县2017年度社会治安综合治理（平安建设）先进单位和先进个人名单

一、先进单位（20个）

1. 镇场（5个）

百侯镇　西河镇　光德镇　大麻镇　桃源镇

2. 县直单位（15个）

县委办	县经信局	县政协办	县安监局	县司法局
县民政局	县住建局	县检察院	县公安局	县信访局
县地税局	县药监局	县直工委	县食品公司	县烟草专卖局

二、先进个人（50人）

1. 镇场（22人）

葛志发　大麻镇党委书记、综治委主任
邓越林　百侯镇党委书记、综治委主任
丘武秋　西河镇党委书记、综治委主任
罗铁锋　洲瑞镇党委书记、综治委主任
何苑平　湖寮镇党委委员、副镇长
刘伟华　湖寮镇综治办副主任
钟用柱　湖寮镇党委委员、派出所所长
邬守坚　枫朗镇信访办主任
赖冬平　枫朗镇综治办副主任
黄永钢　大东镇党委委员、派出所所长
杨广志　三河镇党委委员、派出所所长

林清贤　大麻镇综治办专职副主任
梁顺凯　银江镇综治办副主任、信访办主任
刘文社　高陂镇党委委员、派出所所长
罗义飘　高陂镇综治信访维稳中心干部
江思峰　光德镇党委副书记
何源选　桃源镇党委副书记
何立俊　西河镇综治办主任
刘盛免　茶阳镇党委副书记、综治办主任
温名健　茶阳镇综治办副主任
饶良浩　青溪镇综治信访维稳中心副主任
饶拱辅　丰溪林场党委委员

2. 县直单位（24 人）

黄新军　县委、县政府机关大院保卫中心主任
陈云朋　县信访局科员
沈爱萍　县编委办综合股股长
黄伟平　县广播电视台台长
陈宇强　县委政法委三室主任
赖珊珊　县委政法委调研与舆情室主任
丘义新　县委政法委法治监督室负责人
杨培彬　县公安局副局长
陈伟东　县公安局指挥中心副主任
陈伟杰　县公安局治安大队二中队中队长
罗安辉　县司法局社区矫正办公室负责人
张国全　县人民检察院侦查监督科科长
黄爱京　县人民法院副院长
陈宇淦　县发改局副局长
吴萍萍　县人社局副局长
梁建彪　县安监局副主任科员
梁永炼　县公安局森林分局局长
罗锡浪　县气象局副局长
李品良　县地税局局长
刘启龙　县经贸系统党委副书记
李益辉　县卫计局局长
蔡广宁　县环保监察分局局长
肖秀红　县城市综合管理局综合组组长
黎宗恒　大埔火车站派出所所长

3. 优秀法制副校长（2 人）

罗仁昭　大埔县第二小学法制副校长

张庆海　西河中学法制副校长

4. 安全文明小区建设积极分子（2人）

饶拱滨　黄金花苑明珠安全文明小区管理小组长

吴伟山　粤电青溪发电有限责任公司安全文明小区保安班长

大埔县2017年度人口和计划生育工作先进单位和先进个人名单

一、先进单位（18个）

（一）计划生育工作先进镇（4个）

青溪镇　三河镇　桃源镇　百侯镇

（二）计划生育综合治理先进单位（5个）

县公安局　县财政局　县住建局　县教育局　县民政局

（三）计划生育工作村（居）民自治先进村（9个）

湖寮镇：长教村　茶阳镇：蓝田村

青溪镇：下坪沙村　三河镇：五丰村

大麻镇：水口村　银江镇：胜坑村

洲瑞镇：田背村　光德镇：富岭村

大东镇：坪山村

二、先进个人（9人）

村级计划生育工作先进个人（9人）

谢丽珍　茶阳镇群丰村计生专干

刘文胜　高陂镇古东村计生专干

卢会霞　三河镇先觉村计生专干

丘苑珍　银江镇车上村计生专干

郭远锋　光德镇上漳村党支部书记

郭富添　桃源镇桃锋村计生专干

杨智琪　百侯镇侯南村党总支部书记

丘垂初　大东镇泮溪村党支部书记

官绍华　西河镇漳北村党支部书记

大埔县 2017 年度机关作风先进单位名单

A 类单位 10 个

县财政局	县人社局	县国税局	县民政局	县公路局
县教育局	县公安局	县住建局	县卫计局	县房管局

B 类单位 5 个

县委办公室　县人大机关　县委组织部　县政府办公室　县政协机关

C 类单位 3 个

县妇联　县总工会　县委党校

D 类单位 3 个

大埔农商行　农行大埔县支行　建行大埔县支行

镇场 5 个

西河镇　百侯镇　桃源镇　光德镇　大麻镇

大埔县 2017 年度重点项目建设年度考评先进单位名单

一、一等奖（3 名）

1. 广东省韩江高陂水利枢纽工程
2. 广州海珠（大埔）工业集聚区规划建设
3. 大潮高速公路（含大漳支线）

二、二等奖（3 名）

1. 西河镇省级新农村连片示范建设工程
2. 大埔县山丰水库工程
3. 县城工业小区

三、三等奖（4 名）

1. 大埔县欣红工艺陶瓷生产及研发中心建设项目
2. 大埔县天王电子表生产项目
3. 国道 G235 线大埔五丰至三河大桥段路面改造工程
4. 大埔县新建配网工程

大埔县2017年度国有企业、工业、旅游农业龙头、新兴产业、陶瓷企业纳税大户名单

一、2017年纳税500万元以上国有企业（6户）

1. 广东烟草梅州市有限公司大埔县分公司
2. 广东粤电青溪发电有限责任公司
3. 大埔县梅江蓬辣滩水电站有限公司
4. 大埔广晟稀土矿业有限公司
5. 广东电网梅州大埔供电局
6. 大埔县水电发展有限责任公司

二、其他企业纳税大户（1户）

业广利电子（梅州）有限公司

三、2017年纳税200万元以上工业、旅游、农业龙头、新兴产业、陶瓷企业

（一类）10户

1. 大埔县怡丰园实业有限公司
2. 梅州峰联陶瓷有限公司
3. 梅州市裕丰陶瓷有限公司
4. 大埔县水力发电设备总厂
5. 大埔县汇丰源陶瓷工艺有限公司
6. 大埔县发源陶瓷有限公司
7. 梅州市金冠陶瓷有限公司
8. 梅州市博富能科技有限公司
9. 梅州玉丰特陶科技有限公司
10. 大埔县恒泰陶瓷有限公司

（二类）9户

1. 广东宝丰陶瓷科技发展股份有限公司
2. 广东吉玉陶瓷股份有限公司
3. 广东恒润达陶瓷实业发展股份有限公司
4. 广东欣红陶瓷股份有限公司
5. 梅州新马陶瓷股份有限公司
6. 广东富大陶瓷文化发展股份有限公司

7. 梅州市溪山陶瓷有限公司
8. 大埔县高陂昌辉陶瓷工艺厂
9. 梅州顺源陶瓷实业有限公司

▲2018 年 12 月 13 日，2018 大埔县“迎新年·颂党恩·展新貌”大合唱比赛在县客都影院举行（县委宣传部提供）

中共大埔县委办公室　　　　2018 年 1 月 9 日印发

中共大埔县委文件

埔发〔2018〕7号

中共大埔县委关于表彰全县优秀共产党员、优秀党务工作者和先进基层党组织的决定

（2018年6月26日）

近年来，我县各级党组织和广大党员干部以习近平新时代中国特色社会主义思想为指导，深入学习贯彻党的十九大精神和习近平总书记重要讲话精神，按照新时代党的建设总要求，认真落实省、市、县委各项工作部署，立足“生态立县、实业富县、文旅兴县”三个定位，奋力推进生态富民强县，特别是在重点项目建设、精准扶贫、乡村振兴、环境整治、基层治理等工作中，迎难而上、攻坚克难，实干担当、奋勇争先，充分发挥战斗堡垒和先锋模范作用，为推动全县经济社会持续向前发展作出重要贡献，涌现出一大批先进典型。伟大时代呼唤伟大精神，崇高事业需要榜样引领。在庆祝中国共产党成立97周年之际，为表彰先进、弘扬正气，激励各级党组织和广大党员在全面建成小康社会中奋发有为、建功立业，县委决定，授予李万贤等100位同志“优秀共产党员”称号，丘武秋等20位同志“优秀党务工作者”称号，县委办公室党总支部等30个基层党组织“先进基层党组织”称号。

这次受表彰的先进典型是全县基层党组织和广大党员的优秀代表，他们的先进事迹，集中展示近年来各条战线、各个领域、各项工作取得的丰硕成果，生动诠释新时代共产党人的优秀品质和精神风貌，有力彰显党的先进性和纯洁性。县委号召，全县各级党组织和广大党员干部要以受表彰的先进典型为榜样，学习他们坚定理想信念、对党绝对忠诚的政治品格，始终坚决贯彻执行党的路线方针政策，在思想上政治上行动上始终与党中央保持高度一致；学习他们自觉尊崇党章、遵守党规的优秀品质，严守党的各项纪律规矩特别是政治纪律和政治规矩，始终坚决维护党中央权威；学习他们践行党的宗旨、密切联系群众的公仆情怀，始终做到全心全意为人民服务；学习他们勇于担当、履职尽责的优良作风，始终保持干事创业、开拓进取的精气神；学习他们克己奉公、清正廉洁的道德操，始终用模范行动和人格力量彰显共产党员的政治本色。

当前，我县正处在决胜全面小康、建设生态富民强县的关键时期。县委要求，各级党组织要紧密地团结在以习近平同志为核心的党中央周围，深入学习贯彻习近平新时代中国特色社会主义思想和系列重要讲话精神，牢固树立和贯彻落实新发展理念，坚定不移抓好中央和省、市、县委决策部署落地落实，深入实施全省加强基层党组织建设工作会议精神和省委加强党的基层组织建设三年行动计划，以提升组织力为重点，突出政治功能，实现党的基层组织建设全面进步、全面过硬。全县广大党员干部要在习近平新时代中国特色社会主义思想指引下，切实增强政治意识、大局意识、核心意识、看齐意识，不忘初心、牢记使命，以新时代新担当新作为的行动自觉，满怀激情投入新时代中国特色社会主义伟大实践，履职尽责创先进、立足岗位争优秀，以改革创新成效推动我县经济社会持续向前发展。

英模感召时代，榜样催生动力。县委希望，受表彰的个人和集体珍惜荣誉、再接再厉，继续发扬优良作风，牢记党和人民的重托，勤奋工作、奋发有为，再创佳绩、再立新功，为党和人民的事业作出新的更大贡献。

附：全县优秀共产党员、优秀党务工作者和先进基层党组织名单

全县优秀共产党员、优秀党务工作者和先进基层党组织名单

一、优秀共产党员（共 100 名）

湖寮镇党委（7 名）

李万贤　　镇人大主席
杨国志　　镇党委副书记
肖胜良　　镇党委委员、纪委书记
林建新　　镇社会事务办主任
罗习松　　古城村党支部书记、主任
陈增金　　莒村村党支部书记、主任
罗增丰　　万川爱心协会党支部书记

百侯镇党委（3 名）

丘　炼　　镇政府副镇长
肖栋超　　镇党政办主任
杨枫平　　镇发展服务中心主任

枫朗镇党委（4 名）

邓增城　　镇人大主席
黄天增　　下木村党支部书记、主任

罗立新　　　　枫朗村党支部书记、主任
郭锦炜　　　　镇外出深圳党支部书记、汇百洲电子有限公司董事长
大东镇党委（2名）
杨　震　　　　镇人大主席
刘金钩　　　　东光村党支部书记、主任
高陂镇党委（8名）
丘伟彬　　　　镇党委副书记、镇长
罗万周　　　　镇农业服务中心主任
张达柯　　　　镇党政办副主任
曹国裕　　　　县食品药品监督管理局食品药品安全服务中心主任、高陂镇尧溪村第一书记
李金华　　　　党溪村党支部书记、主任
苏利茂　　　　坪溪村党支部书记、主任
连明亮　　　　镇中心小学副校长
肖小强　　　　大通电子元件厂党支部书记、大通电子科技公司董事长
光德镇党委（4名）
邓佳纯　　　　镇农业服务中心副主任
郭南来　　　　上漳村党支部副书记
李亮珠（女）　梅州峰联陶瓷有限公司党支部书记
郭鸿源　　　　大埔漳联瓷业发展有限公司党支部书记
桃源镇党委（3名）
张上建　　　　镇党委组织干事
陈汉球　　　　团结村党支部书记、主任
丘汉松　　　　昌隆陶瓷工艺厂党支部委员、昌隆陶瓷有限公司设计总监
三河镇党委（3名）
廖昌元　　　　镇党委书记
赵运标　　　　镇党政办主任
黄振球　　　　镇卫生院院长
大麻镇党委（5名）
葛志发　　　　镇党委书记
刘斯民　　　　镇党委副书记
郭闽义　　　　小留村党支部副书记、主任
谢有典　　　　下村村党支部书记、主任
廖广山　　　　大麻中学校长
银江镇党委（3名）
刘妙荣　　　　镇党委组织委员
刘保美（女）　明新村支委委员、村委委员
余庆生　　　　明德村支委委员、村委委员

洲瑞镇党委（2名）

罗铁锋	镇党委书记
刘增城	赤水村党支部书记、主任

西河镇党委（5名）

何立俊	镇纪委专职副书记
张武曾	黄堂村党支部书记
何祖城	南丰村党支部书记
赖则然	溪上村党支部书记、主任
张乃清	大靖村党支部书记

茶阳镇党委（5名）

汪凤鸣（女）	镇新农办主任
朱添露	镇文教服务中心职工
廖顺芳（女）	西湖村党支部书记、主任
陈双生	梅林村计育专干
汪德招（女）	恋墩村村委委员

青溪镇党委（2名）

林千诗（女）	镇社会事务办主任、组织干事
唐标祥	青丰村党支部书记、主任

丰溪林场党委（1名）

蓝瑞启	溪上村党支部书记

党群系统党委（9名）

黄更亮	县委办党总支部书记、常务副主任
杨良柱	县纪委常委、县监察委委员
张国雄	县人大常委会选举联络工委主任
罗同兴	县政协党组成员、秘书长、办公室主任
张建新	县委党校副校长
黄佳清	县委党史研究室主任
邓加光	县关工委主任、县老干部大学校长
李俊喜	县老体协主席
袁光明	县老促会会长

宣传系统党委（2名）

杨志业	县委宣传部网络舆情信息中心主任
郑永华	县广东汉剧传承中心党支部书记、主任

政法系统党委（4名）

张旭辉（女）	县检察院党组副书记
罗仁昭	县人民法院立案庭庭长
管锦泉	县公安局社会治安视频监控中心职员
李华武	县司法局办公室主任

政府系统党委（5名）

赖则千	县审计局经济责任审计股股长
钟丹萍（女）	县残联理事长
梁永志	县安监局局长
詹文聪	县发改局党组成员、人秘股长
钟才柱	县社保局副主任科员、驻服务中心负责人

农业系统党委（5名）

张回里	县水务局党组书记、局长
何晋江	县委农办主任、扶贫局局长
张潘琪	县移民工作局副局长
邓小武	县林业局山林权属争议调处办公室主任
孙忠文	县水电公司党支部书记、董事长

财金系统党委（3名）

黄焕林	县财政局党组成员、国有资产投资中心主任
李品良	县地税局党组书记、局长
巫胜光	县供销社人秘股副股长

经贸系统党委（5名）

张叶发	县中小企业局人秘股长
吴国威	县陶产办副主任
房增文	中国电信大埔分公司副总经理
李国恩	中国邮政大埔分公司综合办公室综合管理员
黄志超	富大陶瓷党支部书记、富大陶瓷公司研发部主任

科教系统党委（6名）

何美欣	县科技局人秘股负责人、防震抗震救灾服务中心主任
蓝达怀	实验小学党支部书记、校长
黄广华	虎山中学党总支部书记、校长
罗俊能	县人民医院麻醉科副主任
郭超胜	县中医院党支部委员、办公室主任
罗伟铮	实验中学党支部委员、教导副主任

交通建设系统党委（4名）

丁练昌	县环保局党组书记、局长
张海基	县公路局党组成员、副局长
丘伟贤	县国土资源局党组成员、土地房屋征收安置中心主任
肖明圣	县城建监察大队大队长

二、优秀党务工作者（共20名）

丘武秋	西河镇党委书记
温新霞（女）	大麻镇党委组织委员

杨增枫	桃源镇党委组织委员
钟丽惠（女）	百侯镇党委宣传委员
彭柳军	青溪镇党委宣传委员
刘雯文（女）	大东镇党委委员、纪委书记
李　润	高陂镇纪委专职副书记
叶文标	湖寮镇党委组织干事
陈志标	三河镇梓里村党支部书记
刘祥争	洲瑞镇田背村党支部书记、主任
何凯涛	政府系统党委书记、县府办党组书记、主任
郭绍辉	农业系统党委副书记
罗启煊	县直机关工委副书记
王杰华	县工商质监局党总支部副书记、副局长
黄　冬	县委组织部组织室主任、县“两新”组织党委副书记
丘雪兰（女）	县住建局党总支部组织委员
陈旭玲（女）	经贸系统党委党办主任
丘安晓	县广播电视台总编室干部、机关党支部组织委员
邓光尧	县妇幼保健中心党支部委员、党办主任
张　璐（女）	县政法系统党办干部

三、先进基层党组织（共30个）

县委办公室党总支部
县人民政府办公室党总支部
县纪委监委党总支部
县人民检察院党总支部
县旅游局党支部
县人力资源和社会保障局党支部
县农业局党总支部
县经济和信息化局党支部
县卫计局党支部
县交通运输局机关党支部
大埔国税局高陂分局党支部
高陂镇党委
湖寮镇山子下村党支部
百侯镇东山村党支部
枫朗镇大埔角村党支部
大东镇白土村党支部
光德镇上澄村党支部
三河镇旧寨村党支部

大麻镇桃石村党支部
银江镇河口村党支部
洲瑞镇下营村党支部
西河镇北塘村党总支部
西河镇漳北村党支部
茶阳镇洋门村党支部
茶阳镇古村村党支部
青溪镇青华村党支部
广东汉乐研究会党支部
广东顺兴种养股份有限公司党支部
高陂镇外出广州第一党支部
洲瑞镇外出深圳党支部

▲2018 年 6 月 29 日，大埔县纪念中国共产党成立 97 周年暨“七一”表彰大会在县科技信息大楼一楼会议室举行（县委办提供）

中共大埔县委办公室 2018 年 6 月 26 日印发

中共大埔县委文件

埔发〔2018〕13号

中共大埔县委　大埔县人民政府
关于对2015年10月以来为大埔教育等
公益事业捐资100万元以上的
个人和单位的表彰决定

各镇党委、人民政府，丰溪林场，县直副局以上单位和省、市驻埔各单位：

长期以来，社会各界和海内外乡亲，通过多种渠道和多种形式，慷慨解囊、扶贫助困、捐资教育、兴办公益，涌现出一大批为大埔教育等公益事业作出突出贡献的个人和单位，为大埔经济社会发展做出了积极贡献。

为弘扬他们热心公益事业、造福大埔人民的仁风义举，进一步调动社会各界人士关心支持我县教育等公益事业的积极性，经研究，决定对2015年10月以来为大埔教育等公益事业捐资100万元以上的个人和单位进行表彰。对捐资100万元至1000万元（不含1000万元）的，授予突出贡献奖；对捐资1000万元至5000万元（不含5000万元）的，授予特别贡献奖；对捐资5000万元以上的，授予功勋奖。

希望受表彰的个人和单位，继续发扬乐善好施、扶危济困、造福桑梓、守望相助的传统美德，为我县经济社会发展做出新的更大的贡献；希望各级各部门为社会各界和社会贤达来埔投资兴业提供优质服务、创造良好环境，共同加快大埔高质量发展、推动生态富民强县，为全省实现“四个走在全国前列”作出新的更大的贡献。

附：授予功勋奖、特别贡献奖和突出贡献奖的个人和单位名单

中共大埔县委
大埔县人民政府
2018年10月27日

授予功勋奖、特别贡献奖和突出贡献奖的个人和单位名单

（获得同类表彰的个人和单位排名不分先后）

（一）功勋奖（1名）

邓振龙

（二）特别贡献奖（6名）

赵义良、陈公颜、廖光明、黄俊跃、陈志云、房广柱

（三）突出贡献奖（72名）

赖国香、陈衡礼、何添赞、丘勇奇、刘智评、肖良文、梁卫平、刘建平、罗瑞丹
黄勤力、张定武、吴伏虎、邓展华、赖法卫、罗汉江、廖英武、罗旭辉、魏铁光
郑启勇、肖曾祥、余清波、贺守义、刘　伟、廖志强、袁澄海、蓝万发、郭福琼
丘凯达、张春乐、段邦湖、张瑞坤、张华通、刘朝阳、廖衍平、蓝道威、罗明昌
邹振国、邓国舟、邓耀欣、黄绍光、黄志超、钟优宴、张　坦、李会龙、林建东
沈庆成、张进辉、何钦辉、廖勇祥、罗石安、魏美娥、郭裕彬、傅曼琼、蔡东豪
李妙荣、陈胜利、刘国武、连营声、肖庆裕、赖志荣、丘牡香、张正城、郭占林
蔡俊发、郑鼎光、新加坡茶阳（大埔）会馆、深圳桃源居公益事业发展基金会
田家炳基金会、香港时计宝集团“天王表”、中国建设银行股份有限公司深圳市分行
广东大埔农村商业银行股份有限公司、深圳市名巨控股集团有限公司

中共大埔县委办公室　　2018年10月27日印发

中共大埔县委文件

埔发〔2018〕14号

中共大埔县委　大埔县人民政府
关于表彰捐资县教育发展基金10万元至100万元的个人和单位的决定

各镇党委、人民政府，丰溪林场，县直副局以上单位和省、市驻埔各单位：

百年大计，教育为本；振兴发展，人才为先。为深入贯彻以习近平总书记关于“优先发展教育事业，办好人民满意的教育”战略决策和部署，弘扬全社会尊师重教，关心、支持教育的良好风尚，县委、县政府成立了大埔县教育发展基金会，募集倡议得到了社会各界和海内外贤达的热烈响应，纷纷奉献爱心、慷慨捐资、助学兴教，为大埔教育发展增添了强劲动力。

为表彰先进，树立典型，鼓励社会各界关心、支持教育事业，经研究，决定对捐资大埔县教育发展基金10万元至100万元（不含100万元）的个人和单位授予贡献奖（对符合贡献奖表彰条件，但已授予突出贡献奖、特别贡献奖、功勋奖等荣誉的，不再列入此次表彰范围）。

希望受表彰的个人和单位一如既往地关心支持大埔教育事业发展；希望社会各界以受表彰的个人和单位为榜样，热心公益、乐善好施，鼎力支持教育事业，为加快推进我县教育改革与发展，奋力建设生态富民强县而共同努力。

附：授予捐资县教育发展基金捐资10万元至100万元的个人和单位贡献奖名单

中共大埔县委

大埔县人民政府

2018年10月27日

授予捐资县教育发展基金捐资10万元至100万元的个人和单位贡献奖名单

（排名不分先后）

罗穆禧、吴俊豪、何钦文、刘恺祥、罗桂芳、江建辉、贺　斌、陈　智、田丹青
吴忠华、刘锦标、大麻中学校友会、广州市康信物业管理有限公司
广州对口帮扶梅州指挥部驻大埔县工作队、大埔县合众混凝土有限公司
深圳市红门智能科技股份有限公司、珠海大埔商会

中共大埔县委办公室　　2018年10月27日印发

国家级获奖成果名录

表 39

单位（姓名）	授称时间	授予单位	荣誉称号	成果内容	所在单位及职务
刘钦志	2018 年 5 月	中国工艺美术文化创意奖评委会	2018 年中国工艺美术文化创意奖银奖	青花挂盘《松鹰图》	广东省大埔陶研所正高级工艺美术师、广东省陶瓷艺术大师
郑志广	2018 年 5 月	中国工艺美术文化创意奖评委会	2018 年中国工艺美术文化创意奖铜奖	釉下青花挂盘《深山访友图》	广东省大埔陶研所高级工艺美术师
游茂育	2018 年 5 月	中国工艺美术文化创意奖评委会	2018 年中国工艺美术文化创意奖铜奖	陶瓷《山村秋韵》	广东省大埔陶研所助理工艺美术师
郭福康	2018 年 11 月	中国陶瓷工业协会	第十一届中国陶瓷艺术大展金奖	《梦幻海洋》系列	梅州市溪山陶瓷有限公司董事长、广东省陶瓷艺术大师
林美华					梅州市溪山陶瓷有限公司设计师
郭晓川	2018 年 11 月	中国陶瓷工业协会	第十一届中国陶瓷艺术大展金奖	《魅影》系列	梅州埔瓷文化科技有限公司设计师
郭　珊					梅州埔瓷文化科技有限公司设计师
李金星	2018 年 11 月	中国陶瓷工业协会	第十一届中国陶瓷艺术大展金奖	西圜雅集图	大埔漳联瓷业发展有限公司设计师
郭晓川	2018 年 11 月	中国陶瓷工业协会	第十一届中国陶瓷艺术大展银奖	《景秀荣华》系列	梅州埔瓷文化科技有限公司设计师

续表 39

单位（姓名）	授称时间	授予单位	荣誉称号	成果内容	所在单位及职务
冯新益	2018 年 11 月	中国陶瓷工业协会	第十一届中国陶瓷艺术大展银奖	水彩*自然与生活	广东吉玉陶瓷股份有限公司设计师
陈前锋					广东吉玉陶瓷股份有限公司设计师
郭晓川	2018 年 11 月	中国陶瓷工业协会	第十一届中国陶瓷艺术大展铜奖	《花香萦绕》系列	梅州埔瓷文化科技有限公司设计师
郭　珊					梅州埔瓷文化科技有限公司设计师
陈国新	2018 年 11 月	中国陶瓷工业协会	第十一届中国陶瓷艺术大展铜奖	人物《农家女》	梅州市金源海陶瓷发展有限公司设计师
张美兰					梅州市金源海陶瓷发展有限公司设计师
黄月云	2018 年 11 月	中国陶瓷工业协会	第十一届中国陶瓷艺术大展铜奖	14 寸美人瓶《梅兰竹菊》	大埔高陂金云轩陶瓷工艺美术创作室设计师
李瑜坤					大埔高陂金云轩陶瓷工艺美术创作室设计师
邓耀欣	2018 年 11 月	中国陶瓷工业协会	第十一届中国陶瓷艺术大展铜奖	《窑变釉——流淌之美》花瓶组	广东欣红陶瓷股份有限公司董事长
郭志山	2018 年 11 月	中国陶瓷工业协会	第十一届中国陶瓷艺术大展铜奖	《3D 吉祥如意》套装杯	广东宝丰陶瓷科技发展股份有限公司设计主管

续表 39

单位（姓名）	授称时间	授予单位	荣誉称号	成果内容	所在单位及职务
郭志锋	2018 年 11 月	中国陶瓷工业协会	第十一届中国陶瓷艺术大展铜奖	《3D 吉祥如意》套装杯	广东宝丰陶瓷科技发展股份有限公司设计员
黄丽君	2018 年 11 月	中国陶瓷工业协会	第十一届中国陶瓷艺术大展铜奖	《3D 吉祥如意》套装杯	广东宝丰陶瓷科技发展股份有限公司设计员
朱建欢	2018 年 11 月	中国陶瓷工业协会	第十一届中国陶瓷艺术大展铜奖	《高瞻远瞩》	广东富大陶瓷文化发展股份有限公司设计师
罗放荣	2018 年 11 月	中国陶瓷工业协会	第十一届中国陶瓷艺术大展铜奖	《高瞻远瞩》	广东富大陶瓷文化发展股份有限公司设计师
张　栋	2018 年 11 月	中国陶瓷工业协会	第十一届中国陶瓷艺术大展铜奖	裂纹庄生晓梦迷蝴蝶系列花瓶	梅州市林海陶瓷有限公司业务副经理、设计主管
张环权	2018 年 11 月	中国陶瓷工业协会	第十一届中国陶瓷艺术大展铜奖	裂纹庄生晓梦迷蝴蝶系列花瓶	梅州市林海陶瓷有限公司技术员
李金星	2018 年 11 月	中国陶瓷工业协会	第十一届中国陶瓷艺术大展铜奖	16 寸骨瓷圆盘《五福临门》	大埔漳联瓷业发展有限公司设计师
郭晓辉	2018 年 11 月	中国陶瓷工业协会	第十一届中国陶瓷艺术大展铜奖	16 寸骨瓷圆盘《五福临门》	大埔漳联瓷业发展有限公司设计师

省级获奖成果名录

表 40

<table>
<tr><th>单位（姓名）</th><th>授称时间</th><th>授予单位</th><th>荣誉称号</th><th>成果内容</th><th>所在单位及职务</th></tr>
<tr><td>廖佳河</td><td>2018 年 1 月</td><td>共青团广东省农村信用社联合社委员会</td><td>个人优秀奖</td><td>广东省农村合作金融机构团员青年互联网金融业务营销竞赛活动</td><td>大埔农商行电子金融部办事员</td></tr>
<tr><td>大埔农商行</td><td>2018 年 1 月</td><td>共青团广东省农村信用社联合社委员会</td><td>优秀奖</td><td>广东省农村合作金融机构团员青年互联网金融业务营销竞赛活动</td><td></td></tr>
<tr><td>大埔农商行</td><td>2018 年 2 月</td><td>广东省农村信用社联合社</td><td>B 类二等奖</td><td>广东省农村合作金融机构 2017 年度综合考核农商行</td><td></td></tr>
<tr><td>罗亦欢</td><td>2018 年 4 月</td><td>广东省文化厅</td><td>2017 年度广东省群众文艺作品歌曲一等奖</td><td>作曲《土楼神韵》</td><td>大埔县正一音乐培训工作室退休干部</td></tr>
<tr><td>倪贤龙</td><td>2018 年 4 月</td><td>广东省文化厅</td><td>2017 年度广东省群众文艺作品二等奖</td><td>相声《这事不赖我》</td><td>大埔县青溪电厂职工</td></tr>
<tr><td>张玉春</td><td>2018 年 4 月</td><td>广东省文化厅</td><td>2017 年度广东省群众文艺作品三等奖</td><td>小戏《立碑》</td><td>大埔县文广新局干部</td></tr>
<tr><td>大埔县文化馆</td><td rowspan="2">2018 年 11 月</td><td rowspan="2">广东省文化和旅游厅</td><td rowspan="2">广东省第九届群众戏剧曲艺花会银奖</td><td rowspan="2">山歌五句板《长大当个山歌接班人》</td><td></td></tr>
<tr><td>饶建玲</td><td>县文化馆馆长</td></tr>
<tr><td>刘开湘</td><td rowspan="5">2018 年 5 月</td><td rowspan="5">广东省教育厅</td><td rowspan="5">2017 年广东省教育教学成果奖一等奖</td><td rowspan="5">高中生物教学中渗透医学知识策略研究</td><td rowspan="5">2017 年均以实验中学教师申报</td></tr>
<tr><td>黄广华</td></tr>
<tr><td>赖广斌</td></tr>
<tr><td>李俊新</td></tr>
<tr><td>贺永居</td></tr>
</table>

续表 40

单位（姓名）	授称时间	授予单位	荣誉称号	成果内容	所在单位及职务
大埔县政协	2018 年 10 月	广东省政协办公厅	广东省政协系统重要思想学习研讨活动论文评选优秀奖	《坚持把协商民主贯穿政协履职的全过程》	
黄伟宏	2018 年 10 月	广东省法学会	第十二届年会征文优秀奖	《财产刑执行检察监督问题研究》	大埔县人民检察院刑事执行检察科科长
陈　炜					大埔县人民检察院刑事执行检察科科员
李　煌	2018 年 4 月	广东省烟草学会	2017 年学术年会优秀论文表扬奖	《烟草商业企业成本费用管控研究》	大埔烟草专卖局职工
杨煜基	2018 年 4 月	广东省烟草学会	2017 年学术年会优秀论文表扬奖	《烟草专卖管理信息化在基层中的运用》	大埔烟草专卖局职工
张维祥	2018 年 9 月	广东省农业技术推广奖评审委员会	广东省农业技术推广奖二等奖	《有害生物可持续控制技术在烟草及其轮作作物上的示范与推广应用》	大埔烟草专卖局局长
刘钦志	2018 年 9 月	广东省工艺美术协会	2018 年广东省工艺美术精品展“岭南工匠杯”铜奖	釉下青花瓷板《和唱》	广东省大埔陶研所正高级工艺美术师、广东省陶瓷艺术大师
郑志广	2018 年 9 月	广东省工艺美术协会	2018 年广东省工艺美术精品展“岭南工匠杯”铜奖	釉下青花圆瓷板《观瀑图》	广东省大埔陶研所高级工艺师
游茂育	2018 年 9 月	广东省工艺美术协会	2018 年广东省工艺美术精品展“岭南工匠杯”铜奖	14 寸釉下青花圆瓷板《山居读易》	广东省大埔陶研所助理工艺美术师

续表 40

单位（姓名）	授称时间	授予单位	荣誉称号	成果内容	所在单位及职务
廖绍明	2018 年 8 月	广东省戏剧家协会、广东省文联	广东省第九届中青年戏曲演艺大赛器乐组金奖	《南进宫》	大埔县广东汉剧传承保护中心音乐组组长
张伟达	2018 年 8 月	广东省戏剧家协会、广东省文联	广东省第九届中青年戏曲演艺大赛银奖（老生）	《空城计》	大埔县广东汉剧传承保护中心人秘组副组长
严润达	2018 年 8 月	广东省戏剧家协会、广东省文联	广东省第九届中青年戏曲演艺大赛铜奖（丑）	《徐九经升官记》选段《当官难》	大埔县广东汉剧传承保护中心演员组副组长
廖绍谋	2018 年 8 月	广东省戏剧家协会、广东省文联	广东省第九届中青年戏曲演艺大赛器乐组铜奖	《赏花》	大埔县广东汉剧传承保护中心演奏员
赖焱超	2018 年 8 月	广东省戏剧家协会、广东省文联	广东省第九届中青年戏曲演艺大赛参演奖（丑）	《蓝继子救嫂》选段《哭街》	大埔县广东汉剧传承保护中心编导组组长
涂志伟	2018 年 8 月	广东省戏剧家协会、广东省文联	广东省第九届中青年戏曲演艺大赛参演奖（乌净）	《空城计》	大埔县广东汉剧传承保护中心舞台组副组长
黄　萌	2018 年 8 月	广东省戏剧家协会、广东省文联	广东省第九届中青年戏曲演艺大赛器乐组参演奖	《挑帘》	大埔县广东汉剧传承保护中心演奏员
郑　涛	2018 年 8 月	广东省戏剧家协会、广东省文联	广东省第九届中青年戏曲演艺大赛器乐组参演奖	《落地金钱》	大埔县广东汉剧传承保护中心演奏员

市级获奖成果名录

表 41

单位（姓名）	授称时间	授予单位	荣誉称号	成果内容
广东宝丰陶瓷科技发展股份有限公司	2018 年 1 月	梅州市政府	2017 年度梅州市科学技术奖一等奖	显微结构控制技术在高档青花瓷生产中研究与应用
广东富大陶瓷文化发展股份有限公司	2018 年 1 月	梅州市政府	2017 年度梅州市科学技术奖二等奖	高韧性复合亚光陶瓷产品的研制及应用
广东省大埔陶瓷工业研究所	2018 年 1 月	梅州市政府	2017 年度梅州市科学技术奖三等奖	氧化烧成钧花釉的研究与应用
大埔县通美实业有限公司	2018 年 1 月	梅州市政府	2017 年度梅州市科学技术奖三等奖	红心蜜柚施用生物酵素有机液提升品质的技术研究与示范
大东镇三坤村	2018 年 11 月	梅州市政府	梅州市第三批历史建筑名录	余庆堂
大东镇东光村	2018 年 11 月	梅州市政府	梅州市第三批历史建筑名录	善庆堂
大东镇西坑村	2018 年 11 月	梅州市政府	梅州市第三批历史建筑名录	邱氏宗祠（诒燕堂）
大东镇家荣村	2018 年 11 月	梅州市政府	梅州市第三批历史建筑名录	仁安居
青溪镇上坪村	2018 年 11 月	梅州市政府	梅州市第三批历史建筑名录	通奉第
青溪镇蕉坑村	2018 年 11 月	梅州市政府	梅州市第三批历史建筑名录	斯馨堂
青溪镇蕉坑村	2018 年 11 月	梅州市政府	梅州市第三批历史建筑名录	崇德堂

主题索引

索引说明：

一、本索引采用主题分析方法，款目按汉语拼音字母（同音字按声调）顺序排列。

二、文中的类目题、分目题用黑体排版，其余用宋体排版。表格在其款目后注明“表”。

三、索引款目后的数字表示内容所在的页码，数字后面的拉丁字母（a、b）表示栏别（即版面的左右栏）。

四、同一主题的内容在文中多次出现的，在其款目后用不同的页码标明。

五、本索引对《特辑》《大事记》《人物》《附录》等篇不做内容主题分析。

A

B

C

D

H

J

K

L

M

S

Y

Z